Le monde francophone

PARALLÈLES
COMMUNICATION ET CULTURE

THIRD EDITION

Nicole Fouletier-Smith
University of Nebraska-Lincoln

PEARSON

Prentice
Hall

Upper Saddle River, NJ 07458

Library of Congress Cataloging-in-Publication Data

Fouletier-Smith, Nicole.
    Parallèles: communication et culture / Nicole Fouletier-Smith.—3rd. ed.
        p. cm.
    Includes index.
    ISBN 0-13-183236-0
    1. French language—Textbooks for foreign speakers—English.   I. Title.
PC2129.E5F67   2003
448.2'421—dc22   2003056470

Merci à notre famille, nos amis, collègues et étudiants qui nous
ont tant soutenus, et aussi en mémoire d'Armelle qui réussissait
si bien dans la salle de classe.

Publisher: Phil Miller
Acquisitions Editor: Rachel McCoy
Executive Marketing Manager: Eileen Bernadette Moran
Assistant Director of Production: Mary Rottino
Assistant Editor: Meriel Martinez
Production Editor: Claudia Dukeshire
Publishing Coordinator: Claudia Fernandes
Prepress and Manufacturing Manager: Nick Sklitsis
Prepress and Manufacturing Buyer: Brian Mackey
Media Editor: Samantha Alducin
Media Production Manager: Roberto Fernandez

Creative Design Director: Leslie Osher
Senior Art Director: Ximena P. Tamvakopoulos
Interior and Cover Design: Anne De Marinis
Cover photo: Réunion des Musées Nationaux/Art Resource, NY
Director, Image Resource Center: Melinda Reo
Image Specialists: Beth Boyd-Brenzel, Elaine Soares
Rights and Permissions: Zina Arabia
Photo Coordinator: Nancy Seise
Photo Research: Beaura K. Ringrose
Line Art Manager: Guy Ruggiero
Art Production: Mirella Signoretto

This book was set in 10/12 Janson by Preparé Inc.
and was printed and bound by Von Hoffman Press, Inc.
The cover was printed by Lehigh Press, Inc.

© 2004, 2000, 1995 by Prentice-Hall, Inc.
Upper Saddle River, New Jersey 07458

Printed in the United States of America
10 9 8 7 6 5 4 3 2 1

Student Text: **ISBN 0-13-183236-0**

Annotated Instructor's Edition: **ISBN 0-13-183238-7**

Pearson Education LTD., London
Pearson Education Australia PTY, Limited, Sydney
Pearson Education Singapore, Pte. Ltd.
Pearson Education North Asia Ltd., Hong Kong
Pearson Education Canada, Ltd., Toronto
Pearson Educación de México, S.A. de C.V.
Pearson Education–Japan, Tokyo
Pearson Education Malaysia, Pte. Ltd.
Pearson Education Upper Saddle River, New Jersey

BRIEF CONTENTS

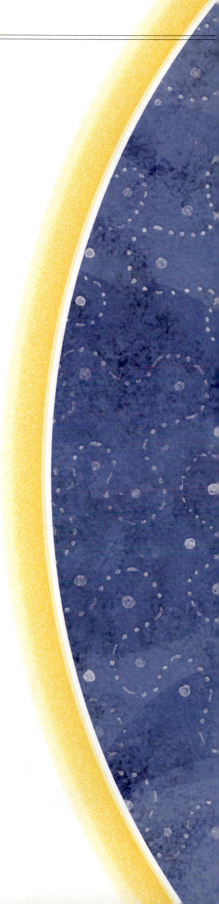

SCOPE AND SEQUENCE

12 Loisirs et vacances 442

COMMUNICATION

Making travel plans

Planning and describing vacations

Talking about leisure-time activities

Expressing desires, wishes, and
  emotions

CONTEXTES

13 La qualité de la vie 476

COMMUNICATION

Talking about a healthy body

Discussing one's health

Talking about the environment

Talking about future intentions, plans,
  or events

CONTEXTES

PREFACE

Overview

Parallèles is a complete introductory French program that offers an exciting, innovative approach to language and culture. Its goal is to develop students' cultural understanding in tandem with their language and communication skills. Moving beyond stereotypes, students systematically explore the parallels and divergences between their own culture and the cultures of France and other Francophone countries. They learn to appreciate the important role culture plays in shaping thought and behavior, while deepening their awareness of the setting in which the French language is actually used.

At the heart of *Parallèles* is the belief that effective use of a language requires cultural understanding as well as a command of linguistic structures and vocabulary. Even the most basic communicative tasks, such as acknowledging the presence of others or greeting others appropriately, presuppose a certain level of cultural insight in addition to a knowledge of the language itself. *Parallèles* is designed to cultivate and foster this kind of insight in students from the very beginning of their experience of the French language. Students begin each chapter by observing critically their home culture and its diversity, and then are guided throughout the chapter to make comparisons with a Francophone culture as it is presented through texts, images, and recordings.

Parallèles has been designed to reflect the "five C's" of the *Standards for Foreign Language Learning: Preparing for the 21st Century*. The *Parallèles* program fosters (1) communication in French in genuinely meaningful contexts; (2) an understanding of the cultures of France and Francophone countries; (3) connections with distinctively French and Francophone perspectives and points of view; (4) comparisons offering insight into the relationship of the French language and French-speaking cultures, and comparisons of students' own culture and that of French and Francophone countries; (5) a sense of community nurtured by the use of French beyond the classroom through varied activities, the video, and other media-based opportunities.

While an integrated presentation of language and culture is of fundamental importance, *Parallèles* is also designed to be a practical, flexible, and accessible classroom textbook. Thematically organized chapters progress straightforwardly through manageable instructional units that incorporate both lexical and grammatical content. These units are complemented by high-interest, culturally focused sections at the beginning and end of each chapter. A rich array of print and media supplements provides support to instructors and material for out-of-class work by students.

Highlights of the Third Edition

While the underlying goals of the *Parallèles* program remain unchanged, the third edition has been greatly improved by suggestions from instructors who have used the previous editions in their courses. Major changes include the following:

STREAMLINING OF CHAPTER ELEMENTS.   Many chapter elements in *Parallèles* have been streamlined in order to make the chapters more manageable, to control length and the level of difficulty, and offer more options to accommodate different course structures. For example, the *Cultures en parallèles* presentations are now more concise, accessible, and focused, as are the *Contexte* presentations and the end-of-chapter *Découvertes* sections.

EXPANDED COVERAGE OF THE FRANCOPHONE WORLD AND OF MULTICULTURAL REALITIES IN FRANCE ITSELF.   In each chapter one or more of the culturally oriented *Contextes* (based on surveys, dialogues, realia, interviews, and other authentic language samples) has been replaced in order to focus more specifically on countries of the Francophone world. There is a greater emphasis as well on the increasingly multicultural nature of society in France itself. This expanded multicultural focus is enhanced through the new culture notes and through the revised content of other sections, such as *Découvertes*.

NEW *EST-CE ÉVIDENT?* CULTURE NOTES.   Going far beyond a collection of scattered facts appended to the language presentation, the *Est-ce évident?* culture notes enrich the overall linguistic and cultural presentation within each *Contexte* in a coherent way. They offer information about customs and language usage as well as social and historical context that lend interest and enlarge students' perspectives. In addition, the cross-cultural questions that conclude each *Est-ce évident?* section prompt further intellectual inquiry and communicative use of French, encouraging active learning at many levels. The *Est-ce évident?* sections are written in English through Chapitre 3, and thereafter in French.

NEW READINGS.   New readings, including additional literary passages and poems, provide a more rounded, interesting, and current perspective on France and the Francophone world.

MORE VARIED EXERCISE SEQUENCES.   The carefully structured exercise sequences now include more manipulative, skill-getting practice at the outset, while culminating in realistic, interesting, and imaginative communicative opportunities. New activities engage the whole class in a common effort of discovery. Students are encouraged to learn together in pairs or in small groups as they practice new structures and vocabulary, search for information, and share and compare their findings.

EXPANDED PEDAGOGICAL SUPPORT.   Expanded annotations for the instructor offer not just suggestions and amplifications, but practical, effective ideas for presenting and working with each lesson in ways that actively involve students.

A NEW VIDEO.   An interesting, accessible new video filmed in France, *En parallèle: Rencontres amicales*, has been developed to enhance the textbook. The video is grounded in the textbook content and consists of brief interviews with native speakers. It is complemented by a new video guide with pre- and post-viewing activities.

Chapter Organization

The ***Parallèles*** textbook includes a preliminary chapter plus thirteen thematically organized chapters. The basic, highly functional chapter structure and its essential components have been retained and refined. These include:

Cultures en parallèles

One *Cultures en parallèles* section opens each chapter, introducing the chapter theme and encouraging students to reflect on their own culture. A second *Cultures en parallèles* section helps to wrap up the chapter by asking students to make comparisons between their own and French culture. This format is central to the book's integration of language and culture, offering interesting, structured opportunities for observation and reflection that support and unify the chapter's thematic and linguistic presentation. The *Cultures en parallèles* sections are written in English through Chapitre 2 and, beginning with Chapitre 5, appear entirely in French.

The *Voyage en francophonie* section (formerly *D'un parallèle à l'autre*) invites students to "adopt" a francophone country, then to explore in conjunction with each chapter a specific aspect of that country and to share the information with classmates.

Étapes

The four *Étapes* (formerly *Volets*) each include paired *Contextes* and grammar presentations (*Structures*). In each *Contexte*, the focus on vocabulary development and discourse samples within a thematically oriented cultural framework is enhanced by widely varying presentations incorporating authentic material.

The related grammar sections, the newly named *Structures*, provide functional presentations dictated by the communicative needs of beginning students.

Both the *Contexte* and *Structure* sections are complemented by ample manipulative and communicative opportunities for classroom practice. The carefully structured exercise sequences, culminating in interesting and imaginative communicative activities, now offer an enhanced initial focus on manipulative and skill-getting practice as well as progressive practice emphasizing emergent communicative competence.

The pronunciation and listening sections

The accessible, well-regarded pronunciation sections (*Phonétique*) appear toward the end of each chapter. Structured *En direct* listening activities, recorded on the In-Text-Audio CD, appear after *Étape 2* and *Étape 4* within each chapter.

Découvertes

The synthesizing *Découvertes* section includes a communicative activity (*À vous la parole*), structured reading practice (*Lecture*), a process-oriented writing activity based on a real-life task (*À vos stylos*), cultural components (*Parallèles historiques*), and multimedia references (*À l'écran*). New readings, including literary passages and poems, provide a more-rounded, interesting, and current perspective on France and the Francophone world. The concluding *Maintenant, je sais…* activity prompts students to review and define the chapter's fundamental cultural concepts.

Tous les mots

An end-of-chapter vocabulary list gathers all chapter vocabulary for ease of reference.

Additional Components of the *Parallèles* Program

For instructors:

ANNOTATED INSTRUCTOR'S EDITION (0-13-183238-7)
The generous marginal annotations in the Annotated Instructor's Edition have been written with both novice and experienced instructors in mind. They include suggestions for warm-up activities, resource notes, supplementary cultural information, suggestions for use of the Image Resource CD, and suggestions for using and expanding the material and activities in the student text. The annotations also include the scripts and answer keys for the *En direct* listening sections.

INSTRUCTOR'S RESOURCE MANUAL (0-13-183239-5)
The Instructor's Resource Manual includes a guide to the program components; a sample lesson plan for one chapter; sample syllabi for courses meeting three and five times a week; audio scripts for the ***Cahier d'activités*** and video script. Program and the video; tips for using the video successfully in the classroom; reproducible pre- and post-viewing activities for the video; and strategies for integrating use of the Internet and the Companion Website in the course.

TESTING PROGRAM/TESTING PROGRAM ON CD (0-13-183415-0/0-13-183418-5)
The Testing Program includes quizzes and two alternate tests for each chapter, as well as mid-term and final examinations, with answer keys. It also offers topics for oral interviews and suggestions for rating them.

TESTING PROGRAM AUDIO ON CD
These audio CDs consist of the recordings to accompany the *Compréhension auditive* segment of each exam.

IMAGE RESOURCE CD (0-13-183420-7)
The Image Resource CD includes the artwork from the textbook; the first *Cultures en Parallèles*, the *Contexte* texts; and pieces of realia, such as surveys and charts, from the textbook. These elements can be made into transparencies for showing in class, displayed on a computer monitor, or reproduced for use as handouts. There are frequent suggestions for use of the Image Resource CD (IRCD) in the Annotated Instructor's Edition.

COURSE MANAGEMENT RESOURCES
Parallèles-specific online content is available in BlackBoard and Course Compass formats.

ANSWER KEY FOR THE CAHIER D'ACTIVITÉS (0-13-183422-3)
The Answer Key includes answers to activities in the ***Cahier d'Activités***.

VIDEO ON CASSETTE (0-13-183426-6)
Filmed in France specifically for use in conjunction with the ***Parallèles*** program, this new video (entitled *En parallèle: Rencontres amicales*) features a number of French and French-speaking people who share their experiences and express opinions on matters related to the thematic focus of each chapter of the text.

For students:

CAHIER D'ACTIVITÉS (WORKBOOK/LAB MANUAL) (0-13-183378-2)
The *Cahier* provides further written practice of vocabulary and grammar, as well as a range of activities based on the audio program.

IN-TEXT AUDIO ON CD (0-13-183416-9)
This audio CD includes recorded material for all of the in-text *En direct* listening activities as well as recordings of the *Contexte* language samples and the *Le mot juste* sections from the textbook.

COMPLETE AUDIO PROGRAM ON CD (0-13-183423-1)
This CD set consists of the in-text audio on CD and listening CDs to accompany the **Cahier d'Activités**.

STUDENT VIDEO CD-ROM (0-13-183423-1)
The Student Video CD-ROM features the complete **Parallèles** video, *En parallèle: Rencontres amicales*, on an interactive CD-ROM along with additional comprehension-based pre- and post-viewing activities. With the Video CD-ROM, students have the flexibility to view the video clips and complete their activities on their own time.

COMPANION WEBSITE
The Companion Website (**www.prenhall.com/paralleles**) is a springboard to the Internet featuring suggested links to French-language sites, including those that support the in-text activities outlined in the *Voyage en francophonie* sections, self-correcting exercises for practice of the grammar and vocabulary of each chapter, and Web activities based on the *Cultures en parallèles* section of the text. Finally, an interactive game and a flashcard module with audio are included to enhance self study. The complete in-text and **Cahier d'Activités**, and *Le mot juste* vocabulary audio files are available as well.

ACKNOWLEDGMENTS

The Third Edition of **Parallèles** reflects the efforts and collaboration of numerous friends and colleagues, many of whom took time from other commitments to assist with suggestions and support during the revision process.

I am grateful to the colleagues throughout North America who reviewed **Parallèles** with constructive candor:

Patricia E. Black,
California State University, Chico

Suzanne Hendrickson,
Arizona State University, Tempe

Paula Bouffard,
Concordia University, Montreal

Isabel K. Roche,
Bennington College

Susan M. Spillman,
Xavier University of Louisiana

Robert M. Terry,
University of Richmond

I also appreciated input from the colleagues who reviewed the testing program:

Mark West,
Pittsburg State University

Victoria Steinberg,
University of Tennessee at Chattanooga

And from those who reviewed the Companion Website:

Isabel K. Roche,
Bennington College

Bonnie L. Youngs,
Carnegie Mellon University

Many others also have made substantial contributions to the Third Edition: Jean-Marc Poisson, University of Wisconsin–Madison, prepared the text bank with intelligence and speed. He also took the time to proofread the manuscript with great care and provided invaluable feedback. Damien Poncet and Antoine Lepoutre filmed and produced the new video *En parallèle: Rencontres amicales* in France with much flair, dedication, and speed. Isabel K. Roche has produced a substantially revised and much improved new Companion Website; I am very indebted to her for her excellent and varied activities.

I thank the University of Nebraska–Lincoln Modern Languages Department for its support. Special mentions go to my colleagues Thomas Carr Jr. and Chantal Kalisa who shared their expertise on Quebec and Francophone Africa.

I am indebted as well to the many people at Prentice Hall who contributed their ideas, time, and publishing experience. The trust and support of Phil Miller, Publisher, Modern Languages, as well as his understanding and unfailingly positive attitude have been a source of strength at a demanding time. It is hard to find words to describe the contribution made by Barbara Lyons, the developmental editor, whose professionalism and skills I already knew firsthand. Barbara was demanding and encouraging, understanding and (ever so diplomatically!) advising. We shared frustrations while wrestling with problems, but we also shared the joy of finding appropriate solutions! Through the many months of work, Barbara unselfishly gave me her very best and helped me to also do my best. *Merci du fond du cœur!* Another remarkable team member is Claudia Dukeshire, Production Editor, who managed the book so skillfully on a day-to-day basis, maintained a positive attitude through many "surprises," and offered as well a very compassionate ear.

Claudia is a superb professional and she has the gift of second sight: she always knows where everything is or must go! *Merci*, Claudia!

The Third Edition also owes a great deal to Karen Hohner, the copy editor, who is an impressive professional. Grateful thanks also to Mary Rottino, Assistant Director of Production, who supervised the production process. Special thanks to Anne Demarinis and Ximena Tamvakopoulos for the beautiful and intelligent design of **Parallèles, Third Edition**; to Guy Ruggiero, line art coordinator; to Mirella Signoretto, art production; and to Beaura Kathy Ringrose, the photo researcher who rose to our sometimes challenging demands. Claudia Fernandes, Publishing Coordinator, has worked hard lining up reviews and coordinating everyone's efforts and I thank her for her contribution. Samantha Alducin, Media Editor, and Meriel Martínez Moctezuma, Assistant Editor, have, together with Meghan Barnes, contributed their many professional talents to the realization of the supplements.

Finally, **Parallèles, Third Edition** owes a great deal to my family. My husband Don provided constant encouragement. His calm kept me sane even when the going was rough. My sister Claude Poncet and her family—Yves, Damien, and Rémi—continued to be my eyes and ears in France. I have used their photos, their comments, their answers, their many talents, and their love. Happily, my parents, Louis and Henriette Fouletier, know how much I owe them—more than any words can express!

Nicole Fouletier-Smith

Chapitre préliminaire

Entrée en scène

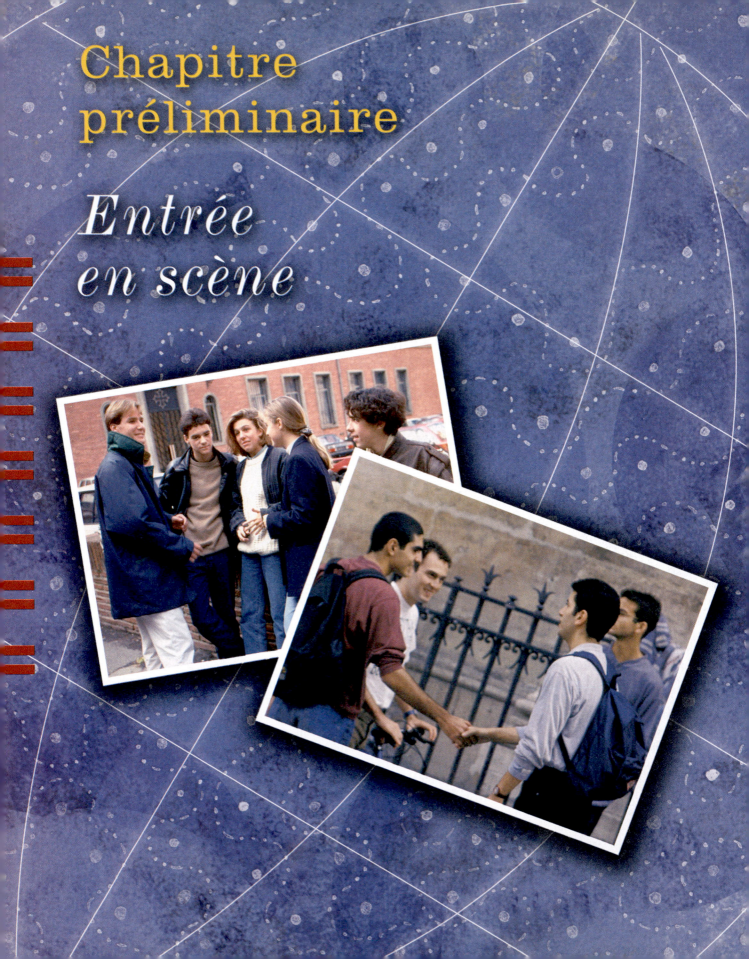

CULTURES EN PARALLÈLES

Greetings and salutations

ÉTAPE
1
Pour commencer

ÉTAPE
2
Qui sommes-nous?

ÉTAPE
3
En classe

ÉTAPE
4
Le jour et la date

CULTURES EN PARALLÈLES

Gestures and expressions of politeness

◁ Salut les copains!

Besides saying hello and demonstrating how the French shake hands, you might choose to mention the casual hugs and "air kisses" that are so common in France.

Bonjour! Before beginning this section, greet the class and help students learn to say *Bonjour, Monsieur / Madame* (show wedding ring if you have one) / *Mademoiselle* to you. Also introduce yourself: *Je m'appelle…*

For the sake of efficiency, all remarks about pronunciation are grouped in the *Phonétique* section, p. 19–20. However, for pedagogical reasons, you may want to cover part of this section each day: introducing the alphabet one day, then presenting accents and consonants on successive days. You may want to also bring up pronunciation the first time an accented word appears, like *Agnès* here. Make sure students pronounce [aɲɛs] correctly, as her name is used as a key word for the pronunciation of the phoneme [ɛ].

Demonstrate this exchange with individual students, greeting them and shaking hands in the French manner.

From the outset, you may want to emphasize that hand-shaking occurs every time you meet someone, both at the time of the greeting and at leave-taking, even if they happen only a few minutes apart.

Greetings and salutations

What words and formulas, what kinds of gestures, do you routinely use when greeting and saying good-bye to people? What you say and what you do probably aren't the same with everyone or under all circumstances. What factors help you determine which words and gestures to use in a given situation?

The purpose of these mini-exchanges is threefold: To introduce the vocabulary words for *man, woman, boy, girl, friend*; to introduce different titles; and finally, to introduce degrees of formality.

You may want to point out that there is no equivalent for "Ms." in French. One calls younger unmarried women *Mademoiselle*, but *Madame* is standard for all women in their late 20s and older.

ÉTAPE

1

2
3
4

Pour commencer

Bonjour!

—Bonjour, Mademoiselle.
—Bonjour, Madame.
—Comment vous appelez-vous, Mademoiselle?
—Je m'appelle Agnès Lançon.

À votre tour

You may want to ask students to fill out a chart with different greetings and gestures that are used according to one person's relationship to another—a family member, an acquaintance, a business friend—and other factors such as the person's age, the time of day, the place of the meeting, etc.

 0–1 Pratiquons! (*Let's practice!*) Practice exchanging formal greetings with your classmates and your professor, and telling your name.

MODÈLE: É1: Bonjour, Monsieur (Madame, Mademoiselle)! Je m'appelle
_____.

É2: Bonjour, Monsieur (Madame, Mademoiselle)! Je m'appelle
_____.

Est-ce évident?

La poignée de main *(Shaking hands)*

Shaking hands—with a single, short shake—is very common in metropolitan France. You do it every time you meet someone, when you say hello and when you say good-bye, even if you have only chatted for a few minutes.

● Do you yourself shake hands very often? On what occasions?

Vive la différence!

Naturally, one addresses men and women differently. Distinctions are also made for business relations and acquaintances as well as for family and friends.

C'est un homme.	Bonjour, Monsieur! (*poli*)
C'est une femme.	Bonjour, Madame! (*poli*)
C'est une jeune fille.	Bonjour, Mademoiselle! (*poli*)
	Bonjour, Agnès! (*familier*)
C'est un jeune garçon.	Bonjour, Philippe! (*familier*)
C'est un ami.	Bonjour, Georges! (*familier*)
C'est une amie.	Bonjour, Nathalie! (*familier*)

0–2 Bonnes manières *(Good manners).* Working with a partner, decide how you would greet each of the following people. Then act out the exchanges.

MODÈLE: un ami: Claude Latou (*familier*)

      É1: Bonjour, Claude!

      É2: Bonjour, _____!

1. un homme: Marc Dupont
2. une jeune fille: Nathalie Bon
3. une femme: Françoise Colin
4. un jeune garçon: André Fort

0–2 You may want to point out that it is considered more polite—unlike in English—not to add a last name after the greeting. In other words, one says *Monsieur,* without the last name.

LE MOT JUSTE

Expressions

bonjour *hello, good morning, good day*

Comment vous appelez-vous? *What is your name?* (formal)

Je m'appelle _____. *My name is _____.*

Madame *Mrs.*
Mademoiselle *Miss*
Monsieur *Mr.*

Noms

un ami *(male) friend*
une amie *(female) friend*

une femme *woman*
un homme *man*
une jeune fille *young girl*
un jeune garçon *young boy*

Salut!

—Salut!

—Salut!

—Tu t'appelles comment?

—Je m'appelle Philippe. Et toi?

—Moi, je m'appelle Marc.

Moi is often used in isolation or to emphasize the subject pronoun *je*.

Est-ce évident?

Formality versus informality

Salut is a much more informal greeting than **Bonjour**. It may be yelled across the street or across campus to friends. It may be followed by a first name, but never by a person's title.

The selection of the **tu** form of address—**toi** when used in isolation—also shows that a greeting is informal. The **tu** form—usually used in the family, among close friends of the same age and social status, and with children—contrasts with the more formal **vous**, which is used with people you either don't know at all, or with whom you ought to show some respect.

● How do you make distinctions in your own language when addressing people on a formal and informal basis?

LE MOT JUSTE

| **Expressions** | Tu t'appelles comment? | Et toi? | *And you?* (informal) |
| salut   *hello, good-bye* | *What is your name?* (informal) | Moi,... | *As for me, ...* |

À votre tour

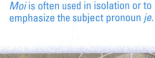

0–3 Students may find shaking hands very awkward and a bit tiresome! You may have to insist a bit!

0–3 Pratiquons encore! *(Let's practice some more!)* Greet several of your classmates informally and ask them what their name is. Be sure to shake hands!

MODÈLE: É1: Salut!

　　　　É2: Tu t'appelles comment?

　　　　É1: Je m'appelle _____. Et toi?

　　　　É2: Moi, je m'appelle _____.

0–4 Salutations *(Greetings)*. With a classmate, act out the following exchanges. Do you feel more comfortable in some exchanges than in others? Why do you think this might be?

　1. You run into your new French professor, Mme Durand, before the start of class. You say hello to each other and she asks your name.

　2. You are in the language lab next to a student, Juliette Alais, whom you have seen once before. You say hello and exchange names.

3. Say hello to your roommate's little brother (Georges) and ask what his name is.

4. Greet another student, who is also in your class. Since you don't know his/her name, ask!

5. Greet your roommate's father. You've met him only once before.

6. Greet your good friend Agnès from across the street.

Nos outils de travail

Point out that *voici* and *voilà* are practically interchangeable, although *voici* may be preferred when pointing to the person or object closest to you, or when referring to the first item of a list.

You may point out that the words *le* and *la* are used to point out *the* book in use, *this* book right here.

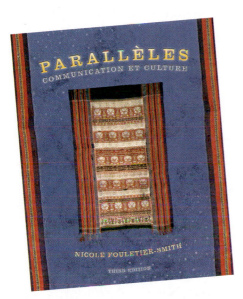

Voici le livre.
Le livre s'appelle *Parallèles*.

Voici le cahier.
Le cahier s'appelle aussi *Parallèles*.

Voici le CD audio.

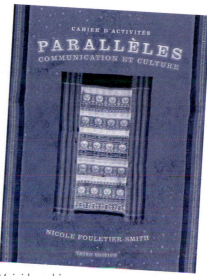

Programme du cours

French 101, Section 4
Supplies: textbook
Parallèles CD Audio
Cahier d'activités
Class policies:

Voici le cédérom.

Et voilà le programme du cours.

It may now be appropriate to distribute your own syllabus and go over it in English.

LE MOT JUSTE

Expressions	voici, voilà *here is/ here are*	un outil de travail *work tool*
Il/Elle s'appelle _____.		le programme du cours *syllabus*
His/Her name is _____.	**Noms**	
nos outils de travail *our work tools*	un cahier *workbook*	
	un livre *book*	

À votre tour

0–5 Voilà! *(That is it!)* With a partner, take turns pointing out the tools—your textbook and syllabus, for example—you will be working with for this course.

MODÈLE: É1: Voici le cahier.

É2: Voilà le programme du cours.

0–5 Circulate in the classroom helping students with pronunciation, then call on individual students for a review.

Au revoir!

—Au revoir, Juliette!

—Au revoir, Philippe. À demain!

—C'est ça. À bientôt!

—Bon. Eh bien… Salut, Marc!

—Salut, Nathalie. À demain!

—À demain!

Point out that the informal *Salut!* can be used to say both hello and good-bye. Show the difference in intonation. Explain that *Bon, eh bien…* corresponds to our expression "Well, then …" It does not really mean anything but indicates that an informal conversation has come to an end. It may or may not be accompanied by a handshake, as *Au revoir* would most certainly be.

Est-ce évident?

Vive la différence!

Notice how the forms of address change when you say good-bye according to the sex, age, and status of the person you are talking to.

C'est un homme.	Au revoir, Monsieur! (*poli*)
C'est une femme.	Au revoir, Madame! (*poli*)
C'est une jeune fille.	Au revoir, Mademoiselle! (*poli*)
	Au revoir, Agnès! (*familier*)
C'est un jeune garçon.	Au revoir, Philippe! (*familier*)
C'est un ami.	Au revoir, Georges! (*familier*)
C'est une amie.	Au revoir, Nathalie! (*familier*)

LE MOT JUSTE

Expressions

À bientôt! *See you later!*
See you soon!

À demain! *See you tomorrow!*
Au revoir! *Good-bye!*
Bon, eh bien… *Well, then …*

C'est ça. *That's it. OK.*

À votre tour

0–6 À demain! (*See you tomorrow!*) Practice saying good-bye to your instructor and to your classmates.

0–7 À bientôt! (*See you soon!*) With a partner, decide how you would say good-bye to the people you greeted earlier. Then act out the exchanges.

ɪ. un ami: Claude Latou

2. une jeune fille: Nathalie Bon

3. un homme: Marc Dupont

4. une femme: Françoise Colin

0–7 Remind students to use appropriate gestures when saying good-bye—for example, to shake hands when saying *Au revoir*.

Qui sommes-nous?

On se présente

LE PROFESSEUR: Bonjour, Mademoiselle!

AMY: Bonjour, Monsieur!

LE PROFESSEUR: Comment vous appelez-vous, Mademoiselle?

AMY: Je m'appelle Amy.

LE PROFESSEUR: Eh bien, s'il vous plaît, Amy, présentez-moi vos camarades.

AMY: (*pointing to a man*) Je vous présente Bob. Et lui, il s'appelle Tim. Il est étudiant. (*then, pointing to a woman*) Et elle, elle s'appelle Susan. Elle est étudiante.

Begin by reviewing the first *Étape* material. Greet students, shake hands, and ask their name. Ask them to greet each other. Wave to a latecomer across the room: *Salut! Spread nos outils de travail* on your desk and ask students to identify the objects by giving them a choice: *Qu'est-ce que c'est ici? le cahier ou le livre?*

Interjections such as *Eh bien!* can be translated by "Well," indicating a pause and a change in the conversation. Point out that a rapid change from *Mademoiselle* to first name is possible between a professor and his/her students.

Point out that *lui, elle* placed before the regular subjects *il, elle* are used for emphasis, as in: "As for him, his name is Tim." Point out that often the addition of a mute final -*e* to a noun or adjective distinguishes the feminine form: *étudiant/étudiante*.

You may want to have students confirm a few classmates' first names (*Tu t'appelles Paul?*). Then ask them to introduce at least two classmates to you. Remind them to use *Il s'appelle* for masculine and *Elle s'appelle* for feminine.

LE MOT JUSTE

Expressions

On se présente. *Let's make introductions.*

Je vous présente _____. *Let me introduce you to _____.*

Présentez-moi _____. *Introduce _____ to me.*

s'il vous plaît *please*

lui *he (emphatic)*

elle *she*

Noms

un camarade *(male) friend*
une camarade *(female) friend*
un étudiant *(male) student*
une étudiante *(female) student*

À votre tour

0–8 You may want to ask for a choral repetition first.

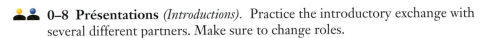 **0–8 Présentations** (*Introductions*). Practice the introductory exchange with several different partners. Make sure to change roles.

0–9 Circulate. Ask a student to act out the scene with you. Then ask two students to act out the dialogue without you. You may want to show the *Contexte* dialogue (IRCD Image A00–08).

0–9 En scène! (*On stage!*) In groups of four or more students, take turns greeting each other and asking each other to identify the students in the group. Then point to your teacher and identify him or her.

On fait l'appel!

On fait l'appel! You may want to really take attendance in your classroom; just substitute real names for the ones suggested.

Voyons is an utterance without much meaning, allowing the speaker to think about what to say next. It may be translated as "Let's see." Point out the abbreviations for *Monsieur* (*M.*), *Mademoiselle* (*Mlle*), and *Madame* (*Mme*).

Point out the difference both in meaning and pronunciation between *présent/présente* and *absent/absente*.

—Voyons, qui est ici? Monsieur Adams? Ici? Oui, ici. Bonjour, M. Adams.

—Mademoiselle ou Madame Brown? Présente? Ah oui, ici! Bonjour, Mlle Brown.

—Monsieur Cook? Présent? Non! M. Cook est absent.

LE MOT JUSTE

Expressions

ici *here*

On fait l'appel. *Let's take attendance.*

Qui est ici? *Who is here?*
Voyons! *Let's see!*

Adjectifs

absent *absent*
présent *present*

À votre tour

0–10 Qui dit quoi? *(Who says what?)* Indicate who is speaking, the instructor or a student, and put the sentences in logical order.

_____: Non, Madame, il est absent!

_____: Qui est présent aujourd'hui?

_____: On fait l'appel.

_____: Jim est présent?

0–11 Présent(e)? *(Present?)* Be ready to respond when your teacher or another student takes attendance. Be prepared also to help take attendance yourself!

Comment allez-vous?

—Bonsoir, Madame.
 Comment allez-vous?
—Très bien, merci.
 Et vous?
—Assez bien, merci.

—Salut, Marc! Ça va?
—Ah non! Pas du tout!
 Ça va mal! Ça va
 très mal!

—Bonjour,
 Mademoiselle.
 Comment allez-vous?
—Je vais bien, merci, et
 vous?
—Pas mal, merci.

—Bonjour, Patricia.
 Quelle surprise! Tu
 vas bien?
—Oui, très bien, et toi?
—Bien, merci!

LE MOT JUSTE

Expressions

bonsoir *good evening*
Ça va? *How are you?* (casual)
Comment allez-vous? *How are you?* (formal)

Je vais… *I am doing (well, etc.)*
très bien *very well*
bien *well*
assez bien *well enough*
pas mal *OK, not bad*
mal *not well*
très mal *very badly*

merci *thank you*
Quelle surprise! *What a surprise!*
Tu vas bien? *How are you?* (informal)

Est-ce évident?

On fait la bise

In metropolitan France, people do not shy away from physical contact when greeting each other. Often hand-shaking is accompanied by or replaced with a kiss on each cheek. Sometimes the process of kissing on each cheek is repeated twice! But observe the photos and drawings in this chapter: Are the lips always touching the cheeks, or are they kissing the air?

● Do you have friends that you routinely greet with a kiss? Are there many circumstances in which this seems like a natural thing to do? If not, what is the natural thing to do?

À votre tour

0–12 Jeu de rôle *(Role-play).* Act out all of the exchanges above, making sure you change partners each time.

0–13 Comment ça va? Circulate in the classroom, greeting classmates and asking them informally how they are. Keep track of their answers so that you can share your information.

MODÈLE: É1: Comment vas-tu?

É2: Bien (pas mal, très bien, mal).

(reporting later)

É1: Paul va bien. Ann va très mal.

0–14 Bonne journée? *(Are they having a good day?)* With a partner, take turns assuming the roles of each of the following people. When your partner greets you and asks how you are, respond appropriately. How will your exchanges vary?

1. Mlle Pascal: She has a cold.
2. Marc: He has gotten the rest of the day off and is ecstatic.
3. Mme Latou: She has lost her keys and is frustrated.
4. Hélène: Everything is going fine.
5. M. Dupont: His day is not great but it is OK.
6. Philippe: He is not very happy, because he cannot go away this weekend.

En classe

Dans la salle de classe

Qui est-ce?

C'est [le professeur / Marie / Paul].
Voilà [le professeur / Marie / Paul].

Qu'est ce que c'est?

C'est un crayon.

À votre tour

0–15 Inventaire. With a partner, identify as many of the objects in your classroom as you can.

MODÈLE: É1: Voici un crayon.

É2: Et voilà un livre.

0–16 C'est correct? With a partner, point out the different objects in your classroom and verify that you have the right word.

MODÈLES: É1: Qu'est-ce que c'est?

É2: Euh?… Un dictionnaire?

É1: Bravo!

ou: É1: Qu'est-ce que c'est?

É2: Euh?… Un dictionnaire?

É1: Mais non! C'est un cahier!

En scène!

Le professeur:

En scène! You may want to teach the directions using Total Physical Response. First model the action while you give the command, then gesture for students to perform the same action several times. Finally, just give the command, motioning to students to obey it.

Entrez!

Asseyez-vous!

Ouvrez le livre!

Following *Écoutez*, you may also wish to teach *Parlez plus fort*.

Fermez le livre!

Chut! Taisez-vous!

Écoutez!

Point out *one* pen or *a* pen.

Prenez un stylo!

Écrivez!

Lisez!

Point out that *le* here can almost be translated as "*this* pen."

Donnez le stylo à Henri!

Levez-vous!

Allez au tableau!

Les étudiants:

Répétez, s'il vous plaît.

Oui, je comprends.

Je ne comprends pas.

S'il vous plaît, que veut dire…?

Pardon, Monsieur/Madame, comment dit-on…?

À votre tour

0–17 Jacques a dit (*Simon says*). As your teacher tells you what to do, carry out the actions requested.

0–18 Le bon réflexe (*The appropriate reaction*). What would you say in the following situations?

MODÈLE: You have forgotten the word for *workbook*.

—Comment dit-on *workbook*, s'il vous plaît?

1. You understand what your instructor has said.
2. You didn't quite catch the instructor's question.
3. You don't know the word for *test*.
4. You're not sure what the word *carte* means.

0–17 You may want to do the exercise twice, first giving commands to the whole class, another time giving commands to individual students. Personalize commands involving another person: *Ann, prenez un stylo! Très bien. Ann, donnez le stylo à Tony!*

1
2
3

ÉTAPE

4

Le jour et la date

Review introductions and greetings, ask for a classroom inventory, review directives: *Levez-vous, Allez au tableau*, etc.

Point out that months and days of the week do not begin with a capital letter.

Present these brief dialogues using props: a 12-month calendar and a calendar for the current month showing days and dates. First show the 12-month calendar and present the months individually, beginning with *janvier* and ending with *décembre*; then group the months in threes or fours, and have students repeat them. Finally introduce the question *Quels sont les mois de l'année?* followed by the answer (the list of months). Treat the days of the week and the date similarly.

If you do not have a French calendar readily available, you may turn to page 292 and use the calendar to show students that the first day of the week is Monday.

Point out that this is a FLS (French as a second language: *français langue seconde*) class, so the students are not French and don't have French names. Explain that the *Alliance Française* is a non-profit international school of French language and culture. It belongs to a worldwide network of 1,135 associations in 138 countries. You may want to ask students to search the Web, using the key word: Alliance française.

One can also say:
— *Quel jour sommes-nous aujourd'hui?*
— *Nous sommes lundi.*

Insist strongly on the presence of the article *le*, which must always precede the number.

—Hanno, quels sont les mois de l'année?

—Janvier, février, mars, avril, mai, juin, juillet, août, septembre, octobre, novembre et décembre.

—Bien, Hanno!

—Cheng-Mai, quels sont les jours de la semaine?

—Lundi, mardi, mercredi, jeudi, vendredi, samedi, dimanche.

—C'est ça!

—Ricardo, quel jour est-ce aujourd'hui?

—Aujourd'hui, c'est lundi.

—Et demain?

—Demain, c'est mardi.

—Raïssa, quelle est la date aujourd'hui?

—C'est le 4 septembre. Mon (*My*) anniversaire!

—Alors, bon anniversaire!

—Très bien! Attention tout le monde! La semaine prochaine (*next week*), il y a un examen. Bon courage!

LE MOT JUSTE

Expressions

aujourd'hui *today*
demain *tomorrow*
Quel jour sommes-nous? *What day is it?*
Quelle est la date? *What is the date?*
Quel est le mois? Quels sont les mois? *What is/are the month(s)?*
Quels sont les jours de la semaine? *What are the days of the week?*

Noms

une année *year*
un anniversaire *birthday*
la date *date (calendar)*
un examen *exam*
un jour *day*
un mois *month*
janvier *January*
février *February*
mars *March*
avril *April*
mai *May*
juin *June*
juillet *July*
août *August*
septembre *September*
octobre *October*
novembre *November*
décembre *December*
une semaine *week*
lundi *Monday*
mardi *Tuesday*
mercredi *Wednesday*
jeudi *Thursday*
vendredi *Friday*
samedi *Saturday*
dimanche *Sunday*

Les nombres cardinaux*

1 un, une*
2 deux
3 trois
4 quatre
5 cinq
6 six
7 sept
8 huit
9 neuf
10 dix
11 onze
12 douze
13 treize
14 quatorze
15 quinze
16 seize
17 dix-sept
18 dix-huit
19 dix-neuf
20 vingt
21 vingt et un
22 vingt-deux
23 vingt-trois
24 vingt-quatre
25 vingt-cinq
26 vingt-six
27 vingt-sept
28 vingt-huit
29 vingt-neuf
30 trente
31 trente et un

*Cardinal numbers are used in dates, except for the first day of the month, which is expressed with the ordinal number **premier**: **C'est le premier septembre.**

À votre tour

Whether or not you have already presented orally the numbers 0–10, you may want to begin by counting aloud the students in your class. How many are there in all? How many are there in row 1 (count them), in row 2 (count them), etc.? This can easily lead into rudimentary arithmetic problems.

0–19 Combien de... ? *(How many ... ?)* With a partner, count out loud the number of the following items in your classroom, and complete the chart. Compare your results with those of other students.

0–19 This exercise helps practice the numbers and recycles vocabulary previously learned.

	cahiers	bureaux	fenêtres	portes	chaises	livres	crayons	stylos	cartes
Combien?	18								

0–20 Petit interrogatoire *(Small inquiry)*. With a partner, take turns asking and answering the following questions.

MODÈLE: É1: Quel jour est-ce?
    É2: C'est lundi (mardi, etc.).

1. Aujourd'hui, quel jour est-ce?
2. Quelle est la date?
3. Quels sont les jours de la classe de français?
4. Quels sont les mois de 30 jours?
5. Quels sont les mois de 31 jours?
6. Quelle est la date du premier jour de classe?

0–21 It may help to show IRCD Image A00–32 of the Étape 4 illustration.

 0–21 Vrai ou faux? With a partner, take turns reading aloud the following statements, referring to the illustration on page 16. Mark each statement **vrai** (*true*) or **faux** (*false*). If a statement is false, correct it together.

1. _____ Aujourd'hui, c'est mardi.

2. _____ Les devoirs sont pour vendredi et lundi.

3. _____ La date de l'examen est le 1er septembre.

4. _____ Il y a 7 personnes (étudiants et professeur) dans la classe.

5. _____ Il y a 4 étudiantes dans la classe.

6. _____ Le week-end, c'est jeudi et samedi.

0–22 Point out the informal *s'il te plaît*. You may want to add, however, that many French always use the formal *s'il vous plaît* because the expression is considered to be a fixed formula.

0–22 Des anniversaires en commun? (*Are there any birthdays on the same date?*) Circulate among your classmates to see when their birthdays are. Take notes and share them with the rest of the class. Are there any birthdays on the same date, or very close to each other?

MODÈLE: É1: La date de ton anniversaire, s'il te plaît?

É2: Le 3 janvier.

(*later*)

É1: Le 3 janvier c'est l'anniversaire de Paul et Julie. Le 7 janvier c'est l'anniversaire de Mark.

Nom	Anniversaire
le professeur	le 30 octobre
_____	_____
_____	_____

 En direct

Before listening, role-play a formal and an informal conversational exchange with a partner. Make a brief list of words and phrases you associate with each type of exchange.

A. Familier ou formel? Listen to the exchanges and indicate whether the relationship of the people speaking is familiar or formal.

Audio Script for *En direct:*

A.

1. —Madame Dupont, je vous présente Philippe Potel.
   —Enchantée, Monsieur. Comment allez-vous?
2. —Bonjour, Nathalie.
   —Bonjour, Agnès. Tu vas bien?
   —Pas mal. Et toi?
3. —Salut, ça va?
   —Oui, ça va très bien aujourd'hui.
4. —Voici Juliette Alais.
   —Bonjour, Mademoiselle.

	Familier	Formel		Familier	Formel
1.	_____	X	3.	X	_____
2.	X	_____	4.	_____	X

B. Formules de politesse. Listen to the exchanges and check the elements you hear in each one.

	Greeting	Introduction	Small talk	Good-bye
1.	X		X	
2.		X		
3.			X	
4.				X
5.	X		X	

 Phonétique

Alphabet, accents et consonnes

French uses the same alphabet as English, but the sounds the letters represent often differ considerably. The phonetics sections will present and practice the most important of these differences.

L'alphabet

Practice pronouncing the letters of the French alphabet:

a	(a)	h	(ach)	o	(o)	u	(u)
b	(bé)	i	(i)	p	(pé)	v	(vé)
c	(sé)	j	(ji)	q	(ku)	w	(double vé)
d	(dé)	k	(ka)	r	(èr)	x	(iks)
e	(eu)	l	(èl)	s	(ès)	y	(i grec)
f	(èf)	m	(èm)	t	(té)	z	(zèd)
g	(jé)	n	(èn)				

See Appendix 1 for a breakdown of the vowels, consonants, and semi-vowels in the International Phonetic Alphabet.

Accents

French uses accent marks, which must be learned as part of the spelling of French words.

● The **accent aigu** and the **accent grave** on the vowel letter **e** represent two different vowel sounds.

    accent aigu: **étudiant** [e]   accent grave: **Agnès** [ɛ]

● When the **accent grave** occurs with vowel letters other than **e**, it indicates meaning rather than pronunciation. Compare:

    à (preposition)   *to, at, in*   **a** (from the verb *avoir*)   *has, have*

    où (interrogative)   *where*   **ou** (conjunction)   *or*

B.
1. —Bonjour, Madame. Comment allez-vous?
   —Très bien, merci. Et vous?
2. —Camille, je te présente Charles. Charles, voici Camille.
3. —Ça va?
   —Eh oui, ça va pas mal. Et toi, comment ça va?
   —Oh moi, ça va assez bien.
4. —Au revoir, Philippe et Anne.
   —Au revoir et à bientôt.
5. —Tiens, mais c'est Aline! Bonjour, Aline.
   —Juliette! Alors là, quelle surprise! Tu vas bien?
   —Mais oui, très bien! Et toi?

As suggested, it would be desirable to present the information in the *Phonétique* section over several days, starting with the alphabet one day, the accents the next, and then the consonants. Also you may have already taken the time to stress the importance, name, and sound of accented letters as you have encountered them in new words.

You may explain that an International Phonetic Alphabet (IPA) was created to represent, graphically, the sounds of human languages. In contrast with traditional writing, where the same letters or combination of letters may have different pronunciation (for example: *although, enough, through*), each symbol represents only one sound and must be pronounced. You may want to illustrate how the symbols are used to transcribe French words.

Brief oral drill: Practice pronouncing the letters of the French alphabet. Sing the alphabet song. Have students spell their name and yours in French. Then, spell five words they have learned and have them write them down (*cahier, bureau,* etc.). Ask them to read you the words and spell them back to you.

Accents: Model pronunciation of the examples given and have students repeat.

- A **tréma** on the second of two consecutive vowel letters indicates that both vowel sounds are pronounced: **Noël, naïve**. Compare:

  ma̲i̲s [mɛ] = only one vowel sound   **ma̲ïs** [mais] = two vowel sounds

- The **accent circonflexe** is an indicator of historical change in the spelling of a word. It represents an **s** that is no longer present. Compare: **hôpital** and *hospital*, **bête** and *beast*, **pâture** and *pasture*. Whenever you encounter **ê**, pronounce it the same as **è**:

  Vous **êtes** Paul? (*Are you Paul?*)   une **fenêtre** (*window*)

- The cedilla, **la cédille**, is used to indicate the pronunciation of the consonant **c**. The letter **c** is pronounced [k] when it precedes the letters **a, o,** or **u** and [s] when it precedes the letters **e** and **i**. The **ç** + **a, o, u** is pronounced [s]. Compare:

  calme, cho**c**olat, **c**ube = [k]   fran**ç**ais, gar**ç**on, re**ç**u = [s]

Consonnes

- In French, consonants in word-final position are not usually pronounced, unless they are followed by a vowel.

  George**s̸**   deu**x̸**   étudian**t̸**   BUT: vous_êtes

  The principal exceptions to this general rule are **c, r, f,** and **l**, which are usually pronounced in word-final position.

Mar**c**	bonjou**r**	naï**f**	ma**l**
[k]	[r]	[f]	[l]

You may point out that the consonants **c, r, f, l** are the consonants in the English word CaReFuL.

- A single **-s-** occurring between two vowel sounds is pronounced [z], whereas **-ss-** is pronounced [s]. Compare:

poi**s**on / poi**ss**on		cou**s**in / cou**ss**in	
[z]	[s]	[z]	[s]

- The letter **h** never represents the same sound as in English spelling. In French, the letter **h** at the beginning of a word is usually a "silent" letter; the word begins with a vowel sound: **h̸ôtel, H̸enri, h̸omme**.
  Some French words begin with an aspirate **h**. Two frequently encountered examples are the words **haricot** (*bean*) and **héros** (*hero*).

- The letter **h** sometimes occurs in combination with other consonant letters, but together they represent only one consonant sound.

  ri**ch**e   This combination is pronounced like the final sound in *wi̲s̲h̲*.

  Philippe   This combination is pronounced [f].
  Na**th**alie   This combination is pronounced [t].

A. Pronounce the following names and words, paying careful attention to the underlined letters and to final consonants. Which ones are pronounced?

1. Jacque̲s̲
2. Fran̲çois / Fran̲çoise
3. Mi̲c̲h̲el / Michèle
4. André̲
5. Mar̲c̲
6. c̲a̲thédrale
7. fenêtr̲e̲
8. na̲ïf
9. c̲a̲ss̲ette
10. Hélè̲ne

B. Spell aloud the names and words in Exercise A, above. Be sure to include accent marks.

One way to learn about a culture, whether your own or another, is by observing people, places, and behaviors closely. Then you can reflect on what you've observed to determine how your observations may fit into a broader perspective.

In the **Cultures en parallèles** sections of each chapter, you will have an opportunity to observe and reflect upon particular aspects of your own culture and Francophone culture. In some cases, your observations and reflections will highlight differences between cultures; in other cases, you will perhaps see unexpected similarities.

Observer

Looking at the photos on this page, and referring to what you have learned throughout this chapter, can you describe the behaviors and gestures French people usually display when they greet and say good-bye to each other? How are these likely to vary according to the setting and circumstances?

Ask students to recapitulate briefly what was said earlier in *Cultures en parallèles* on p. 4 before elaborating here.

Réfléchir

1. Now imagine what the people in the photos may be saying as they greet each other. Write a brief dialogue to accompany each photo on this page as well as the opening photo on page 2. Then act out your dialogues with a classmate.

2. Have you practiced the gestures and behaviors used by the people pictured in the photos shown in this chapter? Why or why not? How comfortable or uncomfortable are you with such practice? Why do you think this might be the case?

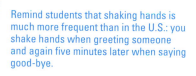

Remind students that shaking hands is much more frequent than in the U.S.: you shake hands when greeting someone and again five minutes later when saying good-bye.

 À l'écran

Que disent vos amis francophones? N'oubliez pas de regarder la vidéo!

Tous les mots

Expressions

À bientôt!	*See you later, see you soon!*
absent	*absent*
À demain!	*See you tomorrow!*
aujourd'hui	*today*
Au revoir.	*Good-bye.*
Bon, eh bien…	*Well, then…*
Bon anniversaire!	*Happy birthday!*
bonjour	*hello, good morning*
bonsoir	*good evening*
Ça va.	*Doing OK. (casual)*
Ça va?	*How are you? (casual)*
C'est ça.	*That's it. OK.*
C'est mon anniversaire.	*It's my birthday.*
Comment allez-vous?	*How are you? (formal)*
Comment vous appelez-vous?	*What is your name? (formal)*
dans la classe	*in the classroom*
demain	*tomorrow*
elle	*she*
Et toi?	*And you? (informal)*
ici	*here*
Il/elle s'appelle…	*His/her name is…*
Je m'appelle…	*My name is…*
Je vais…	*I am doing…*
très bien	*very well*
bien	*well*
assez bien	*well enough*
pas mal	*OK, not bad*
mal	*not well*
très mal	*very badly*
Je vous présente …	*Allow me to introduce …*
lui	*he (emphatic)*
Madame (Mme)	*Mrs.*
Mademoiselle (Mlle)	*Miss*
merci	*thank you*
Moi,…	*As for me, …*
Monsieur (M.)	*Sir; Mr.*
nos outils de travail	*our work tools*
On fait l'appel.	*Let's take attendance.*
On se présente.	*Let's make introductions.*
présent	*present*
Présentez-moi …	*Introduce … to me.*
Quel jour est-ce?	*What day is it?*
Quel jour sommes-nous?	*What day is it?*
Quelle est la date?	*What's the date?*
Quels sont les jours de la semaine?	*What are the days of the week?*
Quel est le mois?/ Quels sont les mois?	*What is/are the month(s)?*
Quelle surprise!	*What a surprise!*
Qui est ici?	*Who is here?*
salut	*hello, good-bye*
s'il te plaît	*please (informal)*
s'il vous plaît	*please*
tout le monde	*everybody*
Tu t'appelles comment?	*What is your name? (informal)*
Tu vas bien?	*How are you? (informal)*
voici, voilà	*here is/here are*
Voyons!	*Let's see!*

Noms

un ami/une amie	*friend*
une année	*year*
un anniversaire	*birthday, anniversary*
un/une camarade	*friend*
la date	*date*
un étudiant/ une étudiante	*student*
un examen	*exam*
une femme	*woman*
un homme	*man*
une jeune fille	*young girl*
un jeune garçon	*young boy*
un jour	*day*
un mois	*month*
janvier	*January*
février	*February*
mars	*March*
avril	*April*
mai	*May*
juin	*June*
juillet	*July*
août	*August*
septembre	*September*
octobre	*October*
novembre	*November*
décembre	*December*
un outil	*tool*
une semaine	*week*
lundi	*Monday*
mardi	*Tuesday*
mercredi	*Wednesday*
jeudi	*Thursday*
vendredi	*Friday*
samedi	*Saturday*
dimanche	*Sunday*

La salle de classe (classroom)

une affiche	*poster*
un bureau	*desk*
un cahier	*notebook*
une carte	*map*
un cédérom	*CD-ROM*
un CD audio	*audio CD*
une chaise	*chair*

une craie	*chalk*
un crayon	*pencil*
un dictionnaire	*dictionary*
une disquette	*diskette*
une fenêtre	*window*
un livre	*book*
un ordinateur	*computer*
une porte	*door*
un professeur	*teacher, professor*
le programme du cours	*syllabus*
un stylo	*pen*
un tableau	*blackboard*

Pour parler en classe

Allez au tableau!	*Go to the board!*
Asseyez-vous!	*Sit down!*
Chut! Taisez-vous!	*Shush! Be quiet!*
Comment dit-on…?	*How do you say … ?*
Donnez le stylo à X!	*Give the pen to X!*
Écoutez!	*Listen!*
Écrivez!	*Write!*
Entrez!	*Come in!*
Fermez le livre!	*Close the book!*
Je comprends.	*I understand.*
Je ne comprends pas.	*I don't understand.*
Levez-vous!	*Get up (from your seat)!*
Ouvrez le livre!	*Open the book!*
Pardon, Monsieur/Madame.	*Excuse me, Sir/Madam.*
Prenez un stylo!	*Get a pen!*
Que veut dire…?	*What does … mean?*
Répétez, s'il vous plaît.	*Repeat, please.*
S'il vous plaît, que veut dire…?	*What does … mean, please?*

Les nombres cardinaux de 1 à 31

1	un, une
2	deux
3	trois
4	quatre
5	cinq
6	six
7	sept
8	huit
9	neuf
10	dix
11	onze
12	douze
13	treize
14	quatorze
15	quinze
16	seize
17	dix-sept
18	dix-huit
19	dix-neuf
20	vingt
21	vingt et un
22	vingt-deux
23	vingt-trois
24	vingt-quatre
25	vingt-cinq
26	vingt-six
27	vingt-sept
28	vingt-huit
29	vingt-neuf
30	trente
31	trente et un

1

Premiers contacts

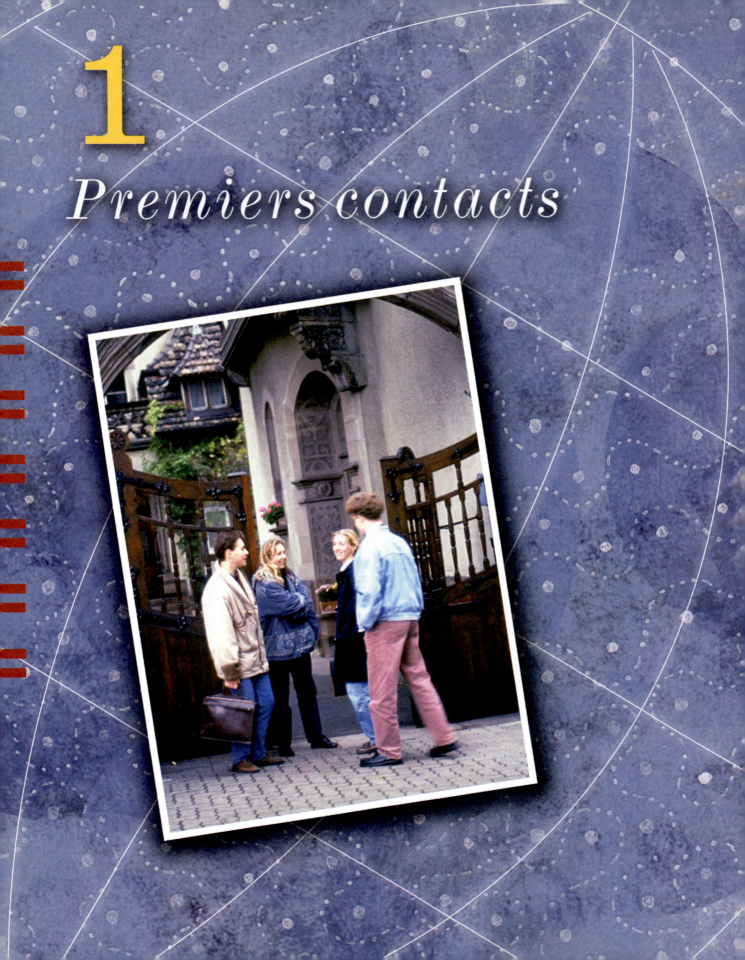

CULTURES EN PARALLÈLES

Everyday politeness across cultures

ÉTAPE 1

CONTEXTE Qui est-ce?

STRUCTURE Les pronoms sujets; le verbe **être**; la négation

ÉTAPE 2

CONTEXTE Chasse au trésor

STRUCTURE Le genre et le nombre, articles définis et indéfinis; contractions

ÉTAPE 3

CONTEXTE Quel étudiant êtes-vous?

STRUCTURE Les verbes en **-er**; changements orthographiques de quelques verbes en **-er**

ÉTAPE 4

CONTEXTE Le nouveau

STRUCTURE Questions oui/non (intonation, **est-ce que, n'est-ce pas**)

CULTURES EN PARALLÈLES

Written and unwritten codes of conduct

DÉCOUVERTES

◀ Le premier contact est parfois excellent.

Everyday politeness across cultures

You may want to ask students to reiterate the facts about handshakes (much more frequent, in fact, almost automatic with every greeting and leave-taking) and *la bise,* which is very different from a hug. Make sure students understand that handshakes and *la bise* are not interchangeable. Can they tell when the latter is acceptable?

Remind students than it is better to be formal when meeting people: for example, should one first use the *tu-* or *vous-*form of address? How is one to decide? Except when meeting a group of peers, should one stick with *Monsieur, Madame, Mademoiselle,* or immediately use first names? When asking for information or directions, is being very polite more important than being direct and concise? Could directness be perceived as boorishness?

You may also want to share some relevant anecdotes: the American exchange student who smiles at everyone and gets some unexpected advances that he/she unwittingly encouraged, the American traveler eager to start an unwelcome conversation with his/her seatmate on the plane, etc.

Don't forget to discuss the photo: a well-mannered guest in France often brings flowers to the hostess. However, sending them ahead of time in order not to distract her may even be a better idea.

When you are introduced to someone, how do you greet your new acquaintance? Do you immediately chat on a first-name basis? If not, how do you address each other? Can you think of any other customs that you follow when introductions are made? Do your responses vary according to the circumstances?

Can you think of—and list—some other rules of politeness that affect your daily interchanges with people? For example, how do you ask someone on the street for information or directions? How, and when, do you speak to clerks and cashiers in stores? Do you ever smile at strangers as you walk down the street or start a conversation with someone you don't know?

Finally, see if you can think of any everyday behaviors that are considered rude in North American culture. Are there any factors that may change perceptions of "rude" behavior?

CONTEXTE

Qui est-ce?

Rachid est photographe. Il est de Montpellier. Il montre (*shows*) à Sylvie, une secrétaire, des portraits récents.

SYLVIE: Ici, qui est-ce?

RACHID: C'est Annette Montand.

SYLVIE: Elle est d'où?

RACHID: Elle est de Bordeaux. Elle est architecte.

SYLVIE: Et elle, qui est-ce? C'est Amélie Soulier?

RACHID: Non, ce n'est pas Amélie. C'est Amina Doucet.

SYLVIE: Elle est étudiante?

RACHID: Non. Elle n'est pas étudiante. Elle est journaliste.

SYLVIE: Et elle est d'où?

RACHID: Elle est de Dakar.

RACHID: Voici les Joli. Ici c'est Henri.

SYLVIE: Qu'est-ce qu'il fait?

RACHID: Il est médecin. Là, c'est Françoise. Elle est professeur. Ils sont de Chambéry. Et toi, tu es de Chambéry aussi (*also*)?

SYLVIE: Moi, je ne suis pas de Chambéry, je suis de Grenoble.

ÉTAPE
1
2
3
4

Present these dialogues by associating each with the related illustration: *Qui est-ce? Comment s'appelle-t-il/elle? Il/Elle est d'où? Qu'est-ce qu'il/elle fait?* Use a question/answer presentation: In each case, begin with the initial question and propose several answers to stimulate students' thinking. Then give the answer that applies to the situation in the textbook. To recap, ask the questions again and let students answer. Students can then follow the same method themselves, either in pairs or in small groups.

Point out that *les* precedes a family last name to designate the whole family: *les Joli* = "the Joli family" or "the Jolis."

Formulas such as the ones used here to inquire about a person's name, occupation, and place of origin are almost fixed, although some may be used with inversion and others with *est-ce que.* For native speakers, it is more a question of ear and usage than a question of register.

You may want to point out the cities referred to on a map: Montpellier in the south of France, famous for its very old university and the proximity of beaches; Bordeaux, a very important harbor in the heart of wine country; Chambéry and Grenoble, near the Alps. Remind students that Dakar is the capital of Senegal, in Africa. (IRCD M2—map of France—and IRCD M4—map of francophone Africa)

Est-ce évident?

Vive la diversité!

Although Rachid, the photographer, is a Frenchman, his first name is not a traditional French first name, but rather a traditional Muslim name. His family probably came from North Africa (Morocco, Algeria, and Tunisia were formerly French colonies) and settled in France.

France has a long tradition of granting political asylum to political refugees. However, after the First and Second World Wars, foreigners were also taken in to help rebuild the country. Today, slow economic growth has brought an official end to immigration, but the rights to asylum and to family reunification continue.

While the majority of immigrants in the 1950s were from Europe (Italy, Belgium, and Poland, then Spain and Portugal), more recent immigrants were likely to come from Africa—both North Africa and sub-Saharan Africa. There has also been a rise in the numbers of Asian nationals, Turks, and immigrants from Eastern Europe.

In President Chirac's words, *la France moderne est tricolore*[1] *et multicolore*, not less united, but certainly more diverse than the traditional image of France might suggest.

● Is the history of diversity in France similar to or different from that in your own country? How might you explain any similarities and/or differences?

[1] Blue, white, and red are the three colors of the French flag.

Les femmes en France

Annette Montand is an architect. French women have always worked, but since 1960 women have been working in ever greater numbers and their career patterns have changed. Most no longer stop working when they have children. Also, many women are entering (and succeeding in) fields traditionally reserved for men. A newly passed law encourages political parties to select equal numbers of male and female candidates, thus encouraging the entry of more women into politics.

● How would you feel about the enactment of a law in your country to encourage more women to enter politics?

LE MOT JUSTE

Expressions
aussi *also*
Qui est-ce? *Who is this?*
Qu'est-ce qu'il/elle fait? *What does he/she do? What is his/her occupation?*

Il/Elle est d'où? *Where is he/she from?*

Noms
un/une architecte *architect*
un/une journaliste *journalist*

un médecin *physician, doctor*
un/une photographe *photographer*

Verb
être *to be*

À votre tour

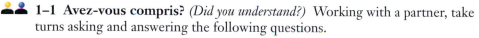

1–1 Avez-vous compris? *(Did you understand?)* Working with a partner, take turns asking and answering the following questions.

MODÈLE: É1: Henri est photographe ou médecin?
　　　　　　É2: Il est médecin. Il n'est pas photographe!

1. Rachid est architecte ou photographe?
2. Annette est architecte ou étudiante?
3. La journaliste est Amélie Soulier ou Amina Doucet?
4. Amina est de Chambéry ou de Dakar?
5. Henri est professeur ou médecin?
6. Françoise n'est pas étudiante: elle est journaliste ou professeur?
7. Henri et Françoise sont de Dakar ou de Grenoble?

1–2 La réponse logique. Working with a partner, match each question with its logical answer.

1. Elle est d'où?
2. Qu'est-ce qu'elle fait?
3. Il est d'où?
4. Ils sont d'où?
5. Vous êtes d'où?

a. Il est de Bordeaux.
b. Ils sont de Grenoble.
c. Je suis de Dakar.
d. Elle est architecte.
e. Elle est de Grenoble.

1–3 On se renseigne *(Getting information).* Find out the names of as many classmates as you can, learn where they are from, and ask the date of their birthday.

MODÈLE: É1: Tu t'appelles comment?
　　　　　　É2: Je m'appelle Alan.
　　　　　　É1: Tu es d'où?
　　　　　　É2: De Denver, Colorado.
　　　　　　É1: Et ton anniversaire?
　　　　　　É2: Le 3 octobre.
　　　　　　É1: Merci!

1–1 You may want to show the *Contexte* dialogues so students don't bury themselves in their books (IRCD Images T01–01).

1–3 You may direct students to circulate and ask each other directly for the information. Alternatively, you might suggest that they ask a knowledgeable classmate for this information: *Il/elle s'appelle comment? Il/elle est d'où?* You may also want to ask students to take notes so that they can later group people according to where they come from.

1–4 Célébrités. Which professions do you associate with the following celebrities? With a partner, take turns asking and answering questions about the following people. Can you think of other famous journalists, architects, photographers, doctors, and professors to ask about?

MODÈLE: É1: Tom Brokaw?

É2: Il est journaliste.

Frank Lloyd Wright / Barbara Walters / Annie Leibovitz / Carl Sagan / I.M. Pei / Sam Donaldson / Ansel Adams / Jonas Salk

---

STRUCTURE

Les pronoms sujets; le verbe **être**; la négation

Les pronoms sujets

- In French, as in English, you can refer to persons or things by using either nouns or pronouns.

Rachid est photographe.	*Rachid is a photographer.*
Il est de Montpellier.	*He is from Montpellier.*
Voici **une vidéocassette**.	*Here is a videotape.*
Elle s'appelle *Parallèles*.	*It is called* Parallèles.

- The French pronouns used as the subject of a verb are as follows:

singular		plural	
je (j')	*I*	**nous**	*we*
tu	*you* (informal)	**vous**	*you*
il	*he/it*	**ils**	*they*
elle	*she/it*	**elles**	*they*
on	*people, one; we* (colloquial)		

See also pp. 54 and 55 regarding the use of *tu* and *vous*.

- **Tu** and **vous** both mean *you*. As you have seen, **tu** is the informal way to address one person, and **vous** is the formal form. **Vous** is also used to address more than one person, either formally or informally.

- **Il** refers to a singular noun that is masculine, and **elle** to a singular noun that is feminine.

Rachid? **Il** est de Montpellier.	*Rachid? He is from Montpellier.*
Le livre? **Il** s'appelle *Parallèles*.	*The book? It's called* Parallèles.
Annette? **Elle** est architecte.	*Annette? She is an architect.*
La vidéocassette? **Elle** s'appelle *Parallèles* aussi.	*The videotape? It's also called* Parallèles.

- **On** is an impersonal pronoun used extensively in French to refer to people in a general sense. It can mean *one, they, people in general*. Informally, **on** often means *we,* but this pronoun always appears with a singular verb.

On se présente.	*They/We are making introductions.*
On fait l'appel.	*They/We take attendance.*
On se renseigne.	*They/We are getting information.*

- **Ils** refers to plural nouns (persons or objects) that are masculine, or to a group that includes both masculine and feminine nouns. **Elles** refers to plural nouns, all of which are feminine.

Voici les Joli: Henri et Françoise. **Ils** sont de Chambéry.	*Here are the Jolis. They are from Chambéry.*
Voilà Françoise et Annette. **Elles** sont de Chambéry et Bordeaux.	*Here are Françoise et Annette. They are from Chambéry and Bordeaux.*

Le verbe être

- **Être** is the infinitive form of the verb *to be*. French verbs are listed by their infinitive form (*to* + verb in English) in dictionaries and in the vocabulary lists of this book.

- Like its English counterpart, the French verb **être** is irregular: that is, its forms do not follow a predictable pattern.

être			
je suis	*I am*	**nous sommes**	*we are*
tu es	*you are*	**vous êtes**	*you are*
il/elle/on est	*he/she/it/one is*	**ils/elles sont**	*they are*

- The verb **être** is used to ask about people or things, identify them, describe them, and tell where they're from.

Qui **est**-ce? C'**est** Amina. Elle **est** journaliste. Elle **est** de Dakar.	*Who is this? This is Amina. She is a journalist. She is from Dakar.*
Qu'est-ce que c'**est**? C'**est** *Parallèles*. C'**est** un livre de français.	*What is this? This is* Parallèles. *It's a French textbook.*

- Note that the names of professions follow the forms of **être** directly, with no article:

Je suis **journaliste**.	*I'm a journalist.*
Elle est **photographe**.	*She's a photographer.*
Ils sont **professeurs**.	*They're teachers.*

La négation

- To make a present-tense verb form negative, put **ne** (**n'** before a vowel sound) before the verb and **pas** directly following it:

Elle **n'**est **pas** étudiante.	*She is not a student.*
Les Joli **ne** sont **pas** de Montpellier.	*The Jolis are not from Montpellier.*
Je **ne** suis **pas** photographe.	*I am not a photographer.*

À votre tour

1–5 Quelle mémoire! (*What a memory!*) Taking turns, confirm where various classmates are from.

MODÈLE: É1: Mark, tu es de Lincoln?

É2: Oui, je suis de Lincoln.

or: Non, je suis de Chicago.

Then introduce the group members to the class:

MODÈLE: É1: Mark est de Chicago.

É2: Kim et Pat sont de Kansas City.

1–6 C'est tout faux! (*It's all wrong!*) The information given below is not correct. Taking turns with your partner, show that you know better!

MODÈLE: É1: Rachid est de Dakar.

É2: Non! Il n'est pas de Dakar.

1. Annette Montand est professeur.
2. Annette Montand est de Chambéry.
3. Amina Doucet est médecin.
4. Amina Doucet est de Montpellier.
5. Henri Joli est photographe.
6. Henri Joli est de Grenoble.
7. Françoise est architecte.
8. Françoise est de Bordeaux.

1–7 You may want to encourage students to circulate until they find two classmates with whom they have something in common. They can share their common bond: *Adam et moi, nous sommes de Chicago. Nous sommes étudiants.*

1–7 Prenez la parole. Take turns introducing several classmates formally to the rest of the class, giving their own hometown and other relevant details.

MODÈLE: —Voici Geoff. Il n'est pas de Cleveland. Il est de Denver. Il est étudiant.

CONTEXTE

Chasse au trésor

At the Université Laval, in Quebec, Anne, Philippe, and Line have just learned that they will share a recently vacated office. They need to furnish it cheaply and are looking everywhere on campus, in the halls, in classrooms, in other offices, for discards and hand-me-downs.

Acte 1: Les trois copains sont au labo

—Quelle chance, un ordinateur!

—Hélas non! Pas d'ordinateur! L'ordinateur est propriété personnelle! C'est l'ordinateur de l'assistant du labo.

—Ça, c'est dommage!

Acte 2: À la cafétéria

—Regardez: des chaises.

—Pas mal, les chaises! Trois chaises pour le bureau!

—Impossible! Ce sont les chaises du restaurant!

Acte 3: Dans la salle de classe

—Et voilà des affiches, deux affiches.

—Super!

—Mais non! Regarde! Propriété du département de langues (*languages*). Ce sont les affiches du prof!

—Ça, qu'est-ce que c'est? Encore une affiche?

—Non, c'est une carte!

—C'est la carte d'un étudiant?

—Oui, c'est la carte de la copine de Philippe: Mireille.

—Zut alors!

—Et enfin, un tableau. Mais c'est le tableau de l'université.

—Alors, il reste ici, dans la salle de classe!

Conclusion: Les copains sont honnêtes, mais le bureau des copains est toujours vide (*still empty*).

Before starting with the dialogues, you may ask students to make an inventory of what one likes to find when moving into a new office. *Numéro un? un ordinateur ou un bureau? une chaise? Et pour la décoration: des affiches? une, deux, trois, quatre, cinq affiches. Une carte? Un tableau?*

Assign each *acte* to a group of students. Ask them to take notes under the three headings you have written on the board: *Où sont-ils? Objet(s) désiré(s)? Résultat positif ou négatif?*

When this is done, ask the questions: *Où sont-ils? Quels sont les objets désirés? Le résultat est-il positif (Quelle chance!) ou négatif (C'est dommage!)?*

Est-ce évident?

Les universités au Québec

Université Laval is one of Quebec's eight degree-granting universities and colleges. A Roman Catholic institution founded in 1663 as the Seminary of Quebec, it was the first in North America to offer higher education in French. It currently enrolls some 36, 000 students.

Higher education in Quebec differs from higher education in the United States. After high school, students complete a two-year program at a **CEGEP (Collège d'enseignement général et professionnel)** and then they may go on to a college or university. They usually receive **un baccalauréat**, the equivalent of an American bachelor's degree, after three years, and may continue their education thereafter to receive **une maîtrise** and ultimately **un doctorat**.

● Imagine you want to enroll at the Université Laval. What kind of information can you find on the Web to share with your classmates?

You may provide the address **http://www.ulaval.ca**. While students should be encouraged to peruse the French version, they also have a button to direct them to the English page.

LE MOT JUSTE

Expressions

alors *then*
au labo *in the lab*
Ça/Il reste ici. *It stays here.*
C'est dommage! *It's a pity!*
encore un/une *one more*
enfin *finally*
hélas! non *alas, no*
impossible! *impossible!*
mais *but*

Quelle chance! *What a stroke of luck!*
Regarde! Regardez! *Look here!*
Super! *Good! Excellent!*
Zut alors! *Darn it!*

Noms

un assistant *assitant/helper*
un bureau *office, desk*

un copain, une copine *friend, pal* (familiar)
un prof *professor, teacher* (familiar)
la propriété *property*

Adjectifs

honnête *honest*
personnel, -elle *personal*

À votre tour

1–8 You may want to show the labeled classroom from the Chapitre préliminaire to jog students' memory (IRCD Image A00–14).

1–8 Avez-vous compris? As your partner reads the list of office furniture and supplies, indicate which are needed by Anne, Philippe, and Line.

MODÈLE: É1: Des disquettes?
   É2: Non.
   É1: Un bureau?
   É2: Oui.

> un bureau / des crayons / une table / des craies / des affiches / des photos / des chaises / une carte / un dictionnaire / des cahiers / des stylos / des livres / des disquettes

1–9 Où sommes-nous? *(Where are we?)* With a partner decide where you are most likely to be when surrounded by the following objects or people: **à l'université? à la cafétéria? au bureau? au labo? au cinéma? dans la salle de classe?**

MODÈLE: des affiches, des photos

—Nous sommes au cinéma.

1. une affiche, une carte, des livres, un ordinateur
2. des ordinateurs, des vidéocassettes, des CD, un assistant
3. des chaises et des tables
4. des étudiants, des professeurs, des salles de classe

1–10 Familles de mots *(Word families).* Read aloud only the words or expressions (there may be more than one possibility) that express the specified notions. Do you and your partner agree in every case?

Enthusiasm: super, zut alors, pas mal, quelle chance
Disappointment: enfin, mais non, pas mal, hélas non
Regret: c'est dommage, quelle chance, zut alors
Wrapping things up: super, hélas, enfin, alors

1–11 C'est la propriété de qui? *(Whose property is it?)* With a partner, identify the owner of the items mentioned by Anne, Philippe, and Line. Take turns asking and answering the following questions.

MODÈLE: **la carte:** C'est la carte de Philippe ou de Mireille?

É1: C'est la carte de Philippe ou de Mireille?
É2: C'est la carte de Mireille.

1. **l'ordinateur:** C'est l'ordinateur du prof ou de l'assistant du labo?
2. **les affiches:** Ce sont les affiches du prof ou de l'université?
3. **le tableau:** C'est le tableau de Mireille ou de l'université?
4. **les chaises:** Ce sont les chaises du restaurant ou du département de français?

1–11 As a warm-up (and to review vocabulary), you may first simply go around the classroom pointing out things and stating to whom they belong. *Voilà un stylo. C'est le stylo de Julie?* You may add drama to the presentation by hesitating: *C'est le stylo de… de… de Julie?* or by correcting yourself: *C'est le stylo de Julie? Pardon! C'est le stylo de Paul.* Don't forget that your college/university is also a rightful owner!

1–12 On voudrait… *(We would like…)* With members of your group, agree upon and note down the content of your ideal office, following the model. Then, prioritize the items you have agreed upon by writing them up as a numbered list. Compare your list with the ones drawn up by other groups. How similar are they?

MODÈLE: É1: On voudrait une ou deux fenêtres…
É2: et un ordinateur…
É3: et aussi une carte et des affiches.

STRUCTURE

Le genre et le nombre, articles définis et indéfinis; contractions

La notion de nombre: le singulier et le pluriel

- The sign of the plural in French, as is normally the case in English, is **-s**.

Voilà un étudiant.	*Here's one (a) student.*
Voilà quatre étudiant**s**.	*Here are four students.*
Voilà un stylo.	*Here's a pen.*
Voilà trois stylo**s**.	*Here are three pens.*

- If a noun ends in **-s** in the singular, no **-s** is added for the plural.

  un Françai**s**, **deux** Françai**s**   *one Frenchman,* two Frenchmen

- A final **-s** in French is normally not pronounced. To distinguish between the singular and the plural, listen for other indications. For example, in the above sentences, the numbers **un**, **trois**, and **quatre** make the distinction easy.

La notion de genre: le masculin et le féminin

- All French nouns, whether they refer to persons or things, have gender; that is, they are either masculine or feminine.

- In French, feminine nouns often end in **-e**. Feminine nouns are often formed by adding **-e** to the masculine form. Plurals are usually formed by adding **-s** to the singular.

Paul est étudiant.	Olivier et Pierre sont étudiant**s**.
Nathalie est étudiant**e**.	Nathalie et Jeanne sont étudiant**es**.

Les articles indéfinis et définis

- Whenever you learn a French noun, you must also learn its gender; i.e., whether it is masculine or feminine. To help remember the gender, learn to associate the appropriate article with each noun: **un** professeur, **une** affiche.

L'article indéfini

- The indefinite article corresponds to the English *a* or *an* in the singular, and to *some* in the plural. **Un** or **une** can also mean *one* and **des** can also mean *several/some*. The indefinite article has the following forms:

MASCULINE SINGULAR	**un** crayon	*a pencil*
FEMININE SINGULAR	**une** affiche	*a poster*
PLURAL	**des** crayons, **des** affiches	*several pencils, some posters*

Margin notes:

Use a short oral drill to reinforce the singular/plural distinction. You might say a phrase and have students indicate whether it's *singulier ou pluriel. Voilà un stylo, quatre stylos, un Français, deux Français, un livre, cinq livres, un professeur, deux professeurs, un crayon, trois crayons.*

You may want to tell students that some French nouns have natural gender (they refer to a male or female): *un étudiant, une étudiante,* and others have grammatical gender; for example, *le crayon, la craie.* You may refer them to the illustration of classroom objects, page 13.

See Chapitre 7 for the presentation of partitive articles.

Point out that liaison is obligatory after *un* and *des: un_ami* [œ̃ nami]; *des_amis* [de zami].

There is more on the indefinite article (*pas de*) in Chapitre 2. Also, see the note regarding the absence of an article with *être* + nouns of profession, page 31.

Use a brief oral drill to practice indefinite articles. Hold up classroom objects and ask: *Qu'est-ce que c'est?* Students respond: *C'est un(e) _____* or *Ce sont des _____.* Objects might include: *crayon, stylo, cahier, craie, dictionnaire,* etc. Mix singular and plural.

L'article défini

● The definite article, the equivalent of *the* in English, is used to point out a specific person or object. The definite article has the following forms:

MASCULINE SINGULAR	**le** professeur	*the instructor*
FEMININE SINGULAR	**la** chaise	*the chair*
PLURAL	**les** professeurs, **les** chaises	*the instructors, the chairs*

C'est **le** professeur.	*This is the instructor.*
Voilà **le** livre *Parallèles*.	*Here is the book* Parallèles.
Écoutez **les** cassettes!	*Listen to the cassettes!*

● The singular articles **le** and **la** both become **l'** before a noun beginning with a vowel sound: **l'**étudiant, **l'**étudiante, **l'**ordinateur, **l'**université.

● The definite article is often used to express possession, as you have already seen. The sequence of elements is as follows:

> definite article + noun + **de** (or **d'** before a vowel sound) + possessor

Voilà **l'**ordinateur **d'**Olivier.	*There's Olivier's computer.*
Voici **la** chaise **de** Nathalie.	*Here's Nathalie's chair.*
Voici **les** étudiants **de** M. Dupont.	*Here are Mr. Dupont's students.*

À votre tour

1–13 Toujours plus! Change the nouns in the following commands to the plural form. Remember that the articles will have to change to the plural as well.

MODÈLE: É1: Ouvrez le livre!

         É2: Ouvrez **les** livre**s**!

         É2: Prenez un stylo!

         É1: Prenez **des** stylos!

1. Ouvrez le livre!
2. Lisez la phrase *(sentence)*!
3. Prenez une craie!
4. Apportez le stylo!
5. Écrivez un exercice!
6. Lisez l'exercice!
7. Fermez la fenêtre!
8. Regardez l'affiche!
9. Répétez la date!
10. Écrivez la phrase!
11. Prenez un crayon!
12. Écoutez le professeur!

You may wish to explain to students that this is a phenomenon known as elision and that they will see further examples in other lessons where a final -**e** is dropped before another vowel.

Point out that liaison is obligatory after *les:* les_amis [le za mi].

Point out that there is no suffix like *'s* in French.

See contractions of *de* + definite article below.

Use a brief oral drill to reinforce use of the definite article to express possession. Walk around, pointing out various students' possessions. *Voici le manuel de Bob, le stylo de Susan*, etc. Then have students do the same thing. Remind them how to find out a classmate's name, if necessary.

1–13 You may want to have students give the English equivalent of one or two of these sentences with each article, to verify that they have grasped the difference between specific and nonspecific references.

1–14 You may want to personalize the exercise using the names of students in the class. Don't hesitate to be highly dramatic!

You may want to ask for the English equivalent of one or two responses to reinforce the notion that in French possession is expressed syntactically, as a phrase, and not by a suffix like the English 's.

1–14 Pas de panique! Your partner is looking frantically for different items. Help him/her out by offering the needed items from among those in the classroom. Be sure to use the appropriate form of the definite article in your responses, indicating to whom the item belongs.

MODÈLE: un stylo

> É1: Un stylo! vite! *(quickly!)* un stylo!
>
> É2: Voilà **le** stylo **de** Marc!

1. un stylo
2. un livre
3. un cahier
4. une affiche
5. des craies
6. une chaise
7. des crayons

1–15 Warm up the class first by going around and picking up a book: *C'est un cahier, bien sûr!* Then, showing the name: *Mais c'est un cahier spécial, c'est le cahier de Julie.*

1–15 Tout à fait spécial! *(Really special!)* Contribute classroom supplies to a pile on your instructor's desk. Take turns volunteering to hold up the different objects and ask what they are. Once each object is identified, determine to whom it belongs, following the model.

MODÈLE: VOLONTAIRE: Qu'est-ce que c'est?

CLASSE: C'est un cahier.

VOLONTAIRE: Oui, un cahier. Mais c'est un cahier spécial. *(looking for a name or the raised hand of the owner)* C'est le cahier de Marc!

Contraction de l'article défini après à et de

- You have already encountered the prepositions **à** (*to, at, in*) and **de** (*of, about, from*):

Les copains sont **à** la cafétéria.	*The friends are at the cafeteria.*
Rachid est **de** Montpellier.	*Rachid is from Montpellier.*
C'est la chaise **de** Nathalie.	*It's Nathalie's chair.*

- The prepositions **à** and **de** combine with the masculine singular and the plural forms of the definite article (**le** and **les**) as shown below:

à + le → **au**	Les copains sont **au** labo.
	The friends are in the lab.
à + les → **aux**	Il montre la carte **aux** étudiants.
	He shows the map to the students.
de + le → **du**	Ce sont les affiches **du** prof.
	These are the prof's posters.
de + les → **des**	Ce sont les cassettes **des** étudiants.
	These are the students' cassettes.

Tell students that liaison is obligatory after *aux* and *des*.

● Note that **à** and **de** do not combine with **la** or **l'**:

C'est le tableau **de** l'université.   *It's the university's chalkboard.*

Paul n'est pas **à l'**université.   *Paul is not at the university.*

Les chaises sont **à la** cafétéria.   *The chairs are in the cafeteria.*

À votre tour

1–16 Rendez à César... You have borrowed lots of things from different people to furnish your office and you have forgotten to whom they belong! Enlist your partner's help to identify the owners, according to the model.

MODÈLE: l'affiche (le professeur)

> É1: C'est l'affiche de qui?
>
> É2: C'est l'affiche **du** professeur.

  1. le bureau (l'assistant)

  2. la chaise (la cafétéria)

  3. la carte (les étudiants)

  4. l'affiche (l'ami de Georges)

  5. le livre (la copine de Marc)

  6. le dictionnaire (l'université)

  7. l'ordinateur (le labo)

  8. la vidéocassette (les étudiants de français)

1–17 Prenez la parole. Your partners for a class project have disappeared. Take turns asking where they are likely to be.

MODÈLE: le cinéma

> —Ils sont au cinéma?

  1. le café

  2. la banque

  3. la cafétéria

  4. l'université

  5. le labo

  6. le restaurant

En direct

Audio script for *En direct:*
Eh bien, voilà un ordinateur portable. Est-ce que c'est l'ordinateur de Paul ou de Georges?… Ça c'est un problème! Eh bien… voyons, Georges n'est pas au labo aujourd'hui, alors bien sûr, c'est l'ordinateur de Paul. Ici, voilà un cahier et ça, c'est simple, c'est le cahier de Julie! Enfin voilà un stylo. Ce n'est pas le stylo de Thierry. Thierry est absent aujourd'hui. Et bien, c'est maintenant le stylo de l'assistant du labo! Tiens, voilà une carte de France, c'est la carte du copain de Julie ou la carte de Julie? C'est la carte du copain de Julie. Il est très souvent ici.

Objets trouvés *(Lost and found)*. Nathalie works in the language lab and, at closing time, collects lost items. She is trying to identify what belongs to whom. Listen to her monologue as she tries to remember who had what, who came in today, and who did not. Then connect each person's name with the item Nathalie found.

l'assistant du labo

le copain de Julie

Georges

Julie

Paul

Thierry

CONTEXTE

Quel étudiant êtes-vous?
(What type of student are you?)

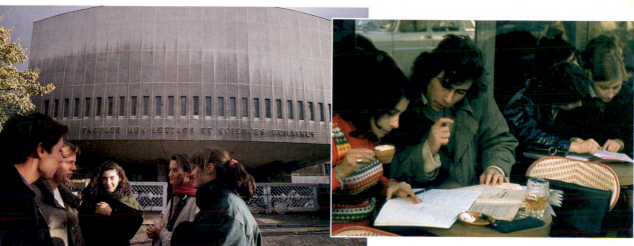

What type of student are you? Take the self-quiz below, keeping track of your score.

		A	B	C
1.	Je retrouve des copains / copines	jamais	parfois	souvent
2.	J'écoute de la musique	rarement	parfois	souvent
3.	Je regarde la télé	souvent	parfois	rarement
4.	Je téléphone aux copains / copines	rarement	parfois	souvent
5.	Je danse	rarement	parfois	souvent
6.	Je chante	mal	pas mal	assez bien
7.	J'étudie	toujours	souvent	rarement
8.	J'aime étudier	peu	beaucoup	assez
9.	J'aime le sport	peu	assez	beaucoup
10.	Je travaille	trop	beaucoup	assez

Comptez 1 point pour chaque *(each)* A, 2 points pour chaque B et 3 points pour chaque C.

Les résultats:

de 1 à 13: Vous êtes trop sérieux! Attention à la dépression! Vous ne rencontrez jamais de copains, vous ne pratiquez pas de sport, vous travaillez toujours! Changez votre routine!

de 14 à 24: Bel équilibre! *(Nice balance!)* Ajoutez plus d'intensité dans votre routine!

de 25 à 30: Bon vivant! Bravo, mais passez peut-être *(perhaps)* plus de temps avec les études et moins avec les distractions!

You may start with questions about the two photos: *Qui est-ce? Ce sont des étudiants!* Photo 1: *Ils sont à l'université.* Photo 2: *Les étudiants sont au café. Mais ils sont sérieux, ils étudient!* Then ask: *Et vous, quel(le) étudiant(e) êtes-vous?* Write on the board: *un étudiant sérieux? un étudiant moyen (normal)? un bon vivant?* and ask for translations.

You may want to show the survey (IRCD Image A01–09). Ask students to translate the range of behaviors listed. You may continue with this very unscientific poll by pointing out that one may adopt certain patterns of behavior in college that affect the quality of one's life and also the (superficial) judgment of others. Even when specific behaviors are normal, their frequency, quality, or intensity may indicate a potential problem. How can you describe an action's frequency, quality, or degree of intensity?

You may write on the board a continuum entitled *Qualité,* then fill in the words *très mal, mal, assez mal, assez bien, bien, très bien.* Do the same for *Fréquence d'une action (jamais, rarement, parfois, souvent, toujours)* and for *Quantité (peu, assez, beaucoup).* Add both the symbols and words + *plus* and—*moins* and the word *trop* followed by an exclamation point.

Next, ask students to respond to the survey individually and tally their score. When everyone is done, interpret the scores as a group. You may want to add some drama, playing with your intonation and adding exclamations: *Oh là là! Attention! Bravo!*

You may point out that usually an adverb immediately follows the verb: *J'écoute rarement de la musique.*

You may ask students to identify the cognates as you read aloud the scoring summary.

You may wish to remind students of the command forms they saw earlier (*expressions pour la salle de classe*). When giving an order, a subject is not needed before the verb.

Est-ce évident?

Les cafés

In 1669 the Turkish ambassador to Paris served coffee to Louis XIV. Coffee houses—**cafés**—quickly became the rage throughout Paris and other big European cities. More than a hundred years later, in 1786, **le café Procope** was attracting the fashionable and intellectual elite of the city: Benjamin Franklin; the philosopher Voltaire; revolutionaries like Robespierre, Danton, and Marat; the young lieutenant Napoléon Bonaparte. Today, going to a café is an important part of French life. Around urban universities, diverse groups of students have "their" café. The café serves as a meeting place, a discussion center, a study room, sometimes a home away from home where one always feels welcome and comfortable.

● On your campus or in your town, what places have a function similar to that of a French café?

LE MOT JUSTE

Expressions

Attention! *Pay attention! Be careful!*
avec *with*

Expressions de fréquence

ne...jamais *never* (functions like **ne...pas**)
parfois *sometimes*
rarement *rarely, seldom*
souvent *often*
toujours *always*

Expressions de quantité

assez *enough*
beaucoup *a lot*
moins *less*
peu *little*

plus *more*
trop *too much*

Verbes

aimer *to like, to love*
changer *to change, to modify*
chanter *to sing*
compter *to count*
danser *to dance*
écouter *to listen to*
étudier *to study*
passer (du temps) *to spend (some time)*
pratiquer *to practice, to be involved with*
regarder *to watch, to look at*
retrouver (une personne) *to meet (someone)*

téléphoner *to make a phone call*
travailler *to work*

Noms

un bon vivant *one who enjoys life's pleasures*
la dépression *depression*
une distraction *entertainment*
les études (f) *studies*
la musique *music*
la routine *routine*
le sport *sport*
la télé/la télévision *television*

Adjectif

sérieux, -euse *serious*

À votre tour

1–18 Famille de mots. Working with a partner, take turns connecting the words in column A with their opposites in column B.

	A	B
1.	toujours	peu
2.	souvent	mal
3.	trop	jamais
4.	beaucoup	parfois
5.	bien	pas assez

1–19 Quel étudiant es-tu? With your partner take turns asking each other questions based on the questionnaire, **Quel étudiant êtes-vous?** Follow the model and note that in your answers the adverb must immediately follow the verb. Write down your partner's responses.

MODÈLE: É1: Tu retrouves des copains et des copines?

É2: Oui, je retrouve souvent des copains et des copines.

1–20 Je sais tout (*I know everything*). Now take turns presenting your partner to the class.

MODÈLE: —Voilà Eric. Il retrouve souvent des copains. Il téléphone beaucoup aux copains…

1–19 You may or may not point to the spelling changes *je retrouve, tu retrouves*. If you do, point out that the final *-s* is characteristic of the *tu*-form, as they saw in *être: tu es*.

STRUCTURE

Les verbes en -er; changements orthographiques de quelques verbes en -er

Les verbes en -er

- Verbs whose conjugations follow a predictable pattern are regular verbs. Most French verbs are regular and belong to the first conjugation, whose infinitive ends in **-er**.

- To conjugate a first-conjugation verb like **parler** (*to speak, to talk*), find the root, or stem, by removing the infinitive ending **-er**; then add the endings shown below in boldface type:

parler –er parl-			
je	parle	nous	parl**ons**
tu	parl**es**	vous	parl**ez**
il/elle/on	parle	ils/elles	parl**ent**

- When a verb form begins with a vowel sound, the subject pronoun **je** becomes **j'**:

J'écoute de la musique. J'étudie. J'aime le sport.

- The English equivalent of a given French verb form depends on the context in which the French verb is used. Study the following questions and answers and their corresponding English forms. Notice that *I speak, I do speak, I am speaking* all correspond to **je parle**.

Parlez-vous français?	*Do you speak French?*
Je parle français, mais pas bien.	*I speak French, but not well.*
Je parle au téléphone.	*I am speaking on the phone.*

Point out that all shaded forms are pronounced the same and that this verb only has three spoken forms: [parl], [parlɔ̃] and [parle]. Model pronunciation and have students repeat.

Point out also the difference in pronunciation between the third-person singular (*il/elle/on*) form of these verbs and the third-person plural (*ils/elles*) form: *il étudie* [i letydi] vs. *ils_étudient* [il zetydi]. The final consonant of the plural pronoun is used in liaison to make this distinction.

Model the difference in pronunciation between the third-person singular and third-person plural forms. Then pronounce either a singular or a plural form and have students indicate whether it is singular or plural: *elle aime la danse, elles aiment la danse; il écoute de la musique, ils écoutent de la musique; il écoute un CD, ils écoutent un CD.*

Point out to students that "**do/does**" is used in questions and negatives and "**am/is/are**" for actions in progress. These are auxiliary or helping verbs which are included in the meaning of the present-tense forms in French. Point out also that this means they should not try to translate "do" or "is … -ing" when formulating statements and questions in French.

À votre tour

1–21 **Vos amis.** Tell what you and your new school friends are doing.

MODÈLE: Jean…

—Jean écoute la radio.

1. Tu…

2. Je…

3. Nous…

4. Vous…

5. Julie…

6. Ils…

1–22 **Vous et vos amis.** Tell how often you and your friends engage in various activities, using one suggestion from each column to create sentences.

MODÈLES: nous / étudier / souvent

—Nous étudions souvent.

je / chanter avec un groupe / ne…jamais

—Je ne chante jamais avec un groupe.

nous	chanter	souvent
les étudiant(e)s	regarder la télé	parfois
tu	retrouver des copains	ne…jamais
vous	étudier	toujours
je	danser	assez
on	travailler	peu
	parler au téléphone	beaucoup
	écouter de la musique	bien
		mal

1–23 Beaucoup à faire! *(Lots to do!)* Consult the list of possible activities and take turns asking each other what you are likely to do this weekend. Keep track of everyone's answers.

MODÈLE: écouter la radio

      É1: Tu écoutes la radio?

      É2: Oui, j'écoute la radio.

> regarder la télé / travailler / écouter des cassettes / retrouver des copains / parler / téléphoner à des copains / étudier / chanter avec un groupe / téléphoner à des amis / danser

Then, agree on the most and least likely activities for your group, and share them with the class.

MODÈLE: É1: Nous retrouvons des amis.

      É2: Nous parlons beaucoup.

      É3: Nous écoutons des CD.

      É4: Nous n'étudions pas…

1–24 Prenez la parole. Working in groups, come up with the typical behaviors of a very serious student, an average student, and a party animal. Then, share your portraits with the rest of the class. See if your classmates can categorize the people you describe as **un(e) étudiant(e) sérieux (sérieuse)**, **un(e) étudiant(e) normal(e)**, or **un fêtard** *(person who likes to party)*.

MODÈLE: É1: Il est très souvent au café. Il est rarement dans la salle de classe. Il téléphone souvent aux copains et aux copines.

      É2: C'est un fêtard! *or:* Ce n'est pas un étudiant sérieux.

Changements orthographiques de quelques verbes en -er

Some regular **-er** verbs require spelling changes in some forms to reflect pronunciation.

- Verbs whose infinitive ends in **-cer** use **ç** before **-ons** in the **nous**-form. Compare the following forms of the verb **commencer** *(to begin)*: je commence / nous commen**ç**ons.

- Verbs whose infinitive ends in **-ger** use **ge** before **-ons** in the **nous**-form. Compare the following forms of the verb **voyager** *(to travel)*: je voyage / nous voya**geons**. Other frequently encountered **-ger** verbs are **manger** *(to eat)*, **ranger** *(to put away [things])*, and **partager** *(to share)*.

- Verbs ending in **-érer** change the **é** to an **è** when the ending is silent— in the **je-, tu-, il/elle/on-, ils/elles**-forms. Frequently encountered **-érer** verbs include **préférer** *(to prefer)*, **répéter** *(to repeat, to rehearse)*, and **espérer** *(to hope)*. Note the present-tense forms of the verb **préférer**:

préférer			
je	préfère	nous	préférons
tu	préfères	vous	préférez
il/elle/on	préfère	ils/elles	préfèrent

It is essential that students understand that the spoken language is primary and its representation in writing secondary. These spelling changes represent the pronunciation of the spoken forms. Also, be sure to pronounce the verb forms presented in each category and to have students repeat them; this will help reinforce the notion that we are talking here about the way we *write* what we *say*.

Remind students that the letter *c* + the letter *a*, *o*, or *u* represents the pronunciation [k]; the letter *c* + *e* or *i* represents the sound [s]. The letter *ç* is used to represent the sound [s] before *a*, *o*, or *u*. See *Phonétique*, p. 20, for examples.
Point out that the *nous*-form is the only one where the spelling change is necessary, since all other regular endings consist of or begin with *e*.

Tell students that the letter *g* + *a*, *o*, or *u* represents the sound [g], while the letter *g* + *e* or *i* represents [ʒ].
   Point out the parallel here with the verbs whose infinitive ends in *-cer*: the *nous*-form is the only one affected because all other endings consist of or begin with **e**.

Verbs with *é* or *e* in the stem have an alternating vowel pattern in the present-tense forms. You may also give the example of *répéter: je répète, vous répétez* and *espérer: j'espère, vous espérez*.

Point out that all forms in the "boot" are pronounced [pre fɛr], whereas the *nous-* and *vous*-forms contain the vowel [e] like the infinitive. Remind students that *è* always represents the vowel [ɛ]. See *Phonétique*, p. 19 for examples of *é* and *è*.

You may want to point out that *préférer* and *espérer* (like *aimer*) can be followed by an infinitive: *Tu préfères retrouver les copains; moi, je préfère étudier. Tu espères étudier demain.* You may practice with students: *Qui préfère regarder la télé? Qui préfère écouter de la musique? Qui espère retrouver des amis demain? Qui espère travailler?*

À votre tour

1–25 You may want to warm up by asking students to conjugate on the board the verbs *ranger, espérer, commencer,* and *répéter* with different subjects. You may also ask students—again on the board—to change statements from singular to plural and vice versa: *je voyage / nous voyageons, vous préférez / tu préfères, je range / nous rangeons,* etc.

1–25 Quelle était la question? *(What was the question?)* Complete on your own the dialogues below by supplying the correct forms of the verbs. Then act out each exchange with your partner.

1. (préférer)   —Vous _____ être ici ou à l'université Laval?
   —Nous _____ être ici/à l'université Laval.

2. (répéter)   —Est-ce que vous _____ toujours après le prof?
   —Oui, je _____ toujours!

3. (commencer) —Vous _____ à bien parler français.
   —Merci! Nous _____ à parler un peu français.

4. (ranger)   —Vous _____ bien le bureau?
   —Nous _____ assez bien le bureau.

1–26 Prenez la parole.   Ask a classmate three questions based on the cues below. Write down his/her responses, then summarize them for the class.

MODÈLE: répéter les exercices en classe ou au labo?

   É1: Est-ce que tu répètes les exercices en classe ou au labo?
(plus tard) É1: Kevin répète les exercices en classe…

préférer étudier ou retrouver des copains?

préférer voyager avec la famille ou avec des copains?

commencer les études à l'université?

changer souvent ou rarement d'ordinateur?

répéter les exercices en classe ou au labo?

espérer regarder un film ou écouter un CD?

manger au bureau ou au restaurant?

1
2
3

ÉTAPE

4

CONTEXTE

Le nouveau

Florent, an engineering student, has recently arrived in Lyon. He is getting acquainted with some new friends at a café. Here you can catch part of his conversation with Thierry.

THIERRY: Mais si tu es de Marseille, qu'est-ce que tu fais ici?

FLORENT: Eh bien, je suis étudiant à l'École Centrale.

THIERRY: Oh! Encore un futur ingénieur! Moi, je suis photographe au *Progrès*.

FLORENT: Et est-ce que tu aimes ton boulot?

THIERRY: Oui, mais je travaille beaucoup trop! Changeons de sujet: Tu es un copain de Juliette?

FLORENT: Juliette, c'est la fille blonde, n'est-ce pas?

THIERRY: Oui, la blonde. Elle est très sympa. Au fait (*by the way*), tu es libre samedi? C'est son (*her*) anniversaire!

FLORENT: Est-ce que tu m'invites?

THIERRY: Mais oui, bien sûr! (*calling to Juliette*) Eh Juliette! Est-ce qu'on invite encore un ingénieur samedi?

Est-ce évident?

Comment se faire des amis *(How to make friends)*

In France, the easiest way for a newcomer to make friends is to get acquainted with a **bande de copains**, a group of young people who have been doing things together for a long time. How do you become a part of such a group? Like Florent, you may be invited by a member to join in an activity, or you may be brought into a group because at one time or another you have dated one of its members. **La bande de copains** spends lots of time together, shares many activities (movies, concerts, parties, watching films on DVD or video, dinners, hiking, skiing, weekend trips). Many times, dating occurs within the group and couples continue to join in the group activities. When they go out, group members usually share the costs.

● How do you meet people in your community? When going out, are you most likely to go out with a boyfriend or girlfriend or with a whole group of friends?

LE MOT JUSTE

Expressions

n'est-ce pas? *isn't it?*
Qu'est-ce que tu fais? *What are you doing?*
si *if*
Tu m'invites? *Are you inviting me?*

Verbe

inviter *to invite*

Noms

un boulot *job* (familiar)
un ingénieur *engineer*
un nouveau/une nouvelle *newcomer*

Adjectifs

blond *blond*
libre *free*
sympa (*short for* sympathique) *nice, sympathetic*

À votre tour

1–27 Make sure that all students understood that *est-ce que* added at the beginning of a sentence indicates that a question is being asked.

1–27 Avez-vous compris? With a partner take turns asking and answering the following questions.

MODÈLE: É1: Est-ce que Florent est un ingénieur ou un futur ingénieur?

   É2: Florent est un futur ingénieur.

1. Est-ce que Florent est de Lyon ou de Marseille?
2. Est-ce que Florent ou Thierry travaille au *Progrès?*
3. Est-ce qu'il (Florent ou Thierry) travaille beaucoup ou peu?
4. Est-ce que l'École Centrale est une école d'ingénieur ou de journalisme?
5. Est-ce que Florent ou Thierry est un copain de Juliette?
6. Juliette est une jeune fille blonde, n'est-ce pas?
7. Est-ce que Juliette ou Thierry invite Florent?
8. Est-ce que samedi, c'est l'anniversaire de Juliette ou de Thierry?

1–28 Un peu avant (*Just before*). With a partner imagine and act out the part of Thierry and Florent's conversation that would have preceded the exchange you have just read. Imagine how they …

1. greet each other
2. exchange names and pleasantries
3. ask each other where they are from

1–28 You may want to direct students to turn back to p. 11 and ask for volunteers to practice the greetings and pleasantries.

1–29 Et après (*After*). With two partners, imagine and then act out Thierry and Florent's conversation with Juliette after the exchange in **Contexte** 4. In this conversation:

1. Thierry introduces Florent to Juliette.
2. Florent greets Juliette.
3. Florent asks Juliette where she is from.
4. Juliette answers and asks Florent what he does.
5. Finally, Florent asks Juliette if she wants to dance. (**Tu danses?**)
6. She says yes? no? (You decide!)

STRUCTURE

Questions oui/non (intonation, **est-ce que, n'est-ce pas**)

You have already learned several ways to ask a yes/no question in French.

- The most common way to ask a yes/no question in everyday conversation is simply to raise the pitch of your voice at the end of the sentence, just as we do in English.

Have students repeat each of the following questions, using rising pitch as appropriate.

Ça va?	*How are you?*
Tu es de Lyon?	*Are you from Lyon?*
Elle est étudiante?	*She is a student?*
Encore une affiche?	*One more poster?*
Tu es un copain de Juliette?	*Are you one of Juliette's friends?*
Tu es libre samedi?	*Are you free Saturday?*

- Another common way to ask a yes/no question in both speech and writing is to begin with the question marker **est-ce que… ?** (which becomes **est-ce qu'** before a vowel sound). Note that the word order is **Est-ce que** + subject + verb. Again, the pitch rises at the end of the sentence. Compare the following questions:

Tu aimes ton boulot?	**Est-ce que** tu aimes ton boulot?
Tu m'invites?	**Est-ce que** tu m'invites?
On invite encore un ingénieur?	**Est-ce-qu'on** invite encore un ingénieur?

Have the students repeat these questions.

You may quickly ask *n'est-ce pas* questions around the class: *Vous êtes étudiant, n'est-ce pas? Vous étudiez beaucoup, n'est-ce pas?*, etc.

In informal speech, *non?* is often substituted for *n'est-ce pas?* in this type of question: *Tu es étudiant, non?*

You may point out the strong tendency today to use rising intonation to form questions in everyday speech. Even information questions are often asked in this way, with the question word placed at the end. *Il est d'où?* "Where is he from?" *Tu es d'où?* "Where are you from?" *Il s'appelle comment?* "What's his name?"

1–30 You may wish to have students go through the statements a third time, using *n'est-ce pas.*

● When the speaker expects a positive response, **n'est-ce pas?** can be added to the end of the sentence to ask for confirmation. Note that **n'est-ce pas** has many different equivalents in English, among them: *isn't it? don't you?* or the casual *right?*

Juliette, c'est la fille blonde, **n'est-ce pas**?   *Juliette is the blond girl, right?*

À votre tour

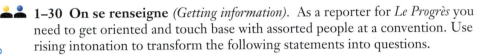 **1–30 On se renseigne** *(Getting information).* As a reporter for *Le Progrès* you need to get oriented and touch base with assorted people at a convention. Use rising intonation to transform the following statements into questions.

MODÈLE: É1: Vous êtes Martin.

         É2: Vous êtes Martin?

1. Vous êtes photographe.
2. Vous êtes de Montpellier.
3. Vous êtes Rachid.
4. L'architecte, c'est Annette Montand.
5. Elle est de Bordeaux.
6. Amina Doucet est de Dakar.
7. Elle est journaliste.
8. C'est Monsieur Joli.
9. Il est médecin.
10. Les Joli sont de Chambéry.
11. Monsieur, vous êtes libre.
12. La fête, c'est samedi.

Now, go back and transform the statements above into questions, using **est-ce que**.

MODÈLE: É1: Vous êtes Martin.

         É2: Est-ce que vous êtes Martin?

1–31 Remind students to use rising intonation at the end of the question and falling pitch at the end of the statement of confirmation.

1–31 Mais oui! By now you have begun to get acquainted with your classmates and almost certainly know their names, their hometowns, and perhaps even their favorite activity. Divide into groups of three or four, and list what you know about each of the others in your group. Then confirm what you have noted about each person, using **n'est-ce pas**?

MODÈLE: *YOUR NOTES:* Bob: il est d'ici; il aime le sport.

     YOUR QUESTION TO BOB: Tu t'appelles Bob, n'est-ce pas?

     BOB: Oui, je m'appelle Bob

     ANOTHER QUESTION: Tu es d'ici, n'est-ce pas? …

1–32 Prenez la parole. Interview a classmate to get more in-depth information. Begin by writing at least five questions to ask, using different question formats. Then, conduct the interview, and write down your classmate's responses so that you can, in turn, introduce him/her to the class as a whole. You might want to ask questions such as the following: **Tu es d'où? Est-ce que tu regardes souvent la télé? Tu étudies beaucoup? Tu aimes le français, n'est-ce pas? Tu travailles?**

1–32 You may ask for volunteers to act out their interview in front of the class.

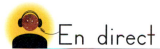 En direct

Nouveaux amis *(New friends).* Listen as friends talk about some new acquaintances. Fill in the chart with information about each person discussed.

	origine	occupation	signe particulier
Marc	Marseille	étudiant	étudie maths, danse bien
Sylvie	Lyon	journaliste	blonde, toujours au café
Charles	Paris	photographe	copain de Paul, parle anglais
Marielle	Lyon	architecte	une copine, anniversaire lundi

Audio script for *En direct:*
Marc, ça, c'est une personne sympa! Il est de Marseille, je crois. Il est étudiant, il étudie les maths. Signe particulier: Il danse très bien!

Sylvie? Attends! Elle est blonde, n'est ce pas? Et elle est de Lyon? Alors c'est une journaliste au *Progrès.* Signe particulier: Elle est toujours au café des sports.

Charles. C'est le photographe qui regarde toujours la télé? Il est de Paris, n'est-ce pas? C'est aussi un copain de Paul. Signe particulier: Il parle très bien anglais.

Marielle. Marielle, c'est une copine. Elle veut être architecte. Elle est de Lyon aussi. Signe particulier: Son anniversaire est lundi.

 Phonétique

Syllabation et liaison: première étape

Syllabation

- In spoken French there is a strong tendency to divide words and phrases into syllables that end in a vowel sound. What appears as the final consonant of a written word or syllable is actually pronounced with the vowel of the following word or syllable. For instance, the sentence **Il arrive à l'hôtel avec Anne** is pronounced [i-la-ri-va-lɔ-tɛ-la-vɛ-kan].

A. Pronounce the following words and phrases, taking care to link consonants to the vowel sounds that follow them.

1. l'étudiant [le ty djã]
2. il est d'où? [i lɛ du]
3. Annette Montand [a nɛt mɔ̃ tã]
4. l'ordinateur [lɔr di na tœr]
5. je danse assez souvent [ʒə dã sa se su vã]
6. à l'université [a ly ni vɛr si te]

This is known as *enchaînement consonantique*, or word linking.

You may mention that double consonants in written words represent a single consonant sound in the spoken word: *arrive, Anne, dictionnaire, elle.* Two consonants are usually split between two syllables: *université* [y ni vɛr si te], unless the second consonant is an *r* or an *l*: *ta-bleau* [ta blo], *pho-to-graphe* [fɔ tɔ graf].

A. Have students first pronounce the words slowly, matching spoken syllables to the syllable count given in parentheses. Then have them repeat each string at normal speed.

Liaison

Model pronunciation of the examples given in the right column of the table and have students repeat. Then have them repeat the examples contrastively, *vous parlez* vs. *vous arrivez*, etc.

- Consonants in word-final position that would normally not be pronounced may be linked—through liaison—with a following vowel sound. Compare:

vous parle*z* BUT vous_arrive*z*

nou*s* travaillons	nous_étudions
che*z* Paulette	chez_elle
o*n* regarde	on_est
deu*x* cahiers	deux_affiches

Note that when used in liaison, **s, x,** and **z** are all pronounced [z] (see also Chapitre 3, **Phonétique,** page 125).

B. You may want to do this exercise twice: once to practice the liaisons, and a second time to pay attention to syllable division.

B. Pronounce the following phrases and sentences, taking care to make the liaisons as marked.

1. des_affiches
2. les_Américains
3. Ils_habitent à Lyon.
4. Elles_arrivent à deux_heures.
5. Vous_êtes journaliste?
6. C'est_un_examen très_important.

CULTURES EN PARALLÈLES

Written and unwritten codes of conduct

Observer

At the beginning of this chapter you began to think about what may be perceived as appropriate or rude behavior in various social settings. Polly Platt, an American who lived in Paris for many years, has been fascinated by cultural differences in rules governing everyday behavior in France and in North America. Her insights led her to write *French or Foe? Getting the Most out of Visiting, Living and Working in France.* The book, in the words of a former United States ambassador to France, is an "extraordinarily useful, amusing, and stunningly insightful analysis of all aspects of Franco-American communication."

In Chapter 1, entitled "Six Codes, Rudeness is in the Eye of the Beholder" Ms. Platt gives the following tongue-in-cheek advice.

1. Don't Smile. Nothing separates American and French people more than their smile codes. … [French people smile.] However, they don't smile blandly as they walk down the street. They don't smile without a reason.

2. Flirt!

3. Use the Ten Magic Words. [Instead of] "Hey, Mister, where's the Eiffel Tower?" [use] «**Excusez-moi de vous déranger, Monsieur ou Madame, mais j'ai un problème**» ("Excuse me for disturbing you, Sir or Madam, but I have a problem"). This is the charm that warms the heart of impatient pedestrians, of inquisitorial telephone operators, and even … of bureaucrats in post offices and police headquarters.

4. Add **Monsieur** or **Madame** to «Hello.» Keep in mind that you must always say hello and good-bye to all the strangers, including cashiers, that you have an exchange with in stores.

5. Shake Hands! Handshaking in French offices is to a «Hello» as ice cream is to apple pie. It's Latin, a way of touching and being close, yet formal. … You shake hello, and you shake good-bye. A firm, short shake.

6. Watch Out at the Door! In France a door in front of you, approached in tandem or group, is not swept through first because you got to it first. It's a test of savoir-faire. … You must consider who else is approaching the door with you and their rank compared to yours, and their sex. It is called the **bataille de la porte** (*the battle of the doorway*) and also takes place at the elevator.

[In conclusion, …] The Sun King still reigns. His rays illuminate French assumptions, values and habits. His protocol affects most aspects of French daily and office life. You can't escape it, so you might as well lean into it, figure it out and enjoy it. It's part of that great creation, quintessentially French, called style.

Réfléchir

Working in small groups, consider the following questions:

1. How did you react to Platt's six codes? Did any of her advice shock you? Amuse you? Compare your responses and try to explain the reasons for them.

2. How would you explain Platt's subtitle "Rudeness Is in the Eye of the Beholder"? Can you give examples from both French and American culture that prove this point?

3. Can you think of misunderstandings that could occur all too easily between the French and Americans, even in very superficial daily contacts?

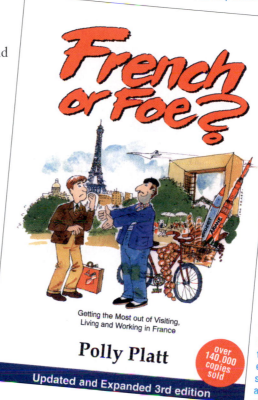

Getting the Most out of Visiting, Living and Working in France

French or Foe?

Polly Platt

over 140,000 copies sold

Updated and Expanded 3rd edition

DÉCOUVERTES

À vous la parole

1. Un vrai modèle (*A real role model*). You probably know someone you admire. Share with your partner a short description of this person, and describe his/her good habits that inspire you (see the third and fourth **Contextes** for ideas).

MODÈLE: J'ai un ami. Il s'appelle Ken, c'est un futur ingénieur. Il est étudiant. Il est super sérieux, il étudie beaucoup. Mais Ken est aussi un bon vivant. Il est souvent avec des amis. Il danse très souvent et il écoute toujours de la musique. Ken regarde très rarement la télé.

2. Rencontres (*Encounters*). You just arrived at a birthday party. You don't know many people and want to talk with someone. How do you start a conversation? How do you each keep the conversation going? If necessary, re-read the Chapitre préliminaire and the fourth **Contexte** of this chapter. Create, rehearse, and act out the conversation with a partner.

2. You may want to remind students of how to organize their exchange: Will they choose a formal or informal greeting? Will they introduce themselves first or ask for the other person's name? Will they ask how this person is doing or will they ask him/her where he/she is from? Will they discuss their occupation first or ask him/her about his/her line of work? Will they indicate whose friends they are? Will they ask if the person is free during the coming week?

Select two or more pairs of students to perform their encounter in front of the class.

You may want to remind students to think about issues of tu/vous usage with which they are already familiar.

Lecture

Comment jongler avec le «tu» et le «vous»

Travaux d'approche. In preparing to read a French text, you may find it useful to anticipate its content. The passage below is taken from a manual entitled *Savoir-Vivre en France*. What is a **savoir-vivre** manual? (Hint: Emily Post and Miss Manners each wrote one!) Why might a person consult such a manual?

Now, looking at the illustration of the juggler, can you anticipate what points of etiquette may be discussed in this passage? Does the illustration suggest that there are simple, hard-and-fast rules regarding these forms of address?

Quand on parle à quelqu'un en français, il est nécessaire de choisir entre le **tu** et le **vous**. C'est relativement délicat, il n'y a pas de règles absolument strictes. En général on utilise le **tu** dans la famille et quand on parle avec des enfants. Le **tu** est normal dans les clubs sportifs et avec des camarades de la communauté scolaire et universitaire. Parfois on utilise aussi le **tu** quand on travaille dans une même entreprise, mais attention: seulement quand on occupe un poste similaire!

On utilise toujours le **vous** pour la première rencontre avec une personne, et toujours avec un supérieur ou avec un client.

En conclusion, ne tutoyez pas systématiquement. C'est perçu comme un excès de familiarité et peu apprécié.

D'après Gérard Vigner, *Savoir-Vivre en France*.
Hachette 1978.

Exploration

1. Read quickly through the text to get an idea of what it's about. Don't stop to look up words you don't recognize in the dictionary.

2. Underline all the words you recognize.

3. Words whose spelling and meaning are similar in English and in French are called *cognates*. How many cognates can you identify in this text? As you read, underline words that may be cognates, that is, words whose written form and meaning closely resemble English. Be adventurous! Don't let minor spelling changes throw you off track. For example **utilise** with an -s looks enough like *utilize* for you to recognize the verb; **relativement** and *relatively* have different endings but the same root.

Réflexion

1. Cite one situation in which the **tu**-form of address is appropriate.

2. Cite one situation in which the **vous**-form of address is appropriate.

3. Why do the authors give this advice: **Ne tutoyez pas systématiquement**?

4. In your opinion is the title, **Comment jongler avec le «tu» et le «vous»** appropriate? Justify your answer.

À vos stylos

Avant une interview *(Before an interview)*

Imagine that you will have the opportunity to speak with a French-speaking person on your campus or in your town. You are excited and jot down questions you want to ask him or her.

1. First go back through the four **Contextes** of this chapter and review the questions you can use to ask a person about himself/herself.

2. Now, write your own list of questions. You might want to ask for some of the following information: Does he or she speak English? Where is the person from? What does he/she do? Does he/she like music? Does he/she watch TV? dance?

3. Ask a classmate to look over your draft and to make any necessary corrections.

 À l'écran

Que disent vos amis francophones? N'oubliez pas de regarder la vidéo!

As a follow-up, suggest that students interview one of the French speakers on your campus (check with the office of international programs on campus or at local churches). If an interview can be arranged, ask for a short report on the content of the interview.

Parallèles historiques
Le savoir-vivre

Learning about a culture, both one's own and that of others, involves not only observing and reflecting upon current cultural practices, but also being able to situate those practices in a historical context. We understand the present as an outgrowth of the past, not isolated from it; a country's past shapes and defines its present.

In the **Parallèles historiques** sections of each chapter, you will have an opportunity to discover how the Francophone world has significant cultural roots in the past and to explore how this phenomenon has come to shape and influence the present.

Today, the rules of **savoir-vivre** are simple and serve to facilitate communication among all social groups. However, in countries like France with a long history and a strong inherited sense of hierarchy and formality, the rules of **savoir-vivre** have served to limit or strictly codify communication among groups. The French tradition of refined conversation and social interaction is depicted in this painting of a seventeenth-century French **salon**. Do you think this tradition may help to explain why, even today, French social practices tend to be less casual and flexible than those of younger countries such as the United States and Canada?

You may have to explain *salon:* (1) formal reception room in a home; (2) during the seventeenth and eighteenth centuries, *un salon* also designated the distinguished crowd—socialites, artists and other personalities—meeting there to discuss aesthetic, literary, philosophical, and political topics.

Maintenant, je sais...

Below is a list of cultural topics emphasized in this chapter. Explain what you have learned about each, giving precise examples whenever possible.

1. Is the concept of what constitutes polite or rude behavior really in the eye of the beholder?

2. Do you agree that some behaviors (smiles or lack thereof, number of hand-shakes, directness in questions) may lead to cultural misunderstandings?

3. What is the safest approach to take when choosing a form of address in French?

4. Do you know where the following cities are located: Montpellier, Bordeaux, Grenoble, Chambéry, Marseille, and Lyon? Can you share information on any of them?

5. Can you name the capital of the African country Sénégal? A big French regional newspaper? An elite engineering school?

6. Can you explain why the French concept of **savoir-vivre** is so elaborate?

7. Can you explain the meaning of the term **salon** in French literary history?

Tous les mots

Expressions

alors	*then*
Attention!	*Pay attention! Be careful!*
au labo	*in the lab*
aussi	*also*
avec	*with*
Ça/Il reste ici.	*It stays here.*
C'est dommage!	*It's a pity!*
encore un, encore une	*one more*
enfin	*finally*
hélas! non	*alas, no*
Il/Elle est d'où?	*Where is he/she from?*
impossible!	*impossible!*
Là	*there*
mais	*but*
n'est-ce pas?	*isn't it?*
Qu'est-ce qu'il/elle fait?	*What does he/she do? What is his/her occupation?*
Qu'est-ce que tu fais?	*What are you doing?*
Quelle chance!	*What a stroke of luck!*
Qui est-ce?	*Who is this?*
Regarde! Regardez!	*Look here!*
si	*if*
Super!	*Good! Excellent!*
Tu m'invites?	*Are you inviting me?*
Zut alors!	*Darn it!*

Expressions de fréquence

ne…jamais	*never*
parfois	*sometimes*
rarement	*rarely, seldom*
souvent	*often*
toujours	*always*

Expressions de quantité

assez	*enough*
beaucoup	*a lot*
moins	*less*
peu	*little*
plus	*more*
trop	*too much*

Verbes

aimer	*to like, to love*
changer	*to change, to modify*
chanter	*to sing*
commencer	*to begin*
compter	*to count*
danser	*to dance*
écouter	*to listen to*
espérer	*to hope*
être	*to be*
étudier	*to study*

inviter	*to invite*
manger	*to eat*
partager	*to share, to partake*
passer (du temps)	*to spend (some time)*
pratiquer	*to practice,*
	to be involved with
préférer	*to prefer*
ranger	*to put things away*
regarder	*to watch, to look at*
répéter	*to repeat, to rehearse*
retrouver	*to meet (someone)*
(une personne)	
téléphoner	*to make a phone call*
travailler	*to work*
voyager	*to travel*

Noms

un/une architecte	*architect*
un assistant/	*assitant/helper*
une assistante	
un bon vivant	*one who enjoys life's*
	pleasures
un boulot	*job* (familiar)
un bureau	*office, desk*
une cafétéria	*cafeteria*
le cinéma	*the movies*
un copain, une copine	*friend, pal* (familiar)
une dépression	*depression*
une distraction	*entertainment*

les études	*studies*
un/une ingénieur	*engineer*
un/une journaliste	*journalist*
un médecin	*physician, doctor*
la musique	*music*
un nouveau/une nouvelle	*newcomer*
un/une photographe	*photographer*
un/une prof	*professor, teacher*
	(familiar)
la propriété	*property*
une routine	*routine*
un sport	*sport*
une table	*table*
la télé/la télévision	*television*

Adjectifs

blond	*blond*
honnête	*honest*
libre	*free*
personnel, –elle	*personal*
sérieux, -euse	*serious*
sympa	*nice, sympathetic*
(*short for* sympathique)	

2

On rejoint la communauté francophone

CULTURES EN PARALLÈLES

L'identité culturelle

ÉTAPE 1

CONTEXTE Voix francophones

STRUCTURE Le verbe **avoir**; l'expression **il y a**

ÉTAPE 2

CONTEXTE Une famille canadienne, les Tremblay

STRUCTURE Les adjectifs réguliers: accord et place

ÉTAPE 3

CONTEXTE Images de l'Afrique

STRUCTURE Les nombres cardinaux de 31 à un milliard

ÉTAPE 4

CONTEXTE En Côte d'Ivoire avec Laurent Attébi

STRUCTURE Questions d'information; inversion

CULTURES EN PARALLÈLES

Être francophone: Une identité linguistique et culturelle

DÉCOUVERTES

◄ Le Cameroun, les Antilles, la Belgique sont des pays francophones.

L'identité culturelle

You may want to refer students to the
Est-ce évident? note after *Contexte* 2,
page 69, for more information about
Quebec's history.

Objective: Help students begin to
understand the term "cultural identity"
and to isolate some of the elements that
may constitute cultural identity.

Before students can study and
absorb another culture, they must realize
that they have a culture of their own and
understand at least something about
what that culture is. The purpose here is
to help students discover and think about
aspects of their own cultural identity.
Then, later in the chapter, they will
explore the notion of French and/or
Francophone cultural identity—what it
is, whom and what it refers to, what its
components are.

An American, an Australian, and an
English-speaking Canadian are likely to
use and share a common language—
English—but not necessarily a common
culture. Language is an important part
of cultural identity, but cultural identity
obviously includes more than language.
To begin thinking about what makes up
cultural identity, consider the list below.
Are there elements that you would
like to add or remove? Under each
heading, try to come up with some
examples, in English. For example,
for **la géographie** you might think
of geographical factors such as
mountains, natural borders, lakes,
rivers, seas, and coastlines that affect
people's sense of cultural identity.

Monument à Jacques Cartier
en Gaspésie.

You might like to run down the list of
French terms, making sure that everyone
can pronounce and understand them.

Use this activity to impress students
with how many words they can
recognize because they are cognates.

La géographie: mountains, plains, islands.

Le climat: Mediterranean, oceanic,
continental.

Les traditions: Thanksgiving, 4th of July,
football or cricket.

La langue: Point out differences in
accents.

L'art: paintings, sculptures, baskets,
dance, music, etc.

Quelques éléments constitutifs d'une «culture»

La géographie: the type of land you inhabit

Le climat: the climate where you live

La superficie: the size of your region or country

L'histoire: the past that has shaped your present experience

Les traditions: national and local customs

La langue: the languages spoken where you live

La cuisine: local food preferences

Des valeurs communes: the values and priorities shared by many if not all
where you live

La religion: your own religious beliefs and traditions as well as those of the
dominant culture

L'art: types of art typical of your region or country

Depending on the type of institution you
teach at, you may work with a large
number of students all coming from the
same state or with an equally large
number of students coming from
different parts of the country or even
from several other countries. It might be
interesting for students to reflect on
which identity they feel closer to, the one
of their home state of the one of the state
they live in now.

Un peu de réflexion

After thinking about some of the elements that help to form a sense of cultural
identity, work with a small group of classmates to prepare a collage of either
visual or verbal images you associate most often with being a North American
from a certain state, province, or area. On the basis of the images you have used
in the collage, what can you say about your own cultural identity—the features
you share with others in a meaningful way? Is your cultural identity similar to
that of your classmates? To what extent is it language-based? To what extent is
it based on other considerations?

ÉTAPE **1** 2 3 4

CONTEXTE

Voix francophones

Paul Tremblay (67 ans). Je suis de Port-Cartier au Québec. Ma femme Lucie et moi, nous avons de la chance. Nous sommes retraités (*retired*) et nous avons le temps de voyager. Aujourd'hui, nous avons des amis partout.

Kalissa Mossi (20 ans).
Je suis de Tilabéri au Niger. Aujourd'hui j'habite à Niamey, la capitale. Je suis étudiante en biologie. Mais, j'ai envie d'être une musicienne professionnelle. J'ai du talent. Je joue très bien du piano, je chante pas mal, je danse aussi. Hélas, ma famille a des projets différents pour moi! Avez-vous des suggestions?

Dieudonné Plantin (32 ans).
J'habite l'Île d'Haïti, à Port-au-Prince. J'ai un bon travail: je suis fonctionnaire. J'adore la pêche. Mais voilà un problème: ma fiancée déteste la pêche! Est-ce qu'il y a une solution?

Aïcha Kahidi (29 ans). Je suis dentiste. J'habite Bizerte, en Tunisie avec mon mari Kaïs. Lui, il a 35 ans et il travaille dans une banque. Nous n'avons pas encore (*not yet*) d'enfants et nous habitons une grande maison avec la famille de Kaïs (ses [*his*] parents et ses frères et sœurs).

You may want to scan the *Contexte* with your students, perhaps showing the text in class (IRCD Image T02–02). Ask them which countries are illustrated, what they know about these countries. Ask volunteers to locate them on a map or describe their geographical location.

The first-person introductions can be presented in a top-down fashion. Write on the board the categories of information that might be included in each presentation: *nom, prénom, âge, pays d'origine* (home country), *famille, profession, signes particuliers.* You may speed up the process by assigning different *francophones* to different groups of students.

If you prefer to work from the bottom up, you may want to alert the students to a new verb, perhaps telling them some of its forms exhibit clearly the same root as "to h**a**ve." Challenge them to find all instances of the verb *avoir* in the *Contexte.*

You may reassure students that both constructions **habiter à Bizerte** and **habiter Bizerte** are correct.

Point out that Aïcha and her husband's willingness to live with their in-laws is in accord with tradition. It is not motivated by financial need.

Ginette Orville (16 ans).
Chez nous, en Suisse, nous avons quatre langues nationales. Mes (*my*) parents ont un appartement à Lausanne, et nous parlons français. J'aime beaucoup la mode et les jeux électroniques. J'ai seize ans. Et vous, quel âge avez-vous?

la Suisse
• Lausanne

Est-ce évident?

Le monde (*world*) francophone

The term **Francophone** is applied to countries where French is the mother tongue, the official language, or one of the official languages. A **Francophone** is a person who speaks French and usually also speaks a second language. Today, there are approximately 112 million Francophones living in 52 different countries. In many of these countries, French is the language of education and administration, a tool for fostering international cooperation, a vehicle for expression of democratic ideas, and an affirmation of human solidarity.

● To get a broad sense of the extent of the Francophone world, look at the map on the inside front cover entitled **Le monde francophone**.

LE MOT JUSTE

Expressions

chez nous   *at home*
parce que   *because*
partout   *everywhere*
Quel âge avez-vous?   *How old are you?*

Verbes

adorer   *to like a lot*
avoir   *to have*
avoir de la chance   *to be lucky*
avoir envie de   *to want, to feel like*
avoir le temps de   *to have the time (to do something)*
détester   *to dislike*
habiter   *to live, to reside*
jouer de   *to play (a musical instrument)*

Noms

l'âge (m)   *age*
une banque   *bank*
un/une dentiste   *dentist*
un enfant   *child*
une femme   *(here) wife, woman*
un fiancé/une fiancée   *fiancé*
un/une fonctionnaire   *civil servant, government employee*
un frère   *brother*
un jeu électronique   *electronic game*
une maison   *house*
un mari   *husband*
la mode   *fashion*
un musicien/une musicienne   *musician*

les parents (m, pl.)   *parents (here, mother and father)*
la pêche   *fishing*
un problème   *problem, difficulty*
une profession   *position, job*
un projet   *plan*
une sœur   *sister*
le temps   *time*
un travail   *work, job*

Adjectifs

différent   *different*
national   *national*

À votre tour

2–1 Avez-vous compris? With a partner decide which feature or features fit the person in question, and make a complete statement. Base your answers on the **Contexte**.

MODÈLE: Paul Tremblay: a un bon travail, chante pas mal, a des amis, voyage beaucoup

      É1: Paul Tremblay a des amis et voyage beaucoup.

1. Paul Tremblay: a une femme, a une fiancée, adore la mode, a des problèmes
2. Kalissa Mossi: a envie d'être dentiste, a du talent, aime la mode, a un bon travail
3. Dieudonné Plantin: a un appartement, a une famille, a une fiancée, adore les jeux électroniques, adore la pêche
4. Aïcha Kahidi: aime les jeux électroniques, a un fiancé, a un mari, a des enfants, n'a pas d'enfants, travaille dans une banque
5. Ginette Orville: est musicienne, a la nationalité suisse, a 16 ans, a envie de voyager, habite Genève

2–2 Fiches d'identité *(I.D. cards)*. Read the **fiche d'identité** describing Dieudonné Plantin. Make sure you understand what all the categories refer to. Then complete a **fiche d'identité** for yourself, following a similar format.

Prénoms:	Dieudonné, Antoine, Marcel
Nom de famille:	PLANTIN
Adresse:	18 rue Cardozo, Port-au-Prince
Âge:	32 ans
Profession:	fonctionnaire
Signe(s) particulier(s):	un bon travail, adore la pêche, fiancé

Votre identité

- Prénom(s):
- Nom de famille:
- Adresse:
- Âge:
- Profession:
- Signes particuliers (*pick from among the following*):

> a de la chance / a le temps de voyager / a du talent / a une profession /
> a des problèmes / a une femme, un mari, un(e) fiancé(e), des enfants / aime
> (déteste) la mode, la plage, les jeux électroniques, la danse, le français,
> les langues, le sport, la télé, les voyages

2–3 Je vous présente… Show your **fiche d'identité** to a partner who will then introduce you to the rest of the group.

MODÈLE: Voici un copain/une copine. Il/Elle s'appelle _____. Il/Elle a _____ ans. Il/Elle habite _____. Il/Elle est _____ (profession). Signes particuliers: Il/Elle a de la chance!

2–4 As students do this activity, it may be helpful to show the *Contexte* (IRCD Image T02–02).

2–4 Identité d'emprunt (*Borrowed identity*). Take on a different identity, changing your name, your profession, your address. Recombine elements that you have learned in different **Contextes**. Read your new portrait to your group. Whose new identity is the most exotic? the most plausible?

MODÈLE: Je suis [Je m'appelle] Dieudonné Tremblay. J'habite Paris. Je joue du piano. Mais je n'ai pas de talent!

STRUCTURE

Le verbe **avoir**; l'expression **il y a**

Le verbe **avoir**

Point out to students that the second- and third-person singular forms are pronounced alike, and that the liaison is always pronounced between *ils/elles* + *ont*. This is what distinguishes "they are" *ils/elles sont* [il **s**ɔ̃] from "they have" *ils/elles ont* [il **z**ɔ̃].

Use simple oral drills to reinforce the conjugation of *avoir* by going around the class, or having students work in small groups. For example: How many classroom objects do various persons have? *J'ai un stylo, Paul a deux crayons, Marc a cinq livres*, etc.

You may want to point out that in contrast with *un/e* or *des* ("one" or "several"), *de* expresses the quantity zero. If students learn to think of this as quantity zero now, it will facilitate the explanation of why the partitive also changes in the negative and why the definite article does not.

You may ask students to look in the *Contexte* and quickly tell the age of some of the characters (Kalissa Mossi, 20; Dieudonné Plantin, 32; Aïcha Kahidi, 29; Kaïs Kahidi, 35, Ginette Orville, 16).

● The irregular verb **avoir** (*to have*) expresses possession.

J'ai une maison.	*I have a house.*
Il **a** une profession.	*He has a career.*
Nous **avons** des amis.	*We have friends.*
Mes parents **ont** un appartement.	*My parents have an apartment.*

avoir			
j'	ai	nous	avons
tu	as	vous	avez
il/elle/on	a	ils/elles	ont

● When **avoir** is used in the negative, all forms of the indefinite article (**un**, **une**, **des**) that follow become **de** (**d'** before a vowel sound).

Ils ont des enfants, mais nous n'avons **pas d'**enfants.	*They have children, but we do not have any children.*
Je n'ai **pas de** talent.	*I don't have any talent.*

● **Avoir** is used to indicate a person's age:

—Quel âge **avez**-vous?	*How old are you?*
—**J'ai** 16 ans.	*I'm 16 years old.*

● **Avoir** is also used in other idiomatic expressions. Note in particular: **avoir de la chance** (*to be lucky*), **avoir besoin de** (*to need*), **avoir envie de** (*to feel like, to want*), **avoir l'intention de** (*to intend to, to plan to*).

Nous **avons de la chance**. *We are lucky.*

Dieudonné **a besoin d'**une solution. *Dieudonné needs a solution.*

J'**ai envie d'**être musicienne. *I want to be a musician.*

Les Tremblay **ont l'intention de** voyager. *The Tremblays plan to travel.*

You will want to make sure that students understand that in order to translate "to need," "to want," "to plan to," they have to use all three words: *avoir besoin/envie/l'intention de*. You may also want to point out that these expressions with *de*, when followed by a verb, are always followed by a verb in the infinitive.

L'expression il y a

● You have already encountered the idiomatic expression **il y a** (*there is, there are*), which is used to indicate the existence or presence of an object or person, or to make an inventory.

Dans la salle de classe, **il y a des** bureaux, **des** chaises et **un** tableau. **Il y a** aussi **des** étudiants et **un** professeur. *In the classroom there are desks, chairs, and one chalkboard. There are also students and an instructor.*

Il y a un problème, **il n'y a pas de** solution. *There is a problem, and there is not any solution.*

À votre tour

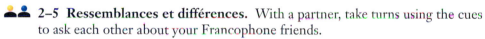 **2–5 Ressemblances et différences.** With a partner, take turns using the cues to ask each other about your Francophone friends.

MODÈLES: Paul Tremblay / une femme

     É1: Est-ce que Paul Tremblay a une femme?

     É2: Oui, il a une femme.

     Aïcha et Kaïs / des enfants

     É1: Est-ce que Aïcha et Kaïs ont des enfants?

     É2: Non, ils n'ont pas d'enfants.

1. Paul Tremblay / de la chance
2. Paul Tremblay / le temps de voyager
3. Lucie et Paul / des amis partout
4. Kalissa Mossi / envie d'être musicienne
5. Kalissa Mossi / du talent
6. Kalissa Mossi / des problèmes
7. Dieudonné Plantin / un bon travail
8. Aïcha Kahidi / une grande maison
9. Dieudonné Plantin / une fiancée
10. Aïcha Kahidi / un mari
11. Aïcha Kahidi / une profession
12. les parents de Ginette / un appartement
13. Ginette / 16 ans

You may want to practice with some brief drills to say that various people have different things. Write some statements on the board and ask students to change the subjects: *nous, on, ils, vous, tu, je, Paul, Aïcha et Kaïs,* etc. You may use *avoir une maison, avoir des amis, avoir une profession, avoir de la chance, avoir un ordinateur,* etc.

2–6 Inventaire *(Inventory)*. With a partner, take a quick inventory of your classroom:

MODÈLE: É1: **Est-ce qu'il y a** une carte de France?

É2: Oui, **il y a** une carte de France.

ou: Non, **il n'y a pas de** carte de France.

> des affiches? des ordinateurs? une télé? un dictionnaire français-anglais? un tableau? des diskettes? des CD? des vidéos? des fenêtres?

2–7 Envie d'ailleurs *(A need to get away)*. With your partner, take turns sharing some of your desires and plans—and indicating what you do not want to do. Use the expressions **j'ai envie de, j'ai besoin de, j'ai l'intention de.**

MODÈLE: danser / être en classe

É1: J'ai envie de danser. Je n'ai pas envie d'être en classe!

1. avoir une solution / avoir des problèmes
2. avoir une maison / avoir un appartement
3. être musicien(ne) / être journaliste
4. voyager / être ici
5. jouer du piano / danser
6. visiter Haïti / visiter Bizerte

2–8 You may want again to establish a class profile by tallying everyone's answers.

2–8 Prenez la parole. Use some of the cues to ask a classmate questions about himself/herself. Then, summarize his/her responses for the class.

MODÈLE: avoir des amis au Québec

É1: Est-ce que tu as des amis au Québec?

É2: Oui, j'ai des amis au Québec.

ou: Non, je n'ai pas d'amis au Québec.

1. avoir des frères ou/et des sœurs
2. avoir un mari/une femme
3. avoir des enfants
4. avoir un bon travail
5. avoir des amis canadiens? suisses? haïtiens?
6. avoir un ordinateur
7. avoir des jeux électroniques
8. avoir de la chance

CONTEXTE

Une famille canadienne, les Tremblay

Voici la famille Tremblay. Au centre, les grands-parents: le grand-père, Paul, et la grand-mère, Lucie. Le chien s'appelle Caramel.

Les Tremblay ont un fils, Jules. Jules et Suzanne (la femme de Jules) sont le père et la mère de deux enfants: un fils, Jacques, et Sophie, une fille. Les parents de Suzanne, les Brisbois, ont beaucoup de petits enfants. Jacques et Sophie ont beaucoup de cousins et cousines.

Paul Tremblay est un homme honnête. Il est calme et patient, assez réservé. Lucie n'est pas grande. Elle est petite et mince, intelligente, parfois un peu obstinée. Paul et Lucie sont un couple très heureux.

Jules est une personne ouverte, aimable et agréable. Il est toujours optimiste. Suzanne est une personne timide, un peu triste et jamais très aimable. Quel dommage!

Jacques et Sophie sont très dynamiques. Ils adorent le sport. Jacques est très amusant et jamais ennuyeux! Il est souvent un peu impatient, mais à 14 ans c'est normal, non?

LE MOT JUSTE

Expressions

ensemble *together*
hélas! *unfortunately!*
Quel dommage! *What a pity!*
un peu *a little bit*

Noms

la famille *family*
  le chien *dog*
  le couple *couple*
  le cousin/la cousine *cousin*
  la fille *daughter*
  le fils *son*
  la grand-mère *grandmother*
  le grand-père *grandfather*
  les grands-parents
    grandparents

la mère *mother*
le père *father*
les petits-enfants *grandchildren*
la petite-fille *granddaughter*
le petit-fils *grandson*
une personne *person*
le sport *sport*

Adjectifs

agréable *affable, pleasant, likeable*
aimable *nice, pleasant*
amusant *amusing, funny*
calme *calm, quiet*
canadien, -enne *Canadian*
dynamique *dynamic*
ennuyeux, -euse *boring*
grand *tall*

heureux, -euse *happy*
impatient *impatient*
intelligent *intelligent*
mince *slim*
obstiné *stubborn*
optimiste *optimistic*
ouvert *open-minded*
patient *patient*
petit *small, short*
poli *polite*
réservé *reserved*
timide *shy*
triste *sad*

Est-ce évident?

La province de Québec

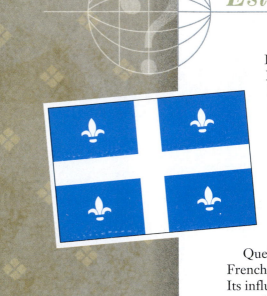

In 1534, Jacques Cartier claimed the Quebec region—**la Nouvelle-France**—for the King of France. In 1608, Samuel de Champlain landed in **Kébec** on the north side of the Saint Lawrence River. Paul Chomedey de Maisonneuve founded a mission there, Ville-Marie, later Montréal, in 1642. Between 1660 and 1713, the French expanded their settlements along the Saint Lawrence and explored the valley of the Mississippi River. However, four years after losing the battle of Abraham Plains to the British in 1759, the King of France gave up Canada to the British Crown. The British permitted the Catholic Church to remain in place and, as the one institution controlled by French-speakers, the Church gradually dominated French-Canadian society.

Quebec was among the four original provinces—and the only one with a French-speaking majority—to form the Canadian Confederation in 1867. Its influence, however, became increasingly diluted as the Confederation expanded to ten provinces. In the 1960s the Quiet Revolution modernized Quebec society as the provincial government took responsibility for many social services formerly provided by the Church. Also, laws were passed to promote the use of French and to make it easier for French-speakers to take a more active role in the economy. Although some have promoted secession or sought political independence for Quebec, voters have opted twice (in 1980 and in 1985) to remain a member of the Canadian confederation.

Quebec remains Canada's largest province; it is bigger than Alaska and three times as big as France. The city of Quebec is the capital. Montreal is the largest city. French is by law the chief language in all areas of life.

Outside the province of Quebec, the Acadians in New Brunswick and Nova Scotia are also Francophones. Smaller communities of Francophone Canadians can still be found in the West (Manitoba, Northern Alberta). In Ontario, the French-speaking minorities are very active: they maintain French schools and radio programs and organize major cultural events in their communities.

● How does the Quebec flag and its motto **Je me souviens** (*I remember*) show pride in its French past?

You may want to share the following information about *la famille québécoise*. Traditionally, the French-Canadian family was a rather large, conservative unit rooted in its Catholic faith. In recent years the family has undergone profound changes. Although a majority in Quebec continue to define a family as a group whose members are related by marriage and/or blood ties, others, more frequently than in the past, emphasize that a modern family is more closely linked by what it does together than by its composition. Blended families and single-parent families are more common than in the past.

You may want to direct students to the site (**http://www.harrypalmergallery.ab.ca/galquectyjms/galquectyjms.html**) to read short statements (in French and English) from Québécois of what *"je me souviens"* means to them.

À votre tour

2–9 L'arbre généalogique des Tremblay (*The Tremblay family tree*). Complete the Tremblay family tree (at the top of p. 71) by writing in the relationships in the spaces provided. Then with a partner take turns exploring the different relationships.

MODÈLE: É1: Paul Tremblay? Qui est-ce?

É2: C'est le grand-père. C'est aussi le mari de Lucie et le père de Jules.

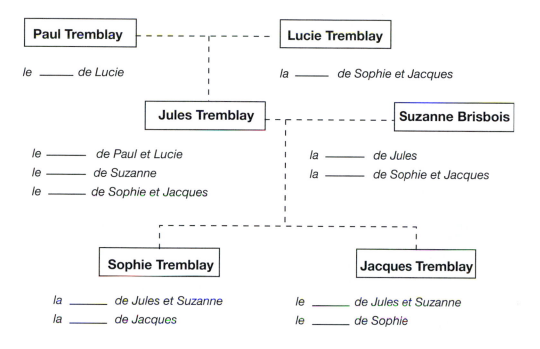

Paul Tremblay
le _____ de Lucie

Lucie Tremblay
la _____ de Sophie et Jacques

Jules Tremblay
le _____ de Paul et Lucie
le _____ de Suzanne
le _____ de Sophie et Jacques

Suzanne Brisbois
la _____ de Jules
la _____ de Sophie et Jacques

Sophie Tremblay
la _____ de Jules et Suzanne
la _____ de Jacques

Jacques Tremblay
le _____ de Jules et Suzanne
le _____ de Sophie

2–10 Votre propre arbre généalogique (*Your own family tree*). Now, sketch out a family tree showing the members of your own immediate family. Share your sketch with your partner and summarize the information.

J'ai _____ grands-parents.

Un grand-père s'appelle _____ une grand-mère s'appelle _____.

Ils ont _____ enfants.

Mon (*my*) père s'appelle _____ et ma (*my*) mère s'appelle _____.

Ils ont _____ fils et _____ fille(s).

J'ai _____ frère(s) et _____ sœur(s).

J'ai _____ cousin(s) et _____ cousine(s).

Nous avons un chien. Il s'appelle _____.

2–11 Vous avez compris? With a partner decide whether each statement is true or false. If it is false, correct it.

1. Paul Tremblay est une personne impatiente.
2. Lucie, la femme de Paul, est parfois obstinée.
3. Les Tremblay ne sont pas un couple heureux.
4. Les Tremblay ont deux fils: Jules et Jacques.
5. Suzanne et Lucie sont des filles Brisbois.
6. Suzanne Tremblay n'est pas une personne très agréable.
7. Jacques et Sophie Tremblay ne sont pas dynamiques.
8. Les enfants sont parfois impatients.

2–11 You may want to explain again that it is common to refer to members of family as *les* + surname. Otherwise students may be looking for a Les(lie) Tremblay!

2–12 Familles de mots. For each sequence below, take turns with a partner reading aloud only the words that go together.

1. (*expressions*) hélas, quel dommage, fils, ensemble
2. (*positive attributes*) agréable, obstiné, dynamique
3. (*negative attributes*) timide, aimable, impatient
4. (*physical attributes*) grand, petit, poli, mince
5. (*positive attributes*) amusant, optimiste, ennuyeux, triste

2–13 L'idéal. In small groups, describe with just three adjectives the ideal person, thing, or situation.

MODÈLE: le grand-père idéal (patient, obstiné, amusant)

    É1: Le grand-père idéal est patient, et il n'est pas obstiné.

    É2: Pour moi, le grand-père idéal est amusant et patient.

1. le prof idéal (ouvert, optimiste, impatient, amusant, ennuyeux)
2. le cours de français idéal (difficile, facile, amusant)
3. le frère idéal (honnête, triste, optimiste, dynamique, ouvert)

STRUCTURE

Les adjectifs réguliers: accord et place

Adjectives are used to describe people, places, and things. Unlike English adjectives, French adjectives vary in form: they agree in gender (masculine/feminine) and number (singular/plural) with the nouns or pronouns they modify.

See Chapitre 5, pp. 185–186, for adjectives with irregular formation.

- Adjectives whose masculine singular form ends in **-e** have identical masculine and feminine forms:

Jules est **aimable**, Suzanne n'est pas très **aimable**.	*Jules is likeable, Suzanne is not very likeable.*

Point out that, although the written forms differ, the pronunciation of the masculine and feminine forms stays the same when the masculine singular ends in a vowel. However, when the masculine singular ends in a consonant, the addition of *-e* causes that consonant to be pronounced in the feminine form. Model pronunciation of the preceding examples and have the students repeat.

- Usually an **-e** is added to the masculine form of an adjective to make it feminine:

Jacques est **poli**, Sophie est **polie aussi**.	*Jacques is polite, Sophie is polite too.*
Jacques est **impatient**. Sophie est **impatiente** aussi.	*Jacques is impatient. Sophie is impatient too.*
Paul est **réservé**. Lucie est **réservée** aussi.	*Paul is reserved, Lucie is reserved too.*

Point out that the masculine form ends in a nasal vowel whereas the feminine form ends in an oral vowel + nasal consonant. Again, it would be best to model pronunciation and have students repeat.

- Note the following irregularities:
The feminine singular of adjectives ending in **-ien** and **-el** is formed by doubling the consonant and adding **-e** to the masculine form:

Paul est **canadien**. Lucie est **canadienne**.	*Paul is Canadian. Lucie is Canadian.*
Le «vous» est réservé à une expression **formelle**.	*The use of "vous" is reserved for formal expression.*

The feminine singular of adjectives ending in **-eux** is formed by replacing **-x** with **-s** and adding **-e** to the masculine form:

Jules est **heureux**, mais Suzanne   *Jules is happy, but*
  n'est pas **heureuse**.   *Suzanne is not happy.*

● To form the plural of most adjectives, add **-s** to the singular form. If the singular form already ends in **-s** or **-x**, the plural and singular forms are the same:

Les Tremblay ne sont pas **français**,   *The Tremblays are not French,*
  ils sont **canadiens**.   *they are Canadian.*

Lucie est **intelligente**. Les femmes   *Lucie is intelligent. The Tremblay*
  Tremblay sont **intelligentes**.   *women are intelligent.*

Lucie est **réservée**. Les femmes   *Lucie is reserved. The Tremblay*
  Tremblay sont **réservées**.   *women are reserved.*

● When an adjective describes a mixed group consisting of both masculine and feminine nouns, its form is always masculine plural:

Sophie et Jacques sont **polis**,   *Sophie and Jacques are polite,*
  mais un peu **impatients**.   *but a bit impatient.*

Paul et Lucie sont **canadiens**;   *Paul and Lucie are Canadian,*
  ils ne sont pas **français**.   *they are not French.*

● In French, most adjectives follow the noun they modify:

Paul est un homme calme, Lucie   *Paul is a quiet man,*
  est une femme passionnée. Mais ils   *Lucie is a passionate woman.*
  sont un couple très heureux.   *But they are a happy couple.*

Suzanne est une personne timide.   *Suzanne is a shy person.*

Ginette déteste les jeux   *Ginette hates electronic games.*
  électroniques.

You may want to remind students that they have essentially already learned this rule with regard to subject pronouns, as with the use of *ils* to refer to *Paul et Lucie*. See Chapitre 1, p. 30.

À votre tour

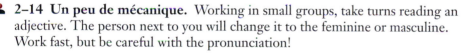 **2–14 Un peu de mécanique.** Working in small groups, take turns reading an adjective. The person next to you will change it to the feminine or masculine. Work fast, but be careful with the pronunciation!

MODÈLE: É1: intelligent
        É2: intelligente
        É3: tunisienne
        É4: tunisien

1. français
2. grand
3. heureuse
4. canadienne

5. impatient
6. ouvert
7. ennuyeux
8. petit

2–15 You may suggest that students spell the endings, by adding: *avec -e* or *avec -s*.

2–15 Des amis bien assortis *(Well-matched friends)*. With a partner ask and answer questions about various friends who share similar traits. Follow the model.

MODÈLE: É1: Paul est aimable. Et Lucie et Sophie?

    É2: Elles sont aimables aussi.

1. Georges est patient. Et Annie?
2. Philippe est grand. Et Nathalie?
3. Paul est honnête. Et Jules, Suzanne, Jacques et Sophie?
4. Marie est intelligente. Et Rémi?
5. Lucie est très ouverte. Et Jacques et Sophie?
6. Jacques et Sophie sont dynamiques. Et Paul?
7. Jacques et Sophie sont polis. Et Suzanne?
8. Mélanie est heureuse. Et Henri et Chantal?

2–16 You may or may not want to note that while the names of professions occur without an article after *être* (see Chapitre 1, page 31); they are used with an article when qualified by an adjective. *Dieudonné Plantin est fonctionnaire,* BUT *Dieudonné Plantin est un fonctionnaire haïtien.*

2–16 Qui sont les personnages de *Parallèles*? *(Who are the people you have met in* Parallèles?*)* Take turns making a complete statement about each person.

MODÈLE: Aïcha / une dentiste / tunisien

    É1: Aïcha est une dentiste tunisienne.

1. Paul et Lucie Tremblay / des amis / canadien
2. Kalissa / une musicienne / patient
3. Ginette Orville / une jeune fille / intelligent
4. Lucie Tremblay / une grand-mère / canadien
5. Ginette Orville / une jeune fille / heureux
6. les enfants Tremblay / des enfants / optimiste

2–17 Prenez la parole! Take turns sharing with a partner your reactions to the following people and things.

MODÈLE: É1: le prof de français

    É2: Il/Elle est amusant(e), mais parfois obstiné(e).

1. le prof idéal
2. les étudiants de la classe
3. mes *(my)* copains
4. l'ami(e) idéal(e)
5. mes *(my)* cousins
6. ma *(my)* famille
7. mes *(my)* parents
8. mon *(my)* chien

En direct

De quoi parle-t-on? *(What are they talking about?)* Listen as two people talk, and check the appropriate boxes to indicate:

- whether each person is talking about himself/herself or about someone else.
- whether each person is presenting primarily basic facts (name, age, nationality, residence, etc.) or whether the focus is broader (information about tastes, preferences, interests).

	Talking about self	Talking about someone else	Factual orientation	Broader orientation
Person #1	✓			✓
Person #2		✓	✓	

You might want to alert students to the kinds of "markers" to listen for in people's comments such as these: for example, the pronoun markers *il/elle* vs. *je* and the contrast between the short, clipped, matter-of-fact tone of official, information-oriented presentations and the casual, expansive tone of first-person autobiographical presentations.

Audio script for *En direct:*
1. Je m'appelle Rolande. J'ai 17 ans. Ma famille et moi, nous habitons Haïti dans l'océan Atlantique. Nous habitons dans un petit village qui est très simple, très calme. Je suis heureuse ici. En général, je suis très ouverte; je ne suis pas timide. J'adore parler avec mes amies et écouter de la musique.
2. Il s'appelle Patrick Salco. Il a 30 ans. Il est suisse, mais il habite en France. Il est dentiste. Sa famille n'est pas en France. Elle habite Genève.

CONTEXTE

Images de l'Afrique

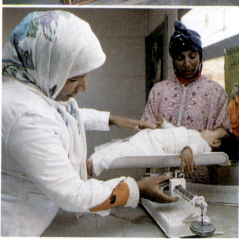

Images du présent et du passé à Abidjan

Michel, étudiant, prépare un devoir sur l'Afrique. Il a maintenant beaucoup de statistiques. Mais il est curieux: ses camarades ont quelle(s) image(s) de l'Afrique?
Voici des réponses à sa question: «Quand je dis *(When I say)* l'**Afrique**, quelle(s) image(s) a-t-on tout de suite?»

Réponse 1: L'Afrique? C'est la musique, le rythme.

Réponse 2: Des animaux, des parcs naturels.

Réponse 3: Le désert, la chaleur *(heat)* et les pluies.

Réponse 4: L'art africain, les masques, des civilisations anciennes.

Réponse 5: Beaucoup de peuples et de langues différentes en conflit.

As you "speak" the *Contexte*, ask students to venture guesses as to the meaning of some new vocabulary words. Give them as much help as you can, in French of course. For example: *Animaux? Un pluriel bizarre! Le singulier est «un animal». Le désert? Le Sahara est un grand désert. Avons-nous un/des déserts ici?* Death Valley *est un désert. La chaleur?* Gesture to show that it is hot! *Les pluies?* Draw some lines on the board and an umbrella *(je n'aime pas la pluie). La pauvreté? L'adjectif «pauvre» est l'opposé de «riche».* Mime *la faim.* Speak of *la guerre en Afghanistan, la guerre du Vietnam.* As you go over the *Contexte,* it may be useful to show the text (IRCD Image T02–04).

Réponse 6: La pauvreté (*poverty*), la faim, les épidémies (*epidemics*), la guerre et l'indifférence de l'Occident.

Réponse 7: L'Afrique a 10% de la population mondiale.

Réponse 8: L'Afrique? Il y a un grand nombre de francophones en Afrique!

You may need to ask students how to justify this last answer, perhaps after they have read the cultural note *L'Afrique: un aperçu.* For example, point out the numbers of Francophones, the rich literature of francophone Africa.

Musiciens dans la République Démocratique du Congo

École à Conakry, Guinée

Est-ce évident?

L'Afrique: un aperçu

Africa is the second largest continent. It makes up one fifth of the earth's landmass, comprises more than 50 nations, and is home to 10% of the world's population (680,000,000 people).

The African continent distinguishes itself from all others by the number of languages and dialects spoken: estimates vary from 700 to 3,000. For example, there are 239 languages in Cameroon, home to only 13 million people. This fact explains why the use of French as a common language in the 29 Francophone African countries is not just the legacy of colonialism. French often provides a common, unifying language for education and for government. It is also a shared tool to foster greater international cooperation within and outside Africa, and to nurture and strengthen economic, political, and cultural ties throughout the Francophone community. Additionally, French is alive in Africa because of educational exchanges, cultural events (concerts, films), scientific symposia and conferences, and a distinguished, ever increasing body of literature (plays, essays, novels and poetry) written in French across national boundaries.

Francophone Africa has its own identity, which complements rather than supersedes national and ethnic cultures. Francophones in the Maghreb, north of the Sahara, and Francophones in the much larger sub-Saharan region have retained their different traditions and identities, bringing continued renewal and diversity to the worldwide French-speaking community.

LE MOT JUSTE

Expressions

beaucoup de *many*
maintenant *now*
sur *on, about*
tout de suite *right away, immediately*

Verbe

préparer *to prepare*

Noms

un animal *animal*
une civilisation *civilization*
un désert *desert*
un devoir *written assignement*
la faim *hunger*
la guerre *war*
une image *image*
un parc *park*
un pays *country*

un peuple *nation*
la pluie *rain*

Adjectifs

africain *African*
ancien, -nne *old / former*
curieux, -euse *curious*
mondial *worldwide, global*
naturel, -elle *natural*

À votre tour

2–18 Votre opinion. With your partner take turns sharing the two comments about Africa based on the **Contexte** that are closest to your own opinion/knowledge/feelings.

MODÈLE: É1: Pour moi, l'Afrique c'est la musique et c'est les parcs naturels.

2–19 Opinions du groupe. In small groups, decide which four comments about Africa in the **Contexte** are most relevant to all of you, then rank them in order of importance. Share your choice of statements and ranking with other groups. Can you explain any differences?

2–20 Familles de mots. For each category below, take turns reading aloud the related word(s).

1. l'environnement: les pluies, le désert, la faim, les parcs, les masques, les animaux

2. les problèmes: la faim, la musique, une civilisation ancienne, la guerre, le peuple

3. la culture: la musique, les parcs, des civilisations anciennes, des masques, des pluies

2–21 Et chez vous? Reuse the vocabulary you learned in the **Contexte** to discuss your own region. Use **il y a** or **il n'y a pas de**.

MODÈLE: É1: Il y a des animaux, mais il n'y a pas de déserts.

> des animaux? des parcs? des déserts? des pluies? des civilisations anciennes? des langues différentes? une musique spécifique? des guerres? des problèmes? des traditions spécifiques? un climat tropical?

2–22 Images de l'Afrique. Working with your partners, create new captions for the photos in the **Contexte** (pp. 75–76), recycling and recombining words and phrases from the **Contexte**. Then, compare your captions to those created by other groups.

2–18, 2–19 and **2–22** It may be useful to show the text of the *Contexte* as students do these activities (IRCD Image T02–04).

STRUCTURE

Les nombres cardinaux de 31 à un milliard

Les nombres de 31 à 999

You may want to start with a quick review of numbers 1–30 by putting on the board simple arithmetic problems.

● Numbers between 31 and 60 fall into groups of ten. Each group follows the same pattern. **Et** is used before **un**; the other numbers in each group are hyphenated. Note that the **-t** of **et** is never pronounced.

30	trente
31	trente et un
32	trente-deux
…	
40	quarante
41	quarante et un
42	quarante-deux
…	
50	cinquante
51	cinquante et un
52	cinquante-deux

● Between 60 and 100, the French count in groups of twenty:

60	soixante
61	soixante et un
62	soixante-deux
…	
70	soixante-dix
71	soixante et onze
72	soixante-douze
…	
80	quatre-vingts
81	quatre-vingt-un
82	quatre-vingt-deux
…	
90	quatre-vingt-dix
91	quatre-vingt-onze
92	quatre-vingt-douze
…	
99	quatre-vingt-dix-neuf

You may want to point out that *et* is retained in 71 (*soixante et onze*), but not in 81 or 91; the *-s* of *quatre-vingts* is omitted whenever another number follows.

● Note how numbers in the hundreds are written: **cent** takes an **-s** in the plural when no other number follows.

100	cent
101	cent un
102	cent deux
…	
200	deux cents
201	deux cent un
202	deux cent deux
…	
999	neuf cent quatre-vingt dix-neuf

Remind students that the final consonant of *cinq, six, huit,* and *dix* is not pronounced before another consonant sound.

À votre tour

2–23 Voilà mon numéro de téléphone *(Here is my phone number)*. Share your phone number with other members of the class. In turn, as classmates tell you their numbers, write them down, confirming them if necessary. Try to get at least five classmates' phone numbers.

MODÈLE: É1: Quel est ton numéro de téléphone?

É2: C'est le quatre cent soixante-douze, vingt, trente-quatre.

É3: C'est le quatre cent soixante-deux, vingt, trente-deux?

É1: *(correct number)* Non, c'est le quatre cent soixante-**douze**, vingt, trente-**quatre**.

2–23 Call students' attention to the use of the definite article *le* preceding the number. Also, remind them to say the last four digits of the telephone numbers in groups of two, as shown in the *modèle*. The three-digit area code or prefix, on the other hand, is read in multiples of one hundred (i.e., *quatre cent soixante-douze*, not *quatre-sept-deux*).

2–24 Préparatifs de voyage. You are going to take a trip to Tunisia. You copy down useful numbers supplied by a well-meaning friend. Take turns reading the numbers and writing them down.

MODÈLE: Ambassade américaine à Tunis: 782 566

É1: sept cent quatre vingt-deux, cinq cent soixante-six.

1. Office National du Tourisme Tunisien à Tunis: 341 077. Fax: 350 997
2. Ambassade de la République de Tunisie à Washington: (202) 862 1850 ou (202) 466 2546
3. Consulat de Tunisie à New York: (212) 272 6962
4. Ambassade de la République de Tunisie au Canada: (613) 237 0330. Fax: (613) 237 7939
5. Consulat de Tunisie à Montréal: (514) 844 6909.
6. Tunisair, Tunis: 71 700 100 545.
7. Hôtel les Ambassadeurs, Tunis: (216) 98 248 126. Fax: (216) 72 259 376
8. Institut Bourguiba de Langues Modernes (Université de Tunis): 216 1 832 418 ou 216 1 830 389
9. Restaurant Le Pacha, Tunis: 83 335 761
10. Discothèque Abou Nawas: 73 241 811

Les nombres de mille à un milliard

1000	mille
1001	mille un
1002	mille deux
2000	deux mille
2500	deux mille cinq cents
2550	deux mille cinq cent cinquante
10.000	dix mille
100.000	cent mille
1.000.000	un million
2.000.000	deux millions
1.000.000.000	un milliard
9.000.000.000	neuf milliards

● Note that **mille** is invariable; it never takes an **-s**. In contrast, **million** and **milliard** take an **-s** when used in the plural. **Million** and **milliard** take **de/d'** when followed by a noun:

Il y a 680.000.000 **d'**habitants
en Afrique.

*There are 680,000,000 people
in Africa.*

Le budget national représente
des milliards d'euros.

*The national budget represents
billions of euros.*

● Commas are used in French for decimals: **109,50 euros = cent neuf euros cinquante.** In statistics, the comma is pronounced: **33,3%** = trente-trois **virgule** trois pour cent.

Il y a **33,3%** de Chrétiens
au Cameroun.

*In Cameroon, 33.3% of the population
is Christian.*

● Numbers above 1000 are written with a period instead of a comma, as shown in the list above. Alternatively, a space may take the place of a period: **1 001, 1 000 000, 2 000 000.**

● Numbers between 1100 and 2000, including dates, can be expressed either in hundreds or in thousands, just as in English:

1515 **quinze cent quinze** *or* **mille cinq cent quinze**

1789 **dix-sept cent quatre-vingt-neuf** *or* **mille sept cent quatre-vingt-neuf**

À votre tour

2–25 Ma date de naissance. Share your birth date with several of your classmates. How many of your classmates were born in the same month and year as you?

MODÈLE: Moi, c'est le 30 octobre 1983.

2–26 La francophonie en chiffres. Taking turns with your partner, read aloud these statements with statistics relating to **la francophonie**.

1. Le mot (*word*) «francophonie» existe depuis (*since*) 1880.
2. Le Haut Conseil de la Francophonie existe depuis 1984.
3. Il y a 52 pays francophones dans le monde (*world*).
4. Il y a 112.500.000 francophones «réels».
5. Il y a aussi 60.500.000 francophones «occasionnels».
6. Il y a 100 à 110 millions de «francisants», étudiants et anciens étudiants de français.
7. Les francophones représentent 2,5% de la population mondiale.
8. Il y a 29 pays africains francophones.
9. L'Afrique a 680.783.523 habitants.
10. On compte entre 700 et 3.000 langues et dialectes en Afrique.
11. Le Cameroun, pays francophone, a 14.693.000 habitants.
12. On parle 239 langues au Cameroun.

You may quickly review how to give a date, with *le* + day + month. Remind students that French use *le premier* when referring to the first of the month. Tell them that the year may be appended to the date: *14 juillet 1789 = le quatorze juillet dix-sept cent quatre-vingt neuf.*

2–25 As a warm-up activity, you may put significant dates on the board and ask students to read them. You may also want to challenge the students to a mental arithmetic marathon.
2–26 You may want to divide the exercise among several groups.

2–27 Prenez la parole. Work together in small groups to find the specified statistics relating to your school. Be prepared to report to the class.

Fondée (*established*) en:

Nombre d'étudiants:

Nombre de spectateurs au stade:

Nombre de livres à la bibliothèque:

Frais de scolarité (*tuition*) pour une année:

Budget annuel:

2–27 You may want to research these numbers ahead of time and project them on the board or share them as needed.

CONTEXTE

En Côte d'Ivoire avec Laurent Attébi

Philippe Giraud, journaliste au magazine *Ailleurs*, prépare un article, «Voyage chez les francophones», pour un numéro spécial sur la francophonie. Il interviewe aujourd'hui un Ivoirien, Laurent Attébi.

ATTÉBI: Eh bien, je m'appelle Laurent Attébi. Je suis de Bouaké.

GIRAUD: Et aujourd'hui, où habitez-vous?

ATTÉBI: Aujourd'hui j'habite Abidjan, la capitale économique de la Côte d'Ivoire.

GIRAUD: Et comment trouvez-vous Abidjan?

ATTÉBI: C'est une ville moderne, très cosmopolite (*cosmopolitan*) et très intéressante.

GIRAUD: Pourquoi est-ce que vous habitez Abidjan?

ATTÉBI: Parce que je travaille à Abidjan.

GIRAUD: Et qu'est-ce que vous faites?

ATTÉBI: Je suis employé. Je travaille dans une banque.

GIRAUD: Combien de frères et sœurs avez-vous?

ATTÉBI: J'ai six sœurs et trois frères.

GIRAUD: C'est une belle famille. Vous êtes marié?

ATTÉBI: Non, je suis célibataire.

GIRAUD: Et qu'est-ce que vous faites pendant (*during*) vos (*your*) loisirs?

ATTÉBI: Du sport: je suis un fana de foot!

GIRAUD: Et quand jouez-vous au foot?

ATTÉBI: Le plus souvent possible! Et toujours le week-end.

AILLEURS
VOYAGE CHEZ FRANCOPHONES

After locating Côte d'Ivoire and its economic capital, Abidjan, begin by brainstorming with students what type of questions the reporter is likely to ask. There may be a few yes/no questions but probably more information questions: How are you? What is your name? Where do you live? Why do you live there? When or why do you do certain things? How many people live in your city? What is your opinion of this city? etc.

You may wish to show *Contexte 4* as you present it (IRCD Image T02–05). As they hear/read the interview the first time, ask students to focus on Attébi's answers in order to figure out what questions are being asked.

fana = fan, short for *fanatique*

Est-ce évident?

Le football en Afrique

It has been said that in Africa, soccer is more than just a sport; it is a celebration of life. The day following the victory of a national team in a major international competition might well be declared a holiday!

African youths play soccer in just about any open area: beaches, streets, backyards, even balconies. A wide variety of balls are used, from soccer balls approved by the **Fédération Internationale de Football Association** to any suitable round objects.

Because soccer in Africa traditionally has been played mainly for fun, most countries have not yet devoted the resources needed for a professional league or a strong national team. But that picture is changing. **La Coupe d'Afrique des Nations** (Mali 2002) is held every two years in Africa, and five African countries—Senegal, South Africa, Cameroon, Nigeria, and Tunisia—participated in the finals of the 2002 World Cup.

● In your country is there any sport that is as widely popular—whether for fun or because of professional leagues—as soccer is in Africa?

L'urbanisation en Afrique

Although African cities developed later than their Western counterparts, they are growing very fast. In 1950 only 14.5% of the population lived in cities, but in 2000 nearly a third (32%) had become urbanized. According to the United Nations more than half of all Africans (54.1%) will live in cities in 2025. The Ivory Coast, independent since 1960, has a population of nearly 18 million inhabitants; 42% live in cities. The administrative capital is Yamoussoukro, but Abidjan is the economic capital. Its 2.6 million inhabitants make it the second city in Africa after Lagos (Nigeria). It is a very important port, where immigrants from Mali and Burkina are joined by numerous French, Lebanese, and Chinese inhabitants.

● Is urbanization a current issue in your country as it is in many African countries? Why or why not?

LE MOT JUSTE

As always, ask students to identify and count the cognates.

Expressions

une belle famille   *a large family*

Comment trouvez-vous …?
  What is your opinion of …?

Je fais du foot.   *I play soccer.*

le plus souvent possible   *as often as possible*

Qu'est-ce que vous faites?
  What do you do? What is your occupation? (formal)

Mots interrogatifs

combien   *how many, how much*

comment   *how*

où   *where*

pourquoi   *why*

qu'est-ce que   *what*

quand   *when*

Verbe

jouer à   *to play (a game, a sport)*

Noms

un employé/une employée
  employee

CONTINUED →

LE MOT JUSTE (CONTINUED)

un/une fana(tique) *fan*	**Adjectifs**	ivoirien, -nne *from the Ivory*
le foot(ball) *soccer*	célibataire *single*	*Coast Republic*
le loisir *leisure*	intéressant *interesting*	marié *married*
une ville *city*		moderne *modern*

À votre tour

2–28 Fiche de M. Attébi. Go through the **Contexte** once again with your partner, then prepare a **fiche d'identité** for M. Attébi.

> Nom:
> Prénom:
> Ville d'origine:
> Résidence actuelle:
> Occupation:
> Situation de famille: frère(s) et sœur(s)? marié? célibataire?
> Loisir favori:

2–29 Avez-vous compris? With a partner, read aloud the following statements and mark them as **Vrai** (*true*) or **Faux** (*false*), then correct the sentences that are false.

1. _____ M. Attébi est d'Abidjan.
2. _____ M. Attébi est un footballeur professionnel.
3. _____ M. Attébi n'a pas de sœurs.
4. _____ M. Attébi travaille le week-end.
5. _____ M. Attébi est marié.
6. _____ M. Attébi aime beaucoup le tennis.

2–30 Familles de mots. Work with a partner to regroup under the appropriate headings the words and expressions below.

La famille	Le travail	Les loisirs	La ville d'Abidjan	Les mots interrogatifs

marié / célibataire / frère / sœur / banque / travailler / employé(e) / foot / fana / combien / comment / où / pourquoi / quand / qu'est-ce que / moderne / intéressante

You may ask students to recapitulate the question words that were presented in the *Contexte* by looking at the answers.

J'habite *Abidjan.* → use *Où* to ask about a place: *Où* habitez-vous?

Le week-end. → use *Quand* to ask about time: *Quand* jouez-vous au foot?

J'ai *six* sœurs et *trois* frères. → use *Combien de* to ask about a quantity: *Combien de* frères et sœurs avez-vous?

Parce que je travaille à Abidjan. → use *Pourquoi*? to ask about the reason why: *Pourquoi* est-ce que vous habitez Abidjan?

Note that *Qu'est-ce que* in *Qu'est-ce que vous faites?* calls for a specific verb in the answer: *Je suis employé* or *Je fais du foot.*

2–28, 2–29, 2–31 You may want to show the Attébi–Giraud conversation for students to refer to while they do these activities (IRCD Image T02–05).

2–31 Maintenant à vous (*Now it's your turn*). Create questions to interview a classmate other than your usual partner. Like Philippe Giraud, keep the interview formal, using **vous** rather than **tu**. Follow closely the format of the questions in the **Contexte** and use the cues provided.

MODÈLE: vous / être / d'où?

    É1: Vous êtes d'où?

    É2: Je suis de Chicago.

1. vous / être / d'où?
2. vous / habiter / où?
3. pourquoi / vous / habiter là (*there*)?
4. qu'est-ce que / vous / faire?
5. combien d'enfants / vous / avoir?
6. vous / être / marié? / célibataire?
7. qu'est-ce que / vous / faire / pendant vos loisirs?

STRUCTURE

Questions d'information; inversion

See Chapitre 1, for yes/no questions.

Questions d'information

To ask for information, it is necessary to use an interrogative word or expression.

- You already know the expression **qu'est-ce que/qu'** used to ask a *what* question.

Qu'est-ce que c'est?	*What is it?*
Qu'est-ce qu'il fait?	*What does he do?*
	(*What is his occupation?*)

- Some other common interrogative expressions and words are:

Combien?	*How much?*
Combien de …?	*How many …?*
Comment?	*How?*
Où?	*Where?*
Pourquoi?	*Why?*
Quand?	*When?*

- These expressions can be used with **est-ce que/qu'** in the following sequence:

> interrogative expression + **est-ce que** + subject + verb phrase

Remind students that *est-ce que* becomes *est-ce qu'* before a vowel sound: *Où est-ce que* vous habitez aujourd'hui? *Pourquoi est-ce qu'*il habite Abidjan?

Où est-ce que vous habitez aujourd'hui?	*Where are you living now?*
Pourquoi est-ce que vous habitez Abidjan?	*Why do you live in Abidjan?*

Inversion

- Except when asking a question that begins with **qu'est-ce que**, you can form questions using inversion. Inversion is another question form, used mainly in more formal speech and in writing. Immediately after the interrogative word, the normal sentence word order *subject + verb* is inverted to *verb + subject*, and the words are connected with a hyphen.

Comment vous **appelez-vous**?	*What's your name?*
Combien de frères et sœurs **avez-vous**?	*How many brothers and sisters do you have?*
Quand **jouez-vous** au foot?	*When do you play soccer?*

Contrast again with *Qu'est-ce que vous aimez?* "What do you like?"

- When inverted word order is used, a **-t-** is inserted in the third-person singular, between the verb form ending in a vowel and the subject pronoun (**il, elle**, or **on**). Contrast:

Où habite-**t**-elle?	*Where does she live?*
Pourquoi voyage-**t**-il souvent?	*Why does he travel often?*

BUT:

Où habitent‿ils? Pourquoi voyagent‿ils souvent?	*Where do they live? Why do they travel often?*

- Only a pronoun can be used in inverted word order. When the subject of a question is a noun, the corresponding subject pronoun must be inserted.

La famille de Laurent Attébi est-**elle** une belle famille?	*Is Laurent Attébi's family a large family?*
Pourquoi **M. Attébi** habite-t-**il** à Abidjan?	*Why does Mr. Attébi live in Abidjan?*

À votre tour

2–32 Un écho énervant (*An annoying echo*). You are to interview a student from a Francophone country for a class assignment. As you rehearse your questions, using **est-ce que/qu'**, the classmate next to you systematically asks the same questions, using inversion.

MODÈLE: É1: Quand est-ce que tu arrives?
   É2: Quand arrives-tu?

1. Comment est-ce que tu t'appelles?
2. D'où est-ce que tu arrives?
3. Où est-ce que tu habites?
4. Quel âge est-ce que tu as?
5. Combien de frères et sœurs est-ce que tu as?
6. Combien de langues est-ce que tu parles?
7. Comment est-ce que tu trouves les étudiants ici?
8. Pourquoi est-ce que tu étudies ici?
9. Quand est-ce que tu as des loisirs?

You may ask students to go through the *Contexte* and change the format of each question: the inversion question becomes a question with *est-ce que* and vice versa.

2–33 Renseignements (*Information*). Working with a partner, decide what questions—corresponding to the underlined parts of the sentences—would have been asked to elicit each of the following answers. Use **est-ce que** to form your questions.

MODÈLE: É1: Laurent Attébi habite *à Abidjan*.

   É1: Où est-ce que Laurent Attébi habite?

1. Paul Tremblay arrive *de Port-Cartier*.
2. M. et Mme Tremblay voyagent souvent *parce que Paul est retraité*.
3. M. et Mme Tremblay ont des amis *partout*.
4. Kalissa Mossi habite *à Niamey*.
5. Kalissa joue *très bien* du piano.
6. Dieudonné Plantin est *fonctionnaire*.
7. Sa fiancée déteste *la pêche*.
8. On parle *quatre* langues nationales en Suisse.
9. Laurent Attébi joue au foot *le week-end*.

2–34 Encore! Reformulate the questions you asked in exercise 2–33, using inversion.

MODÈLE: É1: Laurent Attébi habite *à Abidjan*.

   É1: Où Laurent Attébi habite-t-il?

2–35 As a follow-up you may ask several volunteers to play Philippe Giraud and answer questions. Ask the class to decide who is the real Philippe Giraud.

2–35 Prenez la parole. You know that Philippe Giraud is a journalist for the magazine *Ailleurs*, but you are still curious about him. Brainstorm with a partner to come up with at least five questions you would like to ask him. For example, you might ask how old he is, where he lives, if he is married, what he likes to do, or if he enjoys his profession.

 En direct

Audio script for *En direct:*
Ce jeune médecin s'appelle Zyad Limani. Il habite à Bizerte, en Tunisie. Mais sa famille est aux États-Unis. Il travaille dans un hôpital. Zyad est un homme très dynamique et agréable. Il travaille beaucoup; il n'a pas beaucoup de temps libre. Mais il aime aller à la pêche, jouer au volley-ball, et être avec sa fiancée!

Un portrait. You will hear Philippe Giraud, the journalist, speaking about another person he interviewed for *Ailleurs*. Indicate what that person is like.

1. The person is …
   a. a lawyer.
   (b.) a doctor.

2. He lives in …
   a. Algeria.
   (b.) Tunisia.

3. He is …
   a. calm and soft-spoken.
   (b.) likeable and full of energy.

4. His work days are …
   (a.) long.
   b. short.

5. In his spare time, he may …
   (a.) go fishing.
   b. relax at home.
   c. do both.

 Phonétique

Rythme et intonation

Rythme

- In spoken English, individual syllables are given varying degrees of stress. Compare the pronunciation of *library* and *librarian*. Notice not only that individual syllables get different degrees of stress, but also that the syllable that receives the primary stress is not the same one in every form of the word. In contrast, in the corresponding French words **bibliothèque** and **bibliothécaire**, every syllable of each word is pronounced with equal stress.

- These differences in word stress between French and English affect the rhythm of speech in both languages. Compare the following by pronouncing them:

  Anne likes math.   (3 syllables; 3 primary stresses)

  Mary's taking Russian.   (6 syllables; only 3 primary stresses, on syllables 1, 3, and 5)

  Angela's studying broadcasting.   (9 syllables; only 3 primary stresses, on syllables 1, 4, and 7)

  The rhythm of spoken English depends on the primary stresses; this is known as stress-timed speech.

- Now pronounce and compare the following sentences in French:

  Elles arrivent.   (3 syllables; all with equal stress)

  Elles arrivent à huit heures.   (6 syllables; all with equal stress)

  The rhythm of spoken French depends on the number of syllables in the utterance; this is known as syllable-timed speech.

Intonation

- Although certain intonation patterns are shared by French and English, there are important differences. In French, pitch rises at the end of each phrase within a sentence, and falls on the very last syllable of a statement or rises on the very last syllable of a question. Here are some examples:

  Voilà!

  Voilà la salle de classe.

  Voilà la salle de classe de Paulette.

  Voilà la salle de classe de Paulette Le Goff.

  Elle est architecte?

  Est-ce que Rachid est professeur?

  Parlez-vous français?

We have chosen not to discuss here the *accent de durée,* because it involves lengthening just slightly the final syllable of a string rather than pronouncing that syllable with more emphasis than the others.

A. Rythme. Pronounce the following sentences, taking care to give each syllable equal stress.

1. Vous êtes de Paris.
2. Il est photographe.
3. Elle s'appelle Suzanne.
4. Ils sont de Montréal.
5. C'est Rachid.

B. Intonation. Pronounce the following pairs of sentences, paying careful attention to your intonation. Your pitch will fall at the end of each statement and rise at the end of each question.

1. Vous êtes de Paris. Vous êtes de Paris?
2. Il est photographe. Il est photographe?
3. Elle s'appelle Marianne. Elle s'appelle Marianne?
4. Ils sont de Montréal. Ils sont de Montréal?
5. C'est Rachid. C'est Rachid?

C. Rythme et intonation. Pronounce the following phrases and sentences, taking care to give each syllable equal stress and paying careful attention to your pitch and intonation.

1. S'il vous plaît!
   S'il vous plaît, entrez!
   S'il vous plaît, entrez et allez à votre place!

2. Un étudiant
   Un étudiant est dans la salle.
   Un étudiant est dans la salle de classe.
   Un étudiant est dans la salle de classe avec le professeur.

3. À tout à l'heure! (*See you soon!*)
   À tout à l'heure, Jean!
   À tout à l'heure, Jean-Philippe!
   À tout à l'heure, Jean-Philippe et Sylvie!

Être francophone: Une identité linguistique et culturelle

ORGANISATION INTERNATIONALE DE LA FRANCOPHONIE

Observer

You have learned that the term **Francophone** is applied to countries where French is the mother tongue, the official language, or one of the official languages. To begin to understand the geographic extent of this linguistic identity, think about the diverse people you have met in this chapter: Paul Tremblay, Kalissa Mossi, Dieudonné Plantin, Aïcha Kahidi, Ginette Orville, and Laurent Attébi. Then, for a still-broader picture, locate on the map on the inside front cover the countries throughout the world where Francophone people live:

1. en Amérique du Nord: la Louisiane, le Québec
2. dans l'océan Atlantique: la Guadeloupe, la Martinique, Haïti
3. en Amérique du Sud: la Guyane française
4. en Europe: la Belgique, la France, le Luxembourg, la Suisse
5. en Afrique du Nord: l'Algérie, le Maroc, la Tunisie
6. en Afrique subsaharienne: le Bénin, le Burkina Fasso, le Cameroun, la Côte d'Ivoire, la République du Congo, la République démocratique du Congo (l'ex-Zaïre), le Gabon, la Guinée, la Mauritanie, le Mali, le Niger, la République Centrafricaine, le Sénégal, le Tchad, le Togo
7. dans l'océan Indien: Madagascar, Mayotte, les Comores, l'île Maurice, la Réunion
8. dans l'océan Pacifique: la Polynésie française, la Nouvelle-Calédonie, Wallis-et-Futuna
9. en Asie: le Cambodge, le Laos, le Viêt-nam

Réfléchir

Having observed the worldwide scope of **la Francophonie**, consider now what extremely diverse identity Francophone peoples might have in common beyond their shared language. To think about this complex question from many points of view, discuss, in small groups, the following points:

1. Why and how did the French language spread throughout the world?
2. What has become of this vast empire?
3. Is it possible for a region or a country to keep its own identity while being part of a Francophone community?
4. How are ties among Francophone countries nurtured?
5. Have other countries—for example, Spain, Great Britain, the United States—initiated similar efforts to promote their language and culture? For what purpose? With what results?
6. Are there Francophone students on your campus? Which countries do they come from? Can you ask them about the status of French in their country? For example: Who uses French? For what purpose(s)?

You may want to direct students to the *Francophonie* Web site **www.francophonie.org/** and ask them to discuss the meaning of the logo: a circle, symbol of unity and equality; five parts to the circle to represent the five continents (remind them that for the French there are five continents: America, Africa, Asia, Australia, and Europe); each part has a different color to signify its originality. In discussing the logo, you may wish to show and refer to the map of *Le monde francophone* (IRCD Image M1).

To save time you may assign different questions to different groups, then let them summarize their conclusions for the class as a whole.

Sample answers are provided beside each question. You may want to print and distribute them to students after they have tried to answer the questions on their own.

1. In Europe, wars and treaties have constantly redrawn the official borders of its French-speaking regions. Some examples: Belgium has existed only since 1830 and Luxembourg only since 1867. Although Switzerland celebrated its 700th anniversary in 1991, Valais was annexed by Napoleon in 1810 and returned to the confederation only in 1815.

During the 18th century, the reputation of French philosophers made French the language of the elite throughout Europe.

French explorers first, and then French businessmen, missionaries, and teachers traveled very early to many different parts of the world. A vast colonial empire was built whose official language was French.

2. France lost Canada in 1762, and the sale of the Louisiana Territory dates to 1803; independence was won by most former colonies in the 1960s. Point out the existence of the *DOM-TOM (Départements d'Outre-Mer et Territoires d'Outre-Mer)*. For example, *Martinique* and *Guadeloupe* are still French *départements*.

3. Although they are independent, many countries once part of the empire continue to use French as their official language or as one of their official languages for different reasons. People in Martinique and Guadeloupe are French citizens. In Quebec, French is part of the Province's historical and cultural heritage. In countries like Senegal (where more than 80 languages are spoken), French is a common language allowing people to communicate among themselves and also within the very large economic and cultural entity of *la Francophonie*.

4. Cultural ties involve formal links between universities and government agencies, scholarships, exhibits, book and film fairs, lectures, music festivals, etc. Economic links range from loans (both money and qualified personnel) to privileged exchanges of goods.

5. Spain, Great Britain, Portugal, and others also had colonial empires. Today, most notably, there are Spanish-speaking and Anglophone communities, both cultural and economic.

6. Perhaps students can find out about the French heritage in their state or country by examining geographical names, historical sites, music, even everyday language. Students might mention the Washington, DC, city plan designed by Pierre L'Enfant, the New Orleans French quarter, cities called Fayetteville or Louisville, Des Moines, Eau Claire, cajun music, expressions such as *à la mode, au jus, vis-à-vis, c'est la vie, déjà vu,* etc.

You may want to guide your students in choosing which country to adopt, in order to make sure students select countries on several continents/islands and at different levels of development.

Voyage en francophonie

Starting with this chapter, the **Voyage en francophonie** sections will encourage you to consider more fully and within diverse contexts the implications of **la francophonie** as a linguistic and cultural identity. To help you gain this broader perspective, we ask that you join three or four classmates in "adopting" a Francophone country for the duration of the semester or term. In subsequent chapters you will be given opportunities to research specific topics relevant to your **pays adoptif** and to share your information with the rest of the

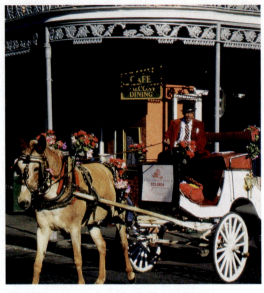

Musiciens cadiens à Lafayette, Louisiane

class. Your thinking about "parallels" within—and without—the Francophone world should expand as you make new discoveries about **le monde francophone**. Go to the *Parallèles* Website (www.prenhall.com/paralleles) and click on the link for the official site of **l'Agence de la Francophonie**. You will find a list of the member countries. Choose your adoptive country from this list, following any guidelines given by your instructor.

DÉCOUVERTES

À vous la parole

Des personnalités francophones. Working with a partner, study the photos of famous Francophone people and the captions. Pay close attention to cognates! Then take turns asking each other questions about these people:

1. Qui est-ce?

2. Il/Elle s'appelle comment?

3. Quel âge a-t-il/elle *(if still alive)*?

4. Il/Elle est d'où?

5. Qu'est-ce qu'il/elle fait?

6. Est-ce qu'il y a un des signe(s) particulier(s)?
   (date de naissance? marié(e)? prix et honneurs?)

Antonine Maillet (1929–), originaire de Bouctouche au Nouveau-Brunswick. Auteur canadien et professeur d'université. Lauréate du Prix Goncourt en 1979 pour le roman (*novel*) *Pélagie-la-Charette*.

Jocelyne Béroard (1954–), originaire de Fort de France, en Martinique. Chanteuse (*singer*) très populaire et aussi actrice de cinéma. Elle chante avec le groupe KASSAV (musique zouk) et a un grand public international.

Léopold Senghor (1906–2001), homme politique sénégalais et poète. Originaire de Joal, au Sénégal. Étudiant et professeur en France. Le premier président du Sénégal. Le premier membre africain de l'Académie Française.

Tahar Ben Jelloun (1944–), originaire de Fès, au Maroc. Étudiant de philosophie à Rabat. Arrivée en France en 1971. Auteur de poèmes, romans et essais. Prix Goncourt 1987.

Zinedine Zidane (1972–), originaire de Marseille. Footballeur professionnel à 16 ans. En 1998, parce que Zinedine a du talent, la France est championne du monde de football. Aujourd'hui, Zinedine (marié, trois enfants) est la star du football français.

The *Prix Goncourt* is the most famous of the literary prizes awarded each year during the fall by the members of the *Académie Goncourt* (the prize is named after the Goncourt brothers, 19th century novelists). A *Prix Goncourt* guarantees success for its recipient.

Please note that in Québec a feminine form of the word *auteur* might be used to refer to Antonine Maillet: *une auteure canadienne*.

The *Académie Française* is widely regarded as the most distinguished French intellectual association, and is in charge of compiling a dictionary of acceptable new words and usage.

Zouk music is a popular form of music from the Caribbean. The songs are sung in Creole, and the musicians use a variety of instruments: guitar, bass, drums, keyboard, trombone, trumpet, and saxophone.

Lecture

Quelques pays francophones

You may want to show the three *fiches* as you go over the *Travaux d'approche* with the class (IRCD Images A02–5 through A02–05).

Travaux d'approche. These fact sheets provide basic information about three widely differing areas of the French-speaking world: Quebec, Senegal, and Tunisia. Locate the three countries on the map inside the front cover of the book before you begin to read.

These brief factual texts lend themselves well to some basic reading techniques you probably already use when you read English texts. You approach texts first by skimming them quickly to get a general idea of the content, and then you go back and scan them to locate specific information (in this case, in order to fill in the **Exploration** chart on p. 93). Since neither skimming nor scanning requires you to understand every word of the text, try to read without constant use of a dictionary.

Canada / Québec

La plus importante population francophone en Amérique du Nord. Le français est la langue officielle. Dans la ville de Chicoutimi, 98% des habitants sont de langue maternelle française; à Trois-Rivières, il y en a 97%, à Québec, 75%.

Localisation: à l'est du Canada, délimité par l'Ontario, la baie d'Hudson, Terre-Neuve, le golfe du Saint-Laurent, le Nouveau-Brunswick et les États-Unis.

Capitale: Québec.

Superficie: 1 567 200 km^2.

Population: 7 410 504 habitants.

Langues parlées: français et anglais.

Nombre de francophones: 6 910 275.

Point d'histoire: Colonie britannique en 1759. Membre de la confédération canadienne depuis 1867. Il entretient des liens commerciaux avec les États-Unis, la France et les autres pays de la francophonie.

Sénégal

Le français est la langue officielle du Sénégal, en plus des six langues maternelles nationales.

Localisation: à l'ouest du continent africain, baigné par l'Atlantique, délimité par la Mauritanie, le Mali, la Guinée et la Guinée-Bissau.

Capitale: Dakar.

Superficie: 196 200 km^2.

Population: 8 893 000 habitants.

Langues parlées: français et six langues nationales: ouolof, pular, sérère, diola, mandingue et soninké.

Nombre de francophones: 760 000.

Point d'histoire: Le Sénégal, colonisé par la France en 1842, est indépendant depuis 1960. Il entretient des relations privilégiées avec la France.

Tunisie

La Tunisie entre dans l'histoire avec les Phéniciens qui fondent Carthage, en 814 av. J.-C. La brillante civilisation romano-africaine dure 600 ans. Aujourd'hui le pays enregistre une forte croissance grâce à ses trois richesses: le tourisme, les phosphates et le pétrole. Plus de la moitié de la population tunisienne vit dans des villes (57%).

Localisation: en Afrique du Nord, bordée par la Méditerranée, la Libye et l'Algérie.

Capitale: Tunis.

Superficie: 163 610 km^2.

Population: 9 576 000 habitants.

Langues parlées: arabe et français.

Nombre de francophones: 2 270 000.

Point d'histoire: Indépendante depuis 1956, la Tunisie est un partenaire économique des pays industrialisés de la Communauté Économique Européene. Son président, continue des efforts en faveur du développement économique.

Exploration

Complete the chart with information from the three texts.

	le Québec	le Sénégal	la Tunisie
situation géographique			
capitale			
superficie en km^2			
population			
nombre de francophones			
langues parlées			

Réflexion

1. Identify:
   - the biggest counry
   - the country with the greatest number of Francophones
   - the country with the most linguistic diversity
   - the richest country
2. Are the three countries "Francophone" countries according to the definition given in **Est-ce évident?** (on p. 76). Justify your answer.

À vos stylos

Je me présente

In order to get in touch with other people who speak French, prepare a short paragraph about yourself for a Web site that matches up potential pen pals.

Begin by reading the paragraph submitted by Edmond Olinga who lives in **Cameroun**:

> Bonjour! Je m'appelle Edmond Olinga. Je suis camerounais. J'habite à Yaoundé. J'ai 22 ans. Je ne suis pas marié. J'ai cinq frères et trois sœurs. En général je suis très optimiste et énergique, parfois impatient. Je suis professeur de maths. J'aime le travail, mais j'aime aussi le sport. Je suis passionné de foot, bien sûr, comme beaucoup d'Africains! Et toi, futur ami, d'où es-tu? Quel âge as-tu? Qu'est-ce que tu fais dans la vie?

Next, make an outline of information about yourself that you want to share, for example, your name, address, age, marital status, occupation, hobbies and other interests, personality. Draft also two or three questions you would like to ask your future friend: place of residence, age, marital status, occupation, hobbies and other interests, personality.

Now, go back to your outline and add verbs and other necessary words to make complete sentences. Proofread your text carefully, checking the verb forms and the adjective agreement.

You may suggest that students exchange their paragraph with a classmate for suggestions and/or corrections.

Parallèles historiques
Les débuts de la francophonie

Efforts to encourage the use of the French language are part of a long tradition. In 1512, King Louis XII ordered that official documents be written in French rather than in Latin, and in 1539 King François the First banished the use of Latin in recording vital statistics and legal judgments. This document dates back to the French Revolution. It marks the birth of **la francophonie** in establishing French as the official language throughout French provinces.

Source: "Les débuts de la francophonie" dans Xavier Deniau *La francophonie*, © PUF, coll "Que sais-je" n° 2111, 6e ed. 2003.

BULLETIN DES LOIS DE LA RÉPUBLIQUE FRANÇAISE (N.° 25.)

(N.° 118) LOI portant qu'à compter du jour de sa publication, nul acte public ne pourra, dans quelque partie que ce soit du territoire de la République, être écrit qu'en langue française.

Du 2 Thermidor, l'an deuxième de la République française, une et indivisible.

Maintenant, je sais...

Below is a list of cultural topics emphasized in this chapter. Explain what you have learned about each, and how, giving precise examples.

1. What elements constitute one's cultural identity?
2. What role is played by a common language in the formation of cultural identity?
3. What do the words **francophonie** and **francophone** mean? What is the historical meaning of **la francophonie?**
4. How can one retain a sense of individual identity while being part of another larger community?
5. What is the role of French today in Africa?
6. About how many Francophones are there in the world today?
7. Can you identify some African Francophone countries?

 À l'écran

Que disent vos amis francophones? N'oubliez pas de regarder la vidéo!

Tous les mots

Expressions

beaucoup de	*many*
une belle famille	*a large family*
chez nous	*at home*
Comment trouvez-vous…?	*What is your opinion of …?*
ensemble	*together*
hélas!	*unfortunately!*
Je fais du foot.	*I play soccer.*
maintenant	*now*
parce que	*because*
partout	*everywhere*
le plus souvent possible	*as often as possible*
Qu'est-ce que vous faites?	*What do you do? What is your occupation? (formal)*
Quel âge avez-vous?	*How old are you?*
Quel dommage!	*What a pity!*
sur	*on, about*
tout de suite	*right away, immediately*
un peu	*a little bit*

Mots interrogatifs

combien (de)	*how many, how much*
comment	*how*
où	*where*
pourquoi	*why*
qu'est-ce que	*what*
quand	*when*

Verbes

adorer	*to like a lot*
arriver	*to arrive*
avoir	*to have*
~ besoin de	*to need*
~ de la chance	*to be lucky*
~ envie de	*to want, to feel like*
~ le temps de	*to have the time (to do something)*
~ l'intention de	*to have the intention (to do something)*
détester	*to dislike*
habiter	*to live, to reside*
préparer	*to prepare*
jouer	*to play*
~ à	*to play (a game, a sport)*
~ de	*to play (a musical instrument)*
trouver	*to find*

Noms

l'âge (m)	*age*
un animal	*animal*
un appartement	*apartment*
une banque	*bank*
la civilisation	*civilization*
le climat	*climate*
un/une dentiste	*dentist*
un désert	*desert*
un devoir	*written assignement*
un employé/ une employée	*employee*
la faim	*hunger*
un/une fana(tique)	*fan*
un/une fonctionnaire	*civil servant, government employee*
le foot(ball)	*soccer*
la guerre	*war*
une image	*image*
un jeu électronique	*electronic game*
une langue	*language*
le loisir	*leisure*
une maison	*house*
la mode	*fashion*
le monde	*world*
un musicien/ une musicienne	*musician*
le nombre	*number*
un parc	*park*
un pays	*country*
la pêche	*fishing*
une personne	*person*
un peuple	*nation*
la pluie	*rain*
un problème	*problem, difficulty*
une profession	*position, job*
un projet	*plan*
une question	*question*
une réponse	*answer, response*
le sport	*sport*
le temps	*time*
la tradition	*tradition*
le travail	*work, job*
une ville	*city*

La famille (family)

le chien	*dog*
le couple	*couple*
le cousin/la cousine	*cousin*
un enfant	*child*
une femme	*(here) wife, woman*
un fiancé/une fiancée	*fiancé*

la fille	daughter
le fils	son
le frère	brother
la grand-mère	grandmother
les grands-parents	grandparents
le grand-père	grandfather
le mari	husband
la mère	mother
les parents (m, pl.)	parents (mother and father), relatives
le père	father
les petits-enfants	grandchildren
la petite-fille	granddaughter
le petit-fils	grandson
la sœur	sister

Adjectifs

africain	African
agréable	affable, pleasant, likeable
aimable	nice, pleasant
amusant	amusing, funny
ancien, -enne	old; former
calme	calm, quiet
canadien, -enne	Canadian
célibataire	single
curieux, -euse	curious
développé	developed
différent	different

dynamique	dynamic
ennuyeux, -euse	boring
entier, -ière	entire, whole
grand	tall
heureux, -euse	happy
impatient	impatient
intelligent	intelligent
intéressant	interesting
ivoirien, -enne	Ivorian; from the Ivory Coast Republic
marié	married
mince	slim
moderne	modern
mondial	worldwide, global
national	national
naturel, -elle	natural
obstiné	stubborn
optimiste	optimistic
ouvert	open-minded
patient	patient
petit	small, short
poli	polite
réservé	reserved
timide	shy
triste	sad

Les nombres de 31 à un milliard: See pages 78 and 79 for complete lists.

3

Tour de France

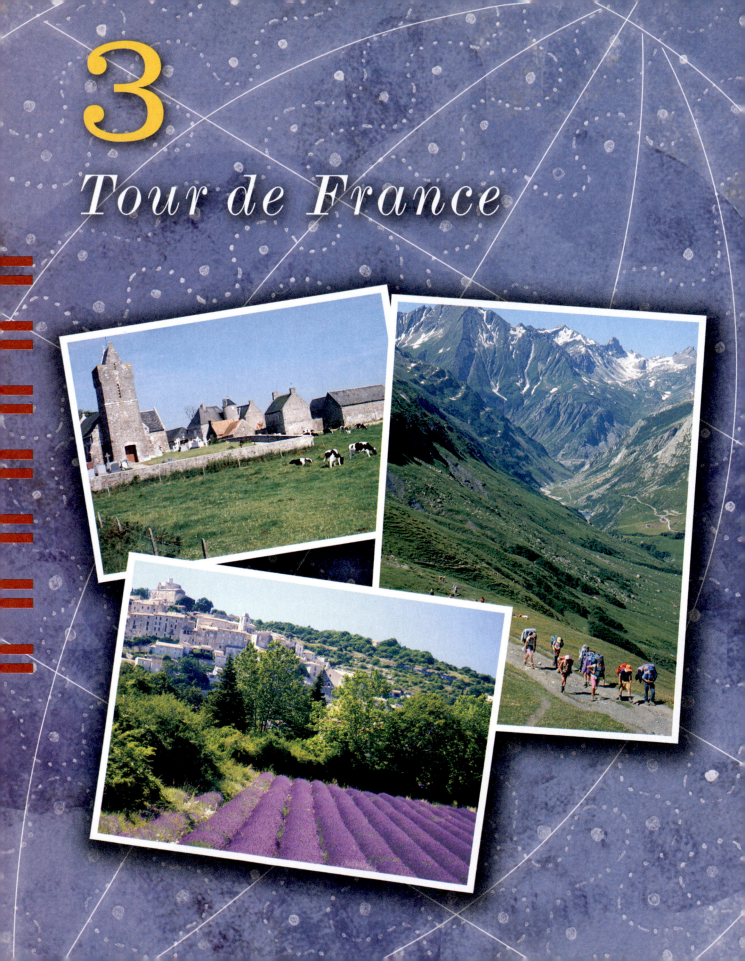

Notre pays

You may want to help students make the connection between the title of the chapter and the photo. Ask if the expression *Tour de France* is familiar to them. Help them to understand the meanings this expression can have: *Le chapitre 3 s'appelle comment? Le tour de France, c'est-à-dire nous allons visiter la France. Mais le Tour de France, qu'est-ce que c'est aussi pour vous? Regardez la photo: c'est aussi une course de bicyclette. Regardez la légende de la photo: la bicyclette est la «petite reine»* (draw a crown on board) *des routes de France. Pourquoi? Parce que les Français adorent la bicyclette. Après le foot, c'est un sport national!*

Before students even look at the text, you may ask them to think of ways in which they want to talk about their state or province. You may start by suggesting aspects such as *la superficie, la géographie, le climat, la population, l'économie* and writing them on the board under the heading *Portrait d'une région.* You may also wish to show the *Cultures en parallèles* section (IRCD Image T03–01).

Depending on your school, your students may all be from the same state or province or they may come from far away. You may want to group them according to their home state or province. Then, ask students to circle only the statements or parts thereof that apply to their situation, as you share personal information, "talking" through each sentence of the *Contexte: Moi je suis du Texas. L'état est grand, très grand. Il n'est pas petit, il n'est pas moyen.* When finished, call on several students to share their answer: *Quel est ton état? (Quelle est ta province?) Et c'est comment?* gestures: *grand(e)? petit(e)? moyen(ne)?*

To help students develop sensitivity to the perspective of the French visitor with whom the information is to be shared, you may also interject a comment about France starting with *Et en comparaison, la France est…* in order to bring in the French visitor's perspective. For more impact, you may also direct students to the illustration for *Cultures en parallèles,* p. 101, with the *hexagone* superimposed on a map of the U.S. and/or Canada.

Sur les routes de France, la bicyclette est la «petite reine» de la route.

Imagine that French friends are planning to visit you. Help them prepare for their trip by telling them about your state or province.

1. **La superficie:** L'état (*or* La province) est / grand(e) / petit(e) / moyen(ne).

2. **La population:** Il y a beaucoup / peu d'habitants. Ils sont (Ils ne sont pas) très divers.

3. **Les caractéristiques:** Il y a / l'océan / des plages / des montagnes / des plaines / des fleuves / des lacs / des forêts.

4. **L'économie:** C'est (Ce n'est pas) une région industrielle / rurale.

5. **Le climat:** Il y a un climat tempéré / méditerranéen / continental.

6. **Les villes:** Il y a beaucoup de (Il n'y a pas beaucoup de) villes / villages.

7. **Signes particuliers (historiques ou touristiques), par exemple:** C'est l'état du Président Lincoln. / Nous avons le Grand Canyon. / Ici, le football est le sport numéro un. / ?

Now, working in small groups, summarize the most distinctive features of your state or province. Are you all in agreement? Pick one student from your group to share your summary with the class as a whole.

If your students enjoy out-of-class activities, you may propose that they prepare a collage, presenting their state (province) or the state (province) where their school is. Insist that it have captions in French and suggest that the captions should be "borrowed" from the text.

LE MOT JUSTE

Expressions

par exemple *for example*
un signe particulier *distinctive symbol*

Noms

un état *state*
un fleuve *river*
une forêt *forest*
un habitant *inhabitant*
un lac *lake*

une montagne *mountain*
un océan *ocean*
une plage *beach*
une plaine *plain*
une province *province*
une région *region*
un village *village*

Adjectifs

continental *continental*
divers *diverse*

historique *historical*
industriel, -elle *industrial*
méditerranéen, -enne *Mediterranean*
moyen, -enne *average, middle-size*
rural *rural*
tempéré *temperate, mild*
touristique *touristic*

Ask students to identify, count, and call out the cognates they recognize.

CONTEXTE

Un petit tour dans l'Hexagone

Bring to the students' attention the icon below the map: Eh bien, voici les quatre points cardinaux (write on board: le nord, le sud, l'est, l'ouest) et ici, c'est le centre. Ask questions such as Strasbourg est à l'est ou à l'ouest? Do not hesitate to switch back to your own state (province) and say, Nous, au Nebraska, nous sommes au centre. Le Colorado est à l'ouest. Your purpose is to help students memorize the directions.

Before starting, ask students which areas of France they are familiar with and why (e.g., Normandie? Allied Landing, June 6, 1944). Have them locate them on a map. Through the mini-dialogues students will discover information about more places.

A top-down strategy for introducing the dialogues to students works well. You may wish to show the map of France with the hexagon (IRCD Image A03–01) and the text of the Contexte (IRCD Image T03–02). Begin by directing students' attention to the map of France: La France a la forme géométrique d'un hexagone. Draw quickly on the board the different geometric shapes: un hexagone, un triangle, un pentagone, un octogone. Ask questions about your drawings: Combien de côtés a un hexagone? Comptons-les. Un, deux, trois, quatre, cinq, six. Voilà, un hexagone a six côtés. Then assign each dialogue to a group of students. They will later share with their classmates the name of their region (C'est la région de…) where their dialogue is situated (Où est la région?), and some particular characteristics (Quelles sont les activités des habitants? Est-ce qu'il y a des attractions touristiques? Est-ce qu'il y a un point d'histoire intéressant? Quelles sont les villes à proximité?).

You may point out that people in the dialogues are either visiting these regions or talking about visiting different parts of France.

ÉTAPE **1**
2
3
4

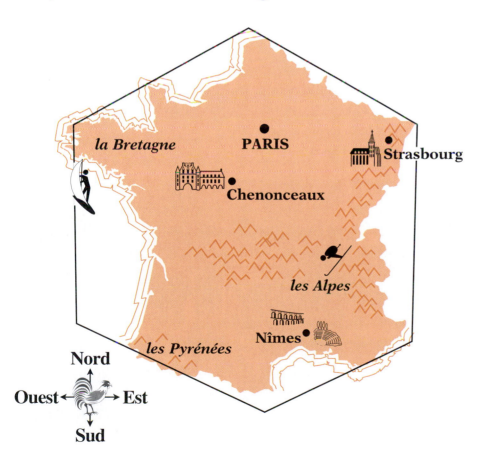

la Bretagne
PARIS
Strasbourg
Chenonceaux
les Alpes
les Pyrénées
Nîmes

Nord
Ouest ← → Est
Sud

Point out that although this region is often called the *Loire Valley* (also *La vallée des Rois*), there are several other rivers that flow into the *Loire*. The "Loire Valley" is an expression that encompasses the entire *Loire* basin. Many of the kings of France and their courts were attracted by the pleasant climate and the abundance of game in the forests, and built lodges and castles there. You may ask students to use a search engine to discover other châteaux in the Loire Valley (key words: *vallée de la Loire, châteaux de la Loire*).

The city of Chenonceaux is spelled with an *-x*, but the name of the castle is spelled without the *-x.*

Point out the use of *quel* in exclamations.

La vallée des Rois

—Eh bien, voici le château de Chenonceau!
Il date de (*dates from*) la Renaissance, tu sais!

—Quel beau château!

—Écoute, une nouvelle visite commence.

En Bretagne

—Qu'est-ce qu'on fait en Bretagne en été?

—On va à la plage, on pêche, on fait de la planche à voile.

—C'est une très belle région, n'est-ce pas?

—Bien sûr! C'est ma région!

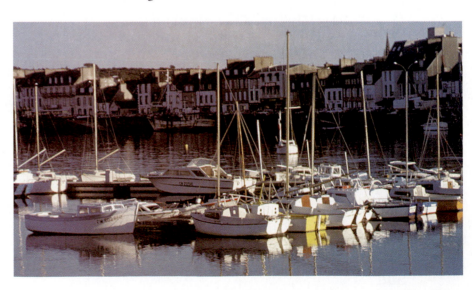

En Alsace

—À Strasbourg, je voudrais visiter la cathédrale.

—Bonne idée! C'est un très vieux monument, un monument superbe, un monument de l'architecture gothique et…

—Oh là là! Pas de grands discours (*speeches*), je t'en prie!

Le Sud de la France

—Qu'est-ce qu'on visite dans le sud de la France?

—Oh! Les plages, bien sûr, mais aussi de très vieilles villes et des monuments romains.

—Des monuments romains! Par exemple?

—Mais les arènes de Nîmes, par exemple, ou encore le pont du Gard! Ça, c'est un site extraordinaire!

Les Alpes

—Les Alpes, c'est vraiment un bel endroit pour faire du ski!

—Bien sûr! Et en été on fait de grandes randonnées.

—Un vrai paradis en toute saison, alors!

You may ask students to use a search engine to find other illustrations of the places mentioned in this *Contexte*.

Est-ce évident?

La France, c'est plus encore!
(*There's still more to France!*)

La fusée Ariane, un lanceur de satellites.

Do you know modern France as well as the more traditional France introduced in this *Contexte*? For many people France is first and foremost the land of castles and cathedrals, great art works and museums, quaint villages, high fashion, attractive women and romantic men, good food and good wine. While this is not necessarily an inaccurate image, France is also a very modern country with avant-garde architecture (the *Esplanade de la Défense* in Paris, for example) and advanced technology that makes the country highly competitive in computer science, telecommunications, and the medical sciences. Its aerospace industry has produced the *Mirage* fighter jet and the mass transport *Airbus* (in cooperation with Great Britain). France also has a sophisticated space program whose *Ariane* rocket has become a commercial success launching many satellites. While some may feel that there is excessive reliance on nuclear energy in France, the development of other, renewable sources of energy (wind farms, solar energy) is impressive. The complexity of modern France, complementing the country's rich history and heritage, will be the focus of subsequent chapters in *Parallèles*.

● Go back to Chapitre 1, page 53, and list all of the images of modern France suggested by the cartoon on the cover of *French or Foe?*. Can you think of yet others?

Images of the past: farmer, beret, Eiffel Tower
Gastronomy: garlic, baguette, champagne bottle, and *saucisson*

Lifestyle: terrace of café, bicycle
Modernity: *Arche de la Défense*, Ariane rocket

LE MOT JUSTE

Expressions

bien sûr *of course*
Bonne idée! *Good idea!*
dans *in*
en été *in summer*
en toute saison *in every season*
Je t'en prie! *Please!*
je voudrais… *I would like…*
Qu'est-ce qu'on fait? *What does one do?*
Tu sais! *You know!* (familiar)

Verbes

aller *to go*
faire *to do, to make*
pêcher *to fish*
visiter *to visit*

Noms

les points cardinaux (m pl) *cardinal points*
  le nord *north*
  le sud *south*
  l'est (m) *east*
  l'ouest (m) *west*
l'architecture (f) *architecture*
une arène *arena*
une cathédrale *cathedral*
le centre *center*
un château *castle*
un endroit *place*
un monument *monument*
un paradis *paradise*
la planche à voile *windsurfing*
un pont *bridge*

une randonnée *hike*
une saison *season*
un site *site*

Adjectifs

beau (bel), belle *beautiful*
bon, bonne *good*
extraordinaire *extraordinary*
gothique *gothic*
grand *tall, big, large*
nouveau (nouvel), nouvelle *new*
romain *roman*
superbe *superb*
vieux (vieil), vieille *old*
vrai *true*

À votre tour

3–1 Vous avez compris? *(Did you understand?)* With a partner, take turns asking about places in different parts of France.

MODÈLE: É1: On fait du ski dans les Alpes ou en Bretagne?

   É2: On fait du ski dans les Alpes.

1. Un monument gothique, c'est le château de Chenonceau ou la cathédrale de Chartres?
2. C'est Strasbourg ou Nîmes dans le sud de la France?
3. On fait du ski dans les Alpes ou en Bretagne?
4. Un monument romain, c'est le pont du Gard ou le château de Chenonceau?
5. On trouve les arènes de Nîmes dans les Alpes ou dans le sud de la France?
6. À Strasbourg, on visite des arènes ou une cathédrale?

3–2 C'est où ça? *(Where is it?)* With a partner, take turns asking where the following places are and pointing to them on a map.

MODÈLE: la vallée des Rois

   É1: La vallée des Rois, c'est où ça?

   É2: C'est ici, *(point to map)* au centre de la France.

1. les Alpes
2. les arènes de Nîmes
3. les plages de Bretagne
4. la cathédrale de Strasbourg
5. des monuments romains
6. le château de Chenonceau
7. le pont du Gard
8. Paris, la capitale

3–3 Devinette *(Guessing game).* With a partner, take turns describing and identifying various settings in France, selecting elements from each column.

MODÈLE: É1: C'est un château de la Renaissance.

   É2: C'est Chenonceau?

   É1: Bravo!

1. C'est une cathédrale gothique.	Nîmes
2. Il y a des plages où on pêche.	les Alpes
3. On fait du ski et des randonnées.	la Bretagne
4. C'est un monument romain.	le pont du Gard
5. On visite des arènes.	Paris
6. On fait de la planche à voile.	Chenonceau
7. C'est la capitale de la France.	Strasbourg
8. C'est un château au sud de Paris.	

3–4 You may want to first identify specific places in your area with the class as a whole. The individual groups can, in turn, describe them. If time permits, you might conclude by comparing the groups' descriptions of a couple of the places.

 3–4 Et qu'est-ce qu'on fait chez vous? *(What's there to do where you live?)* Working with several other students, prepare a list of popular places near your school. Then describe them, using, if you want to, the expressions below. Don't forget to indicate whether they are north, south, east, or west of where you are.

MODÈLE: É1: Vail et Breckenridge?

É2: C'est dans les montagnes, à l'ouest.

- c'est dans les montagnes
- c'est une plage
- c'est un site superbe
- c'est un pont
- il y a un beau monument

- on fait du ski
- on visite le Capitole
- on pêche
- on fait de la planche à voile
- c'est une belle région

STRUCTURE

Les adjectifs qui précèdent le nom

Remind students that they can turn to Chapitre 2, p. 14, for a review of regular adjective formation.

Aide-mémoire: Many of these adjectives can be regrouped in categories whose first letters make up the English word BAGS = Beauty, Age, Goodness, Size.

It might be a good idea to have students give the feminine and plural forms of each adjective, and to model pronunciation for the irregular forms.

You may want to tell students that *grosse* needs -ss- to be pronounced [s] and that *longue* needs the *u* to be pronounced [g]. See Chapitre préliminaire, p. 20.

You may point out that adjectives marking order, such as *premier/première*, precede the noun: C'est le *premier* jour du mois. C'est le *dernier* jour du mois.

Point out *des* becomes de (d') before an adjective that precedes the noun it modifies. This is not an absolute rule, but it is often applied.

Because these adjectives precede the nouns they modify, there is always *enchaînement consonantique* or *liaison* with the following noun. Remind the students that -*x* and -*s* used in liaison are pronounced [z] (see Chapitre one, p. 51). In liaison -*d* is pronounced [t]: *un grand ami* [œ̃ grã ta mi]. Before a vowel sound, the masculine singular forms are pronounced like the feminine singular. For example, *un bon ami/une bonne amie* are distinguished only by the pronunciation of the article. See *Phonétique*, p. 125, for additional information and exercises.

- Remember:

—Adjectives describe people, places and things.

—French adjectives agree in number and gender with the noun they modify.

—A French adjective usually follows the noun it modifies:

C'est un monument **superbe**.   *It is a superb monument.*
Ce sont des monuments **romains**.   *These are Roman monuments.*

- Certain French adjectives precede the noun they modify. These include:

—Adjectives that describe abstract qualities:

bon(ne)	*good*	C'est une **bonne** visite du château.
mauvais	*bad*	Quelle **mauvaise** architecture!
vrai	*true, real*	C'est un **vrai** paradis.

—Adjectives that describe appearance:

beau (belle)	*beautiful*	Quel **beau** château!
gros(se)	*large*	C'est un **gros** château.
joli	*pretty*	Quelle **jolie** région!
long(ue)	*long*	Quelle **longue** rivière!
nouveau (nouvelle)	*new*	C'est un **nouveau** monument.
petit	*small*	C'est un **petit** château.
grand	*large, big*	C'est un **grand** lac.
jeune	*young*	Voilà un **jeune** homme.
vieux (vieille)	*old*	Voilà une très **vieille** ville.

- The adjectives **beau, nouveau,** and **vieux** have an additional masculine singular form used before nouns beginning with a vowel sound: **un vieil homme** (*an old man*), **un bel endroit** (*a beautiful place*), **un nouvel hôtel** (*a new hotel*).

- Adjectives ending in **-eau** form their plural with **-x**, and adjectives ending in **-x** don't change in the plural: de **beaux** châteaux (*beautiful castles*), de **vieux** monuments (*old monuments*).

À votre tour

3–5 Un peu de lyrisme! *(Dare to be lyrical!)* You've encountered some beautiful places in France. With a partner, describe them enthusiastically in your own words, using adjectives you have just learned.

MODÈLE: Chenonceau

    É1: Chenonceau, c'est un beau château.

    É2: C'est un bel endroit, un très bel endroit. C'est un très vieux monument. C'est un grand monument!

la cathédrale de Strasbourg

la Bretagne

les Alpes

le sud de la France

3–6 Et chez vous? Talk with several other students about some of the beautiful places and sights in your own area. Identify them (see the vocabulary in **Cultures en parallèles**, p. 101), then comment enthusiastically.

MODÈLE: Le Mississippi est un fleuve.

    C'est un grand fleuve, c'est un beau fleuve.

3–7 Visite de groupe *(Group visits).* You are touring with a group. Who are the people in your group? classmates? friends? family members? Are they people you have met in previous **Contextes**? Describe each member of your group, using the suggestions below, as appropriate.

MODÈLE: Il y a Paul Tremblay. Il est canadien. C'est un vieil homme. C'est un vrai ami.

Personnes:
1. amis / famille / camarades de classe
2. *(Choose among them!)* Kalissa Mossi / Dieudonné Plantin / Aïcha Kahidi et son mari Kaïs / Ginette Orville et ses parents / la famille Tremblay: Paul et Lucie, Jules et Suzanne avec Jacques et Sophie Tremblay / Laurent Attébi

Adjectifs précédant les noms:
bon / mauvais / vrai / beau / gros / joli / nouveau / petit / grand / jeune / vieux / premier

Adjectifs à recycler:
honnête / amusant / calme / patient / mince / intelligent / ouvert / obstiné / aimable / dynamique / agréable / optimiste / timide / triste / poli / ennuyeux / impatient

---

3–8 Prenez la parole. With a small group of classmates, take turns describing what makes your environment a pleasant one. Mention places and people, and be sure to indicate what makes them special!

MODÈLE: J'aime la Californie. Il y a de belles plages. Il y a de grandes villes. Et il n'y a pas de personnes ennuyeuses!

You may ask students to find and list all adjectives that precede the nouns in the *Contexte*. To facilitate this activity, you may wish to show the *Contexte* (IRCD Image T03–02). Then you or a volunteer could put the following list on the board:

La Vallée des Rois: Quel beau château, une nouvelle visite.

En Bretagne: Une très belle région.

En Alsace: Un très ancien monument, un vrai trésor, pas de grands discours.

Le sud de la France: de très vieilles villes

Les Alpes: un bel endroit, de grandes randonnées, un vrai paradis.

3–5 If your students identify other images related to the places in the *Contexte*, you may use them. Examples: *Chenonceaux (avec -x!), c'est aussi une jolie ville. C'est une petite ville. À Strasbourg, il y a un beau musée.*

3–7 Encourage students to bring back characters from former *Contextes*. Of course they may also add their own friends and/or family members.

É T A P E
2
1
3
4

CONTEXTE

Un climat tempéré mais varié: Quel temps fait-il?

En toute saison, il pleut.

En toute saison, il fait du soleil.

En toute saison, il y a des nuages.

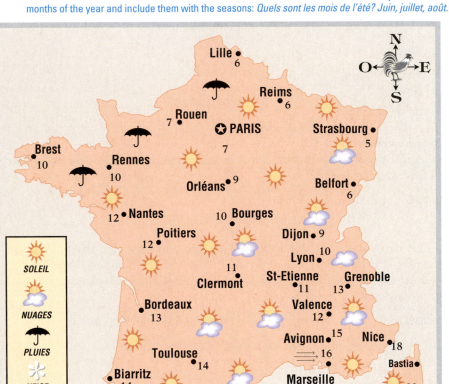

Lille 6
Reims 6
Rouen 7
PARIS 7
Strasbourg 5
Brest 10
Rennes 10
Orléans 9
Belfort 6
Nantes 12
Bourges 10
Dijon 9
Poitiers 12
Lyon 10
Clermont 11
St-Etienne 11
Grenoble 13
Bordeaux 13
Valence 12
Avignon 15
Nice 18
Toulouse 14
Bastia
Marseille
Biarritz 14
Perpignan 16
Ajaccio 22

SOLEIL
NUAGES
PLUIES
NEIGE
VENT

Point out that the seasons are not capitalized in French.

En été, il fait toujours beau.

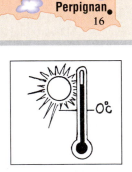

En été, il y a parfois des orages.

En été, il fait chaud.

Au printemps et en automne, il fait bon.

En automne, il fait du vent.

En hiver, il fait mauvais.

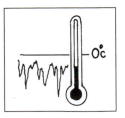

En hiver, il fait froid.

En hiver, il neige.

Est-ce évident?

Le bulletin météo

Accurately predicting the weather is a sophisticated science. However, the manner in which the weather report is delivered may vary from the scientific and objective to the lighthearted and humorous. Newspaper weather reports are usually straightforward, but on television, the weather person's performance may be highly entertaining.

On French television it is customary to end the weather report by wishing a happy name day (*Bonne fête!*) to people named after the saint traditionally associated with that day (see p. 292 for a French calendar). Also, some weather forecasters deliver the weather report in a very individual, even poetic fashion. Don't be too hasty to judge this type of performance as unprofessional: it perhaps simply indicates that the distinction between information and entertainment is not as strict in French culture.

- How is the weather reported in your area? Do weather forecasters ever achieve celebrity status? If so, how?

À votre tour

3–9 Quel temps fait-il aujourd'hui? *(What's the weather like today?)* Looking at the weather map, talk about the weather in different parts of France with a partner.

MODÈLE: É1: À l'est, il y a des nuages.
É2: Au sud, il fait du soleil.

3–10 Quelle est la température? *(And what about the temperature?)* Now, with your partner take turns looking at the weather map and reviewing the day's temperatures.

MODÈLE: É1: On a 6 degrés à Lille.
É2: On a 16 degrés à Marseille.

3–11 Oui, mais ça veut dire quoi? *(Okay, but what does it mean?)* With your partner, look at both the weather map and the illustrations below it on page 108. Take turns indicating what the temperature is in different French cities and reacting appropriately.

MODÈLE: É1: À Lille, il fait 6 degrés.
É2: Alors *(then)*, il fait froid. Il ne fait pas chaud.

3–12 La date et le temps. Taking turns with your partner, indicate the dates of each season: **le printemps, l'été, l'automne et l'hiver,** and tell what the weather is like in your area during that season.

MODÈLE: L'été est du 21 juin au 21 septembre. Ici, il fait très chaud.

3–9, 3–10 As students do these exercises, you may wish to show the weather map (IRCD Image A03–02).

3–10 You may want to model the pronunciation for each city name and add short comments. *Lille, l'industrie textile. Reims, le champagne et une belle cathédrale. Belfort, des industries. Dijon, la moutarde (Grey-Poupon), le vin de Bourgogne. Lyon, capitale de la gastronomie. Saint-Étienne, les mines de charbon. Valence, un centre commercial. Avignon, la résidence des Papes au XIVᵉ siècle. Marseille, un port sur la mer. Nice, la ville du Carnaval. Perpignan, la ville catalane. Toulouse, capitale de l'industrie aéronautique. Biarritz, une plage élégante. Bordeaux et ses vins. Clermont, la ville de Michelin. Poitiers et Bourges, riches en monuments. Orléans, ville de Jeanne d'Arc. Nantes, un grand port. Rennes, capitale de la Bretagne. Brest, l'École Navale. Rouen, lieu de la mort de Jeanne d'Arc.* Later on, you may ask students to find more information on various cities using a search engine: the keywords are the names of the cities.

3–11 Show both the weather map and the weather illustrations (IRCD Images A03–02 and A03–03 through A03–13). You may also want to tell students how to convert temperatures so they can make appropriate comments. To convert from Celsius to Fahrenheit, suggest that they double the Celsius temperature and add 30—this is a little off, but close enough to know what kind of clothes to wear! To convert from Fahrenheit to Celsius, subtract 30 and divide by 2.

3–13 You may want to announce a competition: which pair can hold the longest conversation, just discussing the weather? Remind students that they can refer to the months of the year in their conversation.

 3–13 De la pluie et du beau temps *(Fair weather and foul).* Conversation topics are still limited, so you discuss the weather with members of your group…

MODÈLE: É1:   Il fait beau aujourd'hui.

É2:   Oui, il fait très beau. J'aime le soleil.

É3:   Moi aussi! Il ne pleut pas souvent ici. C'est bien.

É4:   En été, en juillet et août, il fait très chaud.

É5:   Et il y a des orages?

É6:   Oui, mais pas souvent.

STRUCTURE

Le verbe **faire**

- The irregular verb **faire** *(to do, to make)* can be used both literally and idiomatically.

Model pronunciation and have the students repeat. All singular forms and the *vous*-form contain the vowel [ɛ], nous *faisons* is pronounced [fəzɔ̃].

faire			
je	fais	nous	faisons
tu	fais	vous	faites
il/elle/on	fait	ils/elles	font

Il **fait** beau aujourd'hui.	*It's nice out today.*
Nous **faisons** de la planche à voile.	*We windsurf.*

- The use of **faire** in questions sometimes calls for a verb other than **faire** in the answer:

—When you ask about someone's occupation:

Qu'est-ce qu'il **fait?**	*What does he do (for a living)?*
Il **est** architecte.	*He's an architect.*

—When you ask what activity someone is engaged in:

Qu'est-ce que vous **faites**?	*What are you doing?*
Je **regarde** la télévision.	*I'm watching television.*

- As you have seen, **faire** is used idiomatically to describe the weather:

Quel temps **fait**-il?	*What's the weather like?*
Il **fait** beau, il **fait** chaud, il ne **fait** pas froid.	*It's nice, it's warm, it is not cold.*

- You have also seen that **faire** is used in a number of other idiomatic expressions, among them these expressions for leisure-time activities: **faire des randonnées** *(to go hiking)*, **faire un voyage** *(to take a trip)*, **faire la visite de** *(to take a tour of)*.

En été nous **faisons** des randonnées.	*In the summer, we go hiking.*
Vous **faites** du ski dans les Alpes?	*Do you ski in the Alpes?*

Tu **fais** la visite du château
aujourd'hui ou demain?

*Are you visiting the castle
today or tomorrow?*

Les touristes **font** de la planche
à voile en Bretagne.

Tourists go windsurfing in Brittany.

- **Faire (de)** is often associated with an activity name, to mean that one is involved in this activity.

Tu **fais** du basket ou du foot?

Do you play basketball or soccer?

Tu **fais** de la musique?

Do you study (or play) music?

Note the negative:

Tu fais du volley? Non, je ne fais
pas de volley.

*Do you play volleyball? No, I don't
play (any) volleyball.*

À votre tour

3–14 Fais-tu du sport? (*Are you involved with sports?*) Here is a list of leisure-time activities. Circulate in the class, asking classmates which activities they are involved in.

MODÈLE: faire du ski

É1: Est-ce que tu fais du sport?

É2: Oui, je fais du ski. *or* Non, je ne fais pas de sport.

> faire du ski / faire du volley / faire des randonnées / faire du foot /
> faire du football américain / faire du karaté / faire du basket /
> faire du golf / faire du tennis / faire de la musique / faire du sport /
> faire de la planche à voile / faire des visites de monuments /
> faire de la bicyclette

3–15 Comparaisons. With your partner, take turns saying what activities you enjoy and how frequently you engage in them. Are your tastes similar?

MODÈLE: É1: Je fais souvent du karaté.

É2: Je ne fais pas de karaté.

Later report to the class your favorite activities.

MODÈLE: Tom et moi, nous faisons du ski et du golf, mais pas de tennis.

ou: Tom fait du golf, moi je fais du karaté.

> **Activités:**
> faire la visite de monuments / faire du sport / faire du ski /
> faire du basket / faire du volley / faire du foot / faire de la planche à voile /
> faire du rugby / faire des randonnées / faire des voyages /
> faire du tennis / faire du sport
>
> **Adverbes:**
> très souvent / assez souvent / souvent / parfois / rarement /
> très rarement / ne… jamais

You may want to warm up with several substitution drills at a fast pace. For example: *Vous faites du ski? (tu, vos parents, nous, le professeur) Les étudiants font du basket. (l'étudiante, nous, tu, vous, je)*

3–14 You may want to pronounce the cognates at least once and make the distinction *du foot* (soccer)/*du football américain.*

3–16 Quel sport en quelle saison? *(Which sport in which season?)* With a partner, take turns linking a sport in the right column with its peak season.

MODÈLE: É1: On fait du ski en hiver.

faire du basket	en toute saison
faire du volley	en hiver
faire du foot	au printemps
faire du golf	en été
faire de la planche à voile	en automne
faire du rugby	
faire des randonnées	
faire du ski	
faire du tennis	
faire du vélo	
faire du karaté	

3–17 If most students come from the same area, assign a different season to each group.

3–17 Prenez la parole. Find a partner who comes from the same area as you, and prepare a list of what people in the area prefer to do in different seasons. Share your results with the rest of class.

En direct

Audio script for *En direct:*
F: Bonjour Juliette. Ici Florent.
J: Florent? Quelle bonne surprise! Tu vas bien?
F: Très bien, merci. Et toi?
J: Pas mal, merci. Je fais mes devoirs.
F: Écoute, tu as besoin de distraction. J'ai un projet intéressant pour le week-end. Tu es libre?
J: Oui, mais la météo annonce un très mauvais temps.
F: Allons, Juliette, sois plus optimiste! J'annonce un temps idéal samedi pour une randonnée en montagne.
J: Mais tu es fou! Il neige en montagne!
F: Eh bien, je t'invite pour une promenade à ski!
J: Non merci, je déteste le froid et la neige. C'est un week-end pour aller au cinéma… ou même préparer l'examen de maths.
F: Non, non. Je vais aller en montagne avec Julie et Marc.

Les incertitudes de la météo *(The uncertainty of weather forecasts)*. Listen to the following exchange between Florent and Juliette, who call each other one Wednesday night. Then indicate whether each statement is **vrai** *(true)* or **faux** *(false)* and make appropriate corrections.

1. (V) F   Juliette is free this weekend.
2. V (F)   The weekend forecast is for very nice weather.
3. (V) F   Florent does not agree with the forecast for the entire weekend.
4. V (F)   Juliette loves to go skiing.
5. V (F)   In the end both parties agree to go to the movies.

CONTEXTE

Activités saisonnières

Rachid est du sud de la France. Il habite Montpellier. Il adore le climat de Montpellier. Il fait de la moto en toute saison, même en hiver. En été il va à la plage et il fait du bateau.

 Florent est aussi du sud de la France. Il est de Marseille, mais maintenant il habite Lyon. Il va à l'École Centrale et un jour, il va être ingénieur. Bien sûr, à Lyon, il ne fait pas le temps de Marseille! Alors, Florent va au musée, il visite des expositions et il va à des fêtes avec des copains.

Amina est journaliste. Elle est de Dakar. Aujourd'hui, elle habite Grenoble, dans les Alpes. Quel changement! Elle aime bien l'hiver, elle adore la neige et elle va faire du ski le plus souvent possible. En été, elle et un groupe d'amis sportifs vont faire des randonnées.

Henri et Françoise sont de Chambéry. Ils ne sont pas très jeunes. En hiver et en automne, ils restent à la maison, regardent la télé, écoutent de la musique. Ils vont souvent au concert. Le jeudi, ils vont jouer aux cartes chez des amis. Au printemps et en automne, ils font des promenades à pied. Bien sûr, ils ne font pas de promenade à moto!

Est-ce évident?

Le temps des loisirs

In 1936, French workers obtained the right to paid vacations. Since 1982, they have been entitled by law to five weeks of paid vacation every year.

On January 1, 2002, the French adopted a 35-hour work week. Whereas in 1948 a worker in France spent more than 140,000 hours of his or her life working, today, he or she will work only an estimated 63,000 hours.

The majority of workers claim that their newly found free time (men appear to enjoy more true "free" time than women) is being spent with family. Many, however, indicate that they would like to travel more and take more vacations, to go out more often, and to get more exercise. For the latter, in descending order, the French prefer: walking, exercise classes, swimming, biking, playing tennis, running, skiing, playing soccer, fishing and hunting, and motorcycling.

● How much leisure time do you have? Do you think North Americans generally have as much leisure time as the French? Do you think five-week paid vacations or 35-hour work weeks will ever be common in North America?

LE MOT JUSTE

Expressions

à moto   *by motorbike*
à pied   *on foot*
à vélo   *by bike*
chez   *at, at someone's place*
même   *even*

Verbes

aller   *to go*
faire des promenades   *to go for walks*

jouer aux cartes   *to play cards*
rester à la maison   *to stay home*
visiter des expositions   *to go see shows at museums and galleries*

Noms

un bateau   *boat*
un concert   *concert*
une école   *school*
une exposition   *museum/gallery show, exhibit*

une fête   *party, celebration*
une moto   *motorbike*
un musée   *museum*
le ski   *skiing*
un sportif/une sportive   *an active person involved in sports*

Adjectif

saisonnier, -ière   *seasonal*

À votre tour

3–18 Avez-vous compris? Taking turns with a partner, indicate what the people you have just met in the **Contexte** do in their free time. Incorporate the suggestions in the right-hand column into your responses.

MODÈLE: É1: Henri et Françoise, qu'est-ce qu'ils font?
   É2: Ils vont jouer aux cartes.

Rachid

Florent

Amina Doucet

Henri et Françoise

ne vont pas à la plage

va à des expositions

va à des fêtes

va à l'École Centrale

va à la plage

vont faire des promenades

va au musée

va faire des randonnées

va faire du ski

vont au concert

vont jouer aux cartes

3–19 Un sport pour chaque temps (*Sports and weather*). Take turns asking your partner's opinion as to what activity is best suited to what kind of weather.

MODÈLE: É1: Quand il fait chaud, on va à la plage ou au musée?
   É2: On va à la plage.

1. Quand il fait chaud, on fait de la planche à voile ou du ski?
2. Quand il neige, on fait du ski ou on fait du surf?
3. Quand il fait bon, on fait des randonnées ou on fait du foot?
4. Quand il fait du vent, on fait du volley ou on fait de la planche à voile?
5. Quand il y a des orages, on fait du sport ou on ne fait pas de sport?
6. Quand il fait froid, on fait du hockey ou on pêche?

3–20 Encourage students to recycle the adverbs: *ne...pas, ne...jamais, toujours, souvent, aussi.*

 3–20 Chacun à son goût (*To each his/her own*). With a partner, take turns completing each statement to indicate where people with different likes and dislikes probably go or don't go, or what they are likely to do or not do in their leisure time.

MODÈLE: É1: Quand on aime la musique…

É2: Quand on aime la musique, on va souvent au concert.

ou: É2: Quand on aime la musique, on ne va pas faire de vélo!

1. Quand on aime le bateau…
2. Quand on adore les randonnées…
3. Quand on aime la neige…
4. Quand on aime les arts…
5. Quand on déteste le froid…
6. Quand on aime beaucoup le sport…
7. Quand on n'est pas très jeune…

3–21 En toute saison. Discuss with a group of classmates what you do in different kinds of weather. Ask each other questions using the cues provided.

MODÈLE: En hiver, quand il neige…

É1: Qu'est-ce que tu fais en hiver quand il neige?

É2: Je joue aux cartes.

1. En été, quand il y a un orage…
2. Au printemps, quand il fait beau…
3. En automne, quand il fait du vent…
4. En hiver, quand il fait froid…

STRUCTURE

Le verbe **aller** et le futur proche

Le verbe **aller**

Point out that liaison is obligatory in *nous allons, vous allez,* and *vont-ils/elles?* Remind students that *-t-* must be inserted in the inverted forms *va-t-il/elle/on* (the verb ends in a vowel and the subject pronoun begins with one).

- The verb **aller** (*to go*) has both literal and idiomatic meanings. It indicates movement toward a place or expresses future plans. Idiomatically, it is used to tell how someone is feeling.

aller			
je	vais	nous	allons
tu	vas	vous	allez
il/elle/on	va	ils/elles	vont

- You already have used **aller** in greetings:

Comment **allez**-vous?	*How are you?*
Je **vais** bien.	*I am fine.*
Comment ça **va**?	*How is it going?*
Ça **va** bien.	*It's going fine.*

- When used to express movement, **aller** is always followed by a preposition. The most common preposition is **à** (*to, in*):

Florent va **à** l'école **à** Lyon.	*Florent goes to school in Lyon.*
Ils vont **à** la maison.	*They are going home.*

Review briefly with students the contraction of *à* + definite article: *à* + *le* → *au*; *à* + *les* → *aux*. (See page 38.)

- The preposition **chez** (*at the home of*) can also be used with **aller**:

Ils vont jouer aux cartes **chez** des amis, **chez** Paul et Geneviève.	*They are going to play cards at the home of some friends, at the home of Paul and Genevieve.*

À votre tour

3–22 Une après-midi de libre (*A free afternoon*). Everyone has the afternoon off. Tell where each person is going, choosing from among the following destinations: **à la plage, au café, au musée, au concert.**

  1. Rachid
  2. Florent et ses copains
  3. nous
  4. Henri et Françoise
  5. tu
  6. moi, je
  7. vous

3–23 Où passer le week-end? (*Where to spend the weekend*)? Working in small groups, take turns asking and answering questions about each other's weekend plans under the specified circumstances.

MODÈLE: Tu as envie de faire du ski.

  É1: Tu as envie de faire du ski. Où est-ce que tu vas?

  É2: Je vais dans les Alpes.

1. Vous voulez visiter un château.	à Chenonceau
2. On a envie de retrouver des copains.	au café
3. Il fait beau et vos copains ont une planche à voile.	à la plage
4. Ta copine étudie l'art.	au musée
5. Nous étudions les monuments romains.	dans le sud de la France
6. Tu voudrais visiter une cathédrale gothique.	à Strasbourg
7. C'est l'été et nous faisons des randonnées.	dans les Alpes

For a quick review, you could use a couple of substitution drills: *Je vais au café. (tu, nous, vous, les copains, Rachid)* Incorporate additional expressions into drills: *aller à la plage, aller faire du vélo, aller au musée,* etc. You then become more specific, asking individual students where they are going this week: *Vous allez au café? Vous allez au cinéma? La classe va au musée?*

You might also wish to mention (and play or sing) the first verse of the *Marseillaise:* «*Allons enfants de la Patrie, le jour de gloire est arrivé!*»

Or practice the idioms *Allons-y, Allez-y, Vas-y:* Ask students where they want to hold their next party: *Chez Paul! Oui, allons-y! Au café? Oui allons-y!* etc.

3–22 Ask students to redo the same exercise, indicating this time where the people mentioned are not going: *Rachid ne va pas au café.*

3–24 Qu'est-ce que vous préférez? Write down in descending order of preference the three places you would choose to go if given an afternoon off: **chez un copain? à la maison? au musée? à la plage? au labo? au café? au cinéma?** Then express your preferences to a group of classmates, using these adverbs: **D'abord** (*first*)…, **puis** (*then*)…, **enfin** (*finally*)…

MODÈLE: Je vais d'abord chez un copain, puis nous allons au restaurant, enfin nous allons au cinéma.

Whose preferences are the most similar? Whose are the most original?

Le futur proche (*immediate or near future*)

● When followed directly by an infinitive, **aller** indicates future plans. In this construction, **aller** is the conjugated verb.

Un jour, il **va** être ingénieur.	*One day, he is going to be an engineer.*
Ils **vont** jouer aux cartes chez des amis.	*They are going to play cards at the home of friends.*

● In the negative, the **ne … pas** is placed around the conjugated verb **aller**.

Ils **ne** vont **pas** faire de promenade à moto.	*They are not going on motorbike rides.*

À votre tour

You may want to direct students, working with a partner, to identify and list cases in the Contexte where aller is used to indicate future plans.

3–25 L'an prochain (*Next year*). Working with a partner, tell what these people from the **Contexte** will be doing next year.

MODÈLE: É1: Rachid / faire de la moto
   É2: Rachid va faire de la moto.

1. Rachid / faire du bateau
2. Rachid / faire des photos
3. Florent / visiter des musées
4. Florent / aller à des expos
5. Florent / aller à des fêtes
6. Amina / faire du ski
7. Amina / faire des randonnées
8. les Joli / rester à la maison
9. les Joli / jouer aux cartes
10. les Joli / aller chez des amis

3–26 Plus jamais ça! (*Never again!*) Now, imagine that the people from the **Contexte** will be breaking away from their current routine and doing something different. With a partner, take turns telling what you think each will be doing.

MODÈLE: Rachid ne va pas faire de moto, il va faire du ski.

3–27 Prenez la parole. With a partner, take turns indicating what you each will do under these different circumstances, using the **futur proche**. Are your choices similar?

MODÈLE: Il pleut.

> É1: Je vais aller au concert.
>
> É2: Moi, je vais jouer aux cartes chez des amis.

1. Il y a une exposition au musée.
2. Il fait beau et nous avons des vélos.
3. Il fait très froid.
4. Il y a un match de foot à la télé.
5. Il neige.
6. C'est le printemps, il fait très beau.

CONTEXTE

Projets de vacances

Les vacances sont là, mais quelle destination choisir (*choose*)? Juliette et Florent étudient des brochures touristiques. Il y a beaucoup de brochures devant, derrière et à côté d'eux.

JULIETTE: Trouve un voyage sur un bateau! J'aime les bateaux!

FLORENT: Regarde ce circuit: départ de Fort-de-France (Martinique) et cinq jours dans la mer des Caraïbes sous le soleil des Tropiques. Un peu loin, mais sensationnel, non?

JULIETTE: Et le prix est sensationnel aussi! Non, nous allons rester plus près de la France.

FLORENT: Pourquoi pas en France? Il y a des locations de bateau sur le canal du Midi. Écoute: «Location de bateaux sans permis (*licence*) de quatre à neuf places».

JULIETTE: Neuf places! Quelle chance! On va inviter les copains!

You may start by noting that the *Contexte* topic is a welcome one: *les vacances* (always in the plural! One day off does not seem to qualify for a vacation!).

Ask students to come up with some ideas on how to spend their next vacation: *aller dans sa famille? Voyager? Comment: à pied, à vélo, en bateau? Se relaxer? Faire du sport? Avoir un boulot pour être riche? Aller à l'université?*

Keeping to the topic of travel, continue asking: *Préférez-vous voyager avec votre famille? Avec des copains? Est-ce que vous allez dans une agence de voyage? Regardez-vous des brochures? Trouvez-vous des renseignements sur l'Internet? Est-ce que le prix* (rub thumb and index to show you mean money) *est important?*

As you read the *Contexte*, ask students to fill in the chart you put on the board: *Type de vacances* (camping, hotel, trekking, other). *Avec qui? Destinations possibles? Sélection définitive.* To facilitate the presentation, you may wish to show the *Contexte* (IRCD Image T03–05).

1
2
3
ÉTAPE

4

Le canal du Midi est une des étapes préférées du tourisme fluvial.

La Camargue est célèbre pour ses marais salants (*salt marshes*), ses chevaux (*horses*) blancs et ses flamants (*flamingos*) roses.

Est-ce évident?

Le tourisme fluvial

The 8,500 kilometers of French navigable waterways (rivers and canals) constitute the most extensive network of inland waterways in Europe. The

first canal was the **canal de Briare**, inaugurated in 1642 between the Seine and the Loire river basins. The **canal du Midi**, recently added to the UNESCO World Heritage List, was built in 1681 between the Garonne River and the Mediterranean Sea to link the Atlantic basin to the Mediterranean, creating a shortcut to avoid the long trip around Spain. Today, many canals have lost most of their commercial traffic and are devoted almost entirely to tourism.

River tourism makes it possible to appreciate the many beautiful French landscapes at an unhurried pace and from a distinctive perspective. Many houseboats are rented with bicycles, giving tourists a chance to come ashore and appreciate local food and wines as well as visits to regional architectural treasures.

- Are you interested in joining the many boaters on French waterways? If so, you may want to start with a virtual trip on the Internet and report your findings to the class.

LE MOT JUSTE

Expressions

à côté de *next to*
derrière *behind*
devant *in front of*
loin *far*
près de *near*
sans *without*
sous *under*
sur *on, on top of*

Noms

une brochure *brochure*
un canal *canal, channel*
un circuit *tour*
le départ *departure*
une destination *destination*
une location *rental*
la mer *ocean, sea*
une place *space, seat*

le prix *price*
les vacances (f pl) *vacation*

Adjectifs

ce/cette *this, that*
quel/quelle *which*
sensationnel, -elle *sensational*

À votre tour

3–28 To assist students as they do this exercise, you may wish to show the *Contexte* (IRCD Image T03–05).

3–28 Tu n'as rien compris! *(You did not get it!)* Your partner was not paying attention and improvises the following statements concerning Juliette and Florent's vacation plans. Help him/her get the facts right!

MODÈLE: É1: Juliette va aller en vacances avec Martin.

　　　　　 É2: Mais non! Juliette va aller en vacances avec Florent!

1. Juliette et Florent étudient des brochures sur l'Internet.
2. Juliette préfère des vacances à la montagne.

3. Le circuit en Martinique est une idée stupide.

4. La Martinique n'est pas très loin de la France.

5. Le prix du circuit est assez raisonnable (*rather reasonable*).

6. Il n'est pas possible d'inviter les copains sur le bateau.

3–29 Savoir s'orienter! (*Knowing where things are!*) Look at the drawings with a partner, then take turns asking each other about them.

1. Quand Florent pêche, est-il sur ou sous le bateau?

2. Quand Florent répare le bateau, est-il sur ou sous le bateau?

3. Quand Florent répare le bateau, est-il avec ou sans Juliette?

4. Juliette est-elle à côté de Florent ou loin de Florent?

5. Le bateau est-il près ou loin de la plage?

6. Est-ce qu'il y a un autre bateau devant ou derrière le bateau de Florent?

7. Est-ce que Juliette est dans le bateau?

8. Est-ce que ce bateau est sur ou sous la mer?

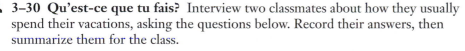

3–30 Qu'est-ce que tu fais? Interview two classmates about how they usually spend their vacations, asking the questions below. Record their answers, then summarize them for the class.

1. Quand as-tu des vacances?

2. Qu'est-ce que tu vas faire?

3. Avec qui passes-tu (*do you spend*) les vacances?

3–29 You may want to do a short warm-up, asking for opposites: *Devant? derrière. Près de? loin de.* You may also use TPR to reorganize the class: *Passez devant…, Allez près de…, Placez le livre sous le bureau*, etc. After your initial efforts, ask for a volunteer to replace you. Or you may ask a student to describe the classroom layout, send him/her outside the room, and make a few changes. When the student comes back, he/she must explain what is different. To assist students as they do this exercise, you may wish to show the related illustrations (IRCD Images A03–25 through A03–32).

3–30 Review months of the year.

STRUCTURE

L'adjectif interrogatif **quel**; l'adjectif démonstratif **ce**

L'adjectif interrogatif **quel**

You may want to point out to students that they already know these expressions with *quel: Quel jour est-ce aujourd'hui? Quel temps fait-il? Quel beau château!*

Have students identify the feminine singular and feminine and masculine plural forms in the following examples.

- The interrogative adjective **quel** (*which? what?*) is used to ask for a choice among the items in a category. It agrees in number and gender with the noun it modifies and is used in questions using either inversion or **est-ce que**.

Quel voyage as-tu l'intention de faire?	*Which trip are you thinking about?*
Quelle destination est-ce qu'on va choisir?	*Which destination are they going to choose?*
Quels copains et **quelles** copines est-ce qu'on va inviter?	*Which friends are we going to invite?*

You may want to point out that *quel* is used in "What is…? / What are…?" questions when the underlying meaning is really "Which one(s)?" This differs from a question that asks for identification: "What is that?" *Qu'est-ce que c'est? C'est un ordinateur.*

Point out that in French the article is omitted in these exclamations: *Quelle bonne idée!* "What *a* great idea!"

Liaison is obligatory after *quels, quelles: quels hôtels* [kɛl‿zɔ tɛl], *quelles églises* [kɛl‿ze gliz], etc.

- **Quel** is often separated from the noun it modifies by the verb **être**:

Quel est **le prix** du voyage?	*What is the price of the trip?*
Quels sont **les avantages** du bateau?	*What are the advantages of the boat?*

- As you have already seen, **quel** can also be used in exclamations to express feelings or opinions:

Quelle chance!	*What luck!*
Quel beau château!	*What a beautiful castle!*

À votre tour

3–31 For this exercise and the next, suggest that students spell the form of *quel* they select. Or you may want to write the four forms of *quel* on the board and number them so students can say, *quel numéro 1.*

3–31 Un peu de mécanique. Ask your partner for clarification, using the appropriate form of **quel**.

MODÈLE: É1: Regarde la brochure!
   É2: Quelle brochure?

1. Faisons des projets!
2. Faisons un voyage!
3. Étudions une brochure!
4. Louons (*Let's rent*) un bateau!
5. Louons des vélos!
6. Organisons un circuit!
7. Invitons des amis!

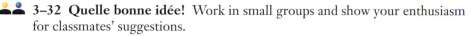 **3–32 Quelle bonne idée!** Work in small groups and show your enthusiasm for classmates' suggestions.

MODÈLE: É1: Le canal est intéressant.

   É2: Quel canal intéressant!

  1. La brochure est nouvelle.
  2. Les bateaux sont modernes.
  3. Le circuit est long.
  4. La destination est originale.
  5. Les paysages (*landscapes*) sont beaux.
  6. La location est facile (*easy*).
  7. Le canal est touristique.
  8. Les touristes sont enthousiastes.

L'adjectif démonstratif ce

- Demonstrative adjectives are used to point out or call attention to specific people or objects:

  Cet hôtel, **cette** brochure et **ces** circuits sont sensationnels.   *This hotel, this brochure and these tours are fantastic.*

- Like all adjectives in French, demonstrative adjectives agree in gender and number with the noun they modify. Note that you use the alternate form of the masculine singular demonstrative adjective (**cet**) before a word beginning with a vowel sound.

	singular	plural
MASCULINE	**ce** bateau	**ces** vélos
	cet ordinateur	
FEMININE	**cette** brochure	**ces** destinations

Liaison is obligatory after *ces*: *ces hôtels* [se͜zɔ tɛl], *ces écoles* [se͜ze kɔl].

- The singular forms of the demonstrative adjective can mean either *this* or *that* in English, the plural forms, *these* or *those*. To make a clear distinction, add the suffix **-ci** for *this, these* and **-là** for *that, those* to the noun.

  Tu préfères **ce circuit-ci** ou **ce circuit-là?**   *Do you prefer this tour or that tour?*

  Vous préférez **ces** destinations-**ci** ou **ces** destinations-**là?**   *Do you prefer these destinations or those destinations?*

À votre tour

 3–33 Prenez vos stylos. Work with a partner to rewrite a tourist brochure. Make it very specific, using forms of the demonstrative adjective **ce**.

MODÈLE: É1: **Le** voyage aux Caraïbes est sensationnel.

É2: **Ce** voyage aux Caraïbes est sensationnel.

1. **La** région est superbe.
2. **Le** circuit fait **le** tour des plages.
3. **Les** bateaux sont pour six personnes.
4. **L'**équipement (*m*) est moderne.
5. **Le** prix est compétitif.
6. **L'**ambiance (*f*) est relaxe.
7. **L'**enthousiasme (*m*) est communicatif.

3–34 Qu'est-ce que vous préférez? You are a travel agent asking about a client's preferences. Use the cues to formulate your questions, following the model.

MODÈLE: le circuit

Est-ce que vous préférez ce circuit-ci ou ce circuit-là?

1. la brochure
2. l'endroit
3. le paysage
4. le voyage
5. les bateaux
6. la location de bateau

 **3–35 Prenez la parole.** With your partner, look again at the photographs of France throughout this chapter. Discuss which regions and which places you each would choose to visit, and why, following the model.

MODÈLE: É1: Quelle région (Quel endroit) vas-tu visiter?

É2: Je vais visiter la cathédrale de Chartres. Cette cathédrale est superbe!

 En direct

Vivent les vacances! Listen as Charles and Monique talk about their vacation plans. On the basis of their comments, fill in the chart below. If you were a travel agent, which person would you prefer to have as a customer? Why?

	Charles	**Monique**
Profession	ingénieur	étudiante
Financial situation	bon travail	pas très riche
Vacation plans	loin, soleil, bateau, chaud	près, grands-parents, musique, carte

Audio script for *En direct:*

CHARLES: *Je suis ingénieur et j'ai un bon boulot. Cette année, ma copine et moi, nous allons aller en vacances dans un endroit exotique. Nous avons envie d'aller très loin, là où il y a beaucoup de soleil et où il fait chaud. Nous n'allons pas rester dans un super hôtel. Nous allons louer un bateau pour une semaine. J'aime la pêche et ma copine aime rester au soleil. Voilà pourquoi le bateau est une bonne idée.*

MONIQUE: *Je suis étudiante et je ne suis pas très riche. Pour les vacances j'ai l'intention de rester tout près. Je vais aller chez mes grands-parents. Ils habitent près d'un lac. Bien sûr au printemps, il pleut assez souvent, mais moi j'aime la pluie. Et puis je vais écouter de la musique et aussi jouer aux cartes avec ma grand-mère. J'aime être au calme!*

Phonétique

Enchaînement et liaison, seconde étape

In this chapter, you learned that some adjectives precede the noun they modify. The noun phrase (article + adjective + noun) is always pronounced as an uninterrupted string, so there is always either **enchaînement** (*word linking*) or **liaison** between the adjective and the following noun.

Enchaînement

- The adjectives **beau, nouveau**, and **vieux** have an additional form which is used before masculine singular nouns beginning with a vowel sound. The final sound (consonant or semivowel) of the adjective is pronounced with the first syllable of the noun. Thus, **un nouvel étudiant** is pronounced [œ̃-nu-vɛ-le-ty-djɑ̃].

A. Écoutez et répétez.

1. un bel endroit
2. un nouvel ami
3. un vieil ami

Explain that -eil is pronounced [j] and not as the consonant [l] (recall *soleil*); *vieil ami* = [vjɛ ja mi].

Liaison

- Liaison occurs when a final consonant which is not normally pronounced is pronounced and linked to a following vowel sound.

B. Écoutez et répétez.

1. ces beaux_endroits
2. ces nouveaux_hôtels
3. ces vieux_amis
4. ces bons_étudiants
5. ces petits_hôtels
6. ce petit_appartement
7. ce grand_appartement
8. ces grands_hôtels
9. ces jolis_endroits
10. ces belles_affiches
11. ces bonnes_adresses
12. ces petites_affiches
13. ces vieilles_amies
14. ces grandes_affiches
15. ces longues_années
16. ces beaux_enfants

Enchaînement et liaison

- Before a vowel sound, the masculine singular forms are pronounced like the feminine singular. For example, **un bon ami/une bonne amie** are distinguished only by the pronunciation of the article [œ̃ bɔ na mi]/ [yn bɔ na mi].

C. Écoutez et répétez.

1. une bonne amie / un bon ami
2. une mauvaise étudiante / un mauvais étudiant
3. une petite affiche / un petit hôtel
4. la première année / le premier examen
5. une vieille amie / un vieil ami
6. Bonne idée! / Bon anniversaire!

À l'échelle de la France

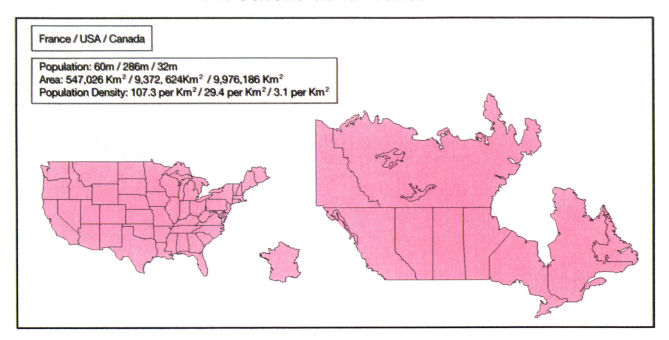

France / USA / Canada

Population: 60m / 286m / 32m
Area: 547,026 Km² / 9,372, 624Km² / 9,976,186 Km²
Population Density: 107.3 per Km² / 29.4 per Km² / 3.1 per Km²

As you begin to discuss this *Cultures en parallèles* section, you may wish to show and refer to the maps comparing France, Canada, and the United States (IRCD Image A03–33).

Observer

The title of this section, **À l'échelle de la France** (*France on a different scale*), together with the related maps and figures, alerts North Americans to consider questions of geographic scale and population density when comparing France and the United States or Canada.

1. Note that France is approximately the same size as the state of Texas. Think also about the physical shape of France: looking at the map, can you see why the French like to refer to their country as **l'Hexagone**? With a partner, consider the implications of the compact size and geometric shape of France. Given, for example, that the maximum distance between two points in France is never more than 1,000 kilometers, what are the implications for travel in France? How long do you think it would take to cross the entire country by train or car? Is it surprising that French visitors to North America are almost always struck by the continent's seeming vastness?

2. Now, look at France on the world map at the front of this book. What do you notice about France's proximity to the ocean or the sea? Consider also the latitude of France as compared to that of the United States and Canada. How might you explain France's temperate climate, with average temperatures that rarely drop below 10 degrees Celsius?

3. Finally, think about the population of France, the United States, and Canada. You will see that France has more than one-fifth the population of the United States, and approximately twice the population of Canada. While there are 29.8 inhabitants per square kilometer in the United States, and 3.15 in Canada, there are 106.5 inhabitants per square kilometer in France. What conclusions do these differences suggest?

Réfléchir

Une grande variété. Although one can drive anywhere in France in a day or less, an American or a Canadian going to France is in for a suprise: «**La France, si petite, est si variée!**» Look at the photos below and at the other photos in this chapter. Look at the map at the front of the book to find the places shown. With a partner, describe the photos. Do similar regions exist in your country? Where? How far and how long would you probably have to drive in North America to notice such dramatic changes in the landscape?

Left: Dans les plaines à blé (*wheat*) de la Beauce, on remarque la cathédrale de Chartres des kilomètres à l'avance. Top: Les calanques (*coves with steep cliffs*) de Cassis, près de Marseille, sont accessibles uniquement par bateau.

Top: Les anciens volcans d'Auvergne créent (*create*) des paysages exceptionnels. Right: À la frontière espagnole, les Pyrénées forment une barrière élevée.

Voyage en francophonie

Mon pays adoptif

Prepare notes on an index card to introduce your adopted Francophone country to your classmates. Where is it located? On which continent? What are its physical characteristics? What is its climate? What is the name of its capital and important cities?

For help, go to the *Parallèles* Website for Chapitre 3, www.prenhall.com/paralleles. Click on the link provided. Find and read the information pertaining to your country, then print a map and perhaps one photo.

MODÈLE: Voici le Luxembourg. Il y a 435.000 habitants. C'est un petit pays (2.586 km²) au nord de la France, au sud et à l'est de la Belgique, à l'ouest de l'Allemagne. Au nord il y a de petits plateaux, au sud de petites collines. Il y a beaucoup de forêts. Il n'y a pas de montagnes et il n'y a pas de plage! Le climat est froid et océanique. La capitale est Luxembourg.

Shippagan, une petite ville sur le golfe du Saint-Laurent, est la ville sœur de Loudun dans la région de Poitou-Charentes.

DÉCOUVERTES

À vous la parole

Conversation téléphonique

Before starting, make sure students have listened to *En direct*, page 112, and go over phone salutations: *Allô? Bonjour, X. Ici Paul* or *Paul à l'appareil*, etc.

With a classmate, prepare a dialogue using vocabulary you have learned in which you make plans on the phone to do something next weekend. Look at the model at the top of the next page.

1. In preparation for the call, make a list in French of possible activities to consider. Then, taking into account the weather forecast, decide what plan to propose.
2. Next, following the model, practice what you will say when you make the call and your friend picks up the phone. Don't forget to identify yourself and exchange greetings.
3. You may decide to work in some small talk (How are you? What are you doing?) before extending and responding to the invitation.
4. End the call politely, after agreeing where to meet.
5. Practice your dialogue together, then present it to the class.

MODÈLE: MARC: Allô! Pauline? Bonjour, Pauline, ici Marc, comment ça va?

PAULINE: Marc! Quelle bonne surprise! Je vais bien, et toi?

MARC: Très bien, merci. Écoute! J'ai envie d'aller faire du bateau ce week-end. Tu es libre?

PAULINE: Oui, et j'adore faire du bateau. Mais quel temps est-ce qu'il va faire?

MARC: Samedi, il va faire beau et chaud, c'est sûr! Mais dimanche il va faire du vent.

PAULINE: Eh bien, d'accord pour samedi. Où est le rendez-vous?

MARC: Devant le cinéma. Ça va?

PAULINE: Très bien. Au revoir et à samedi!

Lecture

La Bretagne et la Provence

Travaux d'approche. These pages, introducing Brittany and Provence, have been taken from a guide to the French provinces. On the basis of your familiarity with guidebooks to other places, what sorts of information would you expect to find presented here? Probably you can expect a brief introduction to these areas and an overview of their geography and climate. Isn't it likely also that there may be some information about the historical context, the main cities, regional specialties, and famous people? Anticipating the content of readings in this way can make them much more approachable and easy to follow.

You may want to time students when they individually skim the texts, paragraph by paragraph. Ask them to read each paragraph a second time, and to underline cognates with help from a partner. Are there still some points to be clarified?

La Bretagne

La Bretagne est une région naturelle et historique de l'ouest de la France. Elle est bordée[1] par la Manche[2] et l'Atlantique. Le climat est influencé par l'océan; il fait généralement doux[3] et humide mais souvent le vent souffle[4] assez fort. Les anciennes montagnes sont aujourd'hui une sorte de plateau, sans altitude. La côte nord a un aspect très sauvage parce qu'il y a beaucoup de rochers[5]; la côte sud a de belles plages de sable[6].

Le tourisme est une ressource importante et essentielle. Quand on visite la Bretagne, on visite Brest, aujourd'hui la ville la plus moderne de Bretagne. On va aussi à Saint-Malo, une ville originale complètement entourée[7] d'un rempart[8]. Et puis on visite aussi Rennes, ville administrative et universitaire.

La Bretagne est une très belle région, fameuse pour ses crêpes[9] et son cidre[10], ses menhirs[11] préhistoriques et ses légendes celtiques comme l'histoire tragique de Tristan et Yseult. Cette région garde sa langue, le breton, et ses traditions. Parmi[12] ses enfants les plus célèbres on compte[13] le poète, romancier, voyageur et historien François René de Chateaubriand, le grand ennemi politique de Napoléon.

Bretonne portant une coiffe traditionnelle.

[1]*bordered*
[2]*English Channel*
[3]*mild*
[4]*blows*

[5]*rock formations*
[6]*sand*
[7]*surrounded*
[8]*rampart*
[9]*thin pancakes*
[10]*fermented apple cider*
[11]*monoliths carved in stone and erected in prehistoric times*
[12]*among*
[13]*one counts*

La Provence

Arènes de Nîmes

La Provence d'aujourd'hui c'est l'ancienne province romaine. Les touristes arrivent en grand nombre pour admirer le théâtre antique d'Orange, les arènes de Nîmes et le célèbre pont du Gard. Les ruines d'une ville romaine à Vaison-la-Romaine sont impressionnantes[1].

Son relief[2] est très varié: plages de sables ou calanques[3] profondes[4], des champs[5] de lavande bleue, des montagnes comme le mont Ventoux, le géant de Provence, ou la montagne Sainte-Victoire peinte[6] par Cézanne. Son climat est bien sûr, méditerranéen, chaud en été, doux en hiver. En hiver un vent glacial, le mistral, souffle du nord.

Les villes sont nombreuses[7]: Aix-en-Provence, patrie[8] du peintre Cézanne et ville universitaire, Toulon et son port, Avignon et son palais des Papes[9], Grasse et ses parfums. Marseille est la capitale économique et politique de la région où habitent plus de quatre millions d'habitants. Sa bouillabaisse, ou soupe de poisson[10], accompagnée d'un vin rosé des Côtes de Provence, est une spécialité gastronomique.

Le tourisme est une ressource importante. En toutes saisons, il y a des fêtes: le carnaval de Nice en février, le festival du cinéma à Cannes en mai, le festival de jazz à Juan-les-Pins en juillet.

Mais cette très vieille région a aussi des aspects très modernes. Il y a, par exemple, la ville nouvelle, Sophia-Antipolis, au nord de Nice, une capitale de l'informatique[11]. Et n'oubliez pas les raffineries de pétrole[12] de Fos-sur-Mer!

[1]*impressive*
[2]*natural features*
[3]*coves surrounded by steep cliffs*
[4]*deep*
[5]*fields*
[6]*painted*
[7]*many, numerous*
[8]*birthplace*
[9]*Palace of the Popes*
[10]*fish*
[11]*computer science*
[12]*petroleum refineries*

Exploration

After reading the guidebook pages, make two charts, one for Brittany and one for Provence, supplying the following information:

- Première(s) impression(s)
- Géographie et climat
- Ressources
- Villes importantes
- Intérêt historique
- Personnages célèbres
- Signes particuliers

Réflexion

Would you prefer to visit **Bretagne** or **Provence**? Discuss your preference—and the reasons for it—with several of your classmates. How similar or how diverse are your reactions?

À vos stylos

Une brochure touristique

You probably have seen tourist brochures for your state or your town. Select either **la Bretagne** or **la Provence** and create an illustrated folding brochure in French for that province. Follow the step-by-step instructions on the next page.

1. Decide what single aspect of the region your brochure will feature: for example, its rich past, its geographic features, its traditions, its cities, its cultural offerings. You may want to include some statistics.

2. For the front of the brochure, find a slogan, perhaps an expression borrowed from the **lecture** above, which will inform users of the aspect you are going to highlight.

3. Go to the Internet to find illustrations, and write captions.

4. Go to the Internet or a reference book to find information about the topic you are featuring. Then, for the interior of the brochure, prepare four or five brief, bulleted sentences to present your information. You may want to complement this text with additional photos.

Parallèles historiques

Le château de Chambord et la vallée des Rois

You may want to locate Chambord on a map and explain that it is located in the heart of beautiful forests. Since hunting was a favorite pastime of the kings, you may discuss the fact that they started early to build hunting lodges in the area, which soon become elaborate castles. Tell how King François I, having discovered Italian art and architecture during his Italian campaign, invited Leonardo da Vinci to his court. Leonardo lived in a more modest castle Le Clos-Lucé, which can still be visited today.

Au XVIe siècle, à la Renaissance, les rois de France s'intéressent aux arts et aux sciences. Mais amateurs de chasse (*hunt*), ils font construire des châteaux en pleine nature, dans la vallée de la Loire, aussi appelée «vallée des Rois». Le château de Chambord est le plus grandiose. C'est un château vraiment immense (440 salles, 85 escaliers et 365 cheminées!). Le grand artiste italien Léonard de Vinci a participé à sa conception à l'invitation du roi François Ier.

Maintenant, je sais...

Below are some cultural questions we have been addressing from different points of view throughout this chapter. Can you now elaborate on what you have learned, using examples whenever possible?

1. Which U.S. state(s) or Canadian province(s) have a surface area approximately equal to that of France?

2. Are North Americans and the French likely to evaluate distances in a similar way? Why?

3. What are some geographical characteristics that illustrate the diversity of the **Hexagone?**

4. What is your opinion of the legal provisions in France for paid vacations and a thirty-five-hour work week, and the implications for leisure time?

5. What is "river tourism"? Why is France ideally suited for it?

6. What makes the provinces of Brittany and Provence unique?

7. Why are there so many **châteaux** in the Loire valley?

 ## À l'écran

Que disent vos amis francophones? N'oubliez pas de regarder la vidéo!

An alternate way of using the *Maintenant, je sais…* activity would be to have students discuss the statements in small groups and then report to the class on the ideas and examples they have generated. You might also ask students what cultural parallels (similarities or contrasts) presented in the chapter they found most striking and why.

Tous les mots

Expressions

à moto	*by motorbike*
à pied	*on foot*
à vélo	*by bike*
bien sûr	*of course*
Bonne idée!	*Good idea!*
chez	*at, at someone's place*
Je t'en prie!	*Please!*
Je voudrais…	*I would like…*
même	*even*
par exemple	*for example*
Qu'est-ce qu'on fait?	*What does one do?*
Tu sais!	*You know!*

Prépositions de lieu

à côté de	*next to*
dans	*in*
derrière	*behind*
devant	*in front of*
loin	*far*
près de	*near*
sans	*without*
sous	*under*
sur	*on, on top of*

Verbes

aller	*to go*
faire	*to do, to make*
~ des promenades	*to go for walk*
~ des randonnées	*to go hiking*
~ la visite de	*to take a tour of*
~ un voyage	*to take a trip*
jouer aux cartes	*to play cards*
pêcher	*to fish*
rester à la maison	*to stay home*
visiter	*to visit a place*

Noms

l'architecture (f)	*architecture*
une arène	*arena*
le basket	*basketball*
un bateau	*boat*
une bicyclette	*bicycle*
une brochure	*brochure*
un canal	*canal, channel*
une cathédrale	*cathedral*
le centre	*center*
un château	*castle*
un circuit	*tour*
un concert	*concert*
un départ	*departure*
une destination	*destination*
un discours	*speech*
une école	*school*
un endroit	*place*
un état	*state*
une exposition	*museum/gallery show, exhibit*
une fête	*party, celebration*
un fleuve	*river*
une forêt	*forest*
un habitant	*inhabitant*
un lac	*lake*
une location	*rental*
la mer	*ocean, sea*
une montagne	*mountain*
un monument	*monument*
une moto	*motorbike*
un musée	*museum*
un océan	*ocean*
un paradis	*paradise*
un permis	*licence*
une place	*space, seat*
une plage	*beach*
une plaine	*plain*
la planche à voile	*windsurfing*
un pont	*bridge*
un prix	*price*
une province	*province*
une randonnée	*hike*
une région	*region*
un roi	*king*
un signe particulier	*distinctive sign*
un site	*site*
le ski	*skiing*
un sportif/une sportive	*an active person involved in sports*
un trésor	*treasure*
les vacances (f)	*vacation*
un vélo	*bicycle*
le village	*village*
le volley	*volleyball*

Points cardinaux (cardinal points)

le nord	*north*
le sud	*south*
l'est (m)	*east*
l'ouest (m)	*west*

Adjectifs

ancien, -enne	*old, ancient*
beau (bel), belle	*beautiful*
bon, bonne	*good*
ce (cet), cette	*this, that*

continental	*continental*
divers	*diverse*
extraordinaire	*extraordinary*
gothique	*gothic*
grand	*tall, big, large*
gros, grosse	*large*
historique	*historical*
industriel, -elle	*industriel*
jeune	*young*
joli	*pretty*
long, longue	*long*
mauvais	*bad*
méditerranéen, -enne	*Mediterranean*
moyen, -enne	*average, middle-size*
nouveau (nouvel), nouvelle	*new*
quel, quelle	*which*
romain	*Roman*
rural	*rural*
saisonnier, -ière	*seasonal*
sensationnel, -elle	*sensational*
superbe	*superb*
tempéré	*temperate, mild*
touristique	*touristic*
varié	*varied*
vieux (vieil), vieille	*old*
vrai	*true, real*

Les saisons (f) — *(seasons)*

le printemps / au printemps	*spring / in the spring*
l'été (m) / en été	*summer / in the summer*
l'automne (m) / en automne	*fall / in the fall*
l'hiver (m) / en hiver	*winter / in the winter*
en toute saison	*in every season*

Le temps — *(weather)*

Quel temps fait-il?	*What's the weather like?*
Il fait beau / mauvais.	*It's nice / bad weather.*
Il fait bon.	*It's mild.*
Il fait chaud.	*It's hot.*
Il fait froid.	*It's cold.*
Il fait du soleil.	*It's sunny.*
Il fait du vent.	*It's windy.*
Il y a des nuages.	*It's cloudy.*
Il y a des orages.	*It's stormy.*
Il pleut.	*It's raining.*
Il neige.	*It's snowing.*
la neige	*snow*
un nuage	*cloud*
le soleil	*sun*
le vent	*wind*

4

La ville
et le quartier

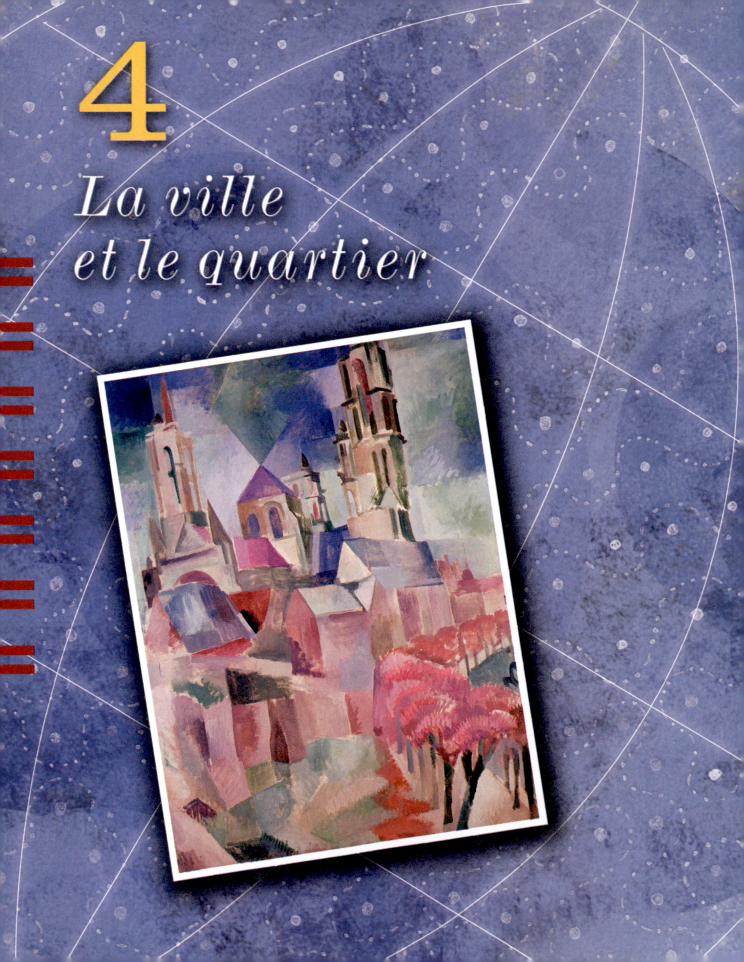

CULTURES EN PARALLÈLES

Chez nous

CULTURES EN PARALLÈLES

Espace urbain et quartier

DÉCOUVERTES

◁ La ville est un thème artistique commun, mais la perspective
de Robert Delaunay (1885–1941) est très personnelle.

Chez nous

C'est un architecte français, Pierre L'Enfant, qui a dessiné les plans de Washington, D.C.

Before exploring *la ville et le quartier* in the Francophone context, encourage students to think about their own town (*chez nous*). You may want to ask them to bring in maps, photos, or even relevant video or Web pages.

You may want to show the text of this *Cultures en parallèles* section as you work through it with the class (IRCD Image T04–01). Before students describe their city using the prompts given, you can put three headings on the board: *Taille* (size); *Fonction(s) principale(s)* (example: *centre industriel, économique*); *Avantages/inconvénients* (example: *installations sportives, pas de parcs*). Brainstorm with the class about relevant information for each topic and write it on the board, introducing new vocabulary as you go.

If you want to use French only, make sure that students stick with the facts requested, as they cannot yet engage in a lengthy discussion of city life.

You may want to ask a member of each group to share his/her description with the rest of the class.

It again may help to put different headings on the board to help students organize their thoughts about their *quartier: Location* (example: *centre-ville, près ou loin de l'université*, etc.); *Habitants* (example: *beaucoup? quel âge?*); *Avantages/inconvénients* (example: *magasins, cafés, parcs*). If possible, write responses on the board, practicing at the same time the new vocabulary.

By adding questions of your own (*Est-ce que le quartier a une identité culturelle [italienne, chinoise, russe, etc.]?*), you may encourage intracultural comparisons, as different students may have a dramatically different experience of what constitutes a neighborhood.

Working in small groups, answer the questions below to introduce the city or town where your campus is located.

- Notre (*our*) université est dans la ville de _____.
- C'est une grande ville? une petite ville? une ville moyenne?
- C'est un centre politique? un centre industriel? un centre agricole? un centre universitaire? un centre touristique?
- La ville a une importance historique?
- Il y a des parcs? (Si oui, combien?)
- Il y a des installations sportives?

En conclusion, votre (*your*) ville est-elle une ville nord-américaine typique? Pourquoi?

Now, with the members of your group, take turns describing the neighborhood, **le quartier**, where you live, taking into account the questions below.

- Le quartier est dans le centre-ville?
- Il y a beaucoup d'habitants (vieux, jeunes)?
- Il y a en majorité (*for the most part*) des maisons? Il y a en majorité des appartements?
- Il y a des jardins publics? Il y a des installations sportives?
- C'est un vieux quartier? C'est un quartier moderne?

En conclusion, pourquoi est-ce que vous aimez/n'aimez pas votre quartier?

LE MOT JUSTE

Noms

un appartement *apartment*
le centre-ville *downtown*
des installations sportives (f)
  sports facilities

un jardin public *public square,*
  green space
un parc *park*
un quartier *neighborhood*
une université *university/college*

Adjectif

typique *typical*

CONTINUED ON PAGE 139 →

Showing IRCD Image A04–01, or with books open to p. 137, tell students, *Voici un plan général d'une ville, la ville où habite Dominique.* Start by pointing out or drawing on the board *le centre-ville* and *la place.* Ask students: *Comment s'appelle la place? la place Charles-de-Gaulle? la place de la République? Et ici dans notre ville avons-nous un endroit similaire? Comment s'appelle-t-il?*

Then point out or draw the three *avenues* (an *avenue* is wider than a *rue,* often planted with trees). Ask: *Il y a combien d'avenues?* Then point out or draw *le boulevard* (a *boulevard* often circles the city). Ask: *Comment s'appelle le boulevard? Pourquoi?* (*le 11 novembre = l'anniversaire de la signature de l'armistice de 1918*) Then point out or draw *les rues: Au nord-est, la rue des Innocents et la rue Racine; au sud, la rue Charles-de-Gaulle et la rue de Sèvres; au nord-ouest, la rue de l'Hôpital et la rue St-Marc.* Last, point to or draw *le quai* (a street along a river, shoreline) and *les ponts* that cross the river. Ask: *Il y a combien de ponts?*

Next, identify *les bâtiments publics* on the map: *Voici l'hôtel de ville, la bibliothèque, la poste, l'office de tourisme, la gare, le lycée, l'hôpital.* Ask pairs of students to list the public buildings in order of decreasing importance for them. Ask to be shown on the map *les installations sportives (le terrain de sport, le stade)* and *les espaces verts (le parc, le jardin public).* Note that *l'église* is often part of a French city's Catholic heritage, but other places of worship exist, including *le temple protestant, la synagogue juive, la mosquée musulmane.*

Finally, point to some businesses: *le café sur la place, la banque, le cinéma, la pharmacie.* You may want to add that the *Miniprix* is a discount store.

CONTEXTE

Ma ville et mon quartier

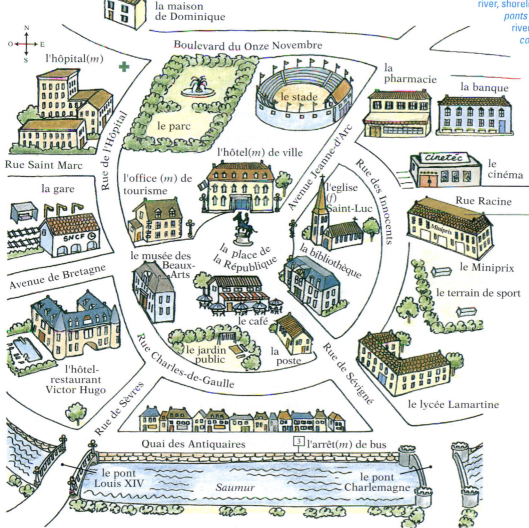

Before listening to Dominique's description, ask students to find the general area where Dominique's house is (*au nord-ouest de la ville*) and to read the questions in *Avez-vous compris?* As you read the *Contexte* or listen to the recorded version, ask one student to point out on the map the places mentioned (IRCD Image A04–01).

Dominique parle de sa ville:

Au centre-ville, il y a une grande place, la place de la République. Mon café favori où je retrouve mes copains est place de la République. Les bâtiments publics: l'hôtel de ville, la bibliothèque et la gare, sont tout près. C'est pratique.

Mon amie Sylvie travaille à l'hôtel Victor Hugo, près de la gare. J'habite boulevard du 11 novembre et mon lycée, le lycée Lamartine, est assez loin de notre maison. Mais j'ai ma mobylette!

Il y a un stade au nord de la ville. Au sud, notre quai des Antiquaires (*antiques dealers*) est très célèbre pour ses boutiques d'antiquités.

Est-ce évident?

Le quartier et le centre-ville

Plus de 30 millions de Français habitent dans des villes (52 villes ont plus de 150.000 habitants). Les habitants trouvent une ambiance humaine dans leur quartier. Dans le quartier, il y a souvent une école, des boutiques, des cafés, des parcs où on rencontre ses voisins[1] et ses amis. Un quartier a une personnalité.

Le centre-ville est historiquement la partie la plus ancienne d'une ville française et aussi la plus vivante[2], avec des commerces[3], des services publics, des cafés et des cinémas, des immeubles[4] et des maisons.

● Dans votre ville, est-ce que vous préférez certains quartiers? Pourquoi? Chez vous le centre-ville est-il très vivant?

[1]neighbors [2]lively [3]businesses [4]apartment buildings

Since the cultural notes are now in French, you may want to assign them for reading out of class. Like always, ask students to pay close attention to the cognates.

Les transports en ville et la gare

Pour aller à l'université, pour aller travailler, pour aller au cinéma, prenez-vous le bus? le métro? votre[1] voiture[2] (ou la voiture de papa)? votre vélo? En France, on conduit[3] une automobile seulement à 18 ans. Mais les jeunes Français aiment leur indépendance et beaucoup de jeunes achètent[4] des mobylettes. Il y a des avantages: c'est un prix raisonnable, c'est rapide, mais attention, c'est un peu dangereux!

Dans une ville française la gare est importante. Pour des voyages longs ou courts, le train est pratique et rapide. Il y a des réductions importantes pour les jeunes et les familles.

● Chez vous, comment les jeunes se déplacent-ils[5] en ville? Dans votre ville, la gare a-t-elle toujours[6] une grande importance?

[1]your [2]car [3]drive [4]buy [5]get around [6]still

Please point out that the words illustrated on the map are not repeated in *Le mot juste.*

LE MOT JUSTE

Expressions	**Noms**	**Adjectifs**
au centre-ville *downtown*	une antiquité *antique*	célèbre *famous*
assez *rather, quite*	un bâtiment *building*	favori, -ite *favorite*
C'est pratique. *It's convenient.*	une boutique *shop*	
tout près (de) *very close*	une mobylette *moped*	

À votre tour

4–1 Avez-vous compris? Work with a partner to answer the following questions.

1. Le café favori de Dominique et de ses amis est-il sur le boulevard?

2. Nommez les bâtiments près de la place.

3. Comment s'appelle l'amie de Dominique? Travaille-t-elle à l'hôpital? À la gare? À l'hôtel?

4. Où habite Dominique? Est-ce que c'est loin ou près du lycée?

5. Comment est-ce que Dominique va au lycée?

6. Quelle(s) installation(s) sportive(s) est-ce qu'on trouve au nord de la ville?

7. Au nord-est de la place, quel(s) commerce(s) (*business*) identifiez-vous?

8. Au sud de la ville, quel type de boutiques y a-t-il sur le quai?

9. Y a-t-il des transports publics?

10. Combien de ponts y a-t-il dans la ville? Comment s'appellent-ils?

4–2 C'est loin d'ici? C'est près d'ici? (*Is it far from here? Is it nearby?*) You have arrived at the train station with a friend. When he/she asks about various places in town, look at the map and respond.

MODÈLES: É1: Le parc, c'est loin d'ici?

　　　　　É2: Mais non, c'est tout près!

　　　　　É1: Le Pont Charlemagne, c'est loin d'ici?

　　　　　É2: Oui, c'est assez loin!

1. le parc
2. la pharmacie
3. le stade
4. l'hôpital
5. le cinéma
6. l'office de tourisme
7. le terrain de sport
8. la poste
9. la banque
10. la bibliothèque
11. l'hôtel de ville
12. le Miniprix

4–1 You may want to ask selected students to share their answers to individual questions.

Ask related personalized questions, as appropriate. For example, for 3: *Et toi, est-ce que tu travailles? Où?* and for 5: *Et toi, comment est-ce que tu viens à l'université?*

You may want to provide additional practice by asking students to take turns with a partner pointing out and identifying places on the map: *—Qu'est-ce que c'est?—C'est la gare.*

You may want to show the map without labels and play a memory game (how many buildings can you recall?) or ask students to reconstruct the city as they like, changing the buildings' names (IRCD Image A04–01).

4–3 You may want to ask students to write possible destinations on the board: *l'arrêt de bus, la bibliothèque, la gare, l'hôpital, l'hôtel, l'hôtel de ville, le jardin public, l'office de tourisme, le parc, la poste, le terrain de sport.*

4–3 Où vont-ils? Working with a partner, imagine where the following people might be going. In some cases, there is more than one possibility.

MODÈLE: une jeune fille avec un chien

É1: Elle va au parc (ou au jardin public).

1. des enfants avec un ballon (*ball*) de foot
2. une femme avec des livres
3. un groupe de personnes avec des billets pour un match
4. un médecin en blouse blanche
5. un homme avec un passeport
6. une famille de touristes
7. un homme avec une valise (*suitcase*)
8. un enfant avec une carte postale

4–4 Votre ville. Draw a rough map of your neighborhood. Take turns indicating the places where you often go: **le lycée/l'université, la bibliothèque, le terrain de sport, le stade, le bureau de poste, le cinéma, le restaurant, la banque**, etc. and the ones where you do not go often: **l'hôpital, l'hôtel de ville, le parc, la gare**, etc.

MODÈLE: Ici, c'est l'université. Il y a un restaurant tout près. La poste (ici) est assez loin. La gare est là (*there*). Je ne vais pas souvent à la gare.

STRUCTURE

Les adjectifs possessifs

Point out that the possessive adjective agrees with the noun it modifies, irrespective of the gender of the possessor. In other words, *sa maison* could mean either "his house" or "her house."

Point out that the liaison is obligatory between the possessive adjective and the noun it modifies. It would be a good idea to take a word like *ami(e)* and run through all the possibilities, modeling pronunciation and having students repeat *mon ami, mon amie, mes amis, mes amies … leurs amies*. Remind students that *-s* in liaison is always pronounced [z].

- You have already learned one way to express ownership or relationship in French:

C'est le livre **du professeur**.   *It's the professor's book.*

- Another way to express ownership or relationship is to use a possessive adjective (*my, your*, etc., in English). Like all French adjectives, possessive adjectives agree in gender and number with the nouns they describe.

Les adjectifs possessifs		
	singulier	**pluriel**
my	**mon** père, **ma** mère	**mes** parents
your	**ton** frère, **ta** sœur	**tes** frères/sœurs
her/his/its	**son** père, **sa** mère	**ses** fils/filles
	son centre, **sa** maison	**ses** parcs/boutiques
our	**notre** enfant	**nos** enfants
your	**votre** enfant	**vos** enfants
their	**leur** enfant	**leurs** enfants

Voilà le plan de **ma** ville.   *Here's the map of my city.*

C'est **mon** café favori.   *This is my favorite café.*

Je rencontre **mes** copains au café.   *I meet my friends at the café.*

● When a feminine singular noun begins with a vowel sound, the masculine singular form of the possessive adjective (**mon, ton, son**) is used. In conversation, the context will help you to know whether the noun is masculine or feminine. For example, in the sentence below, you are told that the friend's name is Sylvie.

Mon amie Sylvie travaille à   *My girlfriend Sylvie works at the*
   l'hôtel Victor Hugo.   *Hotel Victor Hugo.*

À votre tour

4–5 C'est bien ça? *(Is that it?)* With your partner, take turns confirming to whom various objects in the classroom belong.

MODÈLES: É1: C'est le stylo de Mary?

         É2: Oui, c'est son stylo.

         É1: C'est la chaise de Bob?

         É2: Non, ce n'est pas sa chaise.

4–5 Before starting, if you deem it necessary, brainstorm with students and review *les objets de la classe: le livre, la craie, les cahiers, la table, les crayons, le bureau, la carte, le CD, le dictionnaire, les disquettes,* etc.

4–6 Identités. Find out the names of your partner's family members and be ready to report them to the class:

MODÈLE: É1: Comment s'appelle ton père?

         É2: Il s'appelle Melvin.

         É1: *(to the class)* Son père s'appelle Melvin.

4–6 If you think it's necessary, go over relevant vocabulary before students begin, and possibly list the words on the board.

4–7 Ton truc favori, c'est quoi? *(What is your favorite thing?)* Interview several classmates to find out their favorite places, things, and people in the city. Then tally your results.

MODÈLE: banque favorite

        É1: Ta banque favorite, c'est quoi?

        É2: Ma banque favorite, c'est First Bank.

        É1: *(later)* Nos banques favorites sont First Bank et National Bank.

1. café favori
2. restaurant favori
3. boutiques favorites
4. parc favori
5. radio favorite
6. journal *(newspaper)* favori
7. promenade favorite
8. église favorite
9. bibliothèque favorite
10. cinémas favoris

4–8 Prenez la parole. In small groups, ask and answer the questions about your city, neighborhood, and apartment or dorm. Are your responses similar, or do they vary?

MODÈLE: Le quartier est agréable.

> É1: Ton quartier est agréable?
>
> É2: Oui, mon quartier est agréable.
>
> *ou:* Non, mon quartier n'est pas très agréable.

1. L'appartement est près de/loin de l'université.
2. L'appartement est petit/grand/moyen.
3. Les camarades d'appartement sont sympas.
4. Le café favori est… (*address*).
5. Les voisins (*neighbors*) sont très aimables/désagréables.
6. L'ancien lycée est tout près/assez loin.
7. Le parc favori est… (*name*).
8. Les boutiques favorites sont près/loin.
9. Le quartier est calme.
10. La ville en général est/n'est pas sympa.

ÉTAPE 2
1
3
4

This *Contexte* can be exploited at different levels. It functions as an introduction to Paris and its monuments. It also provides a model for asking and following directions, and situating buildings and places in relation to each other.

CONTEXTE

On s'oriente et on se renseigne

Show the map of Paris from *Est-ce évident.* Begin with a general orientation to the city, pointing first to the *île de la Cité*, the *rive droite, rive gauche*, perhaps *le Quartier latin.* (IRCD Image A04–02). Introduce some of the information provided in *Est-ce évident?* by asking students which monuments they are familiar with and which ones they want to see, listing them on the board. Then have students locate them on the map.

You might direct students to http://www.tourmont-parnasse56.com, and also explain the historical significance of la Coupole, a brasserie (café-restaurant where food is served all day and all night long, unlike a restaurant that closes in the afternoon) and a favorite hangout since 1927 of famed writers and artists such as Ernest Hemingway, F. Scott Fitzgerald, Henry Miller, and Jean-Paul Sartre.

Point out the speaker's hesitations and corrections. Utterances such as *Attendez!* and repetitions such as *C'est ça, tournez à droite* are strategies to get more time to organize one's thoughts. *Non, non! pardon!*, shows that the speaker is conscious of his/her error. The utterance *Ayez une peu de patience! Je ne suis pas du quartier* allows the speaker to get even more time to organize his/thoughts and also present an apology and an excuse. You may point out that native speech is characterized by these hesitations and corrections and this should help students feel better when they are not perfect! You may even press the matter further and encourage students to appropriate some of these strategies.

(Paris, rive gauche. À l'angle de la rue de Vaugirard et du boulevard Montparnasse, devant la tour Montparnasse, à côté de l'arrêt du 96.)

TOURISTE: Pardon, Monsieur, vous pourriez (*could you*) m'aider, s'il vous plaît? Je voudrais (*I would like*) aller au Luxembourg. C'est loin d'ici?

PASSANT: Assez, oui! Vous êtes à pied?

TOURISTE: Oui, à pied. J'adore marcher dans Paris!

PASSANT: Eh bien, prenez à droite le boulevard Montparnasse. Restez sur le trottoir et continuez tout droit, jusqu'au café de la Coupole. Devant le café, traversez et prenez la rue Bréa jusqu'au premier carrefour. Au carrefour, tournez à gauche. Non, non! Pardon! Ne tournez pas à gauche, tournez à droite! Ayez un peu de patience! Je ne suis pas du quartier. C'est ça, tournez à droite, rue Vavin. Continuez tout droit. Vous arrivez en face du Luxembourg.

TOURISTE: Merci beaucoup, Monsieur! Vous êtes très aimable.

Est-ce évident?

Mini guide des monuments de Paris

Voilà un petit guide de certains monuments qui se trouvent sur le plan.

Rive droite

(2) L'Arc de Triomphe et l'avenue des Champs-Élysées. Construit par Napoléon au centre d'un carrefour de 12 grandes avenues (la plus célèbre: l'avenue des Champs-Élysées).

(11) Le Palais du Louvre. Ancien château-fort[1] (1204), puis résidence royal, enfin musée en 1791.

CONTINUED →

(13) L'Opéra de la Bastille. Le premier Opéra, le Palais Garnier, date du XIXe siècle. Depuis les années 80, il y a un second opéra, moderne et fonctionnel, sur la place de la Bastille.

(14) Le Sacré-Cœur et la butte Montmartre. Basilique du XIXe siècle. Cafés et cabarets attirent[2] toujours artistes et touristes.

(15) Beaubourg et le Centre Pompidou. L'architecture (1977) est très d'avant-garde. C'est le musée national d'Art moderne, une bibliothèque publique et une cinémathèque.

(28) Le cimetière du Père-Lachaise. Le plus grand cimetière de Paris. Tombes de Chopin, Rossini, Oscar Wilde, Balzac, Modigliani, Édith Piaf, Jim Morrison, etc.

Île de la Cité

(19) Notre-Dame. La célèbre cathédrale gothique (1163–1345), avec ses tours, ses rosaces[3].

Rive gauche

(4) Le Champ-de-Mars et la tour Eiffel. La tour Eiffel (1889) est l'ornement le plus célèbre de ce grand jardin.

(16) Le musée d'Orsay. Le musée de l'Art du XIXe siècle a une superbe collection impressionniste.

(21) L'Institut du monde arabe. Bibliothèque et musée très modernes (1987), pour la promotion de la culture arabe.

(24) La Sorbonne. L'Université de Paris I, au centre du Quartier latin.

(25) Le Palais et Jardin du Luxembourg. Ancien palais de Marie de Médicis (1593–1642). Aujourd'hui, siège du Sénat. Superbes jardins (statues et fontaines).

• Quels monuments désirez-vous visiter?

[1]stronghold [2]attract [3]rose windows

LE MOT JUSTE

Expressions

au centre *at the center*
à droite (de) *right, on your right*
à gauche (de) *on your left*
à l'angle de *at the corner of*
en face de *across from*
jusqu'à *until*
tout droit *straight ahead*
Vous pourriez m'aider? *Could you help me?*

Verbes

Attendez! *Wait!*
continuer *to continue*
Prenez! *Take!*
Tournez! *Turn!*
Traversez! *Cross!*

Noms

le carrefour *intersection*
une rue *street*
le trottoir *sidewalk*

Adjectif

premier, -ière *first*

À votre tour

4–9 Vue de Montparnasse (*View from Montparnasse*). The terrace on the fifty-ninth floor of **La tour Montparnasse** (26 on the map) offers a panoramic view of Paris. Imagine that you are standing on the terrace. With a partner, use the map to take turns pointing out the different monuments and situating them, choosing the appropriate prepositions.

MODÈLE: Le Louvre (11) se trouve *près de / loin de* Notre-Dame (19).

　　　　　É1: Voilà le Louvre. Le Louvre se trouve **près de** Notre-Dame.

1. Sur l'île de la Cité, le Palais de Justice (11) se trouve *à gauche de / à droite de* Notre-Dame (19).
2. Le Centre Pompidou (15) se trouve *devant / derrière* l'île de la Cité.
3. Le jardin des Plantes (22) est *à côté de / devant* l'Institut du monde arabe (21).
4. La tour Eiffel (4) est *près de / loin de* Montmartre (14).
5. L'Obélisque (9) est *au centre de / derrière* l'île de la Cité (18, 19, 20).
6. L'Arc de Triomphe (2) est *au carrefour de / à l'angle de* 12 avenues.
7. Montmartre (14) est *loin du / près du* Quartier latin.
8. Les deux Opéras (13, 30) sont sur la *rive droite / rive gauche* de la Seine.
9. Les Invalides (6) sont *à coté de / près de* la tour Eiffel (4).
10. L'île de la Cité (17, 18, 19) se trouve *derrière / au centre de* la Seine.

4–10 Promenades dans Paris (*Walking in Paris*). With your partner explain in a general way how to reach the following places from the starting points specified. Because the map does not include all the street names, do not try to be too detailed in your directions.

MODÈLE: la tour Montparnasse (26) → le musée d'Orsay (16)

　　　　É1: Tournez à gauche. Au carrefour, prenez la rue à droite (rue de Bellechasse) et continuez tout droit. Le musée est à droite.

1. le Panthéon (23) → la tour Montparnasse (26)
2. la place de la Bastille (29) → Beaubourg et le Centre Pompidou (15)
3. le jardin du Luxembourg (25) → le Louvre (11)
4. Montmartre (14) → la place de la Concorde (9)
5. le Palais de Chaillot (3) → la tour Eiffel (4)
6. la tour Montparnasse (26) → l'Institut du monde arabe (21)

4–11 Et chez vous? With a partner, identify some popular places on or near your campus. Then, explain where they are located in relationship to either your classroom or to city landmarks. If necessary, draw a small map.

MODÈLES: la bibliothèque

　　　　　É1: Où est la bibliothèque?

　　　　　É2: C'est tout droit, derrière l'Union.

　　　　　un bar sympa: Duffy's

　　　　　É1: C'est où le bar?

　　　　　É2: C'est rue O, en face de la banque, à côté de Walgreen.

STRUCTURE

L'impératif et le conditionnel de politesse

● Imperative verb forms are used for a variety of purposes:

—To give direct commands or orders:

Écoutez puis **répétez**!	*Listen then repeat!*
Prenez un stylo! **Donnez** le stylo à Paul!	*Take a pen. Give the pen to Paul!*
Tournez à gauche!	*Turn left!*

—To make requests:

Ouvrez la porte, s'il vous plaît!	*Open the door, please!*

—To give directions or information:

Au carrefour, **tournez** à droite et **continuez** tout droit!	*At the intersection, turn right and continue straight ahead.*

—To give advice or make suggestions:

Téléphonons à la pharmacie.	*Let's call the pharmacy!*
Allons au cinéma!	*Let's go to a movie!*

● The imperative form of a verb has a subject that is understood but not expressed. To form the imperative, take the **tu-, nous-** or **vous-**form of the present tense of a verb and drop the subject pronoun. Note that the **-s** is dropped from the **tu**-form of **-er** verbs.

Tu tournes à droite.	**Tourne** à droite!	*Turn right!*
Tu vas à la pharmacie.	**Va** à la pharmacie!	*Go to the pharmacy!*
Nous continuons tout droit.	**Continuons** tout droit!	*Let's go straight ahead!*
Vous traversez la rue.	**Traversez** la rue!	*Cross the street!*

● The verbs **être** and **avoir** have irregular imperative forms:

Model pronunciation of the irregular imperative forms and have students repeat, making sure they are pronouncing the correct semivowels. You may also want to indicate the corresponding IPA symbols.

être	avoir
Sois patient!	**Aie** un peu de patience!
Soyez poli!	**Ayez** un peu de patience!
Soyons aimables!	**Ayons** un peu de patience!

● To form the negative imperative, place **ne (n')** before the verb, and **pas** immediately after it:

Ne tournez pas à gauche!	*Do not turn left!*
Ce soir, **ne soyez pas** au café! **Soyez** à la bibliothèque!	*Tonight, don't be at the café! Be at the library!*

● To make a request, it is more polite to avoid the imperative, using alternative forms of the verbs **pouvoir** (*to be able to*) and **vouloir** (*to want*).

—Formal:

Monsieur, **je voudrais** trouver la Banque Nationale.

Sir, I would like to find the National Bank.

Vous pourriez m'aider, s'il vous plaît?

Could you help me, please?

—Informal:

Paul, **je voudrais** aller à la pharmacie.

Paul, I would like to go to the pharmacy.

Tu pourrais m'aider?

Could you help me?

À votre tour

4–12 Soyez moins formel! (*Be less formal!*) With a partner, take turns restating these formal requests and directions informally.

MODÈLE: É1: Tournez à droite!

É2: Tourne à droite!

1. Allez à la banque!
2. Faites une promenade!
3. Visitez la cathédrale!
4. Ne continuez pas tout droit!
5. Ne traversez pas la rue!
6. Entrez au Miniprix!
7. Passez devant la pharmacie!
8. Ne portez pas (*Don't take*) la carte à la poste!
9. Ayez plus d'énergie!
10. Soyez plus rapide!

4–13 Peine perdue (*Wasted efforts*). Your roommates are feeling lazy on a Saturday morning and want to do the opposite of what you advise them to do!

MODÈLE: É1: Allez au stade!

É2: Non! N'allons pas au stade!

1. Allez au centre-ville!
2. Ne restez pas à la maison!
3. Téléphonez aux copains!
4. Faites du sport!
5. Envoyez (*send*) des lettres!
6. Faites les devoirs!
7. Visitez le musée!
8. Ayez une fête!

4–14 Changer le monde (*To change the world*). Working in small groups, prepare a list of suggestions you would like to give others around you (professors, family members, friends, politicians, etc.).

MODÈLE: Pour les politiciens: être honnêtes / être énergiques

É1: Soyez honnêtes! Soyez énergiques aussi!

1. À un professeur: avoir de la patience / être énergique / être juste / ne … pas donner beaucoup de devoirs /?
2. Aux membres de votre famille: rester calme(s) / être aimable(s) / faire des efforts / ne … pas être pessimiste(s) /?
3. À vos copains: être à l'heure (*on time*) / être amusant(s) / téléphoner plus souvent / avoir plus de fêtes /?

4–15 Soyez le guide! With your partner, take turns using the verbs indicated to complete each question and answer. Then act out the exchanges.

MODÈLE: —Je ne _____ (être) pas du quartier. _____ (être) assez aimable pour m'aider!

—Je _____ (être) à votre service.

É1: Je ne **suis** pas du quartier. **Soyez** assez aimable pour m'aider!

É2: Je **suis** à votre service.

—Pardon! Je (1) _____ (vouloir) aller au Miniprix. Vous (2) _____ (pouvoir) m'aider, s'il vous plaît? J'ai beaucoup de questions.

—Mais oui, (3) _____ (parler)! J'écoute.

—D'abord (*first of all*), est-ce que je (4) _____ (traverser) la place?

—Mais oui, (5) _____ (traverser) la place!

—Après (*afterwards*), est-ce que je (6) _____ (tourner) à gauche?

—Non, non! Ne (7) _____ (tourner) pas à gauche, tournez à droite!

—Ensuite (*then*), est-ce que je (8) _____ (continuer) tout droit?

—Oui c'est ça: (9) _____ (continuer) tout droit! Mais (10) _____ (faire) attention! Vous allez arriver à un carrefour dangereux.

4–16 C'est comme ça! (*That the way it is!*) You are going to visit an unfamiliar neighborhood and are becoming impatient with the friend who is with you. Tell him/her exactly what to do and what not to do.

MODÈLE: écouter bien les instructions

É1: Écoute bien les instructions!

1. trouver une carte du quartier
2. regarder la carte
3. étudier la carte
4. préparer un itinéraire
5. faire attention (*to pay attention*)
6. ne pas être nerveux (*nervous*)
7. ne pas aller en banlieue (*suburb*)
8. rester au centre-ville
9. être devant le cinéma à 8 heures (*8 o'clock*)
10. avoir un peu de patience, nous arrivons aussi à 8 heures

4–17 Prenez la parole! Since you are now very familiar with places in the **quartier**, you want to discover the whole city. Using the map on the next page, work out different itineraries with your partners. Give as many details as possible.

MODÈLE: Point de départ: l'hôpital / Arrivée: la bibliothèque

> É1: Je voudrais aller à la bibliothèque.
>
> É2: Vous êtes ici rue St-Marc. Tournez à droite, rue de l'Hôpital. Prenez la première à gauche. Traversez la place de la République. La bibliothèque est à l'angle de la place et de la rue de Sévigné.
>
> É1: Merci, vous êtes bien aimable.

Point de départ	**Destination**
la gare	la bibliothèque municipale
l'office de tourisme	le pont Charlemagne
le stade	le musée des Beaux-Arts
la banque	l'hôtel-restaurant Victor Hugo

 En direct

Audio script for *En direct:*
Le musée Rodin? Ah, oui! C'est assez loin. Est-ce que vous avez un plan de Paris? Oui? alors, c'est parfait! Regardez! Vous êtes ici, place de la Sorbonne. Traversez le boulevard Saint-Michel et prenez la rue de Vaugirard, en face de vous. Continuez tout droit, passez devant le jardin du Luxembourg, jusqu'au boulevard Raspail. Sur le boulevard Raspail, tournez à droite en direction de la Seine. Descendez le boulevard jusqu'à la rue de Varenne. Tournez à gauche, à l'angle de la rue de Varenne et du boulevard, et continuez tout droit. Le musée Rodin va se trouver sur votre gauche.

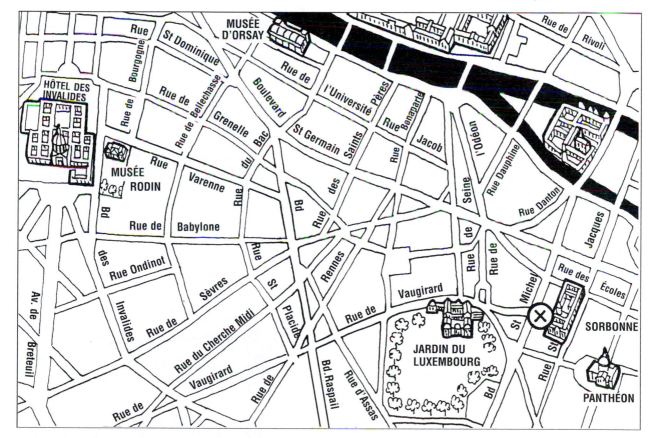

Pardon, Madame?

1. You're going to be listening to someone giving directions. Before doing so, make a list of verbs and expressions of location you might expect to hear.

2. You're in Paris in the square in front of the Sorbonne and you want to go to the Rodin Museum. You approach a passer-by for help. Trace the route on the map as you listen to the directions.

3 CONTEXTE

Les commerçants du quartier

To begin, you might ask, *Qu'est ce qui fait qu'un quartier est vivant?*

Ask students to volunteer answers (in French or English), and write them in French on the board: *Le nombre des habitants? Le nombre d'enfants qui vont à l'école et jouent dans les jardins publics? Des services publics comme la poste, la bibliothèque? Des installations sportives? Des cinémas, des cafés et des restaurants? Des commerces? Par exemple, quels commerces?*

Then, ask students (alone or with a partner) to go over the questions in Ex. 4-18, *Un(e) vrai(e) Français(e)*, and to keep them in mind as they listen to or read the *Contexte*.

You may want to show the mini-conversations, so that students don't bury themselves in their books (IRCD Image T04–04).

As you work through the *Contexte*, you may want to indicate whether the conversations are about the shops, or occur in the shops.

Point out that some of exchanges take place between a French person and an American friend.

Gitanes is a brand of French cigarettes.

Pressé *(In a hurry)*

—Où vas-tu?

—Je vais à la pharmacie.

—Eh bien, attends-moi! J'arrive!

—Ah, non! Je suis pressé: la pharmacie ferme dans dix minutes.

Fermé le lundi

—Écoute, je ne comprends pas. J'ai envie de commander un gâteau au chocolat. Je téléphone à la pâtisserie Long mais ils ne répondent pas. C'est bizarre.

—Mais non, Lisa! Ce n'est pas bizarre pour un Français! Aujourd'hui c'est lundi et les boulangeries et pâtisseries sont fermées. Beaucoup de magasins ferment le lundi. Et puis les coiffeurs et les musées aussi.

Au bureau de tabac

—Pardon Madame, est-ce que vous vendez des journaux américains?

—Mais oui, bien sûr. Ils sont là, derrière les cartes postales.

—Je prends aussi une carte de téléphone, des timbres et un paquet de Gitanes.

—Voilà Mademoiselle. Et avec ça *(and what else)*?

—C'est tout *(That is all)*. Merci!

Boucherie ou charcuterie?

—Tu aimes le saucisson?

—Le saucisson? Qu'est-ce que c'est?

—Un genre de (*a type of*) salami. On va aller à la charcuterie Morand. Ils vendent des saucissons de Lyon formidables.

—Il n'y a pas de saucisson à la boucherie, Paul?

Lyon is renowned for its gastronomy. *Saucissons* are a specialty.

—Mais non, voyons! La spécialité d'une charcuterie, c'est la viande de porc et les plats tout préparés.

L'épicerie du quartier

—Pourquoi est-ce que tu vas à l'épicerie du quartier? C'est bien plus cher que le supermarché.

—Oui, mais c'est plus près et plus rapide: je ne perds pas de temps. Leurs légumes sont toujours très frais. Et puis c'est pratique: la semaine, ils restent ouverts jusqu'à 20 heures. Le dimanche matin (*morning*), ils ouvrent jusqu'à treize heures.

Est-ce évident?

Les commerçants du quartier

Aujourd'hui les supermarchés situés loin du centre-ville offrent à leurs clients de grands parkings, une sélection et des prix intéressants. Mais les commerçants du quartier connaissent[1] bien leurs clients et leurs familles et rendent souvent service[2]. Grâce à[3] leur présence, la rue et le quartier sont des endroits animés[4] où on aime aller.

● Est-ce que chez vous les commerçants du quartier ont la même importance?

[1]know [2]help out [3]thanks to [4]lively places

LE MOT JUSTE

Verbes

apprendre *to learn*
attendre *to wait*
commander *to order*
comprendre *to understand*
fermer *to close*
perdre *to lose*
prendre *to take*
répondre *to answer*
vendre *to sell*

Noms

une boucherie *butcher shop*
une boulangerie *bakery*
un bureau de tabac *tobacco shop*

une carte de téléphone
  phone card
une carte postale *postcard*
une charcuterie *delicatessen*
un coiffeur *hairdresser*
un commerçant *shopkeeper*
une épicerie *grocery*
un gâteau *cake*
un journal *newspaper*
un légume *vegetable*
un magasin *shop*
un paquet *package*
une pâtisserie *pastry shop*
un plat tout préparé
  ready-to-serve dish

un saucisson *dry sausage*
une spécialité *specialty*
un supermarché *supermarket*
un timbre *stamp*
la viande de porc *pork meat*

Adjectifs

cher, chère *expensive*
fermé *closed*
formidable *fantastic*
frais, fraîche *fresh*
ouvert *open*
pratique *convenient*
pressé *in a hurry*

À votre tour

4–18 Remind students to draw on both the *Contexte* and the cultural note for their answers.

4–18 Un(e) vrai(e) Français(e) (*A true French person*). Take turns with your partner asking and answering these questions related to your newly acquired knowledge about French neighborhood stores.

1. Va-t-on à la pharmacie pour acheter de l'aspirine ou un journal?

2. Quel est le point commun entre (*between*) les coiffeurs, les pâtisseries et les musées?

3. Qu'est-ce qu'on peut acheter au bureau de tabac et à la poste? Qu'est-ce qu'on peut acheter seulement (*only*) dans un tabac?

4. Où trouve-t-on les meilleurs saucissons?

5. Quels sont les avantages de l'épicerie du quartier par rapport (*compared with*) au supermarché?

6. Chez quel(s) commerçant(s) est-ce qu'il y a un dialogue entre le commerçant et le client?

7. La pharmacie ou l'épicerie reste-t-elle ouverte le dimanche matin?

4–19 Tu es là! Your partner assumes the role of a customer, using the cue provided; indicate which shop he/she is in.

MODÈLE: É1: Le journal avec quatre timbres et quatre cartes postales, s'il vous plaît.

   É2: Tu es au bureau de tabac!

1. Avez-vous de l'aspirine?

2. C'est du saucisson de Lyon?

3. Une carte de téléphone, s'il vous plaît!

4. Je voudrais un gâteau au chocolat.

5. Ah non! On ne vend pas de viande de porc!

6. C'est un peu cher, mais on n'attend pas.

4–20 Corrections! Take turns reading and correcting the following statements on the basis of the **Contexte**.

1. La pharmacie ferme dans une heure.
2. La pâtisserie Long répond au téléphone le lundi.
3. En France beaucoup de commerçants ferment le mardi.
4. On trouve des cartes postales à la boucherie.
5. À l'épicerie on vend des plats tout préparés.
6. Les gâteaux, c'est la spécialité d'une charcuterie.
7. L'épicerie du quartier reste ouverte jusqu'à vingt heures.
8. Quand on est pressé, on attend ses amis.

4–21 Client(e) ou commerçant(e)? Do you prefer to be a customer or a shopkeeper? Choose an identity, then role play a conversation in a shop. Use the **modèle** as a guide.

MODÈLE: É1: Bonjour Monsieur (Madame, Mademoiselle).

É2: Bonjour Monsieur (Madame, Mademoiselle). Je voudrais de l'aspirine.

É1: Voilà. Et avec ça?

É2: C'est tout, merci. Au revoir Monsieur, (Madame, Mademoiselle).

É1: Au revoir Monsieur (Madame, Mademoiselle). Merci et bonne journée (*good day*)!

4–21 Prior to doing the exercise, you may want to ask students to review greetings as well as the *Bureau de tabac* dialogue in the *Contexte*.

STRUCTURE

Les verbes réguliers en **-re**; le verbe **prendre**

Les verbes réguliers en -re

- Regular verbs of the third conjugation have an infinitive ending in **-re**: **attendre** (*to wait for*). To conjugate these verbs, remove the infinitive ending **-re** to get the stem, and then add the endings shown in bold type.

Point out that the third-person plural form of *-re* verbs is distinguished from the third-person singular by the pronunciation of the final consonant: *il vend* [il vã] / *ils vendent* [il vã d].

attendre – re → attend-			
j'	attend**s**	nous	attend**ons**
tu	attend**s**	vous	attend**ez**
il/elle/on	attend	ils/elles	attend**ent**

Attends-moi! J'arrive!	*Wait for me! I'm coming!*
Ils ne **répondent** pas.	*They are not answering.*
Vous **vendez** des journaux américains?	*Do you sell American newspapers?*
Ils **vendent** des saucissons.	*They sell sausages.*
Je ne **perds** pas de temps.	*I am not wasting any time.*

Point out that the second-person singular -s ending is never dropped in the imperative other than for *-er* verbs.

You may want to point out the difference between *visiter (un endroit: un monument, un musée, une ville, un site)* and *rendre visite à (une personne: Paul, Oncle Jacques, etc.).*

● Here are some common regular **-re** verbs and idiomatic expressions.

attendre	*to wait*
entendre	*to hear*
perdre	*to lose something*
perdre son temps	*to waste one's time*
rendre	*to hand in, give back*
rendre visite à quelqu'un	*to visit a person*
répondre	*to answer, respond*
vendre	*to sell*

À votre tour

You may want to warm up with quick drills using different *-re* verbs with different subjects. After a first example, you may want to let students specify the subjects.

4–22 For a variation, you may want to redo the exercise with the second part of the sentence in the negative: *attendre le bus (je / mes copains) —J'attends le bus mais mes copains n'attendent pas le bus.*

4–22 Copie conforme (*Copycat*). Take turns saying that when some people do something, others are quick to follow.

MODÈLE: attendre le bus (je / mes copains)

> É1: J'attends le bus et mes copains attendent le bus.

1. entendre de la musique (ils / vous)
2. perdre du temps (Paul / ses copains)
3. rendre visite à la famille (vous / vos cousins)
4. répondre en classe (tu / nous)
5. attendre avec patience (je / vous)
6. rendre vite (*quickly*) les notes (mon prof / les profs de Julie)

4–23 You might want to have students note down their partner's responses, then follow up by sharing their stories with the class.

4–23 Un après-midi en ville (*An afternoon downtown*). With a partner use the cues to tell what you do—and don't do—when you spend an afternoon downtown.

MODÈLE: aller au café

> É1: Je vais au café.
>
> É2: Nous aussi, nous allons au café.
>
> *ou:* Nous n'allons pas au café.

rendre visite à des ami(e)s	entendre des choses (*things*) intéressantes
attendre des ami(e)s au café	visiter de nouveaux endroits
ne pas perdre une minute	répondre aux questions des touristes
faire du sport	visiter une exposition d'art

4–24 Vous êtes comme moi? (*Are you like me?*) In small groups, take turns asking and telling whether you share the following behaviors. How are you and your classmates most alike? How do you differ?

MODÈLE: entendre beaucoup de secrets

> É1: En général, est-ce que vous entendez/tu entends beaucoup de secrets?
>
> É2: Non! Je n'entends pas beaucoup de secrets.

1. attendre avec patience
2. vendre vos/tes livres ou disques
3. perdre votre/ton temps
4. répondre aux messages
5. rendre les livres à la bibliothèque
6. rendre visite à vos/tes grands-parents
7. perdre vos/tes livres et disques
8. répondre aux questions

Le verbe **prendre** (*to take*)

● The irregular verb **prendre** (*to take*) is conjugated like regular **-re** verbs in the singular, but not in the plural. How do the plural forms differ from the pattern of regular **-re** verbs?

prendre			
je	prend**s**	nous	**prenons**
tu	prend**s**	vous	**prenez**
il/elle/on	prend	ils/elles	**prennent**

Je prends aussi une carte   *I am also picking up a phone card.*
de téléphone.

● **Prendre** is also used with means of transportation.

Je **prends** le bus, le métro, l'avion,   *I take the bus, the subway,*
le train ou un taxi.   *the plane, the train, or a taxicab.*

Il **prend** sa bicyclette, sa moto   *He takes his bike, his motorbike,*
et sa voiture.   *and his car.*

● Other verbs conjugated like **prendre** are:

apprendre   *to learn*

J'apprends quelque chose.   *I am learning something.*

comprendre   *to understand*

Je ne **comprends** pas.   *I don't understand.*

À votre tour

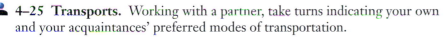

4–25 Transports. Working with a partner, take turns indicating your own and your acquaintances' preferred modes of transportation.

MODÈLE: prendre le train (Alain et Stéphanie)

       É1: Alain et Stéphanie **prennent le train**.

1. prendre le bus (je)
2. prendre un taxi (nous)
3. prendre souvent l'avion (*airplane*) (mes parents)
4. prendre un vélo (mon frère)
5. prendre une moto (tu)
6. prendre le métro (vous)

Point out that there are three different vowel sounds in these present tense forms: [ɑ̃] in the three singular forms, [ə] in the *nous-* and *vous-*forms, and [ɛ] in the third-person plural. Model pronunciation and have students repeat. Stress also the third-person forms: [il pr ɑ̃] vs. [il prɛn].

Point out that in inversion patterns (*Comprend-il? Apprend-elle? Prend-on?*), -*d* is pronounced [t].

4–26 You may change the exercise by having students find out who does not do the activities listed: *Paul et Amy prennent le bus; Julie ne prend pas le bus.*

 4–26 Sondage *(Poll).* Circulate in the classroom, using the cues to ask who does what. Note the responses, then share your results with your classmates.

MODÈLE: prendre le bus?

> É1: Paul, tu prends le bus? / Paul, est-ce que tu prends le bus?
>
> É2: Oui, je prends le bus.
>
> É1: Amy, tu prends le bus? / Amy, est-ce que tu prends le bus?
>
> É3: Oui, je prends le bus…

(later, to the class)

> É1: Paul et Amy prennent le bus.

1. prendre des notes?
2. rendre les livres?
3. vendre des CD?
4. répondre aux questions?
5. attendre des amis?
6. rendre visite à la famille?
7. perdre souvent du temps?
8. comprendre l'espagnol?
9. apprendre la musique?
10. attendre tes amis?
11. entendre mal les questions du prof?
12. comprendre toujours vite?

 4–27 Faire des courses *(Going shopping).* Take turns asking what various people in your group are buying (use **prendre**) in different shops. You can be imaginative in your answers and also use the **Contexte** for ideas. Use the cues in the three columns to help you formulate your questions and answers.

MODÈLES: les enfants / à la pâtisserie

> É1: Qu'est-ce que les enfants prennent à la pâtisserie?
>
> É2: Ils prennent des gâteaux.

les enfants / au Miniprix

> É1: Qu'est-ce que les enfants prennent au Miniprix?
>
> É2: Ils prennent beaucoup de choses *(lots of things).*

mon/ma camarade de chambre	à la pharmacie	des gâteaux
	à la boucherie	un saucisson
ma mère	au bureau de tabac	de l'aspirine
mes copains	à l'épicerie	des journaux
nous	au supermarché	beaucoup de choses
mon professeur	à la charcuterie	des légumes
?	à la pâtisserie	de la viande
		des timbres
		des cigarettes

4–28 Prenez la parole. You have been in the classroom for a few weeks. Assess your own experience so far, then work with several classmates to make a group assessment.

MODÈLE: comprendre tout (*everything*)?

É1: Je comprends tout. / Je ne comprends pas tout.

later: É1: Nous ne comprenons pas tout…

1. comprendre quand le prof parle?
2. rendre les devoirs à temps (*on time*)?
3. comprendre quand les étudiants parlent?
4. apprendre beaucoup de choses?
5. avoir beaucoup de nouveaux copains?
6. comprendre mieux en général?
7. prendre des notes facilement (*easily*)?
8. avoir des bonnes notes (*good grades*)?
9. répondre plus souvent?

4–28 You may want to modify the exercise by having students circulate in the classroom, asking each other questions (*Tu comprends tout en classe?*), then tallying the results and sharing them in small groups (*Trois personnes comprennent tout en classe*).

Begin by pointing out to students that the *Contexte* title is a proverb. In its entirety it says, *L'heure c'est l'heure: avant l'heure, ce n'est pas l'heure, après l'heure, ce n'est plus l'heure!* Ask for volunteers to translate, paraphrase *ne… plus = c'est fini! c'est passé*. Write on the board another proverb: *L'exactitude est la politesse des rois*. Again, ask for volunteers to translate. Ask the class their opinion: *L'exactitude (to be on time) est-elle facile ou difficile pour vous?*

An African proverb «*Tous les blancs ont une montre, mais ils n'ont jamais le temps*» may help you start a discussion on the concept of time across cultures.

Point out that the *Contexte* is a mini-drama on the virtue of being on time. The *Contexte* consists of two acts and students may select—and justify—the ending of their choosing. You may wish to show the drawings and the dialogues of the two *scènes* (IRCD Images A04–04, A04–05 and A04–06).

CONTEXTE

L'heure, c'est l'heure!

Scène 1: Yves est au café avec des copains.

YVES: Au fait (*by the way*), quelle heure est-il maintenant?

COPAIN: Regarde ta montre: Il est 8 h et quart.

YVES: 8 h et quart! Pas possible! J'ai rendez-vous avec Daniel devant le Cinétec à 8 h et demie. Je suis très en retard!

Scène 2: Deux scénarios possibles: Quel scénario est le plus probable? Décidez!

Scène 2A:

Yves arrive devant le cinéma à 8 h 27.

DANIEL: Toi, bien sûr, tu n'es jamais en avance! Il est 8 h 27.

YVES: Eh bien, je suis à l'heure! L'heure c'est l'heure!

DANIEL: Tiens, voilà ton billet. Le film commence dans trois minutes, à 8 h 30 pile. Entrons vite!

1
2
3

ÉTAPE

4

Scène 2B:

Yves arrive devant le cinéma à 9 h moins le quart.

DANIEL: C'est fou! (*It's crazy!*) Tu es un quart d'heure en retard! Moi, je rentre chez moi!

YVES: Voyons, tu ne vas pas rentrer chez toi avant (*before*) minuit! J'ai une idée (*idea*), on va danser au Club?

DANIEL: Alors là, tu exagères! Tu es en retard, le film commence sans nous et Monsieur n'a pas de problème…! Eh bien non! Je rentre à la maison. Sois à l'heure, la prochaine fois (*next time*)!

Point out that Daniel is so mad that he no longer calls his friend by his first name but calls him *Monsieur* to show the distance between them, to mock his friend's would-be importance.

Est-ce évident?

La Suisse

La Suisse (7 millions d'habitants) ne fait pas partie de l'Union Européenne. Sa monnaie est le franc suisse. On parle français, allemand et italien en Suisse. On parle aussi le romanche dans les montagnes. Le suisse Jean Calvin est à l'origine du mouvement religieux de la réforme. Le philosophe Jean-Jacques Rousseau est né[1] en Suisse. Aujourd'hui la Suisse accueille[2] de grandes organisations internationales. Cherchez des exemples!

[1]was born   [2]welcomes

Genève

La montre suisse, reflet de la société

La Suisse produit 50% de la production mondiale d'articles d'horlogerie[1]. Il est possible d'établir des parallèles entre l'industrie horlogère[2] et la culture suisse. La précision marque beaucoup de produits suisses. L'exactitude et la ponctualité sont aussi deux valeurs de la population suisse.

● Quelle valeur ou trait de caractère[3] associe-t-on avec les gens de votre région?

[1]timepieces   [2]watch industry   [3]personality traits

LE MOT JUSTE

Expressions

(être) à l'heure   *(to be) on time*
(être) en avance   *(to be) early*
(être) en retard   *(to be) late*
et demi(e)   *half past the hour*
et quart   *a quarter past the hour*
minuit   *midnight*
moins le quart   *a quarter before*
 the hour
pile   *on the dot*
Quelle heure est-il?
 What time is it?
vite   *quickly*

Verbes

exagérer   *to exaggerate*
rentrer   *to go back home*

Noms

un billet   *ticket*
l'heure (f)   *hour, time*
une minute   *minute*
une montre   *watch*
un quart d'heure
 quarter of an hour
un rendez-vous   *appointment*
un scénario   *script*

Adjectifs

furieux, -euse   *furious*
possible   *possible*
probable   *probable, likely*

À votre tour

4–29 Qu'est-ce qui se passe? *(What is happening?)* With a partner, take turns asking and answering the following questions about Yves's evening with his friends.

1. (Scène 1) Qui sont les deux personnages?
2. Où sont-ils?
3. Yves est-il nerveux ou calme?
4. (Scène 2A) Qui est-ce que Yves Retrouve?
5. Où?
6. Que font les deux garçons?
7. (Scène 2B) Pourquoi Daniel est-il furieux?
8. Qu'est-ce qu'il va faire?
9. Quelle est la suggestion d'Yves?

En conclusion, quel est le scénario le plus probable? Pourquoi?

4–30 Points de repère *(Points of reference).* With your partner, study Yves's conversations with his friends to find the French expressions for the following:

1. What time is it?
2. 8:15 P.M.; 8:30 P.M.; 8:45 P.M. (a quarter to nine)
3. to be on time
4. to be early
5. to be late

4–31 Corrections. Take turns correcting the following statements.

1. Yves est à l'heure au rendez-vous dans la scène 2B.
2. Dans la scène 2A, Yves a les billets.
3. Dans la scène 2B, Yves arrive à l'heure pile au rendez-vous.
4. Dans la scène 2B, Yves propose *(suggests)* d'aller au café.
5. Dans la scène 2B, Daniel va danser au Club.

4–29 You may ask for a quick show of hands regarding the two possibilities and discuss the reasons given. You might also ask, *En général, vous attendez vos amis? Quand vos amis sont en retard, attendez-vous vos amis? Êtes-vous furieux? Restez-vous calme?* You may wish to show the drawings and the dialogues of the two *scènes* (IRCD Images A04–04, A04–05 and A04–06).

4–31 You may want to quickly poll the class to learn whether the students are usually on time, late, early for appointments: *En général, vous êtes à l'heure, en avance ou en retard?* You may quickly interpret the results: *Dans notre classe, la majorité/une minorité est toujours en retard!*

4–32 Invitation. A friend has telephoned, inviting you to go to a movie with him/her. Work out the details by matching the responses with the questions.

1. Quelle heure est-il maintenant?
2. À quelle heure avons-nous rendez-vous?
3. Dans combien de temps commence le film?
4. Est-ce que j'arrive un peu en avance?
5. À quelle heure rentrons-nous à la maison?

Pas après minuit!

À 8 h pile!

Ce n'est pas nécessaire, arrive à l'heure!

Dans une demie heure, à 8 h 15.

Il est 7 h 45.

4–33 You may want to select one or two groups to act out their scene for the rest of the class.

 **4–33 Un rendez-vous.** You arrive late for an appointment (**au cinéma, au théâtre, au travail, au café ou au restaurant, à la bibliothèque**). What is your excuse? What is the reaction of your friend? Imagine and act out the scene with a partner.

STRUCTURE

L'heure et l'heure officielle

L'heure

You may also indicate alternatives: *Vous avez l'heure?* (Do you have the time?) and *Tu as l'heure?* (Do you have the time?).

- You have learned how to ask what time it is: **Quelle heure est-il?**
- You probably have also have noted how to tell the time:

Il est sept heures du matin.

Il est trois heures de l'après-midi.

Il est neuf heures du soir.

Point out that *une heure* is singular and that *minute* is feminine, hence *une heure vingt et une.*

- Note that **du matin/de l'après-midi/du soir** are the equivalents of A.M. and P.M. in English. **Le soir** is considered to start between 6:00 P.M. and 7:00 P.M.
- Minutes up to the half-hour are added to the hour:

Il est une heure cinq.

Il est une heure vingt et une.

● Minutes after the half-hour are subtracted from the next hour
(**moins** = *minus*):

Il est deux heures moins
vingt-cinq.

Il est deux heures moins
vingt.

Il est deux heures moins
dix.

● The quarter-hour and the half-hour are expressed as follows:

Il est une heure et quart.   Il est une heure et demie.   Il est deux heures moins
le quart.

● There are special expressions for 12:00 noon and 12:00 midnight:

Il est midi.   *It's noon.*
Il est midi et demi.   *It's twelve-thirty.*
Il est minuit.   *It's midnight.*
Il est minuit et demi.   *It's half past midnight.*

● To ask (at) what time something is scheduled, use the expression **À quelle heure…:**

À quelle heure est le film?   *What time is the movie?*
(Il commence) à huit heures et demie.   *(It starts) at 8:30.*

> Give examples showing that these time expressions are used like the others: *Il est midi cinq/Il est minuit moins le quart,* etc. Because the words *midi* and *minuit* are masculine, no -*e* is added to *demi* in expressing the half-hour.

● To express your opinion as to whether an event is scheduled early or late, use the expressions **c'est tôt** (*it is early*) or **c'est tard** (*it is late*).

Le film commence à 13 h. **C'est tôt!**
Le train arrive a 23 h 15. **C'est tard!**

L'heure officielle

● Most schedules, official documents, and invitations use the 24-hour clock. This system eliminates references to A.M. and P.M. and expresses minutes according to a 60-minute system, just as digital watches do. Observe the following equivalents:

heure	heure officielle	heure non-officielle
7 h 15	sept heures quinze	sept heures et quart du matin
12 h 30	douze heures trente	midi et demi
15 h 45	quinze heures quarante-cinq	quatre heures moins le quart de l'après-midi
18 h 30	dix-huit heures trente	six heures et demie du soir
20 h 15	vingt heures quinze	huit heures et quart du soir
23 h 40	vingt-trois heures quarante	minuit moins vingt

À votre tour

4–34 Quelle heure est-il? With a partner, take turns asking what time it is, and responding.

1.

2.

3.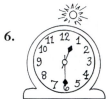

4.

5.

6.

7.

8.

9.

10.

11.

12.

4–35 Une journée chargée (*A full day*). With a partner, use the cues to ask each other about your schedules.

MODÈLE: arriver à l'université

> É1: À quelle heure est-ce que tu arrives à l'université?

> É2: À sept heures et demie du matin.

1. avoir ton premier cours
2. aller au labo
3. prendre rendez-vous avec le prof
4. aller à la bibliothèque
5. aller au café
6. retrouver tes copains
7. aller au restaurant
8. aller au cinéma
9. rentrer à la maison

4–36 À quelle heure? With a partner, take turns asking and answering questions about your schedule, using the cues and official time.

MODÈLE: tu / regarder la télé (jusqu'à quelle heure)

    É1: Jusqu'à quelle heure est-ce que tu regardes la télé?

    É2: Je regarde la télé jusqu'à 22 h 30.

1. tu / finir tes devoirs (à quelle heure)
2. tu / aller au concert (à quelle heure)
3. tu / travailler à la bibliothèque (jusqu'à quelle heure)
4. tu / aller au gymnase (à quelle heure)
5. on / rendre les livres à la bibliothèque (jusqu'à quelle heure)
6. on / danser au Club (jusqu'à quelle heure)
7. toi et tes copains / rester au bureau (jusqu'à quelle heure)

4–37 Prenez la parole. Take turns with your partner inquiring—and responding—about trains to and from Geneva and Paris, using the train schedule below.

4–37 You may brainstorm with the class about ways to expand the exchange, for example, by exchanging greetings, indicating the destination (*Quand est-ce qu'il y a un train pour Genève*), or expressing an opinion (*C'est tôt, c'est tard*, etc.).

Paris < > Genève

numéro du TGV	6561	6565	6569	6573	6577	6581	6585	6589
PARIS-GARE-DE-LYON Départ	7.10	8.40	10.30	13.40	14.38	17.40	19.10	20.38
GENÈVE Arrivée	10.45	12.02	14.00	17.04	18.11	21.14	22.45	0.13

MODÈLE: É1: S'il vous plaît, quand est-ce qu'il y a un train au départ de Paris?

    É2: Le matin, l'après-midi ou le soir?

    É1: Le matin.

    É2: Il y a un train au départ de Paris à 7 h 10.

    É1: Et à quelle heure est-ce qu'on arrive à Genève?

    É2: On arrive à 10 h 45.

En direct

Audio script for *En direct:*
Le Cinéma Art-Ciné, 72 rue Carouge, vous propose une séance tous les jours à 15 h 45 et à 21 h 45. Les mercredi, samedi et dimanche nous vous attendons dès 13 h 15. Pour plus de renseignements, appelez le 22 28 43 65.

Le Café «Chez Léo» vous propose une cuisine italienne légère. Service rapide et bonne humeur garantis.

Vous nous trouvez 57, rue Pierre-Fatio.

Téléphone 15 42 53 37

Le restaurant est ouvert de 11 h 30 à 14 h 15–19 h 00 à 22 h 30. Nous sommes fermé le samedi soir et dimanche toute la journée.

Le Salon de coiffure Elle et Lui vous attend au 46, rue Zürlinden du mardi au vendredi de 9 à 19 heures non-stop, et le samedi de 9 à 14 heures. Nous sommes fermés le lundi. Appelez-nous au 17 36 35 95 pour prendre rendez-vous. Nous acceptons les cartes Visa, Mastercard et American Express.

Motobel est ouvert tous les jours du lundi au vendredi de 8 h à midi et de 13 h 30 à 18 h. Le samedi de 9 h à midi. Appelez-nous au 22 96 49 82 ou adressez-nous votre télécopie au 22 97 58 72. Nous vous attendons au 59, rue du Château-Bloc.

Ouverture et fermeture. Listen to the recorded messages to learn when the following businesses open and close, and in some cases what their addresses and phone numbers are. For each business, fill in the missing information.

Cinéma Art-Ciné

Adresse: _____72_____, rue Carouge

Séance (*show*): tous les jours à _____15 h 45_____ et _____21 h 45_____

Les mercredi, samedi et dimanche, la séance commence à _____13 h 15_____.

Téléphone: _____22_____ 28 _____43_____ _____65_____.

Café «Chez Léo»

Adresse: _____57_____, rue Pierre-Fatio

Téléphone: _____15_____ 42 _____53_____ _____37_____

Restaurant ouvert de _____11 h 30_____ à _____14 h 15_____ et de _____19 h_____ à _____22 h 30_____.

Coiffure Elle et Lui

Adresse: _____46_____, rue Zürlinden

Ouvert du mardi au vendredi de 9 h à _____19_____ h non-stop.

Samedi, de 9 h à _____14_____ h

Téléphone: _____17_____ 36 _____35_____ _____95_____

Motobel

Ouvert du lundi au vendredi de 8 h à _____12_____ h, et de _____13 h 30_____ à _____18 h_____.

Ouvert samedi de 9 h à _____12_____ h.

Téléphone: _____22_____ 96 _____49_____ _____82_____.

Télécopie (*fax*) au 22 _____97_____ _____58_____ _____72_____.

Adresse: _____59_____, rue du Château-Bloc

 Phonétique

Les voyelles orales, première étape: Les voyelles ouvertes [a] aller; [ɛ] belle; [œ] leur; [ɔ] bonne

- The above vowels are called open vowels (**les voyelles ouvertes**) because they are produced with the jaws rather far apart and the mouth in an open position.

La voyelle [ɛ]

- The vowel [ɛ] is similar to the English vowel in *west*. However, it is produced with the mouth slightly more open and the lips more pulled back. You have seen this vowel represented several different ways in writing:

è	f**rè**re
ê	vous **ê**tes
e + pronounced consonant	b**e**lle
avec le verbe **être**	tu **es**, elle **est**
ai, ais, ait	ch**ai**se, je v**ai**s, il f**ai**t
ei	n**ei**ge

A. Écoutez et répétez les phrases suivantes. Faites bien attention à la voyelle [ɛ].

1. Qu'**e**st-ce que vous f**ai**t**es**?
2. Je v**ai**s au Québ**e**c.
3. Il f**ai**t un voyage av**e**c **e**lle.
4. Il n**ei**ge à Nice; c'**e**st **e**xtraordin**ai**re.
5. Gis**è**le a une b**e**lle m**ai**son.
6. Vous **ê**tes le p**è**re de Mich**e**l, n'**e**st-ce pas?

La voyelle [œ]

- The vowel [œ] does not exist in English, but is pronounced like [ə], except with the lips rounded instead of pulled back. This vowel is represented in writing by the letters **eu** or **œu** + pronounced consonant: **professeur, jeune, neuf, leur, sœur.**

B. Écoutez et répétez les phrases suivantes. Faites bien attention à la voyelle [œ].

1. Les j**eu**nes profess**eu**rs sont dans l'**Eu**re.
2. Je vais être à l'h**eu**re.
3. Voici le direct**eu**r du musée Past**eu**r.
4. C'est un act**eu**r amat**eu**r.
5. La chambre de ma s**œu**r, c'est la n**eu**f.

These lessons will be most successful if the following procedure is observed: Go over the articulatory description and pronounce just the targeted vowel sound, then the familiar words given as examples, having students repeat each time. Then do the exercises to reinforce the recognition of written representations of each vowel.

Remember that *faisons* is an exception.

Be sure the students are not substituting the American vowel heard in *her, bird, fur.*

La voyelle [ɔ]

You may want to tell students that the letters *o* + *i* or *y* represent the combination [wa], as in *voilà* or *soyez* (like *water* in English). See Chapitre 8, p. 316 for a full treatment of the semivowels.

● The vowel [ɔ] is like the vowel in *bought* and *ball* and is usually represented in writing by the letter **o** + pronounced consonant: **joli, d'accord, notre, bonne.**

C. Écoutez et répétez les phrases suivantes. Faites bien attention à la voyelle [ɔ].

1. Bordeaux est un port important.
2. On annonce des orages, alors!
3. Tu téléphones à Georges?
4. Voilà un monument romain.
5. Paul, Nicole commence? D'accord!

La voyelle [a]

Be sure students are not substituting the American vowel [æ] as in *cat*. It might help them to think of singing "fa, la, la."

[a] is a front vowel (produced at the front of the mouth with the front part of the tongue); the back vowel [ɑ] is not presented here because it has all but disappeared in modern French.

● The vowel [a] is produced with the mouth far open, jaws relaxed, and lips pulled back. This vowel is represented in writing by the letters **a, à,** or **â**: **ma, voilà, château.**

D. Écoutez et répétez les phrases suivantes. Faites bien attention à la voyelle [a].

1. Il y a de belles plages en Bretagne.
2. La cathédrale de Chartres est magnifique.
3. Voilà un beau jardin admirable!
4. Nous allons visiter ce château-là, près du lac.
5. Tu vas au Canada?

Espace urbain et quartier

Observer

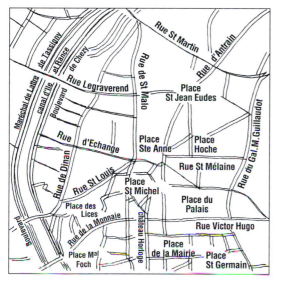

Rennes

Atlantic City

Additional aspects of the city layout you might wish to treat include the system for naming streets. *Ces noms font-ils référence à des domaines particuliers (géographie, botanique, faits ou dates, personnages historiques, personnalités locales célèbres) ou utilisent-ils un système plus abstrait basé sur l'alphabet, la numérotation et les points cardinaux?* In North American cities, streets are often identified with numbers or letters, or with names of states, trees, etc. The streets in European cities are often named for important historical events or figures, perhaps reflecting the ongoing weight of history. One of the oldest American cities, Boston, follows the European example: Concord Avenue, Franklin Street.

You may want to draw final conclusions about Rennes and Atlantic City together as a class. As you do so, you may show the maps of the two cities as well as the representations *en étoile* and en quadrillage régulier (IRCD Image A04–31 and A04–32).

Study and compare the maps of Rennes, a French city that is more than 2000 years old (it was already the site of a village in 57 B.C.), and Atlantic City, New Jersey, incorporated in 1854. Then, with a partner, answer the questions below.

1. Comment est-ce que les rues des deux villes sont disposées? en étoile? en quadrillage régulier?
2. Est-ce que vous remarquez un centre-ville à Rennes? à Atlantic City?
3. Regardez les noms des rues. Les noms sont-ils géographiques? historiques? Sont-ils des chiffres (*numbers*) ou des lettres?
4. Est-ce que Rennes est une ville ancienne ou moderne? et Atlantic City?
5. Est-ce que les deux villes sont organisées selon (*according to*) les mêmes principes (*principles*)?

en quadrillage régulier

en étoile

Réfléchir

Now, with a group of classmates, compare your own city and neighborhood to their French counterparts. (You may want to refer also to **Cultures en parallèles** on page 136.) Consider the following aspects:

- **Le développement:** un développement historique ou logique?
- **La disposition des rues:** en quadrillage ou en étoile?
- **Le commerce:** au centre-ville ou loin du centre-ville?
- **Les maisons d'habitations:** au centre-ville ou dans les quartiers résidentiels?
- **Les noms des rues:** historiques, géographiques ou abstraits?

En conclusion, quel type de ville préférez-vous? pourquoi?

Voyage en francophonie

Continuez l'étude de "votre pays adoptif" francophone.

Quelle est la capitale? Quelles sont les grandes villes? Identifiez une de ces villes. Cherchez des renseignements (*information*) supplémentaires (population, services publics: bibliothèques, hôpital, monuments, etc.). Partagez les résultats de vos recherches avec vos camarades.

Pour trouver un modèle, allez sur le site Web de *Parallèles* pour le Chapitre 4.

DÉCOUVERTES

À vous la parole

Rendez-vous

A Francophone friend (your partner!) is visiting your city. Suggest an activity and set a meeting time and a meeting place. Be very precise. Your partner answers and also asks questions. Follow the suggestions below.

Pour commencer:

É1: Select an activity: **Est-ce que tu es d'accord pour… (aller au cinéma, au restaurant, au jardin public, au musée)?**

É2: Express a preference.

É1: Agree on a meeting time: **Le rendez-vous va être à…**

É2: Accept, refuse, or make a suggestion.

É1: Suggest a meeting place: **Alors, nous avons rendez-vous devant…**

É2: Agree, then ask for directions (**Comment y arriver?**)

É1: Give directions: **Alors, tu prends…, tu traverses…, tu continues…**

É2: Say thanks and say good-bye.

Ensuite:

Deux ou trois groupes vont jouer leur conversation devant la classe. Les conversations sont-elles très différentes?

Lecture

Dans les rues de Québec

Travaux d'approche. You are about to read a poem, the text of a song, which was written and sung by Charles Trenet (1913–2001), a multi-talented French author, composer, and performer whose distinguished career spanned more than sixty years. In 1945 Trenet toured North America and fell in love with Quebec. The city inspired this evocative poem, where the poet remembers how he liked to stroll through its streets—**dans les rues de Québec**—undeterred by the winter weather.

Québec

You will see that Trenet shares impressions rather than a precise description of the city. How, as a poet, does he touch his audience? Watch for words and images that take on particular importance. Also, note the effect of the repetition of key lines. Do you think that you yourself would like to take long winter walks in the streets of Quebec?

Charles Trenet

Dans les rues de Québec (1950)

Depuis l'automne, que de villes parcourues!° °Since autumn,
Que de boulevards et de rues! how many cities
New York, ô régularité, [have been] visited
Chicago si joli l'été,
Mais au cœur du joyeux hiver°, °in the heart
C'est les rues de Québec que je préfère. of the merry winter
Dans les rues de Québec,
Par temps gris, par temps sec,° °dry, (here) dry and cold
J'aime aller, nez au vent,° °head into the wind
Cœur joyeux, en rêvant.° °with a joyful heart, dreaming
Bien des gens me sourient° °many people smile at me
En pensant à Paris.
Moi j'ouvre un large bec° °(here) open my mouth up wide
Pour sourire° en Québec. °smile
Au loin, le Saint-Laurent roule ses flots d'argent° °silver waters, streams
Et les bateaux° vont doucement sur l'onde à la ronde°. °boats / °on the water in a circular motion
Les fumées° du matin sont fantômes de satin °smoke or fog
Dans les rues de Québec.
Dans les rues de Québec,
Par temps gris, par temps sec,
J'aime aller, nez au vent,
Bien des gens me sourient
En pensant à Paris.
Moi j'ouvre un large bec
Pour sourire en Québec.
Au loin, le Saint-Laurent roule ses flots d'argent
Et les bateaux vont doucement sur l'onde.
Soirs exquis de l'hiver,
Feux de bois et chaumières°, °wood fires and thatched cottages
Je vous aime par temps sec
Dans les rues, dans les rues,
Dans les rues du vieux Québec.

Paroles et musique: Charles Trenet

Although students have not yet formally learned the prepositions used with geographical names, you may want to explain that Trenet uses *en Québec* instead of the expected *au Québec* because he is emphasizing that he really wants to be part of the Québécois scene. *Il parle en francais et il sourit en québec (smile the québecois way).*

Exploration

1. Le poète préfère marcher dans les rues de Québec en hiver. En général, en quelle saison est-ce qu'on visite les rues de Québec? Pourquoi?

2. Quelle est l'attitude du poète dans la ville: est-il heureux ou malheureux?

3. Trénet est un chanteur français. Il parle et chante en français. Mais il sourit (*smiles*) en quelle langue?

4. Quelles vues de Québec Trenet mentionne-t-il?

5. Les Québécois sont-ils aussi présents dans le poème?

Réflexion

A. Avec des partenaires, discutez les questions suivantes:

1. Quelles sont les lignes répétées par le poète? Est-ce qu'elles ont un rapport direct avec le titre? Est-ce que les lignes répétées évoquent des impressions des rues de Québec?

2. Qu'est-ce que Trenet trouve «exquis» à Québec? C'est une opinion générale? Est-ce votre opinion?

3. Trénet aime Québec? Comment est-ce que c'est évident dans ce poème?

4. Est-ce que vous préférez lire le poème ou l'écouter? Partagez (*share*) vos remarques et impressions avec vos camarades. N'oubliez pas d'inclure (*to include*) votre professeur.

B. Combien de personnes dans la classe connaissent (*know*) Québec? Échangez vos impressions avec vos camarades. Comparez vos impressions avec les impressions de Trénet.

À vos stylos

Envoyez une carte postale

Envoyez une carte postale à un(e) ami(e) francophone.

1. Décidez d'abord à qui vous allez écrire: vos parents, des amis, un prof. Votre message va-t-il être familier ou formel?

2. Choisissez quelle carte vous allez envoyer: une vue générale, comme sur le modèle ci-dessus, ou un monument.

Carte postale ARBOIS

You might want to ask other, related questions: Quelles autres villes d'Amérique du Nord Trenet a-t-il visitées? Êtes-vous d'accord avec ses impressions sur les autres villes?

You may want to mention and listen to Gilles Vigneault's song Mon pays (Mon pays ce n'est pas un pays, c'est l'hiver).

You may want to remind students that smiles are often qualified as warming, just like wood fires.

Go over the opening and closing phrases with students so they understand which are formal and which are informal, so they do not mix registers.

3. Expliquez où vous êtes et pourquoi, faites une petite description de l'endroit ou du monument, ajoutez des détails historiques ou personnels.

4. Maintenant écrivez (*write*) votre carte.

5. Écrivez une formule, formelle ou familière, pour (a) commencer et (b) finir la carte:

   a. Chers parents, Cher X, Cher M. X, Chère Mme X, Salut X

   b. Respecteusement / Sincères amitiés / Affecteusement / À bientôt / Grosses bises (*kisses*)

Signature

> Cher Philippe,
> Je suis en visite chez mes grands-parents. Arbois est une petite ville, mais c'est la ville natale de Louis Pasteur. Je vais visiter sa maison demain. Il pleut assez souvent, c'est dommage!
> Grosses bises,
> Nicole
>
> Philippe Saunier
> 27 rue Victor Hugo
> 69002 LYON

Parallèles historiques

Carcassonne, une cité médiévale

Cette ville du Sud de la France comprend deux parties: la ville basse, construite au XIIIe siècle, et une forteresse plus ancienne. Il y a deux remparts autour de cette forteresse. Le rempart intérieur est le plus vieux (VIe siècle). Carcassonne, aujourd'hui restauré (peut-être avec beaucoup d'imagination par un architecte du XIXe siècle), reste un lieu de tourisme très important.

You may want to situate Carcassonne on the map and discuss the following: Quelle était la fonction officielle des châteaux-forts? Pourquoi ont-ils été construits? You may also encourage students to explore Carcassonne virtually on the Internet.

 Maintenant, je sais...

Qu'avez-vous appris dans ce chapitre? Vérifiez vos connaissances (*test your knowledge*) sur chaque (*each*) sujet et donnez des exemples précis.

1. Comparez le plan d'une ville française et d'une ville nord-américaine.

2. Pourquoi l'organisation de l'espace urbain varie-t-elle dans différentes cultures?

3. Quelle est la différence entre le mot **quartier** et le mot *neighborhood*?

4. Identifiez les commerces et les endroits publics qui ne sont pas ouverts certains jours.

5. Quels sont les endroits de Paris les plus touristiques? Montrez ces endroits sur une carte et faites un petit commentaire.

6. Quelle industrie suisse a une réputation international?

7. Quand et comment est-ce qu'on indique l'heure officielle?

 À l'écran

Que disent vos amis francophones? N'oubliez pas de regarder la vidéo!

Tous les mots

Expressions

à droite	*right, on your right*
à gauche	*on your left*
à l'angle de	*at the corner of*
à l'heure	*on time*
au centre	*at the center*
au centre-ville	*downtown*
À quelle heure?	*At what time?*
assez	*rather, quite*
Attendez!	*Wait!*
C'est pratique.	*It's convenient.*
C'est tard!	*It's late!*
C'est tôt!	*It's early!*
Comment y arriver?	*How to get there?*
de l'après-midi	*in the afternoon, PM*
du matin	*in the morning, AM*
du soir	*in the evening*
en avance	*early*
en face de	*across from*
en retard	*late*
et demi(e)	*half past the hour*
et quart	*a quarter past the hour*
jusqu'à	*until*
midi	*noon*
minuit	*midnight*
moins le quart	*a quarter before the hour*
pile	*on the dot*
Prenez!	*Take!*
Quelle heure est-il?	*What time is it?*
Tournez!	*Turn!*
tout droit	*straight ahead*
tout près (de)	*very close*
Traversez!	*Cross!*
Tu pourrais?	*Could you? (informal)*
vite	*quickly*
Vous pourriez m'aider?	*Could you help me?*

Verbes

apprendre	*to learn*
attendre	*to wait*
commander	*to order*
comprendre	*to understand*
continuer	*to continue*
entendre	*to hear*
exagérer	*to exaggerate*
fermer	*to close*
ouvrir	*to open*
perdre	*to lose*
perdre son temps	*to lose one's time*
prendre	*to take*
rencontrer	*to meet*
rendre	*to hand in, give back*
rendre visite à	*to visit someone*
rentrer	*to go home*
répondre	*to answer*
tourner	*to turn*
traverser	*to cross*
vendre	*to sell*

Noms

une antiquité	*antique*
un appartement	*apartment*
l'après-midi (m)	*afternoon*
un arrêt de bus	*bus stop*
l'aspirine (f)	*aspirin*
une avenue	*avenue*
un bâtiment	*building*
une bibliothèque	*library*
un billet	*ticket*
une boucherie	*butcher shop*
une boulangerie	*bakery*
un boulevard	*boulevard*
une boutique	*shop*
un bureau de tabac	*tobacco shop*
un café	*café*
le carrefour	*intersection*
une carte de téléphone	*phone card*
une carte postale	*postcard*
le centre-ville	*downtown*
une charcuterie	*delicatessen*
un coiffeur	*hairdresser*
un commerçant	*shopkeeper*
une demie-heure	*a half-hour*
une église	*church*
une épicerie	*grocery store*
une gare	*train station*
un gâteau	*cake*
l'heure (f)	*hour, time*
un hôpital	*hospital*
un hôtel	*hotel*
un hôtel-restaurant	*hotel with restaurant*
l'hôtel de ville	*city hall*
des installations sportives (f)	*sport facilities*
un jardin public	*public square*
un journal	*newspaper*
un légume	*vegetable*
un lycée	*high school*
un magasin	*shop*
le matin	*morning*
une minute	*minute*
une mobylette	*moped*
une montre	*watch*
un musée	*museum*
l'office de tourisme	*tourist office*
un paquet	*package*

un parc	*park*
une pâtisserie	*pastry shop*
une pharmacie	*pharmacy*
une place	*main square*
un plat tout préparé	*ready-to-serve dish*
un pont	*bridge*
la poste	*post office*
un quai	*embankment (avenue)*
un quart d'heure	*quarter of an hour;*
	15 minutes
un quartier	*neighborhood*
un rendez-vous	*appointment*
une rue	*street*
un saucisson	*dry sausage*
un scénario	*script*
le soir	*evening*
une spécialité	*specialty*
un stade	*stadium*
un supermarché	*supermarket*
un timbre	*stamp*
un trottoir	*sidewalk*
une université	*university*
la viande (de porc)	*meat (pork)*

Adjectifs

célèbre	*famous*
cher, chère	*expensive*
favori, -ite	*favorite*
fermé	*closed*
formidable	*fantastic*
frais, fraîche	*fresh*
furieux, -euse	*furious*
ouvert	*open*
possible	*possible*
pratique	*convenient*
premier, -ière	*first*
pressé	*in a hurry*
probable	*probable, likely*
public, -ique	*public*
sportif, -ive	*sportive*
typique	*typical*

5

Des gens de toutes sortes

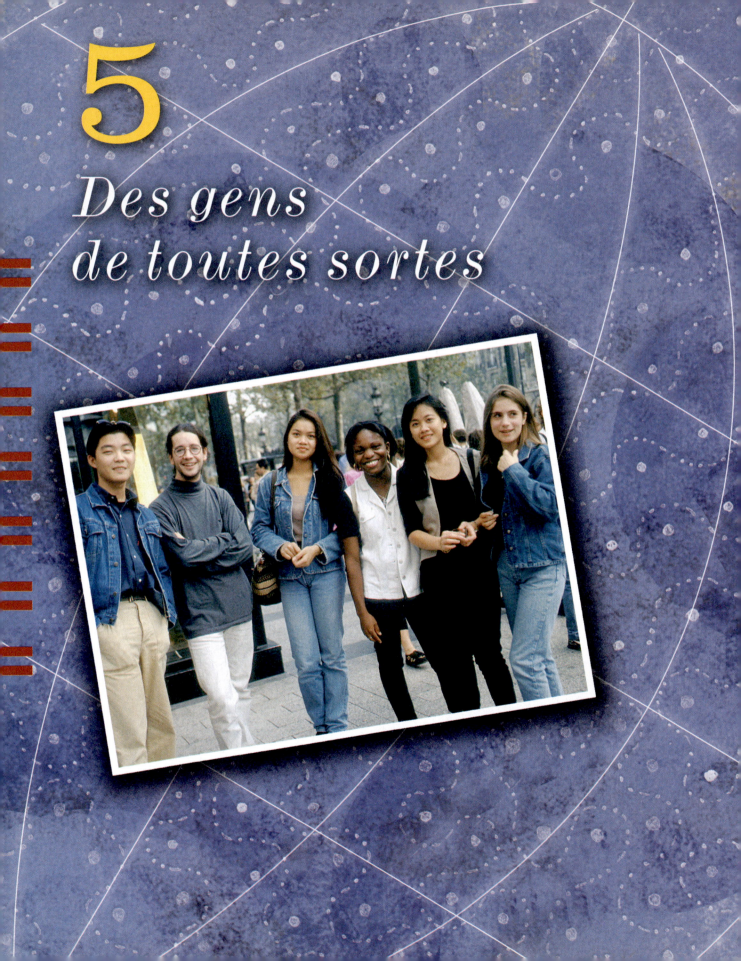

CULTURES EN PARALLÈLES

La diversité culturelle dans votre région

ÉTAPE
1

CONTEXTE Portraits

STRUCTURE Les verbes réguliers en **-ir**; les verbes comme **ouvrir**

ÉTAPE
2

CONTEXTE Personnalités diverses

STRUCTURE Adjectifs irréguliers; les pronoms toniques, **c'est** vs. il est/elle est

ÉTAPE
3

CONTEXTE Une petite biographie

STRUCTURE Le passé composé avec **avoir**

ÉTAPE
4

CONTEXTE Bienvenue aux Francofolies!

STRUCTURE Le comparatif et le superlatif de l'adjectif

CULTURES EN PARALLÈLES

Clichés, stéréotypes et diversité culturelle

DÉCOUVERTES

◀ Aujourd'hui, on a des copains de toutes sortes.

Au cœur du pays cajun en Louisiane, la culture française reste toujours bien vivante.

La diversité culturelle dans votre région

Pensez à la région où vous habitez. La population est-elle très homogène? Y a-t-il une certaine proportion de personnes de races, origines et cultures différentes? Pour identifier des évidences de la diversité culturelle, discutez en petits groupes les questions suivantes. N'oubliez pas de noter et de partager les réponses!

	jamais	parfois	souvent
1. Assistez-vous à des festivals ethniques (festival grec ou tchèque, nuit du Viêt-nam)	☐	☐	☐
2. Achetez-vous des objets ou vêtements (*clothes*) africains, indiens, mexicains, chinois?	☐	☐	☐
3. Écoutez-vous de la musique importée? (Nommez l'artiste ou le groupe.)	☐	☐	☐
4. Pratiquez-vous le yoga, le tai-chi ou le karaté? le jai alai?	☐	☐	☐
5. Avez-vous l'occasion de visiter une mosquée, un temple hindou ou bouddhiste?	☐	☐	☐
6. Regardez-vous parfois des films étrangers?	☐	☐	☐
7. Dînez-vous dans des restaurants ethniques (mexicains, français, éthiopiens, indiens, russes, vietnamiens, chinois, etc.)?	☐	☐	☐
8. Allez-vous dans des boutiques ou marchés internationaux?	☐	☐	☐

LE MOT JUSTE

Expression

avoir l'occasion (de) *to have the opportunity (to)*

Verbes

assister à *to attend*
acheter *to buy*
dîner *to dine*
discuter *to discuss*
identifier *to identify*
noter *to note*
oublier *to forget*
penser *to think*

Noms

une culture *culture*
la diversité *diversity*
un festival *festival*
un marché *market*
une mosquée *mosque*
un objet *object, thing*
une occasion *opportunity*
une origine *origin*
une proportion *proportion*
une race *race*
un temple *temple*

Adjectifs

bouddhiste *Buddhist*
chinois *Chinese*
chrétien, -enne *Christian*
culturel, -elle *cultural*
éthiopien, -enne *Ethiopian*
ethnique *ethnic*
étranger, -ère *foreign*
hindou *Hindu*
homogène *homogeneous*
importé *imported*
indien, -enne *Indian (from India)*
mexicain *Mexican*
russe *Russian*
suivant *following*
vietnamien, -enne *Vietnamese*

Quelles sont vos conclusions? Est-ce que votre groupe a peu, assez ou beaucoup d'expérience avec la diversité? Où est-ce que la majorité fait l'expérience de la diversité? Au restaurant? Au cinéma? La majorité a-t-elle des contacts avec des religions non judéo-chrétiennes?

For the Contexte, you may choose to present facial features first by showing the two labeled drawings (IRCD Images A05–01a and A05–02a), by drawing faces on the board, or by pointing to your features, beginning with the head and working your way down to the chin or neck. Then you might use the unlabeled drawings to confirm mastery (IRCD Images A05–01b and A05–02b). When you feel students are well acquainted with the parts of the face, ask them to describe another person (yourself? a student? a current celebrity?) using le mot juste expressions and giving them choices: J'ai un visage rond, carré ou ovale? J'ai les cheveux longs ou courts? etc.

CONTEXTE

Portraits

You may wish to show also the Contexte dialogue and point out the -ir verbs (IRCD Image T05–02). You may ask students to look for verbs which do not appear to fit the -er pattern they have learned (Vous et un ami choisissez des correspondants. Je ne réussis pas à distinguer la couleur. Ne réagis pas négativement!) and write them on board, explaining that indeed these verbs belong to a different group, the -ir verbs. Quickly go through a paradigm. Or you may just inform them that the Contexte contains verbs whose conjugation they have not yet seen, the -ir verbs, show the examples and go through a paradigm.

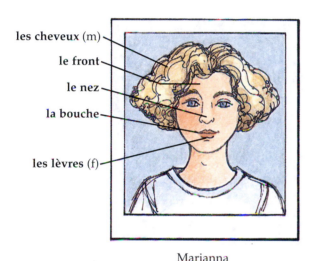

les cheveux (m)
le front
le nez
la bouche
les lèvres (f)

Marianna

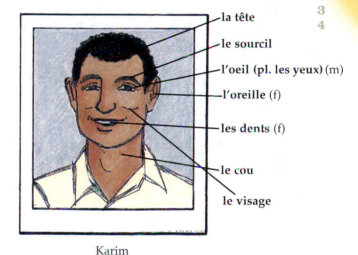

la tête
le sourcil
l'oeil (pl. les yeux) (m)
l'oreille (f)
les dents (f)
le cou
le visage

Karim

Vous et un ami désirez pratiquer votre français et vous choisissez des correspondants français sur l'Internet. Vous avez imprimé leurs photos et vous faites la description de vos nouveaux amis:

VOUS: Comment est ta correspondante? Plutôt (*rather more*) grande ou plutôt petite?

VOTRE AMI: Marianna est plutôt grande et mince, elle fait 1,68 mètre.

VOUS: Comment est son visage?

VOTRE AMI: Elle a le visage ovale, avec un joli nez et une bouche assez large.

VOUS: Et de quelle couleur sont ses yeux?

VOTRE AMI: Écoute, je ne réussis pas à distinguer la couleur de ses yeux! Bleus ou verts. Et toi, ton correspondant, il est comment?

VOUS: Karim est brun. Il a les cheveux courts et le visage rond. Il a les yeux noirs et des dents très blanches. Mais il a de grandes oreilles!

VOTRE AMI: Mais ne réagis pas négativement! Il a une tête vraiment (*really*) sympa!

You may point out the form avez imprimé. Ask students which action came first: discussing the photos or printing them? Simply add that avez imprimé is the past tense of the verb imprimer.

You may want to share with your students these rules of thumb for converting to metric measurement.

Weight: 1 kg = 2 livres = 2.20462 lb. Estimate weight in kilos by dividing weight in pounds by 2, and subtracting another 10%. Estimate weight in pounds by multiplying weight in kilos by 2 and adding 10%.

Height: 1 m is equal to about 1.1 yd., or 3.3 ft. To roughly convert meters to feet, multiply by 3 and add 10%; do the opposite to estimate feet.

Multiplying centimeters by 2.5 will get you pretty close to the inch equivalent: 1 cm = 0.3937 in. (about 3/8 in.).

Est-ce évident?

Qui sont les Français?

À travers son histoire, la France reste un grand carrefour d'invasions et d'immigrations. Beaucoup de peuples s'établissent sur son territoire:

- Neuf cent ans avant Jésus-Christ: Des Celtes arrivent en Gaule.
- Six cent ans avant Jésus-Christ: Des Grecs s'installent[1] sur les côtes méditerranéennes.
- Cent ans avant Jésus-Christ: Les Romains font la conquête[2] de la Gaule.
- Cinq cent ans après Jésus-Christ: Des Barbares arrivent de l'est: les Huns, les Vandales, les Francs, par exemple.
- Huit cent ans après Jésus-Christ: Des Arabes venus d'Espagne arrivent dans le Sud-Ouest.
- De 1850 à 1914: Des Belges et des Italiens arrivent pour travailler en France.
- De 1914 à 1939: C'est le tour des Espagnols et des Portugais.
- De 1979 à 1974: Voici les Portugais, les Maghrébins et les Africains du Sous-Sahara.

Aujourd'hui, la France est l'héritière[3] de deux millénaires de civilisations et l'identité française est riche de toutes ces cultures.

● Dans votre région, quelles cultures ont contribué en majorité à l'héritage commun?

[1] settle [2] conquer [3] heir

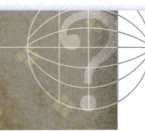

Originaire de la Guadeloupe, Micheline habite et travaille à Marseille.

LE MOT JUSTE

You might ask students whether or not France can be considered a melting pot (*Le Creuset français* by Gérard Noiriel, Seuil (Points Histoire), Paris: 1992. Ask them to justify their responses.

Expressions pour faire le portrait d'un individu

Comment est-il/elle? Grand(e), petit(e), sympa? *How is he/she? Tall, short, pleasant looking?*

Quelle est sa taille? Il/Elle fait 1,68 m. *How tall is he/she? He/she is 1.68 meters tall.*

Combien pèse-t-il/elle? Il/Elle pèse 65 kilos. *How much does he/she weigh? He/she weighs 65 kilos.*

Comment est son visage? Carré, ovale, rond? *How is his/her face? Square, oval, Round?*

De quelle couleur sont ses yeux? Bleus, verts, noirs, gris? *What color are his/her eyes? Blue, green, black, grey?*

De quelle couleur sont ses cheveux? Blonds, bruns, roux, gris, blancs? *What color is his/her hair? Blond, brown, red, grey, white?*

Il/Elle a les cheveux longs ou courts? *Does he/she have long or short hair?*

A-t-il/elle des signes particuliers (des lunettes, une moustache)? *Does he/she have any special characteristics (glasses, mustache)?*

Verbes

choisir *to choose*
désirer *to desire, to wish*
distinguer *to distinguish*
imprimer *to print*
réagir *to react*
réussir *to succeed*

Noms

un correspondant, une correspondante *pen pal*
une couleur *color*
une description *description*
des lunettes (f) *glasses*
un mètre *meter*
une moustache *mustache*
un portrait *portrait*

CONTINUED →

LE MOT JUSTE (CONTINUED)

Adjectifs		court *short*		roux, rousse *redheaded*
blanc, blanche	*white*	gris *grey*		sympa (sympathique) *attractive,*
bleu	*blue*	noir *black*		*pleasant looking*
brun	*brown/dark-haired*	ovale *oval*		vert *green*
carré	*square*	rond *round*		

À vous la parole

5–1 Pour faire un portrait. À tour de rôle (*taking turns*) avec votre partenaire, répondez aux questions ci-dessous pour faire le portrait de Karim et de Marianna.

1. Comment est-il/elle?
2. Comment est son visage? carré? ovale? rond?
3. De quelle couleur sont ses yeux? bleus? verts? noirs? gris?
4. De quelle couleur sont ses cheveux? blonds? bruns? roux? gris? blancs?
5. Est-ce qu'il/elle a les cheveux longs ou courts?
6. A-t-il/elle des signes particuliers (des lunettes, une moustache, par exemple)?

5–1 You may want to show the drawings of Marianna and Karim as students do this exercise (IRCD Images A05–01 and A05–02).

5–2 Devinettes (*Riddles*). Réunissez les parties du visage et leurs définitions.

1. Utilisés pour regarder et admirer, ils ont des couleurs très différentes.	la bouche
2. Sur la tête d'un individu, leur couleur et quantité sont variées!	les cheveux
3. Très nécessaires pour écouter de la musique, elles n'ont pas besoin d'être très grandes!	le cou
4. Elle reste toujours ouverte chez certaines personnes qui parlent trop!	les dents
5. Au dessus (*above*) des yeux, ils sont importants ou très minces.	le nez
6. Long ou court, il porte (*carries*) la tête.	les oreilles
7. Très utile pour apprécier les bonnes odeurs, mais il apporte aussi les mauvaises odeurs!	les sourcils
8. Elles sont parfois très blanches et très belles: hélas, on les perd parfois!	les yeux
9. Quand il est grand, il indique l'intelligence.	le front

5–3 Monstres! (*Monsters!*) À tour de rôle, demandez à votre partenaire de dessiner (*to draw*) un monstre. Partagez (*to share*) vos monstres avec la classe.

MODÈLE: Fais une tête carrée, un menton très rond. Un œil sur le front. Trois cheveux sur la tête: un roux, un blanc et un noir. Le monstre a une petite bouche avec de grosses lèvres. Il n'a pas de dents! Il a les oreilles de Mickey Mouse!

5–4 Portraits. Apportez en classe des photos de gens de toutes sortes. Choisissez une photo et observez bien la personne sur «votre» photo. Placez les portraits sur une table. À tour de rôle, faites la description de votre photo. Si vous êtes précis(e), vos camarades vont vous rendre «votre» photo!

5–4 You will need to bring several photos/drawings or ask students in advance to bring their own. It may also work well to collect all photos/drawings and redistribute them at random.
To get them back, students move around, describing "their" person accurately enough so their classmates are able to identify the person in question and return the photo/drawing.

STRUCTURE

Les verbes réguliers en **-ir**; les verbes comme **ouvrir**

Les verbes réguliers en **-ir**

● You have already studied two major conjugations of regular verbs, those like **parler**, whose infinitive ends in **-er**, and those like **vendre**, whose infinitive ends in **-re**. A third group of regular verbs has an infinitive ending in **-ir**; for example, **choisir** (*to choose*). To conjugate these verbs, remove the infinitive ending **-ir** to get the stem, and add the endings shown in bold type:

choisir–ir → chois-			
je	chois**is**	nous	chois**issons**
tu	chois**is**	vous	chois**issez**
il/elle/on	chois**it**	ils/elles	chois**issent**

Point out that all three singular forms have the same pronunciation and that, once again, the third-person singular and plural forms are distinguished by the final consonant [il ʃwa zi] vs. [il ʃwa zis].

● Here are some of the common **-ir** verbs:

—Those having to do with daily life:

agir	*to act*
choisir	*to choose*
finir	*to finish*
obéir à	*to obey*
réagir	*to react*
réfléchir	*to think, reflect*
réunir	*to assemble, to gather*
réussir	*to succeed*

—Those having to do with life processes:

établir (son indépendance)	*to establish (one's independence)*
grandir	*to grow (up)*
grossir	*to gain weight*
maigrir	*to slim down*
vieillir	*to age*

You may want to point out that many *-ir* verbs are derived from adjectives: *grand → grandir, vieux (vieil) → vieillir,* etc. A number of these verbs also have an English cognate ending in *-ish*: *finir/finish, établir/establish,* etc.

Vous **choisissez** des correspondants sur l'Internet.	*You choose pen pals on the Internet.*
Je ne **réussis** pas à distinguer la couleur de ses yeux!	*I am not succeeding in making out the color of her eyes!*
Ne **réagissons** pas négativement!	*Let's not react negatively!*

Les verbes en -rir, comme ouvrir

● Not all verbs whose infinitive ends in **-ir** are regular. There is a small group like **ouvrir** (*to open*) that can be thought of as the **-rir** verbs and that take **-er** verb endings in the present tense.

Verbs like *partir* will be treated in Chapitre 6.

ouvrir–ir → ouvr-			
j'	ouvr**e**	nous	ouvr**ons**
tu	ouvr**es**	vous	ouvr**ez**
il/elle/on	ouvr**e**	ils/elles	ouvr**ent**

If students think of these as *-rir* verbs, they will recognize that *souffrir, couvrir* and others belong to this same sub-category when they encounter them. This will also serve as an *aide-mémoire* for the *passé composé*, since all *-rir* verbs form their past participle in *-ert* (see p. 193).

Il **ouvre** les yeux.	*He opens his eyes.*
Nous **ouvrons** la porte.	*We open the door.*

● Because these verbs use **-er** verb endings, the **-s** is dropped from the **tu**-form of the imperative:

Ouvre la porte!   *Open the door!*

Here, the third-person singular and plural forms are distinguished by the liaison [i luvr] vs. [il zuvr].

● Other verbs like **ouvrir** are:

découvrir	*to discover*
offrir	*to offer, to give (a gift)*
On **découvre** des correspondants sur l'Internet.	*They find pen pals on the Internet.*
L'Internet n'**offre pas** les adresses personnelles des correspondants.	*The Internet does not offer pen pals' personal addresses.*

À votre tour

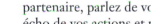 **5–5 Tant de choses à faire!** *(So many things to do!)* À tour de rôle avec votre partenaire, parlez de vous et de vos actions. Votre partenaire et ses amis sont un écho de vos actions et préoccupations.

Start with some quick drills going around the class. For example, change singular to plural: *Je choisis mes amis, nous? Tu réagis bien, vous? Karim obéit, Karim et Marianna? Aline, ouvre le livre! Aline et René?* etc.

MODÈLE: réfléchir beaucoup

         É1: Moi, je réfléchis beaucoup.

         É2: Nous aussi, nous nous réfléchissons beaucoup!

1. finir toujours les devoirs
2. obéir au prof
3. réagir vite
4. réussir en français
5. réunir souvent des amis
6. ouvrir bien les oreilles en classe
7. offrir souvent des fleurs (*flowers*)
8. découvrir des choses (*things*) nouvelles

5–6 Que faire? *(What to do?)* Quels conseils donnez-vous dans les situations suivantes?

MODÈLES: Des étudiants ne réfléchissent pas en classe.

—Réfléchissez en classe!

Une camarade grossit.

—Ne grossis pas!

1. Un(e) camarade ne finit pas les devoirs.
2. Des enfants n'obéissent pas.
3. Un(e) camarade de chambre ouvre trop souvent la bouche.
4. Un copain/Une copine réagit sans réfléchir.
5. Votre frère n'offre jamais de fleurs.
6. Des camarades ouvrent toujours la fenêtre.
7. Des étudiants réagissent toujours négativement.
8. Un(e) camarade choisit de mauvais amis.

 5–7 Prenez la parole. D'abord choisissez juste trois expressions dans la liste ci-dessous pour faire votre portrait. Puis, circulez dans la classe avec votre liste pour trouver une personne qui vous ressemble (elle partage deux caractéristiques avec vous).

MODÈLE: réagir vite / ne pas réagir vite

—Moi, je réagis vite. Et toi, Bruce, est-ce que tu réagis vite aussi?

Plus tard, partagez vos résultats:

—Moi et Bruce, nous réagissons vite et nous réunissons souvent des copains.

1. finir / ne pas finir les devoirs
2. réfléchir / ne pas réfléchir en classe
3. grossir / maigrir au moment des examens
4. obéir / ne pas obéir
5. choisir bien / mal mes copains
6. ouvrir souvent / rarement les livres de classe
7. réussir / ne pas réussir dans les études
8. ouvrir toujours / jamais les fenêtres
9. offrir des fleurs / ne pas offrir de fleurs
10. découvrir toujours / rarement de nouveaux amis

CONTEXTE

Personnalités diverses

Julien parle de ses copains… mais il parle aussi de la petite amie de son frère Henri. A votre avis, est-ce que son jugement est toujours positif?

Voici Hélène, une très bonne amie. Hélène est la première de notre classe, mais c'est aussi une fille très sportive, très compétitive. Sur cette photo, elle est sérieuse. En réalité, elle est amusante mais assez timide.

Ici, c'est mon vieil ami, Noc Phuen. C'est un artiste, un musicien très créatif. Plus tard, il va très bien réussir parce qu'il est curieux et motivé. Mais aujourd'hui, Noc Phuen est un copain très agréable: il aime plaisanter, comme moi! Parfois, Noc Phuen est un peu pessimiste et je ne comprends pas pourquoi.

Et voilà Patricia, la nouvelle copine de mon frère Henri. Cet Henri, il est fou: comment un garçon gentil comme lui a-t-il trouvé une fille aussi prétentieuse, superficielle et ennuyeuse? Non, non, je n'exagère pas! Elle est jolie, mais elle est insupportable! Et pas très loyale! Pauvre Henri! Cette fois, il a mal choisi!

You may start by showing the text of the *Contexte* (IRCD Image T05–03) and writing the four names on the board: *Hélène, Noc Phuen, Patricia, Henri.* Make two columns underneath each name (*qualité/défaut*) and assign each person to a group of students. Ask students to take turns presenting their person to the rest of the class. Ask them to indicate, in conclusion, whether the portrait tends to be rather positive or negative in tone. This approach helps students develop a fundamental reading and listening skill: drawing inferences.

LE MOT JUSTE

Expressions
à votre avis *in your opinion*
cette fois *this time*
comme moi *like me*
en réalité *in fact*
plus tard *later, in the future*

Verbe
plaisanter *to joke*

Noms
un jugement *opinion, judgment*
un petit ami / une petite amie
  boyfriend/girlfriend

Adjectifs
ambitieux, -euse *ambitious*
compétitif, -ive *competitive*
créateur, -trice *creative*
fou (fol), folle *crazy*

gentil, -ille *nice*
insupportable *unbearable*
loyal *loyal*
motivé *motivated*
pauvre *poor*
pessimiste *pessimistic*
prétentieux, -euse *pretentious*
superficiel, -elle *superficial*

Though the emphasis here is on the vocabulary, you may wish to point out that many of these adjectives have irregular feminine forms that will be presented formally in *Structure*, p. 185.

Est-ce évident?

Le caractère français

Quelle opinion est-ce que les étrangers ont sur les Français? D'après les sondages[1] auprès des étrangers[2], le Français typique a des défauts[3] certains: il est bavard[4], prétentieux, arrogant, parfois hypocrite, râleur[5] et indiscipliné. Mais il a aussi des qualités: il est fier[6], élégant, gentil, créatif et intellectuel, et il a un bon sens de l'humour. C'est aussi un bon vivant et un vrai gourmet!

Ces images sont bien sûr stéréotypées! Dans ce chapitre vous allez contraster ces stéréotypes avec l'image que les Français donnent d'eux-mêmes[7].

● Organisez un sondage rapide dans la classe et demandez à vos camarades quels sont, à leur avis, deux traits positifs et deux traits négatifs du Français typique.

[1] According to polls [2] among foreigners [3] shortcomings [4] talkative
[5] nonstop complainer [6] proud [7] image the French give of themselves

À votre tour

5–8 Qualités et défauts (*Strengths and weaknesses*). À tour de rôle avec votre partenaire, identifiez les mots qui évoquent des qualités (*strengths*) et des défauts (*shortcomings*).

MODÈLE: É1: Arrogant. C'est un défaut.

  É2: Optimiste. C'est une qualité.

> ambitieux / créateur / ennuyeuse / gentil / loyal / insupportable /
> pessimiste / timide / prétentieuse / motivé / sérieuse / sportive /
> compétitive / pauvre / superficielle

5–9 Avez-vous compris? Avec votre partenaire, identifiez qui sont les personnes du **Contexte**.

MODÈLE: É1: Une personne sportive?

  É2: Facile (*easy*)! C'est Hélène Roi!

  ou: Ce n'est pas Patricia!

1. un individu motivé
2. un individu ambitieux
3. une personne amusante
4. une personne compétitive
5. un individu créateur
6. un individu insupportable
7. une personne prétentieuse
8. un individu (un peu) fou
9. une personne superficielle
10. une personne qui aime plaisanter

5–10 Impressions. À tour de rôle, donnez votre jugement sur chaque (*each*) personne: Henri, Hélène Roi, Noc Phuen et Patricia. Justifiez votre jugement. Utilisez des adjectifs ou structures du **Contexte**, mais aussi des adjectifs déjà (*already*) étudiés. Soyez créateurs!

MODÈLE: É1: Henri est sympathique. Il n'est pas fou, mais un peu stupide; il a un problème avec sa nouvelle copine.

STRUCTURE

Adjectifs irréguliers; les pronoms toniques, c'est vs. il est/elle est

Some adjectives have irregular feminine or plural forms.

- **Féminin irrégulier:** You already learned that adjectives ending in the masculine in **-en** and **-eux** end in **-enne** and **-euse** in the feminine: tunisi**en**/tunisi**enne**, heur**eux**/heur**euse**. Now observe the following patterns, which represent groups of adjectives that have irregular feminine forms:

Remind students of the rules of regular adjective formation (see *Chapitre 2*, p. 72).

Pronounce both masculine and feminine forms and have students repeat. Point out that *gentil* follows the same written pattern as *naturel*, *artificiel*, etc., even though it is pronounced [ʒã ti] [ʒã tij] and not with the consonant [l].

masculin singulier	féminin singulier	
-c	**-che**	franc / franche (*frank*), blanc / blanche (*white*)
-er	**-ère**	cher / chère (*dear, expensive*), premier / première (*first*)
-f	**-ve**	sportif / sportive (*sporty*), actif / active (*active*), naïf / naïve (*naive*)
-l	**-lle**	gentil / gentille (*nice*), naturel / naturelle (*natural*)
-teur	**-trice**	créateur / créatrice (*creative*), conservateur / conservatrice (*conservative*)
-x	**-se**	ennuyeux / ennuyeuse (*boring*), heureux / heureuse (*happy*)

Hélène est très **sportive**, très **compétitive** et toujours **heureuse**.

Henri est gentil, mais Patricia n'est pas une fille très **gentille**.

Patricia est une fille **prétentieuse, superficielle, ennuyeuse** et pas très **franche**.

- A few adjectives have a unique feminine singular form:

faux / fausse (*false*)
favori / favorite (*favorite*)
fou / folle (*crazy*)
gros / grosse (*big, large*)
roux / rousse (*redheaded*)
public / publique (*public*)
long / longue (*long*)

Voilà une idée **folle**!　　　　*Here is a crazy idea!*

Elle est blonde, elle n'est pas **rousse**.　　*She is a blond, not a redhead.*

- The plurals of these adjectives follow the regular patterns: **-s** is added to the singular forms, except when they already end in **-s** or **-x**.

  actif**s** / active**s**, heureux / heureuse**s**, favoris / favorite**s**, etc.

- **Masculin pluriel irrégulier:** Adjectives ending in **-al** in the masculine singular end in **-aux** in the masculine plural:

  libéral / libér**aux** (*liberal*), loyal / loy**aux** (*loyal*), général, génér**aux** (*general*)

  The feminine singular and the feminine plural of these adjectives are regular: libérale**s**, loyale**s**.

  Carcassonne est une cité médié**vale**.   *Carcassonne is a medieval city.*

  Ses sœurs sont très loy**ales**.   *His/her sisters are very loyal.*

À votre tour

You may start with warm-up drills, asking the students to give the feminine or masculine form of the adjectives listed in the grammar presentation: *Il est franc, elle est…? Elle est rousse, il est…?* etc.

5–11 Bien assortis (*Well matched*). Imaginez qu'Henri a maintenant une autre copine: Indiquez qu'elle et lui sont parfaitement assortis.

MODÈLE: É1: Il n'est pas compétitif.

  É2: Elle n'est pas compétitive.

1. Il est créateur.
2. Elle est franche.
3. Il n'est pas fou.
4. Il est musicien.
5. Elle est travailleuse.
6. Il est libéral.
7. Elle est gentille.
8. Il est premier en classe.
9. Elle est sportive.
10. Il n'est pas ennuyeux.
11. Elle n'est pas conservatrice.
12. Il est un peu naïf.
13. Il est loyal et elle est loyale aussi: tous les deux sont des amis _____.

5–12 Le mauvais choix! (*Bad choice!*) À tour de rôle, expliquez pourquoi Henri a fait un très mauvais choix avec Patricia: leurs personnalités sont totalement opposées.

MODÈLE: É1: Elle est prétentieuse.

  É2: Mais lui, il n'est pas prétentieux.

  ou: Mais lui, il est gentil.

1. Elle n'est pas naturelle.
2. Il est compétitif.
3. Elle est ennuyeuse.
4. Elle n'est pas franche.
5. Elle est folle!
6. Il est optimiste.
7. Elle est prétentieuse.
8. Elle est conservatrice.

5–13 Opinions. À tour de rôle, utilisez les éléments suivants pour donner votre opinion. Mélangez (*mix*) les éléments comme vous voulez. Attention à la forme et à l'accord de l'adjectif.

MODÈLE: J'aime / les personnes / gentil

 É1: J'aime les personnes gentilles.

5–13 You may suggest that students add a second adjective of their own choosing: *gentilles et naturelles.*

Verbes	Catégories	Adjectifs
Je déteste	les personnes (f)	paresseux
Je respecte	les filles	naïf
J'apprécie	les garçons	timide
Je n'aime pas beaucoup	les professeurs	franc
	les copains	compétitif
		loyal
		un peu fou
		créateur
		ennuyeux

Les pronoms toniques

- You have already encountered most forms of the stressed pronouns (**les pronoms toniques**):

moi	*I, me*	nous	*we, us*
toi	*you, (informal, singular)*	vous	*you (formal and/or plural)*
lui	*he, him*	eux	*they, them (masculine)*
elle	*she*	elles	*they, them (feminine)*
soi	*oneself*		

- Stressed pronouns may be used for emphasis:

Moi, je suis de Bordeaux.	*As for me, I am from Bordeaux.*
Robert, lui, est de Paris.	*But Robert is from Paris.*

- Stressed pronouns may be used in sentences where there is no verb, or alone as answers to questions:

—Qui est là? Florent? Isabelle?	*Who is here? Florent? Isabelle?*
—Lui et elle aussi!	*He is and so is she!*
—Je n'aime pas les gens prétentieux.	*I dont like pretentious people.*
—Moi non plus!	*Me neither!*
—Qui aime Paul?	*Who likes Paul?*
—Pas moi!	*Not I! (I don't!)*

- Stressed pronouns are used after prepositions:

Pour moi, le prof idéal est patient.	*As for me, the ideal prof is patient.*
—Ils arrivent avec leurs enfants?	*They are coming with their children?*
—Oui, ils arrivent avec eux.	*Yes, they are coming with them.*

- Stressed pronouns are used with **c'est**:

—Ton copain, c'est Thierry?	*Your friends is Thierry?*
—Oui, c'est lui!	*Yes, that's the one!*

C'est vs. Il/Elle est

- Use **c'est** or the plural form **ce sont** before:

  —A proper noun or a pronoun:

C'est moi!	*It's me!*
C'est Hélène Roi!	*This is Hélène Roi.*
C'est Paris.	*It's Paris.*

  —A noun modified by an article or adjective:

C'est la nouvelle copine d'Henri.	*It's Henri's new girlfriend.*
Ce sont des copains.	*These are friends.*
C'est une personne dynamique.	*This is a dynamic person.*

  —An adverb:

C'est loin? Non, c'est tout près.	*Is it far? Not it's quite close.*

- Use **il/elle est, ils/elles sont** before:

  —An adjective:

Elle est naïve.	*She is naive.*
Mes voisins? **Ils** sont très gentils.	*My neighbors? They are very nice.*
Mon ordinateur? **Il** est indispensable.	*My computer? It is a necessity.*

  —An unmodified noun, such as the name of a profession:

Elles sont architectes.	*They are architects.*
Il est journaliste.	*He is a journalist.*

À votre tour

5–14 Commérages *(Grossips)*! Des camarades parlent de leurs copains. Utilisez les pronoms toniques pour transformer leurs phrases.

MODÈLE: Je discute souvent avec *des copains*.

   —Je discute souvent avec *eux*.

1. Je travaille avec *Juliette*.
2. Nous retrouvons Mélanie chez *les Martin*.
3. Tu parles mal de *Patricia*.
4. Vous pensez que c'est *Henri*?
5. Hélène est avec *Robert et Henri*?
6. Il va aller au café *avec toi et moi*?

5–15 Portraits. Pour un effet plus emphatique, soulignez le pronom sujet, dans les phrases ci-dessous.

MODÈLE: É1: J'ai les yeux bleus.

   É2: Moi, j'ai les yeux bleus.

1. Ils sont bruns.
2. Tu as les yeux verts.
3. Je suis roux.
4. Nous avons tous une moustache.
5. Elles sont un peu fortes.
6. Vous portez des lunettes.
7. Elle semble très jeune.
8. Il n'est pas très mince.

You may ask students personalized questions which they can answer with stressed pronouns: *Vous allez au café avec des copains?* etc. You may also practice the *c'est* + stressed pronoun construction, walking around the room and asking questions: *C'est Robert? Qui, c'est lui? Ce sont Anne et Caroline? Qui, …* You may also ask students to identify whom you are talking about: *L'étudiant souvent en retard, c'est Paul? La fille à côté de Marc, c'est Suzanne?* Asking students to confirm the identity of famous people in magazines is another possibility. You may also ask students to agree or disagree with statements made by yourself or by their partner: *Je suis dynamique. Pas moi! Je ne suis pas timide. Moi non plus.*

You may want to remind students that when a noun is modified, *c'est* or *ce sont* is used: *Aïcha Kahidi est dentiste.* BUT: *C'est une dentiste tunisienne.*

5–16 Qui inviter? Avec un(e) partenaire, vous discutez la liste des invités (*guests*) pour une fête. Attention aux accords!

MODÈLE: Julie Dupont / une amie / dentiste / gentil

       É1: Julie Dupont? C'est une amie. Elle est dentiste. Elle est gentille.
    ou: Elle n'est pas gentille.

Invités	Rapport	Profession	Caractéristiques
Marie Soulier	une cousine	architecte	amusant
Jean-Paul Aubain	un vieil ami	médecin	agréable
Sabine Marion	une cousine	avocate	ennuyeux
Kevin Smith	un jeune anglais	étudiant	timide
Marc et Mimi Lebrun	des amis	commerçants	loyal
Thierry et Odette	des collègues	journaliste	dynamique

5–17 Prenez la parole. À tour de rôle, identifiez une personne que (*whom*) vous admirez beaucoup (ou pas du tout). Justifiez votre choix.

MODÈLE: É1: J'admire beaucoup mon père. C'est un homme libéral. Il est juste et honnête.

En direct

Un petit service? (*A small favor?*) Listen to the instructions and identify each of the people you're to pick up at the train station by writing the number (1, 2, 3, or 4) below the person's picture.

    3   1   4   2

Audio script for *En direct:*
Allô Maurice? Ici Juliette à Agence-Vacances. Écoute, pourrais-tu me rendre un petit service? Pourrais-tu aller à la gare chercher quatre membres de notre équipe? Ils arrivent au train de 19 h 40… Bon, merci, tu es gentil. Alors écoute leur description. D'abord, il y a une petite femme rousse, aux cheveux courts, toujours très élégante. Mais elle n'a pas une tête très sympa! Et puis, attends, ah oui!… Le deuxième, c'est un grand garçon blond, toujours mal coiffé, avec de grosses lunettes. Le numéro trois, c'est un petit homme tout rond avec des sourcils très noirs et épais et une petite moustache. Et pour finir, cherche une femme assez âgée aux cheveux blancs, très mince, l'air très aimable et sympathique. Compris? Je compte sur toi?… Et encore un grand merci!

ÉTAPE

3

CONTEXTE

Une petite biographie

¹*Ville impériale, inscrite au patrimoine mondial par l'UNESCO*

Julien raconte l'histoire de son copain Noc Phuen:

Les parents de Noc Phuen ont quitté le Viêt-nam dans les années 80, après la guerre. Ils ont d'abord vendu leur maison de Hué¹ pour réunir l'argent du voyage. Puis, ils ont fait le voyage dans les conditions difficiles

Les parents de Noc Phuen ont fait leur vie à Lyon.

des «réfugiés de la mer» (*boat people*). Enfin arrivés en France, ils ont choisi d'habiter Lyon. Là le père de Noc a travaillé dans un magasin de meubles (*furniture*). Puis il a ouvert son magasin. Noc Phuen, lui, n'a pas habité le Viêt-nam. Il a toujours habité Lyon, dans mon quartier. Nous avons grandi ensemble, nous avons joué ensemble. Maintenant nous sommes de bons amis.

Est-ce évident?

De l'Indochine au Viêt-nam

En 1891, Gustave Eiffel a créé la charpente métallique de la poste centrale de Saigon (Hô Chi Minh-Ville). Son architecture rappelle les édifices de l'Exposition universelle de Paris en 1889.

Les Portugais et les Espagnols s'installent en Asie dès le XVIᵉ siècle¹. L'arrivée de missionnaires Jésuites en 1623 marque l'origine de l'influence française dans cette région. La colonisation se développe très vite parce qu'il est nécessaire de protéger les missionnaires catholiques.

En 1887 la Cochinchine, le Tonkin, l'Annam, le Cambodge et le Laos font partie de² la Confédération Indochinoise sous la domination de la France. En 1930, sous l'influence du parti communiste, une résistance active commence. En 1956 après la défaite³ de Diên Biên Phu, les Français quittent l'Indochine. Les Américains arrivent pour combattre les communistes. Ils capitulent⁴ le 7 mai 1975. Des réfugiés arrivent en masse en France en 1956, après la défaite de Diên Biên Phu, et aussi en 1978–1979, après la capitulation des Américains. Aujourd'hui 130.000 Cambodgiens, Vietnamiens et Laotiens ont trouvé leur place dans la société française. Très souvent, ils ont regroupé leur famille autour d'eux. Les plus grandes communautés vietnamiennes sont à Paris et à Lyon.

Dans la République socialiste du Viêt-nam la langue officielle est le vietnamien. Aujourd'hui on estime que 5% de la population parle français.

● Dans votre région, y a-t-il aussi des communautés vietnamiennes? Est-il possible de faire l'expérience de la culture vietnamienne?

¹as early as the 16th century   ²are a part of   ³defeat   ⁴capitulate, surrender

LE MOT JUSTE

Expressions

après *after*
d'abord *first*
dans les années 80 *in the 80s*
enfin *finally, lastly*
puis *then (in a succession)*

Verbes

quitter *to leave*
raconter *to tell*

Noms

l'argent *money*
une condition *condition, circumstance*

une histoire *story*
un meuble, des meubles *piece of furniture, furniture*
un réfugié *refugee*

Adjectif

difficile *difficult*

À votre tour

5–18 Avez-vous compris? À tour de rôle, posez les questions et donnez les réponses. Préparez-vous à partager vos réponses avec le reste de la classe.

MODÈLE: É1: Quelle est la nationalité des parents de Noc Phuen?

É2: Ils sont vietnamiens.

1. Les parents de Noc Phuen ont d'abord habité quelle ville?
2. Quand est-ce qu'ils ont vendu leur maison?
3. Pourquoi est-ce qu'ils ont vendu leur maison?
4. Dans quelles conditions est-ce qu'ils ont voyagé?
5. Où est-ce qu'ils ont choisi d'habiter en France?
6. Où est-ce que le père de Noc Phuen a travaillé?
7. Aujourd'hui qu'est-ce qu'il fait?
8. Où est ce que Noc Phuen a grandi?

5–19 Chronologie. Avec un(e) partenaire, placez les actions des parents de Noc Phuen en ordre chronologique.

MODÈLE: É1: Numéro un: acheter une maison à Hué

arriver à Lyon	ouvrir un magasin	travailler
arriver en France	quitter Hué	vendre la maison
avoir une famille	réunir l'argent du voyage	voyager en bateau

5–20 Justification. Comment est-il possible de justifier les commentaires ci-dessous? À tour de rôle, donnez votre opinion. Utilisez les suggestions ci-dessous ou votre imagination!

MODÈLE: Les parents de Noc Phuen sont très courageux.

É1: Ils choisissent un nouveau pays.

1. Les parents de Noc Phuen sont très courageux.
2. L'histoire des parents de Noc Phuen est touchante (*touching*).
3. Ce sont des personnes intéressantes.
4. Les parents de Noc Phuen ont maintenant de la chance.

apprendre le français / faire l'expérience d'une guerre / quitter leur pays / voyager dans des conditions difficiles / travailler beaucoup / vendre leur maison / ouvrir leur magasin / avoir une famille / arriver de très loin / avoir deux cultures et deux langues / avoir beaucoup de problèmes / bien réussir dans leur commerce / choisir un nouveau pays

5–18 You may think it necessary to warn the students that they will work with forms of the *passé composé*. They simply need to re-use the forms used in the questions.

After the students finished working in pairs, you may want to organize a competition between two or three groups. Who can answer your questions the fastest? (Don't forget to designate a referee or two in the classroom.)

It may be useful to show the *Contexte* as students do this exercise (IRCD Image T05–04).

STRUCTURE

Le passé composé avec **avoir**

This is a capsule introduction to these two tenses; for a full discussion see Chapitre 8.

● In talking about the past, you can describe what things were like, or you can tell what happened. In this **Étape**, you will learn how to use the *passé composé* to tell what happened. In Chapter 8 you will learn to use a different tense, called the *imparfait*, to talk about what things were like in the past.

● The *passé composé* is a compound tense formed with two elements: an auxiliary, or helping, verb + a past participle. Most French verbs use the auxiliary verb **avoir**. Although it is used to form a past-tense verb, the auxiliary verb is conjugated in the present tense.

parler			
j'ai	parlé	nous avons	parlé
tu as	parlé	vous avez	parlé
il/elle/on a	parlé	ils/elles ont	parlé

● Most past participles are regular and are formed from the infinitive as follows:

Agreement of past participles will be presented in Chapitre 9, p. 340.

infinitive	past participle ending	past participle
parl**er** –er	é	parl**é**
fin**ir** –ir	i	fin**i**
vend**re** –re	u	vend**u**

Ils ont **quitté** le Viêt-nam.	*They left Vietnam.*
Ils ont **choisi** d'habiter Lyon.	*They chose to live in Lyon.*
Ils ont **vendu** leur maison.	*They sold their house.*

● Often, irregular verbs have irregular past participles.

avoir	**eu**	j'ai **eu**
être	**été**	j'ai **été**
faire	**fait**	j'ai **fait**
prendre	**pris**	j'ai **pris**
apprendre	**appris**	j'ai **appris**
comprendre	**compris**	j'ai **compris**

Ils ont **fait** le voyage.	*They took the trip.*
Ses parents ont **eu** de la chance.	*His parents had good luck (were lucky).*

● The past participle of **-rir** verbs ends in **-ert**:

ouvrir	**ouvert**	**j'ai ouvert**
découvrir	**découvert**	**j'ai découvert**
offrir	**offert**	**j'ai offert**

Il a **ouvert** son magasin.　　　　*He opened his own shop.*

● The **passé composé** has several equivalents in English, depending on the context:

Le père de Noc Phuen **a ouvert**　　*Noc Phuen's father **opened** a store.*
un magasin.

Noc Phuen **n'a pas habité**　　*Noc Phuen **did not live** in Vietnam,*
le Viêt-nam, il **a** toujours　　*he **has** always **lived** in Lyon.*
habité Lyon.

You may wish to summarize by saying that the *passé composé* can be the equivalent of simple past (*opened*), present perfect (*has lived*) or *did* + verb (*did not live*) in questions/negatives.

● To make a verb in the *passé composé* negative, you place the two parts of the negative (**ne + pas**) around the auxiliary verb.

entendre			
je **n'ai pas**	entendu	nous **n'avons pas**	entendu
tu **n'as pas**	entendu	vous **n'avez pas**	entendu
il/elle **n'a pas**	entendu	ils/elles **n'ont pas**	entendu

● To ask a question in the *passé composé*, use either **est-ce que** or inversion. Note that the inversion occurs between the pronoun subject and the auxiliary verb:

finir			
Est-ce que j'ai	fini?	Avons-nous	fini?
As-tu	fini?	Avez-vous	fini?
A-t-il/A-t-elle	fini?	Ont-ils/Ont-elles	fini?

Remind students why the *-t-* is needed in the third-person singular form (verb ends in a vowel and subject pronoun begins with one).

Tell students that liaison is obligatory with *ont-elles/ils*.

● Note that short, common adverbs (**bien/mal, toujours/souvent, beaucoup/peu/assez**) are placed between the auxiliary and the past participle:

Il a **toujours** habité Lyon.　　*He has always lived in Lyon.*

However, adverbs of time (**aujourd'hui/hier**) and place (**ici/là**) are placed at the beginning or end of the sentence:

Nous avons grandi **ici**.　　*We grew up right here.*
Ils ont vendu la maison **hier**.　　*They sold their house yesterday.*

À votre tour

You may start with quick drill, for example asking students to transform verbs given in the present to the *passé composé: Il vend sa maison? Il a vendu sa maison. On raconte une histoire, tu comprends l'histoire, nous faisons un voyage, ils choisissent une maison, vous travaillez dans un magasin, j'ouvre un magasin, on prend l'argent de la maison, nous sommes de bons amis, vous avez des problèmes.*

You may also ask them to substitute different subjects: *On a découvert un nouveau pays; j'ai grandi ici;* or even add an adverb in the sentence: *Il a voyagé (beaucoup, peu, souvent, rarement). Nous avons réussi (bien, mal, assez bien, très mal). Ils ont réuni l'argent (vite).*

5–21 Pas de chance! *(Never any luck!)* À tour de rôle, exprimez que vous n'avez jamais eu l'expérience de vos copains ou des membres de votre famille.

MODÈLE: É1: Nos copains ont voyagé.

É2: Mais moi, je n'ai pas voyagé.

1. Mes parents ont fait des voyages.
2. Ma cousine a eu l'occasion de travailler.
3. Mon copain a joué au foot.
4. Mes camarades ont vendu leurs livres.
5. Mes frères ont eu beaucoup d'amis.
6. Ma sœur n'a pas réussi l'examen.
7. Mon père a été premier en classe.
8. Ma mère a appris une langue étrangère.
9. Mon copain n'a pas perdu son temps.
10. Mes amis ont fini les devoirs.

5–22 You may want to ask students to redo the exercise in the negative. Remind them that *un, une, des* change to *de* after negation.

5–22 Compte-rendu *(Report).* À tour de rôle, vous expliquez votre contribution au projet de votre groupe.

MODÈLE: faire du travail à la bibliothèque

É1: J'ai fait du travail à la bibliothèque.

1. utiliser des statistiques
2. découvrir des photos
3. consulter des spécialistes
4. choisir des personnes à interviewer
5. préparer des questions pour l'interview
6. rendre visite a beaucoup de personnes
7. faire du travail sur l'Internet
8. avoir des rendez-vous de travail

5–23 Une journée inhabituelle *(An unusual day).* Une copine malade *(ill)* a passé une très mauvaise journée. Vous discutez ses symptômes. Soyez logiques!

MODÈLE: É1: D'habitude, elle fait attention.

É2: Aujourd'hui, elle n'a pas fait attention.

1. D'habitude, elle fait du sport.
2. D'habitude, elle est active.
3. D'habitude, elle finit le devoir.
4. D'habitude, elle comprend la leçon.
5. D'habitude, elle parle avec ses camarades.
6. D'habitude, elle répond en classe.
7. D'habitude, elle rend ses devoirs.
8. D'habitude, elle réussit l'examen.
9. D'habitude, elle ne quitte pas la classe.

5–24 Prenez la parole. D'abord, préparez une liste de cinq questions pour découvrir le passé de vos camarades. Utilisez les suggestions ci-dessous. Puis interviewez une personne différente de votre partenaire habituel. Notez les réponses et faites une comparaison avec votre vie à vous (*your own life*).

MODÈLE: choisir une profession

É1: As-tu choisi une profession?

É2: Oui, j'ai choisi une profession.

Plus tard:

É1: Karen a choisi une profession. Moi aussi, j'ai choisi une profession.

ou: Moi, je n'ai pas choisi de profession.

1. réussir des examens
2. visiter des pays étrangers
3. apprendre des langues étrangères
4. découvrir des personnes intéressantes
5. faire des compétitions sportives
6. avoir de la chance
7. choisir une nouvelle résidence
8. visiter un quartier vietnamien
9. avoir des copains dans le quartier
10. être étudiant(e)

5–24 Have students summarize this information orally or in writing: *Carole et moi, nous avons beaucoup voyagé. Carole a visité trois pays étrangers. Moi, j'ai visité le Viêt-nam.* etc.

1 2 3 ÉTAPE 4

CONTEXTE

Bienvenue aux Francofolies!

Vous êtes francophone. Vous aimez la musique et les voyages. Alors, pourquoi ne pas aller aux **Francofolies**, ces festivals de chanson française et francophone? Choisissez votre destination: la France, le Canada, la Belgique ou la Suisse.

- Le festival de La Rochelle (France) est le plus ancien: il existe depuis (*since*) 1985. Il rassemble (*gathers*) les meilleurs artistes et les plus nouveaux.
- Où trouve-t-on plus de diversité qu'à Montréal? On trouve les plus grands noms de la chanson canadienne et beaucoup d'invités spéciaux. Par exemple, en 2002, 162 artistes sont arrivés de sept pays africains.
- Les Francofolies de Spa (Belgique) existent depuis 1994 et 50% de la programmation (*lineup*) est consacrée (*dedicated*) aux artistes belges. Dans son Village Francofou les festivaliers découvrent aussi des spectacles aussi bons et moins chers que les concerts du festival.
- En Suisse, les Francofolies sont moins grandes que les autres festivals, mais elles ont lieu à la montagne, et la ville de Nendaz offre des billets spéciaux «musique et ski».

Intéressé(e)? Alors consultez les programmes sur l'Internet et soyez, vous aussi, un «francofou» cet été!

You may want to first ask students whether or not they are familiar with some Francophone singers or groups (point out Jocelyne Beroard, lead singer of the group Kassav, whom they met in Chapitre 2). You may also mention *la vieille garde* Charles Trenet, whose song *Dans les rues de Québec* they read in Chapitre 4. Ask if they are familiar with Céline Dion? Others?

You may explain the meaning of the Francofolies (*une folie = une action gaie, insouciante*), in French and present the expression *être fou de*, "to be crazy about someone or something." *Être un francofou* would then mean "to be crazy about anything French in general," and, here, Francophone song and music. As you discuss the *Contexte*, you may wish to show it (IRCD Image T05–05).

You may also assign prior to the *Contexte* the viewing of the different Francofolies sites on the Internet (*mots clé*: Francofolies La Rochelle, Francofolies Montréal, Francofolies Belgique, Francofolies Suisse).

Est-ce évident?

En avant la musique!

Les Français écoutent et achètent plus de variétés nationales que de variétés internationales. En effet, les radios ont l'obligation de programmer 40% de chansons d'expression française, c'est-à-dire des chansons en français ou avec une grande partie en français. C'est la loi[1] Pelchat, appelée aussi la loi des quotas. 80% des auditeurs sont d'accord avec cette loi, mais seulement[2] 69% des jeunes de 18–25 ans. C'est parce qu'aujourd'hui, les jeunes Français s'intéressent aux musiques d'ailleurs[3]. Par exemple, la Canadienne Céline Dion est leur chanteuse francophone préférée.

Les Français aiment beaucoup la musique. Le 21 juin ils fêtent la musique. Ce jour-là, la Fête de la Musique, des musiciens professionnels et des musiciens amateurs jouent gratuitement[4] dans les rues et sur les places. On entend de la musique de tous genres, du classique au rock, des musiques traditionnelles à la techno.

● Et chez vous? Écoute-t-on aussi des musiques d'ailleurs? Est-ce que vous aussi, vous avez ou désirez avoir une fête de la musique?

[1]law [2]only [3]from elsewhere [4]for free

fête de la musique
21 juin 2003

LE MOT JUSTE

Expressions

aussi … que *as much … as*
être fou de *to be crazy about*
 (someone or something)
moins … que *less … than*
plus … que *more … than*

Verbes

avoir lieu *to take place*
exister *to exist*

Noms

une chanson *song*
un invité/une invitée *guest*
un festival *music festival*
un spectacle *show*

Adjectifs

cher, chère *expensive*
intéressé *interested*
meilleur *better, best*
spécial *special*

À votre tour

5–25 Ressemblances et différences. D'après le *Contexte*, quelles sont les ressemblances et différences entre les différentes Francofolies? Cochez les cases appropriées (*check the appropriate boxes*) pour indiquer quelles sont les caractéristiques des spectacles dans chaque ville.

You may wish to show the *Contexte* as students do this activity (IRCD Image T05–05).

	La Rochelle	Spa	Montréal	Nendaz
50% d'artistes du pays	☐	☐	☐	☐
Billets «ski et musique»	☐	☐	☐	☐
Le festival le plus ancien	☐	☐	☐	☐
Une programmation très diverse	☐	☐	☐	☐
Possibilité de concerts moins chers	☐	☐	☐	☐
Festival de chanson française et francophone	☐	☐	☐	☐
Mélange d'artistes célèbres et nouveaux	☐	☐	☐	☐

5–26 Quels sont vos critères? Indiquez selon (*according to*) leur importance les cinq critères les plus importants pour vous au moment d'aller à un festival musical. Puis, en petits groupes, comparez vos listes. Sont-elles très similaires?

_____ Participation d'artistes locaux

_____ Une programmation «diverse» avec des invités spéciaux

_____ La participation de supervedettes (*stars*)

_____ Des billets spéciaux combinant musique et tourisme

_____ La participation de musiciens africains

_____ La possibilité de concerts moins chers

_____ Un village «francofou» avec des boutiques et des souvenirs

5–27 Faites votre choix! En petits groupes indiquez quel festival francofou vous allez choisir et pourquoi.

MODÈLE: É1: Je choisis La Rochelle. C'est le festival le plus ancien et j'ai envie d'aller en France.

STRUCTURE

Le comparatif et le superlatif de l'adjectif

Le comparatif de l'adjectif

● In French, as in English, three kinds of comparisons of people or things are possible. Comparisons of adjectives can take these forms:

Point out that the comparative is always expressed as a phrase in French and that there is no *-er* suffix as in English.

> **plus** (*more*) + an adjective + **que** (*than*)

| Le festival de la Rochelle est **plus ancien que** le festival de Montréal. | *The La Rochelle festival is older than the Montréal festival.* |

> **moins** (*less*) + an adjective + **que** (*than*)

| Il y a des spectacles **moins chers que** les concerts du festival. | *There are some shows less expensive than the festival concerts.* |

> **aussi** (*as*) + an adjective + **que** (*as*)

| Les spectacles sont **aussi bons que** les concerts. | *The shows are as good as the concerts.* |

The adjective in a comparison, of course, always agrees in number and gender with the noun it modifies.

- The adjective **bon** (*good*) has one irregular comparative form: **bon(s)/bonne(s)** → **meilleur(s)/meilleure(s)**.

| Le festival de La Rochelle est-il **meilleur que** le festival de Spa? | *Is the La Rochelle festival better than the Spa festival?* |

However, the other comparative forms are regular:

| Les festivals de Montréal, Spa et Nendaz ne sont pas **moins bons que** le festival de La Rochelle. Ils sont **aussi bons**, mais différents. | *The Montreal, Spa, and Nendaz festivals are not less good than the La Rochelle festival. They are as good, but different.* |

- Note that the stressed pronouns are used after **que** in comparisons, if you want to use a pronoun rather than a noun.

| Mon copain est moins intéressé **que moi** par la chanson francophone. | *My friend is less interested than I am in Francophone music.* |

You may want to point out that this, too, is just like English: *as good as, not as good as* (*less good than*). *Better* is the only irregular form.

À votre tour

 5–28 Anatomie d'un groupe. En petits groupes, faites des comparaisons rapides:

MODÈLE: É1: Qui est plus patient que qui?

    É2: Paul est plus patient que Wendy.

1. Qui est plus grand que qui?
2. Qui est plus jeune que qui?
3. Qui est plus vieux que qui?
4. Qui est aussi grand que qui?
5. Qui est un meilleur athlète que qui?
6. Qui est plus enthousiaste (*enthusiastic*) que qui?
7. Qui est moins optimiste que qui?
8. Qui est moins discipliné que qui?

5–29 Vos équipes préférées (*Your favorite teams*). À partir des éléments donnés, établissez des comparaisons entre vos équipes ou groupes musicaux préférés. Utilisez **plus … que, moins … que** ou **aussi … que**. Attention à l'accord de l'adjectif!

MODÈLE: l'équipe de? / l'équipe de? (compétitif)

    É1: L'équipe des Broncos est aussi compétitive que l'équipe des Green Bay Packers.

1. les matchs de? / les matchs de? (intéressant)
2. les résultats de? / les résultats de? (bon)
3. le sport de? / le sport de? (populaire)
4. les spectateurs de? / les spectateurs de? (enthousiaste)
5. les chanteurs du groupe? / les chanteurs du groupe? (bon)
6. le Festival de? / le Festival de? (amusant)
7. les chansons de? / les chansons de? (romantique)
8. la musique de? / la musique de? (beau)
9. les concerts de? / les concerts de? (populaire)

5–29 You may suggest that students replace the question marks with names of their favorite teams, groups, or musicians, as appropriate. If students disagree on the outcome of comparisons, encourage them to restate the comparisons in the opposite way.

5–30 Photo de famille. Avec votre partenaire, comparez les membres de cette famille. Utilisez les suggestions ci-dessous ou votre imagination!

MODÈLE: É1: Rémi est un meilleur joueur de foot que Valérie.

    É2: Annie est aussi sportive que Rémi.

Vincent Monique   Serge Annie Valérie Rémi

jeune / vieux / grand / sportif / mince / sérieux / petit / bon joueur (bonne joueuse) de tennis (de foot) / blond / sympa.

5–31 Comparaisons. Faites des comparaisons entre vous et un membre de votre famille ou un(e) ami(e). Pensez à des traits de caractère et aussi à des traits physiques. Utilisez les suggestions ci-dessous ou votre imagination. Puis, partagez vos comparaisons en petits groupes.

MODÈLE: É1: Mon frère est plus sportif que moi. Mais je suis plus discipliné que lui.

grand / petit / jeune / vieux / mince / compétitif / patient / ambitieux / obstiné / dynamique / franc / curieux / créatif / gentil / timide / libéral / sportif / optimiste / fou / ouvert / conservateur

Le superlatif de l'adjectif

● The superlative expresses the idea of "the most" or "the least." It is often expressed in English by the -*est* form of the adjective: *the tallest, the shortest, the fastest, the slowest.* In French, the superlative must be expressed as an adjective phrase, using the definite article before the word **plus** or **moins**, followed by the adjective:

> **le/la/les** + **plus/moins** + adjective

Le festival de La Rochelle est **le plus ancien**.	*The La Rochelle festival is the oldest.*
On entend les artistes **les plus nouveaux**.	*One hears the newest artists.*

Note that, as in the comparative, both the article and the adjective must agree in number and gender with the noun they modify.

● The placement of the superlative corresponds to the usual placement of the adjective. Most adjectives normally follow the noun they describe, and the superlative also follows the noun. Note that in this case the definite article is repeated in the superlative construction:

C'est le festival **le plus important**.   *It is the most important music festival.*

The superlative of pre-nominal adjectives usually also precedes the noun. Note that, in this construction, it is not necessary to repeat the article:

C'est **le plus grand** festival, **la plus belle** programmation.   *It the biggest festival, the nicest lineup.*

● You have seen that the adjective **bon** always precedes the noun it describes and has an irregular pattern in the comparative. The superlative uses those same irregular forms:

bon(ne)(s):

C'est un **bon** musicien.   *He is a good musician.*

le/la/les meilleur(e)(s):

C'est **le meilleur** musicien du groupe.   *He is the best musician in the group.*

le/la/les moins bon(ne)(s):

C'est **la moins bonne** programmation.   *It is the worst lineup (the least good).*

● Note that *in* or *of* after the superlative is expressed as **de** in French.

C'est le meilleur festival **de** la saison.   *It is the best festival of the season.*

Ce sont les plus grands artistes **du** monde.   *They are the greatest artists in the world.*

You may choose to tell students that regardless of the normal position of the adjective (pre- or post-nominal), it is always acceptable to place the superlative after the noun: one can say either *la plus belle ville* or *la ville la plus belle.*

À votre tour

5–32 Les gros titres (*Newspaper headlines*). Imaginez les gros titres de la presse après le festival des Francofolies. Utilisez le superlatif.

MODÈLE: le spectacle / beau / année

  É1: Le spectacle le plus beau de l'année!

1. le festival / divers / la série
2. les chanteurs / bon / le continent
3. les spectateurs / enthousiaste / l'histoire du festival
4. les chansons / admiré / le monde francophone
5. le spectacle / original / année
6. la programmation / beau / la saison

5–33 Un peu d'exagération? Vous et votre partenaire faites partie du comité d'organisation d'un festival local. À tour de rôle, vous échangez des compliments, peut-être (*maybe*) excessifs!

MODÈLE: É1: Vous avez des idées géniales.

  É2: En fait, vous avez les idées les plus géniales!

1. Vous êtes un travailleur rapide.
2. Vous avez des bons résultats.
3. Vous avez un talent original.
4. Vous avez un grand succès.
5. Vous avez rassemblé de grands artistes.
6. Vous êtes une personne motivée.

5–34 Le plus et le moins. En petits groupes, indiquez votre musicien ou groupe préféré. Un de vos camarades n'est pas d'accord! Consultez la liste d'adjectifs si vous avez besoin d'idées.

MODÈLE: É1: Eminen est le chanteur le moins conservateur.

  É2: Mais Elvis est le chanteur le plus célèbre!

> jeune / amusant / apprécié / riche / choquant (*shocking*) / romantique / dépassé (*out of date*) / bon / mauvais / populaire / enthousiaste / sportif / respecté / détesté / important

5–35 Prenez la parole. En petits groupes, échangez des commentaires sur les meilleures et les moins bonnes choses du semestre. Si vous avez besoin d'idées, utilisez les suggestions ci-dessous.

MODÈLE: Les camarades? sympas / pas sympas

  É1: J'ai eu les camarades les plus sympas.

  ou: J'ai eu les camarades les moins sympas!

Le prof? compétent / incompétent	Les sorties? agréables / ennuyeuses
Les cours? intéressants / ennuyeux	Les expériences? originales / traditionnelles
Les copains? amusants / pénibles	Les notes? excellentes / mauvaises

En direct

Audio script for *En direct*:
Philippe Giraud parle de lui-même:

J'ai beaucoup voyagé et je voyage encore beaucoup parce que je suis journaliste. J'ai toujours été et je suis toujours curieux de tout! Je n'ai pas étudié le journalisme d'une façon formelle. Très jeune, j'ai travaillé pour un petit journal de province. Là, j'ai appris beaucoup de choses importantes. Puis j'ai eu une grande chance! La télévision m'a offert un premier petit reportage. Mais aujourd'hui, je travaille exclusivement pour le magazine *Ailleurs*.

J'ai adoré et j'adore toujours mon travail.

Aujourd'hui ou hier? Listen to the journalist Philippe Giraud as he retraces his career. Which actions took place in the past? Which actions took place in the past and are continuing in the present?

	Passé	Passé et Présent
Voyager		✔
Être curieux		✔
Travailler pour un journal de province	✔	
Apprendre des choses importantes	✔	
Avoir de la chance	✔	
Faire un reportage à la télévision	✔	
Adorer son travail!		✔

Phonétique

See Chapitre 6 for [y] and [ø], and for [y]/[u] and other important contrasts.

These lessons will be most successful if the procedure outlined in the first anno of the *Phonétique* section in Chapitre 4 (p. 165) is again followed.

You many want to contrast *elle/il est* [ɛ] with *et* [e] and remind students that *-ai-* is normally pronounced [ɛ] (see Chapitre 4, p. 165).

See [i] and [e] for how to avoid diphthongization.

Les voyelles orales, deuxième étape: Les voyelles fermées [i] ici, [e] musée, [u] vous, [o] numéro

La voyelle [i]

● The vowel [i] is very much like the vowel sound in *see*, except that in French [i] is never diphthongized to [iʲ] as it is in the English words *see, deep, beat*. Keep the jaw and lip muscles tense to avoid diphthongizing this vowel, which may be represented in writing by the letters **i, î, ï**, or **y: il, dîner, maïs, stylo**.

A. Écoutez et répétez les phrases suivantes. Attention: pas de diphtongues!

1. Voici mon ami Philippe.
2. Caroline habite à Paris.
3. Il est dix heures et demie.
4. Rachid visite Nîmes avec Yves.

La voyelle [e]

● The vowel [e] is similar to the English vowel in *day* and *eight* [eʲ], except that, like [i], it is never diphthongized. Therefore, it is necessary to keep the jaw and lip muscles tense in order to avoid diphthongization, as you did for [i]. The vowel [e] may be represented in writing by the letters **é, ez, er, ée**: d**é**sol**é**, ch**ez**, parl**ez**, parl**er**, mus**ée**. It may also be represented by the letters **es** in articles and possessive adjectives: l**es**, d**es**, m**es**, t**es**, s**es**. The conjunction **et** is also pronounced [e], as is j'**ai** (**avoir**), although this is an exception.

B. Écoutez et répétez les phrases suivantes. Attention: pas de diphtongues!

1. Je vais all**er** au cin**é**ma avec d**es** copains.
2. D**é**sol**é**, mais l'**é**picerie est ferm**ée**.
3. Bonne id**ée**! All**ez** donc au march**é**.
4. J'**ai** t**é**l**é**phon**é** du caf**é**.
5. Ren**é** a pass**é** l**es** vacances ch**ez** s**es** parents.

La voyelle [u]

● The vowel [u] is close to the English vowel in *boot, you, two* [u^w]; however, once again it is important not to diphthongize the French vowel. The vowel [u] is represented in writing by **ou, où, oû: nou**s, **où**, c**oû**ter, a**oû**t.

C. Écoutez et répétez les phrases suivantes. Attention: pas de diphtongues!

1. **Nou**s allons au L**ou**vre.
2. **Où** se tr**ou**ve le Centre Pompid**ou**? À Beaub**ou**rg.
3. On va à la b**ou**langerie t**ou**s les j**ou**rs.
4. V**ou**s êtes d'**où**?

La voyelle [o]

● The vowel [o] is close to the English vowel in *throw* and *coat* [o^w], but is never diphthongized in French. The vowel [o] is represented in writing by the letters **o, ô, au,** or **eau: no**s, dipl**ô**me, **au**x, b**eau**. Remember that **o** + pronounced consonant is usually pronounced [ɔ]: n**o**tre, b**o**nne. The most notable exception to this general rule is the combination [oz] as in **une rose, une chose.**

See Chapitre 4, p. 166 for a discussion of the vowel [ɔ].

D. Écoutez et répétez les phrases suivantes. Attention: pas de diphtongues!

1. Quel b**eau** ch**â**t**eau**!
2. Tournez à g**au**che **au** coin de la rue.
3. À B**eau**bourg il y a une exposition d'art nouv**eau**.
4. Prenez le m**é**tr**o** num**é**r**o** onze en h**au**t de la rue.
5. Quel est le num**é**r**o** de v**o**s parents **au**x États-Unis?

Clichés, stéréotypes et diversité culturelle

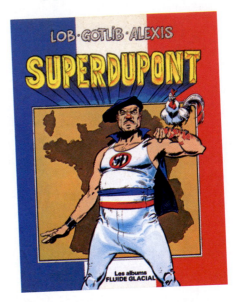

Observer

Observez l'image de Superdupont proposée par une bande dessinée (*comic strip*) populaire. Pourquoi pense-t-on que c'est «un héros 100% français»? Examinez les raisons:

- Dupont est un nom de famille très commun en France.
- Le coq (*rooster*) est le symbole de la France depuis l'antiquité romaine. À la suite d'un jeu de mots (*pun*), le terme latin «gallus» signifie à la fois **coq** et **gaulois** (*inhabitant of Gaul*).
- Le tricolore (bleu, blanc, rouge) est le drapeau (*flag*) français.
- Le béret, aujourd'hui assez rare, continue à être associé au Français typique.
- La moustache est aussi très souvent associée à l'image romantique du Français.
- La gastronomie (*art of good eating*) est un art bien français: Quel est le résultat pour Superdupont?

Réfléchir

1. Quelle est votre opinion de l'image ci-dessus? Est-elle amusante? Choquante? Dérogatoire? Bien choisie et (un peu, très) vraie? Correspond-elle totalement ou en partie à votre image des Français? Expliquez pourquoi oui ou pourquoi non.

2. Dans votre région ou pays, y a-t-il une image comparable de l'habitant typique? (Superman? the Marlboro cowboy? Ou Jérôme Bigras, le Capitaine Kébec, Onézime au Canada?) Si oui, comparez cette représentation à l'image de Superdupont. Sinon, avez-vous votre propre (*own*) image de l'habitant typique de votre région? Décrivez (ou dessinez!) votre héro.

Voyage en francophonie

Enfants réunionnais.

Cherchez des renseignements sur la population de votre pays adoptif. Est-ce une population autochtone (*native*) ou est-elle composée d'immigrés? De quelles origines? La population comprend-elle des ethnies, des religions différentes? Quelle(s) langue(s) parle-t-elle? Partagez vos découvertes (*discoveries*) avec vos camarades.

Pour trouver un modèle, allez sur le site Web de *Parallèles* pour le Chapitre 5.

DÉCOUVERTES

 À vous la parole

Histoire de votre vie

Préparez-vous à partager l'histoire de votre vie avec un petit groupe de camarades. D'abord regardez le schéma ci-dessous et prenez des notes pour préparer votre biographie. Indiquez par exemple:

- où vous avez grandi
- quelles villes vous avez habitées
- où vous avez fait vos études secondaires
- quelles villes et quels pays vous avez visité(e)s
- où vous avez travaillé
- quels sports vous avez pratiqués
- quels sports vous continuez à pratiquer
- quels genres de personnes vous aimez

Arrangez vos notes, peut-être (*maybe*) chronologiquement, faites une sélection (quatre ou cinq faits: les faits les plus intéressants, les plus originaux) et révisez ces notes. Ensuite partagez votre histoire avec un groupe de camarades.

MODÈLE: J'ai grandi à Chicago. J'ai aussi habité Denver et Atlanta. J'ai fait mes études à Atlanta. J'ai visité Washington avec mon école. J'ai travaillé chez Burger King et Subway. J'ai pratiqué le basket et le foot. Aujourd'hui je fais toujours du basket. J'aime les personnes amusantes et honnêtes.

You may want students to work in class on their presentation or you may prefer to assign the preparation phase outside of class. You may suggest that students read the *modèle* to get ideas about the length of their *histoire*.

![icon] Lecture

Kofi Yamgnane

You may want to prompt the students with a few questions: *Ils ont eu beaucoup de chance? Ils ont pris les occasions offertes? Ils ont eu l'aide de leur famille? de leurs amis? d'un étranger? Ils ont eu une bonne idée? Ils ont été travailleurs? ambitieux? Ils n'ont pas perdu courage?* etc.

Travaux d'approche Vous n'êtes probablement pas familier avec l'histoire de Kofi Yamgnane. Mais vous êtes certainement familier avec des histoires similaires, et donc vous pouvez anticiper, par analogie, son développement. En anticipant (*anticipating*) le schéma d'une histoire assez typique—un succès malgré (*in spite of*) des débuts assez humbles—vous êtes déjà familier(ère) avec votre lecture. En effet, l'histoire de Kofi Yamgnane est l'histoire typique d'individus qui ont émigré, ont bien réussi dans leur vie personnelle et ont aussi réussi à avoir une influence sur les affaires de leurs pays d'adoption. Avez-vous des exemples précis de personnes dans cette situation à partager avec vos camarades? Quelles circonstances et quelles qualités ont aidé ces gens à réussir?

Kofi Yamgnane: Un Français pas comme les autres

°*thanks to*

Grâce à° ses succès scolaires, Kofi a eu une aide financière pour continuer ses études à Lomé, la capitale, puis en France, à Brest.

Kofi a fini ses études d'ingénieur à la prestigieuse École des Mines à Paris, puis il a rencontré la jolie Anne-Marie. Après leur mariage il a pris la nationalité française et a participé à la vie politique française.

Cette histoire a commencé un jour d'octobre 1945 dans un petit village du Togo. C'était un vendredi parce que Kofi signifie «le bébé arrivé un vendredi». Et Kofi a grandi dans son village de paysans.

Un jour, sept ans plus tard, un missionnaire catholique a remarqué l'intelligence de cet enfant. Avec la permission de ses parents, Kofi a appris à lire° et à écrire° à l'école de la mission.

°*read /* °*write*

Maire de Saint-Coulitz, en Bretagne, il est député en 1983 et en 1991 Ministre de l'intégration. Sa réussite personnelle est un symbole d'intégration réussie.

Pourtant Kofi refuse d'être un symbole. Il désire rester lui-même°. Il respecte les valeurs du pays où il habite mais il n'oublie pas les valeurs de son pays d'origine. Par exemple Kofi a créé° à Saint-Coulitz un «conseil des sages» composé d'habitants du village de plus de 60 ans. Son initiative est inspirée de son village africain où le conseil des Anciens est très respecté.

M. Yamgnane a perdu son siège de député aux élections législatives de 2002. Mais il a publié un livre *Nous grandirons ensemble* (Éditions Robert Laffont, Paris, 2002), une réflexion sur les relations entre l'Afrique et l'Europe.

Kofi retourne en été dans son village togolais. Là, il partage son expertise d'ingénieur pour amener de l'eau potable° dans son village. Il aide aussi les jeunes de son village à compléter leur éducation.

Bonne chance, M. Yamgnane!

°*drinking water*
°*himself*

°*created*

Exploration

A. Dans quel ordre? Identifiez le paragraphe correspondant aux phrases ci-dessous. Puis replacez ces phrases dans l'ordre chronologique.

___3___ le départ du village natal

___7___ la carrière politique

___10___ le retour au pays natal

___5___ les études universitaires

___4___ les études dans la capitale togolaise

___8___ un exemple d'intégration réussi

___1___ la naissance et l'enfance de Kofi

___2___ l'initiative d'un missionnaire

___9___ un auteur à succès

___6___ le mariage

B. Vrai ou faux? Indiquez si les phrases suivantes sont vraies (*true*) ou fausses (*false*). Corrigez les phrases fausses en indiquant le paragraphe contenant les «vraies» informations.

1. _____VRAI_____ Kofi est allé à l'école de la mission catholique.
2. _____FAUX_____ La famille de Kofi a payé ses études à Lomé puis à Brest et Paris.
3. _____FAUX_____ Kofi a fait des études universitaires pour être professeur.
4. _____FAUX_____ Kofi ne s'intéresse pas beaucoup à la politique.
5. _____VRAI_____ Kofi se marie avec une Française.
6. _____VRAI_____ Kofi partage son héritage africain avec les habitants de son village de Bretagne.
7. _____FAUX_____ Kofi a bien réussi dans la vie politique locale mais n'a pas réussi dans la vie politique nationale.
8. _____FAUX_____ Kofi ne retourne jamais dans son village africain.
9. _____VRAI_____ Kofi commence aujourd'hui une nouvelle carrière.

Réflexion

Qu'est-ce que vous trouvez d'intéressant ou d'original dans l'histoire de Kofi? Est-ce que son histoire est en effet similaire à l'histoire d'immigrants qui ont bien réussi? Expliquez comment.

À vos stylos

Une belle histoire

Racontez l'histoire d'une personne que vous admirez.

Avant d'écrire

1. Pour stimuler votre mémoire, relisez le deuxième **Contexte** et écoutez **En direct** à la page 202 une seconde fois.
2. Choisissez une personne que vous admirez.
3. Complétez le tableau ci-dessous avec des informations essentielles.

La date de naissance (*birthdate*)	
Le lieu de naissance (*birthplace*)	
La famille: Qui sont les parents?	
Est-il/elle marié(e)? A-t-il/elle des enfants?	
Où a-t-il/elle grandi?	
La profession: Qu'est-ce qu'il/elle fait?	

4. Maintenant, réfléchissez: Pourquoi admirez-vous cette personne? C'est, par exemple, un(e) athlète superbe? C'est une personne courageuse? C'est un personnage politique passionné? C'est un individu généreux et optimiste? C'est une personne très riche? C'est un(e) artiste original(e)?

Au moment d'écrire

1. Écrivez vos deux phrases d'introduction:
   J'admire beaucoup _____. Voici son histoire.

2. Racontez l'histoire de cette personne: Transformez vos notes en phrases complètes et ajoutez des détails.

3. Pour finir, donnez une ou deux raisons de votre admiration. **J'admire _____ parce qu'il/elle …**

4. Trouvez un titre pour votre paragraphe.

5. Relisez la composition pour trouver et corriger vos erreurs. Montrez (*show*) votre devoir à un(e) camarade pour qu'il corrige vos erreurs.

Parallèles historiques

Astérix le Gaulois

En 59 avant Jésus-Christ, le général romain Jules César a fait la conquête de Gaule. Les Gaulois ont d'abord résisté, puis ils ont perdu et la Gaule est dev une province romaine. Des dessinateurs modernes ont trouvé leur inspiratio dans cet épisode historique, mais ils ont changé l'histoire et ont inventé des héros nationaux comme Astérix.

Le personnage d'Astérix est un raccourci[1] de qualités typiquement françaises. Astérix est petit, mais il remporte toujours la victoire parce qu'il est très intelligent, astucieux[2] et débrouillard[3]. Mais Astérix a aussi un secret: une force super-humaine trouvée dans la potion magique du druide[4]!

[1]short version   [2]clever, astute   [3]smart, resourceful   [4]priest in ancient Gaul

Astérix le Gaulois

 Maintenant, je sais...

 À l'écran

Qu'avez-vous appris dans ce chapitre? Comment l'avez-vous appris? Vérifiez vos connaissances sur chaque sujet et donnez des exemples précis.

1. Tous les individus ont une identité culturelle. Cette identité est le produit d'influences multiples.

2. La France est aujourd'hui «tricolore et multicolore».

3. Tous les stéréotypes propagés par les médias ne sont pas nécessairement des créations imaginaires. Il est nécessaire de les analyser, de trouver leur origine dans l'histoire et dans les traditions du pays.

4. Pourquoi y a-t-il une communauté vietnamienne en France aujourd'hui? Le Viêt-nam est-il un pays francophone? Justifiez votre opinion.

5. Qu'est-ce que la Fête de la Musique? Qu'est-ce que les Francofolies? Où ont lieu ces Francofolies?

6. Qui est **Astérix**? Qui est **Superdupont**? Quelles qualités (ou quels défauts) typiques est-ce qu'ils représentent?

7. Comment l'exemple de **Kofi Yamgnane** illustre-t-il le titre du chapitre: «Des gens de toutes sortes»?

Que disent vos amis francophones? N'oubliez pas de regarder la vidéo!

Tous les mots

Expressions

après	*after*
A-t-il/elle des signes particuliers?	*Does he/she have any special characteristics?*
aussi … que	*as much … as*
avoir l'occasion	*to have the opportunity*
à votre avis	*in your opinion*
cette fois	*this time*
Combien pèse-t-il/elle?	*How much does he/she weigh?*
comme moi	*like me*
Comment est son visage?	*How is his/her face?*
Comment est-il/elle?	*How is he/she?*
d'abord	*first*
dans les années 80	*in the 80s*
De quelle couleur sont ses cheveux?	*What color is his/her hair?*
De quelle couleur sont ses yeux?	*What color are his/her eyes?*
en réalité	*in fact*
enfin	*finally, lastly*
être fou de	*to be crazy about (someone or something)*
hier	*yesterday*
Il/Elle a les cheveux longs ou courts?	*Does he/she have long or short hair?*
Il/Elle fait 1,68 m.	*He/She is 1.68 meters (67.2 inches) tall.*
moins … que	*less … than*
plus … que	*more … than*
plus tard	*later, in the future*
puis	*then (in a succession)*
Quelle est sa taille?	*How tall is he/she?*

Verbes

acheter	*to buy*
agir	*to act*
assister à	*to attend*
avoir lieu	*to take place*
choisir	*to choose*
découvrir	*to discover*
désirer	*to desire, to wish*
dîner	*to dine*
discuter	*to discuss*
distinguer	*to distinguish*
établir (son indépendance)	*to establish (one's independence)*
exister	*to exist*
finir	*to finish*
grandir	*to grow (up)*
grossir	*to gain weight*
identifier	*to identify*
imprimer	*to print*
maigrir	*to slim down*
noter	*to note*
obéir	*to obey*
offrir	*to offer, to give (a gift)*
oublier	*to forget*
penser	*to think*
plaisanter	*to joke*
quitter	*to leave*
raconter	*to tell*
réagir	*to react*
réfléchir	*to think, reflect*
réunir	*to assemble, to gather*
réussir	*to succeed*
vieillir	*to age*

Noms

l'argent	*money*
une chanson	*song*
une condition	*condition, circumstance*
un correspondant/ une correspondante	*pen pal*
une culture	*culture*
une description	*description*
la diversité	*diversity*
un festival	*festival*
une histoire	*story*
un invité/une invitée	*guest*
un jugement	*opinion, judgment*
des lunettes (f)	*glasses*
un marché	*market*
un mètre	*meter*
un meuble, des meubles	*piece of furniture, furniture*
une mosquée	*mosque*
une moustache	*mustache*
un objet	*object, thing*
une occasion	*opportunity*
une origine	*origin*
un petit ami/ une petite amie	*boyfriend/girlfriend*
un portrait	*portrait*
une programmation	*program, lineup*
une proportion	*proportion*
une race	*race*
un réfugié	*refugee*
un spectacle	*show*
un temple	*temple*

La tête · (head)

la bouche	*mouth*
les cheveux (m)	*hair*
le cou	*neck*
les dents (f)	*teeth*
le front	*forehead*
les lèvres (f)	*lips*
le nez	*nose*
l'œil, les yeux (m)	*eye, eyes*
l'oreille (f)	*ear*
le sourcil	*eyebrow*
le visage	*face*

Adjectifs

actif, -ive	*active*
ambitieux, -euse	*ambitious*
bouddhiste	*Buddhist*
carré	*square*
cher, chère	*dear, expensive*
chinois	*Chinese*
chrétien, -enne	*Christian*
compétitif, -ive	*competitive*
conservateur, -trice	*conservative*
court	*short*
créateur, -trice	*creative*
culturel, -elle	*cultural*
difficile	*difficult*
éthiopien, -enne	*Ethiopian*
ethnique	*ethnic*
étranger, -ère	*foreign*
faux, fausse	*false*
favori, -ite	*favorite*
fou (fol), folle	*crazy*
franc, franche	*frank*
général	*general*
gentil, gentille	*nice*

gros, grosse	*big, large*
heureux, -euse	*happy*
hindou	*Hindu*
homogène	*homogeneous*
importé	*imported*
indien, -enne	*Indian (from India)*
insupportable	*unbearable*
intéressé	*interested*
libéral	*liberal*
loyal	*loyal*
meilleur	*better, best*
mexicain	*Mexican*
motivé	*motivated*
naïf, naïve	*naive*
naturel, -elle	*natural*
ovale	*oval*
pauvre	*poor*
pessimiste	*pessimistic*
prétentieux, -euse	*pretentious*
rond	*round*
roux, rousse	*red headed*
russe	*Russian*
spécial	*special*
suivant	*following*
superficiel, -elle	*superficial*
sympa (sympathique)	*attractive, pleasant-looking*
vietnamien, -enne	*Vietnamese*

Les couleurs (f) · (colors)

blanc, blanche	*white*
bleu	*blue*
brun	*brown, dark-haired*
gris	*grey*
noir	*black*
vert	*green*

6

Chez soi

◁ La maison de Monet à Giverny est connue dans le monde entier.

Une banlieue résidentielle

Immeubles d'habitations

L'endroit où on habite

D'abord, complétez les phrases suivantes au sujet de (*about*) l'endroit où vous habitez avec votre famille.

1. Dans les grandes villes de ma région, la majorité des familles habite

   _____ un appartement dans un immeuble.

   _____ une maison individuelle.

2. En général, les maisons individuelles sont

   _____ ouvertes sur la rue.

   _____ isolées de la rue par une barrière ou un mur.

3. Entre la rue et la maison, il y a le plus souvent un espace

   _____ ouvert (par exemple, un beau gazon vert).

   _____ fermé (par exemple, un jardin derrière un mur, souvent assez formel).

4. Sur la façade principale, il y a le plus souvent

   _____ une grande fenêtre.

   _____ beaucoup de petites fenêtres.

   _____ des volets fonctionnels ou décoratifs.

5. À l'intérieur des maisons ou des appartements,

_____ l'espace est le plus souvent ouvert.

_____ l'espace est divisé par des portes.

_____ les pièces sont divisées plutôt par leur fonction (ici on fait la cuisine, là on regarde la télé) que par des portes.

Maintenant, partagez vos réponses en petits groupes. Quelles sont vos conclusions? Une majorité de familles habite-t-elle une maison individuelle ou un appartement? À votre avis, est-ce qu'une majorité de familles semble (*seem*) préférer défendre ou partager son espace privé? Donnez des preuves (*proof*) (présence ou absence de murs ou barrières, larges fenêtres ouvertes sur la rue, volets, portes entre chaque (*each*) pièce, etc.).

You may want to suggest that students make two lists underneath the heads *défendre son espace personnel (barrrières, mur, isolé, fermé, volets, portes)* and *partager son espace personnel (ouvert sur la rue, grande fenêtre, espace ouvert)*. Point out that although these two reactions might reflect personal preferences, they are also indicative of a society's attitudes.

LE MOT JUSTE

Expressions	**Noms**	**Adjectifs**
à l'intérieur de *inside*	une barrière *fence, barrier*	décoratif, -ive *decorative*
chez soi *at home*	un espace *space*	divisé *divided*
entre *between*	une façade *facade*	fonctionnel, -elle *functional*
faire la cuisine *to cook*	une fonction *function, role*	formel, -elle *formal*
plutôt … que *rather … than*	un gazon *lawn*	individuel, -elle *individual*
	un immeuble *apartment building*	isolé *isolated*
Verbe	un jardin *yard, garden*	privé *private*
défendre *to defend*	un mur *wall*	
	une pièce *room*	
	un volet *shutter*	

Trace the Rollins' tour of their house, showing IRCD Images A06–01 and A06–02. You may also want to show the text of their tour (IRCD Image T06–02). Take your time, repeat each sentence, adding personal comments and/or asking yes/no questions, trying to include the students as much as possible. Attention: The focus at this point is on understanding, not on production!

CONTEXTE

Les Rollin et leur maison

Pierre Rollin, 42 ans, ingénieur commercial, et sa femme Dominique, 42 ans, secrétaire, montrent à des amis leur nouvelle maison, dans la banlieue parisienne.

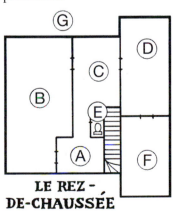

Le rez de chaussée
A. le hall d'entrée
B. le séjour
C. la salle à manger
D. la cuisine
E. les W.-C. (m)
F. le garage
G. le jardin

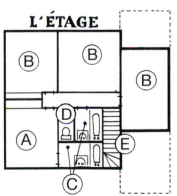

L'étage
A. la chambre des parents
B. une chambre d'enfants
C. la salle de bains
D. les W.-C. (m)
E. l'escalier (m)

Au rez-de-chaussée

DOMINIQUE (*elle montre le hall d'entrée*): L'escalier monte dans les chambres. Le séjour est à gauche en entrant (*upon entering*), et pour aller dans la salle à manger c'est tout droit, juste après les W.-C.

PIERRE: Le séjour est très grand et très clair. Cette pièce communique avec la salle à manger. On sort directement dans le jardin par deux portes-fenêtres.

DOMINIQUE: La cuisine est un peu petite, mais il y a beaucoup de placards.

Au premier étage

DOMINIQUE: En haut de l'escalier et au bout du couloir, c'est notre chambre, avec une salle de bains à nous. Notre chambre ouvre sur la rue. Cette rue est très calme et nous dormons bien. Les enfants aussi ont leur salle de bains, avec un lavabo, une baignoire et une douche. Il y a un second W.-C. à l'étage.

PIERRE (*il montre le garage*): Moi, je suis très content d'avoir un garage pour ma voiture.

DOMINIQUE (*elle parle de son jardin*): Et moi, je suis heureuse d'avoir enfin un petit jardin. Bien sûr, les fenêtres des voisins sont un peu près, mais nous avons planté des arbres. Espérons qu'ils vont pousser (*grow*) très vite!

You may want to explain that the ground floor is never referred to as le premier étage *but as* le rez-de-chaussée *and that therefore what Americans call the second floor is* le premier étage.

You may want to quote from Raymonde Carroll's Cultural Misunderstandings, the French-American Experience *(The University of Chicago Press, 1988). "In America … space substitutes for walls, railings, or fences, sometimes replaced by bushes or trees. … We can therefore understand an American's surprise when faced with the walls, gates, shutters, and drawn curtains … as well as the uneasiness of a French person before these 'open' American houses" (p. 14).*

Est-ce évident?

Propriété privée, défense d'entrer

Les Français protègent[2] leur intimité[3]. Les fenêtres ont toujours des rideaux[4]. Et le soir, on ferme les volets pour être «chez soi». Les jardins sont le plus souvent fermés par des barrières, avec une porte solide. Des plantes et des arbustes ou des arbres isolent[5] la maison et ses habitants. Souvent un gros chien garde la maison. Mais n'ayez pas peur[6]! Le besoin de protéger son intimité est plus important que le besoin d'assurer sa sécurité. Le gros chien n'est pas toujours méchant[7]!

[1]Beware of dog [2]protect [3]privacy [4]curtains [5]isolate [6]don't be scared [7]mean

La banlieue

La banlieue n'est pas un terme neutre. La banlieue résidentielle, chic et chère, correspond aux *suburbs* en Amérique du Nord: maisons particulières[1], pelouses[2] vertes et barrières blanches, etc. Mais la banlieue c'est aussi *the projects*, un grand nombre de logements bon marché[3], souvent avec de grandes tours d'habitation (regardez l'illustration p. 214). La banlieue c'est aussi les quartiers autour des grandes villes avec des usines et des entrepôts[4]. Les Rollin sont une famille de la classe moyenne[5] et leur banlieue, dans les environs de Paris, est un endroit agréable.

● Et chez vous? Quels types de banlieue trouve-t-on autour de votre ville? Y a-t-il des banlieues similaires à la banlieue des Rollin?

[1]private [2]lawns [3]cheap [4]factories and warehouses [5]middle class

LE MOT JUSTE

Expressions

au bout de   *at the end of*
au premier étage   *on the second floor*
au rez-de-chaussée   *on the ground floor*
en haut de   *at the top of*
pour   *for; in order to*

Verbes

communiquer   *to communicate; to connect with*
dormir   *to sleep*
monter   *to climb (to go upstairs)*
montrer   *to show*
sortir   *to go out*

Noms

un arbre   *tree*
une baignoire   *bathtub*
la banlieue   *suburbia*
une chambre   *bedroom*
un couloir   *hallway*
une cuisine   *kitchen*
une douche   *shower*
un escalier   *stairs*
un étage   *floor*
un garage   *garage*
un hall d'entrée   *entrance hall*
un lavabo   *sink*
un placard   *closet*
une porte-fenêtre   *patio door*

un séjour (ou une salle de séjour)   *living room*
une salle à manger   *dining room*
une salle de bains   *bathroom*
un voisin   *neighbor*
une voiture   *car*
les W.-C.   *toilets*

Adjectifs

clair   *light*
content   *happy, satisfied*

À votre tour

6–1 Pièces utiles. Lisez seulement (*only*) les mots qui illustrent **les pièces** d'une maison:

l'escalier, le séjour, les W.-C., la chambre, la cuisine, les placards, la baignoire, le hall d'entrée, le jardin, la salle de bains, l'étage, la salle à manger

6–2 Avez-vous compris? À tour de rôle, lisez les phrases suivantes et indiquez si elles sont vraies ou fausses. Corrigez les phrases qui sont fausses.

MODÈLE: É1: Le séjour ouvre sur la rue.

　　　　　É2: C'est faux! Le séjour ouvre sur le jardin.

1. Il n'y a pas de hall d'entrée.
2. Il y a une chambre au rez-de-chaussée.
3. L'escalier ouvre sur la salle à manger.
4. Le séjour est une grande pièce très claire.
5. La famille dîne dans la salle de séjour.
6. La chambre des parents donne sur la rue.
7. La cuisine est très grande, avec beaucoup de placards.
8. Il y a une salle de bains mais deux W.-C.
9. Pierre est content parce qu'il a un garage.
10. De grands arbres isolent la maison des voisins.

Before starting you may want to show the floor plans of the Rollins' house and review the basic vocabulary, either asking questions (*A, c'est l'entrée ou la chambre?*) or prompting guesses (*D, c'est la pièce où on prépare les repas. Comment s'appelle cette pièce?*) (IRCD Images A06–01 and A06–02). You could also do this review using visuals pulled from magazines.

6–2 You may want to show the floor plans for the class to refer to (IRCD Images A06–01 and A06–02).

6–3 Définitions. À tour de rôle, indiquez quelle pièce ou partie de la maison correspond à la définition donnée.

> la chambre des parents / le couloir / la cuisine / le garage / le hall d'entrée / le jardin / la salle à manger / la salle de bains / le séjour / les W.-C.

MODÈLE: É1: Il y a des plantes et des arbres.
É2: C'est le jardin!

1. Cette pièce est au premier étage et au bout du couloir.
2. Les visiteurs entrent dans cette pièce, grande et claire.
3. Cette pièce communique avec le séjour et la cuisine.
4. Il y a beaucoup de placards.
5. Là on trouve baignoire, lavabo et douche.
6. C'est réservé à la voiture de Pierre.
7. Il y a deux portes-fenêtres dans cette pièce.
8. L'escalier monte directement depuis cette pièce.
9. Les fenêtres des voisins ouvrent sur cette partie.
10. Les parents dorment bien là, parce que la rue est très calme.

6–4 Et chez vous? Comment est votre logement familial? Dessinez (*draw*) le plan de votre appartement ou maison, puis préparez une petite description. Il y a combien de pièces? Sont-elles grandes ou petites? Y a-t-il des placards? Dans quelle pièce? La salle de bains a-t-elle une baignoire ou une douche? Est-ce qu'il y a un jardin? Est-ce que le quartier est calme? Maintenant, partagez votre description avec les membres de votre groupe.

STRUCTURE

Les verbes **partir, sortir, dormir**

The verbs **partir** (*to leave*), **sortir** (*to exit, go out*), and **dormir** (*to sleep*) have an **-ir** ending but are not regular **-ir** verbs.

partir			
je	par**s**	nous	part**ons**
tu	par**s**	vous	part**ez**
il/elle/on	par**t**	ils/elles	part**ent**

sortir			
je	sor**s**	nous	sort**ons**
tu	sor**s**	vous	sort**ez**
il/elle/on	sor**t**	ils/elles	sort**ent**

Point out that all singular forms are pronounced the same. Model pronunciation and have students repeat; stress once again the third-person singular and plural forms: [il par] vs. [il part], [il sɔr] vs. [il sɔrt].

- Although both **partir** and **sortir** can mean *to leave*, they cannot be used interchangeably. **Partir** is the opposite of the verb **arriver**:

Quand **pars**-tu? Je **pars** demain.	*When are you leaving (going away)?* *I leave tomorrow.*
Ils **partent** habiter en banlieue?	*Are they leaving to live in the suburbs?*

- In contrast, **sortir** means *to exit from* a building or place (the opposite of **entrer**), or *to go out with* someone, *to go out* on social occasions (to a party, to a restaurant, etc.).

On **sort** du séjour sur le jardin.	*You go out from the living room into the garden.*
Les enfants **sortent** de l'école vers 4 h.	*The children get out of school about 4 P.M.*
Tu **sors** souvent le samedi soir?	*Do you often go out on Saturday night?*

dormir			
je	dor**s**	nous	dorm**ons**
tu	dor**s**	vous	dorm**ez**
il/elle/on	dor**t**	ils/elles	dorm**ent**

Nous **dormons** bien.	*We sleep well.*
D'habitude on **dort** tard le samedi.	*We usually sleep late on Saturdays.*

You may wish to distinguish between the verb *partir*, which may be used alone, and the verb *quitter*, which must always be immediately followed by a place or place name: *J'ai quitté la maison à 3 h, je suis parti(e) seul(e).* In other words, *partir*—like *sortir*—can never take a direct object and *quitter* can't be used without one.

Point out that what characterizes this group of verbs is that the stem consonant of the infinitive always appears in the plural forms. This will help when they learn *mentir, servir,* etc. in other chapters. Once again, the final consonant distinguishes the third-person plural from the singular: [il dɔr] vs. [il dɔrm].

À votre tour

6–5 Copies conformes! Vous parlez de vos habitudes et vous découvrez que vos camarades partagent les mêmes habitudes.

MODÈLE: É1: Je dors tard le samedi.

É2: Nous aussi, nous dormons tard le samedi.

1. Je sors le week-end.
2. Je ne dors pas assez.
3. Je ne pars pas souvent en vacances.
4. Je pars du bureau assez tard.
5. Je dors parfois au labo.
6. Je ne sors pas en semaine (*during the week*).
7. Je dors mal.
8. Je pars toujours en avance pour un rendez-vous.

You may want to do a few warm-up drills by asking students to provide the correct form for new subjects. You may want to use several examples—*je dors bien, tu sors souvent, il part demain.*

6–6 Cultural reminder: School in France is not in session on Wednesdays for most elementary and middle schools.

6–6 Des journées chargées. Complétez les phrases pour décrire les activités de la famille Rollin.

MODÈLE: (partir) Pierre _____ tôt le matin.

—Pierre part tôt le matin.

1. (partir) Les enfants ne _____ pas pour l'école avant (*before*) 8 h 30.
2. (sortir) Ma grande fille _____ du lycée à 4 h de l'après-midi, mais la plus jeune ne _____ pas avant 5 h.
3. (dormir) Les filles _____ toujours tard le mercredi matin, parce qu'elles ne vont pas en classe.
4. (partir) Moi, je ne _____ jamais tard, parce que je préfère commencer ma journée très tôt.
5. (partir) Je _____ pour mon travail un peu avant 9 h.
6. (sortir) Le soir, je _____ généralement du bureau vers (*toward*) 6 h.
7. (sortir) Mon mari et moi, nous _____ souvent avec des amis le samedi soir.
8. (sortir) Mais chez nous, on ne _____ pas souvent en semaine.
9. (dormir) Toute la famille _____ tard le dimanche matin.

6–7 You may wish to ask for the results of these conversations to elicit other forms: *Dans ce groupe, vous dormez tard le week-end? Bien sûr, nous dormons tard le week-end.*

6–7 Routine et habitudes. Formez des questions avec les éléments donnés. Puis choisissez deux ou trois questions et circulez dans la classe pour interroger vos camarades. Notez leurs réponses et partagez-les en petits groupes.

MODÈLES: est-ce que / dormir / tard le matin?

É1: Est-ce que tu dors tard le matin?

É2: Oui, je dors tard le matin.

Plus tard: É1: Phil et Susan ne dorment pas tard le matin, mais Matt dort tard le matin.

1. à quelle heure / est-ce que / partir / pour l'université?
2. à quelle heure / est-ce que / sortir de cours / d'habitude?
3. quel jour / est-ce que / dormir / tard?
4. est-ce que / sortir / souvent?
5. est-ce que / sortir / souvent en semaine?
6. est-ce que / partir en vacances / avec des copains ou avec la famille?

6–8 Prenez la parole. Avec un partenaire, préparez et jouez un mini-dialogue pour discuter vos projets du week-end. Utilisez les suggestions ci-dessous ou votre imagination! Soyez prêt(es) à jouer votre dialogue devant vos camarades.

Demandez à votre partenaire:

1. s'il/si elle part ou reste sur le campus/en ville. Pourquoi?
2. s'il/si elle sort vendredi et/ou samedi soir. Avec qui? Où? Au cinéma? À une fête? Au théâtre? Au concert? Au café? Dans une discothèque?
3. s'il/si elle dort tard samedi et dimanche matin. Pourquoi ou pourquoi pas?

CONTEXTE

Un appartement à Liège

Caroline Janssen parle de l'appartement qu'elle partage avec son mari Henri:

> Henri et moi, nous venons d'emménager dans un nouvel appartement. C'est dans un immeuble du centre-ville. L'immeuble est ancien mais je tiens au confort moderne: chauffage central (*central heating*), ascenseur, lave-vaisselle, par exemple.
>
> Nous avons un deux-pièces-cuisine au quatrième étage. Je travaille au centre-ville et je vais au bureau à pied. Henri prend le bus pour aller à l'école de médecine. Et parce que nous aimons sortir, nous sommes contents d'être près des restaurants, théâtres et cinémas. Que pensez-vous de notre appartement?

1
ÉTAPE
2
3
4

As you present the *Contexte*, you may want to show the text and the drawing of furnishings (IRCD Images T06–03 and A06–04). Begin by focusing students' attention on the word *immeuble*. Contrast *un immeuble/une maison: Caroline Janssen n'habite pas une maison, elle habite un appartement dans un immeuble. Qui, ici, habite un immeuble? Qui, ici, partage une maison, un appartement, une chambre?* Then discuss the size of the apartment, *un deux-pièces-cuisine* (in French real estate jargon, kitchen and bath do not count as rooms). Ask students to identify the *deux pièces*. You may present the living-room furniture by giving a choice, so students have an opportunity to hear and repeat the new words: *Ici c'est une lampe ou un fauteuil?* In doing so, you may also want to review the prepositions: *À côté de la lampe, il y a un bureau ou un canapé?* Do the same with the kitchen appliances. When students have been sufficiently exposed to the new vocabulary, read or speak the *Contexte*, asking them to mark the *Avez-vous compris?* statements true or false before doing the exercise with a partner.

La chambre
1. une armoire
2. une commode
3. un lit

Le séjour
4. un canapé
5. une chaîne stéréo
6. un lecteur DVD
7. un fauteuil
8. une lampe
9. une table basse
10. un tapis
11. un tableau

La cuisine
12. un frigo
13. un congélateur
14. une cuisinière
15. un four à micro-ondes
16. un lave-linge
17. un lave-vaissele

Est-ce évident?

La Belgique en bref

La Belgique est à la fois[1] un pays très ancien et très jeune. Le général romain, Jules César, a mentionné les Belges dans son livre sur la guerre des Gaules. La Belgique moderne, une monarchie parlementaire, existe depuis[2] 1830. Son roi[3] est Albert II. Bruxelles, sa capitale, est aussi la capitale économique de l'Union Européenne (UE). Bruxelles est aussi le siège de l'Organisation du Traité de l'Atlantique Nord (OTAN).

Dans ce petit etat, il y a trois langues officielles: le français, le néerlandais ou flamand[4], et l'allemand[5]. La communauté française de Belgique occupe le sud du pays; on appelle cette région francophone la Wallonie. Sur une population de 10 millions d'habitants, les 4 millions de francophones sont une minorité linguistique et culturelle.

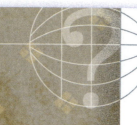

La ville de Liège (Belgique)

- Visitez le site Web de Liège sur l'Internet et découvrez cette belle ville sur la Meuse et son université, héritière[6] d'une longue tradition intellectuelle.

[1]both   [2]since   [3]king   [4]Dutch or Flemish   [5]German   [6]heir

Petits détails importants!

- Dans beaucoup de pays européens, le rez-de-chaussée est l'équivalent de notre *first floor*. Donc, quel est l'équivalent de l'expression *second floor*?

- Aux États-Unis on compte les chambres pour faire la description d'un appartement ou d'une maison. En France, on parle plus généralement de «pièces». Quelles sont à votre avis les deux pièces d'un «deux-pièces-cuisine»?

- Les ressources en énergie sont limitées en Europe. Les appareils ménagers[1] doivent[2] consommer un minimum d'énergie. Le lave-vaisselle et le lave-linge sont très communs. Mais le séchoir à linge[3] est plus rare. À votre avis, pourquoi?

- La décoration intérieure d'un logement européen comprend très souvent un mélange[4] de meubles anciens (authentiques ou copies) et modernes. À votre avis, pourquoi?

[1]appliances   [2]must   [3]dryer   [4]mix

Answers to questions in *Petits détails importants!*
- *premier étage*
- *un séjour et une chambre*
- Clothes dryers are still seen as energy guzzlers and the mild weather often permits drying of the laundry outside. Also, much ingenuity can be seen in the design of indoor drying racks.

- There is of course a bigger supply of antiques in Europe, and with luck and dedication it is still possible to find in *marchés aux puces* or *brocante* old and unusual furnishings. Mixing modern and antique (often inherited) furniture and objects is often the rule.

LE MOT JUSTE

Expressions	**Verbe**	le confort *comfort*
Je tiens à (+ infinitif) *I am keen on; I insist on …*	emménager *to move in*	un deux-pièces-cuisine *one-bedroom apartment*
Je viens de (+ infinitif) *I have just …*	**Noms**	un immeuble *apartment building*
	un ascenseur *elevator*	

À votre tour

6–9 Avez-vous compris? À tour de rôle, indiquez si les phrases suivantes sont vraies ou fausses. Corrigez les phrases qui sont fausses.

6–9 You may want to show the text and drawing of furnishings from the *Contexte* for reference by the class (IRCD Images T06–03 and A06–04).

MODÈLE: É1: Le lave-linge va dans la chambre.

É2: C'est faux! Le lave-linge va dans la salle de bains ou la cuisine.

1. Un immeuble moderne a parfois dix étages.
2. L'appartement de Caroline est un trois-pièces-cuisine.
3. Son immeuble n'a pas d'ascenseur.
4. Pour aller travailler, Caroline prend le métro.
5. Caroline déteste sortir.
6. Pour Caroline et Henri, habiter le centre-ville est un avantage.
7. L'appartement des Janssen n'a pas le confort moderne.
8. La cuisine n'a pas de lave-vaisselle.
9. L'appartement est au quatrième étage.
10. Caroline et Henri n'ont pas de meubles dans l'appartement.

6–10 Inventaire. Vous venez d'emménager. Indiquez à votre partenaire quels meubles ou quels appareils ménagers (*appliances*) vont dans quelle pièce: la cuisine, le séjour, la salle à manger, la chambre.

MODÈLE: le fauteuil

É1: Où va le fauteuil?

É2: Le fauteuil va dans le séjour.

> des chaises / le canapé / le frigo / le fauteuil / le (four) micro-ondes / le lit / la table basse / le lecteur DVD / le tableau / le tapis / le buffet / l'armoire / la chaîne stéréo / la commode / la cuisinière / la lampe / la table

6–11 Point out that air conditioning is usually reserved for stores and offices. It is rarely needed in most parts of France. You may want to put on the board a list of the first four or five items considered indispensable by your group. You may also continue the exercise by asking students to eliminate the things they can live without.

6–11 En ordre d'importance. À votre avis quels sont les éléments les plus importants pour votre confort? Travaillez individuellement, puis comparez vos listes.

MODÈLE:

Indispensables	Très pratiques	Vrais luxes
un frigo une chaîne stéréo etc.	un ascenseur	un lave-vaisselle

Plus tard: É1: Mark n'a pas besoin de lave-vaisselle. Mais, pour lui, une chaîne stéréo et un frigo sont indispensables, et un ascenseur est très pratique.

STRUCTURE

Le verbe **venir**; le passé récent

- The verb **venir** (*to come*) can be used alone or in the idiomatic expression **venir de** + infinitive (*to have just done something*). Its conjugation is irregular:

Point out that in the present tense there are four oral forms with three different vowels: [vjɛ̃], [vənɔ̃], [vəne], [vjɛn]. Make sure students pronounce the semivowel [j] and not the vowel [i] in [vjɛ̃] and [vjɛn]. Point out that the third-person singular and plural forms are distinguished by the final consonant.

venir			
je	**viens**	nous	venons
tu	**viens**	vous	venez
il/elle/on	**vient**	ils/elles	**viennent**

Je **viens** avec vous.	*I am coming with you.*
Les enfants **viennent** en métro.	*The children are coming on the subway.*

- Other verbs conjugated like **venir** include:

convenir à	*to be suitable for*
devenir	*to become*
revenir	*to come back, to return*
Cet appartement **convient** très bien à Henri.	*This apartment fits Henri's needs very well.*
La famille grandit et la maison **devient** plus petite.	*When the family gets bigger, the house becomes smaller.*
Mes copains **reviennent** samedi.	*My friends are coming back Saturday.*

- **Le passé récent** (*recent past*): The expression **venir de** + infinitive is used to indicate what someone has just done.

Caroline **vient d'**emménager.	*Caroline has just moved.*
Nous **venons d'**acheter une maison.	*We've just bought a house.*

● The verb **tenir** (*to hold*) is conjugated like **venir** and also has derivatives:

tenir à	*to want, insist on, to have one's heart set on (doing something)*
obtenir	*to get, to obtain*
Je tiens au confort moderne.	*I insist on having modern comfort.*
Caroline n'**obtient** pas de garage avec l'appartement.	*Caroline does not get a garage with the apartment.*

À votre tour

6–12 Un peu de mécanique. En petits groupes, interrogez très vite vos camarades sur les formes de **venir** and **tenir**. Utilisez les phrases ci-dessous et variez les sujets:

MODÈLE: Elle vient d'emménager.

> É1: Elle vient d'emménager. Vous?
>
> É2: Vous venez d'emménager. Ils?

1. Nous venons d'acheter une maison.
2. Je tiens à avoir une salle à manger.
3. Vous obtenez de bons résultats.

6–13 Interview. À tour de rôle, posez des questions à votre partenaire. Notez les réponses et partagez-les en petits groupes.

MODÈLE: tes parents / venir souvent en visite

> É1: Est-ce que tes parents viennent souvent en visite?
>
> É2: Non, mes parents ne viennent pas souvent en visite.

Plus tard: É1: Les parents de Monica ne viennent pas souvent en visite.

1. d'où / est-ce que / ta famille / venir
2. est-ce que / tu / devenir / plus indépendant(e) de ta famille
3. est-ce que / tu / tenir à / avoir une maison ou un grand appartement
4. est-ce que / tu / tenir à sortir beaucoup
5. est-ce que / tu / obtenir de bons résultats aux examens

6–14 Ça vient d'arriver! (*It just happened!*) Indiquez les actions récentes des personnes suivantes.

MODÈLE: nous / prendre un café avec des copains

> É1: Nous venons de prendre un café avec des copains.

1. je / faire du sport
2. Henri / étudier à la bibliothèque
3. Marc / prendre une douche
4. le prof / sortir du labo
5. nos copains / regarder un film
6. nous / rencontrer des copains
7. René / arriver sur le campus
8. vous / obtenir une bonne note
9. tu / faire la fête
10. on / rentrer du cinéma

6–15 Curieuses coïncidences! (*Strange coincidences!*) À tour de rôle, échangez des nouvelles. Quelle coïncidence! Vos nouvelles sont les mêmes!

MODÈLE: É1: Mes parents achètent une maison.

É2: Mes parents aussi viennent d'acheter une maison.

1. Ma famille vend la maison.
2. Mes parents emménagent dans un petit appartement.
3. Ma sœur obtient une chambre dans une résidence (*dormitory*).
4. Mon frère prend un studio.
5. Moi, je trouve un appartement.
6. Mes copains et moi, nous choisissons des meubles modernes.
7. Mes copains et moi faisons une fête.

6–16 Prenez la parole. En petits groupes, discutez vos actions juste avant de venir en classe.

MODÈLE: É1: Moi, je viens de réussir un examen!

É2: Et moi, je viens d'aller au café!

En direct

Appartements à louer. Listen to the conversation between a landlord and a potential renter. Match each of the three apartments the landlord describes with the corresponding floor plan. Below each floor plan, indicate the address of the apartment (a, b, or c from the list below) and the monthly rent in euros.

(a) 24, rue Georges
(b) 48, place des États-Unis
(c) 67, rue de Paris

Adresse: 48, place des États-Unis

Loyer: 875 €

Adresse: 67, rue de Paris

Loyer: 1.250 €

Adresse: 24, rue Georges

Loyer: 655 €

Audio script for *En direct*:

—Allô! Alain Baudry à l'appareil.

—Bonjour, Monsieur. J'appelle au sujet de l'appartement à louer.

—Ah oui, mais j'ai trois appartements à louer. Le premier est au 24, rue Georges. C'est un studio, au troisième étage. Il est très clair, avec un coin-cuisine. La salle de bains est très petite, mais enfin, elle est moderne. Le loyer est de 655 € par mois.

—Et les autres appartements?

—J'ai un deux-pièces-cuisine au 48, place des États-Unis. C'est un cinquième étage sans ascenseur, mais avec deux grandes baies vitrées. En entrant à votre gauche, vous avez une grande cuisine et à votre droite, la salle de séjour. W.-C. indépendant, et salle de bains moderne. 875 € par mois!

—Et où se trouve le dernier appartement?

—C'est un trois-pièces très moderne, 67, rue de Paris. La chambre est au bout du couloir et est donc très calme. À 1.250 € par mois, c'est une affaire!

CONTEXTE

Les tâches domestiques

Vous avez visité la nouvelle villa des Rollin. Maintenant, découvrez leur routine du week-end.

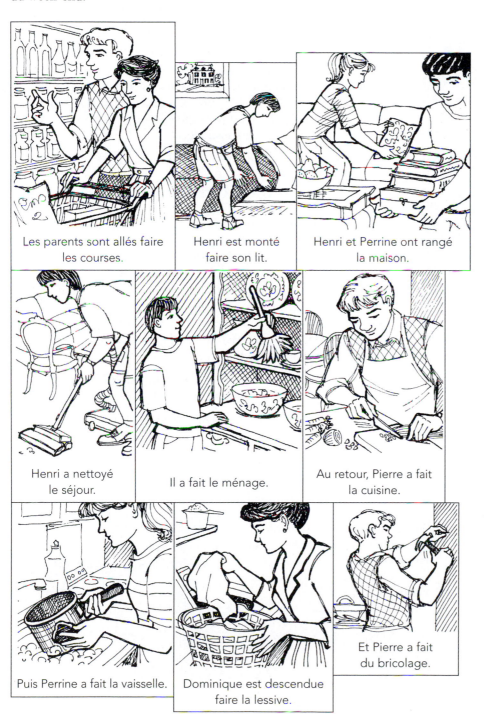

Les parents sont allés faire les courses.

Henri est monté faire son lit.

Henri et Perrine ont rangé la maison.

Henri a nettoyé le séjour.

Il a fait le ménage.

Au retour, Pierre a fait la cuisine.

Puis Perrine a fait la vaisselle.

Dominique est descendue faire la lessive.

Et Pierre a fait du bricolage.

Although the captions are in the *passé composé* you may want ask questions in the present in order to focus first on the vocabulary. For example, as you show and point to different drawings, ask questions to help facilitate memorizing the tasks: *Chez vous qui fait les courses (le ménage, la vaisselle, etc.)? Qui dans la classe adore/déteste faire les courses? Ce matin qui a fait/n'a pas fait son lit? Qui fait toujours/ne fait jamais son lit? Faites-vous les courses tous les jours? Qui range votre chambre? votre appartement? votre cuisine? Qui nettoie le séjour?* (IRCD Images A06–06–A06–14).

Est-ce évident?

La répartition des tâches domestiques ... du côté français de l'Atlantique

Aujourd'hui les femmes françaises font toujours les deux tiers[1] des tâches domestiques. En moyenne, les hommes passent deux heures et demie par jour aux travaux ménagers[2] (17 minutes de plus qu'en 1986) contre cinq heures pour les femmes (17 minutes de moins qu'en 1986).

Pour les tâches domestiques considérées comme pénibles[3] ou ennuyeuses (cuisine, vaisselle, lessive, par exemple), 80% sont toujours faites par les femmes. L'égalité[4] dans les tâches qui concernent l'éducation des enfants, les courses et le budget familial est plus grande. L'évolution vers[5] une plus grande part masculine dans les tâches ménagères n'est pas rapide. Il y a toujours une division sexuelle du travail domestique.

Parfois, mais pas toujours, un Français apprécie les tâches domestiques.

... et du côté franco-canadien de l'Atlantique

Au Québec, deux tiers des hommes pensent que la division des tâches domestiques dans leur famille est juste. Mais la majorité des femmes ont une opinion différente! Par exemple, les femmes font la vaisselle et la cuisine trois fois plus souvent que les hommes. Elles font la lessive six fois plus souvent que les hommes. Enfin elles dirigent l'éducation des enfants quatre fois plus souvent que les hommes. Mais la division du travail est plus juste (près de 50% des homme et 45% des femmes) dans le domaine[6] des finances familiales (faire un budget, etc.).

● Dans votre pays (et dans votre famille), comment les tâches domestiques sont-elles distribuées entre les hommes et les femmes?

[1]two-thirds [2]domestic chores [3]tiresome [4]equality [5]toward [6]in the area of

LE MOT JUSTE

Expressions et verbes

descendre *to go down (stairs)*
faire du bricolage *to putter; to tinker*
faire les courses *to go shopping, to run errands*
faire la cuisine *to cook*

faire la lessive *to do the wash*
faire le lit *to make the bed*
faire le ménage *to dust, to clean*
faire la vaisselle *to do the dishes*
nettoyer *to clean*
ranger *to put in order, to tidy up*

Nom

une tâche (domestique)
(household) task, domestic chore

À votre tour

6–17 Est-ce exact? Vous indiquez qui a fait quelle tâche chez les Rollin, mais vous faites beaucoup d'erreurs. Votre partenaire vous corrige.

6–17 You may wish to show the uncaptioned version of the *Contexte* drawings as students do this activity (IRCD Images A06–06–A06–14b).

MODÈLE: É1: Les enfants Rollin ont fait les courses.

É2: Mais non! Les parents ont fait les courses.

1. Les enfants Rollin ont fait la cuisine.
2. Dominique a fait les lits des enfants.
3. Pierre a rangé la maison.
4. Dominique a fait le ménage.
5. Pierre a nettoyé le séjour.
6. Dominique a fait la cuisine.
7. Pierre a fait la vaisselle.
8. Les enfants ont fait la lessive.
9. Dominique a bricolé.

6–18 La routine quotidienne, vraiment? Circulez dans la classe et demandez à vos camarades avec quelle régularité (*how regularly*) ils font diverses tâches domestiques chez eux. Utilisez les adverbes de temps ci-dessous.

> **Adverbes de temps:**
> tous les jours / parfois / une, deux ou trois fois par semaine / rarement / jamais

MODÈLE: É1: Quand fais-tu les courses?

É2: Une fois par semaine!

Plus tard: É1: J'ai parlé à trois personnes. Deux font les courses une fois par semaine. Une personne fait les courses deux fois par semaine. Deux ne font jamais leur lit…

6–19 Co-loc(ataire) idéal(e) (*Ideal roommate*). D'abord, faites une liste personnelle avec deux colonnes, **J'aime** et **Je déteste**. Dans chaque colonne, indiquez les tâches domestiques appropriées. Ensuite formez de petits groupes et essayez de trouver le/la co-locataire idéal(e): il/elle aime les tâches que vous détestez!

MODÈLE: (*looking at the list*) Je déteste faire la lessive.

É1: Est-ce que tu aimes faire la lessive?

É2: Non, je déteste faire la lessive.

É1: Désolé(e). Tu n'es pas le co-loc idéal.

ou:

É2: Oui, j'aime faire la lessive.

É1: Parfait! Tu es le co-loc idéal.

STRUCTURE

Le passé composé avec **être**

Remind students that *vous* can be formal singular or plural; this explains the four possible forms in the *passé composé*.

● In Chapitre 5, you learned that most verbs are conjugated in the *passé composé* with the auxiliary verb **avoir**. However, certain verbs—many of which express movement or motion—are conjugated with the auxiliary verb **être**; **aller** (*to go*) is one example:

aller			
je **suis**	allé(e)	nous **sommes**	allé(e)s
tu **es**	allé(e)	vous **êtes**	allé(e)(s)
il/on **est**	allé	ils **sont**	allés
elle **est**	allée	elles **sont**	allées

Note that the auxiliary verb **être** is conjugated in the present tense, and that the past participle agrees in gender and number with the subject of the verb.

You may want to explain: *Jean Être est un personnage né en 1723 et mort en 1743 et son fantôme hante* (haunts) *la maison.* You may want to show the haunted house of *Être* as you present these verbs (IRCD Image A06–15).

Some students are also helped by the *aide-mémoire* DR & MRS VANDERTRAMP, each letter of which corresponds to one of the verbs conjugated with *être* (including *naître* and *mourir*).

● To remember the verbs which are conjugated with **être**, think of the "haunted house of **être**":

fantôme:
personnage né en 1723, mort en 1743

(1) (re)venir (2) aller (3) arriver (4) (r)entrer (5) monter (6) rester (7) descendre (8) tomber (9) sortir (10) partir (11) passer (12) retourner

Il est allé au café. Elle est arrivée plus tard. Ils sont restés là une heure. Puis ils sont descendus en ville. Ils sont sortis au cinéma. Après, elle est partie en taxi et il est rentré en métro.

He went to the cafe. She arrived later. They stayed there one hour. Then they went downtown. They went out to the movies. Afterwards, she left in a taxi and he went back home on the subway.

Have students give the past participle of *devenir* and *revenir* as well. We have chosen to list *naître* and *mourir* but to not include them in the exercises since students do not know the present nor the infinitive of these verbs.

● Irregular verbs often have irregular past participles.

venir	**venu**	Les Rollin **sont venus** habiter une villa en banlieue.
naître	**né**	Jean Être **est né** en 1723.
mourir	**mort**	Jean Être **est mort** en 1743.

● In the negative, the **ne** and **pas** are placed around the auxiliary verb, just as for verbs conjugated with **avoir**.

Dominique **n'est pas** sortie.	*Dominique did not go out.*
Pierre et Dominique **ne** sont **pas** allés au cinéma.	*Pierre and Dominique did not go to the movies.*

● To ask a question, you can use **est-ce que** or inversion. In the case of inversion, the subject pronoun comes immediately after the auxiliary verb, again, just as for verbs conjugated with **avoir.**

Pourquoi les Rollin **sont-ils venus** habiter en banlieue?	*Why did the Rollins come to live in the suburbs?*
Est-ce que **vous êtes sorti(s)** hier soir?	*Did you go out yesterday night?*

Liaison is obligatory in *est-il/elle/on* and *sont-ils/elles.*

Have students give the English equivalents of these affirmative, negative, and interrogative examples so they see that although the auxiliary verb is different, the meanings are the same as for a verb conjugated with *avoir.*

You may want to have students give the complete paradigm of two or three verbs in the negative and interrogative.

As a warm-up, you may want to use the cues below to tell what various people did last weekend: *les enfants / aller au cinéma, je / sortir avec une amie, des amis / venir à la maison, nous / descendre en ville, tu / monter chez des copains, elle / rentrer tard, vous / passer par la banque, les parents / partir en voyage.*

6–20 You may want do this exercise in a round-robin fashion, either in small groups or even with the whole class. It may be useful to show the haunted House of *Être* (IRCD Image A06–15).

À votre tour

6–20 Visite chez Être. Vous et votre partenaire racontez la visite qu'on vient de faire chez **Être**. Commencez au présent et votre partenaire continue au passé composé. Regardez l'illustration ci-dessus!

MODÈLE: É1: On va chez Être.

  É2: On est allé chez Être. On arrive.

  É1: On est arrivé. On entre.

6–21 Vie de groupe! *(Life in a group!)* À tour de rôle, posez des questions à vos partenaires au sujet de leurs activités hier soir.

MODÈLE: É1: Êtes-vous allé(e)s au cinéma?

  É2: Oui, nous sommes allés au cinéma.

  ou: Non, nous ne sommes pas allés au cinéma.

1. Vous êtes descendu(e)s en ville?
2. Vous êtes parti(e)s à quelle heure?
3. Vous êtes arrivé(e)s à quelle heure?
4. Vous êtes allé(e)s au café?
5. Vous êtes allé(e)s chez des copains?
6. Vous êtes rentré(e)s à quelle heure?

6–22 Un profil-robot *(Composite).* L'université désire établir un profil-robot de ses étudiants. Donnez des renseignements basés sur votre journée d'hier.

MODÈLE: À quelle heure êtes-vous parti(e) de la maison?

  É1: Je suis parti(e) de la maison à 7 h 15.

1. Quand êtes-vous arrivé(e) sur le campus?
2. Combien de temps êtes-vous resté(e) à la bibliothèque?
3. À quelle heure êtes-vous allé(e) au labo?
4. Quand êtes-vous parti(e) du labo?
5. À quelle heure êtes-vous sorti(e) de classe?
6. Quand êtes-vous rentré(e) à la maison?

6–23 Un après-midi de libre. *(A free afternoon).* Vous retournez à l'université après un après-midi de libre. Votre camarade vous demande de raconter votre après-midi. Utilisez les suggestions dans l'ordre indiqué pour vos questions et votre narration.

MODÈLE: descendre en ville

> É1: Es-tu descendu(e) en ville?
>
> É2: Oui, je suis descendu(e) en ville.

---

descendre en ville / passer à la banque / aller au cinéma / arriver à l'heure / après, monter chez des amis / puis, sortir avec ces ami(e)s / enfin, rentrer sans difficulté

6–24 You may want to suggest that students first read through the entire text and then read it a second time, circling the verbs that will take *être*. You may project on the board (perhaps asking students to write on the board) either the House of *Être* (IRCD Image A06–15) or the DR & MRS VANDERTRAMPLIST.

6–24 Le week-end. À tour de rôle avec un partenaire, transposez l'histoire ci-dessous au passé.

Nous *faisons*[1] beaucoup de choses. Samedi matin, nous *ne dormons pas*[2] tard. Nous *faisons*[3] le ménage. Je *nettoie*[4] le séjour et Julien *fait*[5] la vaisselle de la semaine. À midi, nous *allons*[6] déjeuner au restaurant. Puis nous *montons*[7] en ville pour faire des courses. Nous *achetons*[8] beaucoup de choses. Nous *rentrons*[9] à la maison vers 16 h. Plus tard, nous *sortons*[10] avec des copains pour aller à une fête. Nous *revenons*[11] très tard. Alors dimanche nous *restons*[12] au lit jusqu'à midi!

6–25 Prenez la parole. En petits groupes et à tour de rôle, interrogez vos camarades sur leurs activités du week-end dernier. Utilisez les suggestions ci-dessous ou votre imagination. Puis partagez vos résultats avec le reste de la classe. En général le week-end a-t-il été un week-end amusant?

MODÈLE: É1: Es-tu allé au cinéma?
> É2: Non, je suis resté à la maison. J'ai nettoyé ma chambre!

Faire les courses? Rendre visite à des amis? Faire les lits? Aller au stade? Rester à la maison? Faire le ménage? Faire une promenade? Nettoyer la maison? Aller au *Lavomatic* faire la lessive? Descendre en ville? Étudier? Sortir avec des amis? Aller au cinéma/au café/à la bibliothèque? Faire du sport? Jouer au tennis/basket/volley? Dormir beaucoup?

CONTEXTE

La journée de Pierre Rollin

La journée de Pierre Rollin commence bien.

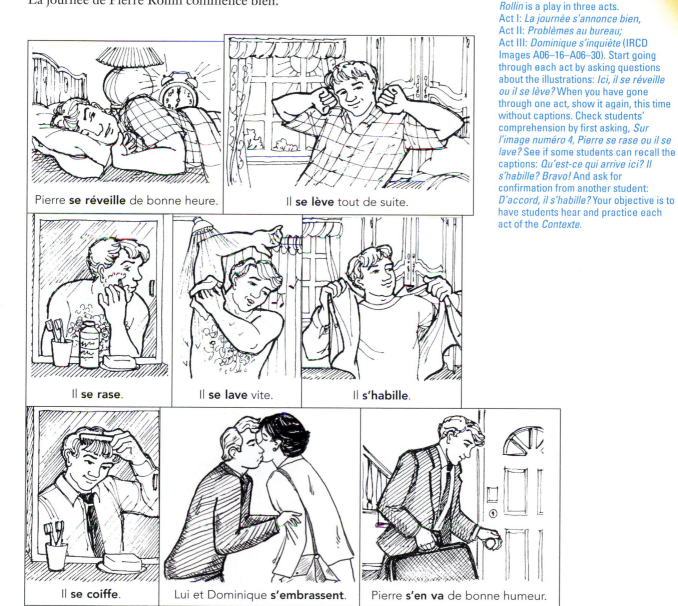

Pierre **se réveille** de bonne heure.

Il **se lève** tout de suite.

Il **se rase**.

Il **se lave** vite.

Il **s'habille**.

Il **se coiffe**.

Lui et Dominique **s'embrassent**.

Pierre **s'en va** de bonne humeur.

You may want to show the *Contexte*, indicating that *la journée de Pierre Rollin* is a play in three acts. Act I: *La journée s'annonce bien,* Act II: *Problèmes au bureau;* Act III: *Dominique s'inquiète* (IRCD Images A06–16–A06–30). Start going through each act by asking questions about the illustrations: *Ici, il se réveille ou il se lève?* When you have gone through one act, show it again, this time without captions. Check students' comprehension by first asking, *Sur l'image numéro 4, Pierre se rase ou il se lave?* See if some students can recall the captions: *Qu'est-ce qui arrive ici? Il s'habille? Bravo!* And ask for confirmation from another student: *D'accord, il s'habille?* Your objective is to have students hear and practice each act of the *Contexte*.

Mais cette belle journée ne dure (*last*) pas.

Au bureau, Pierre et ses collègues **se disputent**.

Plus tard, il **se calme** et il **s'excuse** auprès de ses collègues. Ouf, ça va mieux!

Le soir, des embouteillages monstres (*monstrous traffic jams*) retiennent (*delay*) Pierre… et son portable (*cell phone*) ne marche pas!

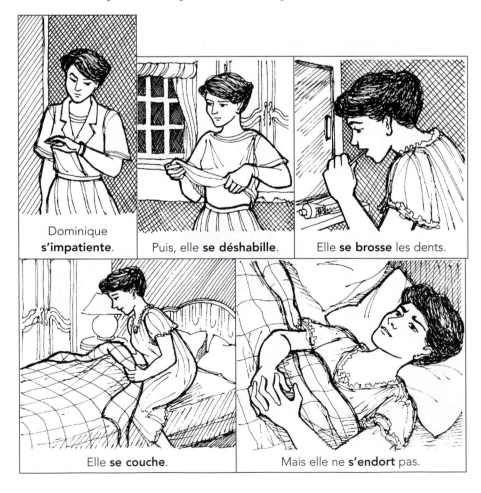

Dominique **s'impatiente**.

Puis, elle **se déshabille**.

Elle **se brosse** les dents.

Elle **se couche**.

Mais elle ne **s'endort** pas.

Est-ce évident?

Les relations avec les collègues de bureau

Aujourd'hui, les relations avec les collègues de travail ont bien changé. Elles sont devenues plus simples mais restent toujours plus formelles qu'en Amérique du Nord. Par exemple, on préfère inviter ses collègues au restaurant et on n'invite pas souvent chez soi. Au moment du déjeuner, ne restez pas seul(e) avec votre sandwich! On juge cette attitude un peu anti-sociale. Retrouvez vos collègues à la cafétéria de l'entreprise, sortez du bureau pour aller dans les magasins ou allez au restaurant.

- Et vous? Est-ce que vous préférez avoir des relations très formelles ou plus détendues (*relaxed*) avec vos collègues? Pourquoi?

Au bureau, la bouteille d'eau minérale (*mineral water*) remplace le pot de café nord-américain.

LE MOT JUSTE

Expressions

ça va mieux   *that's better*
de bonne heure   *early*
de bonne humeur   *in a good mood*

Verbes

se brosser   *to brush*
se calmer   *to quiet down*
se coiffer   *to comb one's hair*
se coucher   *to go to bed*

se déshabiller   *to get undressed*
se disputer   *to fight*
s'embrasser   *to kiss*
s'en aller   *to leave*
s'endormir   *to fall asleep*
s'excuser   *to apologize*
s'habiller   *to get dressed*
s'impatienter   *to get impatient*
se laver   *to wash oneself, to take a bath/shower*

se lever   *to get up*
se raser   *to shave*
se réveiller   *to wake up*

Noms

un collègue un(e)/une collègue   *colleague*
une journée   *day*

À votre tour

6–26 Changement de rôle. Regardez de nouveau les illustrations pages 233–234. Racontez la même histoire mais… cette fois il s'agit de la journée de Dominique.

MODÈLE: É1: Dominique se réveille de bonne heure. Elle…

6–27 Samedi matin! Enfin c'est samedi et Pierre ne travaille pas. À tour de rôle, vous et votre partenaire imaginez comment son emploi du temps est différent.

MODÈLE: É1: Il ne se réveille pas de bonne heure…

6–28 You may suggest that students elaborate about Pierre's actions: for example, give the time he gets up.

 6–28 C'est logique! Organisez logiquement la liste suivante pour avoir une chronologie des actions de Pierre Rollin.

> il s'endort / il s'en va / il s'habille / il se lave / il se brosse
> (les dents, les cheveux) / il se couche / il se réveille / il se lève /
> il se déshabille / lui et Dominique s'embrassent / il se coiffe

MODÈLE: É1: D'abord, Pierre se réveille…

6–29 Enquête criminelle. Pierre Rollin n'est pas rentré chez lui! Dominique a appelé la police et elle répond aux questions de l'inspecteur. Vous et votre partenaire jouez ces deux rôles.

MODÈLE: Est-ce que Pierre se réveille toujours de bonne heure? (assez tard)

    É1: Est-ce que Pierre se réveille toujours de bonne heure?

    É2: Non, il se réveille assez tard.

1. Est-ce qu'il se lève tout de suite? (rester au lit un moment)
2. Est-ce qu'il se rase ensuite? (se laver d'abord)
3. Se lave-t-il avant le petit déjeuner? (non, le soir)
4. S'habille-t-il toujours «sports»? (non, en blazer-pantalon)
5. Est-ce qu'il s'en va à 8 h 30? (non, à 8 h 40)
6. Se dispute-t-il avec vous? (non, jamais!)

6–30 Votre matinée. À tour de rôle, utilisez les éléments ci-dessous pour décrire à un(e) camarade votre matinée habituelle.

MODÈLE: je me couche / tard / tôt

    É1: Moi, je me couche tard. Et toi?

    É2: Moi, je me couche tôt.

    ou: Moi aussi, je me couche tard.

Moi, je me réveille	facilement (*easily*) / avec beaucoup de difficulté
Je me lève	tout de suite / quelques minutes plus tard
Je me lave	vite / très lentement (*slowly*)
Je me brosse les dents	très vite / pendant trois minutes
Je m'habille	avec soin (*care*) / vite
Je me coiffe	en deux secondes / assez lentement

STRUCTURE

Les verbes pronominaux au présent et à l'impératif

Le présent des verbes pronominaux

● You first encountered a pronominal verb when you learned how to ask people what their name is: **Comment vous appelez-vous? Je m'appelle Agnès Lançon.** In this **Contexte**, you have just learned other pronominal verbs that are often used to express the daily routine: getting up, getting dressed, brushing teeth and hair, for example. Pronominal verbs are conjugated with a second pronoun, called a reflexive pronoun, in addition to the subject pronoun. Compare the following sentences:

Je lave ma voiture.	*I wash my car.*
Je me lave.	*I wash up.* (literally, *I wash myself.*)
Je me lave les cheveux.	*I wash my hair.*
	(literally, *I wash my hair for myself.*)

● Notice that the use of the reflexive pronoun indicates that the subject does something *to* or *for* himself or herself. The reflexive pronoun refers back to the subject and is also an object of the verb.

Point out that you can identify pronominal verbs in the dictionary by the presence of **se** (or **s'**) in the infinitive.

● The reflexive pronouns are shown in the chart with the conjugation of the verb **se réveiller**.

se réveiller (*to wake up*)			
je **me**	réveille	nous **nous**	réveillons
tu **te**	réveilles	vous **vous**	réveillez
il/elle/on **se**	réveille	ils/elles **se**	réveillent

Point out that *-eill-* is pronounced [ej] and does not represent the consonant [l]. Model pronunciation and have students repeat.

● Before a vowel sound, the reflexive pronouns **me, te,** and **se** become **m', t', s':** Je **m'**impatiente, tu **t'**impatientes, elle **s'**impatiente.

● In the negative, **ne** precedes the reflexive pronoun and **pas** immediately follows the verb:

Je **ne** m'impatiente **pas.**	*I am not getting impatient.*
Il **ne** se réveille **pas** à 6 heures.	*He does not wake up at 6 A.M.*

Point out that although the reflexive pronouns are required in French, they are usually "invisible" in the English equivalent.

● In conversation, questions with rising intonation or **est-ce que** are most common with reflexive verbs. When inversion is used, the reflexive pronoun remains in its usual place preceding the verb:

Est-ce qu'elle s'habille très vite?	*Does she get dressed very fast?*
S'habille-t-elle très vite?	

Remind students that the inserted *-t-* is necessary whenever the verb ends in a vowel and the subject pronoun also begins with one.

● When a pronominal verb is used in the infinitive form, the reflexive pronoun must agree in person and number with the subject of the verb:

Je vais **me** laver et ensuite je vais **m'**habiller.	*I am going to wash up and then I am going to get dressed.*
Demain, **nous** n'allons pas **nous** lever tôt.	*Tomorrow, we are not going to get up early.*
Tu viens de **te** réveiller.	*You just woke up.*
Pierre et Dominique viennent de **se** disputer.	*Pierre and Dominique just had an argument.*

● Pronominal verbs are used in three kinds of constructions:

1. They may be used reflexively, often to describe daily routine. Most of these verbs were presented in this **Contexte**.

Je me lève, je me coiffe, je me rase, je m'habille.	*I get up, I fix my hair, I shave, I get dressed.*

You may want to point out the spelling changes in *se lever* which becomes *je me lève, tu te lèves, il/elle se lève, ils/elles se lèvent* in the present.

2. Some verbs are used pronominally to describe interpersonal relationships or reciprocal actions:

s'embrasser	Pierre et Dominique **s'embrassent**.	*Pierre and Dominique kiss (each other).*
se disputer	Pierre et ses collègues **se disputent**.	*Pierre and his colleagues argue with each other.*
se regarder	Nous **nous regardons**.	*We are looking at each other.*
se téléphoner	Vous **vous téléphonez** souvent.	*You call each other often.*

3. Some pronominal verbs are used idiomatically:

s'appeler (*to be named*)	Sa femme **s'appelle** Dominique. *His wife's name is Dominique.*
s'en aller (*to leave, to go away*)	**Il s'en va** de bonne humeur. *He leaves in a good mood.*
se dépêcher (*to hurry*)	Je suis en retard et **je me dépêche**. *I am late and I am hurrying.*
se promener (*to take a walk*)	**On se promène** souvent. *We often take walks.*
se souvenir de (*to remember*)	**Je me souviens** de notre première maison. *I remember our first house.*

● Note that several verbs you already know can be used reflexively or reciprocally:

Je **regarde** la télé.	*I am watching TV.*
Je **me regarde** dans le miroir.	*I look at myself in the mirror.*
Pierre et Dominique **se regardent**.	*Pierre and Dominique look at each other.*

À votre tour

6–31 À quelle heure? Avec votre partenaire, discutez les habitudes de la famille Rollin.

MODÈLE: Dominique / se lever / 7 heures

   É1: Dominique se lève à 7 heures.

   1. Pierre / se lever / 6 h 30
   2. Henri / se lever / 7 h 15
   3. Perrine / se lever / 7 h 30
   4. Dominique / se brosser les dents / après le petit déjeuner
   5. Pierre / se raser / avant le petit déjeuner
   6. Henri / se laver / avant Perrine
   7. Perrine / s'en aller / avant Henri
   8. Dominique / se coucher / 22 h 30
   9. Pierre / se coucher / 23 h
   10. les enfants / se coucher / 21 h 30

6–32 Lève-tôt *(Early risers)?* Circulez dans la classe et interrogez vos camarades. Comptez le nombre de «lève-tôt» et de « couche-tard». Y a-t-il dans la classe une majorité de «lève-tôt» ou de «couche-tard»?

MODÈLE: É1: Tu te lèves tôt?

   É2: Oui, je me lève tôt.

   ou: Non, je me couche tard!

You may want to point out that *lève-tôt* and *couche-tard* are both invariable nouns.

6–33 Comment se passe ta matinée? Posez des questions à un(e) camarade de classe.

MODÈLE: se réveiller facilement

   É1: Est-ce que tu te réveilles facilement *(easily)*?

   É2: Oui, je me réveille facilement.

   ou: Non, je ne me réveille pas facilement.

   1. se lever tout de suite
   2. s'habiller vite pour aller en classe
   3. se coiffer bien pour aller en classe
   4. se lever tôt le samedi matin

6–33 Have students report similarities: *Nous ne nous réveillons pas facilement.*

6–34 C'est impossible, tu comprends! Racontez à un(e) ami(e) que vous avez des problèmes avec votre camarade de chambre parce que vos habitudes sont trop différentes.

MODÈLE: se réveiller tôt / tard le matin

   É1: Moi, je me réveille tôt le matin. Et il/elle se réveille tard.

   1. se laver très vite / lentement *(slowly)*
   2. se réveiller tôt / tard
   3. se lever tout de suite / plus tard
   4. se disputer rarement / souvent avec les voisins
   5. se coucher tard / tôt
   6. s'impatienter rarement / facilement *(easily)*

6–35 Vive les vacances! (*Long live vacation!*) Pendant (*during*) les vacances, votre emploi du temps va changer. Vous et votre partenaire discutez comment les journées vont être différentes.

MODÈLE: É1: Tu te lèves plus tard?

É2: Bien sûr! Je vais me lever plus tard.

1. Tu te couches plus tard?
2. Tu t'habilles relax (*casually*)?
3. Toi et tes copains, vous vous promenez beaucoup?
4. Tu t'impatientes?
5. Toi et tes copains, vous vous retrouvez au café?
6. Tu te disputes un peu avec tes frères ou sœurs?

6–36 Futur déménagement. Vous et vos camarades allez emménager dans un nouvel appartement. Avec votre partenaire, utilisez votre imagination ou les suggestions ci-dessous pour imaginer les circonstances du déménagement.

MODÈLE: se lever tôt

É1: Nous allons nous lever tôt.

se préparer du café

É2: Et nous allons nous préparer du café.

---

se préparer à l'avance, s'habiller en jeans, ne pas se disputer, se souvenir de changer notre adresse, se dépêcher de finir, ne pas se coucher tard

---

L'impératif des verbes pronominaux

- You are already familiar with classroom commands that use reflexive verbs: **Asseyez-vous! Levez-vous! Taisez-vous!**

- To form the affirmative imperative of pronominal verbs, drop the subject pronoun and place the reflexive pronoun after the verb. Connect the reflexive pronoun to the verb with a hyphen. Note that **te** becomes **toi** in an affirmative command:

  Tu te réveilles. Réveille-**toi**!   *Wake up!*

  Nous nous levons. Levons-**nous**!   *Let's get up!*

- To form the negative imperative, drop the subject pronoun but leave the reflexive pronoun in its usual place preceding the verb. **Ne** precedes the reflexive pronoun and **pas** immediately follows the verb.

  Tu t'impatientes.   *Don't get impatient!*
    Ne t'impatiente **pas**!

  Nous nous disputons.   *Let's not argue!*
    Ne nous disputons **pas**!

Remind students that *-s* is dropped from the *tu*-form of the imperative for *-er* verbs and those that take *-er* endings.

À votre tour

6–37 La journée commence mal! Votre camarade de chambre va être en retard. Vous faites des suggestions, selon le modèle:

MODÈLE: se réveiller

É1: Réveille-toi!

1. se lever
2. se laver
3. s'habiller vite
4. se brosser les dents tout de suite

6–38 Calmez-vous, Madame! Mme Rollin est nerveuse parce que son mari n'est pas rentré. Jouez les rôles de l'inspecteur de police et de Mme Rollin.

MODÈLE: É1: Je me dispute avec la famille.

É2: Ne vous disputez pas, s'il vous plaît!

1. Je m'impatiente.
2. Je ne me couche pas.
3. Je ne m'endors pas.
4. Je ne me calme pas.

6–39 Bons conseils (*Good advice*). Quelle suggestion faites-vous dans les situations suivantes?

MODÈLE: Ton frère et ta sœur se disputent.

É1: Ne vous disputez pas!

1. Le prof s'impatiente: il attend une réponse.
2. Ton frère ne se lève pas, et il a un examen de maths aujourd'hui.
3. Tes copains ne se couchent pas et il est après minuit!
4. Des copains sont encore en pyjama à midi.
5. Tes copains sont en retard.
6. Inventez deux autres situations!

6–40 Prenez la parole. En petits groupes, comparez vos habitudes quotidiennes (*daily*). Parlez, par exemple, de vos heures de lever, de coucher, d'arrivée au travail, de vos disputes, de vos promenades. Utilisez les suggestions ci-dessous ou votre imagination.

1. À quelle heure est-ce que tu te lèves/te couches?
2. À quelle heure est-ce que tu t'en vas au travail/arrives au travail?
3. Est-ce que tu te disputes parfois avec tes copains?
4. Est-ce que tu t'impatientes vite?
5. Est-ce que tu te dépêches toujours?
6. Est-ce que tu te souviens de ton école primaire?
7. Est-ce que toi et ta famille (ton copain/ta copine), vous vous téléphonez souvent?
8. Est-ce que toi et ton copain/ta copine, vous vous promenez souvent?
9. Où est-ce que toi et ton copain/ta copine vous aimez vous promener? (En ville? Au parc?)

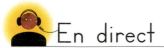

En direct

Audio script for *En direct:*

JACQUES: Ici à Saint-Julien, nous avons trouvé du calme et l'air pur: nous avons laissé derrière nous le bruit et la pollution! Ah, pour Marinette et moi, c'est le paradis!

MARINETTE: Maintenant nous avons de la place pour nos enfants et petits-enfants quand ils nous rendent visite.

JACQUES: Et les enfants s'amusent beaucoup ici. Ils montent et descendent les rues du village à vélo avec leurs copains.

MARINETTE: Nous sommes restés quinze ans dans le même appartement. Et bien, nous sommes partis sans avoir fait la connaissance de nos voisins aux étages au-dessus! Les Parisiens sont trop isolés les uns des autres!

JACQUES: Par contre, quand on habite un village à la campagne, on s'installe dans une vraie communauté. Quand nous sommes arrivés, nous sommes devenus amis très rapidement avec les gens du village.

MARINETTE: Et puis ici nous avons un jardin. Et Jacques et moi nous promenons souvent à pied dans la campagne.

JACQUES: Évidemment pour faire les courses, c'est un peu moins pratique! Mais Marinette trouve les commerçants du village toujours prêts à rendre service!

La vie à la campagne *(Life in the country).* Listen as Jacques and Marinette talk about their life in the country. They have retired to the small village of Saint-Julien. Put a check mark next to each of the advantages of country life that they mention.

___✔___ environnement propre *(clean)* et calme

_____ proximité d'un lac

___✔___ liberté totale pour les enfants

_____ promenades en forêts

_____ golf et tennis

_____ système scolaire excellent

_____ solitude de la vie

___✔___ amitiés *(friendships)* faciles

_____ beaucoup de magasins où faire les courses

___✔___ gens très aimables

___✔___ présence d'un jardin

Phonétique

Les voyelles orales, troisième étape: [ø] deux, [y] tu

La voyelle [ø]

● The vowel [ø] does not exist in English. It is formed just like [e] except with the lips rounded instead of pulled back. This vowel is represented in writing by **eu** or **oeu**: p**eu**, h**eu**r**eu**x, d**eu**x. Remember, however, that when these letters are followed by a pronounced consonant, they usually represent the vowel [œ], as in **sœur** or **jeune** (see Chapitre 4 p. 165).

A. Écoutez et répétez les phrases suivantes.

1. D**eu**x cafés, Monsi**eu**r!
2. Il est très h**eu**r**eu**x de visiter la banli**eu**e.
3. C'est un vi**eu**x quartier.
4. On va chez **eu**x sous p**eu** *(in a few minutes).*

La voyelle [y]

● The vowel [y] does not exist in English. It is produced like [i] except with the lips rounded instead of pulled back. This vowel is represented in writing by the letters **u** and **û**: t**u**, d**u**, vend**u**, s**û**r. The vowel [y] frequently contrasts for meaning with [u], as in **tu** and **tout**, so it is important to hear and produce them distinctly. Although the two vowels sound clearly different,

The most notable exception to this general rule is the combination [øz] as in *heureuse.*

Monsieur is exceptional in that the letter *r* doesn't represent a pronounced consonant: [mə sjø].

The past participle of *avoir—eu—*is pronounced [y].

The best way to make sure students can articulate this vowel is to have them first pronounce [i] and then round their lips to produce [y]. Otherwise, they will substitute [u].

the only difference in articulation between the two is that [y] is formed with the front part of the tongue (tip pressing against the lower teeth), whereas [u] is formed by raising the back part of the tongue (tip no longer pressing against the lower teeth).

B. Écoutez et répétez les phrases suivantes.

1. Je prends le b**u**s.
2. **U**ne min**u**te!
3. J**u**les aime la m**u**sique.
4. T**u** as rendez-vous r**u**e d**u** Musée.
5. C'est **u**ne s**u**rprise.
6. T**u** as rend**u** visite r**u**e Boud**u**.

C. Récapitulation. Attention à bien prononcer les différentes voyelles dans les paires suivantes.

[u] / [y]	[u] / [ø]	[œ] / [ø]	[ɔ] / [o]	[e] / [ɛ]
t**ou**t / t**u**	d**ou**ze ans / d**eu**x ans	j**eu**ne / j**eu**	n**o**tre / n**o**s	r**é**p**é**tez / r**é**p**è**te
où / **eu**	**où** / **eu**x	profess**eu**r / paress**eu**x	v**o**tre / v**o**s	s'inqui**é**ter / s'inqui**è**tent
s**ou**s / s**u**r	p**ou**r / p**eu**	s**œu**r / monsi**eu**r	f**o**rt / f**au**x	prem**ie**r / prem**iè**re
			b**o**nne / b**eau**	ch**ez** / ch**ai**se
				av**ez** / av**ec**
				c**es** / c**et**

CULTURES EN PARALLÈLES

Bien chez soi

Observer

Les Français ont parfois la réputation de ne pas être des gens très accueillants (*welcoming*), de ne pas ouvrir leurs portes facilement. Est-ce vrai? Avant de décider, écoutez ces Français parler de leur «chez soi».

«Pour moi, l'expression «chez soi» illustre la notion d'un espace personnel que l'on ne partage pas avec les autres. Voici un petit exemple. Quand on invite des amis, on leur dit souvent «Faites comme chez vous!» Mais attention! Ne prenez pas cette invitation littéralement! Comprenez bien que certaines pièces ne sont pas ouvertes au visiteur. Demandez donc la permission d'y entrer.»

(Geneviève S., 32 ans)

Les meubles anciens et modernes s'harmonisent dans cette maison près de Bordeaux.

«Je déteste ces constructions modernes! On entend tout à travers les murs, le rasoir (*razor*) du voisin, le bébé de l'étage au-dessus, le téléphone et la radio de l'étage en dessous, les enfants dans l'escalier. Non, ici je ne me sens pas chez moi, le monde extérieur envahit (*invades*) mon espace privé. Je cherche autre chose.»

(Robert J., retraité, 66 ans)

«Quand je suis arrivée sur le campus, j'ai partagé une grande chambre avec une camarade. Elle était sympa, mais je n'ai pas pu rester là plus de quatre jours! En France j'ai toujours eu l'habitude d'avoir mon indépendance, mon espace à moi. Ma chambre en cité universitaire est toute petite, mais c'est chez moi. Partager une chambre, même grande, avec une inconnue, c'est au-dessus de mes forces (*beyond what I can bear*)!»

(Véronique N., 22 ans)

D'après ces exemples, quelle conception ces Français ont-ils de leur espace personnel? Est-ce qu'ils partagent facilement leur espace avec d'autres?

Réfléchir

1. Vous venez d'apprendre que les Français défendent leur «chez eux». Mais est-ce que cette attitude indique un manque (*lack*) d'hospitalité? Ou est-ce que cette réaction révèle un «malentendu culturel» (*cultural misunderstanding*) basé sur une distinction très forte entre l'espace de réception (là où les invités ont accès) et l'espace privé (l'espace réservé à la famille)?

2. À votre avis, comment la notion française du «chez soi» est-elle différente de votre notion de «*home*»?

You may want to point out to students that the term *espace de réception* should not be equated with the North American notion of *public space.* It refers to social space or areas in the house to which outsiders have access (as opposed to *espace privé,* which is reserved for family members and very close friends). You may wish to have students read Raymonde Carroll's explanation of this distinction (see *Évidences invisibles,* pp. 34–35).

Voyage en francophonie

Votre pays adoptif est-il un pays plutôt rural? Plutôt très urbanisé? À la fois rural et urbanisé? Nommez quelques villes et villages, situez-les sur une carte et étudiez leur architecture. Partagez vos découvertes avec vos camarades.

Pour trouver un modèle, allez sur le site Web de *Parallèles* pour le Chapitre 6.

En Haïti, les maisons sont simples mais colorées.

DÉCOUVERTES

À vous la parole

Recherche logement

Vous cherchez un logement, votre partenaire aussi. Lisez les annonces ci-dessous et choisissez un logement. Utilisez la grille (*grid*) ci-dessous pour prendre des notes. Enfin, expliquez votre choix à votre partenaire.

Locations

RUE GAMBETTA
Part. loue studio + balc., s. de bain séparée, 3e ét. sans vis à vis s/jardin, asc. interphone, calme. 420€ + charges

QUARTIER DE LA GARE
Studio, neuf, 25 m², gd stand. 580€ + ch. Park. 47.46.24.12

RESIDENCE DES BORNES
Beau 2 P, 65 m², 525€
Tel 42.09.70.51

Résidences récentes
4P 90m², 480€ + ch.
3P 80m², 780€ + ch.
40.04.08.46

A 10 min. centre-ville.
Immeuble neuf de standing, studio 32 m² à partir de 400€ + charges.
2P 50 m² envir. à partir de 475€ + charges
2P. 50 m² envir. à partir de 550€ + charges
3P. 68 m² envir. à partir de 775€ + charges
4P. 85 m² envir. à partir de 960€ + charges
5P. 112 m² envir. à partir de 1.450€ + charges
Sur place jeudi de 11h30 à 14h30 et de 17h à 19h30.
14 rue de la Sablière.

68 bd Beaumarchais
2 P cuis., bains 680 € + ch.
Vis. ce jour 17h à 19h.

---

18 place de la Liberté
Gd studio, cuis, bains, W.C. 575€. 42.90.26.17

6 av. de Port-Royal
Gd studio s/jardin
42 m², 478€ cc.
45.86.58.21.

9 rue Dunkerque
3p. 90m² refait neuf, parquet. 1.100€ net.
42.33.67.26.

24 rue de la Convention
Rue calme. Studio + alcôve 32 m², cuis. équipée. S de bains, WC indép. 1er et asc. libre de suite.
TEL 50 77 85 72

---

asc. = ascenseur	cuis. = cuisine	part. = particulier (*private party*)
balc. = balcon	gd. = grand	P. = pièces
cc. = charges comprises (*utilities included*)	gd. stand. = grand standing, deluxe	s. de b. = salle de bains
ch. = charges (*utilities*)	indép. = indépendant	s/jardin = sur jardin
ét. = étage	m² = *square meters, surface area*	tel. = téléphone
		vis. = visite

Quartier	Taille	Avantages/inconvénients	Loyer mensuel
Port-Royal	42m²	Grand studio sur jardin Loyer charges comprises Pas de chambre indépendante	478 euros

Lecture

Évidences invisibles

Travaux d'approche. Anthropologue de formation, Raymonde Carroll, française et mariée à un Américain, est aujourd'hui professeur de français aux États-Unis. Dans son livre, *Évidences invisibles: Américains et Français au quotidien*, Carroll montre qu'il est facile de mal interpréter un comportement (*behavior*), surtout quand (*especially when*) les cultures semblent se ressembler beaucoup. Prenez l'exemple de la maison. Dans une maison française, certaines pièces ne sont pas ouvertes aux visiteurs. C'est parce qu'il existe, pour un Français, une vraie barrière entre son espace privé et son espace de réception. (Le plan américain qui combine cuisine, salle à manger et salle de séjour ne se trouve pas souvent dans les maisons françaises traditionnelles.) L'histoire de Dick et Jill montre que ne pas respecter ces barrières invisibles est un faux pas culturel.

Avant de lire, imaginez que vous êtes invité(e) à dîner chez des amis. Comment vous comportez-vous (*do you behave*)? En petits groupes, comparez vos réponses aux questions suivantes:

1. À votre arrivée, dans quelle pièce vous installez-vous? Que faites-vous?

2. Dans quelle pièce dînez-vous?

3. Apportez-vous un plat (une soupe, un dessert) que vous avez préparé à l'avance?

4. Proposez-vous d'aider votre hôte dans la cuisine?

5. Débarrassez-vous (*clean up*) la table après le dîner? Aidez-vous à faire la vaisselle?

6. Êtes-vous libre de circuler dans la maison ou l'appartement? En principe, avez-vous accès à toutes les pièces (la cuisine, le bureau, la chambre de vos amis)?

°*gets livelier* / °*before-dinner drinks*

°*on his way* / °*realizes*
°*to check*

°*ready* / °*meal*
°*plates*
°*not knowing*
°*forward, invasive*
°*without manners*
°*in an unbelievable mess* / °*do not know*
°*to stop them* / °*was*

°*was feeling obliged*
°*is going to some trouble*

Dick et Jill sont invités à dîner chez Pierre et Jeanne. La conversation s'anime° pendant l'apéritif°. Pierre, enthousiaste, parle d'un livre très intéressant. Et Pierre se lève pour aller chercher ce livre pour Dick dans son bureau. En route° il s'aperçoit°, très surpris, que Dick l'accompagne. Jeanne va à la cuisine vérifier° que tout va bien. Elle est aussi très surprise quand Jill arrive, juste derrière elle, à la cuisine. Jill propose de l'aider: «Non, non, merci—répond Jeanne—tout est prêt°…». À la fin du repas°, Jill se lève pour nettoyer la table et emporter les assiettes° à la cuisine. Dick propose de faire la vaisselle. Protestations de Pierre et Jeanne qui, ne connaissant pas° les habitudes américaines, trouvent Jill et Dick «envahissants»° et plutôt «sans gêne»°. Le couple français est embarrassé parce que Dick ou Jill ont vu les pièces «dans un désordre incroyable»°. Mais Pierre et Jeanne ne savent° pas comment les arrêter°… En fait, la solution était° de dire à Dick «Je vais chercher le livre et je reviens dans une minute». Dick s'est uniquement levé, parce qu'il se sentait obligé° d'accompagner Pierre: après tout, c'est pour lui que Pierre «se dérange»°.

Évidences invisibles, Américains et Français au quotidien. Raymonde Carroll, © Éditions du Seuil, 1987, Réédition coll. *La Couleur des idées*, 1991.

Exploration

A. Révisons les événements. Mettez les phrases suivantes en ordre chronologique, puis racontez l'histoire.

_____3_____ Dick suit (*follows*) Pierre dans le bureau. Pierre est surpris.

_____2_____ Pendant l'apéritif, Pierre et Dick parle d'un certain livre. Pierre va chercher ce livre dans son bureau.

_____4_____ Jeanne va dans la cuisine pour vérifier que tout va bien.

_____6_____ À la fin du dîner, Jill se lève pour nettoyer la table et emporter les assiettes à la cuisine.

_____8_____ Pierre et Jeanne ne comprennent pas les actions de leurs invités. Ils les trouvent mal élevés et impolis.

_____1_____ Dick et Jill, Américains, sont invités à dîner chez des Français, Pierre et Jeanne.

_____5_____ Jill suit Jeanne dans la cuisine. Elle propose de l'aider. Jeanne est très surprise. Elle refuse cette aide.

_____7_____ Dick propose de faire la vaisselle.

B. Petite vérification. Vérifiez que vous avez compris l'histoire en répondant aux questions suivantes.

1. Quelle est la nationalité de Dick et Jill?
   (a) américaine
   (b) française

2. Quelle est la nationalité de Pierre et Jeanne?
   (a) américaine
   (b) française

3. Où est-ce que cette histoire a lieu?
   (a) Chez Dick et Jill.
   (b) Chez Pierre et Jeanne.

4. Pourquoi est-ce que Pierre est surpris?
   (a) Parce que Dick est allé dans son bureau avec lui.
   (b) Parce que Dick a pris (*took*) son livre.

5. Pourquoi est-ce que Jeanne est surprise?
   (a) Parce que Jill ne l'aide pas à préparer le dîner.
   (b) Parce que Jill va dans la cuisine avec elle.

6. Jeanne et Pierre sont un peu embarrassés parce que…
   (a) Jill et Dick ne respectent pas les coutumes françaises.
   (b) les hommes français ne font jamais la vaisselle.

7. Les actions de Jill et Dick sont probablement motivées par…
   (a) le désir d'être aimables.
   (b) la curiosité.

For people whose homes are essentially open to any and all persons, it may seem strange to think of homes in which kitchens, studies, bedrooms, etc., are "off limits" to all but close family members. However, to French people, who tend to have a more clearly delineated sense of boundaries and to make a more clear-cut distinction between an inner circle of family and extremely close friends and an outer circle of acquaintances or outsiders, this seems perfectly logical. It all depends on one's cultural perspective.

Réflexion

Essayez de trouver la source du malentendu culturel (*cultural misunderstanding*) en répondant aux questions suivantes.

1. Comment expliquer les actions de Dick et Jill? Pourquoi sont-ils allés avec Pierre et Jeanne dans le bureau et dans la cuisine? Parce qu'ils désirent être polis? Parce qu'ils sont curieux?

2. Quelles sont les réactions de Pierre et Jeanne? Quels mots et quelles phrases montrent leur surprise? Leur choc? Comprennent-ils les raisons de leurs invités?

3. Quel est le faux pas de Dick et Jill?

4. À votre avis, Dick et Jill sont-ils conscients de leur erreur? Pourquoi (pas)?

 À vos stylos

À vendre

Vous désirez vendre votre maison familiale ou l'appartement de vos parents au centre-ville. Rédigez (*write*) une description complète pour l'agence immobilière. Vous désirez informer, bien sûr, mais aussi insister sur les points positifs et ne pas parler des inconvénients.

1. Prenez des notes pour décrire (*describe*) votre habitation. Utilisez des mots de vocabulaire présentés dans ce chapitre. Révisez les Contextes des Étapes 1 et 2 avant de commencer.
   - type d'habitation
   - situation
   - nombre de pièces
   - confort (lave-vaisselle? ascenseur? etc.)
   - détails pratiques (avec garage? grande terrasse? balcon? etc.)
   - un détail original (près du musée, etc.)
   - avantages (vue sur jardin? proximité du parc/métro, etc.)

2. Réfléchissez et transformez vos notes en phrases complètes. Organisez vos idées pour créer un texte intéressant et cohérent. N'oubliez pas une phrase d'introduction et une phrase de conclusion.

3. Recopiez votre texte et plus tard relisez-le (*reread it*) pour trouver et corriger certaines fautes de grammaire et d'orthographe.

MODÈLE: Particulier vend une jolie maison (un étage) avec un petit jardin près du Parc Fleuri. Il y a une chambre avec un grand balcon et deux chambres plus petites. La maison a 2 salles de bain (une avec Jacuzzi) et un W.-C. indépendant. La cuisine est moderne avec un four micro-ondes, un lave-vaisselle et un lave-linge. Il n'y a pas beaucoup de placards, mais ils sont grands! La maison a aussi un garage pour deux voitures.

Parallèles historiques
Les immeubles de la ville

À Paris, comme en province, l'immeuble fait partie depuis très longtemps du paysage urbain[1]. Ce bâtiment d'habitation de plusieurs étages comprend en général une belle façade sur la rue. Le rez-de-chaussée est parfois occupé par un magasin, sauf dans les quartiers très résidentiels. On entre dans l'immeuble par une large porte d'entrée, ou porte cochère. C'est au rez-de-chaussée qu'on trouvait hier le concierge et qu'on trouve aujourd'hui les boîtes aux lettres. Les appartements les plus beaux sont au premier et au deuxième étages. Aujourd'hui, on a transformé les anciennes chambres de domestiques dans les greniers[2] d'hier en studios. L'immeuble est souvent construit en U ou L autour d'une cour intérieure commune.

[1]urban space   [2]attics

You may ask the following true/false questions to check comprehension.

1. Cet immeuble a quatre étages.
2. La façade présentée donne sur la cour.
3. La vieille femme dans l'escalier est une des locataires.
4. La loge de la concierge se trouve au quatrième étage.
5. Les fenêtres sont plus hautes au premier et au second étage.
6. Il y a toujours des chambres de domestiques dans les greniers.
7. Cet immeuble est un immeuble moderne.

 ## Maintenant, je sais...

 ## À l'écran

Qu'avez-vous appris dans ce chapitre? Vérifiez vos connaissances sur chaque sujet et donnez des exemples précis.

1. Les notions d'espace, comme les notions de distance, ne sont pas toujours absolues et varient suivant les cultures.
2. On organise son espace d'après des facteurs concrets—par exemple, les dimensions du terrain où se trouve l'habitation—et des facteurs affectifs—par exemple, le désir de garder sa vie privée pour soi.
3. La présence de murs et de portes devant les maisons françaises indique-t-elle que les habitants sont froids, impersonnels et peu accueillants? Ou bien, indique-t-elle un besoin de protéger son intimité?
4. Quelles sont les meilleures traductions pour «maison» et pour «chez soi»?
5. La Belgique est un pays à la fois très jeune et très ancien. Quel est son régime politique? Quelle est sa capitale? Comment est-il possible de parler de la vocation internationale d'un très petit pays? Quelle est la situation linguistique en Belgique? En Wallonie?
6. En France, comme au Québec, la répartition des tâches domestiques est-elle très juste entre les hommes et les femmes?
7. En France, les relations avec les collègues de bureau sont-elles toujours aussi formelles que dans le passé?
8. Qu'est-ce qu'une banlieue? Quels types de banlieue existent en France?

Que disent vos amis francophones? N'oubliez pas de regarder la vidéo!

Give example: *Les Français tiennent à défendre leur intimité par une distinction très claire entre espace de réception et espace privé.*

Tous les mots

Expressions

à l'intérieur de	inside
au bout de	at the end of
au premier étage	on the second floor
au rez-de-chaussée	on the ground floor
Ça va mieux.	That's better.
chez soi	at home
de bonne heure	early
de bonne humeur	in a good mood
en haut de	at the top of
entre	between
Je tiens à (+ infinitif)	I am keen on, I insist on …
Je viens de (+ infinitif)	I have just …
la proximité de	the closeness of
plutôt … que	rather than
pour	for, in order to

Verbes

bricoler	to putter, to tinker
communiquer	to communicate; to connect with
convenir à	to be suitable for
défendre	to defend
descendre	to go down (stairs)
devenir	to become
dormir	to sleep
emménager	to move in
monter	to climb (to go upstairs)
montrer	to show
mourir	to die
naître	to be born
nettoyer	to clean
obtenir	to get, to obtain
partir	to leave
passer	to go through
ranger	to put in order; to tidy up
retourner	to go back
revenir	to come back, to return
sortir	to go out
tenir à	to want, insist on, to have one's heart set on (doing something)
tomber	to fall
venir	to come

Les tâches domestiques (domestic chores)

faire du bricolage	to putter, to tinker
faire les courses	to go shopping, to run errands
faire la cuisine	to cook
faire la lessive	to do the wash
faire le lit	to make the bed
faire le ménage	to dust, to clean
faire la vaisselle	to do the dishes

Verbes pronominaux

s'appeler	to be named, called
se brosser (les dents, les cheveux)	to brush (one's teeth, hair)
se calmer	to quiet down
se coiffer	to comb one's hair
se coucher	to go to bed
se dépêcher	to hurry
se déshabiller	to take off one's clothes
se disputer	to argue with each other
s'embrasser	to kiss (each other)
s'en aller	to leave, to go away
s'endormir	to fall asleep
s'excuser	to apologize
s'habiller	to get dressed
s'impatienter	to get impatient
se laver	to wash
se lever	to get up
se promener	to take a walk
se raser	to shave
se regarder	to look at each other
se réveiller	to wake up
se souvenir de	to remember
se téléphoner	to call each other on the phone

Noms

un arbre	tree
une armoire	wardrobe
un ascenseur	elevator
une baignoire	bathtub
la banlieue	suburbia
une barrière	fence, barrier
un canapé	sofa, couch
une chaîne stéréo	stereo system
une chambre	bedroom
un collègue/ une collègue	colleague
une commode	chest of drawers
le confort	comfort
un congélateur	freezer
un couloir	hallway
une cuisine	kitchen
une cuisinière	(cooking) stove
un deux-pièces-cuisine	one-bedroom apartment
une douche	shower

un escalier	*stairs*	le rez-de-chaussée	*ground floor; first floor*
un espace	*space*	un salon	*sitting room*
un étage	*floor*	un séjour	*living room*
une façade	*facade*	(ou une salle de séjour)	
un fauteuil	*armchair*	une salle de bains	*bathroom*
une fonction	*function, role*	une salle à manger	*dining room*
un four à micro-ondes	*microwave oven*	un tableau	*painting*
un frigo	*refrigerator*	une table basse	*coffee table*
un garage	*garage*	un tapis	*rug*
un gazon	*lawn*	un voisin/une voisine	*neighbor*
un hall d'entrée	*entrance hall*	une voiture	*car*
un immeuble	*apartment building*	un volet	*shutter*
un jardin	*yard, garden*	les W.-C. (m pl)	*toilets*
une journée	*day*		
une lampe	*lamp*	**Adjectifs**	
un lavabo	*sink*	clair	*light*
un lave-linge	*washer*	content	*happy, satisfied*
un lave-vaisselle	*dishwasher*	décoratif, -ive	*decorative*
un lecteur DVD	*DVD player*	divisé	*divided*
un lit	*bed*	fonctionnel, -elle	*functional*
un mur	*wall*	formel, -elle	*formal*
une pièce	*room*	individuel, -elle	*individual*
un placard	*closet, cupboard*	isolé	*isolated*
une porte-fenêtre	*patio door, French door*	privé	*private*

7

À table

CULTURES EN PARALLÈLES

Le moment des repas

CULTURES EN PARALLÈLES

Les plaisirs de la table

DÉCOUVERTES

◄ Chez soi, dans le jardin ou au restaurant, on se met à table avec plaisir et bonne humeur.

Arrêt à la sandwicherie...
on se depêche.

Le moment des repas

Que représente pour vous le moment des repas?
Indiquez vos priorités en ordre d'importance décroissante
(*in descending order*).

Le moment des repas c'est pour moi en priorité:

_____ l'obligation de manger

    a. le plus vite possible (*as fast as possible*)

    b. le meilleur marché possible (*as cheaply as possible*)

    c. d'une manière très diététique

_____ l'occasion de passer un moment

a. avec la famille   **b.** avec des amis   **c.** seul

_____ l'occasion de se reposer et de se détendre loin du lieu de travail

_____ l'occasion d'écouter les nouvelles du jour à la télévision

_____ l'occasion de découvrir de nouveaux produits et de nouvelles recettes

_____ l'occasion de sortir en ville

_____ Franchement je ne prends pas souvent de vrais repas: je mange quand j'ai faim et je bois quand j'ai soif!

Maintenant, comparez vos réponses en petits groupes. Quelles sont les réponses les plus fréquentes dans votre groupe? Dans votre classe? À votre avis ces réponses sont-elles typiques pour un groupe de votre âge, dans votre région avec un budget d'étudiant?

You may want to spend a few seconds explaining the idiomatic expressions *avoir faim* and *avoir soif* and to remind students not to substitute *être* when translating "to be hungry" and "to be thirsty." Remind them of the construction *Quel âge avez-vous? J'ai vingt ans.*

Prior to starting the new chapter, you may want to have students bring in (or supply yourself) photos of people eating. Have students indicate who the people are, where they are eating, how long the meal may last, and perhaps specify the occasion (birthday, business lunch, etc.). Using photos, help students discover and describe their own habits and those of others close to them. This approach should reveal a range of habits and customs that you can exploit to illustrate the diversity within North American society.

Before students fill out the questionnaire individually, you may wish to show it and go over it with the class (IRCD Image T07–01).

If you choose to skip this introduction, you may want to lead into this chapter by describing the photo(s) on the chapter-opening page. Use a question-answer approach: *Sommes-nous au restaurant ou à la maison? Qui est à table? Décrivez le couvert.*

LE MOT JUSTE

Expression	un produit *product*	boire *to drink*
seul *alone; only*	une recette *recipe*	se détendre *to relax*
	un repas *meal*	se reposer *to rest*
Noms		
le lieu de travail *workplace*	**Verbes**	**Adjectifs**
les nouvelles (f) du jour	avoir faim *to be hungry*	diététique *nutritionally sound*
breaking news	avoir soif *to be thirsty*	fréquent *frequent*

CONTEXTE

Les courses au supermarché

Les produits (m) **laitiers:**
le beurre, le fromage, la glace, le lait, le yaourt

La viande: la dinde, le bœuf, le porc, le poulet

Le poisson: le saumon, la sole, le thon

La charcuterie:
le jambon, le pâté, le saucisson

Les fruits (m):
les bananes (f), les cerises (f), les oranges (f), les poires (f), les pommes (f)

Les légumes (m):
les carottes (f), les haricots verts, les oignons (m), les pommes de terre (f), la salade, les tomates (f)

Les boissons (f):
la bière, l'eau minérale, le jus de fruit, le vin (rouge, blanc, rosé)

Les condiments (m):
la moutarde, le poivre, le sel

Les grains (m):
le pain, les pâtes (f), le riz, les céréales (f)

Une rencontre au supermarché

Dominique rencontre son amie Anne-Marie au supermarché.

ANNE-MARIE: Tiens, toi aussi tu as acheté du poulet?

DOMINIQUE: Oui, parce que tous les samedis (*every Saturday*) chez nous, on mange le même (*same*) menu: du poulet, des frites et de la salade, avec un fruit pour le dessert.

ANNE-MARIE: Ça c'est une très bonne idée, c'est un menu pratique et rapide! Et les enfants adorent toujours les frites (*French fries*)!

Est-ce évident?

Bien manger, une tradition toujours d'actualité

L'art de bien manger est un art français par excellence[1]. Et la bonne cuisine commence toujours avec les meilleurs produits, les plus frais possible. Traditionnellement, on a acheté ses produits chez les commerçants du quartier (voir Chapitre 4) et, une ou deux fois par semaine, au marché du quartier. Mais les habitudes changent. Aujourd'hui, les Français dépensent[2] moins pour manger. Ils vont une fois par semaine au supermarché pour acheter des surgelés[3] et des plats préparés[4]. (Mais beaucoup aiment toujours acheter leurs produits frais au marché.) Ils mangent moins de pain et consomment plus de boissons non alcoolisées (surtout de l'eau minérale). Ils achètent moins de vin, mais du vin de meilleure qualité. Et le nombre de repas pris au restaurant est en augmentation.

● Et chez vous, les habitudes alimentaires changent-elles? Comment?

[1]above all   [2]spend   [3]frozen foods   [4]take-out dishes

Il y a plus de 365 fromages différents en France! Choisissez le chèvre (*goat*) frais, le bleu, la tomme de Savoie ou encore le Pont l'Évêque. Bon appétit!

À votre tour

7–1 À quel rayon? (*In which department?*) Regardez l'illustration à la page 255 et à tour de rôle indiquez deux ou trois produits favoris à chaque rayon. Indiquez aussi quels produits vous n'aimez pas.

MODÈLE: É1: Au rayon viande, j'aime le bœuf et la dinde. Je n'aime pas le porc.

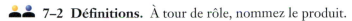 **7–2 Définitions.** À tour de rôle, nommez le produit.

1. une viande rouge (*red*)
2. une viande blanche
3. une autre viande blanche
4. un fruit exotique
5. On ne mange jamais un de ces fruits—plutôt une poignée (*rather, a handful*).
6. Le salami, par exemple, fait partie de cette catégorie.
7. Il y a le camembert, bien sûr, le brie et le bleu! Et beaucoup d'autres!
8. une boisson non alcoolisée, sans calorie, très populaire en France
9. une autre boisson non alcoolisée mais riche en calories
10. le beaujolais, le champagne en sont des exemples appréciés

7–3 Avez-vous compris? À tour de rôle, posez les questions suivantes et répondez-y (*answer them*).

1. Dominique a-t-elle acheté une ou deux sortes de viandes?
2. Pourquoi a-t-elle acheté cette viande?
3. Le samedi, le menu du déjeuner change-t-il souvent ou reste-t-il le même?
4. Le menu est-il simple ou compliqué?
5. Est-ce qu'il y a des fruits et légumes au menu? Justifiez votre réponse.
6. Le samedi, y a-t-il des pâtisseries, du fromage ou des fruits pour le dessert?

7–4 Préférences. D'abord faites une liste de vos préférences dans trois catégories: **j'aime bien, j'aime assez, je déteste.** Ensuite formez de petits groupes et comparez vos listes. Trouvez-vous des personnes avec des goûts (*tastes*) similaires?

MODÈLE: É1: Comme charcuterie, j'aime le pâté et le jambon.

        É2: Moi j'aime le saucisson.

      ou: Moi, je n'aime pas la charcuterie!

STRUCTURE

L'article partitif; révision de l'article défini et indéfini

- We can talk about food and drink in terms of general categories or in terms of quantities and portions.
- To make a statement about a general category of food or to say you like or dislike a category of food, use the *definite article*. Although there often is no article in comparable statements in English, the definite article cannot be omitted in French.

L'eau minérale est une boisson favorite.	*Mineral water is a favorite beverage.*
Les enfants adorent **les frites**.	*The children just love French fries.*
Nous aimons **le poulet** mais nous détestons **la salade**.	*We like chicken but we detest salad.*

- To talk about food or drink in terms of one or several whole units, use the *indefinite article*.

J'ai pris **un gros poulet** pour le déjeuner.	*I got a big chicken for lunch.*
On mange **un fruit** pour le dessert.	*We eat a fruit for dessert.*
Je vais acheter **des** bouteilles de vin.	*I'm going to buy several (some) bottles of wine.*
Garçon! **Un café** et deux coca, s'il vous plaît!	*Waiter, one (cup of) coffee and two colas, please!*

- Remember that the indefinite article becomes **de** (or **d'**) after a negative. Contrast:

—Tu **n'**as **pas** acheté **de** viande?	*You didn't buy any meat?*
—Mais, je n'aime pas la viande!	*But I don't like meat!*

It may be helpful to have students contrast *un, une, des,* "a," "some," representing a positive quantity, with *pas de,* "not any," expressing the quantity zero.

- To refer to a portion or an unspecified amount of an item that cannot be counted (often referred to as a mass noun), use the *partitive* article, which has the following forms:

masculine noun	feminine noun	noun beginning with a vowel sound
du lait	**de la** salade	**de l'**eau minérale

Note that the partitive article is often found in a specific context, for example, after verbs like **prendre, acheter, boire,** and **manger.** The partitive is also frequently used after expressions such as **avec, il y a, voici,** and **voilà.** It is not usually found at the beginning of a sentence, and never after the verbs **aimer** and **détester** and their synonyms.

Point out that *haricots* begins with an aspirated *h*, not with a vowel sound, so there is no liaison: *les haricots, des haricots* [le 'a ri ko] [de 'a ri ko].

Le lait est un produit laitier. J'aime **le** lait. Je prends **du** lait.	*Milk is a dairy product. I like milk. I am drinking some milk.*
Prépare un sandwich avec **du** pain, **du** jambon et **de la** moutarde.	*Prepare a sandwich with some bread, ham, and mustard.*

The partitive article, which may be translated as *some* or *any*, is usually omitted in English. In French, the partitive article may not be omitted. For the plural, use the indefinite article **des**.

On mange **du** poulet, **des** frites et **de la** salade.	*We eat (some) chicken, (some) fries and (some) salad.*
J'ai acheté **de la** viande.	*I bought (some) meat.*
Achetez **du** pain, **du** fromage et **du** vin.	*Buy (some) bread, (some) cheese and (some) wine.*

The partitive article, like the indefinite article, becomes **de** (or **d'**) after a negative.

J'achète **du pain**; je n'achète pas **de** salade.	*I'm buying bread; I'm not buying a head of lettuce.*
Il a pris **du** poulet, mais il n'a **pas** pris **de** salade.	*He ate (some) chicken, but he didn't eat (any) salad.*
Tu n'as **pas** acheté **de** jambon?	*Didn't you buy any ham?*

● Note that many nouns can be referred to as either a whole unit (with a definite or indefinite article) or in terms of portions (with the partitive). Contrast:

J'achète **un** poulet.   *I buy a (whole) chicken.*
Je prends **du** poulet avec **des** frites.   *I'll have some chicken with French fries.*

J'aime **le** fromage.   *I love cheese.*
Je mange **du** fromage.   *I'll have some cheese.*

J'aime **les** sandwichs. Prépare **un** sandwich avec **du** fromage!   *I love sandwiches. Prepare a sandwich with cheese!*

À votre tour

7–5 Le menu du déjeuner. Indiquez si vous prenez souvent au déjeuner les aliments (*foods*) de la liste ci-dessous.

MODÈLE: salade

     É1: Je prends souvent de la salade.

     ou: Je ne prends pas de salade.

Before beginning the exercises, you may want to go back to the *Contexte* dialogue and have students identify each article and explain its use.

> jambon / fromage / poulet / lait / yaourt / saucisson / frites / légumes / riz / pâtes / vin / jus de fruits / eau minérale / bœuf / spaghetti / haricots / thon / café

7–6 Quel menu choisir? Vous et votre partenaire avez invité des amis à dîner. À tour de rôle, vous proposez et vous décidez des idées de menu.

MODÈLE: le thon, la sole

     É1: Tu aimes le thon?

     É2: Non, je n'aime pas le thon.

     É1: Eh bien, on prend de la sole!

1. la dinde, le porc
2. les haricots verts, les carottes
3. les poires, les cerises
4. le vin, la bière

5. le fromage, le yaourt
6. les fruits, la glace
7. le jus de fruit, l'eau minérale

7–7 Surtout pas! Cette fois, à tour de rôle, vous refusez des idées de menu.

MODÈLE: comme poisson / le saumon

     É1: Comme poisson, on prend du saumon?

     É2: Ah non! Pas de saumon!

1. comme poisson / la sole
2. comme viande / la dinde
3. comme légumes / les pommes de terre

4. comme fruits / les cerises
5. comme boisson / la bière
6. comme dessert / le fromage

7–8 Texte à trous. Remplissez les blancs avec l'article défini, indéfini ou partitif.

MODÈLE: _____ saumon est frais. Je vais prendre _____ saumon.

— _____Le____ saumon est frais. Je vais prendre ____du____ saumon.

1. Chez nous, nous aimons _____ viande. Nous mangeons souvent _____ bœuf ou _____ poulet.

2. _____ porc n'est pas notre viande préférée, aussi nous n'achetons pas _____ porc.

3. _____ légumes sont nécessaires pour les vitamines et nous achetons _____ carottes, _____ haricots verts. Mais mon frère n'aime pas _____ tomates, alors il ne mange pas _____ tomates.

4. Nous adorons _____ fromage et nous prenons _____ fromage.

5. Au moment du dessert, nous ne mangeons pas souvent _____ pâtisseries. Nous aimons _____ fruits et nous mangeons _____ oranges, _____ pommes et, en saison, _____ cerises.

6. Après le repas, nous prenons toujours _____ café.

7–9 Prenez la parole. Regardez les photos et indiquez les ingrédients de ces plats du monde francophone.

MODÈLE: la salade niçoise (une salade: thon, tomates, haricots verts, olives)

É1: C'est une salade avec du thon, des tomates, des haricots verts et des olives.

la salade niçoise
(une salade: thon, tomates, haricots verts, olives)

la fondue (un plat du Jura français et suisse: fromage, vin blanc, pain)

la quiche lorraine (une tarte: œufs [*eggs*], crème fraîche, jambon, fromage, sel)

la bouillabaisse (une soupe de Marseille: poisson, crabe (m), tomates, aïl (m) [*garlic*])

la carbonade (une spécialité belge: bœuf, bière, carottes, oignons, sel et poivre)

le couscous (une spécialité nord-africaine: couscous (m) [*semolina*], viande, légumes, épices [*spices*])

la tarte à l'érable (un dessert canadien: fond de tarte (m) [*baked pie crust*], sirop d'érable (m) [*maple syrup*], crème fraîche, crème fouettée [*whipped cream*])

CONTEXTE

In order to give students initial practice in listening and speaking, you may want to start by examining the *Contexte* photos and their captions and pointing out the objects: *un bol de chocolat, du pain tartiné.*

You may wish to show the accompanying text and expand with personal questions: *Pour ton petit déjeuner, qu'est-ce que tu prends? Du chocolat? Du thé? Où est-ce que tu prends ton déjeuner? Combien de temps prends-tu pour déjeuner? Où va-t-on pour un déjeuner d'affaires? À quelle heure est-ce que tu dînes?* (IRCD Image T07–03).

Les repas de la journée

Sébastien, 9 ans: J'adore le petit déjeuner! Je bois un grand bol de chocolat. Et je trempe mes tartines de beurre et confiture dans ce grand bol. Parfois, Maman achète des céréales mais je préfère mes tartines!

Sabine, mère de famille: Pour nous, les adultes, le petit déjeuner est souvent un repas très léger, du café ou du thé et peut-être une biscotte. Pas d'œufs! Pas de jambon! Le dimanche, quand mon mari va acheter le journal, il achète aussi des croissants pour toute la famille.

Jacqueline, secrétaire: J'ai une heure pour déjeuner à la cafeteria et prendre un «bon petit café» après le repas. Certains collègues préfèrent avoir deux heures de libres pour sortir déjeuner à l'extérieur et rencontrer des collègues ou des clients.

Henri, ingénieur commercial: J'ai très souvent de longs déjeuners d'affaires au restaurant. C'est à la fois (*at the same time*) utile et agréable! Mais je mange un peu trop!

Le petit déjeuner à la maison

L'heure du déjeuner

You may have to explain again that a French *entrée* is more like our appetizers, and that our entrée is the *plat principal* or *viande garnie* (meat with vegetables or rice). You will find more on the subsidized *restaurants universitaires* in Chapitre 10.

Choco BN is a popular children's snack consisting of two large cookies held together by a chocolate layer.

Un grand bol de chocolat accompagné de fruits pour le goûter.

Sonia, mère de famille: À la maison, je prépare un déjeuner très simple pour moi et pour les enfants. Le menu typique c'est une entrée (*appetizer*), une viande garnie et un fruit, avec, bien sûr, un verre de vin pour moi!

Damien, étudiant: Le déjeuner, c'est le plus souvent un sandwich au café, peut-être avec une bière. Je préfère la restauration rapide (*fast food*) (pizza, hamburgers, etc.) aux restaurants universitaires.

Claire, 8 ans: À cinq heures, après l'école, je prends mon goûter à la maison. Je mange du pain et du chocolat et je bois du lait ou du jus de fruits. Mais je préfère quand maman achète des Chocos (*type of cookie*)!

Le dîner à la maison

Sabine, mère de famille: Mon mari finit sa journée de travail assez tard. Donc (*thus*) on ne dîne pas chez nous avant 19 h 30 ou même huit heures. Je respecte les traditions et notre dîner est un repas assez léger. On commence souvent avec de la soupe et je ne mets pas toujours de viande le soir.

Quand nous recevons des invités à dîner à la maison, on sert un repas plus riche, bien sûr, avec des vins fins (*fine wines*). Et les enfants mangent avant les parents!

LE MOT JUSTE

Expressions

à l'extérieur   *outside*
avant   *before*
peut-être   *maybe*

Verbes

boire   *to drink*
déjeuner   *to eat lunch*
mettre   *to put (here: to serve)*
recevoir   *to receive (guests, to entertain)*
servir   *to serve*
tremper   *to dip*

Noms

une biscotte   *melba toast*
un bol   *bowl*
le café   *coffee*
le chocolat   *chocolate, hot chocolate*
la confiture   *jam*
un croissant   *butter pastry*
le déjeuner   *lunch*
un déjeuner d'affaires   *business lunch*
le dîner   *dinner*
le goûter   *mid-afternoon snack*

un œuf   *egg*
le petit déjeuner   *breakfast*
la soupe   *soup*
une tartine   *buttered slice of bread, spread with jam*
le thé   *tea*
un verre   *glass*
une viande garnie   *main dish, meat and vegetables*

Adjectif

léger, -ère   *light*

Est-ce évident?

Manger, mais manger quoi? Manger quand?

Au Moyen Âge, on découvre en France les épices[1], arrivées d'Orient. Puis les légumes, le salami, les pâtes viennent d'Italie. Le continent américain offre les tomates, les haricots et plus tard la pomme de terre. L'Angleterre et la Hollande influencent le goût[2] pour la viande et le bifteck.

À l'origine, on prend le dîner, ou le repas principal de la journée, entre 11 h et 13 h, suivant[3] les saisons. Le repas du soir, plus léger, s'appelle le souper. Après la révolution (1789), le petit déjeuner du matin s'installe[4], le repas de midi devient le déjeuner et le repas du soir devient le dîner. Aujourd'hui, le succès de la restauration rapide change un peu les habitudes. Le dîner reprend de l'importance parce que c'est souvent le seul repas pris en famille.

● Quelles différences est-ce que vous remarquez dans la composition des repas et les heures des repas en France et dans votre pays?

La restauration rapide est un changement récent dans les habitudes alimentaires des Français.

[1]spices   [2]taste   [3]according to   [4]is established

You may want to add that in Québec, the names of meals still reflect past traditions: *le déjeuner* (breakfast), *le dîner* (lunch) and *le souper* (dinner).

À votre tour

7–10 Avez-vous compris? À tour de rôle, lisez les phrases ci-dessous et corrigez-les!

MODÈLE: É1: Sébastien préfère les céréales pour le petit déjeuner.

É2: Non, Sébastien préfère les tartines et le chocolat.

1. Les adultes prennent un petit déjeuner important.
2. Les déjeuners à la cafétéria prennent deux heures.
3. Aujourd'hui, les déjeuners d'affaires ne sont pas fréquents.
4. Pour un étudiant, le restaurant universitaire est la solution idéale.
5. Le menu du déjeuner est souvent compliqué.
6. Enfants et adultes prennent un goûter.
7. Le dîner est un très gros repas.

7–11 Les repas de la journée. À tour de rôle, donnez les renseignements (*information*) suivants. Basez vos remarques sur le *Contexte*.

MODÈLE: l'heure du petit déjeuner

É1: Le matin, avant de sortir de la maison

1. la composition du petit déjeuner (enfant)
2. la composition du petit déjeuner (adulte)
3. l'endroit où on prend le petit déjeuner
4. l'endroit où on prend le déjeuner
5. un menu typique pour le déjeuner
6. l'heure et la composition du goûter
7. l'heure et la composition du dîner

7–10 and **7–11** As students work on these activities, you may want to show the text of *Contexte 2* (IRCD Image T07–03).

7–12 You may wish to re-emphasize that after a negative *de* is the only possibility.

7–13 Et vous? À tour de rôle, partagez avec un partenaire la composition de vos trois repas de la journée. (N.B.: Je ne mange rien = *I don't eat anything*.)

MODÈLE: É1: Qu'est-ce que tu prends pour le petit déjeuner?

           É2: Pour le petit déjeuner, je prends des céréales. Je bois du lait mais je ne bois jamais de café.

7–13 Ressemblances et différences. Maintenant formez de petits groupes et comparez vos habitudes. Comparez l'heure des repas, l'endroit où vous prenez vos repas et la composition des repas. Résumez et partagez vos conclusions.

MODÈLE: Moi, je ne prends pas de petit déjeuner. Je déjeune à la cafétéria de l'université. Le soir, je fais la cuisine chez moi…

Plus tard: Dans notre groupe, trois personnes prennent le petit déjeuner…

STRUCTURE

Les verbes **mettre**, **boire** et **recevoir**

Les verbes **mettre** et **boire**

The irregular verbs **mettre** and **boire** are used frequently in talking about food and dining.

● The verb **mettre** has several equivalents in English:

to put or to place	Vous **mettez** du pain sur la table. *You are putting bread on the table.*
to serve, to propose something particular to eat	Elle **met** du poisson au menu. *She is serving fish.*
to set the table (**mettre la table**)	On **met** une belle table. *We set a pretty table.*

You may add *mettre* = to put or to wear something. See Chapitre 11.

Model pronunciation of *mettre* and have students repeat; point out that the distinction between the third-person singular and plural forms is once again made by the final consonant: [il mɛ] vs. [il mɛt].

mettre: *to put, to place*				
je	met**s**	nous	mett**ons**	j'ai **mis**
tu	met**s**	vous	mett**ez**	
il/elle/on	met	ils/elles	mett**ent**	

Je n'**ai** pas encore **mis** la table. Je vais le faire.	*I haven't set the table yet. I'm going to (do it).*
Tu **mets** de l'eau sur la table?	*Will you put water on the table?*
Je vais **mettre** du pâté en entrée.	*I'm going to serve pâté as a first course.*
Mettez la table, s'il vous plaît.	*Set the table, please!*

● Other verbs conjugated like **mettre** include:

admettre	*to admit, to accept*
permettre à … de + infinitif	*to permit or allow someone to do something*
promettre à … de + infinitif	*to promise someone to do something*

remettre	*to turn in or hand in something (a report); to put off or postpone*
se mettre à + infinitive	*to begin (to do something)*
se mettre à table	*to sit down at the table*
Je n'**admets** pas cette excuse.	*I do not accept this excuse.*
On ne **permet** pas aux enfants d'assister au dîner.	*One does not allow children to attend a dinner party.*
Il **promet** d'acheter des croissants.	*He promises to buy croissants.*
Le prof a **remis** l'examen.	*The professor postponed the exam.*
Sonia **se met** à préparer le repas.	*Sonia begins to prepare the meal.*
Mettons-nous à table!	*Let's go to the table!*

Point out that *se mettre à* and *se mettre à table* are pronominal verbs which require a reflexive pronoun for their conjugation. See Chapitre 6, p. 237.

- The verb **boire** means *to drink*.

boire					
je	bois	nous	buvons	j'ai **bu**	
tu	bois	vous	buvez		
il/elle/on	boit	ils/elles	boivent		

Model pronunciation of *boire* so students remember to pronounce *oi* as [wa] and point out the contrast [il bwa] vs. [il bwav].

Remind students they have also learned the verb *prendre* (see Chapitre 4, p. 153) which can mean *to eat* or *to drink*. Je *prends* une salade. (I'm having a salad.) Moi, je *prends* une bière. (I'm having a beer.)

Qu'est-ce qu'ils **boivent?**	*What are they drinking?*
Moi, je **bois** une bière. Et toi? Qu'est-ce que tu **bois?**	*I'm drinking a beer. And what about you? What will you have to drink?*

À votre tour

7–14 Les habitudes françaises. À table, il y a des habitudes spécifiquement françaises et d'autres plus internationales. Pour identifier ces habitudes, choisissez la forme convenable des verbes suivants: **boire, mettre, permettre, remettre**.

You may want to do some pattern drills as a warm-up activity. *Qui met la table? Dominique? Rémi et Perrine? Nous?* etc. *Les Rollin se mettent à table à 8 h. Tu? Je? Nous?* etc. *Pierre boit du café, Tu? Nous? Ils?* etc. *Nous avons bu du champagne. Je? Vous? Elles?* etc. *Rémi a mis la table. Tu? Nous? elles? On?* etc.

1. Quand on a des invités, on _____ une belle table.

2. Quand on célèbre un anniversaire, on _____ souvent du champagne.

3. En toute occasion, on _____ de l'eau minérale sur la table, mais on ne _____ pas toujours de beurre sur la table.

4. On ne _____ pas souvent aux enfants de se _____ à table avec les adultes.

5. On ne _____ pas de café pendant le repas, mais après.

6. Certaines personnes _____ encore (*still*) des cigarettes pendant le repas!

7. Les invités ne sont pas libres samedi prochain; on _____ le dîner pour une autre date.

7–15 Reproches. Est-ce que vous avez un/une camarade de chambre pénible (*tiresome*)? Quels sont vos reproches les plus fréquents?

MODÈLE: ne … jamais mettre sa chambre en ordre

—Il/Elle ne met jamais sa chambre en ordre.

1. promettre beaucoup de choses
2. ne pas admettre les opinions différentes
3. remettre toujours ses rendez-vous
4. se mettre à table après tout le monde
5. ne pas admettre ses erreurs
6. permettre tout à son chien
7. remettre les devoirs en retard
8. ne … jamais mettre la table

7–16 Ouf! C'est fini! Le/La camarade de chambre est parti(e), mais vous êtes encore furieux/furieuse et discutez ses habitudes passées. Ré-utilisez les suggestions ci-dessus ou votre imagination!

MODÈLE: ne … jamais mettre sa chambre en ordre

—Il/Elle n'a jamais mis sa chambre en ordre!

7–17 Qu'est-ce qu'on boit? Dans différentes circonstances et à des âges différents, on préfère des boissons différentes. Expliquez à tour de rôle.

MODÈLE: Votre petite sœur adore les oranges. (jus d'oranges)

É1: Votre petite sœur adore les oranges.

É2: Elle boit du jus d'oranges.

1. On est en retard, mais on prend un petit déjeuner «minimum». (café, thé)
2. Vous retrouvez des copains au café à 4 h de l'après-midi. (coca, café, jus de fruits)
3. On a besoin de calcium. (lait)
4. Des amis célèbrent un anniversaire. (champagne)
5. C'est l'été: il fait très chaud et vous avez fait du sport. (eau, jus de fruit, coca, bière)
6. On met du poisson au menu. (vin blanc)

7–18 Au menu. En petits groupes, partagez le menu idéal pour un déjeuner d'amis.

MODÈLE: Je mets une salade en entrée. Puis une viande avec des légumes. Au dessert, on mange un gâteau au chocolat (ma spécialité). On boit du coca ou de l'eau.

Le verbe **recevoir**

● In the context of this chapter, the verb **recevoir** means *to invite someone to one's home*, or *to have someone over*. In other contexts, it means simply *to receive, to get (a package in the mail, a diploma, a telephone call)*.

Remind students of the need for the *ç*: *c + a, o, u* = [k]; *c + e, i* = [s]. Model pronunciation and have students repeat. Point out the contrast [il rəswa] vs. [il rəswav].

recevoir			
je	reçois	nous	recevons	j'ai **reçu**
tu	reçois	vous	recevez	
il/elle/on	reçoit	ils/elles	reçoivent	

On reçoit souvent des amis le samedi soir.	*We often have friends over (on) Saturday evening.*
Pour mon anniversaire, j'ai reçu trois CD.	*For my birthday, I got three CDs.*
Samedi dernier, nous **avons reçu** une dizaine d'amis.	*Last Saturday, we had ten or so friends over.*

- Other verbs conjugated like **recevoir** include:

décevoir	*to deceive, to disappoint*
apercevoir	*to see, to notice*
Ce restaurant ne **déçoit** jamais ses clients.	*This restaurant never disappoints its customers.*
J'**aperçois** Pierre dans la foule.	*I see Pierre in the crowd.*

Ask students to transpose these examples into the *passé composé*.

À votre tour

7–19 Ça dépend. Complétez la phrase par la forme convenable du verbe **recevoir**. Puis, donnez l'équivalent en anglais, selon le contexte.

1. Quand on _____ une délégation officielle, on choisit bien le menu.
2. Vous _____ votre diplôme cette année?
3. Mes parents _____ souvent.
4. Quand mes amis voyagent, je _____ de jolies cartes postales.
5. Nous _____ beaucoup de courriels (*e-mail messages*).

You may start with substitution drills to warm up, in the present or *passé composé: Nous recevons souvent. Et vous? Et toi? Et vos parents?* etc.

7–20 Pas d'habitude. Mettez les phrases suivantes au passé composé pour montrer que ces événements ne sont pas habituels.

MODÈLE: Guy *ne reçoit pas* de bonnes notes. Le semestre dernier…

      É1: Le semestre dernier, il a reçu de bonnes notes.

1. On ne *met pas la table* à l'avance. Hier soir…
2. Je *reçois* le courrier (*mail*) après 8 h. Ce matin…
3. Le professeur ne *remet* pas l'examen. La semaine dernière…
4. Aujourd'hui ces acteurs *déçoivent* le public. L'année dernière…
5. D'habitude Dominique ne *boit* pas de café au petit déjeuner. Ce matin…
6. Nous ne *mettons* pas de viande le soir. Hier,…

 7–21 Prenez la parole. À tour de rôle, discutez en petits groupes certaines de vos habitudes et préférences. Par exemple, discutez les points suivants:

1. Quand vous recevez des amis, quel est votre menu préféré?
2. Quand vous allez au café, qu'est-ce que vous buvez?
3. Quand vous promettez quelque chose (*something*), est-ce que vous tenez vos promesses (*keep your promises*)?
4. Est-ce que vous permettez à vos amis de fumer (*smoke*) à table?
5. Est-ce que vous admettez des opinions différentes?
6. Est-ce que parfois, vos amis ont déçu votre confiance (*trust*)?
7. Est-ce que vous avez toujours remis vos devoirs à temps?
8. Est-ce que vous vous mettez toujours à table à midi ou est-ce que vous mangez un sandwich?

Audio script for *En direct*, Conversation 1:
Marc, veux-tu passer le sel à ta sœur? Mais voyons, tu as des manières impossibles! Bon, qu'est-ce que je disais… Non, Paul, ne reprends pas de pommes de terre une troisième fois! Cet enfant mange trop, c'est incroyable. Mais non, tu n'as pas faim, c'est impossible. Mange plus lentement. Marianne! Où vas-tu? Le repas n'est pas terminé. Reste à table, je t'en prie.

Audio script for *En direct*, Conversation 2:
—Eh bien, tu as décidé? Qu'est-ce que tu prends pour commencer?
—J'ai envie de prendre des carottes. Et toi! Tu as choisi?
—Moi, je prends toujours une tranche de pâté pour commencer. Ensuite, j'ai envie du poulet. Il est excellent ici.
—Moi, j'ai plutôt envie de poisson. Qu'est-ce qu'il y a comme poisson? Ah, une petite sole avec du riz. Mais qu'est-ce qu'on va prendre comme vin? Tu veux du rouge, certainement, et moi, avec le poisson, j'aime mieux le blanc.
—Alors, on commande une bouteille de rosé?
—Pourquoi pas? Ça me va très bien.

En direct

Quel est le contexte? You will hear two conversations. Before listening to each one, read the related questions. Then, listen carefully, focusing on the information requested, so you can answer the questions.

Conversation 1

1. The first conversation takes place
   a. in a restaurant.
   b. at the dinner table.

2. Marc is probably
   a. the son of the person speaking.
   b. the husband of the person speaking.

3. There are probably
   a. guests at the table.
   b. only family members.

Conversation 2

1. The second conversation takes place
   a. in a restaurant.
   b. at home.

2. Both people are going to have
   a. the same appetizer.
   b. a different appetizer.

3. Both people order
   a. chicken.
   b. wine.

1
2

It may work well to ask students to research on the Internet some facts about Bénin, before class. You can ask different teams of students to concentrate on specific questions: *Trouvez le Bénin sur une carte: Quels sont les pays voisins? (le Togo à l'ouest, le Burkina Faso et le Níger au nord, le Nigeria à l'ouest) Quelle est la capitale du Bénin? (Porto-Novo, capitale officielle, et Cotonou, capitale économique) Quelle est la date de l'indépendance? (1er août 1960) Quelle est la population du Bénin? (environ 7 millions d'habitants) Quelles sont les langues officielles? (Le français. On répertorie plus de 52 langues différentes.) Quelles sont les ressources du Bénin? (surtout agricoles, permettant l'autosuffisance alimentaire)* You may recommend these sites: **http://www.francophonie.org** or **http://www.guid.fr**

ÉTAPE

3

4

CONTEXTE

Un marché au Bénin

Before starting the *Contexte*, ask students what they expect to find at a market. Now, looking at the *Contexte*, what might they may find at the Adjara market? (1) *Des objets? Par exemple, des instruments de musique? Quels intruments?* (2) *Des produits fabriqués par les artisans des villages? Par exemple?* (3) *Des choses à manger? Donnez des exemples.* It may be useful to show the *Contexte* as you discuss it (IRCD Image T07–04). *Discutez l'atmosphère: est-elle plus ou moins formelle que l'ambiance des marchés chez vous? Comment?*

Micheline rentre d'un voyage au Bénin. Elle partage ses impressions du marché.

Le Grand Marché d'Adjara est un des marchés les plus intéressants au Bénin. Il est situé à 10 km à l'est de Porto-Novo, la capitale. Sur le marché j'ai trouvé une grande sélection de sculptures, de bijoux, d'instruments de musique (djembés [*African drums*] et tambourins décorés), de CD, de bicyclettes. J'ai acheté des étoffes variées. J'ai admiré un grand nombre de paniers (*baskets*) et poteries (*pieces of pottery*) (impossible à mettre dans mes bagages!). On vend aussi beaucoup de légumes et de fruits, des poissons séchés (*dried*)—et aussi des fétiches d'amour vaudous (*voodoo love fetishes*).

Au marché, il y a une super ambiance. Le parfum des épices est très fort (*strong*). On échange facilement des sourires (*smiles*). La conversation s'engage facilement. Quand vous achetez quelque chose, n'hésitez pas à marchander. En général, divisez le prix demandé par trois pour avoir le meilleur prix.

Enfin, mangez des brochettes de porc, les meilleures de tout le Bénin. Elles sont délicieuses!

Aux couleurs du marché, il faut ajouter aussi odeurs et sons (*sounds*).

Est-ce évident?

Allons au marché!

Revenons en France. Comme en Afrique, les marchés représentent une longue tradition. Les marchés prennent place deux ou trois fois par semaine dans les villes de France. Les marchands arrivent tôt pour monter leurs stands. Les clients arrivent tôt aussi, pour profiter de la plus grande sélection—et pour avoir le temps de rentrer à la maison préparer le déjeuner! Le marché ne dure[1] pas plus tard que midi parce qu'il est nécessaire de nettoyer immédiatement l'espace utilisé.

Il y a toujours beaucoup d'ambiance. Les marchands interpellent[2] les clients («Alors, ma petite dame, elles sont pas jolies mes tomates?»), font des cadeaux («Et voilà un bon kilo!»), discutent avec les habitués («Et votre mari? Il va mieux?»).

Certains jours, les marchés sont plus importants: les agriculteurs apportent leurs produits et des animaux (poulets, lapins[3]); on brade[4] des vêtements[5], des livres et des disques. Mais ne marchandez pas: le marchand serait[6] insulté!

Les produits frais attirent toujours beaucoup de monde.

● Dans votre région ou province, y a-t-il aussi des marchés? En quelle saison? Qui va au marché? Qu'est-ce qu'on achète là?

[1]lasts   [2]hustle   [3]rabbits   [4]liquidate   [5]clothes   [6]would be

LE MOT JUSTE

Expressions	marchander *to bargain*	une brochette *kebab*
facilement *easily*	prendre place *to take place*	des épices (f) *spices*
quelque chose *something*		une étoffe *piece of cloth, material*
	Noms	une sculpture *sculpture*
Verbes	un bijou (*pl.* bijoux) *a piece of*	
diviser par *to divide by*	*jewelry*	

À votre tour

7–22 Un inventaire. Quels sont les types de produits et objets en vente (*for sale*) au marché d'Adjara? Avec votre partenaire, complétez les catégories suivantes.

des objets artisanaux:	
des objets musicaux:	
des objets divers:	
des produits alimentaires:	

7–22 You may want to time the exercise *Un inventaire*, then share the model list below. Which group worked the fastest? How many pairs/groups found everything?

des objets artisanaux: sculptures, bijoux, étoffes variées, paniers, poterie.
des instruments musicaux: djembés, tambourins.
des objets divers: bicyclettes, fétiches d'amour vaudous, CD.
des produits alimentaires: légumes et fruits, poissons séchés, épices, brochettes de porc.

7–23 Enquête *(Poll).* En petits groupes, partagez vos habitudes et interrogez vos camarades. Plus tard, présentez un résumé de votre conversation au reste de la classe. Utilisez les suggestions ci-dessous et votre imagination!

MODÈLE: É1: Est-ce que tu vas au marché?

É2: Oui, j'aime aller au marché en été. J'achète des produits frais.

É1: Aimes-tu l'ambiance?

É2: Oui, il y a de la musique et j'aime être à l'extérieur. Et toi, est-ce que tu vas au marché?…

1. Est-ce que tu vas au marché?

a. Pourquoi oui: Aimes-tu aller souvent au marché? Aimes-tu l'ambiance? Aimes-tu les produits locaux et les produits très frais? Qu'est-ce tu trouves au marché? Tu aimes être à l'extérieur?

b. Pourquoi non: Le supermarché est-il plus rapide? Est-il plus moderne? Est-il peut-être plus propre? Tu préfères aller en voiture et rester à l'intérieur? Tu aimes utiliser ta carte de crédit? Tu fais un gros marché une fois par semaine?

2. Plus tard: le groupe des *oui* et le groupe des *non* partagent leurs raisons au tableau.

STRUCTURE

Expressions de quantité

● You have already learned several ways to indicate quantities:

—Using numbers:

J'ai acheté **trois** tomates.	*I bought three tomatoes.*

—Using the indefinite article:

Dominique a acheté **un** gros poulet.	*Dominique bought a big chicken.*
Je voudrais **des** bananes.	*I would like some bananas.*

—Using the partitive article:

Tu prends **de la** sole ou **du** saumon?	*Are you having sole or salmon?*
Il mange **du** bœuf aux carrottes.	*He is eating beef with carrots.*

● You can also indicate quantities using adverbs and adverbial expressions:

peu	*few, little*
assez	*enough*
beaucoup	*much, many*
trop	*too much, too many*
beaucoup trop	*far too much, far too many*
Tu bois du champagne? Oui, **beaucoup**… et peut-être **beaucoup trop!**	*Do you drink champagne? Yes a lot … perhaps way too much!*

Je vais prendre de la laitue, mais **peu.**	*I am going to buy lettuce, but just a little.*
—Voulez-vous des fraises?	*Do you want strawberries?*
—Une poignée, c'est **assez.** Un kilo! C'est **trop!**	*A handful, that's enough. A kilo! That's too much!*

When used with a noun, these expressions are linked to the noun with **de** (or **d'**):

Il y a **beaucoup de** beaux fruits et de légumes.	*There are lots of beautiful fruits and vegetables.*
Vous prenez **trop de** cerises.	*You take too many cherries.*
Nous ne mangeons pas **assez de** fruits.	*We don't eat enough fruits.*

● You can express quantity using general expressions of quantity, such as: **une sélection, une collection, une quantité.** When used with a noun, these expressions are linked to the noun with **de** (or **d'**):

Il y a **une grande sélection de** sculptures.	*There is a large selection of sculptures.*
On trouve **une collection d' étoffes.**	*One finds large quantity of pieces of cloth.*
J'achète **une quantité de** panniers.	*I am buying a number of baskets.*

● You can express quantity using nouns of quantity that indicate size, weight, volume, etc. When followed by a noun, these expressions are linked to the noun with **de** (or **d'**):

Le poids (*weight*)

un gramme de sel	*a gram of salt*
une livre de tomates	*a pound of tomatoes*
un kilo de haricots	*a kilogram of beans*

You may point out that *un kilo* is about 2.2 pounds.

Le volume

un verre d'eau	*a glass of water*
une tasse de thé	*a cup of tea*
un bol de chocolat	*a bowl of hot chocolate*
une bouteille d'eau minérale	*a bottle of mineral water*
un litre de lait	*a liter of milk*
une boîte de haricots verts	*a can of green beans*

Explain *un bol de chocolat:* hot chocolate and *café au lait* are drunk from large cups or bowls in France at breakfast or snack time.

Le nombre (*number*)

une douzaine d'œufs	*a dozen eggs*
une vingtaine de personnes	*a group of around twenty people*
une centaine d'euros	*about a hundred euros*

Quel marché: **une douzaine d'œufs, neuf boîtes de** haricots verts, **six bouteilles d'**eau minérale, **un kilo de** viande!	*What a shopping trip: a dozen eggs, nine cans of green beans, six bottles of mineral water, one kilo of meat!*

À votre tour

You may warm up with some fast drills asking students to specify the precise quantity they have or want to buy. *Qui achète du chocolat? beaucoup? peu? trop de chocolat? Qui achète des CD? beaucoup? assez? trop de CD? Qui a des amis? une dizaine? une vingtaine? des centaines d'amis?* etc.

7–24 You may encourage students to add their own comments.

7–24 Pas mal, mais… *(Not bad, but …)* Imaginez que vous et votre partenaire êtes au restaurant. Vous échangez vos opinions.

MODÈLE: la soupe (sel / trop)

      É1: Comment est la soupe?

      É2: Il y a trop de sel.

1. la viande (oignons / trop)
2. les haricots (beurre / pas assez)
3. la salade (tomates / peu)
4. la vinaigrette (moutarde / un peu trop)
5. la tarte (fruits / très peu)
6. le gâteau (chocolat / beaucoup trop)

7–25 You may need to specify that *g* is for *grammes* and that *1/2* is *un demi* (*verre/litre*).

7–25 À vos casseroles! Vous avez les ingrédients nécessaires pour préparer les plats suivants, mais quelles sont les proportions exactes?

MODÈLE: bœuf (700 g)

      É1: Du bœuf, oui, mais en quelle quantité?

      É2: Prends 700 grammes de bœuf.

1. Bœuf bourguignon
   bœuf (700 g); jambon (100 g); beurre (50 g); oignons (60 g); champignons (100 g); farine (*flour*) (30 g); vin rouge (1 verre); bouillon (1 verre)

2. Fondue
   fromage (500 g); vin blanc (1/2 litre); pain (un kilo)

3. Soufflé au chocolat
   lait (1/2 verre); chocolat (140 g); sucre (125 g); farine (5 g); jaunes d'œufs (6)

7–26 Ca suffit! *(That is enough!)* Avant d'aller au supermarché, regardez votre liste et discutez les quantités avec votre partenaire.

MODÈLE: haricots verts (3 boîtes)

      É1: Prenons des haricots verts.

      É2: Oui, prenons trois boîtes de haricots verts.

7–27 Prenez la parole. Faites une liste avant d'aller au marché, puis comparez votre liste avec les membres de votre groupe. Quelles sont les nourritures (*foods*) favorites de votre groupe? En quelle quantité?

des œufs (une douzaine)
des tomates (deux kilos)
du lait (un litre)
du gruyère (300 g)
de l'eau minérale (4 bouteilles)
du beurre (une livre)
du jus de fruits (trois bouteilles)

1
2
3

ÉTAPE

4

You may start with either the *Contexte* or the vocabulary presented in the illustration. If you start with the *Contexte*, you may wish to show the text and ask students how they get ready for a dinner party (IRCD Image T07–05). Introduce the expressions *décider d'une date, inviter des amis, choisir le menu et les vins, nettoyer la maison, bien sûr, faire le marché et enfin décorer la table. Est-ce que vous restez calmes ou bien est-ce que vous vous inquiétez (un peu)?*

Ask how they measure the success of the party: *Les invités apprécient le menu, les conversations sont intéressantes, on s'amuse bien, les invités restent tard?*

Point out that the *Contexte* is about a *un dîner bien réussi dans le passé*. Ask students if they can deduce the rules for the conjugation of a *verbe pronominal* in the *passé composé* from looking at the *Contexte*. What is the auxilliary?

Go back to the preparation of the dinner party by pointing out that the formality of a dinner party requires one to *mettre un joli couvert* and *respecter les bonnes manières.*

CONTEXTE

Un dîner bien réussi

Vous vous êtes décidé à recevoir des amis à dîner. Vous avez choisi le menu, vous vous êtes occupé(e) de choisir les vins, vous avez mis un joli couvert. Vous vous êtes (un peu) inquiété(e), bien sûr. Mais votre dîner s'est très bien passé. Vos amis se sont bien amusés. En fait, vos invités ne sont pas partis avant 1 heure du matin!

Bonnes manières

Pour demander quelque chose
(*to ask for something*):

Passe-moi/Passez-moi le/la/les… , s'il te/vous plaît. *Pass me the … , please.*

J'aimerais… *I would like …*

Je reprendrais bien un peu de… *I would love to have seconds of …*

Pour offrir quelque chose
(*to offer something*):

Encore un peu de…? *A little bit more … ?*

Reprends/Reprenez un peu de… *Have a bit more …*

Pour refuser quelque chose:

Merci, j'ai très bien mangé. *Thank you, I have eaten very well.*

Franchement, je n'en peux plus. *Frankly I can't eat any more, I am full* (familiar).

Pour faire des compliments au chef:

C'est délicieux! *It's delicious!*

Tu es/Vous êtes un vrai cordon bleu! *You are a superb cook!*

Ce repas est un vrai festin! *This meal is a real feast.*

Pour marquer la fin du repas:

Voulez-vous passer au salon? *Would you like to come into the living room?*

Un joli couvert

You may show the table setting (*Un joli couvert*, IRCD Image A07–03), and explain it in chronological order, always offering a choice to the students: *Quand je mets la table je commence avec une nappe ou une assiette? Puis je place les serviettes ou les couverts?* etc.

Dinner invitations are usually not made for earlier than 8 P.M. With the apéritif served first, the three-course dinner, and coffee and after-dinner drinks, a dinner party can indeed last a very long time!

You may wish to show the vocabulary box, *Bonnes manières* (IRCD Image T07–06). Point out the different registers (and variety of forms) within each category (offering, refusing, etc.). Teach individual items as functional vocabulary;

LE MOT JUSTE

Verbes

s'amuser *to have a good time*

se décider (à) *to make a decision* (regarding an action to be taken)

s'inquiéter *to worry*

mettre le couvert *to set the table*

s'occuper de *to take care of* (doing something)

se passer *to happen*

note the polite forms: *je reprendrais* and *j'aimerais*. (You may remind students of the polite formulas: *Je voudrais… Pourriez-vous…?*—see Chapitre 4, p. 147) Note the avoidance of a direct refusal when turning down a second helping (e.g., one doesn't say, *Non, merci*), and the preference for positive phrases (*J'ai très bien mangé*) over (perceived negative) responses such as "I'm stuffed, I'm full, I can't eat any more," etc. *Cordon bleu*, the name of a famous French cooking school, was originally the sash worn by the *Ordre du Saint Esprit* (Order of the Holy Spirit). It came to symbolize excellence in any field, but especially in cooking. After a formal dinner, coffee and after-dinner liqueurs are usually served in the living or sitting room.

Est-ce évident?

Les bonnes manières

Mettez-vous le couvert à l'américaine ou à la française? À la française, c'est mettre les fourchettes et les cuillères tournées contre[1] la nappe. C'est aussi servir la soupe dans une assiette à soupe. Placez le plus grand verre, le verre à eau, sur la gauche et le verre à vin à sa droite. Les membres de la famille placent leurs serviettes dans un porte-serviette personnalisé. Et, bien sûr, ne placez pas de tasses à café sur la table: Quittez la table après le repas et servez le café dans le salon.

Montrez vos bonnes manières en plaçant les mains sur la table, jamais sous la table. Si vous avez un problème, pour manger vos asperges[2], par exemple, observez et imitez vos voisins! Enfin, n'oubliez pas de remercier[3] vos hôtes deux ou trois jours plus tard avec un coup de téléphone ou une petite note.

● Avez-vous remarqué des différences de bonnes manières entre la culture française et la culture nord-américaine? Citez-en une ou deux. À votre avis, est-ce qu'il va être difficile de s'adapter à des coutumes françaises?

[1](here) facing   [2]asparagus   [3]thank

À votre tour

 7–28 Définitions. À tour de rôle, dites (*say*) à quel mot ou à quelle expression correspondent les définitions suivantes.

> une assiette à soupe / une fourchette / un verre / une cuillère / un couteau / une serviette / une nappe / mettre le couvert / une tasse

1. En France, elle remplace un bol pour manger la soupe.
2. Très utile pour y mettre de l'eau ou du vin.
3. On utilise ce couvert pour manger sa soupe.
4. Cet objet de taille (*size*) variée est nécessaire pour boire.
5. Attention: c'est un objet dangereux, mais indispensable pour couper (*cut*) la viande.
6. On couvre la table avec cet objet pour protéger la table mais aussi pour changer son apparence.
7. Ses dents permettent de porter la nourriture à sa bouche.
8. C'est très pratique pour nettoyer ses mains ou sa bouche.
9. C'est un synonyme pour «préparer la table pour un repas».

7–29 La réaction attendue *(The expected reaction).* Imaginez que vous êtes à table Qu'allez-vous dire, qu'allez-vous faire dans les situations suivantes?

MODÈLE: Vous désirez de la salade.

—J'aimerais un peu de salade, s'il vous plaît.

1. Vous avez besoin de sel.
2. Vous avez beaucoup aimé le bœuf aux carottes et vous désirez en avoir plus.
3. Vous offrez encore des pommes de terre à un invité.
4. Vous avez très bien mangé et vous refusez plus de salade.
5. Après le dessert, vous invitez vos amis à prendre le café.
6. Vous complimentez votre hôte/hôtesse sur le dîner.

7–30 Un peu d'organisation. Mettez en ordre chronologique les actions suivantes. Utilisez des phrases complètes. Qu'est-ce que vous faites d'abord?

> acheter des fleurs / faire le marché / mettre le couvert / s'amuser / s'habiller /
> acheter les vins / s'occuper du plan de table / se coucher / faire une liste
> d'invités / se décider à recevoir / choisir le menu

MODÈLE: D'abord nous nous mettons d'accord sur la liste des invités. Puis…

 7–31 C'est la fête! Quand vous recevez des amis, est-ce que vous préparez une fête très élégante ou plutôt décontractée *(relaxed)*? En petits groupes, expliquez comment vous recevez vos amis.

MODÈLE: Souvent je décide au dernier moment d'inviter des amis. Je fais vite le ménage,…

STRUCTURE

Les verbes pronominaux au passé composé

● All pronominal verbs are conjugated with **être** in the **passé composé:**

Vous vous êtes décidés à recevoir des amis.	*You made the decision to invite friends for dinner.*
Elle **ne s'est pas inquiétée.**	*She did not worry.*
Vos amis **se sont bien amusés.**	*Your friends had a great time.*

se lever	to get up		
je	me suis levé(**e**)	nous	nous sommes levé(**e**)**s**
tu	t'es levé(**e**)	vous	vous êtes levé(**e**)(**s**)
il/on	s'est levé	ils	se sont levé**s**
elle	s'est levé**e**	elles	se sont levé**es**

Remind students why *vous* can take four different forms in the *passé composé*.

In addition to qualifying the expression "In most cases," it may be enough for now to say that other cases where the past participle does not agree with the subject will be studied in Chapitre 9.

● In most cases the past participle agrees in number and gender with the subject, as in the conjugation of **se lever**. (With verbs of communication and exchange, there is no agreement: **ils se sont téléphoné, ils se sont souvent parlé, ils se sont donné leur adresse.**)

● In the negative, **ne** precedes the reflexive pronoun and **pas** follows the auxiliary verb:

se coucher to go to bed	
je **ne** me suis **pas** couché(e)	nous **ne** nous sommes **pas** couché(e)s
tu **ne** t'es **pas** couché(e)	vous **ne** vous êtes **pas** couché(e)(s)
il/on **ne** s'est **pas** couché	ils **ne** se sont **pas** couchés
elle **ne** s'est **pas** couchée	elles **ne** se sont **pas** couchées

Ils **ne** se sont **pas** couchés tôt.	*They did not go to bed early.*
Elle **ne** s'est **pas** inquiétée.	*She did not worry.*

● In inversion questions, the reflexive pronoun remains in its usual place before the auxiliary verb and the subject pronoun is placed after the auxiliary verb, to which it is joined by a hyphen. Note that inversion questions are almost never used with the **je**-form of reflexive verbs.

Remind students that questions formed with rising intonation and with **est-ce que** are by far the most common.

s'amuser to have a good time	
est-ce que je me suis amusé(e)?	**nous sommes-nous** amusés?
t'es-tu amusé(e)?	**vous êtes-vous** amusé(e)(s)?
s'est-il/on amusé?	**se sont-ils** amusés?
s'est-elle amusée?	**se sont-elles** amusées?

Vous **êtes-vous** levé tôt ce matin?	*Did you get up early this morning?*
S'**est-il** bien amusé à la soirée?	*Did he have a good time at the party?*

À votre tour

7–32 Un pas en arrière *(One step back)!* En petits groupes, ouvrez vos livres p. 233 et racontez à tour de rôle **la journée de Pierre Rollin.** Utilisez le passé composé.

MODÈLE: É1: Pierre s'est réveillé de bonne heure.

       É2: Il s'est levé tout de suite….

7–33 Un week-end réussi? Vous et un(e) camarade avez passé un week-end ensemble. Pourtant vos souvenirs sont bien différents.

MODÈLE: É1: On s'est levé tôt!

É2: Pas du tout! On ne s'est pas levé tôt!

1. On s'est couché tard!
2. On s'est réveillé tard!
3. On s'est fatigué!
4. On s'est impatienté!
5. On s'est disputé!
6. On ne s'est jamais reposé!
7. On ne s'est pas détendu!
8. On ne s'est pas bien amusé!

7–34 Un dîner réussi. À tour de rôle, racontez votre récent dîner.

MODÈLE: se décider à recevoir

É1: Mon ami(e) et moi, nous nous sommes décidés à recevoir.

1. se mettre d'accord (*to agree*) sur le menu
2. s'occuper du plan de table
3. s'habiller très formellement
4. s'amuser
5. se coucher à 2 h du matin
6. se lever tard le lendemain (*next day*)

7–35 Mais hier Notez qu' hier tout a été différent pour votre partenaire. Changez de rôle chaque fois (*each time*).

MODÈLE: É1: D'habitude, je ne me réveille pas à 7 h.

É2: Mais hier, tu t'es réveillé(e) à 7 h!

1. D'habitude, je ne me lève pas à 7 h.
2. Généralement, je ne m'habille pas avant le petit déjeuner.
3. Mes copains et moi, nous ne nous retrouvons pas au café après les cours.
4. D'habitude, je ne me dispute jamais avec mon co-loc (*roommate*).
5. En général, je ne m'inquiète pas avant un examen.
6. D'habitude, je ne me couche pas tard.

7–36 Prenez la parole. À tour de rôle, discutez avec votre partenaire une de vos mésaventures (*personal misfortunes*) récentes, par exemple un dîner ou une soirée pas réussie, une dispute avec un copain, un problème au travail. Votre mésaventure est réelle ou inventée. Incorporez à votre histoire quelques (*some*) verbes pronominaux de la liste ci-dessous.

7–36 You may want to have a contest asking students to hear some of their classmates' stories and judge who had the worst misfortune. Don't forget a *prix de consolation*!

se réveiller / se lever / se coucher / se dépêcher / se disputer / s'impatienter / s'inquiéter / se calmer / s'en aller / se coiffer / s'habiller / s'amuser / s'endormir / se fatiguer / s'impatienter / se détendre / bien (mal) se passer / se mettre à / s'occuper / se décider

MODÈLE: Hier, j'ai eu une très mauvaise journée. Je me suis réveillé(e) tard. Je me suis dépêché(e), mais je suis arrivé(e) au bureau en retard. Je me suis disputé(e) avec mes collègues.

Audio script for *En direct:*

JEAN-LOUP: Qu'est-ce que nous avons à boire?

MARC: Nous n'avons pas beaucoup de jus de fruits et il n'y a pas d'eau minérale.

JEAN-LOUP: Bon, alors je note: jus de fruits et eau minérale. Tu as regardé s'il restait des spaghetti?

MARC: Un paquet seulement. Ça n'est pas assez, n'est-ce pas?

JEAN-LOUP: Oh non! Nous avons besoin de trois paquets. Je marque: deux paquets de spaghetti.

JEAN-LOUP: Dis-moi, pour préparer ma sauce, j'ai besoin de cinq ou six tomates bien mûres. Combien de tomates est-ce qu'il reste?

MARC: Il en reste beaucoup! Mais nous n'avons pas de fromage.

JEAN-LOUP: Alors on va acheter du fromage. Est-ce qu'il y a des fruits?

MARC: Non! Achetons des bananes et une dizaine d'oranges.

JEAN-LOUP: Et puis je vais passer à la boulangerie prendre du pain.

Standard French has four nasal vowels, but many modern speakers only use three, systematically substituting [ɛ̃] for [œ̃]. You may choose to teach all four or only three.

En direct

Préparatifs. Jean-Loup and Marc are planning a dinner party. They agree on some things, but not on others. Listen to their conversation and make a list of the items they agree they need in the categories below (if they apply).

Boissons:	Jus de fruits, eau minérale
Epicerie générale:	deux paquets de spaghetti, fromage
Fruits et légumes:	bananes, oranges
Pain:	pain
Produits laitiers:	*not mentioned*
Dessert:	*not mentioned*

Phonétique

Les voyelles nasales: [ɑ̃] an, [ɛ̃] bien, [ɔ̃] on, [œ̃] un

• All the vowels you have studied so far are oral vowels. This means the air coming from the lungs goes out through the mouth, and the vowel is shaped by the lips, tongue, and position of the jaws. French also has nasal vowels which are produced by sending the air stream out through the nose and the mouth simultaneously. In English a vowel is nasalized whenever it precedes a nasal consonant, as in *can, wing, them, canyon*. In English, whether a vowel is oral or nasalized never affects meaning. In French, however, nasal vowels are often used to distinguish meaning. They are used contrastively with other nasal vowels, as in the pair **lent** [lɑ̃] and **long** [lɔ̃]. Nasal vowels in French also contrast for meaning with oral vowels, as in the pair **beau** [bo] and **bon** [bɔ̃], so it is important to learn to pronounce the nasal vowels correctly and also to be able to distinguish them when you hear them.

La voyelle [ɑ̃]

• This vowel is pronounced like the oral vowel [a] (see Chapitre 4, p. 166), except that the air flow escapes simultaneously through the nose. The vowel [ɑ̃] may be represented in writing by the following combinations:

an m**an**ger   **am** ch**am**pagne   **en** pr**en**dre   **em** cam**em**bert

• Important exceptions are the word **examen** (see below) and the verb ending **-ent**, as in **ils chant̄ent**.

A. Écoutez et répétez:

1. Bl**an**che est **am**bitieuse.
2. Arm**an**d est **en**nuyeux.
3. Les fraises du march**an**d t**en**tent la cli**en**te.
4. Le Super-Gé**an**t est imm**en**se!
5. C'est un dîner élég**an**t; on pr**en**d du ch**am**pagne.
6. La fr**an**cophonie, c'est intéress**an**t!

La voyelle [ɛ̃]

• This vowel is pronounced just like the oral vowel [ɛ] (see Chapitre 4, p. 165), except that the air flow escapes simultaneously through the nose. The vowel [ɛ̃] may be represented in writing by many combinations of letters:

If you choose to teach only three nasal vowels, add *un*, l*un*di and *um*, parf*um* to this list.

in	**in**viter	**im**	**im**possible
ain	p**ain**	**aim**	f**aim**
yn	s**yn**thèse	**ym**	s**ym**pathique
ein	pl**ein**	**eim**	R**eim**s [r ɛ̃ s]
i, y + **en**	bi**en**, moy**en**		
é + **en**	lycé**en**, europé**en**		
o + **in** [wɛ̃]	m**oin**s, l**oin**, s**oin**		

B. Écoutez et répétez:

1. Ça fait combi**en**, ce v**in** itali**en**?
2. On prend le p**ain** sans beurre.
3. Le jard**in** est pl**ein** de cerises.
4. Vous avez **in**vité Hélène? Elle est très s**ym**pa.
5. C'est un repas s**im**ple mais délicieux.
6. C'est un lycé**en**.

B. If you are substituting [ɛ̃] for [œ̃], point out that the article *un* in items 5 and 6 will also be pronounced [ɛ̃].

La voyelle [ɔ̃]

• This vowel is pronounced like the oral vowel [ɔ] (see Chapitre 4, p. 166), except that the air flow escapes simultaneously through the nose. The vowel [ɔ̃] may be represented in writing by the letters **on:** b**on** or **om:** c**om**bien. However, **Monsieur** is pronounced [məsjø].

C. Écoutez et répétez:

1. Le saum**on**? C'est au ray**on** du poiss**on**s.
2. Monsieur Dup**ont**, le patr**on**, est c**om**pétitif.
3. Qu'est-ce qu'**on** met comme boiss**on**?
4. Ils **ont** adoré Ly**on**; il y a beaucoup de b**on**s restaurants.
5. **On** a renc**on**tré l'**on**cle Paul.
6. Sur le p**ont** d'Avign**on**, l'**on** y danse, l'**on** y danse.

La voyelle [œ̃]

• This vowel is pronounced just like the oral vowel [œ] (see Chapitre 4, p. 165), except that the air flow escapes simultaneously through the nose. The vowel [œ̃] may be represented in writing by the letters **un:** l**un**di or **um:** parf**um**. Many modern speakers substitute the vowel [ɛ̃] for [œ̃].

D. Écoutez et répétez:

1. Ces fraises ont **un** parf**um** irrésistible.
2. Il y a **un** examen l**un**di.
3. Il a les cheveux br**un**s.

● Note that when the letters **n, nn, m,** or **mm** occur between two vowels, they represent a nasal consonant which is pronounced, and the preceding vowel is oral. Compare and contrast the following:

ancien / ancie**nn**e   [ɑ̃ sjɛ̃] / [ɑ̃ sjɛn]

bon / bo**nn**e   [bɔ̃] / [bɔn]

campagne / a**m**i   [kɑ̃ paŋ] / [a mi]

voisin / voisi**n**e   [vwa zɛ̃] / [vwa zin]

impatient / i**mm**ense   [ɛ̃ pa sjɑ̃] / [i mɑ̃s]

un / u**n**e   [œ̃] / [yn]

● Note that the nasal vowels are frequently used contrastively, to distinguish meaning:

on / en / un	beau / bon	vos / vont
ton / temps	sa / sans	sans / sont
ta / temps	très / train	gras / grand
vais / vend	va / vent	attendre / entendre
vingt / vent / vont	faux / font	nos / non

CULTURES EN PARALLÈLES

Le guide Michelin est la bible du tourisme gastronomique en France. Consultez-le pour trouver les meilleurs restaurants (identifiés par trois étoiles) de France.

Les plaisirs de la table

Observer

A. Des Français discutent avec vous le concept de «la table»: les aliments que l'on mange, bien sûr, mais aussi le plaisir que l'on prend à partager ces bonnes choses si bien présentées. Lisez leurs remarques et décidez quelle est la signification de l'expression «les plaisirs de la table».

«Les plaisirs de la table? Eh bien, à mon avis, c'est trois choses: l'art culinaire, l'art de la table, et l'art de la conversation. L'art culinaire, c'est choisir les meilleurs produits, les préparer avec soin (*care*) et les présenter avec goût. L'art de la table, c'est présenter les objets de la table (nappe, serviettes, couverts, fleurs) d'une manière belle ou originale pour stimuler l'appétit. Enfin, l'art de la conversation, c'est apprécier le plaisir de se trouver autour d'une bonne table, d'échanger des idées dans une ambiance chaleureuse (*warm*) et conviviale.»

(Alain G., 45 ans, ingénieur)

«Il faut bien comprendre que les plaisirs de la table ne sont pas réservés à une élite sociale: chacun (*each individual*) les apprécie selon sa culture, selon son éducation et selon ses moyens (*financial means*).»

(Odile M., 36 ans, artiste et mère de famille)

«Pour moi, cette notion ne s'applique pas (*does not apply*) aux repas de tous les jours. La finesse (*refinements*) du plat et le temps nécessaire à sa préparation comptent pour beaucoup.»

(Laurent T., 50 ans, professeur d'université)

«Chez ma grand-mère les déjeuners du dimanche sont une vraie fête: une jolie table, des plats simples mais extrêmement bien préparés. Le déjeuner du dimanche est un moment de détente (*relaxation*) et de plaisir!—plaisir de partager de bonnes choses, bien sûr, plaisir de la conversation, et tout simplement, plaisir d'être ensemble.»

(Marie Josée F., secrétaire, 25 ans)

B. La définition des plaisirs de la table varie selon (*according to*) les individus. Travaillez en petits groupes et classez dans le tableau ci-dessous les mots et phrases associés à la notion des plaisirs de la table.

savoir-faire culinaire	dimension psychologique et sociale	dimension esthétique
on choisit les meilleurs produits	une bonne conversation	une belle présentation (le couvert et les plats)

You may want to give a few hints: Do les plaisirs de la table encompass only the food served and consumed (les aliments que l'on mange)? Does the way the food is presented play a role (la présentation de ces aliments)? What about the pleasure of sharing with family and friends good things beautifully presented in a convivial atmosphere (le plaisir de partager, avec famille ou amis, ces bonnes choses si bien présentées, dans une atmosphère conviviale)?

C. Avec votre groupe sélectionnez les trois photos du chapitre qui à votre avis résument le mieux (*the best*) l'attitude des Français sur le sujet des plaisirs de la table. Bien sûr, justifiez votre sélection.

Réfléchir

A. À votre avis la notion des «plaisirs de la table» existe-t-elle dans votre culture? Cochez (*check*) les phrases ci-dessous qui s'appliquent à votre situation (ou écrivez d'autres phrases!).

- Le savoir-faire culinaire:
- _____ La sélection des aliments prend beaucoup de temps.
- _____ On préfère des produits frais.
- _____ On préfère des produits tout préparés (*convenience food*).
- _____ On passe généralement beaucoup de temps à préparer les repas.
- La dimension psychologique et sociale:
- _____ Être à table est un moment de détente.
- _____ Être à table est une obligation.
- _____ Être à table est un moment familial habituel.

_____ On n'est pas souvent à table ensemble.

_____ Le moment du dîner est un moment convivial.

_____ Le repas est le plus rapide possible.

_____ Manger ensemble est au centre de la vie quotidienne (*daily life*).

_____ Manger ensemble est une attraction importante des réunions familiales.

• La dimension esthétique:

_____ On met le couvert dans la salle à manger.

_____ On ne met pas le couvert.

_____ On mange dans la cuisine.

_____ On mange sur un plateau (*tray*).

_____ On fait un effort tous les jours pour mettre une belle table.

_____ On fait un effort exceptionnel pour mettre une belle table.

B. Partagez vos conclusions en petits groupes. Les membres de votre groupe ont-ils les mêmes conclusions? Est-ce que la notion des «plaisirs de la table» existe dans votre groupe? Pourquoi, ou pourquoi pas?

Voyage en francophonie

Avec les camarades de votre groupe, faites l'inventaire des produits alimentaires typiques de votre pays adoptif. Quel est le régime typique des habitants? Avez-vous trouvé des recettes typiques à partager avec vos camarades?

Pour trouver un modèle, allez sur le site Web de *Parallèles* pour le Chapitre 7.

"Restauration rapide" sur un marché en Côte d'Ivoire

A Vous la parole You may wish to show the menu as you help students determine the overall organization of the meal by studying the menu and following the conversation with the waiter (IRCD Images A07–04 and A07–05). How does waiter begin?

What is the overall order of the conversation: *salutations, apéritif* (you may to discuss some aperitifs: *martini, whisky on the rocks, porto, pastis, kir, etc.), menu, entrée, viande ou poisson, salade ou fromage, dessert, boisson, l'addition.* Write on board *entrée, plat principal, salade/fromage, dessert;* and mention the types of food served for each. Explain the difference between the terms *carte* (menu) and *menu.* Point out that food terms on a menu are often fancier than those used in the grocery store or at the market: for example *une jardinière de légumes* is mixed vegetables. *Œufs mimosa* are deviled eggs.

When ready to call the waiter/waitress, one can ask: *s'il vous plaît?* and indicate he/she is is ready to order: *Je voudrais commander.*

DÉCOUVERTES

À vous la parole

Un dîner au restaurant

Brainstorm with the class to think of possible answers to give to the waiter.

Avec deux partenaires—le garçon ou la serveuse et votre invité(e)—jouez une scène de restaurant. Utilisez les menus ci-dessus pour commander le repas. D'abord regardez les menus et discutez votre sélection avec votre invité(e). Ensuite appelez le garçon (ou la serveuse) et commandez. (Le rôle du garçon ou de la serveuse est déjà donné!)

Menu 12.50€

au choix

Entrée

Pâté maison
ou Oeufs mimosa
ou Crudités

Plat principal

Rôti de porc pommes vapeur
ou Sole avec jardinière de légumes

Salade *ou* fromage

Desserts

Corbeille de fruits
ou Glace maison
ou Crème au caramel

Prix service compris,
vin et boissons
en sus

Menu 17.25€

au choix

Entrée

Quiche aux lardons fumés
ou Champignons à la
grecque

Plat principal

Pavé de saumon frais
sauce béarnaise
ou Filet de bœuf
aux champignons
ou 1/2 Langouste
froide mayonnaise

Salade verte
Plateau de fromage

Desserts

Corbeille de fruits
ou Oeufs à la neige
ou Profiteroles au chocolat

Prix service compris,
vin et boissons
en sus

—Bonsoir, Monsieur/Madame. Vous allez prendre un apéritif?

RÉPONSES:

Plus tard:

—Quel menu avez-vous choisi?

RÉPONSES:

—Très bien. Qu'est-ce que vous prenez en entrée?

RÉPONSES:

—Et ensuite, prenez-vous de la viande ou du poisson?

RÉPONSES:

—Prenez-vous de la salade ou du fromage?

RÉPONSES:

—Et comme dessert, je vous propose notre corbeille de fruits ou un dessert
  maison.

RÉPONSES:

—Et comme boisson?

RÉPONSES:

Plus tard:

—Un café, Monsieur/Madame?

RÉPONSES:

Lecture

Le Malade imaginaire

Travaux d'approche. Jean-Baptiste Poquelin, dit Molière (1622–1673), a commencé par être acteur et directeur d'une troupe en province. Très vite, il utilise son grand pouvoir (*power*) d'observation et son sens du comique pour écrire des farces et des comédies. Ses comédies sont parmi les meilleures du théâtre français.

Le public moderne continue à apprécier les comédies de Molière et ses personnages, qui sont souvent des symboles. Par exemple, Argan, le personnage principal du *Malade imaginaire*, est l'illustration parfaite d'un hypocondriaque. Dans *Le Malade imaginaire*, Molière se moque aussi des médecins de son temps et de la médecine en général.

«Il faut manger pour vivre et non pas vivre pour manger.» Molière, *l'Avare*

Ici, Argan consulte un grand professeur de médecine, qui est en réalité sa servante Toinette, déguisée (*disguised as a doctor*). Toinette a persuadé Argan que son médecin habituel a fait une erreur de diagnostic et qu'il souffre du poumon (*has a lung problem*). Argan accepte ce diagnostic fantaisiste qui ne correspond pas à ses symptômes. Il accepte aussi de changer son régime (*diet*).

Quand vous lisez ce passage, considérez les aspects comiques de la situation. Le «grand médecin» est en réalité la servante du malade. Les «symptômes» d'Argan sont des réactions normales. Et les conseils de Toinette—malgré (*in spite of*) des exclamations en latin approximatif—relèvent plutôt (*have more to do with*) du bon sens que de la médecine!

Acte 3, Scène 10

°pains / °belly
°like colic

> ARGAN: Et quelquefois il me prend des douleurs° dans le ventre°, comme si c'étaient des coliques°.

> TOINETTE: Le poumon. Vous avez appétit à ce que vous mangez?

> ARGAN: Oui, monsieur.

> TOINETTE: Le poumon. Vous aimez à boire un peu de vin?

> ARGAN: Oui, monsieur.

°feel a bit drowsy, sleepy

> TOINETTE: Le poumon. Il vous prend un petit sommeil° après le repas, et vous êtes bien aise de dormir?

> ARGAN: Oui, monsieur.

> TOINETTE: Le poumon, le poumon, vous dis-je. Que vous ordonne votre médecin pour votre nourriture?

°soup

> ARGAN: Il m'ordonne du potage°.

> TOINETTE: Ignorant!

°poultry

> ARGAN: De la volaille°.

> TOINETTE: Ignorant!

ARGAN: Du veau°.   °*veal*

TOINETTE: Ignorant!

ARGAN: Des bouillons.

TOINETTE: Ignorant!

ARGAN: Des œufs frais.

TOINETTE: Ignorant!

ARGAN: Et, le soir, de petits pruneaux pour lâcher le ventre°.   °*prunes to relax the colon*

TOINETTE: Ignorant!

ARGAN: Et surtout de boire mon vin fort trempé°.   °*with lots of water in it*

TOINETTE: *Ignorantus, Ignoranta, Ignorantum*[1]. Il faut° boire votre vin pur, et,   °*you must*
pour épaissir° votre sang°, qui est trop subtil°, il faut manger de   °*thicken* / °*blood* / °here: *light*
bon gros bœuf, de bon gros porc, de bon fromage de Hollande;
du gruau° et du riz, et des marrons° et des oublies°, pour coller   °*grain porridge* / °*chestnuts* /
et congluriner°. Votre médecin est une bête. Je veux vous en   °*type of small waffles*
envoyer un de ma main°; et je viendrai° vous voir de temps en   °*to glue and bind*
temps, tandis que je serai° en cette ville.   °*of my choosing* / °*will come*
                                                                       °*as long as I shall be*

ARGAN: Vous m'obligerez beaucoup°.   °*I shall be much obliged*

[1]fake Latin for "ignorant" in the masculine, feminine, and neuter forms

Exploration

A. Avez-vous compris? Répondez aux questions suivantes.

1. Un malade a-t-il souvent de l'appétit?

2. Argan a-t-il de l'appétit?

3. La tendance d'Argan à dormir quand il a bu du vin est-elle anormale?

4. Est-ce que la soupe est un plat dangereux pour les malades?

5. La tendance à la constipation est-elle soignée par son vrai docteur?

6. Argan boit-il son vin sans eau?

7. Quel est le meilleur régime pour un malade: le régime d'Argan ou le
régime ordonné par Toinette?

B. Considérez les aspects comiques de la situation.

1. La situation: pourquoi est-elle ridicule? L'obsession illogique d'Argan est-
elle évidente?

2. Les personnages: de qui est-ce que Molière se moque? Comment?

3. Le diagnostic de Toinette: pourquoi provoque-t-il le rire (*laughter*)?

4. La satire sociale: comment est-ce que Molière parodie les médecins de
son temps?

Réflexion

Pour apprécier le comique d'une pièce de théâtre, il est préférable d'aller à une
représentation. Choisissez des volontaires pour jouer cette scène devant le reste
de la classe. En groupes, essayez de donner des conseils aux acteurs: Toinette
parle fort (*loudly*)? Elle est très près/très loin d'Argan? Elle parle vite? Elle fait
des gestes? Argan est-il timide? respectueux (*respectful*)? surpris?

À vos stylos

Critique gastronomique

Imaginez que vous êtes le/la journaliste chargé(e) de la rubrique sur les restaurants de votre ville. Décrivez et critiquez un de ces restaurants.

1. Avant d'écrire, prenez des notes à propos du restaurant: nom, adresse, numéro de téléphone, jours et heures d'ouverture; type de cuisine offerte (chinoise, américaine, italienne, française).

2. Parlez du menu: Y a-t-il un grand choix? Quelles sont les spécialités de la maison? Les prix sont-ils raisonnables? Qu'est-ce que vous avez essayé? Avez-vous beaucoup/peu apprécié les plats servis? Pourquoi?

3. Réfléchissez sur votre expérience dans l'ensemble: Quelle est votre impression générale? Le repas a-t-il été une expérience positive ou négative? Comment était le service?

4. Maintenant transformez vos notes en phrases complètes et organisez-les pour créer un texte intéressant. Commencez par donner des renseignements pratiques sur le restaurant. Dans un second paragraphe, discutez le menu et vos réactions, positives ou négatives. Dans un troisième paragraphe, donnez une recommandation.

5. Trouvez un titre (*title*) pour votre article. Relisez-vous!

Parallèles historiques
La poule au pot du bon roi Henri

Le roi Henri IV (1553–1610) est un des rois les plus célèbres de l'histoire de France. D'abord parce qu'il a mis fin aux terribles guerres de religion entre protestants et catholiques: en 1598, il a signé l'Édit de Nantes, permettant aux protestants de pratiquer leur religion.

Henri IV est aussi resté célèbre pour ses réformes économiques. La légende rapporte que parmi[1] les promesses du «bon roi Henri» à ses sujets, sa promesse de mettre sur leur table chaque dimanche une belle poule au pot lui a gagné le cœur[2] de tous pour les siècles à venir. L'allusion à **la poule au pot** reste un symbole de prospérité dans le discours des politiciens!

[1]among   [2]won the hearts

Even though King Henri IV was not subject to the vicissitudes of an electorate, he nevertheless felt it important to keep his subjects happy, especially in terms of basics. It is the same today; for example, recall President Hoover's Depression-time promise of "a chicken in every pot."

Vrai ou Faux?
1. Le «bon roi Henri» compte parmi les rois les moins célèbres et populaires.
2. Le roi Henri IV a mis fin aux cruelles guerres de religion.
3. Le document appelé l'Édit de Nantes donne la liberté aux protestants de pratiquer leur religion.
4. Les succès du roi Henri ont été en politique extérieure (internationale).

Maintenant, je sais...

Qu'avez-vous appris dans ce chapitre? Comment l'avez-vous appris? Vérifiez vos connaissances sur chaque sujet et donnez des exemples précis.

1. Supermarchés, marchés en plein air (*outdoor*) et boutiques traditionnelles co-existent dans la plupart des villes françaises.

2. On trouve beaucoup de choses différentes sur un marché africain.

3. Les heures des repas aussi bien que leurs compositions et leurs déroulements (*pace*) sont différents des deux côtés de l'Atlantique.

4. Mettre le couvert à la française est un peu différent que de mettre le couvert à l'américaine.

5. Vous avez découvert des plats régionaux, nationaux et internationaux (donnez des exemples).

6. L'expression «les plaisirs de la table» est une expression bien vivante (*alive*) dans la société française et n'évoque pas seulement l'action de se nourrir.

7. Vous avez appris qui est Molière, pourquoi il est célèbre et qui est *Le Malade imaginaire*.

 À l'écran

Que disent vos amis francophones? N'oubliez pas de regarder la vidéo!

Tous les mots

Expressions

à l'extérieur	outside
facilement	easily
peut-être	maybe
quelque chose	something
seul	alone; only

Expressions de quantité

un bol de	a bowl of
une boîte de	a can of
une bouteille de	a bottle of
une centaine de	about a hundred
une collection de	a collection of
une douzaine de	a dozen
un gramme de	one gram of
un kilo de	one kilo of
un litre de	a liter of
une livre de	a pound of
une quantité de	a quantity of
une sélection de	a selection of
une tasse de	a cup of
un verre de	a glass of
une vingtaine de	around twenty

Verbes

admettre	to admit
s'amuser	to have a good time!
apercevoir	to see, to notice
avoir faim	to be hungry
avoir soif	to be thirsty
boire	to drink
décevoir	to deceive, to disappoint
se décider (à)	to make a decision (regarding an action to be taken)
déjeuner	to eat lunch
se détendre	to relax
diviser par	to divide by
s'inquiéter	to worry
marchander	to bargain
mettre	to put, to place, to serve
~ le couvert/la table	to set the table
se mettre à + infinitive	to begin (to)
se mettre à table	to sit down at the table
s'occuper de	to take care of (doing something)
se passer	to happen
permettre	to permit, to allow
prendre place	to take place
promettre	to promise
recevoir	to receive (guests), to entertain
remettre	to turn in or hand in something (a report); to put off or postpone
se reposer	to rest
tremper	to dip

Noms

un bijou	item of jewelry
un bol	bowl
la cuisine	cooking, cuisine, kitchen
une étoffe	piece of cloth, material
le lieu de travail	workplace
les nouvelles (f) du jour	breaking news
un plat garni (une viande garnie)	main dish (meat and vegetables)
un produit	product
une recette	recipe
un repas	meal
une sculpture	sculpture

Les aliments (m) — (foods)

Les boissons (f) — (beverages)

la bière	beer
le café	coffee
le chocolat	(hot) chocolate
l'eau	water
l'eau minérale	mineral water
le jus de fruit	fruit juice
le thé	tea
le vin (rouge, blanc, rosé)	wine (red, white, rosé)

Les produits laitiers (m) — (dairy products)

le beurre	butter
le fromage	cheese
la glace	ice cream
le lait	milk
un yaourt	yogurt

Les légumes (m)

une carotte	carrot
des frites (f)	French fries
des haricots (m) verts	green beans
un oignon	onion
une pomme de terre	potato
la salade	salad
une tomate	tomato

Les fruits (m) — (fruits)

une banane	banana
des cerises (f)	cherries
une orange	orange
une poire	pear
une pomme	apple

La viande

la dinde	*turkey*
le bœuf	*beef*
le porc	*pork*
le poulet	*chicken*

La charcuterie

le jambon	*ham*
le pâté	*pâté*

Le poisson

	(fish)
le saumon	*salmon*
la sole	*sole*
le thon	*tuna*

Les condiments (m)

	(seasonings)
des épices (f)	*spices*
la moutarde	*mustard*
le poivre	*pepper*
le sel	*salt*

Divers

une biscotte	*melba toast*
une brochette	*kebab*
les céréales (f)	*cereal*
la confiture	*jam*
un croissant	*butter pastry*
un œuf	*egg*
le pain	*bread*
les pâtes (f)	*pasta*

le riz	*rice*
la soupe	*soup*
une tartine	*buttered toast with jam*

Les repas (m)

un déjeuner d'affaires	*business lunch*
le déjeuner	*lunch*
le dîner	*dinner*
le goûter	*mid-afternoon snack*
le petit déjeuner	*breakfast*

Le couvert

	(table setting)
une assiette (à soupe, à dessert)	*plate (soup plate, dessert plate)*
un couteau	*knife*
un couvert	*place setting*
une cuillère (à soupe, à dessert)	*spoon (soup spoon, dessert spoon)*
une fourchette	*fork*
une nappe	*tablecloth*
une serviette	*napkin*
un verre (à eau, à vin)	*glass (water glass, wine glass)*

Adjectifs

diététique	*nutritionally sound*
fréquent	*frequent*
léger, -ère	*light*

Bonnes manières; see page 273.

8

Des fêtes toute l'année

◁ Beaucoup de familles françaises célèbrent Noël avec un échange de cadeaux et un repas traditionnel servi sur une table décorée.

Notre calendrier

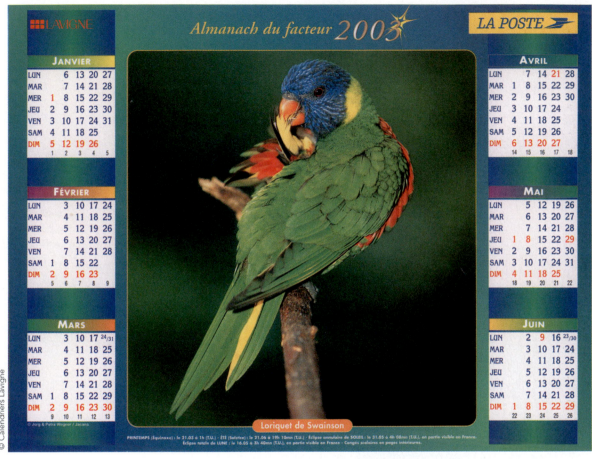

© Calendriers Lavigne

Ce calendrier, traditionnellement offert par les Postes et Télécommunications, trouve sa place dans beaucoup de familles françaises.

En petits groupes, étudiez un calendrier utilisé dans votre pays. Cochez (*check*) dans la liste ci-dessous les renseignements (*information*) donnés:

_____ le commencement et la fin (*end*) de chaque saison

_____ les jours fériés (où on ne travaille pas)

_____ les fêtes nationales

_____ l'anniversaire de personnes célèbres

_____ les fêtes religieuses

_____ des événements historiques

_____ certaines traditions

For example:
- *Un repère: il indique les jours et les semaines de l'année*
- *Un objet indispensable pour fixer une date: rendez-vous de dentiste, dates des vacances, fêtes nationales ou familiales*

You may want to explain that this calendar is an icon of French life. For several decades, mail carriers have personally delivered a *P et T* calendar to their customers to wish them a happy new year. It is customary in turn for the customers to offer their best wishes along with a tip to thank mail carriers for their devoted work. The calendars are very useful as they show school vacation dates, etc.

Objectives: (1) to sharpen students' sense of observation as they reflect on their own culture, and (2) to show that a household artifact as prosaic as a calendar can yield precious information about one's culture.

To introduce *Cultures en parallèles*, you may want to write on the board: *Pourquoi utilise-t-on un calendrier?* Brainstorm together or in small groups the different uses of a calendar and summarize the results on the board.

Provide or have students bring in different types of calendars prior to starting the *Cultures en parallèles*.

You may want to provide a sample answer for each category: *une nouvelle saison, la fête nationale du 4 juillet, la naissance de Martin Luther King, Noël, Kwanzaa, l'arrivée de Christophe Colomb, la Saint-Valentin, Hanukkah, etc.* As students work with their calendars to identify different types of holidays, you may want to show this list (IRCD Image T08–01).

Maintenant, formez trois groupes plus grands.

1. Le groupe 1 va faire une liste des fêtes religieuses: De quelle origine sont-elles? chrétienne? juive? chinoise? amérindienne? africaine? Ces fêtes sont-elles aussi des jours fériés?

2. Le groupe 2 va faire une liste des fêtes civiles qui sont aussi des jours fériés (c'est-à-dire des jours où on ne travaille pas): Quels événements ces fêtes célèbrent-elles? L'anniversaire d'un personnage important? L'anniversaire d'une découverte importante? L'anniversaire d'un événement important comme la fin des hostilités entre pays (une armistice)? Certaines fêtes célèbrent-elles plutôt (*rather*) un concept comme la fête du travail? le souvenir des morts?

3. Le groupe 3 va faire une liste des jours de fête qui ne sont pas toujours fériés (on travaille, hélas!) mais où on respecte certaines traditions.

Maintenant mettez au tableau, mois par mois, le calendrier qui touche tous les membres de votre classe (n'oubliez pas les vacances, l'examen final, la remise des diplômes). Puis décidez pour chaque mois quels sont les événements culturels qui définissent la culture nord-américaine.

Groupe 3 Point, for example, to St. Patrick's Day, Valentine's Day, April Fool's Day, Mardi Gras, Halloween, Mother's Day, etc.

If you are teaching a very homogeneous group of students, complete the calendar to reflect the diversity of the North American way of life. You may also want to personalize the calendar by listing students' birthdays. Go further by asking them which dates they write on their personal calendars: *Avez-vous noté certains événements de votre vie personnelle sur votre calendrier ou agenda? Votre anniversaire? L'anniversaire de vos copains? L'anniversaire de mariage de vos parents ou grands-parents? La date des vacances? Des examens?* Ask if everyone can agree that a calendar can be a personal and a cultural document: *Donc un calendrier c'est un document personnel, mais aussi une source de renseignements culturels.*

LE MOT JUSTE

Expressions	**Noms**	**Adjectifs**
chaque *each*	un calendrier *calendar*	amérindien, -enne *Native American*
mois par mois *month by month*	un événement *event*	civil *civilian*
Verbes	une fête *holiday, party*	juif, juive *Jewish*
célébrer *to celebrate*	une fête civile *nonreligious holiday*	religieux, -euse *religious*
définir *to define*	un jour férié *official holiday*	
	les morts (m) *the dead*	
	la remise des diplômes *graduation*	

You may start by asking students to take a close look at the calendar of the state or province in which they live to introduce both the theme and the vocabulary of the *Contexte*. You may ask questions such as: *Est-ce qu'il y a un calendrier riche en fêtes et festivals? Quand ces fêtes ont-elles lieu? Qui vient participer ou regarder? Qu'est-ce qu'on fait: y a-t-il des défilés?* (You may want to explain new words and write them on the board.) *Des concerts? Des bals publics? Des feux d'artifice? Des discours? Des pique-niques? Des manifestations sportives? Votre état a-t-il une bonne réputation d'hospitalité? Les gens ont-ils un esprit festif? À quelle(s) fête(s) ou célébration(s) est-ce que vous participez?*
Then you may want to show the *Contexte* and ask that students explore the text in small groups (IRCD Image T08–02).

CONTEXTE

Célébrations en Guadeloupe

La Guadeloupe a une grande réputation d'hospitalité et de convivialité. Les occasions de partager la joie populaire sont nombreuses. Grâce à (*thanks to*) l'esprit festif de ses habitants, la Guadeloupe a un calendrier qui est spécialement riche en fêtes et festivals. Vous êtes sûr de trouver un festival qui a un intérêt spécial pour vous. Par exemple, aimez-vous le poisson? Alors la fête de la mer et du poisson en avril est une fête obligatoire pour vous.

En août, assistez à la fête des Cuisinières. Après la grande messe célébrée en l'honneur de leur saint patron,

En Guadeloupe, en février de nombreux défilés marquent l'ouverture du Carnaval, et en mars les festivités recommencent au moment de la mi-carême (*Mid-Lent*).

ÉTAPE **1**
2
3
4

You may want to assign questions to groups such as: *Pourquoi le texte mentionne-t-il le poisson? Quelle fête célèbre-t-on en août? Quel héritage est-ce qu'on célèbre en mai et en novembre? Quelle fête ressemble un peu à notre Halloween? Pourquoi?*

You may want to share the story of Saint Lawrence. Lawrence was an early Christian martyr who was bound to a huge gridiron and roasted to death. His death signaled the conversion of Rome and the end of paganism in the city. He was one of the most popular and powerful saints of the Middle Ages. Generally pictured with a gridiron, he is recognized as the patron of cooks.

Saint-Laurent, les cuisinières défilent habillées de leurs plus beaux costumes et bijoux dans les rues de Pointe-à-Pitre. Après le défilé, un repas vous est offert.

Êtes-vous libre en mai? Le festival qu'on recommande est la fête de l'abolition de l'esclavage. Ce festival, qui a une grande importance culturelle, attire (*attracts*) beaucoup de participants. Si l'histoire de l'esclavage vous intéresse, n'oubliez pas de revenir en novembre. On célèbre Grap à Congo, une fête traditionnelle que les esclaves ont apportée avec eux d'Afrique. Et profitez de votre séjour en novembre pour célébrer aussi la Toussaint à la mode antillaise (*West Indian*) quand les villes et les cimetières s'illuminent pour éclairer leurs morts.

Est-ce évident?

Les Antilles françaises

La Guadeloupe et la Martinique sont des îles françaises dans la mer des Caraïbes. Leurs premiers habitants sont des Amérindiens et des Caraïbes venus d'Amazonie. L'arrivée de Christophe Colomb cause des combats[1] entre Caraïbes et Espagnols. Puis les îles sont prises par les Anglais, rendues aux Français, reprises par les Anglais, et enfin les Français s'installent. Ils établissent des plantations et sucreries[2] et importent plus de 3.000 esclaves africains. En 1848 l'esclavage est aboli[3]. Aujourd'hui, la Guadeloupe et la Martinique sont des départements français et leurs habitants sont des citoyens[4] français. Des problèmes économiques sérieux retiennent[5] les progrès d'un mouvement indépendantiste. Les Antilles françaises restent une terre[6] de traditions, nées de la rencontre de trois continents: Europe, Afrique et Asie (un grand nombre de travailleurs indiens sont venus des Indes au dix-neuvième siècle).

● Le tourisme est une ressource économique importante. Avez-vous des projets pour visiter ces îles? Pourquoi, ou pourquoi pas?

[1]fights [2]sugar refineries [3]abolished
[4]citizens [5]hold back [6]*here*: land

LE MOT JUSTE

Expressions

qui, que *which*
la Toussaint *All Saints' Day*

Verbes

apporter *to bring*
défiler *to parade*
éclairer *to light*

s'illuminer *to light up, glow*
profiter de *to take advantage of*

Noms

un cimetière *cemetery*
un cuisinier, une cuisinière *cook*
un défilé *parade*
l'esclavage (m) *slavery*

un esclave *slave*
l'esprit (m) festif *festive spirit*
l'hospitalité (f) *hospitality*
la joie *joy*
une messe *mass*

Adjectif

traditionnel, -elle *traditional*

À votre tour

8–1 Définitions. Indiquez quel mot va avec quel autre mot ou définition.

8–1, 8–2, 8–3 You may wish to show the *Contexte* as students work on these exercises (IRCD Image T08–02).

1. un défilé
2. l'esclavage
3. l'esprit festif
4. un cimetière
5. s'illuminer
6. assister à
7. profiter d'une chose (ou d'une personne)

a. la destination finale des morts
b. être un spectateur
c. un synonyme pour «joie de vivre»
d. une manifestation (*demonstration*) publique dans les rues, souvent avec musique, danses et costumes
e. prendre avantage de
f. un état de servitude involontaire
g. s'éclairer d'une manière spontanée et impressionnante

8–2 Exploration. Avec votre partenaire, établissez un calendrier des fêtes guadeloupéennes.

MODÈLE: É1: Pour un garçon qui s'appelle Laurent,…
  É2: Pour un garçon qui s'appelle Laurent, la fête de Saint-Laurent est en août.

1. Pour un amateur de poisson,…
2. Pour un gastronome,…
3. Pour un historien,…
4. Pour un folkloriste ou anthropologue,…

8–3 La version correcte. À tour de rôle, demandez à votre partenaire de répondre aux questions ci-dessous.

MODÈLE: É1: Les Guadeloupéens ont-ils un esprit festif?
  É2: Oui, les Guadeloupéens ont un esprit festif.

1. Il y a peu de festivals en Guadeloupe?
2. En avril, est-ce qu'on célèbre la fête de la mer et du poisson?
3. Est-ce que l'esclavage a existé en Guadeloupe?
4. En août, est-ce que ce sont les cuisiniers ou les cuisinières qui défilent?
5. Est-ce qu'il y une ou deux fêtes en novembre?
6. Un repas est-il offert le jour de la fête des cuisinières ou le jour de la Toussaint?
7. L'origine de la fête Grap à Congo est-elle africaine ou amérindienne?
8. Saint-Laurent est-il le saint patron des esclaves ou des cuisinières?

STRUCTURE

Les pronoms relatifs **qui** et **que**

● A simple sentence contains only one clause. Relative pronouns enable us to create complex sentences containing two or more clauses to provide additional information about people and things. Note how the relative pronouns **qui** and **que** are used to create complex sentences in the examples below.

Laurent est un martyr. Il est devenu le saint patron des cuisinières.	*Saint Lawrence is a martyr. He became the patron saint of cooks.*
Laurent est un martyr **qui** est devenu le saint patron des cuisinières.	*Saint Lawrence is a martyr who became the patron saint of cooks.*
Voici un calendrier. Ce calendrier est riche en festivals.	*Here is a calendar. This calendar is rich in festivals.*
Voici un calendrier **qui** est riche en festivals.	*Here is a calendar that is rich in festivals.*
Il y a un festival. Les esclaves ont apporté ce festival avec eux.	*There is a celebration. The slaves brought this celebration with them.*
Il y a un festival **que** les esclaves ont apporté avec eux.	*There is a celebration which the slaves brought with them.*

● In introducing additional information in the second clause, the relative pronoun refers back to a person or thing in the main clause. In the sentence below, the relative pronoun **qui** refers to the festival, **la fête de la mer**.

Nous allons à la fête de la mer, **qui** est un grand festival guadeloupéen.	*We are going to the festival of the sea, which is an important festival in Guadeloupe.*

● The relative pronoun also has a grammatical function in the clause it introduces. It functions as the subject (**qui**) or direct object (**que**) of the clause it introduces. In the first sentence below, the relative pronoun **qui** is the subject of the second clause. In the second sentence, the relative pronoun **que** is the direct object of the second clause.

C'est un calendrier **qui** est riche en festivals.	*It is a calendar that is rich in festivals.*
On célèbre un souvenir **que** les esclaves ont apporté avec eux.	*They celebrate a tradition which the slaves brought with them.*

● Always choose **qui** (*who, which, that*) as the subject of the clause it introduces. **Qui** may represent a person or a thing and is always immediately followed by a verb. The final **-i** is never elided.

C'est un festival **qui** a une grande importance culturelle.	*It is a festival that has great importance.*
Saint-Laurent est un saint **qui** est très populaire.	*Saint Lawrence is a saint who is very popular.*

● Choose **que** (*who, whom, that, which*) as the direct object of the clause it introduces. **Que** may represent a person or thing and must always be followed by a subject and a verb. The final **-e** is dropped before a vowel sound.

Ce pays a une hospitalité **que** vous n'allez jamais oublier.	*This country has a reputation for hospitality that you will never forget.*
Le festival **qu'**on recommande est la fête de la mer.	*The festival which is recommended is the festival of the sea.*

● Although relative pronouns are frequently omitted in English, this is never possible in French.

Un visiteur fait les choses **qu'**il aime.	*A visitor does the things (that) he loves.*

See Chapitre 9 for complete treatment of the past participle. Until then, only masculine singular antecedents for *que* will be found in exercises.

À votre tour

8–4 Des descriptions très complètes. À tour de rôle avec un partenaire, complétez les descriptions suivantes. Attention, **donnez un pronom sujet** au second verbe et conjuguez le verbe!

MODÈLE: Un historien? une personne / s'intéresser au passé

   É1: Qu'est ce qu'un historien?

   É2: C'est une personne **qui** s'intéresse au passé.

 1. Un folkloriste? une personne / respecter les traditions

 2. Un touriste? un individu / aimer les voyages

 3. Un esclave? une personne / ne pas être libre

 4. Un saint patron? un saint / donner sa protection à un groupe d'individus

 5. Les cuisiniers? des personnes / aimer faire la cuisine

 6. Un défilé? une manifestation / être publique

 7. Les fêtes? des célébrations / être pour tout le monde

 8. Les défilés? des personnes / marcher (*walk*) en groupe

8–5 Des détails intéressants. À tour de rôle avec un partenaire, faites une seule phrase pour apporter des détails supplémentaires.

MODÈLE: É1: C'est une messe. On célèbre *cette messe* en l'honneur de St-Laurent.

   É2: C'est une messe **qu'**on célèbre en l'honneur de St-Laurent.

 1. C'est un festival. On aime beaucoup *ce festival*.

 2. Voilà une tradition. On respecte *cette tradition*.

 3. L'esclavage est un état de servitude forcé. On a aboli *cet état*.

 4. Nous assistons au repas. Les cuisinières ont préparé *ce repas*.

 5. Les cuisinières portent des bijoux. On admire beaucoup *ces bijoux*.

 6. Ce sont des fêtes. On n'observe pas souvent *ces fêtes*.

 7. Ce jour-là on visite les cimetières. On illumine *les cimetières*.

 8. Grap à Congo est un festival original. Les esclaves africains ont apporté *ce festival* avec eux.

8–6 You may want to point out (again) that when the second verb immediately follows the blank, it is obviously in need of a subject!

8–6 Une classification. Complétez les phrases suivantes avec **qui** ou **que/qu'**.

MODÈLE: C'est un festival _____ a un intérêt spécial pour moi et _____ j'aime beaucoup.

É1: C'est un festival **qui** a un intérêt spécial pour moi et **que** j'aime beaucoup.

1. Le Carnaval en Guadeloupe est un festival _____ attire (*attracts*) beaucoup de gens.
2. La fête _____ on célèbre en mai est historique.
3. Il y a beaucoup de cuisinières _____ défilent dans les rues.
4. Le festival _____ nous apprécions le plus, c'est le festival de la mer.
5. Il y a un festival _____ les esclaves ont apporté avec eux.
6. La Toussaint est une fête _____ a son origine dans la religion catholique.
7. Les activités _____ ils choisissent ne sont pas les plus populaires.
8. On éclaire les cimetières _____ sont près des villes.

8–7 Prenez la parole. En petits groupes, partagez vos remarques sur des personnes ou des événements qui ont quelque chose de spécial (*something special*). Utilisez les suggestions ci-dessous ou votre imagination.

MODÈLES: J'ai un ami qui/que…

É1: J'ai un ami **qui** va au Carnaval.

É2: J'ai un ami **que** la Guadeloupe intéresse.

Le Carnaval est une fête qui/que…

É1: Le Carnaval est une fête **qui** est très amusante.

É2: Le Carnaval est une fête **que** j'aime bien.

Un(e) cuisinier(ère) est une personne qui/que…

Un festival est une fête qui/que…

La Guadeloupe est un endroit intéressant qui/que…

Il y a des traditions anciennes qui/que…

L'esclavage est un phénomène qui/que…

Au festival, on fait des photos qui/que…

Mes copains sont des personnes qui/que…

Les cimetières sont des endroits qui/que…

CONTEXTE

Deux familles martiniquaises bien différentes

Une famille de planteurs français

Rose Marie-Josèphe Tascher de la Pagerie (1763–1814) est née aux Antilles françaises dans une petite île de la Martinique. C'était la fille aîneé de Joseph Tascher et de son épouse Rose-Claire, propriétaires d'une petite plantation.

Joséphine est arrivée en France à l'âge de seize ans pour se marier avec le vicomte (*viscount*) Alexandre de Beauharnais. C'était la mère de deux enfants, Eugène et Hortense, quand son mari est guillotiné (*beheaded*) pendant la Révolution. Elle est emprisonnée, puis libérée. Elle devient l'une des femmes les plus connues à Paris. Elle rencontre Napoléon Bonaparte et ils sont mariés le 9 mars 1796. En 1804 elle devient impératrice (*empress*) des Français, mais Napoléon demande le divorce parce qu'elle n'a pas eu d'enfant. La femme que Napoléon a beaucoup aimée meurt (*dies*) en mai 1814 dans son château de la Malmaison.

Joséphine, impératrice des Français.

Une famille de travailleurs

Joseph Zobel (1915–), écrivain martiniquais, est l'auteur de *La Rue Cases-Nègres*, roman autobiographique que la cinéaste Euzhan Palcy a adapté pour le cinéma en 1983.

La Rue Cases-Nègres, c'est l'histoire d'un petit Martiniquais, José. Parce que ses parents sont morts, il habite avec sa grand-mère Amantine (M'man Tine). Elle continue à travailler dans les champs de canne à sucre pour assurer l'éducation de son petit-fils.

La famille de José, c'est M'man Tine, bien sûr. Mais dans la culture antillaise la famille de José ce sont aussi les enfants qui jouent dans la rue Cases-Nègres. Et c'est Médouze, le vieux sage du village, qui est une sorte de grand-père pour José. Médouze garde (*keeps*) la mémoire du passé et il parle à l'enfant de l'Afrique, des coutumes de ses ancêtres. Comme un grand-père, il aide José à trouver et établir ses racines.

La cinéaste Euzhan Palcy est reconnue aujourd'hui en Martinique, où un collège porte son nom, et dans le monde entier pour ses films: *La Rue Cases-Nègres, Une Saison blanche et sèche* (A dry white season) et *Siméon*.

Est-ce évident?

Retour en France: La famille aujourd'hui

En France, à l'époque de nos grands-parents, on se mariait souvent très jeune, et le jeune couple restait dans la région. Le père travaillait à l'extérieur, la mère restait à la maison. Les familles étaient souvent des familles nombreuses avec sept ou huit enfants. On passait beaucoup de temps en famille, on avait beaucoup d'oncles et tantes, cousins et cousines. Le divorce était assez rare.

Aujourd'hui on se marie plus tard et un couple sur deux à Paris (un couple sur trois en province) divorce. Le nouveau modèle de famille est la famille recomposée. Les parents ont divorcé, puis chacun[1] s'est remarié. Dans la nouvelle famille, il y a souvent les enfants du père, les enfants de la mère et les enfants de tous les deux.

● Est-ce que dans votre pays aussi, on rencontre de nouveaux modèles de famille? Est-ce que ces modèles sont bien ou mal acceptés par la société?

[1]each one

La famille traditionnelle n'est plus un modèle unique en France. Les familles recomposées sont aujourd'hui très nombreuses.

LE MOT JUSTE

Expressions

des champs (m) de canne à sucre
   sugar cane plantations
une famille recomposée   *blended family*
pendant   *during*

Verbes

adapter   *to adapt*
assurer   *to insure*

se marier (avec)
   to get married (to)

Noms

un/une ancêtre   *ancestor*
un/une cinéaste   *filmmaker*
une coutume   *custom, tradition*
un divorce   *divorce*
un écrivain, une écrivaine   *writer*
un époux, une épouse   *spouse*
une île   *island*

un oncle   *uncle*
un planteur   *plantation owner*
un propriétaire   *owner*
une racine   *root (of a plant); here, family roots*
un roman   *novel*
un sage   *wise man*
une tante   *aunt*

Adjectif

connu   *well-known, famous*

You may want to review and practice the family vocabulary before students start the exercises. For example, you may want to use Joséphine and José as one pretext for talking about/reviewing family relationships: Qui sont ses parents? Qui est son premier époux? José est le petit-fils de qui? etc. Then practice more peripheral relationships: Est-ce que vous avez des tantes? des cousins? etc.

À votre tour

8–8 ancêtre, divorce, enfant, épouse, famille, fille, grand-mère, grand-père, mari, marié, mère de deux enfants, parents, petit-fils, produire des enfants, racine, se (re)marier

8–8 Jeu: Le vocabulaire de la famille. Avec un (une) partenaire trouvez dans le **Contexte** tous les mots et expressions qui illustrent le concept de la famille. Qui va trouver les seize mots et expressions le plus vite?

8–9 Faisons connaissance *(Let's get acquainted)!* Associez chaque description à un (des) personnage(s): Joseph Zobel, José, Joséphine, Amantine, Médouze, Euzhan Palcy.

MODÈLE: É1: la mère de deux enfants?

É2: Joséphine

> un enfant de propriétaire / une grand-mère courageuse / un écrivain martiniquais / beaucoup de camarades dans le quartier / une femme mariée deux fois / travaille sur une plantation / un divorce / un homme sage / une cinéaste martiniquaise / un enfant de travailleur / la «mémoire» du passé / est allée en prison / deux artistes martiniquais / a des ancêtres africains

 8–10 Qui suis-je? Choisissez une nouvelle identité (Amantine, José, Joséphine, Napoléon, Médouze, le vicomte de Beauharnais, Euzhan Palcy ou Joseph Zobel) et racontez (très vite) votre histoire.

MODÈLE: Je m'appelle Alexandre, vicomte de Beauharnais. Je me suis marié avec une belle jeune fille de 16 ans, Joséphine. Nous avons eu deux enfants: Eugène et Hortense. Hélas, je n'ai pas eu une longue vie: Je suis mort sur la guillotine pendant la Révolution!

STRUCTURE

L'imparfait *(description)*

See Structure on p. 308 for *imparfait* expressing habitual or repeated past actions.

Emplois

- In Chapitre 5 you were introduced to the **passé composé**, which is used to tell what happened in the past. In this chapter, you will learn to use the **imparfait**, another past tense, to:

  —Describe the way things were or used to be in the past:

C'était la fille d'un planteur.	*She was the daughter of a plantation owner.*
On **se mariait** très jeune.	*People got married at a very young age.*

  —Evoke a past state of mind or attitude:

Amantine **aimait** beaucoup son petit-fils.	*Amantine loved her grandson dearly.*

Forme

- The *imparfait* is a simple tense consisting of a stem + endings. To find the stem, remove **-ons** from the **nous**-form of the present-tense verb, and add the imperfect endings, which are the same for *all* French verbs:

-ais	-ions
-ais	-iez
-ait	-aient

parler	
nous parlons → **parl-** (stem)	
je parlais	nous parlions
tu parlais	vous parliez
il/elle/on parlait	ils/elles parlaient

finir	
nous finissons → **finiss-** (stem)	
je finissais	nous finissions
tu finissais	vous finissiez
il/elle/on finissait	ils/elles finissaient

rendre	
nous rendons → **rend-** (stem)	
je rendais	nous rendions
tu rendais	vous rendiez
il/elle/on rendait	ils/elles rendaient

Point out that only **-ons** is removed from the **nous**-form of regular **-ir** verbs to form the imperfect stem, so **-iss** is present in all forms of the imperfect.

Point out that all French verbs have only three oral forms in the *imparfait*: stem + [ɛ], stem + [jɔ̃], stem + [je].

Pronounce all forms and have students repeat. Point out that liaison is obligatory after *on, nous, vous, ils, elles*. Then, have students give just the three oral forms without the subjects: [e tɛ], [e tjɔ̃], [e tje].

Point out that even verbs that are irregular in the present tense have regular formation in the imperfect: *faire → je faisais; partir → tu partais; offrir → il/elle/on offrait; prendre → nous prenions; venir → vous veniez; avoir → ils/elles avaient*. Have students give all three oral forms of each of these verbs.

Remind students that *c + a, o, u* = [k] and that *c + e, i* = [s], so the spelling change is not necessary in the **nous**- and **vous**-forms.

Remind students that *g + a, o, u* = [g] and that *g + e, i* = [ʒ], so the spelling change is not necessary in the **nous**- and **vous**-forms.

Have students give the three oral forms of *commencer* and *voyager*, so they hear that the pronunciation is consistent throughout each paradigm. Remind them that the spelling change is a way to represent that fact in writing.

You may want to have students listen to and repeat the contrast between the present tense forms and the imperfect: [nu ze ty djɔ̃] vs. [nu ze ty di jɔ̃]

● Only the verb **être** has an irregular stem in the *imparfait*: **ét-**

j' étais	nous étions
tu étais	vous étiez
il/elle/on était	ils/elles étaient

● Verbs whose infinitive ends in **-cer** and **-ger** have spelling changes in the **imparfait**, as they do in the present tense

-cer: add a **cédille** before all endings beginning with **a** (as you did before **o** in the **nous**-form of the present tense):

commencer   je/tu commen**ç**ais, il/elle/on commen**ç**ait, ils/elles commen**ç**aient

-ger: add **e** before all endings beginning with **a** (as you did before **o** in the **nous**-form of the present tense):

voyager   je/tu voyag**e**ais, il/elle/on voyag**e**ait, ils/elles voyag**e**aient

partager   je/tu partag**e**ais, il/elle partag**e**ait, ils/elles partag**e**aient

● Note that verbs like **étudier** have two **i**'s in the **nous**- and **vous**-forms of the **imparfait**:

nous étudions → stem = **étudi-**   nous étud**ii**ons, vous étud**ii**ez

The *imparfait* has several equivalents in English, depending on the context; for example, **je parlais** can mean *I spoke, I was speaking,* or *I used to speak.*

À votre tour

8–11 Corrections. Votre partenaire résume le **Contexte** mais fait beaucoup d'erreurs que vous corrigez.

MODÈLE: Joséphine / avoir deux frères (deux sœurs)

   É1: Joséphine avait deux frères.

   É2: Non, Joséphine avait deux sœurs.

1. Médouze / être le père de José (un sage du village)
2. Amantine / travailler à la maison (sur la plantation)
3. les enfants / jouer dans le parc (dans la rue)
4. Joséphine / être une femme modeste (une femme très connue)
5. Joséphine / être une princesse (une impératrice)
6. les ancêtres de José / habiter en Martinique (en Afrique)
7. Amantine / ne … pas réussir avec José (réussir très bien)
8. Médouze / ne … pas répondre aux questions (répondre toujours)

8–12 Quand j'étais petit(e) *(When I was little)*. Vous racontez à votre petit neveu comment se passait la fête du village quand vous étiez petit(e). Mettez les verbes à l'imparfait.

MODÈLE: C'(être) _____ comme un dimanche.

   C'était comme un dimanche.

Tout le monde (être) _____(1)_____ en vacances. Tous les magasins (être) _____(2)_____ fermés. Personne ne (travailler) _____(3)_____ un jour férié. Le matin, nous (aller) _____(4)_____ au village. Nous (écouter) _____(5)_____ de la musique militaire et des discours. Les parents (prendre) _____(6)_____ l'apéritif avec les gens du village. Ensuite *(then)*, nous (déjeuner) _____(7)_____ tard à la maison. Les grandes personnes (rester) _____(8)_____ longtemps à table. Les enfants (jouer) _____(9)_____ dans le jardin. Nous (attendre) _____(10)_____ le soir avec impatience. Après le dîner, nous (retourner) _____(11)_____ au village. Nous (regarder) _____(12)_____ le feu d'artifice *(fireworks)*. Puis les parents (danser) _____(13)_____ sur la place du village. Nous nous (coucher) _____(14)_____ très tard.

8–13 Il y avait une bonne raison! Vous avez remarqué l'absence de certaines personnes à la réunion familiale. Donnez une bonne excuse pour expliquer cette absence.

MODÈLE: toi

   É1: Tu n'étais pas là.

   É2: Bien sûr! J'étais malade.

1. notre cousin Serge   faire un voyage
2. Grand-père Mathieu   être à l'hôpital
3. notre oncle Charles   avoir trop de travail
4. notre cousine Camille   se préparer à des examens
5. nos grands-parents   se reposer
6. la sœur de Philippe   attendre une invitation
7. notre fille Chantal   finir un projet
8. vous   avoir des invités

Practice verb forms with pattern drills as a warm-up. Make sure that verbs from different groups are represented. *On raconte une histoire.* → *On racontait une histoire. Nous?* etc. *Médouze répond aux questions.* → *Médouze répondait aux questions. Vous?* Do the same with *Elle aide José. Il finit tard le travail. Tu es mariée. On va en Martinique.*

8–11 You may wish to show the Contexte as students do this exercise (IRCD Image T08–03).

8–14 Prenez la parole. Interviewez un (une) camarade de classe sur ses souvenirs d'enfance. Utilisez les suggestions ci-dessous ou votre imagination.

MODÈLE: Quand tu étais petit(e)…

habiter: où?

É1: Quand tu étais petit(e), où est-ce que tu habitais?

É2: Quand j'étais petit(e), j'habitais avec ma famille près de Chicago. Nous avions une grande maison. Le jardin était petit. Mon meilleur copain, qui s'appelait Mike, habitait en face. Nous avions des vélos. Nos jouions souvent au foot ensemble…

Quand tu étais petit(e)…

1. habiter: où? (logement, ville, état, pays)
2. être comment? (traits physiques et traits de caractère)
3. aimer l'école? aimer quelle(s) matière(s) (=*subjects*)
4. faire beaucoup de sport? pratiquer quel(s) sport(s)?
5. apprendre une langue étrangère?
6. jouer avec des cousins?
7. assister à des fêtes?
8. voyager avec tes parents?
9. avoir beaucoup de copains?

En direct

Un calendrier très chargé (*A full calendar*). Listen to Dominique Rollin describe a very hectic period in her life. Then, fill in, under the appropriate columns of the chart, the events that she indicates are scheduled for the months of September, October, November, and December.

mois	événements familiaux	événements professionnels
septembre	la rentrée des classes, le mariage de Stéphanie	
octobre		voyage à Paris, conference à New York
novembre	la Toussaint	
décembre	l'anniversaire de Perrine, le départ au ski, le soirée avec Marion et Robert	

CONTEXTE

Le calendrier familial

Quand on est membre d'une famille, on partage aussi «un calendrier familial»: anniversaires et fêtes des membres de la famille, réunions et événements divers qui donnent l'occasion de nombreuses célébrations. Ici, les membres de la famille Rollin parlent de leurs photos souvenirs:

L'anniversaire de Grand-mère (Rémi Rollin)

L'anniversaire de Grand-mère était toujours une journée spéciale. Il y avait beaucoup de préparatifs. On servait un gâteau géant. Grand-mère soufflait ses bougies. Puis elle ouvrait ses cadeaux. Bien sûr, on prenait toujours beaucoup de photos parce que tous les enfants et petits-enfants étaient réunis.

Souvenir d'étudiant (Pierre Rollin)

Voilà une photo d'une Saint-Sylvestre réussie. Quand j'étais étudiant, mes copains et moi faisions toujours une grande fête le 31 décembre. Nous nous réunissions chez un ami pour un réveillon traditionnel avec champagne, confettis et serpentins (*streamers*). Après, nous dansions toute la nuit dans une boîte à la mode. Les lendemains matins (*mornings after*) étaient un peu pénibles (*hard*). Heureusement nous n'allions jamais offrir nos vœux à Grand-mère avant 4 heures de l'après-midi!

Le baptême de Marie-Agnès (Dominique Rollin)

C'était le jour du baptême de ma nièce. Après la cérémonie religieuse nous sommes allés déjeuner chez mon frère. Nous avons pris des photos dans le jardin parce qu'il faisait très beau. Le déjeuner était superbe avec, pour finir, la traditionnelle pièce montée[1].

[1]**une pièce montée**: *traditional pyramid-shaped cake made of cream puffs held together by caramel*

You may want to read the introduction aloud, showing the *Contexte*: it explains the notion of a *calendrier familial* (IRCD Image T08–04).Then ask: *Est-ce qu'on prend beaucoup de photos à l'occasion d'une fête de famille? Qui prend les photos? Un photographe professionnel? Les membres de la famille?* Identify the events illustrated: *un anniversaire, un baptême, la soirée de la Saint-Sylvestre.* Then assign the three parts of the *Contexte* to different groups of students and ask them to list the activities accompanying each celebration. When each list is on the board, ask questions turning the list into complete sentences: *Souffler les bougies. Alors, qui souffle les bougies?*

Est-ce évident?

Les fêtes de famille, les fêtes de fin d'année

Beaucoup de cérémonies, qui ont à l'origine une composante[1] religieuse, comme les baptêmes, les mariages et même les enterrements[2] restent importantes même si les pratiques religieuses ont beaucoup diminué. Ce sont des occasions de réunir tous les membres de la famille. Comme toujours en France, ces célébrations sont accompagnées par un repas de fête. Certains desserts comme les pièces montées sont traditionnelles pour les baptêmes et mariages.

Noël, le 25 décembre, reste une fête familiale. Mais la nuit de la Saint-Sylvestre, le 31 décembre, est surtout[3] une célébration entre amis. Le dîner tard et festif s'appelle le réveillon avec, au menu, des huîtres[4] et de la dinde aux marrons[5]. Au dessert on sert une bûche de Noël[6]. Et bien sûr on boit du champagne. Pendant tout le mois de janvier on offre ses meilleurs vœux pour la nouvelle année et on souhaite[7] une Bonne Année aux amis et collègues.

Un mariage, civil ou religieux, est souvent une heureuse occasion de réunir les membres de la famille.

- Est-ce qu'il y a aussi dans votre région ou province des habitudes et des menus traditionnels pour les fêtes de famille et de fin d'année? Discutez ce sujet avec des camarades qui viennent d'autres régions ou provinces.

[1]component   [2]funerals   [3]especially, mainly   [4]oysters on the half shell   [5]turkey with chestnuts   [6]literally, a Christmas log; a cake shaped and decorated to look like a log   [7]wish

Que dire en toutes circonstances?

Toutes occasions: Félicitations! Meilleurs vœux!

Mariage: Meilleurs vœux de bonheur![1]

Anniversaire: Bon anniversaire!

Enterrements: Sincères condoléances.

Fête (*name day*)**:** Bonne fête!

Noël: Joyeux Noël! Joyeuses fêtes!

1ᵉʳ janvier: Bonne année!

[1]*happiness*

M. et Mme Louis Philippe

*adressent aux futurs époux leurs sincères félicitations et leurs meilleurs vœux.
Ils s'associent en pensée à leur bonheur.*

22, rue Balzac, Sury 42490   tél : 03 77 23 05 64

LE MOT JUSTE

Expression

la Saint-Sylvestre *December 31,*
the last day of the year

Verbes

offrir des vœux à *to offer best*
wishes to

se réunir *to gather*
souffler les bougies *to blow out*
the candles (on a birthday cake)

Noms

un baptême *baptism*
une boîte à la mode *"in"*
discotheque

un cadeau *gift*
un préparatif *preparation*
une réunion *reunion; meeting*
un réveillon *midnight supper*

À votre tour

8–15 Une famille traditionnelle. Faites une révision rapide du vocabulaire de la famille. Puis regardez la photo du baptême p. 305 et identifiez, à tour de rôle, les divers membres de la famille.

MODÈLE: É1: Voici la grand-mère, à droite de la mère.

É2: Ici, c'est peut-être un oncle…

8–16 Avez-vous compris? Avec un partenaire, distinguez quelle(s) célébration(s) accompagnai(en)t probablement chaque (*each*) fête: l'anniversaire de la grand-mère, la Saint-Sylvestre, le baptême. Notez qu'il y a plusieurs réponses possibles!

8–16 You may want to show the *Contexte* to assist students as they do this exercise.

MODÈLE: É1: Tous (*all*) les oncles et tantes venaient.

É2: Bien sûr, c'était l'anniversaire de Grand-mère!

ou: Bien sûr, c'était le baptême de Marie-Agnès!

1. La famille entière se réunissait.
2. On buvait du champagne.
3. On célébrait au restaurant ou dans une boîte.
4. Il y avait une cérémonie religieuse.
5. On dansait.
6. On dormait tard le lendemain.
7. On jetait (*threw*) confettis et serpentins.
8. On mangeait du gâteau.
9. On ouvrait des cadeaux.
10. On se réunissait dans la journée.
11. On sortait le soir.
12. On servait une pièce montée.
13. On soufflait des bougies.
14. Tous les amis et copains se retrouvaient (*got together*).

8–17 Et les fêtes chez vous? En petits groupes, racontez comment on célèbre les occasions suivantes chez vous. Utilisez les suggestions ci-dessous ou votre imagination.

MODÈLE: le jour de Noël

> É1: Chez nous, nous ouvrons les cadeaux en famille. Nous déjeunons chez mes grands-parents le jour de Noël.
>
> É2: Chez nous, Noël n'est pas une tradition. C'est juste un jour férié.

1. la Saint-Sylvestre
2. la fin de l'année scolaire
3. le mariage d'un cousin
4. l'anniversaire d'un copain
5. la fête nationale
6. une occasion de votre choix

offrir un cadeau	manger un bon gâteau
avoir une petite fête	jeter des confettis
inviter des amis	faire un pique-nique
souffler les bougies	recevoir toute la famille
manger au restaurant	boire du champagne
se réunir avec des amis	faire un réveillon
offrir ses vœux	danser

8–18 On s'informe. Informez-vous sur la famille et le calendrier familial de plusieurs camarades de classe. Demandez:

1. combien de personnes il y a dans la famille proche (*immediate family*)
2. combien de personnes il y a dans la famille entière
3. dans quel mois il y a le plus grand nombre d'anniversaires
4. quand la famille se réunit
5. quelles sont les célébrations importantes dans la famille (baptêmes, bar ou bat mitzvah, mariages, anniversaires, etc.)?

STRUCTURE

L'imparfait *(habitudes)*

- In **Étape 2**, you learned to use the *imparfait*:
  1. to describe the way things were in the past, the way they used to be:

Joséphine **était** mère de deux enfants.	*Joséphine was the mother of two children.*
Autrefois on **se mariait** très jeune.	*Formerly, people got married very young.*

  2. to describe a state of mind or attitude in the past:

Nous **étions** très heureux d'être au baptême.	*We were very happy to attend the baptism.*
J'**aimais** beaucoup ma tante Hélène.	*I loved my aunt Hélène very much.*

● The imperfect is also used to indicate habitual or repeated past actions. Often this aspect is emphasized by adverbs or adverbial expressions: **chaque année, chaque mois, chaque semaine** (*every year, month, week*), **toujours, souvent, comme d'habitude** (*as usual*), **le mardi** (*every Tuesday*), **tous les dimanches** (*every Sunday*).

Chaque année **il y avait** beaucoup de préparatifs pour l'anniversaire de Grand-mère.

Each year there were lots of preparations for Grandmother's birthday.

Nous **prenions** toujours beaucoup de photos.

We always used to take lots of pictures.

Tous les 31 décembre, mes copains et moi **faisions** une grande fête.

Every New Year's Eve my friends and I would throw a big party.

À votre tour

8–19 Qu'est-ce qui a changé? (*What is different?*) Comparez les week-ends habituels de votre enfance aux week-ends de vos petits frères et sœurs.

MODÈLE: Ils vont au cinéma tous les week-ends.

> É1: Nous, nous n'allions pas au cinéma tous les week-ends.
>
> *ou:* Moi, je n'allais pas au cinéma tous les week-ends.

1. Ils font du sport tous les jours.
2. Ils prennent le temps de visiter un musée le week-end.
3. Ils rendent visite aux grands-parents le samedi.
4. Ils vont à l'église tous les dimanches.
5. Ils écoutent de la musique tous les soirs.
6. Ils finissent les devoirs tous les jours.
7. Ils se promènent dans le parc tous les après-midi.
8. Ils font une randonnée à bicyclette le week-end.
9. Ils jouent à des jeux électroniques tous les jours.
10. Ils s'amusent beaucoup tout le temps.

8–20 Anniversaires. Interrogez votre partenaire sur ses souvenirs. D'habitude comment est-ce qu'il/elle célébrait les anniversaires quand il/elle était enfant?

MODÈLE: inviter la famille ou des copains

> É1: D'habitude, tu invitais (*ou:* vous invitiez) la famille ou des copains?
>
> É2: D'habitude, j'invitais (*ou:* on invitait; nous invitions; mes parents invitaient) des copains.

1. faire beaucoup de préparatifs
2. prendre beaucoup de photos
3. recevoir beaucoup de cadeaux
4. ouvrir tes cadeaux avec enthousiasme
5. souffler seul(e) les bougies du gâteau
6. choisir le gâteau
7. offrir des petits cadeaux à tes amis
8. regarder un film
9. aller au cinéma
10. jouer à des jeux amusants

Have different groups of students reread parts of the *Contexte*, identify the verbs in the *imparfait*, and explain their use. Ask the groups to share their remarks with the rest of the class.

8–19 You may suggest that students alternate between the *nous-* and *je-*form of the verbs.

8–21 Prenez la parole. Les fêtes en famille sont souvent très traditionnelles. Partagez avec un (une) partenaire les routines de votre dernière réunion de famille et vos propres (*own*) réactions (étiez-vous amusé(e)? étiez-vous content(e)? étiez-vous impatient(e)? étiez-vous furieux(se)?). Utilisez les suggestions ci-dessous ou votre imagination.

MODÈLE: C'était l'anniversaire de mon frère. Comme toujours, il pleuvait! Mais tout le monde était content. Il y avait un beau gâteau.

Parlez du lieu (*location*) et du temps: On allait où? Il faisait beau/chaud?

Parlez du menu: Est-ce qu'on mangeait/buvait toujours la même chose?

Parlez du gâteau: C'était toujours un gâteau au chocolat?

Parlez des invités: Qui était toujours absent? en retard? Qui prenait toujours des photos? Qui parlait trop? Qui buvait trop? Qui ouvrait les cadeaux? Qui dansait comme un fou? Qui agissait d'une manière amusante, stupide, etc.?

1
2
3

ÉTAPE

4

CONTEXTE

Autour du calendrier

You may want to show the *Contexte* illustrations without any text but the captions: *Le 14 juillet, les plus jeunes doivent demander des permissions exceptionnelles; Pour refuser une invitation, on trouve une excuse*; and *Pour organiser une fête, on doit être diplomate* (IRCD Images A08–02–A08–04). Focusing on the illustrations, ask students to determine what the dialogues are about. 1: *Qui sont les personnages: mère et enfant? À votre avis, quelle est la permission demandée? Est-ce que la mère donne la permission? À quelle(s) condition(s)?* 2: *Qui sont les personnages? Quel est le sujet de la discussion? Quelle est l'excuse donnée?* 3: *Quelle fête est-ce qu'on discute? Quels sont les projets? Qui invite-t-on? Est-ce très diplomate d'inviter Patricia? Pourquoi?*

Le calendrier offre beaucoup d'occasions à célébrer. Qu'est-ce qu'on peut faire? Examinez les choix discutés dans les dialogues suivants.

LOUIS: Est-ce que je peux sortir avec les copains ce soir?

PARENT: Pour faire quoi?

LOUIS: Mais, avec les copains, on veut assister au feu d'artifice!

PARENT: D'accord, mais tu dois rentrer avant minuit.

LOUIS: Pourquoi pas un peu plus tard? Une heure du matin? On veut aussi danser sur la place du village.

Le 14 juillet, les plus jeunes doivent demander des permissions exceptionnelles.

ANTOINE: Tu peux venir faire du ski avec nous ce week-end?

DENIS: Écoute, je dois aller dans ma famille. Ça va être bien difficile!

ANTOINE: Tu ne veux pas venir?

DENIS: Je voudrais bien, mais je ne peux pas! Peut-être une autre fois!

Pour refuser une invitation, on trouve une excuse.

ANAÏS: Qu'est-ce qu'on peut faire pour la fête d'Henri?

NATHALIE: On peut inviter Henri au cinéma et ensuite au restaurant!

ANAÏS: Alors, on doit inviter sa copine Patricia.

NATHALIE: Ça non! Henri et Patricia, c'est fini! Il ne veut pas sortir avec elle.

Pour organiser une fête, on doit être diplomate!

Est-ce évident? You may want to add: *À l'origine, la Chandeleur était une fête païenne de l'antiquité romaine pour célébrer l'arrivée du printemps. L'Église catholique a récupéré cette fête qui marque la présentation de l'enfant Jésus au temple. Aujourd'hui, on bénit les cierges (candles) pour rappeler que Jésus est la lumière du monde. Et le disque doré des crêpes est le symbole du retour du soleil.*

You might want to add: «Le Carnaval» *désigne non seulement la veille du Carême mais, souvent dès l'Épiphanie, toute une série de fêtes et festins.*

Est-ce évident?

Des fêtes et encore des fêtes

Certains Francophones choisissent de célébrer des fêtes non officielles. Par exemple: La fête d'un membre de la famille ou ami. Les jours du calendrier français sont attribués à des saints différents. Le 6 décembre, par exemple, on fête Saint-Nicolas et tous les[1] Nicolas et Nicole. En général on fait un très petit cadeau, on souhaite[2] «Bonne fête» et on partage peut-être un bon dessert.

L'Épiphanie, le 6 janvier, célèbre la visite des rois mages[3] à l'enfant Jésus, peu après Noël. C'est l'occasion de partager un gâteau spécial: la galette des rois!

Le 2 février, la fête de la Chandeleur, est l'occasion de faire et de manger des crêpes avec des copains.

La Saint-Valentin, c'est la fête des amoureux. Envoyez une carte, des fleurs ou des chocolats à votre petit(e) ami(e), fiancé(e), époux(se). Envoyez un bijou si vous êtes riche!

Le Carnaval? Allez à Nice, par exemple, où c'est une grande fête!

● Pour apprendre plus de choses sur ces fêtes et leurs variations régionales, faites des recherches sur l'Internet et partagez vos résultats.

[1]everyone named   [2]wish   [3]Three Kings

Je t aime

LE MOT JUSTE

Expressions

d'accord   *OK, all right*
ensuite   *then, next*
je peux?   *may I? can I?*
on veut   *one wants*
tu dois   *you must*

Verbes

devoir   *must*
pouvoir   *can, may*
vouloir   *to want*

Noms

un feu d'artifice   *fireworks*

une permission   *permission*

Adjectifs

diplomate   *diplomatic, clever*
exceptionnel, -elle   *exceptional*

À votre tour

8–22 Des excuses. À tour de rôle avec votre partenaire, faites les invitations ci-dessous, puis refusez ces invitations et donnez votre excuse préférée (à choisir dans la colonne de droite).

MODÈLE: sortir au cinéma avec des copains (étudier)

> É1: Tu veux sortir au cinéma avec des copains?
>
> É2: Je voudrais bien mais je ne peux pas. Je dois étudier.

1. faire une fête samedi	rendre visite à ma grand-mère
2. partir pour le week-end	préparer un examen
3. faire du bateau	nettoyer la maison
4. aller au concert	rester avec mon petit frère
5. décorer la salle de classe	faire le dîner
	aller au labo
	sortir avec mes parents

8–23 Je peux…? Sur le modèle du **Contexte**, vous et votre partenaire êtes à tour de rôle parent et enfant. L'un(e) de vous demande des permissions, l'autre répond oui ou non et donne ses raisons.

MODÈLE: sortir ce soir / rentrer avant minuit

> É1: Je peux sortir ce soir?
>
> É2: D'accord, mais tu dois rentrer avant minuit.

1. faire une promenade à vélo / être prudent (*careful*)

2. aller au cinéma / rentrer après le film

3. regarder un match à la télé avec des copains / faire tes devoirs avant

4. faire des courses avec les copains / nettoyer ta chambre avant

5. jouer au foot / étudier tes maths avant

6. avoir la voiture / laver la voiture avant

8–24 Situations. Avec un partenaire, inspirez-vous des mini-dialogues du **Contexte** pour créer de nouvelles situations. Présentez vos dialogues au reste de la classe.

Idées de situations:

1. Demandez une permission exceptionnelle, par exemple emprunter (*borrow*) la voiture d'un copain.

2. Organisez une fête, par exemple, un anniversaire.

3. Refusez une invitation, par exemple, prétextez une grande quantité de travail.

STRUCTURE

Les verbes **vouloir, pouvoir** et **devoir**

Les verbes **vouloir** et **pouvoir**

- Two French proverbs—"**Vouloir, c'est pouvoir**," and "**Je veux donc je peux**" (*Where there's a will, there's a way*)—express the link between the verb **vouloir** (*to wish or want*) and the verb **pouvoir** (*to be able, can, may*). **Vouloir** expresses desire or will; **pouvoir**, the ability or authorization to do something. Thus, **pouvoir** is also used to ask for permission.

- **Vouloir** and **pouvoir** have very similar conjugations:

Model pronunciation and have students repeat. Point out that these verbs each have four oral forms with three different vowels: [vø] and [pø], [vu lɔ̃] and [pu vɔ̃], [vu le] and [pu ve], [vœl] and [pœv]. Point out once again the contrast in the third-person forms: [il vø], [il pø] vs. [il vœl], [il pœv].

vouloir				
je	veux	nous	voulons	j'ai voulu
tu	veux	vous	voulez	
il/elle/on	veut	ils/elles	veulent	

pouvoir				
je	peux	nous	pouvons	j'ai pu
tu	peux	vous	pouvez	
il/elle/on	peut	ils/elles	peuvent	

- **Vouloir** can be followed by an infinitive, by the adverb **bien**, or by a noun. **Pouvoir** can be used alone or with an infinitive.

—Est-ce que je **peux** sortir avec les copains ce soir? On **veut** assister ensemble au feu d'artifice.	—*May I go out with my friends tonight? We want to see the fireworks together.*
—Julien, tu **peux** acheter le cadeau?	—*Julien, can you buy the gift?*
—Oui, je **veux** bien.	—*OK, I agree.*
—Tu **peux** venir faire du ski avec nous?	—*Can you come skiing with us?*
—Non, hélas, je ne **peux** pas.	—*No, it's too bad, but I can't.*

- You will recall that the forms **Je voudrais** and **Je pourrais** can be used to express desire or to request permission politely.

Je **voudrais** acheter un cadeau d'anniversaire pour Anne.	*I'd like to buy a birthday present for Anne.*
Est-ce que je **pourrais** vous aider?	*Could I help you?*

- As you saw in Chapitre 4, the polite **tu**- and **vous**-forms are very common in requests and questions:

See Chapitre 10 for a full treatment of the conditional.

Voudriez-vous nous accompagner à la fête?	*Would you like to come along with us to the party?*
Pourriez-vous m'indiquer l'Hôtel de Ville, s'il vous plaît?	*Could you tell me where City Hall is, please?*
Tu **pourrais** ranger le séjour?	*Could you straighten up the living room?*

Le verbe **devoir**; **devoir** + infinitif

● The verb **devoir** (*to owe; to have to, must*) can stand alone or be combined with an infinitive.

devoir			
je dois	nous devons	j'ai dû
tu dois	vous devez	
il/elle/on doit	ils/elles doivent	

Model pronunciation and have students repeat. Point out that there are four oral forms in the present tense and that the distinction between the third-person singular and plural forms is made by the final consonant [il dwa] / [il dwav].

● When used alone, **devoir** usually means *to owe money*:

On vous **doit** combien?   *How much do we owe you?*

● When used with an infinitive, **devoir** expresses obligation or necessity and means *to have to, must*. The equivalent in English depends on the tense of **devoir**:

Présent:	**Je** dois	*I must, I have to*
Passé composé:	**J'ai dû**	*I had to*
Imparfait:	**Je** devais	*I was supposed to*

Tu dois rentrer avant minuit.   *You must come home before midnight.*

Je suis en retard, **j'ai dû** attendre au supermarché.   *I am late, I had to wait at the supermarket.*

Je **devais** acheter un cadeau pour Anne, mais j'ai oublié.   *I was supposed to buy a gift for Anne, but I forgot.*

À votre tour

You may want to do a warm-up with rapid drilling exercises, present and passé composé, directed either by you or by volunteer students. You may use *Tu veux venir avec nous. Je peux prendre la voiture. Je dois faire les devoirs.*

8–25 You may suggest that the exercise be redone using *vouloir bien* or *ne pas vouloir: Elle veut bien.* or: *Elle peut…, mais elle ne veut pas.*

8–25 Le 14 juillet. Vous organisez une fête pour le 14 juillet. Trouvez des «volontaires» pour les différentes tâches.

MODÈLE: composer le menu?

     É1: Tante Christiane peut composer le menu.

> Tu / Sylvie / vous / Oncle Georges / les cousins Bellot / Nathalie / Les parents

1. acheter les provisions
2. préparer le repas
3. acheter des fleurs
4. mettre la table
5. servir le café
6. faire un gâteau
7. organiser des jeux pour les enfants
8. prendre des photos
9. faire un petit discours
10. ranger la maison après

8–26 Vouloir, ce n'est pas toujours pouvoir. Proposez des activités à votre partenaire et demandez s'il/elle est d'accord. Il/Elle indique qui accepte ou refuse les activités proposées.

MODÈLE: É1: On va partir au ski. Ça va aussi pour Michel et Henri?

     É2: Oui, ils veulent bien, ils peuvent venir.

     ou: Ils veulent bien, mais ils ne peuvent pas.

1. On va tous fêter l'anniversaire de Claude au restaurant. Ça va aussi pour Sophie?

2. On va tous en Bretagne pour le 14 juillet. Ça va aussi pour toi?

3. On va tous à la montagne pour Noël. Ça va aussi pour Julien?

4. On va tous passer la Saint-Sylvestre ensemble. Ça va aussi pour François et toi?

5. On va tous assister au baptême de Perrine. Ça va aussi pour tes grands-parents?

8–27 Obligations. Les désirs ne correspondent pas toujours à la réalité. Les personnes suivantes veulent faire certaines choses mais, hélas, ils ont d'autres (*other*) obligations. Imaginez avec un(e) partenaire quelle est cette obligation.

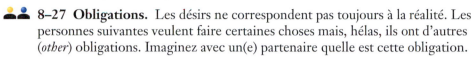

MODÈLE: Julien / faire du ski avec les copains

    É1: Julien veut faire du ski avec les copains.

    É2: Mais il doit aller dans sa famille.

1. Véronique / retrouver des copains au café
2. nous / aller au cinéma ce soir
3. Henri / partir en vacances
4. Patricia / passer le week-end à la campagne (*in the country*)
5. Françoise / dîner au restaurant avec son mari
6. vous / faire du bateau
7. Denis et Gisèle / assister au concert samedi

8–27 Expand this exercise by having students suggest a workable solution in each case, using *pouvoir: Julien doit passer du temps avec sa famille. Après, il peut faire du ski.*

8–28 Plaintes (*Complaints*). Vous deviez faire certaines choses amusantes mais vous avez dû faire d'autres choses moins amusantes. En petits groupes plaignez-vous (*complain*) à vos camarades. Utilisez les suggestions ci-dessous ou utilisez votre imagination.

MODÈLE: aller au ski (étudier pour l'examen)

    É1: On devait aller au ski mais on a dû étudier pour l'examen.

1. partir en week-end (réparer la voiture)
2. aller au cinéma (attendre les copains)
3. assister à un pique-nique (travailler tout le week-end)
4. sortir avec des copains/copines (aller au théâtre avec ma cousine)
5. aller au mariage de mon cousin (faire un devoir très long)
6. faire du sport avec mes copains (aller à la bibliothèque)

8–29 Prenez la parole. Vous avez deux jours de vacances. Qu'est-ce que vous allez faire? Faites une liste et indiquez vos désirs, vos possibilités et vos obligations. Inspirez-vous des suggestions ci-dessous et ajoutez (*add*) vos propres (*own*) idées. Puis, faites un petit rapport au reste de la classe.

MODÈLE:

Désir	**Possibilité**	**Obligation**
assister au feu d'artifice	faire la fête	travailler tôt le jour après

    É1: Le 4 juillet, je veux assister au feu d'artifice. Mais je ne peux pas faire la fête très tard. Je dois travailler tôt le jour après…

Désir	**Possibilité**	**Obligation**
faire un voyage	partir avec des copains	assister à un mariage
célébrer un anniversaire	faire un gâteau	aider ma mère
organiser une fête	inviter des amis	nettoyer la maison d'abord
?	?	?

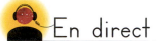

En direct

Audio script for *En direct:*

1. —C'est vraiment une soirée très réussie, tu ne trouves pas?

   —Tout à fait d'accord. La mariée est très belle, le marié très amoureux, le temps parfait et le buffet absolument sensationnel.

   —Pierre et Jacqueline ont bien fait les choses! Évidemment on ne marie pas tous les jours sa fille unique.

   —As-tu fait la connaissance de la belle-famille? Ce sont des gens charmants.

2. —Qu'est-ce qu'on va faire pour l'anniversaire de mariage de tes parents?

   —On doit réunir toute la famille chez nous, bien sûr!

   —Mais sois réaliste! On ne peut pas avoir 40 ou 50 personnes dans l'appartement.

   —Alors tu ne veux pas inviter ma famille?

   —Reste calme! Je veux bien inviter ta famille, mais pas dans notre appartement. On pourrait aller au restaurant, par exemple!

Quel est le contexte? You will hear two conversations. After each one, check the statement(s) that pertain to it (there may be more than one!).

Conversation 1

1. The event being discussed is probably

   a. an elegant soirée to celebrate a couple's engagement.

   (b.) a wedding reception.

2. The people talking are

   a. responsible for planning the event.

   (b.) guests attending the event.

Conversation 2

1. Here, people are trying to plan

   (a.) a gathering of family members.

   b. a high school reunion.

2. They disagree about

   a. whether or not to have a celebration to mark the event.

   (b.) where to hold the celebration.

Phonétique

Les semi-voyelles [w] moi, [j] vieux, [ɥ] huit

These three sounds are called the semivowels; they always immediately precede or immediately follow a vowel sound. They closely resemble the vowels [u], [i], and [y] respectively, but are pronounced with the jaws even closer together than for the vowel sounds.

See Chapitre 5, p. 202, and Chapitre 6, p. 242 for the vowel articulations.

La semi-voyelle [w]

See also **oy** below.

● This sound is produced like the vowel [u] but with the jaws closer together; it is also found in English in words like *win* and *how*. The semivowel [w] is usually represented in writing by the letters **oi**, **oî**, or **ou**: t**oi**, b**oî**te, **ou**i.

A. Écoutez et répétez.

1. Franç**ois**, t**oi**, tu d**ois** répéter encore une f**ois**?

2. M**oi**, je b**ois** au nouveau r**oi**!

3. Je d**ois** aller chez m**oi**. Pour faire qu**oi**?

4. À dr**oi**te ou tout dr**oit**? Dis-m**oi** (*tell me*)!

5. Une f**ois**, deux f**ois**, tr**ois** f**ois**, combien de f**ois** d**oi**s-tu recommencer?

6. L**ou**is d**oit** j**ou**er avec t**oi**.

7. Vous l**ou**ez une maison à cet endr**oit**?

La semi-voyelle [j]

● This sound is produced like the vowel [i] but with the jaws closer together; it is also found in English in words like *you*, *use*, and *million*. The semivowel [j] may be represented in writing by several combinations of letters:

i or **y** + vowel:	v**i**ent, b**i**en, **y**eux
vowel + **il**:	trava**il**, sole**il**, fauteu**il**
i + **ll**:	f**ill**e, fam**ill**e, gent**ill**e

EXCEPTIONS: **ville**, **mille**, **tranquille**, where **-ll-** is pronounced [l].

You may want to point out that words derived from these are also exceptional: *village, million, millionnaire.*

Note that the combination **oy** represents two different semivowels distributed over two syllables. Compare and contrast the following:

sois, soyons, soyez   aie, ayons, ayez

[swa] [swa jɔ̃] [swa je]   [ɛ] [ɛ jɔ̃] [ɛ je]

envoie, envoyons, envoyez

[ɑ̃ vwa] [ɑ̃ ɑvwa jɔ̃] [ɑ̃ vwa je]

B. Écoutez et répétez.

1. Sa f**ill**e est très gent**ill**e.

2. Ma grand-mère est très v**i**e**ill**e.

3. Notre calendr**i**er n'est pas payé.

4. En ju**ill**et, je me suis b**i**en ennuyé.

5. Le calendr**i**er famil**i**al est très chargé en févr**i**er.

6. Rév**e**ille-toi! Le rév**e**ill**on va commencer sans toi!

7. **A**yez un peu de pat**i**ence.

8. Le chien dort sur un fauteu**il**.

La semi-voyelle [ɥ]

● This sound is produced like the vowel [y] but with the jaws closer together; it does not occur in English. It is represented in writing by the letter **u** + vowel: h**u**it, n**u**it, s**u**is.

Students will have a natural tendency to substitute [w] for [ɥ] in all French words containing this semivowel. One way to help them "hit the target" is to have them pronounce a word with the vowel [y] first and then the word with the semivowel [ɥ] until they get used to this new articulation: *eu, huit; nu, nuit; su, suis.*

C. Écoutez et répétez.

1. Il pleut aujourd'h**u**i. Je déteste la pl**u**ie.

2. Je s**u**is libre en j**u**in et en ju**ill**et.

3. L**u**i, il a mangé **h**u**it** bisc**u**its à la c**u**illère.

4. Il fait la c**u**isine à l'h**u**ile.

5. Tous les h**u**it doivent rentrer avant min**u**it.

Le calendrier français

CALENDRIER

JANVIER

1	L	J. de l'An
2	M	Basile
3	M	Geneviève
4	J	Odilon
5	V	Antoine
6	S	Mélaine
7	D	Epiphanie
8	L	Lucien
9	M	Alix
10	M	Guillaume
11	J	Paulin
12	V	Tatiana
13	S	Yvette
14	D	Nina
15	L	Rémi
16	M	Marcel
17	M	Roseline
18	J	Prisca
19	V	Marius
20	S	Sébastien
21	D	Agnès
22	L	Vincent
23	M	Barnard
24	M	Fr. de Sales
25	J	Conv. S. Paul
26	V	Paule
27	S	Angèle
28	D	Th. d'Aquin
29	L	Gildas
30	M	Martine
31	M	Marcelle

FEVRIER

1	J	Ella
2	V	Présentation
3	S	Blaise
4	D	Véronique
5	L	Agathe
6	M	Gaston
7	M	Eugénie
8	J	Jacqueline
9	V	Apolline
10	S	Arnaud
11	D	N. D. Lourdes
12	L	Félix
13	M	Béatrice
14	M	Valentin
15	J	Claude
16	V	Julienne
17	S	Alexis
18	D	Bernadette
19	L	Gabin
20	M	Mardi gras
21	M	Cendres
22	J	Isabelle
23	V	Lazare
24	S	Modeste
25	D	Carême
26	L	Nestor
27	M	Honorine
28	M	Romain
29	J	Auguste

MARS

1	V	Aubin
2	S	Charles
3	D	Guénolé
4	L	Véronique
5	M	Olive
6	M	Colette
7	J	Félicité
8	V	Jean de Dieu
9	S	Françoise
10	D	Vivien
11	L	Rosine
12	M	Justine
13	M	Rodrigue
14	J	Mathilde
15	V	Louise de M.
16	S	Bénédicte
17	D	Patrice
18	L	Cyrille
19	M	Joseph
20	M	PRINTEMPS
21	J	Clémence
22	V	Léa
23	S	Victorien
24	D	Cath. de Su.
25	L	Annonciation
26	M	Larissa
27	M	Habib
28	J	Gontran
29	V	Gwladys
30	S	Amédée
31	D	Rameaux

AVRIL

1	L	Hugues
2	M	Sandrine
3	M	Richard
4	J	Isidore
5	V	Irène
6	S	Marcellin
7	D	PÂQUES
8	L	Julie
9	M	Gautier
10	M	Fulbert
11	J	Stanislas
12	V	Jules
13	S	Ida
14	D	Maxime
15	L	Paterne
16	M	Benoît-J.
17	M	Anicet
18	J	Parfait
19	V	Emma
20	S	Odette
21	D	Anselme
22	L	Alexandre
23	M	Georges
24	M	Fidèle
25	J	Marc
26	V	Alida
27	S	Zita
28	D	Jour du Souv.
29	L	Catherine
30	M	Robert

MAI

1	M	F. du Travail
2	J	Boris
3	V	Phil., Jacq.
4	S	Sylvain
5	D	Judith
6	L	Prudence
7	M	Gisèle
8	M	VICT. 1945
9	J	Pacôme
10	V	Fête J.-d'Arc
11	S	Estelle
12	D	Achille
13	L	Rolande
14	M	Matthias
15	M	Denise
16	J	ASCENSION
17	V	Pascal
18	S	Eric
19	D	Yves
20	L	Bernardin
21	M	Constantin
22	M	Emile
23	J	Didier
24	V	Donatien
25	S	Sophie
26	D	Pentecôte/F. Mères
27	L	Augustin
28	M	Germain
29	M	Aymard
30	J	Ferdinand
31	V	Visitation

JUIN

1	S	Justin
2	D	Blandine
3	L	Kevin
4	M	Clotilde
5	M	Igor
6	J	Norbert
7	V	Gilbert
8	S	Médard
9	D	Fête-Dieu
10	L	Landry
11	M	Barnabé
12	M	Guy
13	J	Antoine de P.
14	V	Elisée
15	S	Germaine
16	D	F. des Pères
17	L	Hervé
18	M	Léonce
19	M	Romuald
20	J	ÉTÉ
21	V	Aloïse
22	S	Alban
23	D	Audrey
24	L	Jean Bapt.
25	M	Prosper
26	M	Anthelme
27	J	Fernand
28	V	Irénée
29	S	Pierre, Paul
30	D	Martial

JUILLET

1	L	Thierry
2	M	Martinien
3	M	Thomas
4	J	Florent
5	V	Antoine
6	S	Mariette
7	D	Raoul
8	L	Thibaut
9	M	Armandine
10	M	Ulrich
11	J	Benoît
12	V	Olivier
13	S	Henri, Joël
14	D	F. NATIONALE
15	L	Donald
16	M	N.D. Mt-Carmel
17	M	Charlotte
18	J	Frédéric
19	V	Arsène
20	S	Marina
21	D	Victor
22	L	Marie Mad.
23	M	Brigitte
24	M	Christine
25	J	Jacques
26	V	Anne, Joa.
27	S	Nathalie
28	D	Samson
29	L	Marthe
30	M	Juliette
31	M	Ignace de L.

AOUT

1	J	Alphonse
2	V	Julien-Ey
3	S	Lydie
4	D	J.M. Vianney
5	L	Abel
6	M	Transfiguration
7	M	Gaétan
8	J	Dominique
9	V	Amour
10	S	Laurent
11	D	Claire
12	L	Clarisse
13	M	Hippolyte
14	M	Evrard
15	J	ASSOMPTION
16	V	Armel
17	S	Hyacinthe
18	D	Hélène
19	L	Jean Eudes
20	M	Bernard
21	M	Christophe
22	J	Fabrice
23	V	Rose de L.
24	S	Barthélemy
25	D	Louis
26	L	Natacha
27	M	Monique
28	M	Augustin
29	J	Sabine
30	V	Fiacre
31	S	Aristide

SEPTEMBRE

1	D	Gilles
2	L	Ingrid
3	M	Grégoire
4	M	Rosalie
5	J	Raïssa
6	V	Bertrand
7	S	Reine
8	D	Nativité N. D.
9	L	Alain
10	M	Inès
11	M	Adelphe
12	J	Apollinaire
13	V	Aimé
14	S	La Ste Croix
15	D	Roland
16	L	Edith
17	M	Renaud
18	M	Nadège
19	J	Emilie
20	V	Davy
21	S	Matthieu
22	D	AUTOMNE
23	L	Constant
24	M	Thècle
25	M	Hermann
26	J	Côme. Dam.
27	V	Vinc. de Paul
28	S	Venceslas
29	D	Michel
30	L	Jérôme

OCTOBRE

1	M	Th. de l'E.J.
2	M	Léger
3	J	Gérard
4	V	Fr. d'Assise
5	S	Fleur
6	D	Bruno
7	L	Serge
8	M	Pélagie
9	M	Denis
10	J	Ghislain
11	V	Firmin
12	S	Wilfried
13	D	Géraud
14	L	Juste
15	M	Th. d'Avila
16	M	Edwige
17	J	Baudouin
18	V	Luc
19	S	René
20	D	Adeline
21	L	Céline
22	M	Elodie
23	M	Jean de C.
24	J	Florentin
25	V	Crépin
26	S	Dimitri
27	D	Emeline
28	L	Sim., Jude
29	M	Narcisse
30	M	Bienvenue
31	J	Quentin

NOVEMBRE

1	V	Toussaint
2	S	Défunts
3	D	Hubert
4	L	Charles
5	M	Sylvie
6	M	Bertille
7	J	Carine
8	V	Geoffroy
9	S	Théodore
10	D	Léon
11	L	ARMISTICE 18
12	M	Christian
13	M	Brice
14	J	Sidoine
15	V	Albert
16	S	Marguerite
17	D	Elisabeth
18	L	Aude
19	M	Tanguy
20	M	Edmond
21	J	Prés. de Marie
22	V	Cécile
23	S	Clément
24	D	Flora
25	L	Catherine L.
26	M	Delphine
27	M	Séverin
28	J	J. de la M.
29	V	Saturnin
30	S	André

DECEMBRE

1	D	Avent
2	L	Viviane
3	M	Xavier
4	M	Barbara
5	J	Gérald
6	V	Nicolas
7	S	Ambroise
8	D	I. Concept.
9	L	P. Fourier
10	M	Romaric
11	M	Daniel
12	J	Jeanne F.C.
13	V	Lucie
14	S	Odile
15	D	Ninon
16	L	Alice
17	M	Gaël
18	M	Gatien
19	J	Urbain
20	V	Abraham
21	S	HIVER
22	D	Fr. Xavier
23	L	Armand
24	M	Adèle
25	M	NOËL
26	J	Etienne
27	V	Jean
28	S	Innocents
29	D	David
30	L	Roger
31	M	Sylvestre

Observer

A. Un calendrier est un document culturel qui rappelle l'histoire, les croyances (*beliefs*) et les traditions des habitants d'un pays. Étudiez le calendrier français et faites pour chaque mois une liste des fêtes officielles qui sont fériées. C'est facile: il y a 11 jours fériés et ces jours sont colorés en bleu ou rose! N'oubliez pas l'influence de l'Église catholique dans l'histoire de France pour comprendre le calendrier des fêtes françaises. Mais aujourd'hui une fête d'origine religieuse est souvent seulement l'occasion d'une réunion de famille (les petites distances rendent ces rencontres plus fréquentes qu'aux États-Unis), d'une sortie entre amis, d'un jour de congé (*vacation*) supplémentaire.

À votre avis, que représente la différence de couleurs rose et bleue sur le calendrier?

The calendar is colored coded: while the blue dates are historical, the pink dates are linked to the long Catholic history of the country. Although the separation of Church and State has been official since 1905, the traditions of its very long Catholic past survive in France. Today, however, many have forgotten the religious significance of these dates and they are perceived only as legal holidays. Note that when a religious holiday is on a Sunday, the Monday following it is the legal holiday.

B. Identifiez la date des fêtes qui sont illustrées par les photos ci-dessous.

Le jour de la Toussaint est une fête du calendrier catholique. Ce jour-là on honore les morts et les familles visitent les cimetières et fleurissent les tombes. Bien sûr, c'est un jour férié.

Ce jeudi de mai—encore une fête catholique, l'Ascension—est traditionnellement un jour férié. C'est souvent l'occasion d'un long week-end et de réunions de famille: le beau temps permet souvent de déjeuner dehors.

C'est la fête nationale. Il y a un défilé militaire sur les Champs-Élysées. Les Français sont en vacances, font des pique-niques et regardent les feux d'artifice.

You may wish to explain religious and historic dates and provide more specific information on both or you may prefer to assign students to research dates they don't know anything about.

Réfléchir

A. Bien sûr, il y a des fêtes semblables dans votre pays. Essayez de trouver des équivalents aux fêtes françaises. Par exemple, célébrez-vous aussi la fête du Travail? À quelle date? Est-ce que les manières de célébrer sont communes à chaque pays?

B. Nommez aussi les fêtes qui reflètent votre héritage national et religieux et qui n'existent pas en France. Y a-t-il des traditions particulières associées avec la célébration de ces fêtes?

Voyage en francophonie

Votre pays adoptif a bien sûr un calendrier qui reflète son histoire et sa culture. Cherchez des renseignements: quelle est la date de la fête nationale? Comment est-elle célébrée? Quelles autres fêtes sont célébrées? Est-ce qu'il existe des traditions de carnaval? Partagez vos découvertes et peut-être aussi des photos avec vos camarades.

Pour trouver un modèle, allez sur le site Web de *Parallèles* pour le Chapitre 8.

Le Carnaval est une grande fête au Québec.

DÉCOUVERTES

À vous la parole

Toujours des fêtes!

Avec un(e) partenaire, parlez d'une fête que vous célébrez tous (toutes) les deux. Racontez comment vous passez—ou passiez—cette fête et comparez vos habitudes.

1. D'abord décidez ensemble de quelle fête vous allez parler.
2. Ensuite, prenez individuellement des notes dans le tableau ci-dessous.

Quelle est la fête?	
Quand est la fête? Quel temps fait-il?	
Où est-ce que vous célébrez la fête?	
Qui est présent?	
Qu'est-ce qu'on mange et boit?	
Qu'est-ce qu'on fait? (jeux ou sports, spectacles, concerts, etc.)	

3. Maintenant, à tour de rôle, racontez à votre partenaire comment vous passez la fête. Comparez vos habitudes.

MODÈLE: É1: Moi, je fête le 4 juillet avec des amis. Il fait toujours beau. On va dans un parc. Là, on fait un pique-nique: on mange de la salade de pomme de terre et du poulet. On joue au volley. Le soir on regarde les feux d'artifice. Et toi?

É2: Moi, je passe le 4 juillet avec ma famille, à Chicago. Bien sûr, il fait beau, mais il fait très chaud. Comme vous, nous faisons un pique-nique et des jeux. Les enfants vont presque toujours nager. Et le soir nous regardons aussi un feu d'artifice.

Lecture

Halloween, conquérante citrouille

Travaux d'approche. Vous êtes bien sûr très familier avec la fête d'Halloween, représentée par le légume orange appelé **potiron** ou **citrouille**. Mais les Français, eux, commencent juste à se familiariser avec cette fête. Comment réagissent-ils à cette nouvelle importation? D'après les titres (*headlines*) et les citations de la presse française, l'arrivée de cette fête anglo-saxonne d'Halloween est-elle bien reçue dans la société française?

Essayez, en petits groupes, de déterminer les réactions positives ou négatives. Pourquoi, parle-t-on, par exemple, de la «conquérante» citrouille? Puis lisez le texte consacré par le journal *Libération* au phénomène d'Halloween.

You may want to help students understand and explore the various headlines and numbered shorter clippings in the text. Although they know all the facts about Halloween, pinning down some of the reactions, especially the negative ones, will help them to understand better the concerns expressed in the *Libération* article. You may want to take the opportunity, for example, to explain the term *ludisme* and the concern about *américanisation* (both found in the *Nouvel Observateur* clipping).

You may wish to explain that the word *oseille*, literally «sorrel,» a bitter herb, is a slang word for money.

Importée des États-Unis, cette fête a pris l'allure° d'une gigantesque opération de marketing. Entre la rentrée des classes et Noël, le commerce ralentit.° Traditionnellement, à cette époque-là, le consommateur° ne fait que les dépenses indispensables.° Mais ces dernier temps, les hommes de marketing ont ajouté une nouvelle fête à son calendrier: Halloween. L'idée a mis quelques temps à être adoptée, mais cette fois, c'est fait. Popularisée à grand renfort de° spots et d'affiches publicitaires par les Disney, McDonald's, Coca-cola et même France Télécom, le concept est en train de s'imposer au delà° des espérances des commerçants les plus optimistes.

Tout le monde profite de cet engouement.° Il y a quatre ans,° Thérèse Lirot, agricultrice à la Ville-du-Bois a senti que les choses changeaient. Fin octobre, les ventes de potiron, élément décoratif indissociable° de Halloween, se sont mises à bouger,° puis la demande a explosé. De 1994 à 1998 la consommation des courges et potiron a augmenté de 25% entre octobre et novembre. Et cette tendance continue à se renforcer cette année.

L'invasion du potiron n'amuse pas tout le monde. Au ministère de l'Éducation, un peu gêné° par la tournure° très commerciale et très américaine de la fête, on se contente° d'affirmer qu'il n'y a pas

1. Halloween, conquérante citrouille.
Impossible d'échapper au phénomène importé depuis peu des États-Unis: une fête est née que les Français célèbrent chaque année un peu plus.

L'Express, 15 octobre 1998

2. Le temps d'Halloween.
Cette fois la tendance est irréversible: Halloween, fête américaine d'origine celtique, a bel et bien fini par s'implanter chez nous, spécialement dans les grandes villes.

Marie-Claire, novembre 1998

°*looks like*

°*slows down*
°*consumer*
°*spends only what is necessary*

°*with lots of*

°*beyond*

°*fad /*
°*four years ago*

°*linked to /*
°*move*

°*embarassed /*
°*appearance*
°*one does no more than*

°*official instructions*
°*put the brakes on, restrain*

°*confounded*

de consignes° concernant Halloween, ni pour encourager ni pour freiner° les maîtres qui voudraient organiser des activités autour de cette fête. C'est laissé à l'initiative de l'enseignant. Du côté politique, Philippe Séguin (président du RPR, parti politique de droite) s'est déclaré «sidéré° par l'enthousiasme avec lequel nous acceptons la tradition d'Halloween. C'est un effet de ce mouvement d'uniformisation culturelle du monde, d'uniformisation culturelle, qui, à nos yeux, est un danger». Le potiron américain ne passera pas? Trop tard, il est déjà là.

D'après Jacqueline Coignard, *Libération*, samedi 31 octobre 1998

> **3. Halloween es-tu là?**
> Fêtée le 31 octobre, d'origine celte, Halloween est devenue la grande fête des pays anglo-saxons. Par ludisme ou signe supplémentaire de l'américanisation de la société? La fête se répand dans toute l'Europe, notamment en France.
>
> *Le Nouvel Observateur*, 28 octobre 1998

Exploration

1. Les phrases suivantes résument les paragraphes du texte. Remettez-les dans l'ordre du texte.

_____ Qui profite de cette nouveauté?

_____ Comment le concept d'Halloween s'est-il popularisé et quelles sont les raisons de son succès?

_____ Qui s'oppose à cette nouveauté? avec quel succès?

2. Maintenant, répondez aux questions ci-dessus.

Réflexion

1. Cet article a paru sur la page du journal consacrée à l'économie. Cela vous semble-t-il logique? Pourquoi?

2. À votre avis, comment qualifiez-vous le ton du journal: le trouvez-vous pessimiste? réaliste? satirique? humoristique? politique? Justifiez vos réponses en vous basant sur certaines expressions du texte.

3. À votre avis, la fête d'Halloween est-elle maintenant solidement implantée dans les habitudes françaises?

 À vos stylos

Un beau souvenir

Écrivez un bref courriel (*e-mail message*) à un membre de votre famille qui était absent de votre dernière réunion familiale.

1. Pour stimuler votre mémoire, prenez des notes sur les rubriques suivantes.

- date
- lieu
- participants
- détails (fleurs, menu, musique)
- un détail amusant
- ambiance

2. Réfléchissez et transformez vos notes en phrases complètes mais courtes. N'oubliez pas les salutations d'usage, selon le modèle.

3. Relisez votre texte pour trouver et corriger certaines fautes de grammaire et d'orthographe. Si votre ordinateur a un dictionnaire français, utilisez ce programme.

MODÈLE:

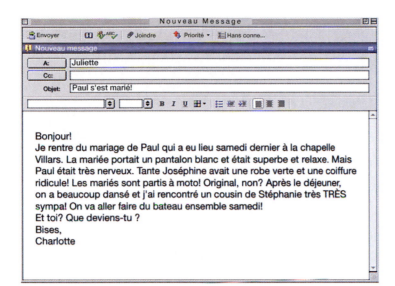

Nouveau Message

Envoyer | Joindre | Priorité ▾ | Hans conne...

Nouveau message

A:	Juliette
Cc:	
Objet:	Paul s'est marié!

B I U

Bonjour!
Je rentre du mariage de Paul qui a eu lieu samedi dernier à la chapelle Villars. La mariée portait un pantalon blanc et était superbe et relaxe. Mais Paul était très nerveux. Tante Joséphine avait une robe verte et une coiffure ridicule! Les mariés sont partis à moto! Original, non? Après le déjeuner, on a beaucoup dansé et j'ai rencontré un cousin de Stéphanie très TRÈS sympa! On va aller faire du bateau ensemble samedi!
Et toi? Que deviens-tu ?
Bises,
Charlotte

It may be necessary to provide a quick review of salutations and closings appropriate for e-mails. Point out that e-mail allows much informality: *Bonjour! Salut! Comment ça va?* etc., are enough to start. To end, one may use *bises* (kisses), *à bientôt, à plus* (short for *à plus tard*), *ciao*, etc.

Parallèles historiques

Le Code civil

You may want to ask the following: *Quels talents de Napoléon pouvez-vous nommer? Qu'est-ce que le Code civil? Napoléon influence-t-il toujours la vie des Français? Justifiez votre réponse.*

Napoléon Ier a été un grand général, un grand stratège. C'est lui qui a fait construire l'Arc de Triomphe et la colonne de la Place Vendôme. Il a aussi été un grand administrateur. C'est Napoléon qui a fait rédiger le Code civil[1], c'est-à-dire les lois qui régissent[2] la vie des Français. Beaucoup des lois qui régissent la vie familiale sont encore en existence; les lois sur le divorce, par exemple, n'ont changé qu'en 1975.

[1] had the *Code civil* drawn up   [2] govern

 Maintenant, je sais...

Qu'avez-vous appris dans ce chapitre? Comment l'avez-vous appris? Vérifiez vos connaissances sur chaque sujet et donnez des exemples précis.

1. Parlez de certaines fêtes et célébrations en Guadeloupe.
2. Donnez un petit résumé historique sur les Antilles françaises. Citez des personnages et films qui se rapportent aux Antilles.
3. Montrez comment le calendrier français représente le passé historique et religieux de la France.
4. Expliquez pourquoi certains Français célèbrent leur fête en plus de leur anniversaire.
5. Identifiez le nom et le nombre de jours fériés en France et expliquez leur signification.
6. Décrivez certaines traditions associées avec certaines fêtes.
7. Décrivez le calendrier d'un ou plusieurs pays francophones.
8. Discutez les changements récents subis (*undergone*) par l'institution de la famille en France.

 À l'écran

Que disent vos amis francophones? N'oubliez pas de regarder la vidéo!

Tous les mots

Expressions

chaque	*each*
comme d'habitude	*as usual*
des champs (m) de canne à sucre	*sugar cane plantations*
d'accord	*OK, all right*
ensuite	*then, next*
je peux?	*may I? can I?*
le [mardi]	*on [Tuesdays], every [Tuesday]*
pendant	*during*
la Saint-Sylvestre	*December 31, the last day of the year*
la Toussaint	*All Saints' Day*
mois par mois	*month by month*
on veut	*one wants*
qui, que	*which*
tu dois	*you must*
une famille recomposée	*blended family*

Verbes

adapter	*to adapt*
apporter	*to bring*
assurer	*to insure*
célébrer	*to celebrate*
défiler	*to parade*
définir	*to define*
devoir	*must*
éclairer	*to light*
s'illuminer	*to light up, glow*
se marier (avec)	*to get married (to)*
offrir des vœux à	*to give best wishes to (someone)*
pouvoir	*can, may*
profiter de	*to take advantage of*
se réunir	*to gather*
souffler les bougies	*to blow the candles (on a birthday cake)*
vouloir	*to want*

Noms

un/une ancêtre	*ancestor*
un baptême	*baptism*
une boîte à la mode	*"in" discotheque*
une bougie	*candle*
un cadeau	*gift*
un calendrier	*calendar*
un cimetière	*cemetery*
un/une cinéaste	*filmmaker*
une coutume	*custom, tradition*
un cuisinier, une cuisinière	*cook*
un défilé	*parade*
un divorce	*divorce*
un écrivain, une écrivaine	*writer*
un époux, une épouse	*spouse*

l'esprit (m) festif	*festive spirit*
un événement	*event*
l'esclavage (m)	*slavery*
un esclave	*slave*
une fête	*holiday, party*
une fête civile	*non-religious celebration*
un feu d'artifice	*fireworks*
l'hospitalité (f)	*hospitality*
une île	*island*
la joie	*joy*
un jour férié	*official holiday*
une messe	*mass*
les morts (m)	*the dead*
une permission	*permission*
un oncle	*uncle*
un planteur	*plantation owner*
un préparatif	*preparation*
un propriétaire	*owner*
une racine	*root (of a plant),* here: *family roots*
la remise des diplômes	*graduation*
une réunion	*reunion, meeting*
un réveillon	*midnight (or late) supper*
un roman	*novel*
un sage	*wise man*
une tante	*aunt*

Adjectifs

amérindien, -enne	*Native American*
civil	*civilian*
connu	*well-known, famous*
diplomate	*diplomatic, clever*
exceptionnel, -elle	*exceptional*
juif, juive	*Jewish*
religieux, euse	*religious*
traditionnel, -elle	*traditional*

Que dire en toutes circonstances? See page 306

9

Les années de lycée

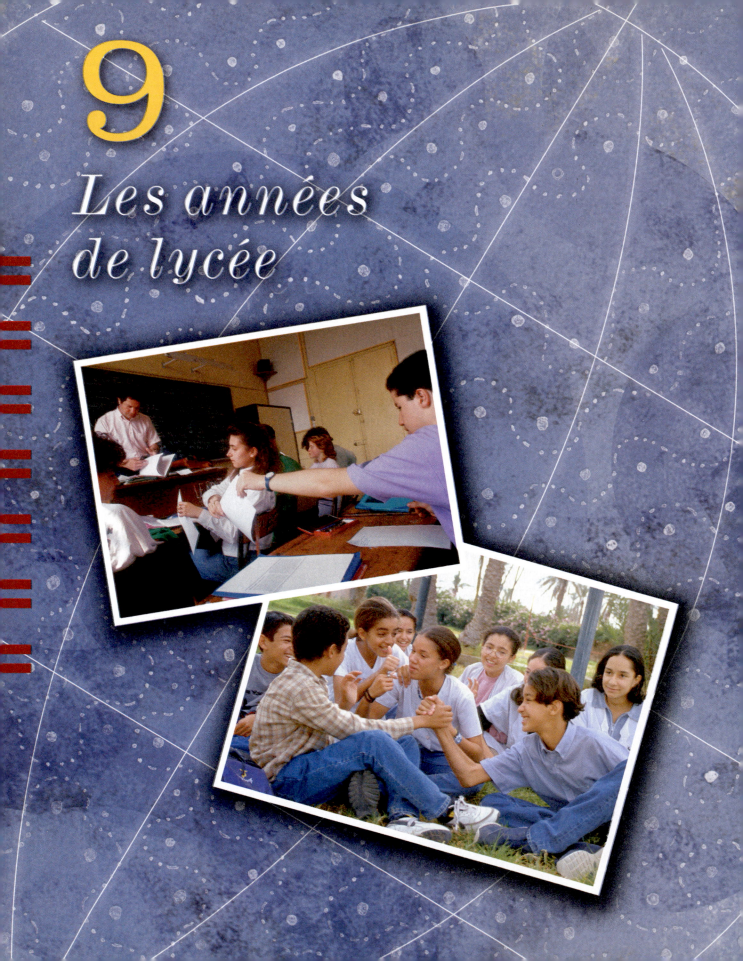

CULTURES EN PARALLÈLES

Souvenirs de lycée

ÉTAPE 1

CONTEXTE Je me souviens…

STRUCTURE Les verbes **connaître, savoir** et **suivre**

ÉTAPE 2

CONTEXTE Tu m'aides un peu?

STRUCTURE Les pronoms compléments d'objet direct

ÉTAPE 3

CONTEXTE Le jour du bac

STRUCTURE La narration au passé: l'imparfait vs. le passé composé

ÉTAPE 4

CONTEXTE Annette, étudiante modèle

STRUCTURE Les expressions de temps **depuis, il y a, pendant**

CULTURES EN PARALLÈLES

Le bac

DÉCOUVERTES

◁ Les années de lycée, ce sont les cours bien sûr… mais ce sont aussi (et d'abord) les copains!

Souvenirs de lycée

You may ask students to fill out the survey individually. Begin, however, by showing the survey and reading through the entries with the class and providing explanations as suggested in the numbered annotations (IRCD Image T09–01).

Quels souvenirs avez-vous de vos années de lycée? Prenez quelques minutes pour réfléchir et utilisez le tableau ci-dessous pour évaluer votre expérience de 1 (horrible) à 3 (pas mal) et finalement 5 (super).

	1 vraiment horrible	2 pas terrible	3 pas mal	4 très bien	5 super
1. Le bâtiment lui-même (*itself*)	□	□	□	□	□
2. Les cours de récréation	□	□	□	□	□
3. Les salles de classe	□	□	□	□	□
4. Les laboratoires	□	□	□	□	□
5. Les cours	□	□	□	□	□
6. Les examens	□	□	□	□	□
7. Les profs	□	□	□	□	□
8. Les copains	□	□	□	□	□
9. Les installations sportives	□	□	□	□	□
10. La cafétéria	□	□	□	□	□
11. Les clubs	□	□	□	□	□

2. un espace extérieur où on parle, joue entre les cours

4. le laboratoire de langues avec radiocassettes, magnétoscopes, CD-ROM; laboratoires de sciences pour les cours de chimie, physique, biologie

9. salles de gym, stade

You may want to ask a group of students to put on the board or otherwise share aspects of the high school experience they liked or disliked. Then ask the class to react: *Êtes-vous d'accord avec cette liste? Pourquoi oui ou pourquoi non?*

Maintenant, considérez vos années de lycée d'un point de vue plus général. Quels aspects étaient les plus (ou les moins!) agréables pour vous? les cours? les copains? les clubs? Comparez vos conclusions avec les conclusions de plusieurs autres étudiant(e)s. Partagez vos résultats avec le reste de la classe.

LE MOT JUSTE

Expressions
plusieurs *several*
super *fantastic*

Noms
un club *club*
une cour *courtyard, recess area*
un cours *class, course*
la récréation *(here) recess*
un résultat *result*
une salle de gym(nastique) *gym*
un souvenir *memory*

CONTEXTE

Je me souviens…

En classe, tout le monde fait un effort parce que le bac approche!

Patrick et Marie-Hélène parlent de leurs souvenirs de lycée.

Patrick

Vous voulez savoir quels sont mes meilleurs souvenirs de lycée? Franchement, je n'ai pas de très bons souvenirs de ces trois années. Mon emploi du temps était très chargé (*full*) et je détestais certaines matières obligatoires, la physique, en particulier! Le lundi et le jeudi, je sortais à 6 heures, une heure après la plupart de mes camarades. En effet, je suivais un cours de latin, en option facultative. Tous les soirs, je passais en général trois heures sur mes devoirs. J'étais un élève sérieux. En terminale, quand on prépare son bac, il faut (*one needs*) de la discipline! Heureusement, j'avais de bons copains: on jouait souvent au foot ensemble.

Marie-Hélène

Ah, ma vie au lycée? Voyons… Mes résultats étaient assez satisfaisants, mais pas brillants. Au début, j'ai eu assez de difficultés en cours parce que je ne savais pas bien prendre des notes: je ne savais pas distinguer les choses importantes. Mon meilleur souvenir c'est le cours de philo avec un prof super, M. Amel. Dans sa classe, on se connaissait bien, on avait vraiment un bon esprit d'équipe. Pour moi, sans hésitation, les années de lycée, c'étaient les copains d'abord!

ÉTAPE 1 2 3 4

You may want to preface work on the *Contexte* by briefly discussing the *lycée* and the *bac: Le but des trois années de lycée (classes de seconde, première et terminale) est de préparer les étudiants à l'examen du Bacalauréat (le Bac).* Explain that the *bac* marks the end of a secondary education: it is an anonymous national exam which 75–81% of students pass. You may want to contrast this figure with the 90% graduation rate in U.S. high schools. Although not all sections of the *bac* are equal in significance—there are literary, scientific, and business tracks—passing *le bac* is the first step toward continuing on to an institution of higher learning.

When starting the *Contexte*, you may want to show the *Contexte* text and to ask the following questions, addressing individual students: *Qui a de bons souvenirs du lycée? Pourquoi? Avais-tu du temps libre ou bien avais-tu un emploi du temps très chargé? (avec beaucoup de cours? beaucoup d'activités et de responsabilités?) Avais-tu de bons copains? Tu étais très bon en quoi: en maths? en histoire? en physique? Aimais-tu tes profs? Avais-tu de bons résultats? Des résultats moyens?* (IRCD Image T09–02).

Then ask students in small groups to read the *Contexte* and find out the answers to the *Avez-vous compris?* exercise. You may want to alert them to the presence of the new verbs *connaître, savoir,* and *suivre.*

Est-ce évident?

L'enseignement en France

L'enseignement français est très centralisé. Les programmes et les diplômes sont fixés par le ministère de l'Éducation nationale.

Entre les cours, les lycéens retrouvent leurs copains.

L'école est obligatoire de 6 à 16 ans. De 3 à 5 ans l'enseignement préscolaire est gratuit[1] à l'école maternelle[2] les lundis, mardis, jeudis et vendredis. Le mercredi, il n'y a pas d'école.

De 6 à 10 ans les enfants bénéficient pendant cinq ans de l'enseignement primaire. Ensuite, l'enseignement secondaire est divisé entre le collège et le lycée. Il y a des cours tous les jours, même le mercredi matin et le samedi matin; le mercredi après-midi est libre pour le sport.

De 11 à 15 ans, de la classe de sixième à la classe de troisième, les enfants reçoivent un enseignement commun dans un collège. À la fin du collège, 34% des élèves sont dirigés vers les lycées d'enseignement général ou technique. Les autres entrent en apprentissage chez un patron[3] pour apprendre un métier[4]. De 15 à 18 ans, les lycéens sont orientés vers un enseignement général, technologique ou professionnel. Après les classes de seconde et de première, les élèves de terminale passent le bac. Le bac marque la fin des études secondaires et ouvre les portes de l'enseignement supérieur.

● Utilisez ces notes et l'emploi du temps de Patrick, page 331, pour faire une liste des différences entre le système éducatif de votre région ou province et le système français.

[1]free   [2]preschool   [3]boss, supervisor   [4]trade

LE MOT JUSTE

Expressions

au début   *at the beginning*
en cours   *in class*
en particulier   *in particular, specially*
franchement   *frankly*
sans hésitation   *without any hesitation*

Verbes

avoir des difficultés   *to have problems*
connaître   *to know, to be acquainted with*

prendre des notes   *to take notes*
savoir   *to know (how)*
suivre   *to study a subject*

Noms

le baccalauréat, le bac   *national exam taken at the end of secondary school*
une chose   *thing*
la discipline   *discipline*
un/une élève   *high school student*
un emploi du temps   *schedule*
l'enseignement   *teaching, education*

l'esprit (m) d'équipe   *team spirit*
le latin   *latin*
une matière   *academic subject*
une option   *option, elective*
la philo(sophie)   *philosophy*
la physique   *physics*
la terminale   *senior year*
la vie   *life, lifestyle*

Adjectifs

brillant   *glowing*
facultatif, -ive   *elective*
obligatoire   *required*
satisfaisant   *satisfactory*

À votre tour

9–1 Avez-vous compris? Avec votre partenaire indiquez si les détails suivants caractérisent Marie-Hélène ou Patrick.

MODÈLE: É1: Qui n'a pas de très bons souvenirs de ses années de lycée?

É2: Patrick n'a pas de très bons souvenirs de ses années de lycée.

1. Qui a eu assez de difficultés au début?
2. Qui était un élève sérieux?
3. Qui ne savait pas bien prendre des notes?
4. Qui avait beaucoup de discipline?
5. Qui avait un prof super?
6. Qui connaissait tous ses camarades de classe?
7. Qui détestait la physique?
8. Qui jouait souvent au foot?
9. Qui n'avait pas de résultats brillants?
10. Pour qui le lycée était-il «les copains d'abord!»?
11. Qui suivait un cours de latin?

9–1 You may want to show the *Contexte* text as students do this exercise (IRCD Image T09–02).

9–2 Un emploi du temps chargé! (*A heavy schedule!*) Étudiez l'emploi du temps hebdomadaire (*weekly*) de Patrick. Puis à tour de rôle avec votre partenaire, échangez réponses et questions sur cet emploi du temps.

9–2 You may want to show the *Emploi du temps* as students do this activity (IRCD Image A09–01). Point out that the columns in the schedule represent *les jours de la semaine* and the rows, *l'heure de la journée*. From the outset ask students to identify differences with their own high school schedule. For example, they may compare the length of the week, the length of the day, the lunch breaks, the course subjects. You may want to add that some parents are pressuring schools to adopt a five-day week in order to secure a two-day weekend for their families.

A *lycée* offers several sections of *terminale* to its seniors. Students are placed in one or the other according to the curricular emphasis they have chosen.

EMPLOI DU TEMPS de Patrick P., terminale.

Jours / Heures	LUNDI	MARDI	MERCREDI	JEUDI	VENDREDI	SAMEDI
8 h	maths	maths	maths	histoire-géo		philo
9 h	maths	maths	histoire-géo	philo	philo	
10 h	philo	histoire-géo	maths			
11 h		maths		biologie	maths	maths
12 h	physique		philo			
13 h	anglais	physique		EPS[2]	biologie	
14 h	histoire-géo[1]	physique		EPS		
15 h	biologie	allemand		anglais		
16 h	allemand	allemand		histoire-géo	maths	
17 h	latin			latin		

[1]history-geography [2]EPS=Éducation physique et sportive

1. Quels jours Patrick avait-il cours? Avait-il du temps libre pendant la journée? Quand par exemple?
2. À quelle heure la journée scolaire de Patrick commençait-elle? À quelle heure se terminait-elle?
3. La place donnée aux activités physiques est-elle importante dans le programme de Patrick?
4. Combien d'heures de cours par semaine Patrick avait-il?
5. Quels cours suivait-il? Donnez la liste.
6. Y avait-il une pause pour le déjeuner? Si oui, indiquez à quelle heure et pendant combien de temps.

Point out the changes in the spelling of *commencer. c > ç* before *a* or *o*.

9–3 You may want to show the *Contexte* text as students do this activity.

9–3 Qu'en était-il pour vous? Souvenez-vous de votre emploi du temps pendant votre dernière année de lycée. Utilisez le tableau ci-dessous pour comparer les deux emplois du temps.

	Vous	Patrick
Nombre de jours de cours par semaine		
Début de la journée scolaire		
Fin de la journée scolaire		
Nombre de matières enseignées		
Nombre d'heures consacrées à chaque matière		
Nombre d'heures consacrées aux activités physiques/sportives		

1. Quelles matières est-ce que Patrick étudiait? Quelles matières est-ce que vous n'étudiiez pas?
2. Quelles activités et réunions (*meetings*) aviez-vous? Patrick avait-il aussi ces activités et réunions?
3. Le sport avait-il la même importance? Expliquez.

9–4 Comparaisons. Notez trois ou quatre différences entre votre expérience personnelle et l'expérience de Patrick et Marie-Hélène. Soyez précis. Puis comparez vos notes avec les notes de votre partenaire. Quelles sont vos conclusions? N'hésitez pas à ré-utiliser des éléments du Contexte.

MODÈLE: Moi je ne suis pas comme Patrick. J'ai de très bons souvenirs de mes années au lycée. J'aimais bien mes cours et mes profs. Je travaillais pour le journal du lycée…

STRUCTURE

Les verbes **connaître, savoir** et **suivre**

Les verbes **connaître** et **savoir**

- The verbs **connaître** and **savoir** both mean *to know*; however, they cannot be used interchangeably.
- **Connaître** means *to be familiar with* or *acquainted with, to know of*:

Je **connais** assez bien Patrick.	*I know Patrick rather well.*
Je ne **connais** pas les Alpes.	*I do not know the Alps.*
On se **connaissait** bien.	*We knew each other well.*
Nous ne **connaissons** pas bien la vie au lycée.	*We are not really familiar with life at a lycée.*

Model pronunciation and have students repeat. Point out that this verb has four oral forms in the present and that the final consonant is what distinguishes the third-person plural from the third-person singular. Remind students also that the *circonflexe* is a historical accent which represents an *s* no longer present in the written form of the word, and point out that the infinitive and the third-person singular are the only forms with the *circonflexe* and without *s*.

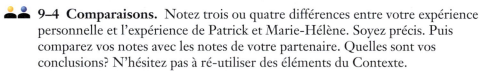

connaître				
je	connais	nous	connaissons	j'ai connu
tu	connais	vous	connaissez	
il/elle/on	connaît	ils/elles	connaissent	

● **Savoir** means:

To know something that has been memorized or learned, or *to know facts:*

—**Savez**-vous la date du bac?   —*Do you know when the bac is?*

—Non, je ne **sais** pas.   —*No, I don't know.*

Je ne **sais** pas beaucoup de dates   *I do not know very many*
historiques.   *(historical) dates.*

Vous voulez **savoir** quels sont   *Do you want to know what my fondest*
mes meilleurs souvenirs de lycée?   *memories of high school are?*

To know how to do something (**savoir** + infinitif):

Je ne **savais** pas bien prendre   *I did not know how to take notes well.*
des notes.

Savez-vous faire ce problème   *Do you know how to solve this* math
de maths?   *problem?*

Tes copains **savent-ils** jouer   *Do your friends know how*
au foot?   *to play soccer?*

savoir				
je	sais	nous	savons	j'ai su
tu	sais	vous	savez	
il/elle/on	sait	ils/elles	savent	

You may want to point out that this meaning of **savoir** is often expressed as *can* in English: *Savez-vous faire ce problème de maths?* "Can you do this math problem?" *Dominique sait réparer les voitures.* "Dominique can fix cars."

Model pronunciation and have students repeat. Point out that there are four oral forms and two different stem vowels, [ε] in the singular forms and [a] in the plural.

You may want to review the other two irregular imperatives, *avoir* and *être*.

● Note that the imperative is irregular:

Sache!   **Sachons!**   **Sachez!**

Sachez le vocabulaire pour demain!   *Know the vocabulary for tomorrow.*

Sache que nous voulons de meilleurs   *Know that we want better results!*
résultats!

● Note the difference in usage between **connaître** and **savoir**. **Connaître** must always be followed by a noun, usually the name of a person or a place:

Je **connais** Patrick, je **connais**   *I know Patrick, I also know his*
aussi son lycée.   *high school.*

● **Savoir** can also be followed by a noun:

Je **sais** le vocabulaire.   *I know (memorized) the vocabulary.*

However, **savoir** may also:

—be used alone:

Je ne sais pas.   *I don't know.*

—be followed by a clause, often an embedded question:

Je **sais** où ils habitent.   *I know where they live.*

Tu **sais** qui est le prof de philo?   *Do you know who the philosophy*
     teacher is?

—be followed by an infinitive:

Je **sais** jouer au foot.   *I know how to play soccer.*

● In the **passé composé**, the meaning of **savoir** and **connaître** is idiomatic:

J'ai connu Patrick l'année dernière.   *I **met** Patrick last year.*

J'ai su cette nouvelle par   *I **found out** that news (I learned*
Marie-Hélène.   *that news) from Marie-Hélène.*

À votre tour

You may warm up with some transformation drills: *Tu sais jouer au basket? Nous? Ils? Ton frère?* etc. *On connaît un endroit sympa/un bon restaurant. Vous? Ils? Qui?* etc. *Tu sais où est le rendez-vous? Ils? Nous?* etc.

You may want to make a game— in a round-robin fashion—of further mechanical drills when you give a present form to a student who in turn must give the same person in the *imparfait*. Then another person gives the *passé composé. É1: nous savons; É2: nous savions; É3: nous avons su.*

9–5 You may want to show the *Contexte* 1 text as students do this exercise (IRCD Image T09–02).

9–5 À chacun son talent (*To each his/her own talents*). À tour de rôle, partagez des détails au sujet de Patrick et Marie-Hélène. Indiquez (1) ce que (*what*) Patrick et Marie-Hélène savent ou connaissent et (2) ce que d'autres ne savent pas ou ne connaissent pas.

MODÈLE: Patrick / savoir le latin (ses copains)

    É1: Patrick sait le latin.

    É2: Mais ses copains ne savent pas le latin.

1. Patrick / savoir être discipliné (ses copains)
2. Patrick / savoir jouer au foot (ses copains)
3. Patrick / savoir prendre des notes (Marie-Hélène)
4. Marie-Hélène / connaître bien le système (je)
5. Marie-Hélène / connaître un prof super (nous)

9–6 Remind students that *connaître* must be followed by a noun and cannot be used alone.

You may suggest that students redo Ex. 9–6, giving more elaborate answers.

9–6 Tu sais…? Tu connais…? Il y a une fête chez un membre de la classe, Luke. Vous et votre partenaire échangez beaucoup de questions (avec **connaître** ou **savoir**).

MODÈLES: où on se retrouve

    É1: Sais-tu où on se retrouve?

    É2: Oui, je sais.

    ou: Non, je ne sais pas.

    la copine de Luke

    É1: Connais-tu la copine de Luke?

    É2: Oui, je connais la copine de Luke.

    ou: Non, je ne connais pas la copine de Luke.

1. où est le rendez-vous
2. à quelle heure on se retrouve
3. des copains qui ont une voiture
4. comment aller chez Luke
5. pourquoi toute la classe n'est pas invitée
6. les copains de Luke
7. combien de personnes vont aller à cette fête
8. les parents de Luke

9–7 You may suggest that students redo the exercise in the present tense to describe their college experience.

9–7 La vie au lycée. À tour de rôle avec votre partenaire, posez des questions au sujet de la vie au lycée (avec **savoir** ou **connaître**) et puis, répondez-y (*answer them*).

prendre des notes   des athlètes   le latin   de bons profs

des élèves sérieux   tes leçons par cœur   des profs nuls

faire des problèmes de maths

tous les profs du lycée   combien d'heures tes copains passaient sur leurs devoirs

des élèves nuls (*poor*)   travailler en équipe

MODÈLES: tes leçons par cœr

> É1: Tu savais tes leçons par cœr?
>
> É2: Oui, je savais mes leçons par cœr.

> tout le monde dans ta classe
>
> É2: Tu connaissais tout le monde dans ta classe?
>
> É1: Non, je ne connaissais pas tout monde dans ma classe.

9–8 Interviews. À tour de rôle, interviewez des camarades sur leurs talents cachés (*hidden talents*) et leurs connaissances (gens et endroits). Utilisez les suggestions ci-dessous et votre imagination

1. Qu'est ce que tu sais ou ne sais pas faire? (jouer au foot, au tennis, au basket; faire du vélo, de la moto, du bateau, du ski; faire la cuisine; bricoler; réparer des ordinateurs/vélos…)

2. Qui connais-tu? (des étudiants étrangers; des athlètes; des gens sportifs, amusants, connus…)

3. Quel(s) endroit(s) sympa connais-tu? (restaurants, bars, parcs, magasins, quartiers…)

Le verbe **suivre**

- The irregular verb **suivre** means *to follow*:

Pour trouver le lycée, **suivez** le boulevard!	*To reach the high school, follow the boulevard!*
On **suit** les conseils des profs?	*Do people follow their teachers' advice?*

- The verb **suivre** is also used idiomatically to express the idea of *taking a course* or *keeping up with* (current events, sports, etc.):

Combien de cours **suis**-tu ce semestre?	*How many courses are you taking this semester?*
Je **suivais** un cours de latin au lycée.	*In high school I used to take a Latin course.*
Mes amis **suivent** la politique européenne.	*My friends keep up with European politics.*

suivre				
je	suis	nous	suivons	j'ai suivi
tu	suis	vous	suivez	
il/elle/on	suit	ils/elles	suivent	

Model pronunciation and have students repeat. Point out the contrast in the third-person forms: [il sɥi] vs. [il sɥiv]. Point out also that this verb contains the semivowel [ɥ] they practiced in Chapitre 8.

Point out that, although the first person singular of *suivre* is identical to that of the verb *être*, the context makes the meaning clear, just as it does for homonyms like "to/two/too" in English.

À votre tour

Warm up with some transformation drills: *Je suis un cours de physique. Mes copains? Nous?* etc. *On suit la politique internationale. Mes copains? Vous? Le prof?* etc.

9–9 You may want to redo the exercise in the past, by modifying the situation: *Indiquez quel(s) cours ont suivi les personnes suivantes.*

MODÈLE: *Je suis professeur de sciences, alors j'ai suivi des cours de maths et physique.*

9–9 Quel cursus pour quelle carrière? *(Which curriculum for which career?)* Avec un(e) partenaire, indiquez à tour de rôle quels cours suivent les personnes suivantes.

MODÈLE: É1: Tu veux être professeur de sciences.

É2: Alors je suis des cours de maths et physique.

Tu veux être interprète.	latin
On veut être journaliste.	biologie
Nous voulons être historiens.	anglais
Ils veulent être médecins.	histoire-géo
Vous voulez être ingénieurs.	espagnol
	physique
	allemand
	éducation physique
	français
	maths

9–10 You may suggest that small groups of students working together keep track of the answers given for questions 5 and 6 and report their findings to the rest of the class: *Dans notre groupe, trois personnes suivent la politique internationale, mais deux personnes suivent le sport.*

9–10 Prenez la parole. Interviewez plusieurs camarades de classe sur leurs cours, leur emploi du temps et leurs intérêts scolaires, puis faites un résumé de leurs réponses. Demandez:

1. combien de cours ils suivaient au lycée
2. quels cours ils suivaient
3. combien de cours ils ont suivi le semestre dernier
4. combien de cours ils suivent aujourd'hui
5. quel programme de télé ils suivent régulièrement
6. quel sujet ils suivent régulièrement (sports? politique nationale ou internationale? films? livres? religion? voyages? histoire?)

CONTEXTE

Tu m'aides un peu?

Mark, étudiant d'échange américain, a besoin d'aide en français. Son amie Solange a accepté de l'aider. C'est le moment de prendre rendez-vous.

MARK: Dis, tu es vraiment sympa de m'aider. On fixe un jour?

SOLANGE: Écoute, moi, c'est le jeudi qui me va le mieux.

MARK: Moi aussi, le jeudi ça va!

SOLANGE: Es-tu libre pendant l'heure du déjeuner?

MARK: Très bien! Où est-ce que je te retrouve?

SOLANGE: Au foyer. On achète des sandwichs et des coca et on travaille là.

MARK: Alors à jeudi midi. Je file à mon cours d'histoire. Je l'ai raté la semaine dernière!

SOLANGE: Eh bien, dépêche-toi! Tu vas le rater encore une fois!

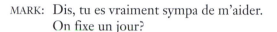

Est-ce évident?

Échanges internationaux

Aujourd'hui les programmes internationaux ont une place importante au lycée français. Peu d'établissements reçoivent des étudiants étrangers pour une année scolaire entière. Mais des échanges d'une ou deux semaines et les voyages à l'étranger sont nombreux. Ils prennent parfois la forme de voyages organisés. Souvent aussi, le lycée organise un échange avec une classe entière en Angleterre, Autriche, Italie ou même au Maroc ou au Canada. Les élèves habitent avec les familles de leurs camarades, vont en classe avec eux et les reçoivent plus tard chez eux. Après l'échange, les élèves travaillent sur un projet (rapport de géographie, d'histoire, d'urbanisme et vie quotidienne), et le publient parfois sur l'Internet.

● Est-ce que votre lycée organisait des échanges internationaux? De quels types? S'il n'y avait pas de programmes d'échanges, à votre avis, pourquoi?

Visite collective du Parlement à Québec

LE MOT JUSTE

Expressions
dis! *say!*
encore une fois *one more time*
vraiment sympa *really nice*

Verbes

accepter de *to accept*

aider *to help*
filer *to run along*
fixer un jour, une date
  to fix a day, a date
prendre rendez-vous
  to set, to make an appointment

rater *(here) to miss or to cut*
  (a class or an appointment)

Noms
le foyer *student center*
un sandwich *sandwich*

À votre tour

9–11, 9–12 As students do these exercises, you may want to show the *Contexte* 2 dialogue (IRCD Image T09–03).

9–11 Avez-vous compris? Avec votre partenaire, parlez du rendez-vous de Solange et Mark. Indiquez à tour de rôle: la date du rendez-vous, l'heure du rendez-vous, l'endroit du rendez-vous et le(s) but(s) du rendez-vous. Ensuite, résumez vos renseignements.

MODÈLE: É1: Solange et Mark ont pris rendez-vous le…

1. Date du rendez-vous
2. Heure du rendez-vous
3. But(s) (*goal[s]*) du rendez-vous
4. Endroit du rendez-vous

9–12 To help prepare the class in a general way, go back to the *Contexte* and help students isolate its different parts: *On propose un jour ou une date; on précise l'heure, on précise l'endroit où se retrouver, on négocie, on se met d'accord et on finit la conversation.* You may want to practice the different utterances used throughout the conversation.

9–12 Un rendez-vous important. Demandez de l'aide à votre partenaire dans une matière de votre choix (maths, physique, français, histoire). Ensuite, prenez rendez-vous. Suivez le **Contexte** comme modèle.

Vous…	Votre Partenaire…
Demandez de l'aide.	Accepte de vous aider.
Proposez un jour qui vous arrange.	Propose un jour différent.
Précisez l'heure.	Négocie l'heure.
Demandez où vous retrouver.	Propose un endroit.
Résumez les conditions du rendez-vous.	Exprime son accord, dit au revoir.

9–13 You may want to remind students to use the newly learned verbs: *devoir, pouvoir, vouloir,* from Chapitre 8, Étape 4.

9–13 Je regrette… Vous n'avez pas envie d'aider votre camarade. Vous répondez que vous êtes très occupé(e) et donnez une excuse (sport, visite de famille, examen, sortie avec des copains, etc.). Soyez prêt(e) à jouer votre mini-conversation pour le reste de la classe.

MODÈLE: É1: Écoute, j'ai besoin d'aide en physique. Tu peux m'aider?
É2: Non, pas cette semaine: je dois préparer un examen!…

STRUCTURE

Les pronoms compléments d'objet direct

Indirect-object pronouns are presented in Chapitre 10.

You may want to mention that the direct object is easy to identify in French because there is never a preposition (*à, de, pour, avec, sans,* etc.) between the verb and a direct object.

• A direct object receives the action of the verb; it answers the question *Whom?* or *What?*

Marie-Hélène prépare **le bac**?

Solange aide **Mark**.

*Is Marie-Hélène preparing the **bac**?*

*Solange is helping **Mark**.*

● Direct-object pronouns can be substituted for direct-object nouns or noun phrases. They have the same gender and number as the nouns they replace. They normally precede the verb of which they are the object (this may be the main verb or an infinitive).

● The direct-object pronouns are given below. All forms that end in a vowel elide before a verb beginning with a vowel sound.

singular	plural
me (m')	nous
te (t')	vous
le (l') / la (l')	les

Point out that the third-person forms refer to people or things and therefore correspond to *him, her, it,* and *them* in English.

—Marie-Hélène prépare **le bac**?   —*Is Marie-Hélène studying for the bac?*
—Oui, elle **le** prépare.   —*Yes, she's studying for it.*

—Solange aide **ses copains**?   —*Is Solange helping her friends?*
—Oui, elle **les** aide.   —*Yes, she is helping them.*

—Tu connais **la copine de Mark**?   —*Do you know Mark's friend?*
—Oui, je **la** connais: c'est Solange!   —*Yes, I know her: it's Solange.*

—Est-ce que tu **m'**aides un peu?   —*Can you help me a little?*
—Oui, d'accord, je **t'**aide.   —*Sure, I'll help you.*

—Mark va rater **son cours d'histoire**?   —*Is Mark going to miss his history class?*
—Oui, il va **le** rater encore une fois.   —*Yes, he is going to miss it again.*

● In the negative, **ne** never comes between the direct-object pronoun and the verb; **ne** always precedes the direct-object pronoun:

Les copains ne **nous** entendent pas.   *Our friends are not hearing us.*

Jeudi? Non, ça ne **m'**arrange pas!   *Thursday? No, that does not suit me!*

Solange et Mark?   *Solange and Mark? I don't*
  Je ne **les** connais pas.   *know them.*

● Note that in inversion questions—rarely used in conversation—the object pronoun precedes the verb:

—**M'**aides-tu un peu?   —*Can you help me a little?*
—Oui, d'accord, je **t'**aide.   —*Sure, I'll help you.*

—**La** connais-tu?   —*Do you know her?*

● The affirmative imperative is the only exception to the normal word order for direct-object pronouns. Direct-object pronouns are placed immediately after the verb and are connected to it with a hyphen. **Me** becomes **moi** after an affirmative imperative.

Attends-**moi**!   *Wait for me!*

Laissez-**nous** tranquilles!   *Leave us alone!*

● There is no change in the word order in the negative imperative:

Ne **m'**attends pas!   *Do not wait for me!*

Ne **nous** écoutez pas!   *Do not listen to us!*

If students can learn that the normal position of a direct-object pronoun is *directly preceding* the verb of which it is the object, they will learn five things at once without having to learn them as though they were separate phenomena: the position of the object relative to the verb in an affirmative, negative, or interrogative sentence, and in infinitive constructions and the negative imperative.

You may want to remind students that the reflexive pronoun *te* also becomes *toi* in the affirmative imperative: *Dépêche-toi!* (see Chapitre 6, p. 240).

● In the *passé composé*, direct-object pronouns directly precede the auxiliary verb. The past participle of the verb agrees in number and gender with the preceding direct-object pronoun.

—As-tu fait tes devoirs?
—Oui, je **les** ai fait**s**.
—Moi, je ne **les** ai pas commencé**s**.

—As-tu compris la leçon?
—Bien sûr, je **l'**ai compris**e**.
—Moi, je ne **l'**ai pas compris**e** du tout!

● Note, similarly, the case of the direct-object relative pronoun: When **que/qu'** refers to a feminine or plural noun, the corresponding form of the past participle is used:

J'ai fait **les devoirs que** le prof a donné**s**.

I did the assignment that the professor assigned.

J'ai bien compris **la lecture que** nous avons fait**e**.

I understood very well the reading that we did.

● Certain French verbs are followed by a direct object (without a preposition), although their English equivalents are not. It's important to learn these very common verbs:

attendre	to *await, wait for*
chercher	to *look for*
écouter	to *listen to*
regarder	to *look at*

On **attend** les copains. On **les** attend. — *We're **waiting for** them.*
On **cherche** la cassette. On **la** cherche. — *We're **looking for** it.*
On **regarde** le prof. On **le** regarde. — *We're **looking at** him.*
On **écoute** nos parents. On **les** écoute. — *We **listen to** them.*

À votre tour

9–14 La vie scolaire. Vous questionnez un(e) jeune lycéen(ne) sur la vie au lycée. Il/Elle vous répond par des phrases courtes (un pronom objet remplace l'objet direct).

MODÈLE: É1: On apprécie beaucoup les bons profs?
　　　　É2: Oui, on les apprécie.
　　ou:　Non, on ne les apprécie pas.

1. On apprécie beaucoup les bons profs?
2. On suit les conseils (*advices*) des parents?
3. On regarde les films du prof?
4. On écoute les cassettes au labo?
5. On fait les devoirs tous les jours?
6. On reçoit les corrigés (*answer keys*) des devoirs?

7. On fait la composition à la dernière minute?

8. On attend les copains après la classe?

9. On invite les copains pour travailler?

10. On prépare l'examen ensemble?

11. On attend les résultats avec impatience?

12. On célèbre la réussite (*success*) ensemble?

9–15 Mais oui! / Mais non! Quelles sont les règles au lycée? Peut-on ou doit-on faire les choses suivantes?

MODÈLE: É1: Peut-on appeler l'assistante?

É2: Mais oui, on peut l'appeler.

ou: Mais non, on ne peut pas l'appeler.

1. Peut-on rendre les devoirs en retard?

2. Doit-on suivre les cours d'éducation physique?

3. Peut-on inviter les copains chez soi?

4. Doit-on faire les devoirs tous les jours?

5. Doit-on suivre les conseils (*advice*) des profs?

6. Doit-on attendre les résultats longtemps?

7. Peut-on célébrer la réussite avec une fête?

9–16 Travail d'équipe. Avant la période des examens, proposez à tour de rôle un échange de bons services à votre partenaire et à vos camarades.

MODÈLE: Toi, tu m'aides en maths et moi, je _____ aide en français.

É1: Toi, tu m'aides en maths et moi, je **t'**aide en français.

1. Toi, tu m'aides en littèrature et moi, je _____ aide en physique.

2. Eux, ils nous aident en histoire et nous, nous _____ aidons en géographie.

3. Vous, vous m'aidez en maths et moi, je _____ aide en biologie.

4. Elle, elle nous aide en orthographe et nous, nous _____ aidons en grammaire.

5. Moi, je t'aide en français, et toi, tu _____ aides en calcul.

9–17 Conseils (*Good advice*). Vous et votre partenaire donnez des conseils à un(e) jeune ami(e) qui vient de passer le bac.

MODÈLE: É1: Attends *les résultats* avec calme!

É2: Attends-les avec calme!

1. Ne redoute pas (*don't fear*) *les résultats!*

2. Invite *ta copine/ton copain* pour célébrer!

3. Accepte *les félicitations de ta famille!*

4. Informe *tes profs* des résultats!

5. Vends *tes livres de classe!*

6. Ne regrette pas *le lycée!*

7. Prépare *ton départ en vacances!*

8. Donne *ta nouvelle adresse* aux copains!

9. Apprécie *ta liberté!*

9–18 On a bien fait? *(Did they do well?)* Un(e) ami(e) a reçu ses bons résultats. Vous et votre partenaire confirmez qu'il/elle a bien travaillé toute l'année.

MODÈLE: É1: Il/Elle a écouté *les conseils des profs.*

É2: Ça oui, il/elle les a écoutés!

1. Il/Elle a fait *les devoirs* toute l'année.
2. Il/Elle a appris *toutes les leçons.*
3. Il/Elle n'a jamais séché *les cours.*
4. Il/Elle n'a pas oublié *les dates historiques.*
5. Il/Elle a fait *les efforts demandés.*
6. Il/Elle a organisé *son emploi du temps.*
7. Il/Elle n'a pas perdu *son temps.*
8. Il/Elle a découvert *la meilleure méthode de travail.*
9. Il/Elle a étudié *toutes les matières.*
10. Il/Elle a présenté *les options facultatives.*
11. Il/Elle a attendu *les résultats* avec calme.
12. Il/Elle a souvent aidé *ses copains.*
13. Résultat: le bac ouvre *les portes de l'université* pour lui/elle.

Maintenant, refaites l'exercice pour expliquer l'échec (*failure*) d'un(e) autre ami(e).

MODÈLE: Il/Elle a écouté *les conseils des profs.*

É1: Il/Elle n'a pas écouté les conseils des profs.

É2: En effet, il ne les a pas écoutés!

9–19 You may want to remind students to follow the model and remember to use direct objects in their responses. Point out the use of the verb *trouver* in the *imparfait* to indicate one's opinion.

9–19 Prenez la parole. En petits groupes, demandez à vos camarades quelle est leur réaction spontanée quand ils entendent certains mots reliés (*connected*) à leurs années de lycée. Ils répondent en phrases très courtes et utilisent des pronoms compléments d'objet direct.

MODÈLE: É1: Comment trouvais-tu les examens?

É2: Oh! Je **les** trouvais faciles!

Suggestions: les copains, les cours, l'emploi du temps, la cafétéria, le labo, les installations sportives, le bal (*prom*), etc.

Utilisez votre imagination et votre expérience pour trouver d'autres mots-clés (*key words*) des années-lycée.

En direct

De qui, de quoi s'agit-il? You will hear the comments of five people at a **lycée**. In each case, indicate whether the speaker is a teacher (**Professeur**) or a student (**Élève**) by placing a check in the appropriate column. Then, circle the letter corresponding to the word that best describes the speaker's intention or tone.

	Professeur	Élève	De quoi s'agit-il?	
1.	✔	_____	a. enthousiasme	(b.) reproches
2.	_____	✔	(a.) découragement	b. encouragement
3.	✔	_____	a. reproches	(b.) félicitations
4.	_____	✔	a. enthousiasme	(b.) fatigue
5.	_____	✔	(a.) enthousiasme	b. fatigue

Make sure students understand the cognates used in the chart before starting the exercise.

Audio script for *En direct*:

1. Eh bien, je vous ai appelé dans mon bureau parce que ça ne va pas du tout en français. Quand vous me rendez un devoir, l'orthographe est horrible et la ponctuation est pratiquement absente. Il est temps d'apprendre à vous servir d'un dictionnaire ou d'une grammaire.

2. Moi, je déteste le lycée. Je n'ai jamais de bons résultats. Au moment des examens, je deviens extrêmement nerveux. Je veux apprendre la pâtisserie! Mes parents veulent que je passe mon bac! Mais je ne vais pas y arriver!

3. Vous avez fait beaucoup de progrès. Vous avez encore des efforts à faire. Mais ne vous découragez surtout pas, vos notes sont bien meilleures. Continuez comme ça et vous avez une vraie chance de réussir votre bac!

4. Je crois que le prof est fou. Depuis la rentrée, il nous a déjà donné quatre compositions. Et nous avons aussi

beaucoup de devoirs en physique et en maths. Franchement, je n'ai même plus le temps de faire de sports, le mercredi après-midi! Les profs nous poussent trop!

5. Avoir un bon prof, ça fait une différence incroyable! Par exemple, l'histoire, j'ai toujours détesté ça. Mais maintenant j'aime l'histoire et j'ai des notes excellentes. C'est parce que j'ai un prof super, Mme Noury. C'est le prof le plus intéressant et le plus sympa du lycée. On la respecte et on l'écoute vraiment.

Before starting the *Contexte*, remind students of the importance of *le bac*. Then ask them to imagine how they would feel that day: *C'est le jour d'un examen/entretien très important. Êtes-vous relax ou nerveux? Préférez-vous aller à l'endroit de l'examen seul ou avec un copain? Est-ce que vous préférez prendre votre voiture ou être accompagné?*

CONTEXTE

Le jour du bac

Rémi raconte son expérience:

Le jour du bac, je me suis levé très tôt parce que l'examen avait lieu dans un lycée loin de mon quartier. J'étais un peu nerveux! À 6 h 30, mon copain Julien et son père sont arrivés en voiture et nous sommes partis.

À 7 h 15, le père de Julien nous a laissés, Julien et moi, devant le lycée. Nous étions en avance parce que nous voulions repérer notre salle d'examen. Mais le lycée était fermé. Alors, nous sommes allés dans un petit café tout près. Nous avons rencontré d'autres copains, l'ambiance était très sympa. Je me sentais calme.

Quand j'ai vu (*saw*) les sujets, j'ai su que je n'allais pas avoir de problèmes. Les quatre heures ont passé très vite. On est retourné au café pour déjeuner. L'après-midi s'est aussi bien passée. Puis Julien et moi avons pris le bus pour rentrer chez nous parce que nous habitons loin et aussi parce qu'il pleuvait un peu.

Le lendemain soir (*next evening*), après le reste des épreuves, nous sommes allés chez Charlotte où il y avait une grande fête pour marquer le début des vacances. Tous les copains de la classe étaient là. On était contents d'avoir fini, mais nous devions maintenant attendre les résultats!

Le jour de l'oral du bac, on cherche sa salle d'examen.

ÉTAPE 3 1 2 4

Arrivez-vous bien en avance? Après l'examen, qu'est-ce que vous faites?
Then go over the *Contexte* aloud with the class, perhaps showing the text (IRCD Image T09–04). In doing so, you may ask students to complete some sentences: *Je me suis levé(e) très tôt, mais pourquoi? Parce que l'examen avait lieu loin de mon quartier.* As always, you may ask students to read the *Avez-vous compris?* exercise even before reading the *Contexte*.

Remind your students that one must be 18 years old to get a driver's license in France. It is possible to obtain a learner's permit at age 16, if one is registered in a driving program and accompanied by an adult driver.

Est-ce évident?

Le bac

Pour les jeunes Français les trois années du lycée marquent l'importance du bac. En effet le bac, c'est

- un fait[1] de société:
  - —C'est la fin des études secondaires mais aussi une orientation presque définitive pour l'avenir[2] d'un jeune.
  - —C'est un sujet de préoccupation pour la famille entière des candidats (et aussi pour leurs voisins et amis).
  - —Les résultats sont publiés dans la presse régionale.
  - —C'est un phénomène économique: il y a des publications spécialisées (les *ABC du BAC* et *Sujets corrigés du Bac*), et il y a des écoles spécialisées dans la préparation du bac, ou «boîtes à bac», souvent chic et chères.
- un programme commun à tous les établissements secondaires, publics ou privés
- un examen national passé à la même date
- la correction anonyme des copies par des professeurs désignés par l'état
- un taux de réussite[3] approchant 80%

Parfois parents et enfants diffèrent sur l'importance des études!

- Dans votre vie de lycéen, est-ce qu'il y a eu aussi des moments de grand stress? (Quand, par exemple, vous deviez passer des épreuves comme ACT ou SAT ou encore AP? Quand vous attendiez la décision de votre université favorite?) Expliquez.

You may want to mention *Le Baccalauréat International* since some of your students may have gone to schools that offer preparation for it. You may direct students to the Internet to research the topic further.

[1]fact [2]future [3]success rate

Que faire sans le bac?

Plus d'une centaine de métiers[1] sont ouverts aux jeunes qui n'ont pas le bac. Par exemple, certains élèves préfèrent la pratique à la théorie et choisissent de quitter le lycée avant le bac. Ils vont devenir apprentis chez un patron. D'autres élèves entrent directement dans l'enseignement professionnel pour préparer un diplôme professionnel en travaillant.[2] Autrement, on peut entrer dans une école qui recrute au niveau bac mais qui n'exige[3] pas le diplôme. Enfin, si on a le niveau du bac[4] on peut obtenir une équivalence et préparer une capacité en droit[5] ou un brevet d'État d'éducateur sportif.

Les grands chefs de demain ont souvent commencé comme apprentis!

[1]trade, job [2]while working [3]requires [4]reaches the level of the bac [5]diploma which opens the way to a paralegal career

LE MOT JUSTE

Verbes

laisser   *to leave*
marquer   *to mark, to celebrate*
se passer (bien/mal)   *to go well/badly*
passer un examen
     to take an exam

repérer   *to locate*
sembler   *to appear*
se sentir   *to feel*

Noms

le début   *beginning*
une épreuve   *test*

une expérience   *experience*
un sujet   *subject*

Adjectif

nerveux, -euse   *nervous*

À votre tour

9–20 Avez-vous compris? À tour de rôle, complétez les phrases suivantes.

1. Le jour du bac, Rémi s'est levé très tôt parce que…
2. Rémi est parti en voiture avec…
3. Rémi n'a pas pu entrer immédiatement dans la salle d'examen parce que…
4. Selon (*according to*) Rémi, les sujets d'examens étaient…
5. Au retour, Rémi et Julien ont pris le bus parce qu'il…
6. Le soir du second jour, Rémi et Julien sont allés…

9–20 You may want to show the *Contexte* 3 text as students do this exercise (IRCD Image T09–04).

9–21 Émotions! La journée du bac est très importante. Les candidats, leurs parents et amis ont beaucoup d'émotions. À tour de rôle avec votre partenaire, imaginez les émotions du candidat et de sa famille à des moments différents. Choisissez vos commentaires parmi les expressions suivantes:

on était calme / on était nerveux / on avait peur (*was afraid*) /
on était soulagé (*relieved*)

1. Le matin au réveil…
2. Pendant le voyage en voiture jusqu'au lycée…
3. Devant les portes fermées du lycée…
4. Avant de recevoir les sujets d'examens…
5. Après avoir reçu des sujets assez faciles…
6. Au moment du déjeuner avec les copains…
7. À la fête immédiatement après l'examen…
8. Pendant les trois semaines d'attente des résultats…

9–22 Un jour d'examen. Avez-vous passé des examens ou des entretiens (*interviews*) durant vos années au lycée? Rappelez-vous le jour de l'examen ou de l'entretien et partagez vos souvenirs avec vos camarades. Utilisez les questions suivantes.

1. À quelle heure vous êtes-vous levé(e)?
2. Le centre d'examen/l'entretien était-il près ou loin?
3. À quelle heure commençait l'examen ou l'entretien?
4. Étiez-vous seul(e)? avec des copains?
5. Étiez-vous calme ou nerveux/se?
6. Qu'est-ce que vous avez fait après l'examen ou l'entretien?
7. Combien de temps avez-vous attendu les résultats?

STRUCTURE

La narration au passé: l'imparfait vs. le passé composé

● The *imparfait* and the *passé composé* are both used to talk about the past. Whether the *imparfait* or the *passé composé* is used depends upon the context and the speaker's perspective.

The *imparfait*

- describes how things were, the way things used to be
- indicates what a situation was like
- describes what was going on, or a state of mind
- recalls habitual or repeated past actions

The *passé composé*

- tells what happened (next)
- narrates past events, actions which occurred only a few or a known number of times
- relates a series of past actions or events
- introduces an interruption to an ongoing action

● The *imparfait* enables the speaker or writer to set the scene, provide background information, or describe particular circumstances. The *passé composé* enables the speaker or writer to tell what happened.

● Study the following illustrations and sentences. Explain the choice of the *passé composé* or the *imparfait* in each case.

Au moment où Cécile est sortie de l'appartement, il pleuvait.

Quand Jules est entré dans la classe, il n'y avait plus de place.

Quand Patrick et Annie sont arrivés au cinéma, beaucoup de gens attendaient.

Quand Sophie et Mireille sont allées au café, les copains n'étaient pas là.

Point out that each of these sentences has two parts, or clauses. For each sentence, have students identify first the clause that provides information pertaining to the decor or atmosphere, and then the clause that tells what happened. Then ask them to "match" the function of each clause with the verb tense used (i.e., *imparfait* for establishing the setting or background, and *passé composé* for the narrative).

Some images may help students visualize how the *imparfait* and the *passé composé* work together in the context of a narrative:

Inventory: Each time you take an item from a shelf (or return it) it is like using the *passé composé*. When you stop to read the labels on the items, it is like using the *imparfait*.

Magic wand: Each time the sorcerer waves the wand to make things appear or disappear, it is like using the *passé composé*. When the sorcerer admires his/her creation, it is like using the *imparfait*.

- Certain adverbs are more commonly associated with one tense or the other.

Adverbs commonly used with
the *passé composé*:

un jour   *one day*
d'abord   *first*
puis   *then*
ensuite   *next*
enfin   *finally*
soudain   *suddenly*
tout d'un coup   *all at once, suddenly*

Adverbs commonly used with
the *imparfait*:

généralement   *generally*
d'habitude   *usually*
toujours   *always*
souvent   *often*
rarement   *seldom*

Un jour, je suis allé au lycée
en bus. **Généralement, j'allais**
au lycée à vélo.

*One day I took the bus to school.
Usually I would ride my bike to school.*

D'abord, j'ai fait mes devoirs;
ensuite je suis allé au cinéma.
En effet, à cette époque **j'allais
très souvent** au cinéma.

*First I did my homework, then I went
to the movies. In fact, back then I used
to go to the movies very often.*

Go over the list with the class, using each word in a sentence. Also consider together why the words on the lists are more commonly associated with one tense or the other.

À votre tour

9–23 Tout allait mal (*Everything was going wrong*). Quand vous avez quitté la maison ce matin, tout allait mal.

MODÈLE: Quand j'ai quitté la maison,… il / être très tôt

   É1: Quand j'ai quitté la maison, il était très tôt.

Quand j'ai quitté la maison,…

1. il / faire toujours (*still*) nuit
2. il / pleuvoir (*to rain*)
3. je / se sentir fatigué(e) (*tired*)
4. je / être de mauvaise humeur
5. je / ne … pas vouloir aller en cours
6. mes co-locs (*roommates*) / être toujours au lit
7. ils / dormir très bien
8. il / ne pas y avoir de café
9. je / être furieux(se)

You may want to warm up with a few drills. For example, you may (1) contrast a specific event with a habit: *Un jour, je me suis réveillé(e) tard. Mais d'habitude, je ne me réveillais jamais tard. Un jour, j'ai joué au basket, mais d'habitude… Un jour, je n'ai pas fait mes devoirs, mais d'habitude…* You may (2) introduce an interruption to an ongoing action: *Je mange / Le téléphone sonne* becomes *Je mangeais quand le téléphone a sonné. Je sors / Mes copains arrivent. Il pleut / Nous allons au café.* Or, (3) transpose an ongoing action from the present into the past: *Je suis en train d'étudier. Mais tu étudiais déjà ce matin!*

9–24 Pas comme d'habitude! (*Not as usual!*) Avec un partenaire, contrastez à tour de rôle la routine quotidienne (*daily*) de Rémi avec ses actions le jour du bac.

MODÈLE: se lever à 7 h

   É1: D'habitude, Rémi se levait à sept heures.

   É2: Mais le jour du bac, il s'est levé très tôt.

1. ne … pas être nerveux le matin
2. avoir faim
3. prendre son petit déjeuner
4. sa mère ne … pas superviser son petit déjeuner
5. aller au lycée dans le quartier
6. ne … pas aller au café le matin
7. ne … pas prendre le bus pour rentrer
8. ne … pas aller chez Charlotte le soir
9. ne … pas retrouver ses copains le soir

9–25 Interruptions. Combinez un élément de chaque colonne pour expliquer ce que vous faisiez hier en classe ou à la maison (Colonne A) quand une interruption (Colonne B) a soudain changé la situation.

MODÈLE: je (s'endormir) / le prof (poser) une question

>   É1: Je m'endormais quand soudain le prof a posé une question.

A	**B**
je (s'ennuyer) (*to be bored*) à la bibliothèque	un copain (venir) me retrouver
je (regarder) la télévision	le téléphone (sonner) (*ring*)
je (penser) à mon week-end	je (me rappeler) (*remember*) mon devoir de maths
je (déjeuner) au foyer	je (penser) à mon cours d'histoire
je (faire) mes devoirs	mon frère (mettre) la radio
je (prendre) des notes	le prof (s'arrêter) (*stop*) de parler

9–26 Une matinée frustrante (*A frustrating morning*). À tour de rôle, complétez les phrases ci-dessous pour raconter la matinée d'hier. Utilisez l'imparfait ou le passé composé et justifiez votre choix.

MODÈLES: Comme d'habitude / le parking / être complet (*full*)

>   É1: Comme d'habitude, le parking était complet.
>   (C'est une habitude!)

>   Enfin / je / trouver / une place / mais très loin

>   É2: Enfin, j'ai trouvé une place, mais très loin.
>   (**Enfin** avance la narration et est utilisé avec le passé composé.)

1. Puis, je / traverser le parking
2. Il / pleuvoir toujours
3. Tout le monde / être de mauvaise humeur
4. Enfin, je / arriver dans le bâtiment
5. Comme toujours / l'ascenseur / ne pas marcher
6. Et, comme d'habitude / il y avoir / une foule (*crowd*) dans l'escalier
7. Enfin / nous / arriver dans la salle de classe
8. Mais / le prof / être absent
9. Alors, nous / attendre 15 minutes
10. Finalement, le cours / ne pas avoir lieu

9–27 Une anecdote. Racontez l'anecdote ci-dessous au passé. Utilisez l'imparfait ou le passé composé.

MODÈLE: J'*ai* quinze ans. Je *vais* au lycée à vélo.

>   É1: J'avais 15 ans. J'allais au lycée à vélo…

J'*ai* quinze ans. Je *vais* au lycée à vélo. J'*ai* un vieux vélo. Mon copain Alain me *suit*. Nous n'*allons* pas très vite. Soudain, une voiture *arrive*. Elle *va* très vite. Tout à coup, elle *tourne* devant moi. Alors, je *tombe*. Ensuite la voiture *s'arrête*. Puis le conducteur (*driver*) m'*aide*. Moi, je *vais* bien. Mais mon vélo ne *marche* plus! Alors le conducteur me *ramène* chez moi. Finalement, il *paie* un nouveau vélo!

9–28 Prenez la parole. À tour de rôle, utilisez les dessins et suggestions ci-dessous pour raconter l'histoire d'Annie.

se réveiller, avoir toujours sommeil (*to be sleepy*) être fatiguée

s'habiller, les couleurs ne pas aller bien ensemble, se changer

sortir, pleuvoir, faire froid, être de mauvaise humeur, le bus ne pas arriver

rentrer dans son appartement, le lit être déjà défait (*unmade*), se recoucher, s'endormir

Before starting the *Contexte,* you may ask students to situate Cameroon on a map. You may suggest that they use the Internet to learn more about the country.

You may want to show the *Contexte* text as you discuss the content (IRCD Image T09–05). You may want to remind students of the distinction between the *collège* (junior high or middle school) and the *lycée*. Ask them how they expect the curriculum and the objectives of a Francophone African school in an agricultural environment to differ from a city school. Refer them to Philippe's schedule on page 331:

Imaginez quelles différences (objectifs, cours) existent entre un établissement secondaire en milieu urbain et en milieu rural. À votre avis les élèves vont-ils avoir des cours pratiques comme des cours d'agriculture? Imaginez le futur de ces enfants: vont-ils rentrer au village? Pour faire quoi? At this point you may want to alert students to the development of cottage industries (*entreprises artisanales*) in developing countries.

CONTEXTE

Annette, étudiante modèle

Bonjour. Je m'appelle Annette Sagsu et je suis Camerounaise. J'ai commencé mes études secondaires au collège Baba Simon au Nord Cameroun il y a cinq ans. Pendant quatre ans j'ai suivi les cours normaux de maths, de français, d'histoire et de géographie. Mais aussi, trois après-midi par semaine, j'ai dû étudier l'agriculture, la santé, la couture et un peu de mécanique. Pendant la dernière année du collège j'ai rencontré des Anciens qui m'ont appris les traditions de mon village.

Aujourd'hui je suis au lycée Baba Simon depuis un an et je suis une bonne élève: je ne sèche jamais les cours, je fais attention, je ne rêve pas en classe, je fais mes devoirs. J'aime bien aller au laboratoire agroalimentaire où je fais de très bons jus de fruits. Après mon bac, je voudrais retourner au village et avoir une petite entreprise de jus de fruits avec ma famille.

1
2
3

ÉTAPE

4

Est-ce évident?

L'éducation secondaire en Afrique francophone: une priorité importante

Au Cameroun, comme dans beaucoup de pays de l'Afrique francophone, l'enseignement secondaire est aujourd'hui une priorité. Considérez par exemple le projet de Tokombéré au Nord Cameroun. Au collège comme au lycée les élèves reçoivent une formation théorique, bien sûr, mais aussi une formation pratique. On offre des cours supplémentaires d'agriculture, santé, couture, maçonnerie[1], menuiserie[2], mécanique et transformations agroalimentaires. Plus tard les jeunes rentrent dans leurs villages pour étudier les problèmes de santé et approfondir[3] leur connaissance des traditions. On prépare les jeunes à retourner au village et à participer à son progrès et développement.

● Quelle est votre opinion? Est-ce que c'est une bonne idée d'offrir des cours pratiques et théoriques au lycée? Avez-vous suivi un cours pratique?

[1]masonry [2]carpentry [3]deepen

LE MOT JUSTE

Expressions

depuis *for, since, ago*
il y a X années *X years ago*
par semaine *per week*

Verbes

rêver *to (day) dream*
sécher (les cours) *to cut (classes)*

Noms

un ancien *elder*
la couture *sewing*
une entreprise *business*
la santé *health*

Adjectifs

normal *normal*
agroalimentaire *related to food-processing*

À votre tour

9–29 Élève modèle ou cancre *(Genius or poor student)?* Avec votre partenaire, identifiez quelle légende *(caption)* va avec quelle illustration.

MODÈLE: É1: On sèche le cours.

Légendes:

1. _____ On rêve.

2. _____ On sèche le cours.

3. _____ On assiste au cours.

4. _____ On fait attention.

5. _____ On passe un examen.

6. _____ On réussit.

7. _____ On fait ses devoirs.

a.

b.

c.

d.

e.

f.

g.

9–30 Contrastes! Maintenant, avec votre partenaire, contrastez les comportements d'un(e) étudiant(e) modèle et les comportements d'un cancre. Enfin, décidez dans quelle catégorie vous placez Annette. Pourquoi?

MODÈLE: L'étudiant modèle   Le cancre *(poor student)*

          É1: Il assiste aux cours.   É2: Il sèche les cours.

L'étudiant modèle	Le cancre

9–31 Depuis des semaines… *(For weeks now …)*. À tour de rôle, discutez avec votre partenaire vos habitudes de travail avant un examen très important que vous préparez depuis des semaines (*have been preparing for weeks*).

MODÈLES: faire mes devoirs

> É1: Moi, depuis des semaines, je fais toujours mes devoirs.

> ne … pas rêver en classe

> É2: Moi, depuis des semaines, je ne rêve pas en classe.

> être sérieux en classe / faire mes devoirs / apprendre mes leçons / faire des progrès / participer en classe / poser des questions / ne … pas rêver en classe / ne … pas sécher les cours / répondre en classe / avoir de bonnes notes

9–32 Un lycée modèle. Vous et votre partenaire proposez un programme original pour un lycée modèle. Discutez les matières enseignées, les heures de cours par semaine, les cours, le travail en laboratoire, la technologie, les profs, les examens.

MODÈLE: On étudie les langues étrangères très jeunes. Il y a beaucoup de cours pratiques. On doit visiter une entreprise…

STRUCTURE

Les expressions de temps **depuis, il y a, pendant**

Depuis + time expression = *for, since*

- The present tense is used with the preposition **depuis** to indicate that an action begun in the past is still going on in the present.

Je suis au lycée **depuis** un an.	*I have been in high school for a year.*
Il habite ici **depuis** sa naissance.	*He has been living here since he was born.*

- **Depuis** is also used to pinpoint the time or date when an ongoing action began.

J'étudie le français **depuis** 2002.	*I have been studying French since 2002.*
Nous sommes en classe **depuis** 9 h 30.	*We have been in class since 9:30 A.M.*

- Use the present tense of the verb and **depuis quand** to ask when an action began. Use the present tense of the verb and **depuis combien de temps** to ask how long something has gone on.

Depuis quand est-ce qu'Annette est au lycée?	*Since when has Annette been in high School?*
Annette est au lycée **depuis** 2003.	*She has been in high school since 2003.*
Depuis combien de temps préparez-vous le bac?	*How long have you been studying for the bac?*
Je prépare le bac **depuis** des mois.	*I have been studying for the bac for months.*

Pendant + time expression = *for (during)*

- **Pendant** + a time expression expresses the duration of an action, whether in the past, present, or future.

Nous **attendons** les résultats du bac **pendant** un mois.	*We wait for the results of the bac for a month.*
Vous, vous **allez attendre** les résultats **pendant** cinq semaines.	*And you are going to wait for the results for five weeks.*
Annette **a suivi** des cours supplémentaires **pendant** quatre ans.	*Annette took extra courses for four years.*

Il y a + time expression = *ago*

- To indicate the point or moment in time that something happened (expressed in English by the use of the word *ago*), use **il y a** + a time expression and a past-tense verb.

Annette a commencé ses études à Baba Simon **il y a** cinq ans.	*Annette started studying at Baba Simon five years ago.*
L'enseignement secondaire est devenu une priorité **il y a** 10 ans.	*Secondary education became a priority ten years ago.*

- Compare the following sentences, which contrast the use of **depuis**, **pendant**, and **il y a**:

J'ai préparé le bac **pendant** des mois. Je l'ai réussi **il y a** un an, et je suis à l'université **depuis** un an.	*I studied for the bac for months. I passed it a year ago and I've been at the university for a year.*

Notice that **depuis** indicates how long the action has been going on, **pendant** expresses the duration of an action, and **il y a** marks a point in time when something happened.

You may want to distinguish between *pendant*, a preposition, which is followed by a time expression and *pendant que*, a conjunction, which is used to connect two clauses: *Sébastien dort pendant que le prof fait le cours.* (Sebastian sleeps *while* the teacher conducts class.) *Pendant que tu faisais le plan de l'exposé, moi, je prenais des notes.* (*While* you were making the outline for the report, I was taking notes.)

À votre tour

9–33 Enquête. Vous demandez à un(e) camarade de classe s'il/si elle pratique les activités suivantes et, si oui, depuis combien de temps:

MODÈLE: jouer au tennis

> É1: Tu joues au tennis?
> É2: Oui, je joue au tennis.
> É1: Et tu joues depuis combien de temps?
> É2: Depuis trois ans.
>
> *ou:* É1: Tu joues au tennis?
> É2: Non, pas du tout.

1. jouer au tennis
2. avoir un petit boulot (*job*)
3. jouer au basket-ball
4. faire partie d'une équipe sportive
5. s'intéresser au français
6. suivre des cours de français
7. posséder un ordinateur
8. avoir une voiture

You may do a warm-up exercise simply asking students questions using the time expressions. *Nous sommes en classe depuis combien de temps? La cloche (bell) a sonné il y a combien de temps? Depuis quand étudiez-vous le français, habitez-vous dans cette ville? Vous êtes arrivé à l'université il y a combien de temps?* etc. *Pratiquez-vous un sport? Depuis combien de temps pratiquez-vous ce sport? Jouez-vous d'un instrument de musique?* etc.

9–34 Traditions. Dites depuis quand ou depuis combien de temps votre université et les bâtiments suivants existent.

MODÈLE: l'université

> É1: L'université existe depuis 1895/depuis à peu près 100 ans/depuis un siècle (*century*).

1. l'université
2. le bâtiment administratif / les bâtiments scolaires
3. le laboratoire
4. la bibliothèque
5. le théâtre
6. le gymnase

9–35 Vive la diversité. Circulez dans la classe et identifiez parmi (*among*) vos camarades qui a fait les choses suivantes. Puis en petits groupes comparez vos résultats.

MODÈLE: travailler pendant l'été

> É1: Est-ce que tu as travaillé pendant l'été?
>
> É2: Oui, j'ai travaillé pendant l'été. Et toi?…

Plus tard: É1: Jackie et Rob ont travaillé pendant l'été…

1. travailler pendant l'année scolaire
2. faire du ski pendant les vacances
3. sécher des cours pendant ce semestre/trimestre
4. aller en Europe il y a deux ou trois ans
5. étudier le français depuis le lycée

9–36 Prenez la parole. Ne soyez pas trop nostalgiques, mais vous et votre partenaire évoquez des événements passés. Utilisez les suggestions ci-dessous ou votre imagination. Ensuite en petits groupes, partagez avec d'autres des événements importants pour vous.

MODÈLE: avoir son premier vélo

> É1: J'ai eu mon premier vélo il y a douze ans.
>
> É2: Moi, j'ai eu mon premier vélo il y a treize ans.

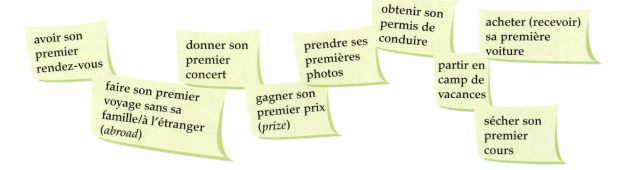

avoir son premier rendez-vous

faire son premier voyage sans sa famille/à l'étranger (*abroad*)

donner son premier concert

gagner son premier prix (*prize*)

prendre ses premières photos

obtenir son permis de conduire

partir en camp de vacances

acheter (recevoir) sa première voiture

sécher son premier cours

 En direct

It might be helpful to discuss the popularity of *aide-mémoire* with students. There is a big market for these publications. You might compare them to the various review books available for standardized tests like the SATs.

Choisir son aide-mémoire. It's your last year of **lycée** and you'll be taking the **bac** in June. One day you turn on the radio and you hear an evaluation of **aide-mémoire** (*review books*) available to help you review. Listen and fill in as much information as you can about each one.

Aide-mémoire	Prix	Présentation	Contenu	Appréciation
L'Histoire au bac (Tibert)	12€	claire efficace	suffisant synthétique	bon outil de travail
Histoire (Collection *Bac sans peine*, Naman)	7,95€	petit livre présentation attirante	complet	supérieur aux autres bon pour un travail intelligent et individuel
Gé-O-Bac (Tibert)	10,5€	agréable	lexique utile 18 fiches techniques	bon travail, à utiliser toute l'année
La Géographie au bac en 30 dossiers (Michelon)	6,25€	médiocre monotone	30 dossiers trop de simplifications	à ne pas acheter

Based on this information, which **aide-mémoire** are you most likely to buy? Why?

Audio script for *En direct*:
Attention! Avant d'acheter un aide-mémoire ou mémo, examinez-les d'un œil critique! Par exemple, pour les mémos d'histoire-géo, nous avons chez Tibert, *L'histoire au Bac* pour 12 euros. Sa présentation est claire et efficace. Son contenu est suffisant et synthétique. Ce petit livre est un bon outil de travail.

Dans la collection *Bac sans peine, Histoire*, publié par Naman, est vendu 7,95 euros. C'est un petit livre très complet à la présentation attirante. Ce mémo est supérieur aux autres: il donne l'occasion de faire un travail individuel et intelligent.

Revenons chez Tibert, qui vous offre pour 10,50 euros *Gé-O-Bac*. Cet aide-mémoire a une présentation agréable. Il contient un lexique très utile, et offre en plus dix-huit fiches techniques en couleurs. C'est un excellent travail, à utiliser toute l'année et non pas seulement pour réviser.

Enfin *La Géographie au bac en 30 dossiers, toutes sections* chez Michelon, qui se vend pour 6,25 euros est un livre à la présentation médiocre et monotone. Au point de vue contenu, il y a trop de simplifications. À ne pas acheter!

 Phonétique

Les consonnes [p], [t], [k]

- These three consonant sounds—[p], [t], [k]—also exist in English in words like *pie*, *top*, and *cool*. However, they are not always pronounced identically in the two languages. In English, when these consonants occur at the beginning of a word, they are pronounced with aspiration; that is, a small burst or puff of air accompanies the consonant sound: [pʰ], [tʰ], [kʰ]. (This would be the case for *pie*, *top*, and *cool*.) However, in the words *spy*, *stop*, and *school* the [p], [t], and [k] are not aspirated. You want always to pronounce these three consonants in French without the aspiration.

- The consonant sound [p] is almost always represented in writing by the letter **p**: **p**our, **p**ot, **P**aris, **p**omme.

- The consonant sound [t] is usually represented in writing by the letter **t**: **t**able, **t**oi, **t**ante, **t**u. Remember that the combination **th** is also pronounced [t]: Na**th**alie, **th**on, **th**é, ma**th**s. However, the letter **t** in the combination **ti** is usually pronounced [s]: pa**t**ience, na**t**ion.

See Chapitre 11 for *la détente* (release) when these consonants occur in final position.

The exception would be the letter [b] when it is pronounced [p] because of assimilation with another voiceless consonant, as in *absent* [ap sɑ̃] or *obtenir* [ɔp tənir], where proximity to voiceless [s] and [t] "devoices" [b].

Exceptions will usually correspond to a cognate word in English: *question*, *modestie*. Remember also that the letter [d] when used in liaison is pronounced [t]: *Comprend-il?*, *un grand hôtel*.

Remind students that *c + e, i* = [s]: *ici, Cécile, commencer.*

The combination *ch,* usually pronounced [ʃ] *Michel, chic,* is pronounced [k] in a few exceptional words like *psychologie, Christian.*

● The consonant sound [k] may be represented in writing in several ways:

c + a, o, u	**c**afé, **c**omment, **c**uisine
qu	**qu**i, dis**qu**e, pour**qu**oi
k	**k**ilo, **k**ilomètre, **k**iosque
c	par**c**, Mar**c**, publi**c**

A. Écoutez et répétez. Attention à ne pas aspirer [p], [t], [k].

1. **P**our**qu**oi **p**as **P**aul?
2. Nous **p**ouvons **p**oser la lam**p**e sur ce**tt**e **t**able.
3. Les chaises de la **c**uisine ne sont pas **c**onfortables.
4. **C**arl, **c**alme **t**a **c**opine **C**amille!
5. **P**ierre, **p**asse l'as**p**irateur sur les **t**apis, s'il **t**e **p**laît.
6. **T**u vas au cen**t**re de ré**c**réation **p**our **t**e dé**t**endre.
7. **A**ttend-elle de**p**uis long**t**emps?
8. Na**th**an, dépêche-**t**oi! **T**u vas ra**t**er **t**on bus!
9. On va faire un **p**i**qu**e-ni**qu**e dans un joli **p**ar**c**.
10. **Qu**i **p**eut **c**ourir un mara**th**on? Ça fait beau**c**oup de **k**ilomètres!

CULTURES EN PARALLÈLES

Le bac

Observer

PUISQU'ON VOUS DIT QUE L'E BAC, FAUT PAS EN AVOIR PEUR!

EXAMINATEUR

LYCÉE

Le texte du dessin humoristique qui accompagne ces pages veut rassurer (*reassure*, *comfort*) les lycéens: n'ayez pas peur du bac! Mais… le dessin lui-même est-il rassurant? Justifiez votre réponse.

	plutôt rassurant(e)	plutôt effrayant(e) (*frightening*)
1. Taille (*size*) du bâtiment du lycée		
2. Taille de l'examinateur		
3. Expression de l'examinateur		
4. Voix (*voice*) de l'examinateur		
5. Attitude de l'examinateur		
6. Taille des candidats		
7. Expressions des candidats		
8. Mouvements des candidats		

1. *très grand, donc intimidant*

2. *énorme! C'est le monstre King Kong.*

3. *furieuse, méchante*

4. *les majuscules signifient qu'il parle très fort*

5. *il domine le lycée, il serre/écrase le candidat*

6. *petits par rapport au lycée et à l'examinateur*

7. *panique*

8. *ils courent loin du lycée*

Réfléchir

1. Comparez les dernières années de lycée en Amérique du Nord et en France. Avec un partenaire considérez les éléments ci-dessous:
- l'emploi du temps (*students' weekly schedule of classes*)
- les examens
- les efforts nécessaires pour la réussite
- le risque d'échec (*failure*)
- les repères (*milestone*) importants de la vie scolaire

2. Maintenant organisez en petits groupes un débat sur la question suivante: Est-il plus stressant d'être un étudiant de terminale en France ou un «senior» en Amérique du Nord? Justifiez vos réponses.

You may want to recapitulate what makes the *bac* a bit scary and mention, for example, *l'anonymat du correcteur, des sujets régionaux; une seule date; le taux d'échec important, la grande importance pour l'avenir d'un jeune; la pression mise sur le candidat par parents et voisins.*

You may mention for example: *les demandes d'inscription dans l'enseignement supérieur, les examens* ACT *et* SAT, *la réussite au bac, la cérémonie de remise des diplômes* (graduation).

Voyage en francophonie

Continuez à étudier votre pays adoptif. Renseignez-vous sur le système scolaire: l'enseignement primaire et secondaire est-il obligatoire pour filles et garçons? Jusqu'à quel âge? Est-il gratuit (*free*)? Ressemble-t-il plus au système français ou au système nord-américain? Comment?

Pour trouver un modèle, allez sur le site Web de *Parallèles* pour le Chapitre 9.

Ces enfants vont-ils avoir la possibilité de continuer dans l'enseignement secondaire?

DÉCOUVERTES

À vous la parole

Un prof mémorable

Partagez avec vos partenaires vos souvenirs d'un prof mémorable. Considérez d'abord les questions suivantes et notez vos réponses:

1. Pourquoi voulez-vous parler de cette personne? Est-ce que, par exemple, ce(tte) prof vous aidait ou vous encourageait?

2. Quelle était la personnalité de cet individu? Était-il strict, sérieux, bien organisé, surprenant, généreux, optimiste, réaliste? Avait-il beaucoup de connaissances, des méthodes originales, un bon rapport avec les jeunes, un bon sens de l'humour?

3. Pouvez-vous partager un exemple qui illustre pourquoi vous aimiez ce(tte) prof?

Maintenant, présentez votre prof au groupe et répondez aux questions de vos camarades. Qui décrit le prof le plus mémorable? le plus gentil? le plus amusant?

MODÈLE: M. Alain, mon prof de français, était super. Il était assez vieux et avait une petite moustache grise. C'était un excellent acteur.
Un jour, il a joué une scène du *Malade imaginaire* de Molière. Il était Argan et aussi Toinette, la servante! Il courait dans la classe, dansait. C'était super!

Lecture

°*dunce, poor student*

Le cancre°

Travaux d'approche. L'auteur du poème *Le cancre* est Jacques Prévert (1900–1977), un des auteurs du vingtième siècle le plus aimé et le plus populaire parmi les jeunes. Ses poèmes sont courts et il n'y a pas de ponctuations, pas de rimes. Prévert détestait les contraintes, les stéréotypes. Il aimait la liberté et voulait partager cette passion.

Avant de lire un texte, vous savez que c'est une bonne idée de rappeler vos connaissances sur le sujet. Que savez-vous d'un cancre? Vous savez qu'un cancre n'est pas un bon élève. Il sèche les cours et quoi encore? Les profs aiment-ils les cancres? Comment les jugent-ils?

Attention: lire un poème n'est pas lire un manuel de classe! Un poème n'illustre pas toujours la réalité de tous les jours. Alors, en lisant (*reading*) *Le cancre*, pensez à ces questions: Quelle réalité est-ce que Prévert veut illustrer dans *Le cancre*? Quel contraste est-ce que Prévert établit entre la classe et la réalité du cancre?

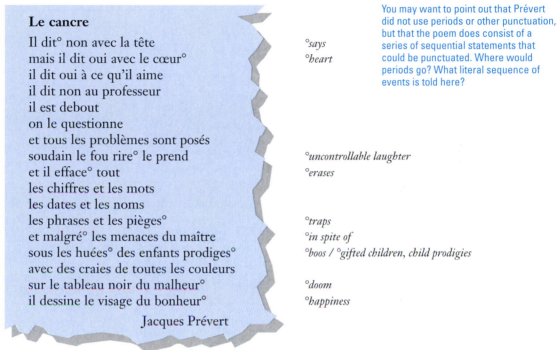

Le cancre

Il dit° non avec la tête — °*says*
mais il dit oui avec le cœur° — °*heart*
il dit oui à ce qu'il aime
il dit non au professeur
il est debout
on le questionne
et tous les problèmes sont posés
soudain le fou rire° le prend — °*uncontrollable laughter*
et il efface° tout — °*erases*
les chiffres et les mots
les dates et les noms
les phrases et les pièges° — °*traps*
et malgré° les menaces du maître — °*in spite of*
sous les huées° des enfants prodiges° — °*boos* / °*gifted children, child prodigies*
avec des craies de toutes les couleurs
sur le tableau noir du malheur° — °*doom*
il dessine le visage du bonheur° — °*happiness*

Jacques Prévert

Jacques Prévert. *Paroles.* © Éditions Gallimard.

You may want to point out that Prévert did not use periods or other punctuation, but that the poem does consist of a series of sequential statements that could be punctuated. Where would periods go? What literal sequence of events is told here?

Exploration

Les phrases suivantes sont-elle vraies ou fausses? Décidez, puis à tour de rôle, corrigez-les.

1. Cet enfant, le cancre, est difficile: il dit non à tout (*everything*).
2. L'enfant est assis à sa place.
3. Tout le matériel nécessaire pour la solution du problème est au tableau.
4. L'enfant se met à rire comme un fou.
5. L'enfant met des chiffres au tableau.
6. Il utilise une craie blanche.
7. Le maître l'encourage à continuer.
8. Ses camarades n'apprécient pas son initiative.
9. Finalement le tableau noir devient un tableau en couleurs.

Réflexion

1. Dans ce poème avez-vous trouvé le stéréotype du cancre que vous attendiez? Faites une liste des expressions dans le poème qui rendent le cancre sympathique.
2. À votre avis, comment est-ce que Prévert juge l'enfant du poème? ses camarades de classe? le professeur?
3. Et vous? Comment est-ce que vous jugez l'enfant, ses camarades et le professeur?

You may want to take this opportunity to set «*un petit récital Prévert*» by asking the students to memorize this poem (and other short ones they may find on the Web). Or you may want to ask small groups of students to elect their two best actors and have them compete in front of the class for the best actor prize. Don't forget to set up a judging panel and bring prizes!

À vos stylos

Faits-divers (*News briefs*)

Le mauvais temps cause de nombreux accidents.
Ce matin il neigeait encore beaucoup et il y a eu beaucoup d'accidents. Par exemple, vers 9 h 15, une automobile a renversé un jeune étudiant qui traversait la rue devant la bibliothèque. La police a arrêté le conducteur qui partait à pied. On a transporté le jeune homme à l'hôpital de la ville.

Vol de voiture! Hier après-midi, une Peugeot a disparu en plein jour. La voiture se trouvait devant le café du Commerce. La police a interrogé les consommateurs qui étaient à la terrasse. Elle n'a pas obtenu de renseignements précis. On n'a pas retrouvé la voiture, qui était à Juliette Morini.

Lisez ces faits-divers publiés dans un journal local. Puis en petits groupes rédigez vous-mêmes un fait divers.

1. Relisez attentivement ces textes. Identifiez le temps de chaque verbe et analysez son emploi.

2. Choisissez quel fait vous allez raconter et complétez le tableau suivant. Indiquez le titre de votre fait-divers, les événements qui se sont produits et des détails réalistes.

Titre:
La suite des événements:
Des détails:

3. Maintenant utilisez vos notes pour rédiger votre texte. Racontez la suite des événements au passé composé et ajoutez des détails à l'imparfait. N'oubliez pas une phrase d'introduction et de conclusion. Révisez votre titre.

4. Relisez votre texte et montrez-le à un camarade pour identifier et corriger les fautes (possibles) de grammaire et d'orthographe.

Parallèles historiques
Vive l'école!

Point out the adjective *laïque* and its meaning in the context of the separation of Church and State in French society.

Avez-vous compris? Identifiez le père de l'enseignement public, l'inventeur de l'école, le philosophe qui voulait aussi une formation morale et civique à l'école.

L'empereur Charlemagne a créé des écoles près des cathédrales et dans les monastères. Il a aussi établi une école dans son palais. On dit qu'il la visitait souvent, punissait les paresseux[1] et récompensait les bons élèves.

Jean-Jacques Rousseau était un philosophe du siècle des Lumières. Son livre *Émile, ou de l'Éducation*, a influencé la conception de l'éducation en France et aux États-Unis. Il voulait en effet une éducation très complète pour les futurs citoyens: formation morale, formation pratique et civique.

Jules Ferry était un homme politique resté célèbre pour ses réformes de l'enseignement public. Il a fait adopter des lois pour rendre l'enseignement primaire obligatoire, gratuit[2] et laïque, et pour permettre aux filles de faire des études secondaires.

[1]lazy students [2]free

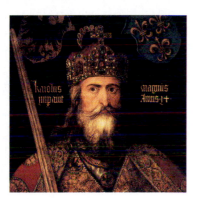

Charlemagne (742–814)

Jean-Jacques Rousseau (1712–1778)

Jules Ferry (1832–1893)

Maintenant, je sais...

À l'écran

Que disent vos amis francophones? N'oubliez pas de regarder la vidéo!

Qu'avez-vous appris dans ce chapitre? Comment l'avez-vous appris? Vérifiez vos connaissances sur chaque sujet et donnez des exemples précis.

1. Donnez des caractéristiques générales de l'enseignement en France.
2. Expliquez la différence entre le collège et le lycée.
3. Discutez l'importance des échanges internationaux à l'école secondaire.
4. Indiquez quel est l'emploi du temps typique d'un lycéen (jours de classe, nombre de cours).
5. Discutez la signification du «bac», parlez de son organisation et son importance dans la société française.
6. Identifiez et contrastez les comportements des enfants prodiges et du cancre.
7. Comparez la place des activités extrascolaires (le sport, la musique, etc.) dans un lycée français et dans un lycée d'Amérique du Nord.
8. Discutez la situation de l'enseignement secondaire en Afrique sous-saharienne.
9. Identifiez des personnages historiques qui ont influencé l'enseignement en France.
10. Récitez (peut-être) un poème favori de beaucoup de jeunes.

Tous les mots

Expressions

au début	*at the beginning*
depuis	*for, since, ago*
d'habitude	*usually*
dis!	*say! (fam.)*
encore une fois	*one more time*
en cours	*in class*
en particulier	*in particular, specially*
franchement	*frankly*
généralement	*generally*
il y a (x années)	*(x years) ago*
par semaine	*per week*
plusieurs	*several*
sans hésitation	*without any hesitation*
soudain	*suddenly*
super	*fantastic*
tout d'un coup	*all at once, suddenly*
vraiment sympa	*really nice*

Verbes

accepter de	*to accept*
aider	*to help*
avoir des difficultés	*to have problems*
chercher	*to look for*
connaître	*to know, to be acquainted with*
filer	*to run along*
fixer un jour, une date	*to fix a day, a date*
laisser	*to leave*
marquer	*to mark, to celebrate*
passer un examen	*to take an exam*
prendre des notes	*to take notes*
prendre rendez-vous	*to set, to make an appointment*
rater	*to miss or to cut (a class or an appointment); to fail*
repérer	*to locate*
rêver	*to (day) dream*
savoir	*to know (how)*
se passer (bien/mal)	*to go well/badly*
sécher (les cours)	*to cut (classes)*
sembler	*to appear*
se sentir	*to feel*
suivre	*to study a subject, to follow, to keep up with*

Noms

un ancien	*elder*
le baccalauréat, le bac	*national exam signifying the end of high school and access to the university*
une chose	*thing*
un club	*club*
la couture	*sewing*
une cour	*courtyard, recess area*
un cours	*class, course*
le début	*beginning*
la discipline	*discipline*
un/une élève	*high school student*
un emploi du temps	*schedule*
l'enseignement	*teaching, education*
une entreprise	*business*
une épreuve	*test*
l'esprit (m) d'équipe	*team spirit*
une expérience	*expérience*
le foyer	*student center*
le latin	*latin*
une matière	*academic subject*
une option	*option, elective*
la philo(sophie)	*philosophy*
la physique	*physics*

la récréation	(here) *recess*
un résultat	*result*
une salle de gym(nastique)	*gym*
un sandwich	*sandwich*
la santé	*health*
un souvenir	*memory*
un sujet	*subject*
la terminale	*senior year*
la vie	*life, lifestyle*

Adjectifs

agroalimentaire	*related to food-processing*
brillant	*glowing*
facultatif, -ive	*elective*
nerveux, -euse	*nervous*
normal	*normal*
obligatoire	*required*
satisfaisant	*satisfactory*

10

À la fac!

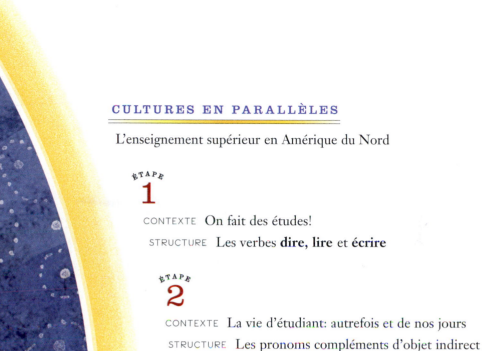

CULTURES EN PARALLÈLES

L'enseignement supérieur en Amérique du Nord

ÉTAPE 1

CONTEXTE   On fait des études!

STRUCTURE   Les verbes **dire, lire** et **écrire**

ÉTAPE 2

CONTEXTE   La vie d'étudiant: autrefois et de nos jours

STRUCTURE   Les pronoms compléments d'objet indirect

ÉTAPE 3

CONTEXTE   Soucis d'étudiants

STRUCTURE   Les pronoms **y** et **en**

ÉTAPE 4

CONTEXTE   Je vous conseillerais…

STRUCTURE   Le conditionnel

CULTURES EN PARALLÈLES

Les études supérieures en France

DÉCOUVERTES

◁ L'amphithéâtre est plein: le prof est populaire!

L'enseignement supérieur en Amérique du Nord

Entre les cours, on prend un peu de soleil, on fait la conversation ou… on révise pour un examen. Est-ce la même chose sur votre campus? Cette scène se retrouve-t-elle aussi dans votre université?

You may want start by showing and going over the questionnaire with the whole class (IRCD Image T10–01). Then, you may assign specific topics or subtopics from this section to different groups in order to make the final task of reporting and sharing more manageable. In spite of the large number of cognates in the text, if you prefer to adopt a bottom-up approach, you may decide to start with *Le mot juste* section.

Considérez l'enseignement supérieur dans votre état ou dans votre région. En petits groupes, cochez (*mark*) les phrases pertinentes. Si possible, donnez des exemples concrets pour illustrer vos réponses.

L'organisation

L'enseignement supérieur dépend…

☐ d'une autorité centrale publique.
☐ d'autorités locales.
☐ d'autorités privées.

L'enseignement supérieur comprend (*includes*)…

☐ des établissements publics.
☐ des établissements privés.
☐ des établissements publics et privés.

On enseigne toutes les disciplines (des mathématiques à l'art dramatique)…

☐ dans les mêmes établissements.
☐ dans des établissements différents.

Le financement des études

Le financement des études…

☐ est très cher.
☐ est presque gratuit.

Il est possible…

☐ d'obtenir des bourses.

☐ de trouver du travail à temps partiel.

L'accès à l'enseignement supérieur

L'enseignement supérieur est ouvert…

☐ aux jeunes qui ont fini leurs études secondaires.

☐ aux adultes qualifiés.

☐ à des jeunes/adultes qui travaillent déjà.

L'accès à l'enseignement supérieur est…

☐ très compétitif.

☐ assez compétitif.

☐ très ouvert quand on a les ressources/talents nécessaires.

La vie étudiante

Les cours sont en majorité…

☐ des petites classes.

☐ des conférences.

☐ des travaux en groupes.

☐ des séminaires.

☐ une combinaison de tout.

La majorité des étudiants habitent…

☐ dans des résidences universitaires.

☐ des appartements en ville.

☐ chez leurs parents.

Ils trouvent sur leur campus…

☐ des restaurants pas chers.

☐ une assurance médicale.

☐ des bibliothèques et des laboratoires.

☐ des installations sportives.

☐ des activités sportives organisées.

☐ des activités culturelles (conférences, ciné-clubs, concerts, etc.).

Conclusions

Partagez les conclusions de votre groupe avec le reste de vos camarades. Si vous le pouvez, donnez des exemples précis.

MODÈLE: Dans notre état, l'enseignement supérieur est plutôt centralisé. Il y a une université d'état avec trois campus. Il y a aussi cinq petites universités privées. Pour les résidents, l'université d'état ne coûte pas trop cher. Beaucoup d'étudiants travaillent à temps partiel. Sur le campus, on trouve des bibliothèques, des labos, des installations sportives et des restaurants. Il y a aussi une banque.

LE MOT JUSTE

Expressions

déjà *already*
même *same*
presque *almost*

Verbes

avoir accès *to have access*
dépendre *to depend*

Noms

l'art dramatique (m) *drama*
une assurance médicale *health*
insurance

l'autorité (f) *authority*
une bourse *scholarship*
une conférence *lecture*
une discipline *discipline,*
academic subject
l'enseignement supérieur *higher*
education
un établissement *institution*
le financement *financing*
une organisation *organization*

une résidence universitaire
dormitory
un séminaire *seminar*
le travail à temps partiel
part-time work

Adjectifs

centralisé *centralized*
gratuit *free*

ÉTAPE

1

CONTEXTE

On fait des études!

2
3
4

You may want to write on the board the headings *Formalités, La vie académique, La vie collective.* Show the drawings in a new sequence as you go over the captions (IRCD Images A10–01 through A10–12). Ask students, after you read each caption, *Ça va dans quelle catégorie?*

If you are so inclined, before students open their books, distribute sheets on which you have reproduced the drawings (IRCD Images A10–01 through A10–12) in a random sequence and sheets with the captions, also in random order (IRCD Image T10–02). After you go over a caption, ask students to assign it to the most likely illustration.

It is possible to register in person or on the Internet. Then when one goes to pay the registration fees, one receives a booklet listing all courses. An academic registration—*inscription académique*—is then processed.

Registration fees are very reasonable. Most of them go towards health insurance and preventive medicine programs. Fees for the library and laboratories are very modest. One can also opt to buy «*options*» (*culture, théâtre, sports, informatique*), to attend movies or plays, use computer labs or (limited) sports facilities. As an example, you may mention that in 2002–2003 a student at *Nanterre* paid the following annual fees: 174 € for health insurance, 233 € for tuition and 37 € for student fees.

Formalités

Après les résultats du bac, on s'inscrit dans la faculté de son choix. (par ordinateur? par téléphone? en personne?)

On paie les frais d'inscription (par chèque, carte de crédit, en personne).

On se renseigne sur les cours et les horaires: on lit le livret de l'étudiant, on consulte les tableaux d'affichage, on écoute les avis des copains. (Les consultations avec un conseiller académique n'existent pas.)

La vie académique

On se spécialise en… *(See a list of academic disciplines on page 372).*

On suit un cours magistral. Il est parfois difficile de trouver de la place dans les amphithéâtres.

En petits groupes, on fait des travaux pratiques (TP, Sciences) ou de travaux dirigés (TD, Lettres et Sciences humaines).

À la bibliothèque, on lit, on prépare un exposé, on écrit un mémoire.

La vie collective

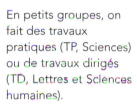

On cherche une chambre.

Students who want to get a job usually work in telemarketing or in fast-food restaurants, or they get babysitting jobs. Distributing advertising or political materials is also an option. Some students may work full-time in high schools as *surveillants*. Opportunities for employment are not plentiful.

On s'inscrit au ciné-club.

You may want to point out that many of the offices and services students associate with college/university life—academic advisor, dean of students, financial aid office, student activities, etc.—do not exist in a French university. The French university provides an array of free services through its *C.R.O.U.S. (Centre Régional des Œuvres Universitaires et Sociales)*, which helps students with housing, sells restaurant tickets, etc., and its *Centre de Médecine Universitaire*, a preventive medicine center that provides free referrals and some medical exams. (See *Est-ce évident?* p. 377).

You may want to emphasize that sports do not have the same importance in a French university as in a North American university. Teams are loosely organized, more in the tradition of intramurals than college competition. Direct students to *Cultures en parallèles*, page 398, for added information.

On cherche un petit boulot: par exemple on distribue des tracts.

C.R.O.U.S. de Versailles

Ticket restaurant universitaire 1998-1999

On achète des tickets de restaurants.

On fait partie de l'équipe de volley.

Est-ce évident?

L'université française

Une université comprend plusieurs facultés, ou facs[1]: la Faculté des Lettres et Sciences humaines, la Faculté des Sciences, la Faculté de Droit et de Sciences économiques, la Faculté de Médecine et Pharmacie. Les étudiants qui s'intéressent aux arts s'inscrivent généralement dans les écoles spécialisées comme le Conservatoire (musique et art dramatique) ou l'École des Beaux-Arts (arts plastiques).

Le **bac** représente un bon niveau[2] de «culture générale», alors les étudiants s'inscrivent directement à des cours dans leur spécialité à l'université.

● Quelles sont les grandes différences que vous remarquez entre l'université française et votre université?

[1]colleges [2]level

You may want to explain that higher education in France has a two-track system: the *Universités*, where *bacheliers* are admitted, and the *Grandes Écoles*, which have a limited number of places and a very competitive entrance exam. Students prepare for the latter during two extra years of studies beyond the *bac* in a *classe préparatoire*, or *prépa*. See *Est-ce évident?*, p. 384, for additional information.

Les diplômes

Les diplômes universitaires français		
+1–4 ans	3ᵉ cycle	Doctorat D.E.A.[3] ou D.E.S.S.[2]
+2 ans	2ᵉ cycle	Maîtrise Licence
+2 ans	1ᵉʳ cycle	D.E.U.G. 1ᵉʳᵉ année de D.E.U.G.[1]
Baccalauréat		

[1] Diplôme d'Études Universitaires Générales

[2] Diplôme d'Études Supérieures Spécialisées

[3] Diplôme d'Études Approfondies

You may want to share added details about university degrees in France:

Premier cycle: two full academic years of undergraduate courses leading to a diploma, *Diplôme d'Études Universitaires Générales (DEUG)*. Prerequisite: a French *Baccalauréat* or a diploma authorizing access to the university level, or validation of a similar degree obtained in another country.

Deuxième cycle: two full academic years of graduate courses; the first year leads to a *Licence* degree, the second to a *Maîtrise* degree. Prerequisite: *DEUG* degree or a foreign degree validated by the university. *Troisième cycle:* one or two full academic years.

There are two types of postgraduate degree courses in the French education system: (1) *Diplôme d'Études Supérieures Spécialisées (DESS),* with a more practical and professional focus; these degree courses accommodate precise career plans and include a compulsory training period. (2) *Diplôme d'Études Approfondies (DEA):* basic research training and seminars for one academic year; the DEA is a prerequisite for a doctorate (Ph.D.). For an international student to be accepted in a postgraduate degree course, he/she must have obtained either the French *Maîtrise,* or a similar degree (Master's) in another country. Admission is on a case by case basis.

You may also add that employers recruit students who have had a few years of post-secondary education, but perhaps did not obtain a degree. Ads often mention *Bac + 2 (years)* or *Bac + 3 (years)* for positions that do not require a specific degree. See Chapitre 11, p. 414.

LE MOT JUSTE

Expression

en personne   *in person*

Verbes

consulter   *to consult*
distribuer   *to distribute*
écrire   *to write*
s'inscrire   *to register*
lire   *to read*
payer   *to pay*
se renseigner sur   *to gather information (on a topic)*
se spécialiser (en)   *to major (in)*

Noms

un amphithéâtre (un amphi)   *amphitheater, auditorium*
un boulot (familiar)   *job*
une carte de crédit   *credit card*
un chèque   *check*
un choix   *choice*
un conseiller académique   *adviser*
un cours magistral   *lecture course*
un diplôme   *diploma, degree*
une équipe   *team*
un exposé   *oral report*
une faculté   *college (of law, arts, etc.)*
les frais (m) d'inscription   *registration fees*

les frais de scolarité   *tuition*
un horaire   *timetable, schedule*
le livret de l'étudiant   *student handbook*
un mémoire   *written report, paper*
un tableau d'affichage   *bulletin board*
un tract   *advertising or political announcement*
des travaux pratiques (m) (TP, sciences)   *practicum, lab sessions*
des travaux dirigés (TD, lettres et sciences humaines)   *practicum, lab sessions*
la vie collective   *social life*

À votre tour

10–1 You may ask that each student memorize only those subjects he/she is taking and that are relevant to his/her fields of study. You may note that words ending with *-ie* or *-ion* are usually feminine. It may help to give some pronunciation tips: *biologie = 3 syllabes* [bjɔ lɔ ʒi].

 10–1 Votre spécialité *(Your major).* En petits groupes utilisez le tableau ci-dessous pour indiquer vos projets et les matières de votre spécialité.

MODÈLE: É1: Je veux être médecin. J'étudie l'anatomie, la biologie, la chimie, les maths. Mais j'étudie aussi le français et l'anglais.

Les disciplines et les langues

Les disciplines	**Les langues** *(languages)*
l'anatomie (f) *anatomy*	l'arabe *Arabic*
l'architecture (f) *architecture*	l'allemand *German*
les arts (m) plastiques *plastic arts*	l'anglais *English*
la biologie *biology*	le chinois *Chinese*
la chimie *chemistry*	l'espagnol *Spanish*
la communication *communications*	le grec *Greek*
le dessin *drawing*	le japonais *Japanese*
le droit *law*	le latin *Latin*
le droit international *international law*	le russe *Russian*
la géographie *geography*	
la gestion *management*	
l'histoire (f) *history*	
l'histoire de l'art (f) *art history*	
l'informatique (f) *computer science*	
la littérature *literature*	
la musique *music*	
la peinture *painting*	
la philosophie *philosophy*	
la physique *physics*	
la psychologie *psychology*	
les sciences (f) économiques *economics*	
les sciences (f) politiques *political science*	
la sculpture *sculpture*	
la sociologie *sociology*	
les statistiques (f) *statistics*	

10–2 Je m'inscris où? *(Where to register?)* Imaginez que vous êtes en France. Vous conseillez les camarades de votre petit groupe pour leur indiquer l'établissement qui correspond à leur spécialité (see *Est-ce évident?* above).

MODÈLE: É1: Pour étudier les arts plastiques, je m'inscris où?

É2: Inscris-toi à l'École des Beaux-Arts.

10–3 On fait des études supérieures. Rassemblez les phrases ci-dessous autour de quatre points de repère: (1) l'inscription, (2) les cours, (3) le système d'examens et de notation, (4) la vie collective.

10–3 You may want to write the four headings on the board and give an example in each category.

on se renseigne sur les cours et les horaires	on réussit à l'examen
on s'inscrit au ciné-club	on écrit un mémoire
on prépare un exposé	on a un cours magistral
on lit à la bibliothèque	on fait des travaux pratiques
on distribue des tracts	on suit un cours
on remplit (*fill out*) un dossier d'inscription	on paie les frais d'inscription
on a des examens	on établit un emploi du temps
on donne son opinion	on choisit une spécialité

10–4 Et dans votre université? Avec un partenaire, réutilisez les expressions présentées dans le **Contexte** pour décrire les formalités dans votre établissement.

10–4 You may want to show the *Contexte* illustrations as students do this activity (IRCD Images A10–01 through A10–12).

MODÈLE: É1: On regarde le programme des cours. On s'inscrit par ordinateur. On paie les frais d'inscription par chèque ou carte de crédit…

STRUCTURE

Les verbes **dire, lire** et **écrire**

- The verbs **dire** (*to say, to tell*), **lire** (*to read*), and **écrire** (*to write*) all relate to studies and academic life, although they also can be used in many different everyday contexts.

Dites-moi comment s'inscrire!　　*Tell me how to register!*
On **lit** le livret de l'étudiant.　　*One reads the student handbook.*
On **écrit** à la fac de son choix.　　*One writes to the college of his/her choice.*

dire: *to say, to tell*		
je dis	nous disons	j'ai dit
tu dis	vous **dites**	
il/elle/on dit	ils/elles disent	

Model pronunciation and have students repeat. Remind them that intervocalic -*s*- is pronounced [z]. Point out the contrast in the third-person forms: [il di] vs. [il diz].

Point out to students that *vous dites* is one of only three French verbs whose present-tense *vous*-form does not end in -*ez*. Have them tell you the other two, which they already know: *vous êtes, vous faites.*

- **Dire** has the following meanings:
  —to say something:
  　Dites la vérité!　　*Tell the truth.*
  —to say yes/no/perhaps:
  　Je **dis non** aux examens!　　*I say no to exams.*
  —to say that:
  　Je **dis que** cette matière est difficile.　　*I say that this subject is difficult.*
  —to tell someone something:
  　Il **m'a dit que** l'examen était facile.　　*He told me that the exam was easy.*

- In addition to its literal meaning, the verb **dire** is often used as filler or to attract someone's attention:

Dis-moi, comment tu as trouvé l'examen de français? — *So, what did you think of the French exam?*

Dis, Maryse, tu as envie d'aller au concert ce week-end? — *Hey, Maryse, do you want to go to the concert this weekend?*

Dites, les copains, on va prendre un petit café? — *Hey, you guys, let's go for coffee.*

lire: *to read*				
je	lis	nous	lisons	j'ai lu
tu	lis	vous	lisez	
il/elle/on	lit	ils/elles	lisent	

écrire: *to write*				
j'	écris	nous	écrivons	j'ai écrit
tu	écris	vous	écrivez	
il/elle/on	écrit	ils/elles	écrivent	

- **Inscrire** (*to enroll someone*), **s'inscrire à** (*to enroll in*) are conjugated like **écrire**.

On **s'inscrit** aux cours de son choix. — *One registers for the courses of his/her choice.*

À votre tour

10–5 Les activités de la soirée. Dans votre résidence, les étudiants ont des activités variées ce soir. À tour de rôle, complétez les remarques suivantes.

MODÈLE: Paul / écrire / des courriels (*e-mails*) à ses amis

  É1: Paul écrit des courriels à ses amis.

1. Jackie / lire / ses courriels
2. Andrew et Jim / redire / leurs plaintes (*complaints*) au directeur
3. nous / relire / nos compositions pour les corriger
4. vous / s'inscrire / à un groupe de conversation
5. tu / écrire / une longue lettre à ta copine
6. on / inscrire / les nouveaux membres de notre club
7. beaucoup d'étudiants / relire / leurs notes de cours

Maintenant, refaites l'exercice pour indiquer ce que les étudiants ont fait hier soir.

MODÈLE: Paul / écrire / des courriels (*e-mails*) à ses amis

  É1: Paul a écrit des courriels à ses amis.

10–6 Conseils pour de futurs étudiants. En petits groupes de trois ou quatre, révisez les comportements (*behaviors*) désirables ou indésirables pour un(e) étudiant(e). Puis préparez, en ordre d'importance décroissante, une liste de vos dix meilleurs conseils pour un(e) futur(e) étudiant(e) et une liste de trois choses à ne pas faire.

MODÈLE: dire toujours la vérité

> É1: Numéro un: Dites toujours la vérité!
>
> *ou:* Numéro un: Dis toujours la vérité!

> lire le journal en classe

> É2: Ne lisez pas le journal en classe.
>
> *ou:* Ne lis pas le journal en classe.

____ lire le livret avec attention

____ écrire beaucoup de lettres à la famille

____ écrire des messages électroniques

____ dire des bêtises (*to talk nonsense*) en cours

____ relire les compositions avec attention

____ s'inscrire à un club sportif

____ écrire dans un cahier

____ lire un journal électronique

____ lire des messages personnels au labo de langues

____ dire des choses intelligentes

____ inscrire les horaires du labo dans un agenda

____ lire le journal en classe

____ lire le journal tous les jours

____ s'inscrire à un ciné-club

10–7 Prenez la parole. Circulez dans la classe et posez les trois questions suggérées ci-dessous à vos camarades sur leurs habitudes. Attention, les réponses doivent être détaillées! Utilisez le **vous** de politesse.

MODÈLE: lire beaucoup? (livres, journaux, revues [*magazines*])

> É1: Est-ce que vous lisez beaucoup?
>
> É2: Oui, je lis beaucoup. Je lis des livres et des journaux.

1. lire beaucoup? (livres, journaux, revues)
2. écrire beaucoup? (lettres, mémoires, compositions, journal, courriels [*e-mails*]).
3. s'inscrire à des activités? (activités sportives, culturelles, politiques, académiques)

Plus tard, en petits groupes, présentez et discutez les résultats de votre enquête. Quelles lectures et quelles activités sont populaires? Quel type d'écriture est populaire?

10–6 You may want to re-use the list to ask students to describe their own habitual past behaviors (*imparfait*) or some of their past behaviors (*passé composé*): Moi j'inscrivais toujours les horaires dans mon agenda. J'ai toujours dit des choses intelligentes en classe.

10–7 You may want to review the possibilities indicated in the exercise before starting. You may also ask students to come up with other possible answers.

CONTEXTE

La vie d'étudiant: autrefois et de nos jours

This *Contexte* presents changes that have occurred in the French university as an institution. You may point out that universities stayed pretty much the same as when Napoleon conceived them for more than a century and that changes began to occur only after the 1968 student unrest. Note that students are offered a second opportunity to take their exams in September, should they fail them in June.

You may want to start by showing the *Contexte*, then looking at the photos: *À gauche, c'est l'université la plus célèbre de France, et la plus ancienne aussi. Elle se trouve à Paris. C'est…? À droite, c'est une nouvelle université. On a photographié quelle fac? Qu'est-ce qu'on enseigne dans cette fac?*

De la vénérable Sorbonne aux facs les plus modernes, l'université française se transforme.

Ask students to anticipate changes in French higher education that may have occurred through the years. You may ask questions of this type: *À votre avis quels types de changements ont eu lieu? Le calendrier universitaire a-t-il pu changer? Les salles de classe et autres structures sont-elles restées au centre-ville? Les bâtiments ont-ils changé? À votre avis quelles disciplines nouvelles ont reçu de nouveaux bâtiments? Les labos ont-ils été modernisés? Les rapports entre profs et étudiants ont-ils changé? Comment? La structure des cours a-t-elle changé? Et la participation des étudiants?* Then as you go through the *Contexte,* stop to make remarks such as: *Nous avons / n'avons pas mentionné ça.* The personal remarks (for example, *Ça lui donne une bonne excuse pour m'emprunter ma voiture… que je lui prête volontiers*) may lead to your asking students about their mode of transportation.

Henri Junot compare sa (lointaine) *(long ago)* expérience à la fac avec la situation de Martin, son petit-fils, qui est étudiant aujourd'hui:

Aujourd'hui Martin me parle d'une année divisée en deux semestres, mais c'est toujours le même calendrier universitaire. On commence en octobre et on finit en juin. C'est le cadre de l'université qui a changé. De mon temps tous nos cours étaient au centre-ville, dans les vieux bâtiments de l'université. Aujourd'hui Martin va en cours dans des bâtiments neufs construits en dehors de *(outside of)* la ville. Cela lui donne une bonne excuse pour m'emprunter ma voiture… que je lui prête volontiers!

Quand j'étais étudiant, nos cours étaient des cours magistraux. Le professeur ne nous posait pas de questions et nous ne lui posions pas de questions. Mais nous prenions des pages et des pages de notes! On rendait juste un ou deux devoirs pendant l'année entière. Aujourd'hui les étudiants sont moins anonymes. On leur impose moins de cours magistraux. On leur demande de faire des exposés, individuels ou en groupes. Donc *(thus)*, ils participent plus aux cours. Les travaux pratiques leur permettent de travailler ensemble. Ça me semble bien plus sympa comme ça: on doit trouver des copains plus vite et se sentir moins isolé.

Est-ce évident?

La vie étudiante

L'université française n'offre pas toujours aux étudiants un campus à l'américaine qui rassemble bâtiments académiques et services en un seul endroit. Les résidences universitaires, par exemple, se trouvent souvent loin des bâtiments de classe. Leurs chambres ou studios sont en général réservées à des étudiants dont[1] les familles ont peu de ressources financières. Un grand nombre d'étudiants doivent louer[2] des chambres ou des appartements en ville.

L'organisme du C.R.O.U.S. (Centre Régional des Œuvres Universitaires et Sociales) aide les étudiants à trouver un logement et gère[3] des restaurants universitaires à prix réduits. Le Centre de Médecine universitaire offre des conseils et des examens médicaux.

Le Service des Sports est ouvert à tous les étudiants pour se perfectionner ou découvrir un nouveau sport. Les compétitions sont des rencontres amicales et ont lieu en principe une après-midi par semaine.

● En Amérique du Nord, le sport et les compétitions sportives ont beaucoup plus d'importance que dans les universités françaises. À votre avis, est-ce désirable? Discutez les avantages et les inconvénients de cette situation.

[1]whose   [2]rent   [3]manages

LE MOT JUSTE

Expressions

ça me semble + adjectif   *it appears… to me*
comme ça   *this way*, *like this*
de mon temps   *in my day*
volontiers   *willingly*, *gladly*

Verbes

comparer   *to compare*
emprunter   *to borrow*
imposer   *to impose*, *to force*
participer à   *to participate*, *to take part in*
poser une question   *to ask a question*
prêter   *to loan*

Noms

le cadre   (here) *setting*
un semestre   *semester*

Adjectif

anonyme   *anonymous*

À votre tour

10–8 Avez-vous compris? Avec votre partenaire, faites une liste des choses qui ont changé et des choses qui n'ont pas changé pour les étudiants français.

Les choses qui ont changé:	Les choses qui n'ont pas changé:
Le cadre	Le calendrier

10–9 Toujours des plaintes *(Always complaining)*! Avec votre partenaire, utilisez la liste des plaintes ci-dessous pour établir une liste correspondant à votre propre *(own)* situation. N'hésitez pas à faire les changements qui conviennent.

MODÈLE: Les profs donnent trop de devoirs.

    É1: Ça oui! Les profs donnent trop de devoirs.

ou: É2: Mais non! Les profs ne donnent pas trop de devoirs.

1. Les exposés sont trop fréquents.
2. Les profs sont ennuyeux.
3. Les profs répètent toujours la même chose.
4. Il n'y a pas assez de place dans l'amphi.
5. On ne sait pas sa note avant la fin du semestre.
6. L'ambiance est trop anonyme.
7. Il est difficile de trouver des copains.
8. On impose trop de cours magistraux.
9. On n'offre pas assez de travaux pratiques.
10. Il faut arriver en avance pour trouver de la place.
11. On n'apprend pas à écrire.
12. On ne donne pas les sujets d'exposés assez en avance.

10–10 Vive le changement! Avec un partenaire, développez un dialogue entre vous et un ancien/une ancienne de votre université. Vous discutez les choses qui ont changé et les choses qui n'ont pas changé. Jouez votre dialogue pour le reste de la classe.

MODÈLE: É1: Le campus a beaucoup changé.

      É2: Oui, il y a beaucoup de bâtiments neufs.

Idées à discuter:

le calendrier (semestre ou trimestre? cours d'été? etc.) / le nombre des étudiants et leur recrutement / le nombre des bâtiments / les installations sportives / les labos / la bibliothèque / le développement de certains programmes (études à l'étranger, programmes culturels, stages [*internships*] en entreprise)

STRUCTURE

Les pronoms compléments d'objet indirect

Usage et forme

- In Chapitre 9, you learned that a direct object is a word or group of words that follow the verb and that answer the question *What?* or *Whom?*

  J'étudie **les maths.** J'écoute
  le prof avec attention.

  I'm studying math. I listen to the professor attentively.

- An indirect object is a word or group of words that follow the verb and that are linked to it by a preposition. The indirect object refers to one or more people and usually answers the question *To whom?* or *For whom?*

  Martin parle **à son grand-père.**
  Il **lui** parle de sa vie d'étudiant.

  Martin speaks to his grandfather. He speaks to him about his life as a student.

  Vous posiez des questions **au** prof?
  Non, on ne **lui** posait pas
  de questions.

  Did you ask the professor any questions? No, we did not ask him any questions.

- The indirect-object pronouns, which can replace **à** + *person*, are shown below. Note that only the third-person forms (**lui, leur**) are different from the direct-object pronouns:

Les pronoms compléments d'objet indirect			
singulier		**pluriel**	
me (m')	*to me*	nous	*to us*
te (t')	*to you*	vous	*to you*
lui	*to him, to her*	leur	*to them*

La place des pronoms compléments d'objet indirect dans la phrase

- The rules for word order are the same as those for direct-object pronouns: an indirect-object pronoun normally directly precedes the verb of which it is the object (this may be the main verb of the sentence or an infinitive). The exception to this word order is the affirmative imperative. In the affirmative imperative, the indirect-object pronoun follows the verb and is linked to it by a hyphen. Note that the pronoun **me** becomes **moi** in the affirmative imperative.

  On ne **nous** demandait pas de faire
  des exposés.

  They did not ask us to do oral presentations.

  Ne me parle pas de tes copains!
  Parle-**moi** de tes cours!

  Don't speak to me about your friends! Speak to me about your classes!

  Mais oui, prête-**lui** ta voiture!

  Of course, lend him/her your car!

  —Tu vas téléphoner à Martin?
  —Oui, je vais **lui** téléphoner,
  je veux **lui** parler.

  —Are you going to call Martin? —Yes, I am going to call him. I want to speak to him.

  —Tu vas demander de l'aide
  à tes copains?
  —Non, je ne vais pas **leur**
  demander de l'aide.

  —Are you going to ask your friends for help? —No, I'm not going to ask them for help.

Have the students replace these direct objects with the appropriate pronouns.

Point out that often, as in this last case, a verb is accompanied by a direct and an indirect object.

Point out that the third-person singular direct-object pronouns distinguish a feminine referent from a masculine one (*la* vs. *le*), whereas the indirect-object pronoun *lui* means both "to her" and "to him."

You may want to point out that whereas direct-object pronouns can refer to persons or to things, the indirect-object pronouns above refer to people only.

Point out that in English the preposition linking the indirect object to the verb may be understood but not expressed, as in *Give me the book!*

You may want to take the time to explain carefully the examples and their use of indirect-object pronouns.

You may want to explain that the past participle agrees only with a preceding direct object. There is no agreement with a preceding indirect object: Le prof a-t-il compris *sa question?* Oui, il *l'*a comprise. Martin a-t-il dit la vérité à son copain? Oui, il *lui* a dit la vérité.

You may wish to point out that these verbs are often followed by both an indirect and a direct object, as these examples show. You may also want to point out that English has more than one acceptable word order and that *to* may be deleted in English in certain patterns: I'm loaning my car *to* John/I'm loaning John my car.

● In the *passé composé*, the indirect-object pronoun precedes the auxiliary verb:

Le prof **leur** a demandé un devoir écrit. Il **ne leur a pas** demandé un exposé.

The professor asked them for a paper. He did not ask them for an oral presentation.

● Certain French verbs, because they mean communicating or transferring something to another person, take an indirect object to indicate the person to whom one communicates or transfers something. Notice, however, that some verbs—for example, **répondre à, téléphoner à** and **permettre à**— work differently than their English equivalents, which take direct objects.

Verbes indiquant une communication	**Verbes indiquant un échange ou transfert**
parler à	donner à
demander à	emprunter à
dire à	envoyer (*to send*) à
écrire à	louer (*to rent*) à
indiquer (*to indicate*) à	montrer à
obéir à	prêter à
poser une question à	rendre à
répéter à	vendre à
répondre à	
téléphoner à	

Le prof a donné des devoirs **aux étudiants.**

The professor gave homework to the students.

Le prof **leur** a demandé leurs devoirs.

The professor asked them for their homework.

—Le prof a répondu **à Martin?**

—Oui, il **lui** a répondu.

—Did the professor answer Martin?

—Yes, he answered him.

À votre tour

You may warm up with some substitution drills, for example, asking students to substitute either the direct or indirect object: *On parle à Martin? On lui parle; On invite Martin? On l'invite; On téléphone à Martin? On écoute Martin? On observe Martin? On montre notre exposé à Martin?* etc.

10–11 Qu'en penses-tu? *(What do you think?)* Votre partenaire fait certaines suggestions. Êtes-vous d'accord ou non? Répondez et remplacez l'objet indirect (en italique) par un pronom complément d'objet indirect.

MODÈLE: É1: On parle *à l'assistant(e)* après le cours?

É2: Oui, on lui parle après le cours.

ou: Non, on ne lui parle pas après le cours.

1. On pose ces questions *à l'assistant(e)*?
2. On demande de l'aide *au prof*?
3. On envoie une invitation *à Élise et sa cousine*?
4. On prête nos notes d'histoire *à Jean-Pierre*?
5. On donne de nos nouvelles *à nos parents*?
6. On montre notre mémoire *aux autres étudiants*?
7. On dit tout *à nos copains*?
8. On répond tout de suite *au prof*?
9. On téléphone *à Robert* ce soir?
10. On permet *à Julien* de travailler avec nous?

10–12 Tout de suite ou pas du tout! *(Right away or not at all!)* À tour de rôle, conseillez à votre partenaire d'agir tout de suite ou… de ne pas agir!

10–12 Make sure students remember the imperative! A bit of review may be in order.

MODÈLE: É1: Je dois *répondre au prof*.

ㅤㅤㅤㅤㅤÉ2: Alors, réponds-lui tout de suite!

ㅤㅤㅤㅤㅤÉ1: Je ne dois pas *répondre au prof*.

ㅤㅤㅤㅤㅤÉ2: Alors, ne lui réponds pas!

1. Je dois répéter les instructions *aux membres du groupe*.
2. Je ne dois pas poser ces questions *au prof*.
3. Je dois écrire *à mes grands-parents*.
4. Je ne dois pas montrer l'exposé *aux autres étudiants*.
5. Je ne dois pas prêter la voiture *à Michel*.
6. Je dois obéir *à mon père*.
7. Je ne dois pas envoyer cette lettre *aux profs*.
8. Je dois indiquer l'adresse *à la secrétaire*.
9. Je ne dois pas prêter le devoir *aux copains*.
10. Je dois demander la permission *aux assistants*.

10–13 Il faut faire tant de choses *(It is necessary to do so many things)!* Un(e) ami(e) est responsable d'un groupe de travail. Faites écho à ses suggestions, mais utilisez des pronoms objets. (Attention à la place du pronom complément.)

MODÈLE: É1: Il faut *(It is necessary)* parler *au prof* cette semaine.

ㅤㅤㅤㅤㅤÉ2: En effet, il faut lui parler cette semaine.

1. Il faut envoyer un message *au prof* cette semaine.
2. Il faut téléphoner *à Jean-Philippe* ce soir.
3. Il ne faut pas montrer le plan de l'exposé *à tous les copains*.
4. Il faut parler *à nos partenaires* le plus vite possible.
5. Il faut montrer les nouvelles conclusions *aux membres du groupe*.
6. Il faut poser des questions supplémentaires *aux assistants*.
7. Il ne faut pas prêter nos documents *aux copains*.
8. Il faut demander *à la secrétaire* de réserver une salle.

10–14 Sur la bonne voie *(On the right track)*. Rassurez ou conseillez un(e) camarade inquiet/inquiète au sujet de son exposé. Ne répétez pas les mots en italique; utilisez des pronoms directs ou indirects.

MODÈLE: É1: Tu as choisi *ton sujet*?

ㅤㅤㅤㅤㅤÉ2: Oui, je l'ai choisi.

ㅤㅤㅤㅤㅤÉ1: Bravo!

ㅤㅤ*ou:* É1: Tu as choisi *ton sujet*?

ㅤㅤㅤㅤㅤÉ2: Non je n'ai l'ai pas choisi.

ㅤㅤㅤㅤㅤÉ1: Alors, choisis-le vite!

1. Tu as lu *les articles de base sur le sujet*?
2. Tu as parlé *au prof*?
3. Tu as emprunté les livres nécessaires *à l'assistante*?
4. Tu as trouvé *les meilleurs partenaires*?
5. Tu as décidé *le plan de ton devoir*?
6. Tu as montré le plan *à tes copains*?
7. Tu as fait des suggestions *à tes partenaires*?
8. Tu as écrit *une introduction*?
9. Tu as indiqué la date de l'exposé *à tous les étudiants*?

10–15 Des échanges *(Exchanges).* À tour de rôle, faites des échanges avec des camarades.

> **MODÈLE:** Tu me prêtes ton dictionnaire. / Et alors, je _____ prête mes CD.
>
> > É1: Tu me prêtes ton dictionnaire…
> >
> > É2: Et alors, je te prête mes CD.

1. Tu me prêtes ton dictionnaire. / Et alors, je _____ prête mes cassettes.
2. Ils nous donnent leurs notes. / Et alors, nous _____ donnons nos anciens examens.
3. Vous leur obéissez. / Et alors, ils _____ obéissent aussi.
4. Tu nous poses une question difficile. / Et alors, nous _____ posons aussi une question difficile.
5. Je vous rends visite cette semaine. / Et alors, vous _____ rendez visite la semaine prochaine.
6. Elle me téléphone souvent. / Et alors, je _____ téléphone souvent aussi.
7. Vous nous demandez des conseils *(advice)* / Et alors, nous _____ demandons aussi des conseils.
8. Tu m'écris souvent. / Et alors, je _____ écris aussi.
9. Je t'écris de temps en temps *(from time to time).* / Et alors, tu _____ écris aussi.

10–16 You might want to ask students to share with the rest of the class which proposition(s) that came up were most unique.

 10–16 Marchandage *(Wheeling and dealing).* Parfois vous avez besoin d'aide et vous êtes prêt(e) à marchander avec votre partenaire. Utilisez les suggestions ci-dessous ou votre imagination pour proposer des marchandages avantageux. Qui proposera le plus d'initiatives?

> **MODÈLE:** prêter ma moto / aider en maths
>
> > É1: Je te prête ma moto, si tu m'aides en maths.
>
> payer un café / prêter tes notes
>
> > É2: Je te paie un café si tu me prêtes tes notes.

> prêter des CD / mon vélo / ma moto
> apprendre le tennis / le basket / le ski
> louer mon appartement / ma chambre
> inviter au match / cinéma / restaurant
> envoyer les réponses de l'exercice
> vendre ton ordinateur / ton vélo / tes livres / tes CD

10–17 You might want to ask students to share with the rest of the class examples of what they would consider extreme generosity.

 10–17 Prenez la parole. Circulez dans la classe et interrogez vos camarades sur leurs habitudes. Prêtent-ils facilement leurs possessions? Prenez des notes et, plus tard, partagez-les avec le reste de la classe. Utilisez les suggestions ci-dessous ou votre imagination.

MODÈLE: prêter ta voiture à tes amis

> É1: Est-ce que tu prêtes ta voiture à tes amis?
>
> É2: Oui je leur prête ma voiture.
>
> *ou:* Non, je ne leur prête pas ma voiture.

prêter tes CD à tes amis; emprunter son vélo à ton frère; répéter des secrets à tes copains; poser des questions à tes profs; vendre tes livres à des amis; envoyer des courriels (*e-mails*) à ta mère/à tes parents/à ton prof; téléphoner souvent à ta mère/à ta copine; obéir toujours à tes parents/à ton patron/à ton prof; rendre visite à des copains/à ton grand-père

En direct

Réflexions. Listen to the comments of a French student, Juliette, who spent a year at a North American university. What does she say about each of the following aspects of university life? Write down as much detail as you can, then write a one- or two-sentence summary of Juliette's comments about each aspect of her experience.

1. l'apparence du campus, son atmosphère, le matériel
2. les examens
3. les rapports entre profs et étudiant(e)s

Audio script for *En direct*: Le campus est superbe: tout est propre, on ne voit pas de graffiti sur les murs, il y a de beaux jardins. L'ambiance est relaxe: profs et étudiants s'habillent de façon très confortable. Est-ce qu'ils vont en cours ou est-ce qu'ils vont au gymnase? Quelquefois c'est difficile de le savoir!

Les universités dépensent beaucoup d'argent pour le matériel. C'est normal parce que les étudiants paient très cher leurs études! On trouve une banque sur le campus mais c'est bizarre d'y trouver aussi un poste de police!

Je déteste les examens! En 50 minutes on n'a pas le temps de faire du bon travail.

Les rapports avec les profs sont très faciles: ils nous invitent chez eux, ils nous prêtent des livres; bref, ils nous considèrent comme des êtres humains! Pour moi, c'est un contraste total avec certains profs européens qui ne connaissent pas et ne s'intéressent pas à leurs étudiants!

You may want to show the *Contexte* and begin by paraphrasing the title to make sure students understand the word *soucis: Quand on a des soucis, on a des préoccupations, des frustrations, on n'est pas relaxe, on s'inquiète* (IRCD Image T10–04). You may want to start by asking students to give examples of the frustrations they sometimes feel at school: *La vie d'étudiant n'est pas parfaite. Vous avez des soucis, vous avez fait l'expérience de certaines frustrations. Essayons de trouver des exemples.* You may want to prime the pump with an example of your own, followed by questions: *Par exemple, vous n'avez pas trouvé de place sur le parking (et vous payez cher pour cette place!). Quand vous arrivez au labo, trouvez-vous toujours un ordinateur de libre? Est-ce que parfois vous vous êtes dépêchée pour arriver à l'heure et le prof était absent? Est-ce que l'équipement marche toujours bien?*

You may go further and ask students what they do when confronted with a problem: *Alors qu'est-ce que vous faites? Est-ce que vous rentrez chez vous? Est-ce que vous alertez les autorités? Est-ce que vous allez retrouver des copains? Où?*

CONTEXTE

Soucis d'étudiants

La scène se passe au café. Kaïs y retrouve une bande de copains en train de discuter.

> KAÏS: Alors, qu'est-ce qui s'est passé au cours? Vous avez l'air un peu bizarre!
>
> ANNE: D'abord, quand on est arrivé dans l'amphi, il n'y avait plus de place. On a dû rester debout. Pas trop cool pour prendre des notes!
>
> LUC: Et d'ailleurs (*moreover*), des notes… on n'en a pas pris parce qu'on n'entendait rien: le micro ne marchait pas. On a essayé de protester, mais ça ne nous a servi à rien! Hallucinant! Le prof ne s'est pas arrêté de parler: il était complètement perdu dans ses calculs.

Le café est une salle de travail, un lieu de rencontre et de discussions. C'est un refuge, presque une famille adoptive. Sur votre campus, quels endroits sont les plus populaires pour des rencontres entre étudiants?

Since the *Contexte* is a dialogue, you may want to "play" one part and assign the other to different students. The slang expressions are listed and practiced in Ex. 10–19, *Petit lexique étudiant.*

KAÏS: (*moqueur*) Alors vous avez eu le bon réflexe: Vous avez immédiatement quitté l'amphi.

ANNE: Mais avant d'en sortir, on a entendu le prof demander nos mémoires deux semaines en avance! Et des mémoires et des exposés, on en a des tonnes en ce moment!

KAÏS: Ah! là! là! Ça devient plus sérieux!

LUC: Ce n'est surtout pas juste du tout. On en a ras le bol!

KAÏS: Alors, qu'est-ce que vous allez faire?

LUC: D'abord on va prendre un autre café et, ensuite, on va aller au cinéma pour se changer les idées.

KAÏS: Génial (*great*), j'y vais avec vous!

Est-ce évident?

Les étudiants internationaux

Kaïs est un étudiant tunisien qui fait ses études d'ingénieur. Kaïs fait partie des 173.000 étudiants internationaux qui viennent étudier en France. Certains reçoivent des bourses, certains paient leurs études.

Ces étudiants viennent d'abord des pays d'Afrique et du Maghreb (49,5%) et des pays d'Europe (28,8%). Seulement 14,3% viennent d'Asie et 7,1% viennent du continent américain. À la fin de leurs études, la majorité rentre travailler dans leur pays.

Aujourd'hui l'accueil[1] des étudiants internationaux en France est une priorité du gouvernement: l'ouverture internationale est un élément essentiel de la politique de solidarité de la France.

● Et chez vous? Votre université reçoit-elle des étudiants internationaux? D'où viennent-ils? Qu'est-ce qu'ils étudient? Connaissez-vous certains de ces étudiants?

[1]welcome

Rencontres internationales dans la rue.

You may want to encourage students to research the *Grandes Écoles* on the Internet. Remind students that they encountered the *École Centrale* in Chapitre 1, *Contexte 4*.

Les Grandes Écoles

L'enseignement supérieur en France a deux voies[1]: Il y a l'université, qui admet les bacheliers, et il y a aussi les Grandes Écoles. Les Grandes Écoles sont très sélectives et forment les futures élites de la nation. L'École Polytechnique et l'École Centrale forment des ingénieurs; HEC (Hautes Études Commerciales) et l'ESSEC (École Supérieure de Sciences Économiques et Commerciales) forment des économistes. L'École Normale Supérieure attire les étudiants qui veulent faire de la recherche et l'E.N.A. (École Nationale d'Administration) attire des étudiants, déjà diplômés, qui désirent servir l'État à un haut niveau[2].

● Dans votre pays, y a-t-il des établissements qui sont spécialisés dans la formation des élites de la nation? Expliquez.

L'École Normale Supérieure de Paris existe depuis 1794.

[1]tracks [2]high level

LE MOT JUSTE

Expressions

Ça sert à rien!   *It does not help any! It's to no avail!*
debout   *standing up*
immédiatement   *immediately*
des tonnes de   *lots of, tons of (familiar)*
y   *there*

Verbes

s'arrêter   *to stop*
marcher   *to work, to function*
protester   *to protest*

Noms

une bande de copains   *a group of friends*

un calcul   *calculation*
un micro(phone)   *microphone*
un réflexe   *reflexe*
une scène   *scene*
un souci   *worry*

À votre tour

10–18 Avez-vous compris? À tour de rôle, posez les questions suivantes à votre partenaire et répondez-y.

1. La scène est dans un café. Qui y arrive d'abord?
2. Quelles personnes est-ce que Kaïs rencontre?
3. À votre avis, qui a des soucis? Kaïs ou ses copains?
4. Dans l'amphi, qu'est-ce qui ne marchait pas? un micro ou un projecteur?
5. Qui n'a pas pris de notes? Kaïs ou ses copains?
6. Le prof a-t-il réagi aux protestations des étudiants? Pourquoi oui ou non?
7. Qu'est ce que le prof a demandé aux étudiants?
8. Les étudiants sont-ils sortis de l'amphi avant ou après la fin du cours?
9. Qui a des tonnes de mémoires et d'exposés?
10. Les copains de Kaïs vont au cinéma: est-ce que Kaïs y va avec eux ou est-ce que Kaïs n'y va pas?
11. Si (*if*) les étudiants ont beaucoup de travail, pourquoi veulent-il aller au cinéma?

10–19 Êtes-vous branché? *(Are you «in»?)* Consultez les expressions ci-dessus. Puis, à tour de rôle avec votre partenaire, lisez les situations suivantes et choisissez une remarque appropriée.

10–18 As students do this exercise, you may want to show the text of *Contexte* 3 (IRCD Image T10–04).

C'est chantmé!: verlan (*le français à l'envers*) for *méchant*

Zarbi!: verlan for *bizarre*

C'est ouf!: verlan for *fou*

Ça me saoule!: Insist on the pronunciation [samsul].

Je suis crevé: Model the pronunciation to show that the first two words of the expression should be pronounced as one syllable [ʃɥi].

Petit lexique étudiant

Accord:

Pas de problème!   *No problem!*
Ça roule!   *It's going great!*

Enthousiasme:

Pas mal!   *Not bad!*
Terrible!   *Fantastic!*
Trop cool!   *Way cool!*
C'est chantmé!   *That's mean (= great)!*

Surprise:

Hallucinant!   *Unreal!*
Zarbi!   *Strange!*
C'est ouf!   *It's crazy!*

Critique:

Pas terrible!   *Not great!*
C'est tout pourri!   *It's rotten!*
C'est naze!   *It's retarded!*

Irritation ou indignation:

Ça me saoule!   *Way too much!*

Fatigue ou frustration:

ras-le-bol   *up to here*
J'en ai marre.   *I'm fed up.*
Je suis crevé.   *I'm dead.*
Je suis dégoûté.   *I'm disgusted.*

Indifférence:

Oh, bof!   *Well…*
Mouais…   *Mmmm…*

MODÈLE: Vous arrivez en classe et votre cours de maths est annulé.

    É1: Vous arrivez en classe et votre cours de maths est annulé.

    É2: C'est trop cool!

1. Le prof demande un mémoire supplémentaire.
2. Vous avez trois examens prévus pour le même jour.
3. Votre note pour le cours de biologie dépend entièrement de l'examen final.
4. La conférence faite par le prof de sciences économiques était mal préparée et incompréhensible.
5. Vous sortez d'un cours fantastique—matière passionnante, prof génial (*brilliant*), ambiance sympa.
6. Votre groupe de travail décide de se réunir le soir de votre anniversaire.

10–20 Réactions aux changements sur le campus. En petits groupes, réagissez aux changements «super» et aux changements «pas terribles» sur votre campus. Plus tard, comparez vos réactions avec les réactions d'autres groupes: en général, les membres de la classe sont-ils plutôt d'accord ou pas d'accord?

MODÈLE: É1: La nouvelle salle de cinéma?

    É2: Architecture zarbi, mais les programmes… bof!

10–21 Assez! En petits groupes, jouez le dialogue du *Contexte* mais changez le sujet de vos plaintes (*complaints*) et trouvez une autre raison pour quitter l'amphi avant la fin du cours.

MODÈLE: É1: Alors qu'est-ce qui s'est passé aujourd'hui?

    É2: Le prof ne nous a pas rendu les devoirs.

    É1: Vous avez protesté?

    É2: Bof! Ça ne sert à rien. Alors, on est parti… avec vingt autres personnes!

STRUCTURE

Les pronoms **y** et **en**

Emplois

Remind students that, after verbs of exchange and communication, *à* + person is replaced by an indirect-object pronoun (see p. 380).

- The pronoun **y** generally replaces expressions formed by the prepositions **à, dans, en, sur,** or **chez** + noun or noun phrase. These expressions are usually expressions of location, but not exclusively.

La scène se passe **au café**. Kaïs **y** rejoint une bande de copains.	*The scene takes place at the café. Kaïs meets a groups of his friends there.*
On ne trouve pas toujours une place **dans l'amphi**. Parfois, on n'**y** trouve pas de place!	*One does not always find a seat in the auditorium. Sometimes, one does not find any seat there!*
Zut! J'ai laissé mon devoir **sur mon bureau!** J'**y** ai laissé mes lunettes aussi.	*Darn! I left my homework on my desk. I also left my glasses there.*

—Tu as réussi **à l'examen?** —*Did you pass the exam?*

—Oui, j'**y** ai réussi et maintenant —*Yes, I passed it and now I no longer*
je n'**y** pense plus. *think about it!*

- **Y** does not refer to people, except when it replaces the expression **chez** + a person's name.

—Après le cinéma, on va —*After the movie, are we going to*
chez Kaïs? *Kaïs's house?*

—Oui, on **y** va. —*Yes, we're going there.*

- The pronoun **en** replaces an expression introduced by any form of **de:**

—The indefinite article (**des, pas de/d'**):

—Tu as pris **des notes?** —*Did you take notes?*

—Non, on n'**en** a pas pris. —*No, we did not take any.*

—The partitive article (**du, de la, de l', pas de**):

—Vous avez **du** travail? —*Do you have work?*

—Bien sûr, on **en** a! —*Of course we do!*

—An expression consisting of **de (d')** + a phrase:

—Tu fais partie **de l'équipe** —*Do you belong to the volleyball team?*
de volley?

—Oui, j'**en** fais partie. —*Yes, I belong to it.*

—Tu as envie **d'aller au café** —*Do you want to go to the café*
après le cours? *after class?*

—Oui j'**en** ai envie! —*Yes, I want to.*

> You may want to remind students that *le/la/l'/les* replace *specific* persons or things used as objects of the verb, as in: On fait *les/nos/ces devoirs* pour demain → On *les* fait. On retrouve *les/nos/ces copains* au café → On *les* retrouve au café.

- **En** is also used to replace nouns that are part of an expression of quantity. The expression of quantity is placed after the verb.

On a **des tonnes de mémoires** et *We have tons of written and oral*
d'exposés! On **en** a **des tonnes** *reports. We have tons of them*
en ce moment! *right now!*

—Vous avez **trois examens** —*Do you have three exams the*
le même jour? *same day?*

—Oui, nous **en** avons **trois** —*Yes, we have three of them the*
le même jour. *same day.*

—Tu suis **un cours magistral?** —*Are you taking a lecture course?*

—Oui j'**en** suis **un.** —*Yes, I am taking one.*

—Tu as posé **des questions?** —*Did you ask questions?*

—Oui, j'**en** ai posé **une.** —*Yes, I did ask one.*

> Point out the different kinds of quantity expressions: indefinite articles, cardinal numbers, and both adverbs and nouns of quantity. Call students' attention to the use of *un/une* in the last two examples.

Place de y et en dans la phrase

- You have seen that, like other object pronouns, **y** and **en** immediately precede the verb of which they are the object (this may be the main verb or an infinitive). The only exception is the case of affirmative commands (see below).

—Vous trouvez de la place —*Do you find seats in the auditorium?*
dans l'amphi?

—Oui, on **y** trouve de la place. —*Yes, we find seats there.*

—Avez-vous pris **des notes?**	—*Did you take notes?*
—Non, on n'**en** a pas pris.	—*No, we did not take any!*
—Est-ce qu'on va prendre **un autre café?**	—*Are we going to have another cup of coffee?*
—Bien sûr, on va **en** prendre un autre.	—*Of course, we are going to have another one.*
—Ne sortez pas **de l'amphi** avant la fin du cours.	—*Don't leave the auditorium before the end of the class.*
—N'**en** sortez pas!	—*Don't leave it!*

Point out that liaison is obligatory in the pattern imperative-pronoun. Model pronunciation and have students repeat; remind them that -s in liaison is pronounced [z].

- In an affirmative command, **y** and **en**, like other pronouns, follow the verb and are linked to it by a hyphen. Note that the **-s** is restored to all second-person singular imperatives that end in a vowel when they are followed by the pronoun **en** or **y**.

—On va **au cinéma?**	—*Are we going to the movies?*
—Oui, allons-**y!**	—*Yes, let's go there!*
Va au café! Va**s-y!**	*Go the the cafe! Go there!*
Pose **des questions intelligentes!** Pose**s-en!**	*Ask intelligent questions! Ask some!*

You may point out that both *y* and *en* occur in the same sentence *only* in the case of the expression *il y a.* In this instance, *y* precedes *en* and they both precede the verb: *Il n'y a pas assez de place dans l'amphi. Il n'y en a pas assez.* (There are not enough seats in the auditorium. There are not enough.)

À votre tour

You may want first to ask students to figure out which words or expressions *y* and *en* are replacing in the *Contexte.* Follow up with a quick drill, re-using the examples given in the *Structure* section. Make sure you emphasize with your voice the objects to be replaced: J'ai laissé mon devoir *sur mon bureau.* Kaïs rejoint ses copains *au café.* Ne sortez pas *de l'amphi.* On a des tonnes *d'exposés.* On trouve *de la place* dans l'amphi. On va *au cinéma.* Nous allons *chez Kaïs.* On va prendre *un autre café.* Pose *des questions intelligentes.* Tu as envie d'aller *au café.* Tu as posé *des questions.* Tu as pris *des notes.* Tu as réussi *à l'examen.* Tu fais partie *de l'équipe de volley.* Tu prends *des notes.* Tu suis *un cours magistral.* Va *au café.* Vous avez *du travail.* Vous avez trois *examens.* Vous trouvez de la place *dans l'amphi.*

10–22 Bien ou mal équipée? Avec votre partenaire, discutez quel équipement on utilise souvent dans votre université. Décidez en conclusion si votre université est bien ou mal équipée.

MODÈLE: É1: Des micros?

    É2: Oui, on en utilise souvent.

    ou: Non, on n'en utilise pas souvent.

1. Des ordinateurs?
2. Des projecteurs?
3. Des téléviseurs?
4. Des films?
5. Des minicassettes?
6. Des magnétoscopes (*VCRs*)?
7. Des CD et des DVD?
8. Des vidéocassettes?

10–23 Refuges favoris. Où est-ce que vous allez, quand vous avez des problèmes? Partagez vos refuges favoris avec votre partenaire, puis comparez vos endroits préférés. Qui est le plus «sociable»?

MODÈLE: É1: Tu vas chez tes parents?

    É2: Oui, j'y vais parfois.

    ou: Non, je n'y vais pas.

1. Tu vas au café?
2. Tu vas dans ta chambre?
3. Tu vas à la bibliothèque?
4. Tu vas au cinéma?
5. Tu vas chez des copains?
6. Tu vas dans le bureau d'un prof?
7. Tu vas chez ton conseiller?
8. Tu vas dans un parc pour faire une promenade?
9. Tu vas dans ta voiture pour faire un tour?
10. Tu vas en ville?

10–24 La vie étudiante: gens, endroits et sujets de conversation.
Qu'est-ce que vous avez fait hier soir? En petits groupes, discutez vos activités avec vos camarades. Choisissez trois questions sur la liste, puis résumez les réponses obtenues. Plus tard, comparez-les avec les réponses des autres groupes.

10–24 Students may mention the topic/place/action of their choice.

MODÈLE: É1: Qui a retrouvé *des copains* hier soir?

É2: Moi, j'en ai retrouvé quatre ou cinq.

É3: Moi, je n'en ai pas retrouvé!

1. Qui est resté *chez soi* hier soir?
2. Qui est allé *au café* hier soir?
3. Qui a étudié *à la bibliothèque* hier soir?
4. Qui a parlé *de politique?*
5. Qui a eu envie *d'aller au cinéma?*
6. Qui a réussi *à finir ses devoirs?*
7. Qui est allé *au lit* très tard?

10–25 Changeons la situation. Imaginez que le petit groupe des amis de Kaïs veut protester auprès (*with*) des autorités. Mais tout le monde n'est pas d'accord! Jouez la scène.

10–25 You may suggest that students re-use the same clues but this time their desires become calls to actions: *Allons en masse au secrétariat! → Oui! Il faut y aller en masse!*

MODÈLE: É1: Allons en masse *au secrétariat (administration)!*

É2: Super idée! Allons-y en masse!

ou: Stupide! N'y allons pas en masse!

1. Allons *dans le bureau du doyen (dean)!*
2. Demandons *des réformes!*
3. Exigeons (*let's demand*) *des amphi plus grands!*
4. Achetons *des micros qui marchent!*
5. Allons *chez le prof!*
6. Exigeons *des dates plus flexibles!*
7. Demandons moins *de travail!*
8. Demandons plus *de justice!*

10–26 Prenez la parole. Alors, ce semestre, ça se passe comment? (*So, how is the semester going?*) Choisissez trois suggestions pour créer trois questions, puis circulez dans la classe et interrogez vos camarades sur leur semestre. Notez leurs réponses et plus tard, partagez-les avec le reste de la classe. Essayez de rendre vos phrases plus vivantes avec des expressions du petit lexique étudiant!

10–26 In order to avoid having students buried in their books, you may consider a bit of brainstorming to generate relevant questions. Or, you may simply want to present the boxed suggestions orally to give a head start.

MODÈLE: aller à des fêtes

É1: Tu es souvent allé(e) à des fêtes?

É2: Oui j'y suis allé(e) souvent.

ou: Non, je n'y suis pas allé(e) souvent.

Plus tard: É1: Pour Andrew, ça roule: il est souvent allé à des fêtes.

ou: Pour Julie, c'est naze! Elle n'est pas allée à des fêtes.

> rencontrer de nouveaux amis / aller en voyage d'étude (*study trip*) / participer à des compétitions sportives / passer beaucoup de temps au cinéma / réfléchir à beaucoup de problèmes / étudier des heures à la bibliothèque / prendre des tonnes de notes / dépenser (*spend*) beaucoup d'argent / réussir à beaucoup d'examens / aller souvent au gym / faire beaucoup de sports / recevoir de bonnes notes / avoir des profs excellents (ou ennuyeux)

You may want to explain that speakers in the *Contexte* are French young people who spent time studying or teaching in North America through exchange programs. They are offering advice to others who are about to do the same. They speak from personal experience; they are not judging. The comments quoted below reflect their perceptions of distinct differences between North American and French universities as well as their own cultural biases.

You may also want to explain the title of this *Contexte*. The form *Je vous conseillerais* (I would like to advise you to…) is much less blunt than the present *Je vous conseille*. You may remind students that they have seen such polite forms used in Chapitre 4, p. 147. You may wish to brainstorm with the students as to the topics that may be discussed and then show the Contexte afterwards for verification (IRCD Image T10–05). Students have now seen enough of the French system to imagine points

ÉTAPE 4

CONTEXTE

Je vous conseillerais…

Aujourd'hui on peut faire des études sans frontières, mais attention au choc culturel!

that may come under fire or may be enthusiastically praised. *Imaginez quels sujets vont être abordés: le campus lui-même, son cadre géographique, ses bâtiments, ses ressources, l'importance du sport, les groupes de discussions, la participation des étudiants, la vie en société (social life).* You may write these headings on the board and then assign one of the interviews to a group of students who will report on its topic and the attitude of the speaker: *il/elle aime, n'aime pas, est surprise(e), trouve hallucinant,* etc.

Since the *Contexte* contains examples of the *conditionnel*, a verb form they have already seen in Chapitre 4 to express polite requests, you may ask students if they can scan the *Contexte* and identify these forms (hint: they have *imparfait* endings!) such as *j'achèterais, vous auriez.* Then you may choose to explain that these forms of the *conditionnel* are also used to give advice (*One should…*) or to wish that things were different. You may also choose to only point to the presence of *si* and ask students how they would translate these forms, then wait to get to the *Structure* to explain the *conditionnel* further.

Chaque année des étudiants français et américains participent à des programmes d'échange universitaire. Beaucoup de Français trouvent des places de lecteurs dans des départements de français. Ils donnent des cours ou travaillent dans un labo. Ils suivent aussi des cours de leurs choix. Les conditions de séjour et de travail varient beaucoup, bien sûr.

Avant le départ des nouveaux assistants, les anciens discutent leurs expériences dans des facs américaines. S'ils repartaient aux États-Unis, qu'est-ce qu'ils changeraient pour mieux profiter de leur séjour? Écoutez-les parler.

Antoine S., 22 ans. Le campus où je travaillais était très joli, très propre (*clean*), avec des installations sportives idéales, un ciné, une banque et même un hôpital! Mais on était trop isolé du reste de la ville. Si vous pouviez faire des économies dès maintenant, vous auriez intérêt à acheter une voiture très vite. Si c'était à refaire, j'achèterais une voiture le jour de mon arrivée.

Aïcha B., 23 ans. N'oubliez pas votre tenue de sport: la pratique du sport est une vraie priorité. Et puis inscrivez-vous à des cours de tennis, de karaté qui sont offerts comme des cours normaux. Enfin, essayez aussi de faire partie d'une équipe de sport: c'est une bonne occasion de se faire des copains!

Paul L., 22 ans. Il ne faut pas hésiter à prendre la parole en cours. Ici nous avons trop l'habitude d'assister à des cours magistraux dans le silence le plus complet. L'éducation, ça devrait toujours être un dialogue!

Véronique F., 21 ans. Je voudrais dire un mot du système de «*dating*». Pour ma part j'ai détesté ces sorties en couples et j'ai beaucoup regretté (*missed*) ma bande de copains. Moi, je préférerais toujours payer ma part et garder mon indépendance.

Saïd E., 23 ans. Les étudiants américains ne s'intéressent pas plus à la politique que nous. Nous devrions tous (*all of us*) nous y intéresser davantage (*more*)!

LE MOT JUSTE

Expressions

ça devrait être *it should be*
dès maintenant *starting now*
je préférerais *I would prefer*
mieux *best*

Verbes

avoir intérêt à *to be in one's best interests*

dire un mot *to say a word*
faire des économies *to save money*
garder son indépendance *to keep one's independence*
refaire *to do again*
repartir *to leave again for (a destination)*
varier *to vary*

Noms

un lecteur, une lectrice *graduate teaching assistant*
un séjour *stay*
une tenue de sports *sports clothing*

Est-ce évident?

Les étudiants et la politique

À l'age de 18 ans, un jeune Français devient majeur. Il assume la responsabilité totale de ses actions et il peut voter. Aujourd'hui 76% des 18–25 ans sont inscrits sur les listes électorales et 61% ont une image positive du vote. Les étudiants (70%) et les lycéens (78%) sont plus enthousiastes pour le vote que les jeunes qui travaillent (52%).

La majorité des jeunes ne participe pas activement à la vie politique traditionnelle (2% seulement s'inscrivent à un parti politique). Mais les jeunes, et surtout les jeunes femmes, montrent un grand intérêt pour la politique quand elle concerne des thèmes qui les touchent. Par exemple, la lutte[1] contre le racisme, la lutte contre la violence, la dénonciation de la guerre, la défense des intérêts des jeunes, la lutte contre les inégalités sociales, la lutte contre le Sida[2], la lutte contre les catastrophes écologiques.

Les étudiants n'hésitent pas à se mobiliser et à descendre dans la rue pour manifester leur opposition ou (moins souvent) leur soutien[3].

● Et chez vous? Les étudiants sont-ils intéressés ou non par la politique? Quels sont les thèmes et les partis qui les mobilisent? Quelles actions est-ce qu'ils poursuivent[4]?

[1]fight [2]AIDS [3]support [4]take

You may want to remind students that voting is a right and that in order to claim this right one must register to vote.

À votre tour

10–27 Qui a dit quoi *(Who said what)?* Avec un partenaire décidez qui (Véronique, Antoine, Paul, Aïcha, Saïd) a dit quoi durant son entrevue. Puis décidez si ces commentaires sont plutôt positifs ou plutôt négatifs.

10–27 As students do this activity, you may wish to show the text of *Contexte* 4 (IRCD Image T10–05).

MODÈLE: trouve que l'éducation y est un vrai dialogue

> É1: Paul a dit que l'éducation est un vrai dialogue aux États-Unis. C'est positif!

1. aime avoir moins de cours magistraux qu'en France
2. apprécie la présence d'un ciné, d'une banque et même d'un hôpital
3. déteste les sorties en couples
4. est surpris(e) car la pratique du sport est une priorité
5. pense que parfois le campus est trop isolé
6. n'hésite pas à prendre la parole en cours
7. trouve les installations sportives idéales
8. recommande d'acheter une voiture
9. pense que les cours de sports sont un must
10. regrette sa bande de copains

10–28 Le bon ordre. À tour de rôle avec un partenaire, identifiez la phrase qui suit logiquement chaque phrase ci-dessous.

1. _____ On sort plutôt en couple qu'en groupe.

2. _____ Avoir une voiture est essentiel.

3. _____ Les campus sont très agréables.

4. _____ Oubliez votre timidité en cours!

5. _____ Il faut faire du sport.

> **a.** Il y a la possibilité de faire des voyages gratuits.
> **b.** Il est donc (*thus*) moins facile de conserver son indépendance.
> **c.** C'est une bonne occasion de rencontrer de nouveaux amis.
> **d.** Vous pouvez alors découvrir la ville et la région.
> **e.** Mais on est un peu trop isolé du reste de la population.
> **f.** Posez des questions et participez!

10–29 Please note that students are only asked to re-use the expressions *je/tu préférerais, il/elle préférerait* which are considered here only as lexical items. The full paradigm of the *conditionnel* is to be found in the *Structure* that follows. You may however need to practice briefly the pronunciation.

10–29 Quelle est ta préférence? En petits groupes, demandez à vos camarades leurs préférences, s'ils étaient assistants. Prenez des notes pour partager vos résultats plus tard.

MODÈLE: habiter sur le campus ou en ville

> É1: Tu préférerais habiter sur le campus ou en ville?
>
> É2: Je préférerais habiter sur le campus.

1. avoir un vélo ou une voiture

2. enseigner ou travailler dans un labo

3. habiter sur le campus ou avoir un logement en ville

4. sortir en groupe ou en couple

5. faire des économies ou acheter une voiture

6. suivre des cours de tennis ou de karaté

7. prendre des notes en silence ou prendre la parole

Plus tard:

MODÈLE: É1: Mark préférerait avoir un vélo, mais Julie préférerait avoir une voiture.

10–30 Est-ce essentiel? En petits groupes, considérez les conseils offerts à des étudiants francophones qui vont venir étudier dans votre université. Indiquez à tour de rôle si cette remarque vous semble appropriée ou non et pourquoi. En général les membres de votre groupe sont-ils d'accord?

MODÈLE: Achetez une voiture!

> É1: Il est essentiel d'acheter une voiture. On est moins isolé du reste de la ville.
>
> É2: Il n'est pas nécessaire d'acheter une voiture. Vos amis vont avoir des voitures!

1. Habitez en ville!

2. Faites partie d'une équipe de sport!

3. Participez en cours!

4. Sortez en couple!

STRUCTURE

Le conditionnel

● The conditional forms of verbs enable a speaker to express wishes, to make polite requests and suggestions, and to extend and/or accept invitations. Note that in English the use of the word *would* in a verb phrase often corresponds to the conditional in French.

Je vous **conseillerais** fortement de ne pas habiter sur le campus.	*I would advise you strongly not to live on campus.*
Je **voudrais** vous rappeler de ne pas oublier votre tenue de sport.	*I would like to remind you not to forget your sports gear.*
Je **préférerais** payer ma part.	*I would prefer to pay my own way.*
Qu'est-ce qu'ils **changeraient** pour mieux profiter de leur séjour?	*What would they change to get the most of their stay?*

Students have already seen the use of the conditional to express polite requests in Chapitre 4: *Pourriez-vous m'indiquer la bibliothèque, s'il vous plaît?*

● The conditional is also used to express the likely consequence or result of a hypothetical situation. The hypothetical situation itself is introduced by **si** and expressed in the imperfect tense.

Si c'était à refaire, j'**achèterais** une voiture.	*If I had it to do over, I would buy a car.*
Si vous pouviez faire des économies, vous **auriez intérêt à** acheter une voiture.	*If you were able to save the money, it would be in your interest to buy a car.*

● The conditional form of the verb is formed by adding the imperfect tense endings to a stem, which for all regular verbs is the infinitive (minus **-e** for **-re** verbs):

Model pronunciation and have students repeat. Point out that, as for the imperfect, there are only three spoken forms for any verb in the conditional: stem + [ɛ], stem + [jõ] and stem + [je].

aimer			
j'	aimer**ais**	nous	aimer**ions**
tu	aimer**ais**	vous	aimer**iez**
il/elle/on	aimer**ait**	ils/elles	aimer**aient**

choisir			
je	choisir**ais**	nous	choisir**ions**
tu	choisir**ais**	vous	choisir**iez**
il/elle/on	choisir**ait**	ils/elles	choisir**aient**

attendre			
j'	attendr**ais**	nous	attendr**ions**
tu	attendr**ais**	vous	attendr**iez**
il/elle/on	attendr**ait**	ils/elles	attendr**aient**

● A number of verbs have irregular stems in the conditional:

aller	**ir-**	j'irais
avoir	**aur-**	j'aurais
savoir	**saur-**	je saurais
être	**ser-**	je serais
faire	**fer-**	je ferais

Irregular stems in -rr:

pouvoir	**pourr-**	je pourrais
envoyer	**enverr-**	j'enverrais

We chose not to include *courir, mourir,* and *il pleut,* but you may want to add them to the list: *je courrai, je mourrai, il pleuvra.*

Irregular stems in -dr:

falloir (il faut; *it is necessary*)	**faudr-**	il faudrait
tenir	**tiendr-**	je tiendrais
venir	**viendr-**	je viendrais
vouloir	**voudr-**	je voudrais

Many verbs which have an irregular conjugation in the present tense have regular formation in the conditional: *partir, je partirais; prendre, je prendrais; suivre, je suivrais; dire, je dirais; boire, je boirais; mettre, je mettrais; connaître, je connaîtrais;* etc.

Irregular stems in -vr:

devoir	**devr-**	je devrais

À votre tour

You may want to start with simple mechanical drills, re-using the *Structure* examples: *J'achète une voiture; Vous avez intérêt à avoir une voiture; Pouvez-vous m'indiquer la bibliothèque; Je vous conseille de ne pas habiter sur le campus; Je veux vous rappeler de ne pas oublier; Vous avez tort; Je préfère payer ma part; Qu'est-ce qu'ils changent?* Add some irregular verbs: *Je vais en voyage; Je sais choisir mes amis; Il est content; Nous ferons les devoirs; Tu envoies des lettres; Il faut avoir un vélo; Je tiens à sortir le soir; Ils viennent demain; Tu dois profiter du séjour.*

10–31 Très (peut-être trop) poli! À tour de rôle avec votre partenaire, reformulez les questions ci-dessous de façon très polie.

MODÈLE: É1: Allez-vous à la fête?

　　　　　É2: Iriez-vous à la fête?

1. Trouves-tu l'adresse de la fac?
2. Voulez-vous changer de place avec moi?
3. As-tu 20 euros à me prêter?
4. Peux-tu me rendre un petit service?
5. Venez-vous demain soir?
6. Devons-nous avoir une autre réunion?
7. Faut-il savoir jouer au tennis?
8. Êtes-vous d'accord pour sortir ce soir?
9. Hésites-tu à prendre la parole?
10. Avons-nous tort (*are we wrong*) de ne pas faire cet effort?

10–32 Once advice has been offered, you may ask students to suggest other subjects for the sentence. *Je sortirais en groupe, Nous? Nous sortirions en groupe. Vous? Vous sortiriez en groupe,* etc.

10–32 À votre place. Dans votre groupe, certaines personnes ne sont pas satisfaites de leur situation. Indiquez quelle serait votre solution.

MODÈLE: É1: Je déteste les sorties en couples. (sortir en groupe)

　　　　　É2: À ta place, je sortirais en groupe.

1. Je grossis. (faire du sport)

2. Je m'ennuie en classe. (prendre la parole)

3. J'aime le sport. (faire partie d'une équipe)

4. Je ne peux pas faire d'économies. (vendre la voiture)

5. Je ne parle pas bien français. (aller dans un pays francophone)

6. Je suis trop isolé(e). (avoir une voiture)

7. J'ai de mauvais résultats. (obtenir de l'aide)

8. Le bus est toujours en retard. (venir à vélo)

10–33 Ah! si on pouvait! *(Oh! if one only could)!* Vous et votre partenaire rêvez un peu: si les circonstances étaient différentes, que feriez-vous? Utilisez des sujets différents pour vous exprimer.

MODÈLE: avoir un ordinateur / faire les devoirs plus vite

> É1: Si on avait un ordinateur, on ferait les devoirs plus vite.
>
> *ou:* Si nous avions un ordinateur, nous ferions les devoirs plus vite.
>
> *ou:* Si j'avais un ordinateur, je ferais les devoirs plus vite.

1. avoir le temps / faire du sport

2. mes copains être présents / nous / nous amuser

3. les profs faire moins de conférences / le dialogue / être possible

4. aller plus souvent au gymnase / pouvoir rester en forme

5. savoir taper (*type*) / ne … pas écrire mes devoirs à la main

6. faire un effort / avoir de meilleurs résultats

7. faire des économies / acheter une voiture

8. pouvoir / vouloir habiter sur le campus

9. être meilleur / faire des compétitions sportives

10. avoir de l'argent / il faut faire une très grande fête

10–34 Prenez la parole. Avec votre partenaire, imaginez l'établissement idéal pour y faire des études. Vous pourriez d'abord considérer les points suivants. Puis ajoutez une phrase personnelle.

MODÈLE: Mon université serait à la montagne. Il n'y aurait pas de cours le matin. Le matin, nous irions faire du ski ou des randonnées. Il y aurait des cinémas pas chers. On serait heureux…

1. Le cadre: Au centre-ville? À la campagne? Près d'une plage?

2. Les horaires: Combien de jours de travail? De jours de vacances? D'heures des cours?

3. Les profs: sympas? Des profs-copains? Des ordinateurs à la place des profs?

4. La vie collective: Des cafés sympas tout près? Des installations sportives? Du cinéma et des concerts gratuits? De vrais restaurants?

5. L'atmosphère en général: Être heureux/se? Être en forme? Apprendre beaucoup?

En direct

Des opinions prises sur le vif *(on-the-spot).* Listen as three French students describe their fields of study, their life in general, and their plans for the future. Then, complete the chart below, including as many details as possible.

En conclusion, résumez vos notes et donnez un commentaire sur la personne de votre choix.

	Éric Roy	**Julie Pons**	**Serge Mallet**
Spécialisation:	ingénieur	études de sociologie	droit international
Degré de satisfaction:	assez satisfait	heureuse mais fatiguée	tout va mal
Futurs projets:	trouver du travail	travailler dans un lycée	être avocat en Italie

Phonétique

La consonne [r]

- The two consonant sounds represented in both French and English by the letter **r** differ markedly from each other.

- In standard English, this consonant is produced with the tip of the tongue curled back. In French, the [r] is formed with the back of the tongue raised toward the roof of the mouth, as in the production of [k] and [g]. The only difference is that the air flow is not completely blocked as it is in the formation of [k] and [g]. The characteristic French [r] sound results from the friction caused by this restriction of the air flow. The tip of the tongue must touch the back of the lower front teeth in order to maintain the raised back position necessary to produce a French [r].

- Remember that final written **-r** is never pronounced in the infinitive ending **-er** and usually not in nouns or adjectives with that ending: **parler, aller, un boucher, un cahier, premier.** The adjective **cher/chère** *(dear)*, however, is a notable exception.

A. Écoutez et répétez.

1. pour, cours, car, jour, voiture, histoire, plaisir, acteur
2. carottes, arranger, autorité, dirait, feraient, diriger
3. personne, confortable, appartement, journée, sportif, dormir
4. trois, amphithéâtre, premier, droit, grand, microphone, froid
5. rue, rôle, restaurant, rare, rond, raconter, raison, riz
6. Leurs séjours et leurs expériences varient, bien sûr.

7. C'est trop isolé du reste de la rue.
8. C'est sûr, si c'était à refaire j'achèterais une voiture.
9. Les voitures ne sont pas chères.
10. Vous auriez tort de ne pas faire cet effort.
11. Je vous conseillerais fortement d'apprendre.
12. Il faudrait sûrement prendre la parole.
13. Ça devrait toujours être vrai.
14. Je voudrais dire pourquoi je sors ce soir.
15. Je préférerais toujours payer ma part.

CULTURES EN PARALLÈLES

Les études supérieures en France

Observer

Dans ce chapitre, vous avez d'abord considéré les études supérieures dans votre pays. Puis les **Contextes** et les notes culturelles vous ont permis de connaître d'une façon générale le système français et la vie des étudiants français.

Bien sûr, le système français change. Considérez les changements récents étudiés par l'INSEE (Institut National des Sciences Économiques de Statistiques).

Enseigner la voile aux jeunes est un job d'été agréable.

Aujourd'hui un tiers° des étudiants ont une activité rémunérée° au cours de l'année:

°third
°paid

Les plus jeunes trouvent des petits jobs d'été. Mais après 25 ans, un étudiant sur deux a un emploi pendant toute l'année. Sur ce point, la situation a beaucoup changé. Dans le passé il était très difficile de trouver un emploi quand on était étudiant.

Succès des Staps (Sciences et techniques des activités physiques et sportives):

C'est presque une révolution dans le cursus universitaire! Les Sciences et techniques des activités physiques et sportives sont des matières récentes dans le cursus universitaire mais elles ont du succès! En 1994, ils étaient 15 637 étudiants en Staps. En 2000, ils étaient 45.165. Les Français se mettent en masse à l'exercice physique et il y a besoin de professionnels pour les aider. Mais attention: la compétition est féroce!

°*increase*

La hausse° du niveau de formation: La durée des études a doublé en cinquante ans:

On remarque depuis 1990 une prolongation de la scolarité. Par exemple, presque 80% des jeunes ont leur bac aujourd'hui (contre 4% en 1946) et peuvent continuer des études supérieures. Il y a plus de filles diplômées que de garçons.

Les langues étrangères en France: Apprendre, c'est bien; pratiquer, c'est mieux:

Pour maîtriser une langue étrangère, les études académiques restent une bonne préparation mais elles ne suffisent plus. Pour pouvoir pratiquer une langue, il est devenu indispensable de passer du temps dans le pays concerné. Le séjour linguistique est devenu une vraie nécessité! Les employeurs sont très exigeants° et leurs futurs employés doivent pouvoir utiliser les langues étrangères dans leur travail.

°*demanding*

Réfléchir

Comparez ces courants aux courants qui existent dans votre société. Est-ce qu'ils sont semblables? Différents? Comment?

Voyage en francophonie

Faites un résumé de la situation de l'enseignement supérieur dans votre pays adoptif: Qui y a accès? Comment y a-t-on accès? Est-il gratuit? Payant? Public? Privé? Quelles sont les conséquences pour les jeunes de votre pays? Partagez vos découvertes avec vos camarades.

Pour trouver un modèle, allez sur le site Web de *Parallèles* pour le Chapitre 10.

La richesse de l'histoire et de la culture marocaines est le fruit d'une coopération entre Musulmans, Juifs, Arabes, Berbères, Espagnols, Portugais et Français. Aujourd'hui seize universités marocaines encouragent cette culture de tolérance.

DÉCOUVERTES

À vous la parole

Jeu de rôle

Un(e) étudiant(e) francophone (votre partenaire) qui va faire des études dans votre université vous pose des questions.

1. Trouvez des phrases pour commencer la conversation.
2. Préparez une question et une réponse sur chaque sujet ci-dessous:
   - le campus (location, nombre d'étudiants, bâtiments, installations)
   - les différentes facultés
   - les professeurs
   - le travail demandé (devoirs, exposés, mémoires, examens)
   - les activités extra-scolaires
3. Préparez une remarque générale pour terminer votre conversation. Par exemple: C'est une petite université. Mais il y a un excellent programme de musique.
4. Maintenant, créez et pratiquez votre conversation. Initiez-la, puis posez vos questions à votre partenaire qui y répondra. Finissez la conversation avec votre remarque générale.
5. Jouez votre conversation devant vos camarades.

MODÈLE: É1: Bonjour! Je m'appelle Monica. Je suis de Rabat, au Maroc. Tu as du temps pour moi? J'ai beaucoup de questions!

É2: Bien sûr! Je t'écoute!

É1: Il y a combien d'étudiants ici?

É2: Il y a 4.000 étudiants ici.

É1: Est-ce qu'il y a une fac de médecine?

É2: Non. Mais il y a des cours préparatoires…

Lecture

Mémoires d'une jeune fille rangée

Travaux d'approche. Simone de Beauvoir (1908–1986) a reçu une éducation bourgeoise, conformiste et religieuse. Ses parents étaient stricts et traditionnels. À la recherche de la liberté, Simone l'a trouvée d'abord dans les études. Étudiante de philosophie à la Sorbonne, elle y a rencontré Jean-Paul Sartre[1] qui devient le compagnon de sa vie.

Simone a été professeur une quinzaine d'années, puis elle a eu une carrière littéraire prolifique. Philosophe, essayiste, romancière et dramaturge, elle a dominé la littérature féminine de son temps. Elle a lutté (*fought*) avec passion pour la libération de la femme et son livre *Le Second Sexe* est devenu une «bible» du mouvement féministe mondial.

[1]*Jean-Paul Sartre (1905–1986): the existentialist philosopher, essayist, drama and fiction writer.*

La page ci-dessous vient de son roman autobiographique *Mémoires d'une jeune fille rangée* (1958). Elle commence au moment où Simone a décidé de préparer l'agrégation de philosophie[2]. Pendant votre lecture, trouvez des exemples précis qui montrent que, pour Simone, faire des études est une libération et le commencement d'une aventure qui va donner un sens à sa vie.

°escaped / °in which I had been trapped

°meaning / °led me
°apprenticeship

Cette rentrée ne ressembla pas aux autres. En décidant de préparer le concours, je m'étais enfin évadée° du labyrinthe dans lequel je tournoyais° depuis trois ans: je m'étais mise en marche vers l'avenir. Toutes mes journées avaient désormais un sens°: elles m'acheminaient° vers une libération définitive…. J'avais l'impression qu'après un pénible apprentissage° ma véritable vie commençait….

°a sort of pork pâté
°found shelter

En octobre, la Sorbonne fermée, je passai mes journées à la bibliothèque nationale. J'avais obtenu de ne pas rentrer déjeuner à la maison: j'achetais du pain, des rillettes° et je les mangeais dans les jardins du Palais-Royal, en regardant mourir les dernières roses. […] S'il [pleuvait], je m'abritais° dans un café […] je me réjouissais d'échapper au cérémonial des repas en famille […] Je regagnais la Bibliothèque; j'étudiais la théorie de la relativité et je me

°took my place
°environment

passionnais. De temps en temps je regardais les autres lecteurs, et je me carrais° avec satisfaction parmi des érudits, ces savants, ces chercheurs, j'étais à ma place. Je ne me sentais plus rejetée par mon milieu°: c'était moi qui l'avais quitté…. Moi aussi je participais à l'effort que fait l'humanité pour savoir comprendre, s'exprimer: j'étais engagée dans une grande entreprise collective et j'échappais à jamais à la solitude. Quelle victoire. […] À six heures moins le quart, la voix du gardien annonçait avec solennité: «Messieurs – on va – bientôt – fermer.». C'était chaque fois une surprise, au sortir des livres, de retrouver les magasins, les lumières, les passants.

Simone de Beauvoir. *Mémoires d'une jeune fille rangée.* © Éditions Gallimard.

[2]L'agrégation de philosophie: *a competitive exam through which the French teaching elite is recruited.*

Exploration

Relevez dans le texte les mots et expressions qui illustrent chez Simone: (1) la libération des obligations familiales; (2) la passion d'apprendre; (3) la joie de trouver sa vraie famille et son vrai milieu.

Réflexion

1. Quel titre donneriez-vous à cet extrait? Pourquoi?
2. Pour Simone de Beauvoir, la passion pour les études a orienté et changé sa vie. À votre avis, est-ce que ce sont simplement les études qui ont changé sa vie? Y a-t-il aussi d'autres éléments personnels? Expliquez.

À vos stylos

Petite annonce publicitaire

1. Étudiez l'annonce présentée. Inspirez-vous de cette annonce pour écrire un texte publicitaire au sujet de votre université ou de votre collège, ou simplement au sujet de votre département. Remarquez la brièveté (*brevity*) du texte publicitaire et sa présentation très visuelle.

Département Information et Communication

La communication

est

essentielle pour réussir demain.

Aujourd'hui
nous vous proposons

☐ Une équipe de créateurs, de professionnels et d'universitaires.

☐ Des moyens techniques très modernes.

☐ De petits groupes de travail.

☐ Des stages en entreprises.

N'attendez pas. Contactez-nous!

IUT
Ville Nouvelle 59310
Tel 20 76 52 81

2. Prenez des notes et, pour organiser vos idées, remplissez la grille ci-dessous.

Nom du département:
Le programme spécial:
Les avantages offerts (au moins deux):
Comment contacter l'Université/le Département:

Parallèles historiques You may ask these true/false questions:

Les Romains avaient des écoles dans ce quartier.

Il y a eu des cours sans interruption à la Sorbonne depuis 1257.

La Sorbonne est un centre de savoir mais aussi un symbole de la vie intellectuelle.

3. Maintenant, transformez vos notes en phrases courtes pour attirer (*attract*) l'attention de votre lecteur.
4. Trouvez un slogan frappant (*catchy*) pour les phrases d'introduction et de conclusion.
5. Présentez votre annonce au reste de la classe.

Parallèles historiques
La Sorbonne et le Quartier latin

En 1257, Robert de Sorbon, un théologien, a fondé un collège pour permettre aux étudiants pauvres d'avoir accès à l'enseignement, un enseignement donné en latin, bien sûr! Voilà pourquoi le quartier de la Sorbonne est appelé le Quartier latin: c'est le quartier où l'on parlait latin.

Le collège de la Sorbonne est vite devenu un grand centre d'études théologiques. Des controverses célèbres marquent l'histoire de la Sorbonne jusqu'en 1790, quand les révolutionnaires la suppriment. Quelques années plus tard—en 1808—Napoléon a attribué ses bâtiments à l'Université, une institution récemment créée par lui.

La Sorbonne occupe toujours une place spéciale dans la vie intellectuelle française. Centre de savoir et d'échanges, c'est aussi aujourd'hui un lieu symbolique de rassemblement. Les étudiants se réunissent toujours là— notamment en 1968 et en 1986—pour faire entendre au gouvernement et au reste du pays leurs protestations et leurs désirs.

 Maintenant, je sais...

 À l'écran

Que disent vos amis francophones? N'oubliez pas de regarder la vidéo!

Qu'avez-vous appris dans ce chapitre? Comment l'avez-vous appris? Vérifiez vos connaissances sur chaque sujet et donnez des exemples précis.

Expliquez l'organisation de l'enseignement supérieur en France:

1. Comment a-t-on accès à l'enseignement supérieur?
2. Quelles sont les formalités d'inscription?
3. Parlez de la vie étudiante: vie académique, vie collective, petits et grands problèmes.
4. Quelle est la différence entre l'université et une Grande École?
5. Quelles différences avez-vous remarquées entre un campus nord-américain et une université française?
6. Quelle est la place des étudiants étrangers à l'université? Sont-ils les bienvenus?
7. Les étudiants s'engagent-ils dans l'action politique? Quelles causes les intéressent le plus?
8. Mentionnez quels courants vont influencer l'université de demain.

Tous les mots

Expressions

ça devrait être	*it should be*
ça me semble + adjective	*it appears… to me*
Ça sert à rien!	*It does not help any!*
	It's to no avail!
comme ça	*this way, like this*
de mon temps	*in my day*
debout	*standing up*
déjà	*already*
dès maintenant	*starting now*
en personne	*in person*
immédiatement	*immediately*
je préférerais	*I would prefer*
même	*same*
mieux	*best*
presque	*almost*
des tonnes de (familiar)	*lots of, tons of*
volontiers	*willingly, gladly*
y	*there*

Verbes

s'arrêter	*to stop*
avoir accès	*to have access*
avoir intérêt à	*to be in one's best interests to*
comparer	*to compare*
consulter	*to consult*
dépendre	*to depend*
dire	*to say, to tell*
dire un mot	*to say a word*
distribuer	*to distribute*
écrire	*to write*
emprunter	*to borrow*
envoyer	*to send*
faire des économies	*to save money*
garder son indépendance	*to keep one's independence*
imposer	*to impose, to force*
indiquer	*to indicate*
inscrire	*to enroll someone*
s'inscrire	*to register*
lire	*to read*
louer	*to rent*
marcher	*(here) to work, to function*
participer à	*to take part in, to participate*
payer	*to pay*
poser une question	*to ask a question*
prêter	*to loan*
protester	*to protest*
refaire	*to do again*
se renseigner sur	*to gather information (on a topic)*
repartir	*to leave again for (a destination)*
se spécialiser (en)	*to major (in)*
varier	*to vary*

Noms

un amphithéâtre (amphi)	*amphitheater, auditorium*
l'art dramatique (m)	*drama*
une assurance médicale	*health insurance*
l'autorité (f)	*authority*
une bande de copains	*a group of friends*
un boulot (familiar)	*job*
une bourse	*scholarship*
le cadre	*setting*
un calcul	*calculation*
une carte de crédit	*credit card*
un choix	*choice*
un chèque	*check*
une conférence	*lecture*
un conseiller académique	*adviser*
un cours magistral	*lecture course*
un diplôme	*diploma, degree*

une discipline	*discipline, academic subject*
l'enseignement supérieur	*higher education*
une équipe	*team*
un établissement	*institution*
un exposé	*oral report*
une faculté	*college (of law, arts, etc.)*
le financement	*financing*
les frais (m) de scolarité	*tuition fees*
un horaire	*timetable; schedule*
un lecteur, une lectrice	*graduate teaching assistant*
le livret de l'étudiant	*student handbook*
un mémoire	*written report*
un micro(phone)	*microphone*
une organisation	*organization*
un réflexe	*reflex*
une résidence universitaire	*dormitory*
une scène	*scène*
un semestre	*semester*
un séjour	*stay*
un souci	*worry*
un tableau d'affichage	*bulletin board*
une tenue de sports	*sport clothes*
un tract	*leaflet; advertisement*
le travail à temps partiel	*part-time work*
des travaux (m) pratiques (TP, sciences)	*practicum, lab sessions*
des travaux (m) dirigés (TD, lettres et sciences humaines)	*practicum, lab sessions*
la vie collective	*social life*

Les disciplines

l'anatomie (f)	*anatomy*
l'architecture (f)	*architecture*
les arts (m) plastiques	*plastic arts*
la biologie	*biology*
la chimie	*chemistry*

la communication	*communications*
le dessin	*drawing*
le droit	*law*
le droit international	*international law*
la géograhie	*geography*
la gestion	*management*
l'histoire (f)	*history*
l'histoire (f) de l'art	*art history*
l'informatique (f)	*computer science*
la littérature	*literature*
la musique	*music*
la peinture	*painting*
la philosophie	*philosophy*
la physique	*physics*
la psychologie	*psychology*
les sciences économiques (f)	*economics*
les sciences politiques (f)	*political science*
la sculpture	*sculpture*
la sociologie	*sociology*
les statistiques (f)	*statistics*

Les langues

l'arabe	*Arabic*
l'allemand	*German*
l'anglais	*English*
le chinois	*Chinese*
l'espagnol	*Spanish*
le grec	*Greek*
le japonais	*Japanese*
le latin	*Latin*
le russe	*Russian*

Adjectifs

anonyme	*anonymous*
centralisé	*centralized*
gratuit	*free*

11

Les décisions de la vie active

CULTURES EN PARALLÈLES

Tant de décisions!

ÉTAPE 1

CONTEXTE Le choix d'un métier

STRUCTURE Les pronoms interrogatifs

ÉTAPE 2

CONTEXTE Offres d'emplois

STRUCTURE Le pronom interrogatif **lequel**

ÉTAPE 3

CONTEXTE Le monde du travail

STRUCTURE Les verbes **croire** et **voir**

ÉTAPE 4

CONTEXTE Quelle garde-robe pour un entretien professionnel?

STRUCTURE Le présent du subjonctif: verbes réguliers; les expressions impersonnelles d'obligation

CULTURES EN PARALLÈLES

L'âge des décisions

DÉCOUVERTES

◄ Mariage, emploi, famille: il y a tant de décisions à prendre!

Tant de décisions!

Òù allez-vous travailler?

Sans doute vous allez bientôt prendre des décisions personnelles importantes: choix d'un partenaire, mariage, achat (*purchase*) d'un logement, enfants. Vous allez aussi probablement prendre au même moment des décisions professionnelles: choix d'un premier poste, d'une carrière, d'un lieu de résidence. Votre personnalité, vos goûts (*tastes*), votre éducation vont influencer vos décisions.

You may want to show the list of factors affecting the choice of a profession (IRCD Image T11–02).

1. Réfléchissez aux décisions professionnelles que vous allez prendre. Puis, dans la liste ci-dessous, classez par ordre d'importance cinq éléments qui vont influencer votre choix.

___ les avantages sociaux

___ les conditions de travail

___ les congés

___ le contact avec le public

___ un patron sympathique

___ la possibilité d'initiatives personnelles

___ la possibilité de voyager

___ le prestige social

___ la possibilité de promotion rapide

___ un salaire avantageux

___ la sécurité de l'emploi

___ la souplesse (*flexibility*) des horaires

___ le travail d'équipe

___ l'occasion de contribuer à la société

___ la possibilité de continuer votre éducation

___ l'occasion de servir votre pays

2. Maintenant analysez vos résultats: Quelles priorités sont évidentes? Par exemple, est-ce l'ambition? l'argent? la souplesse des horaires? le désir de stabilité? le désir de servir les autres?

You may want to compile on the board the results of all the groups in order to get a list that will represent the entire class.

3. Comparez vos résultats en petits groupes. Est-ce que vous avez tous les mêmes priorités? Pouvez-vous établir un profil de votre groupe? Est-ce que les priorités des étudiant(e)s dans votre groupe sont typiques de votre génération?

LE MOT JUSTE

Expressions	**Noms**	un logement *lodging, housing*
bientôt *soon*	les avantages sociaux (m pl)	le mariage *marriage*
probablement *probably*	*benefits*	un patron, une patronne *boss*
	une carrière *career*	un poste (here) *job*
Verbes	un congé *vacation*	un salaire *salary*
prendre une décision *to make a*	un emploi *employment*	la sécurité *safety, security*
decision	l'initiative (f) *initiative*	la stabilité *stability*
	le lieu de résidence *place of*	
	residence	

CONTEXTE

Le choix d'un métier

You may start with some comments about the photos. *Qui est photographié ici? Un homme ou une femme? Qu'est-ce qu'elle fait? Elle est quoi? Soudeur? Est-ce que les femmes sont souvent soudeurs? Pourquoi est-elle soudeur?*

Le journaliste Philippe Giraud interviewe des jeunes: Comment ont-ils choisi leur métier?

Colette Moulin

Qu'est ce que vous avez fait comme études?

Après mon bac, j'ai trouvé du travail comme vendeuse dans un magasin de disques. Je n'avais pas de diplôme, j'aimais la musique, le contact avec les jeunes… mais j'avais aussi un salaire ridicule. Alors, j'ai cherché un autre emploi.

Qu'est-ce que vous avez trouvé?

Et bien, je suis devenue serveuse dans un restaurant. Le travail était très fatigant et le salaire n'était pas supérieur à mon salaire de vendeuse. Mais j'ai fait une rencontre intéressante.

Qui est-ce que vous avez rencontré?

Charles, un client, m'a parlé d'une formation de soudeur qu'il allait suivre. Ça m'a tentée, et j'ai décidé de faire ça moi aussi, même si j'avais un peu peur.

De quoi aviez-vous peur?

J'avais peur de ne pas réussir, et j'avais peur de travailler dans un milieu masculin.

Qu'est-ce qui vous a décidé?

D'abord, c'est la perspective d'un bon salaire. Et puis les encouragements de mes amis.

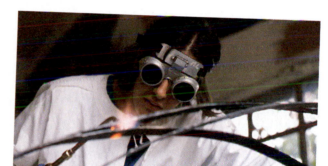

Qui est derrière ces grosses lunettes? C'est Colette Moulin, soudeur.

Cherchons la réponse dans le texte. Comment est-ce qu'elle est devenue soudeur? Qui l'a influencée? Et ici? Qui est-ce? Qu'est-ce qu'il fait? Pourquoi est-ce qu'il a choisi cette profession? Qui l'a influencé? Est-ce que c'est une profession qui vous attire? Est-ce que vous aimez les chiffres?

Then, you may assign small groups to answer the questions in Ex. 11–1.

If you think it may be useful, you may add that question words are (again) the focus. Remind students that they already know how to ask *Qui est-ce?* Also, point out that all expressions that start with an initial *Qui* refer to people. You may ask what expression they have learned to ask "What is this?" (*Qu'est-ce que c'est?*) and point out that all expressions that start with an initial *Que* refer to things or events.

To facilitate the presentation, you may wish to show the *Contexte* (IRCD Image T11–02).

É T A P E

1

2
3
4

Meddi Ben Belaïd est fier de sa situation de comptable dans une petite entreprise.

L'IUT = Institut Universitaire de Technologie. In two years, students can get a degree that will allow them either to start working immediately or to register in engineering or business schools. *IUTs* have become very successful in attracting students and are now extremely selective.

Meddi Ben Belaïd

Qu'est ce que vous avez fait comme études?

Eh bien, après le bac, je suis entré à l'IUT. Je voulais pouvoir trouver du travail rapidement. J'ai choisi la comptabilité parce que j'ai toujours aimé les chiffres. En fait, quand j'étais adolescent j'ai pris la responsabilité des finances familiales.

À qui est-ce que vous avez demandé des conseils?

Le père de mon meilleur copain était le trésorier du club de foot. Un jour je lui ai offert de l'aider et il a trouvé que je me débrouillais bien. Il m'a encouragé à continuer.

Qu'est-ce qui a été le plus difficile?

Sans hésiter, l'entretien avec mon futur employeur! Je voulais faire une bonne impression mais j'étais très nerveux. Il y avait beaucoup d'autres candidats!

Qu'est-ce que vous conseillez aux jeunes d'aujourd'hui?

Je leur conseille de ne pas perdre courage: Si on persévère on a des chances de trouver du boulot!

De quoi rêvez-vous pour l'avenir *(future)***?**

J'aimerais trouver le temps de préparer un diplôme d'expert-comptable (*C.P.A.*).

Est-ce évident?

La population active[1] en France

Dans les années 50, l'immigration contribue beaucoup à la croissance[2] de la population active en France (Chapitre 5, Est-ce évident? page 178). Vers 1965, les femmes sont entrées dans le monde du travail. Elles sont aujourd'hui 48% de la population active et leur nombre continue à augmenter. Depuis cette époque, les professions elles-mêmes ont beaucoup changé:

- Les agriculteurs représentent maintenant seulement 4% de la population active.
- Le nombre des ouvriers[3] a beaucoup diminué (26% des actifs aujourd'hui contre[4] 45% en 1962).
- Les employés et les membres des professions intermédiaires[5] comptent pour la moitié[6] de la population active.
- Le nombre des cadres[7] et «professions intellectuelles supérieures» (professeurs; professions de l'informatique, des arts et du spectacle; ingénieurs et cadres techniques; professions de la santé) montre une forte augmentation.

Les professions du domaine tertiaire (service) continuent à se développer.

- Dans votre pays, le marché du travail a-t-il évolué de la même façon? D'une façon différente? Expliquez vos remarques.

[1] people who either are working or looking for work   [2] growth   [3] blue-collar workers   [4] as opposed to   [5] middle management   [6] half   [7] executives

LE MOT JUSTE

Expression

faire une bonne impression
to make a good impression

Verbes

avoir peur   *to be afraid*
se débrouiller   *to manage*
demander   *to ask*
persévérer   *to persevere*
suivre une formation   *to receive*
 training
tenter   *to tempt*

Noms

un candidat, une candidate
 candidate
un chiffre   *number*
un client, une cliente   *customer*
la comptabilité   *accounting*
un/une comptable   *accountant*
un conseil   *piece of advice*
un entretien   *interview*
les finances (f)   *finances*
un métier   *job, trade, craft*
le milieu social   *environment*

un serveur, une serveuse   *waiter,*
 waitress
un soudeur   *welder*
un trésorier   *treasurer*
un vendeur, une vendeuse
 salesclerk

Adjectif

fier (fière) de   *proud of*

À votre tour

11–1 Avez-vous compris? Identifiez la personne (ou les personnes) en question et donnez les détails appropriés.

MODÈLE: É1: Qui aime la musique?
 É2: Colette aime la musique. Elle a travaillé dans un magasin de disques.

1. Qui aime les chiffres?
2. Qui a fait une rencontre importante pour son choix de carrière?
3. Qui a fait des études?
4. Qui a envie de continuer des études?
5. Qui parle de salaire et d'argent?
6. Qui a des conseils pour les jeunes?
7. Qu'est-ce qui a été difficile pour Colette?
8. Qu'est-ce qui a été difficile pour Meddi?

11–1 As students work on this exercise, you may wish to show the *Contexte* (IRCD Image T11–02).

11–2 Expériences et espoirs. À tour de rôle, choisissez quatre des questions suivantes et posez-les dans votre petit groupe. Plus tard, partagez les réponses avec le reste de la classe.

MODÈLE: É1: Qui a aidé un club de foot?
 É2: C'est Meddi. Il a aidé le trésorier du club.

1. Qui a travaillé comme vendeur/vendeuse? Dans quel magasin? Quels étaient les avantages ou inconvénients?
2. Qui a travaillé dans un restaurant ou dans un fast-food? Quels étaient les avantages ou inconvénients?
3. Qui aime les chiffres? Qu'est-ce qu'il/elle fait très jeune?
4. Qui aime le contact avec les jeunes?
5. Qui voudrait être soudeur? Pourquoi oui? Pourquoi non?
6. Qui a eu une influence sur le choix de votre carrière?

👥 **11–3 L'expérience du travail.** Votre partenaire est étudiant(e) comme vous. Demandez-lui:

- s'il/si elle a déjà travaillé
- s'il/si elle travaille maintenant (où? avec qui?)
- pourquoi il/elle a décidé de travailler ou de ne pas travailler
- s'il/si elle travaille, quels sont les avantages et les inconvénients de son travail

STRUCTURE

Les pronoms interrogatifs

Interrogative pronouns enable you to ask the identity of a person (*Who?* or *Whom?*) or to identify a thing or fact (*What?*).

Questions about people

- **Qui** is used to ask *Who?*

  —**Colette** travaille comme soudeur.   —*Colette works as a welder.*
  —Pardon? **Qui travaille** comme soudeur?   —*Pardon me? Who works as a welder?*

  —**Meddi** adore les chiffres.   —*Meddi loves to work with numbers.*
  —Pardon? **Qui** adore les chiffres?   —*Pardon me? Who loves to work with numbers?*

Note that the final **-i** of **qui** is never elided:

  Qui est soudeur?   *Who is a welder?*

- **Qui est-ce que** is usually used when you are asking who is affected by the action of the verb.

  —Colette a rencontré **un client intéressant**.   —*Colette met an interesting client.*
  —**Qui est-ce que** Colette a rencontré?   —*Whom did Colette meet?*

  —Le journaliste a interviewé **un soudeur et un comptable**.   —*The journalist interviewed a welder and an accountant.*
  —Pardon? **Qui est-ce que** le journaliste a interviewé?   —*Pardon me? Whom did the journalist interview?*

Note that **Qui est-ce que** must be preceded by the preposition required by certain verbs:

Of course the pattern *qui* + *est-ce que* + normal word order can be replaced by the pattern of *qui* + inverted word order presented in Chapitre 2, p. 27. You may choose to draw students' attention to this point.

  —Le journaliste a parlé **avec Colette**.   —*The journalist spoke with Colette.*
  —**Avec qui est-ce que** le journaliste a parlé?   —*With whom did the journalist speak?*

  —Meddi a demandé des conseils **au père de son copain**.   —*Meddi went to his friend's father for advice.*
  —**À qui est-ce que** Meddi a demandé des conseils?   —*To whom did Meddi go for advice?*

—Le métier de soudeur est réservé **aux hommes**.

—*A welding job is reserved for men.*

—**À qui est-ce que** le métier de soudeur est réservé?

—*For whom is a welding job reserved?*

—Meddi a reçu les encouragements **de ses amis**.

—*Meddi received encouragement from his friends.*

—**De qui est-ce que** Meddi a reçu les encouragements?

—*By whom was Meddi encouraged?*

Questions about things

● **Qu'est-ce qui** is used to ask *what?* when *what* is the subject of a question. In other words, **qu'est-ce qui** asks what is responsible for an action or has a particular characteristic.

—**Son succès** fait sourire cet homme.

—*Success makes this man smile.*

—Pardon? **Qu'est ce qui** fait sourire cet homme?

—*Pardon me? What makes this man smile?*

—**Cet entretien** a été difficile.

—*This interview was difficult.*

—Pardon? **Qu'est-ce qui** a été difficile?

—*Pardon me? What was difficult?*

● **Qu'est-ce que** is used to ask *what?* when *what* is the direct object of a question. In other words, **qu'est-ce que** asks what is affected by the action.

—J'ai cherché **un autre emploi**.

—*I looked for another job.*

—**Qu'est-ce que** vous avez trouvé?

—*And what did you find?*

—**Qu'est-ce que** vous conseillez aux jeunes?

—*What do you advise young people (to do)?*

—Je conseille aux jeunes de ne pas perdre courage.

—*I advise young people not to get discouraged.*

—**Qu'est-ce que** vous faites dans la vie?

—*What do you do?*

—Je suis comptable.

—*I am an accountant.*

● After prepositions, use **quoi** instead of **qu'est-ce que** when referring to things.

You may want to mention the use of *Quoi?* by itself to ask "What"?

—De **quoi est-ce que** vous aviez peur?

—*What were you afraid of?*

—J'avais peur **de ne pas réussir**.

—*I was afraid of not succeeding.*

—De **quoi** rêvez-vous pour l'avenir?

—*What do you dream about for the future?*

—Je rêve **de continuer mes études**.

—*I dream about pursuing my studies.*

● Here is summary of these interrogative pronouns:

	Persons (who?/whom?)	Things, actions, ideas (what?)
SUBJECT	qui	qu'est-ce qui
DIRECT OBJECT	qui est-ce qu(e)	qu'est-ce qu(e)
AFTER A PREPOSITION	*preposition* + qui + est-ce qu(e)	*preposition* + quoi + est-ce qu(e)

À votre tour

You may want to start with purely mechanical drills, asking students whether the question word was *qui* or *qu'est-ce qui* when the answer starts with the following: *un métier, un ami, le père de Colette, le salaire, le journaliste, les chiffres, un comptable, la comptabilité, un client…*

11–4 Pardon? Quelle était la question? Avec un partenaire, imaginez quelles questions (**Qui?** or **Qu'est-ce qui?**) ont causé les réponses en italiques.

MODÈLES: É1: *Philippe Giraud* est un bon journaliste.

   É2: **Qui** est un bon journaliste?

ou: É1: *Le club de foot* a une excellente organisation.

   É2: **Qu'est-ce qui** a une excellente organisation?

1. *Colette* est capable de faire un métier non traditionnel.
2. *Le sourire* (smile) *de Meddi* fait toujours bonne impression.
3. *Meddi* a dû persévérer.
4. *Le métier de Colette* pique (*stimulates*) la curiosité des gens.
5. *Colette* s'est bien sortie de ses problèmes financiers.
6. *Le père d'un copain* s'est occupé de (*took care of*) Meddi.
7. *De grosses lunettes* cachent (*hide*) le visage de Colette.
8. *Meddi* se débrouille bien.
9. *Le chômage* (*unemployment*) reste un problème pour les jeunes.
10. *Préparer un nouveau diplôme* tente Meddi.

11–5 Quelles priorités a-t-on? Vous avez entendu les remarques suivantes, mais… vous ne faisiez pas attention! Posez la question (**Qu'est-ce qui?** ou **Qu'est-ce que?**) pour entendre à nouveau les réponses en italiques.

MODÈLES: É1: *Avoir un diplôme* compte beaucoup.

   É2: Pardon? **Qu'est-ce qui** compte beaucoup?

ou: É1: Certains préfèrent *un travail manuel*.

   É2: **Qu'est-ce que** certains préfèrent?

1. Certains veulent d'abord *un salaire important*.
2. *Le prestige social* est important.
3. Tout le monde n'aime pas *le contact avec le public*.
4. *La possibilité de voyager* tente beaucoup les jeunes.
5. Beaucoup de gens recherchent *la sécurité de l'emploi*.
6. *Une promotion rapide* fait toujours plaisir.
7. Certains détestent *le travail en équipe*.
8. *L'occasion de servir leur pays* ne motive pas beaucoup de gens.
9. *La souplesse des horaires* reste un rêve pour beaucoup de travailleurs.
10. Un bon emploi doit offrir *l'occasion de contribuer à la société*.

11–6 De quoi s'agit-il? *(What's it all about?)* Vous et votre partenaire vous approchez d'un groupe d'amis. À tour de rôle, vous posez des questions pour vous intégrer à leur conversation.

MODÈLE: De (une chose) _____ est-ce que vous parlez?

    É1: **De quoi est-ce que** vous parlez?

1. De (une personne) _____ est-ce que vous parlez?
2. À (une chose) _____ est-ce que vous faites attention?
3. Avec (une personne) _____ est-ce que vous partez?
4. De (une chose) _____ est-ce que vous avez besoin?
5. De (une chose) _____ est-ce que vous vous préoccupez?
6. À (une personne) _____ est-ce que vous pensez?
7. À (une personne) _____ est-ce que vous faites allusion?
8. À (une chose) _____ est-ce que vous vous intéressez?
9. Sur (une chose) _____ est-ce que vous vous mettez d'accord?
10. De (une personne) _____ est-ce que vous vous souvenez?

11–7 Un entretien difficile. Votre camarade discute de l'entretien avec Meddi. Vous avez mal entendu les mots en italiques et vous demandez des précisions.

MODÈLES: É1: Meddi a un entretien *avec son futur patron*.

    É2: **Avec qui** est-ce qu'il a un entretien?

    É1: Ils vont parler *d'un poste de comptable*.

    É2: **De quoi est-ce qu'**ils vont parler?

1. Meddi a un entretien *avec Jean Michel Lomme*.
2. *Jean Michel Lomme* est le futur patron de Meddi.
3. C'est le patron *d'une petite entreprise*.
4. Cette entreprise fabrique *un type de téléphone très moderne*.
5. Le patron veut parler à Meddi *de son expérience antérieure* (previous).
6. Lui, il veut aussi discuter *de son futur salaire*.
7. *Le patron* veut le présenter à certains de ses futurs collègues.
8. Meddi a très envie *de cet emploi*.
9. Il a un peu peur *des autres candidats*.
10. Il trouve *le patron* sympathique.

11–7 You may want to ask students first to scan the *modèles* and decide which interrogative pronoun to use to refer to *son futur patron*. This is a person, so *qui* should be used. Do the same with *d'un poste de comptable*. This is not a person but a thing, so *de quoi* should be used.

11–8 Prenez la parole. Préparez quatre ou cinq questions pour interviewer un(e) camarade sur sa future profession. Puis circulez dans la classe et à tour de rôle soyez interviewer ou interviewé. Plus tard jouez votre interview pour le reste de la classe. N'hésitez pas à ré-utiliser les questions du Contexte pour créer vos questions!

MODÈLE: É1: Qu'est-ce que tu veux faire plus tard?

    É2: Je veux être journaliste.

    É1: Qu'est ce qui t'a décidé à devenir journaliste?

    É2: J'ai toujours été curieux/se…

ÉTAPE

CONTEXTE

Offres d'emplois

You may want to mention that the interrogative pronoun *lequel/laquelle* is used to ask someone to make a choice among people, things, or events already mentioned.

You may want to show and go over these ads with the class (IRCD Images A11–01 and A11–02). You may first ask students to guess from their names what the two businesses deal with. EXD*ELEC* may deal with ELECtricity; Norm*AGRO* may deal with AGRIculture.

Have students see if they can determine the following: *Que font ces compagnies? Est-ce qu'elles se présentent? Dans quelle partie de l'annonce? Quels sont les postes annoncés?*

Next ask students to identify the lines presenting the job descriptions and the requirements. *Quelle est la formation recherchée? Quels diplômes sont exigés? L'expérience est-elle nécessaire? Les salaires et les avantages* (perks) *sont-ils mentionnés dans l'annonce?* Assist students by defining unfamiliar terms in French.

EXDELEC: «*Bac + 2*» *est une formule qui indique le minimum d'études: un bac + 2 ans d'études supplémentaires. «Un conseil» est l'avocat ou le représentant légal de l'entreprise. «Les prétentions» d'un candidat indiquent le salaire qu'il demande.*

NORMAGRO: *Une «voiture de fonction» est une voiture prêtée à l'employé par l'entreprise et «les frais» sont les dépenses d'hôtel, restaurant, essence, etc.*

Imaginez que vous cherchez un emploi, mais lequel (*which one*)? En principe, votre formation vous dirige vers un poste d'attaché commercial. Voici deux offres d'emploi intéressantes. Laquelle vous tente le plus? À laquelle allez-vous répondre?

EXDELEC

Nous sommes importateurs et distributeurs de matériel professionnel de sonorisation[1]. Notre croissance[2] demande le développement de notre équipe de vente. Nous recherchons un **Attaché commercial**[3] pour être responsable de la gestion[4] de notre liste de clients.

Avez-vous le profil que nous recherchons?

• Vous avez 25 ans environ[5], une formation commerciale (niveau Bac + 2 minimum) et une première expérience réussie dans la vente.

  • Vos qualités commerciales ne font pas de doute. Vous êtes autonome et dynamique. Vous êtes aussi bien sûr motivé par la qualité de nos produits et services.

Merci d'adresser votre dossier (lettre manuscrite[6], curriculum vitae + photo et prétentions[7]) à notre Conseil[8]. ONIMO, BP[9] 348, 69431 Lyon.

[1]*audio equipment* [2]*growth* [3]*sales representative* [4]*management* [5]*approximately*
[6]*handwritten* [7]*salary range* [8]*lawyer, legal representative* [9]*post office box*

NORMAGRO

Industrie agroalimentaire—250 personnes. Basée au centre de la Normandie, notre société fabrique des fromages réputés pour leur qualité. Nos produits sont commercialisés par un réseau[1] de spécialistes. Nous recherchons des **Attachés commerciaux.**

Vous allez travailler à la direction des ventes, et nous représenter auprès de[2] nos clients et prospects. Nous vous proposons: salaire important + commissions + voiture de fonction[3] + frais.

Vous avez au moins quatre ans d'expériences. Vous parlez anglais (obligatoire) et allemand (désirable). Vous aimez travailler en équipe.

Merci d'adresser votre dossier de candidature à notre Société Conseil JNLK Consultants, 21, rue du colonel Lemy—14000 Caen. Confidentialité assurée.

[1]*network* [2]*with* [3]*company car*

Est-ce évident?

La demande d'emploi

En France, les demandes d'emploi publiées dans les magazines s'adressent souvent directement aux candidats. Elles présentent l'emploi proposé comme un fait accompli: comme dans l'annonce de **EXDELEC** «Vous avez 25 ans, vous êtes diplômé».

Une demande d'emploi doit être accompagnée d'un curriculum vitae, d'une photo et d'une lettre de motivation[1]. Souvent, la lettre de motivation doit être écrite à la main pour être analysée par des graphologues. Les employeurs demandent aussi aux candidats de passer des tests, tests d'aptitude bien sûr mais aussi tests de personnalité. Ces pratiques sont parfois critiquées, mais légales.

● Et chez vous? Comment est-ce qu'on fait une demande d'emploi? Quelles différences voyez-vous entre les deux cultures?

[1] cover letter

Beaucoup d'anxiété se cache derrière les sourires.

This section lists vocabulary relating to the job search that we consider active vocabulary. Other, more-specialized terms are glossed in the ads themselves to facilitate students' immediate grasp of the texts.

LE MOT JUSTE

Expression

ne pas faire de doute
to be obvious

Verbes

fabriquer *to manufacture*
proposer *to offer*
rechercher *to look for*
représenter *to be the
representative of*

travailler en équipe *to work as a
team*

Noms

un attaché commercial *sales
representative*
une commission *commission*
la direction des ventes *sales
management*
une équipe de vente *sales force*

une formation commerciale
business training
les frais (m) *expenses*
une offre d'emploi *job offer*
la vente *sale*

Adjectifs

autonome *autonomous,
independent*
réputé *well-known*

À votre tour

11–9 Des offres bien rédigées. Avec un partenaire étudiez la composition des deux offres d'emplois. Identifiez pour chaque offre les lignes consacrées (*devoted*) aux sujets suivants.

- la présentation de l'entreprise
- ses raisons pour embaucher (*to hire*)
- le profil du candidat idéal
- les éléments du dossier
- à qui et où envoyer le dossier

11–10 Comparaisons. Avec votre partenaire, identifiez de quelle entreprise il s'agit: EXDELEC? NORMAGRO? Les deux? À tour de rôle posez les questions et répondez-y.

MODÈLE: Quelle entreprise vend des fromages?

> É1: Quelle entreprise vend des fromages? EXDELEC? NORMAGRO? Les deux?
>
> É2: NORMAGRO vend des fromages.

1. Quelle entreprise vend des produits alimentaires?
2. Quelle entreprise recherche un seul attaché commercial?
3. Quelle entreprise recherche plusieurs postes d'attachés commerciaux?
4. Quelle entreprise offre un salaire fixe + commissions?
5. Quelle entreprise mentionne l'âge idéal du nouvel employé?
6. Quelle entreprise demande une lettre manuscrite?
7. Quelle entreprise offre une voiture de fonction?
8. Quelle entreprise assure la confidentialité de votre demande?
9. Quelle entreprise décrit ses produits?
10. Laquelle exige (*requires*) au moins une lange étrangère?

11–11 Votre décision. À tour de rôle, expliquez à vos partenaires quelle offre vous préférez. Donnez vos raisons. Vous pouvez expliquer aussi pourquoi vous n'allez pas faire votre demande auprès de l'autre compagnie.

MODÈLE: É1: Moi, je vais faire une demande chez Normagro. J'ai cinq ans d'expérience. Je parle très bien l'anglais et… j'adore le fromage!

STRUCTURE

Le pronom interrogatif **lequel**

You may wish to remind students that they already know the interrogative adjective **quel** (See above Ex. 11–10 and Chapitre 3, p. 122).

- You have learned to ask the identity of a person (*Who*?) or the identification of a thing (*What*?) using interrogative pronouns.
- To inquire about people or things already mentioned, use the interrogative pronoun **lequel**, which is the equivalent of *which one?* or *which?* The forms of **lequel** may refer either to persons or things. They agree in number and gender with the noun they represent:

	singular	plural
MASCULINE	lequel	lesquels
FEMININE	laquelle	lesquelles

Vous cherchez **un emploi**, mais **lequel?**	*You are looking for a job, but which one?*
Parmi **les emplois possibles**, **lesquels** préférez-vous?	*Among the possible jobs, which ones do you prefer?*

Voici **deux offres d'emploi intéressantes. Laquelle** vous tente le plus? **À laquelle** allez-vous répondre?	*Here are two interesting job offers. Which one tempts you the most? To which one are you going to respond?*
EXDELEC et NORMAGRO sont **deux excellentes compagnies. Pour laquelle** voulez-vous travailler?	*EXDELEC and NORMAGRO are two excellent companies. For which (one) do you want to work?*

● Note that the forms of **lequel** actually consist of the definite article **le** + the interrogative adjective **quel**. The forms of **lequel** therefore follow the rules for contraction of the definite article with the prepositions **à** and **de**.

Vous parlez **de trois ou quatre emplois**: **duquel** avez-vous envie?	*You are talking about three or four jobs: which one do you want?*
Vous vous intéressez **à ces emplois**. Mais **auxquels** est-ce que vous vous intéressez le plus?	*You are interested in these jobs. But in which ones are you the most interested?*

À votre tour

11–12 Des précisions. Votre partenaire vous présente les raisons pour lesquelles il/elle est tenté(e) par une offre. Mais vous demandez des détails.

MODÈLE: É1: Nous vendons des *jeux vidéos*.

   É2: Ah oui? **Lesquels?**

1. On demande aux candidats *certains tests*.
2. On demande aux candidats *une bonne formation*.
3. On fabrique des *fromages*.
4. On rembourse *certains frais*.
5. On recherche *certaines qualités dans le candidat*.
6. On va créer *de nouveaux postes*.
7. On a déjà *beaucoup de clients importants*.
8. On a des équipes de vente dans *des domaines variés*.

11–13 Une impression favorable. Pendant votre entrevue professionnelle, vous dites pourquoi vous êtes le/la candidat(e) idéal(e). La directrice du personnel demande des précisions. Attention! C'est une situation professionnelle, le niveau de formalité demande des phrases complètes.

MODÈLE: É1: J'ai *le diplôme* nécessaire.

   É2: **Lequel** avez-vous?

1. J'ai *les qualités* que vous recherchez.
2. Je parle *deux langues étrangères*.
3. J'ai *une expérience réussie dans la vente*.
4. Je connais *vos produits*.
5. J'ai des *prétentions réalistes*.
6. J'ai travaillé pour *une compagnie similaire*.

11–14 Chasseur de têtes *(Headhunter).* Vous présentez les dossiers de nombreux candidats et candidates à un chercheur de têtes. Cette personne vous demande lequel/laquelle a la qualification désirée.

MODÈLE: Ils ont tous des diplômes. (un diplôme d'ingénieur?)

É1: Ils ont tous des diplômes.

É2: Mais **lequel** a un diplôme d'ingénieur?

1. Ils ont tous une bonne motivation. (une formation solide?)
2. Elles parlent toutes deux langues. (japonais?)
3. Ils savent tous prendre des responsabilités. (des initiatives?)
4. Elles ont toutes le sens des affaires. (le sens du contact humain?)
5. Ils ont tous beaucoup de sérieux. (le sens de l'humour?)
6. Elles ont toutes des recommandations. (de l'expérience?)
7. Ils aiment tous travailler en équipe. (montrer de l'originalité?)
8. Elles ont toutes le sens de l'organisation. (savoir bien s'exprimer?)

11–15 You may want to remind students that they must start by mentioning a topic in a general way (*des cours, des restaurants, des sports,* etc.) in order to oblige their partner to ask for more precise information.

11–15 Prenez la parole. En réalité vous ne choisissez pas encore un emploi. Vous choisissez vos cours pour le semestre prochain, les films à voir avec des amis, les CD à acheter, les restaurants où aller, les sports à pratiquer. Développez un petit dialogue avec un partenaire sur l'un de ces choix et présentez-le au reste de la classe.

MODÈLE: É1: Je dois suivre un cours d'histoire.

É2: Lequel?

É1: Histoire 210.

É2: Ce cours est bien. Il y a deux super profs.

É1: Lesquels?…

ou: É1: Il y a des restaurants sympa ici.

É2: Oui, mais lesquels préfères-tu?

É1: Les restaurants chinois. Lequel est-ce que tu recommandes?…

En direct

Audio script for *En direct:*
Je suis devenu journaliste parce que j'ai toujours été très curieux au sujet de tout et parce que j'aime l'aventure.

Je réussis parce que je ne suis pas timide, et aussi parce que je suis une personne très discrète. Donc j'ai beaucoup d'amis, et des amis très loyaux parce qu'ils savent qu'ils peuvent compter sur moi.

J'ai fait mes études à l'École Supérieure de Journalisme à Lille. Ensuite j'ai travaillé dans un grand journal de province et maintenant je travaille à Paris pour un magazine d'informations. Je parle bien anglais, qui est indispensable, et aussi je parle italien. Ce que j'apprécie le plus, c'est d'avoir beaucoup d'indépendance dans mon travail; J'aime aussi voyager.

Mais il y a beaucoup de stress dans ce métier. Quand mon patron attend mon article ou mon coup de téléphone, je ne peux pas être en retard! Mais pour moi, être journaliste reste le métier le plus passionnant du monde! Quelquefois, je suis même surpris qu'on me paie pour faire ce métier que j'aime!

Un succès qui inspire! Un journaliste parle de sa vie professionnelle avec des étudiants universitaires. Écoutez et prenez des notes; puis résumez les idées principales de sa présentation.

Raison(s) du choix professionnel:	curieux; aime l'aventure
Qualités personnelles:	pas timide, discret
Éducation nécessaire:	école de journalisme
Joies du métier:	beaucoup d'indépendance; aime voyager
Difficultés ou exigences du métier:	stress
Votre résumé:	

CONTEXTE

Le monde du travail

La culture du café au Cameroun.

Dans ce laboratoire d'agronomie en Guinée on fait des recherches sur les céréales.

You may want to introduce the topic: *Aujourd'hui nous étudions le vocabulaire des professions et métiers.* Then ask which professions are illustrated by which photos: *Quelle photo représente le métier d'agriculteur?* To facilitate the presentation, you may wish to show the text that accompanies the photos of the *Contexte* (IRCD Image T11–04).

Try to expand: *Qui veut être agriculteur? Les agriculteurs sont-ils nombreux aujourd'hui? Est-ce qu'il y a beaucoup d'agriculteurs dans notre région?*

Follow the same pattern for each photo: *La profession de la médecine est depuis toujours reliée à des causes humanitaires. Par exemple, savez-vous qui a créé la Croix-Rouge? Connaissez-vous l'organisation «Médecins sans frontières»? À votre avis, quels professionnels recrute-t-elle? Des médecins, bien sûr, et puis? Des infirmiers? Des infirmières? Y a-t-il ici de futurs médecins?*

À votre avis, quelles professions vont jouer un rôle dans la conquête de l'espace? Regardez la liste des postes offerts par le programme Ariane (mise en orbite de satellites). Êtes-vous (ou un[e] de vos ami[e]s) qualifiée pour un des postes?

Ask students *quelle profession a le plus/le moins de prestige,* so they have a chance to practice the boxed vocabulary. Ask them if they remember which «*commerçants*» they visited in Chapitre 4.

En Afrique, on compte encore pas mal de petits agriculteurs. Mais de grosses entreprises vont un jour prendre leur place, comme elles l'ont fait en France et en Amérique du Nord. L'agroalimentaire reste un secteur très important de l'économie et les pays francophones forment un réseau (*network*) très actif qui échange des produits, des techniques et du personnel.

Le genevois Henri Dunant (1828–1910) est un philanthrope suisse qui est le fondateur de la Croix-Rouge, en 1864. Il a reçu le premier prix Nobel de la paix en 1901. *Médecins sans frontières* est une organisation fondée en 1971 par des médecins et journalistes français. Ses médecins, dentistes, infirmiers et infirmières, paramédicaux et logisticiens/logisticiennes apportent leur aide aux victimes des guerres, famines, épidémies et catastrophes naturelles ainsi qu'aux victimes de l'exclusion des soins. Ils travaillent sans discrimination, dans le respect de la dignité humaine. Cette organisation a reçu le prix Nobel de la paix en 1999.

MEDECINS SANS FRONTIERES
www.paris.msf.org

You may want to remind students that the *Ariane* space program is a successful commercial launch service providing heavy-lift launchers to place large satellites into orbit.

You may take the opportunity to explain that some professions and occupations have masculine/feminine forms, but that others use the masculine form for both. It is notable that Canada is less conservative than France in this regard and does not hesitate to feminize the vocabulary of professions. For example, Canadians say, *La ministre,* whereas the French still use the confusing *Madame le Ministre!*

To facilitate your discussion of the professions and occupations, you may want to show the vocabulary box, *Les domaines du travail,* from the *Contexte* (IRCD Image T11–04).

Please note that the vocabulary listed in the box *Les domaines du travail* does not reappear in *Le mot juste,* but is listed in *Tous les mots* at the end of the chapter.

La conquête de l'espace exige une action internationale. En Guyane le Centre Spatial Guyanais (CSG) et l'ESA (*European Space Agency*) assurent la direction des programmes Ariane. On recrute des informaticiens, des ingénieurs mécaniciens, des techniciens, des gestionnaires (*managers*) et des secrétaires. Vous croyez être intéressé(e)s? Alors, envoyez votre candidature!

Les domaines du travail

Professions de l'agriculture: un(e) agriculteur(-trice), un ingénieur agronome

Professions de la santé: un médecin, un(e) infirmier(-ère), un(e) dentiste

Professions de l'enseignement: un(e) instituteur(-trice) (*grade school*), un professeur

Professions de l'industrie et du commerce: un(e) commerçant(e), un(e) ingénieur, un(e) secrétaire, un(e) comptable, un(e) vendeur(-euse), un(e) attachée commercial(e), un(e) publicitaire, un(e) ouvrier(-ière), un(e) informaticien(-enne), un(e) technicien(-enne)

Professions libérales: un(e) architecte, un(e) avocat(e)

Professions au service de l'État: un(e) fonctionnaire, un agent de police

Professions des arts: un(e) acteur(-trice), un(e) chanteur(-euse), un(e) danseur(-euse), un(e) musicien(-enne)

You may begin by asking students to list on the board or in small groups the professions discussed in the chapter's *Contextes,* then ask them to identify some other professions they know (for example *les commerçants* in Chapitre 4).

You may want to introduce the notion of classifying or categorizing professions (e.g., census categories). Then point out that professions can be organized (1) according to field (*la santé, l'enseignement, l'industrie et le commerce, le service de l'État, les arts*) or (2) according to the level of responsibilities (*les cadres supérieurs, les cadres moyens, les employés*). Encourage students to ask for other professions they may want to know how to list.

Est-ce évident?

La francophonie, une réalité économique

Aujourd'hui la francophonie a une vraie dimension économique: Les pays francophones produisent presque 11% du produit intérieur brut[1] mondial[2]. Leurs échanges totalisent plus de 3,000 milliards de dollars et représentent environ 15% du commerce mondial. Les transferts de technologies, l'agroalimentaire, les nouvelles technologies de l'information et de la communication restent des priorités.

On note que les femmes africaines francophones jouent un rôle important dans l'économie de leurs pays respectifs. Non seulement les femmes produisent encore près de 90% des ressources alimentaires, mais aussi elles se battent[3] avec énergie pour modifier les anciennes traditions et pour avoir une vraie place dans la société.

Comme au Maroc, dans beaucoup de pays francophones les femmes jouent un rôle important dans l'education.

● Et chez vous? Croyez-vous qu'il y a des efforts pour développer des contacts économiques entre votre pays et des pays en voie de développement?[4] Les femmes ont-elles besoin d'être encouragées à prendre des initiatives sur le marché du travail?

[1] gross domestic product   [2] global   [3] fight   [4] developing nations

LE MOT JUSTE

Verbes		**Noms**	
croire	*to believe, to hold true*	le personnel	*staff*
voir	*to see*	une profession	*career*

À votre tour

11–16 Définitions. À tour de rôle avec un partenaire, lisez les définitions et indiquez de quelles professions il s'agit. Attention, il y a plus de professions que de définitions!

MODÈLE: É1: Une personne spécialisée dans le soin (*care*) des dents
　　　　 É2: C'est un dentiste!

> secrétaire / informaticien / technicien / ouvrier / agriculteur / infirmier / publicitaire / dentiste / avocat / instituteur

1. une personne qui assure la bonne marche d'un bureau
2. une personne qui fait les manipulations techniques
3. une personne qui produit un travail physique
4. une personne qui cultive la terre (*earth*)
5. une personne qui aide le médecin et prend soin des patients
6. une personne qui a étudié le droit
7. une personne qui travaille dans la publicité
8. une personne qui enseigne aux jeunes enfants
9. une personne qui connaît bien les programmes d'ordinateurs

11–17 Classifications. Utilisez les classifications ci-dessus pour regrouper:

- les professions qui vous attirent (*attract*) personnellement (*personally*)
- les professions qui ont beaucoup de prestige chez les jeunes
- les professions qui ont beaucoup de prestige auprès des adultes
- les professions qui demandent de très longues études
- les professions où on a beaucoup de contacts humains
- les professions où on a besoin d'un talent individuel
- les professions où il y a beaucoup de femmes

Maintenant, comparez et discutez vos listes. Sont-elles semblables ou différentes? Comment?

11–17 As students work on this exercise, you might want to show again the vocabulary box *Les domaines du travail* from the *Contexte* (IRCD Image T11–04).

11–18 Avantages et inconvénients. À votre avis, indiquez à tour de rôle les avantages et/ou les inconvénients des occupations suivantes. Utilisez les critères mentionnés ci-dessous ou votre imagination

MODÈLE: É1: être avocat?

É2: Il y a beaucoup de prestige social.

Occupations	Avantages / Inconvénients
1. journaliste	salaire important / peu important
2. publicitaire	(im)possibilités de promotion rapide
3. professeur	beaucoup / peu d'indépendance
4. avocat	grande sécurité dans l'emploi
5. médecin	beaucoup / peu de vacances
6. commerçant	(im)possibilités d'initiatives personnelles
7. ingénieur	bonnes / mauvaises conditions de travail
8. agent de police	beaucoup / peu de prestige social
9. artiste	contact avec le public
	(im)possibilités de voyager
	travail indépendant / en équipe

11–19 As students work on this activity, you might want to show again the vocabulary box *Les domaines du travail* from the *Contexte* (IRCD Image T11–04).

11–19 Métiers préférés. En petits groupes, discutez le domaine dans lequel vous voulez travailler. Spécifiez quelle profession vous attire et pourquoi. Plus tard, résumez vos observations, partagez-les—au tableau—avec le reste de la classe et essayez d'établir les professions préférées de votre groupe.

MODÈLE: É1: Moi je veux travailler pour l'état. Je veux être fonctionnaire.

É2: Moi, je ne sais pas. La santé et le commerce m'intéressent. Peut-être infirmier ou attaché commercial!

STRUCTURE

Les verbes **croire** et **voir**

• The irregular verbs **croire** (*to believe*, *to think*) and **voir** (*to see*) have similar conjugations.

croire					
je	crois		nous	croyons	j'ai cru
tu	crois		vous	croyez	
il/elle/on	croit		ils/elles	croient	

voir					
je	vois		nous	voyons	j'ai vu
tu	vois		vous	voyez	
il/elle/on	voit		ils/elles	voient	

Voyez que la population active a augmenté à un rythme rapide.	*See that the work force grew quite rapidly.*
Les agriculteurs **voient** leur nombre diminuer.	*Farmers see their numbers diminishing.*
Beaucoup **croient** à l'importance de l'informatique.	*Many believe in the importance of computer science.*
On a vu que ces professions ont changé.	*They saw that these professions have changed.*
Les politiciens **croient** qu'il y a une solution au chômage.	*Politicians believe that there is a solution to unemployment.*

Model pronunciation and have students repeat. Remind them that the written combination -*oi*- is pronounced [wa] and that the combination -*oy*- represents [wa] + [j + vowel]. Point out that each of these verbs has only three spoken forms in the present tense: [krwa]/[vwa], [krwa jɔ̃]/[vwa jɔ̃], and [krwa je]/[vwa je]. They have already learned this pronunciation pattern for the imperative forms of *être* and *avoir*. See Chapitre 4, p. 146.

- In conversation, various forms of **voir** are used as a "filler."

Mais **voyons**, la solution n'est pas là!	*Come on! That's not the solution!*
Ça, c'est une généralité, **vous voyez**, et il y a beaucoup d'exceptions.	*This is a generality, you see, and there are many exceptions.*

- Note the special construction **croire à**, which means to *believe in*.

Je crois au progrès.	*I believe in progress.*

However, use **croire en** to speak of belief in God, or in a person.

Croyez-vous en Dieu? Moi, **je crois en** lui.	*Do you believe in God? I believe in him.*
Tu dois **croire en** toi.	*You must believe in yourself.*

- The verbs **voir** and **croire**, like some other verbs you have learned (**dire, lire, écrire, penser**) may be followed by another clause introduced by the conjunction **que** (**qu'**). The conjunction **que** must be used; it cannot be omitted, as is often the case in similar sentences in English.

Je vois **que** nous avons de nouvelles statistiques.	*I see (that) the new statistics are in.*
Je crois **que** c'est vrai.	*I think (that) it's true.*

À votre tour

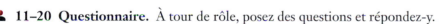

11–20 Questionnaire. À tour de rôle, posez des questions et répondez-y.

MODÈLE: tu / croire en Dieu?

    É1: Crois-tu en Dieu?

    É2: Oui, je crois en Dieu.

    ou: Non, je ne crois pas en Dieu.

1. les jeunes / croire en Dieu?
2. tu / croire toujours les politiciens?
3. on / croire toujours au progrès en Amérique?
4. les économistes / croire à la francophonie?
5. vous et vos amis / croire à la chance?
6. les ouvriers / croire toujours le patron?
7. tu / croire au progrès de la technologie?
8. vous et vos camarades / croire aux statistiques?

You may want to warm up with quick substitution drills to get students to use all forms of the two verbs, even in different tenses. *Vous voyez des problèmes. Tu? Nous? Les gens? Tu crois à la chance. Nous? Vous? Les jeunes?*

11–21 You may want to redo the exercice (perhaps shortening the sentences) in the *imparfait* in the context of *Le bon vieux temps (On ne voyait pas de problèmes)* and then again in the *passé composé* in the context of *Comme les choses ont changé (On n'a pas vu de problèmes)*. You may even ask for the *conditionnel* in the context of *Si on rêvait un peu? (On ne verrait pas de problèmes)*.

11–21 Aujourd'hui pas de problèmes! À tour de rôle, complétez les phrases avec le verbe **voir** ou **croire**.

MODÈLE: On ne _____ pas de problèmes de chômage (*unemployment*).

> É1: On ne voit pas de problèmes de chômage.

1. Nous _____ beaucoup au progrès.

2. On _____ que les employés sont loyaux.

3. Les ingénieurs _____ que les patrons ne sont pas toujours modernes.

4. Parfois, les employés ne _____ pas souvent leur patron.

5. Vous _____ plus de techniciens au labo.

6. Et le patron _____ que l'entreprise fait des profits!

11–22 As students work on this activity, you might want to show again the vocabulary box *Les domaines du travail* from the *Contexte* (IRCD Image T11–04).

11–22 Prenez la parole. En petits groupes, utilisez les verbes **croire** et/ou **voir** pour partager vos impressions sur le marché du travail. Notez les impressions des membres de votre groupe et partagez votre liste avec le reste de la classe. Utilisez les suggestions ci-dessous et n'hésitez pas à les modifier.

MODÈLE: Les professions de la santé se développent.

> É1: Nous croyons que les professions de la santé se développent: nous avons vu que le nombre de médecins augmente.

Les techniciens deviennent très importants.	Les ouvriers font moins de travail physique.
Les progrès de la technologie sont rapides.	Le rôle des publicitaires est trop important.
On a un grand besoin d'infirmiers.	Les patrons doivent prendre plus d'initiative.
On produit moins d'ingénieurs.	Les professions de la santé se développent…
Le nombre d'agriculteurs diminue.	
Les employés de bureau (*office workers*) sont de plus en plus nombreux.	

CONTEXTE

Quelle garde-robe pour un entretien professionnel?

RAYON FEMMES

un tailleur
182 €

une robe
65 €

un manteau
210 €

un survêtement
68 €

un maillot de bain
88 €

un foulard
30 €

un chemisier
35 €

une jupe
44 €

un sac à main
100 €

des bijoux

des chaussures à talon
105 €

des bottes
130 €

des gants
130 €

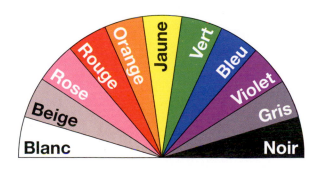

Rose
Rouge
Orange
Jaune
Vert
Bleu
Violet
Gris
Beige
Blanc
Noir

You may want to proceed from the bottom up by presenting each clothing item. It may be useful to show the two shop windows with clothing displays (IRCD Image T11–05).

You may want to give students a choice by asking: *De quel vêtement avez-vous besoin? d'un pantalon ou d'un complet? d'une jupe ou d'une robe?* Or you may want to start with the price: *Dans la vitrine hommes: Qu'est-ce qui coûte 129 euros: un anorak ou un blouson?*

You may want to practice the colors by themselves, perhaps showing the color fan (IRCD Image A11–04). You could follow up with a *chasse au trésor*: students have a fixed number of minutes in the classroom to gather several items of each color, then they announce how many items of each color they got: *5 rose, 3 jaune*, etc. The winning team is the one who find items in the most different colors.

You may want to show *Les conseils de Lucie*, which functions as the culture note here (IRCD Image A11–06). Ask students whether or not the question is a question they have already faced or are likely to face: *Est-ce que vous avez déjà fait (allez faire) l'expérience de ce problème?* Encourage them to share how they have solved it or will solve it. Then, they can compare their answers with Lucie's.

RAYON HOMMES

un chapeau
122 €

un pantalon
62 €

une écharpe

un costume
240 €

une chemise
35 €

un anorak
83 €

une cravate
30 €

des jeans
61 €

un imperméable
220 €

un col roulé
40 €

une veste
120 €

un blouson
129 €

des chaussures
100 €

un gilet
32 €

des baskets
65 €

des chaussettes
8 €

Please note the vocabulary illustrated in the line art does not reappear in *Le mot juste* but is listed in *Tous les mots* at the end of the chapter.

LE MOT JUSTE

Expression

il est essentiel   *it is essential*

Verbes

impressionner   *to impress*
porter (un vêtement)   *to wear an article of clothing*

Noms

un accessoire   *accessory*
un bracelet   *bracelet*
un collant   *pantyhose*
un collier   *necklace*
un pull   *pullover sweater*
des sandales(m)   *sandals*
un vêtement   *garment, piece of clothing*

Adjectifs

ajusté   *tailored, tight-fitting*
bien coupé   *well cut*
classique   *classical*
court   *short*
propre   *clean*

Les Conseils de Lucie

La question de la semaine:

Je cherche un emploi depuis trois mois et finalement j'ai un entretien. Ça, c'est super, mais j'ai un problème. Je m'habille toujours comme un étudiant. Problème: Quels vêtements est-ce que je dois acheter et surtout qu'est-ce que je dois porter pour mon entretien?

Il est essentiel que vous choisissiez des vêtements classiques pour votre entretien. Pour les femmes: pas de jupe trop courte, ni de robe trop ajustée! Mettez plutôt un tailleur, avec un chemisier—ou un pull si c'est l'hiver—des collants, des chaussures avec un petit talon.

Pour les hommes: Le costume n'est pas obligatoire, un ensemble veste plus pantalon va très bien. Attention: pas de polo ni de col roulé: portez une chemise! Pas de sandales, pas de baskets: mettez des chaussures classiques, noires ou marron[1].

Choisissez des accessoires discrets: Pour les femmes: un simple collier, un seul bracelet et un sac à main pas trop bourré[2]. Pour les hommes: attention à la cravate: pas de Mickey Mouse et pas de couleurs qui flashent[3]!

Pour tous: il est important que vous portiez des vêtements propres et bien coupés. Il est préférable que vos vêtements n'impressionnent pas votre futur patron plus que vos diplômes ou votre expérience!

Lucie

1 brown 2 (familier) crammed full 3 (familier) loud colors

À votre tour

11–23 Bien habillé(e) en toutes circonstances. À tour de rôle avec votre partenaire, indiquez quels vêtements vous mettez dans les situations suivantes. Faites-vous toujours les mêmes choix?

MODÈLE: pour aller faire du sport

> É1: Pour aller faire du sport, je mets un short et un t-shirt. Je porte des baskets. Et toi?…

1. pour aller en classe
2. pour aller à une soirée chez des amis
3. pour aller à un entretien professionnel
4. pour passer un week-end de détente (*relaxation*) à la campagne avec des amis
5. pour rencontrer les parents de votre fiancé(e)

11–24 Et en toute saison. Indiquez, avec votre partenaire, quels vêtements vous allez emporter (*take with you*) dans vos valises (*suitcases*). Prenez des vêtements différents suivant la saison et l'occasion.

MODÈLE: un week-end à la campagne (*in the country*) en automne

> É1: Moi j'emporte deux jeans, trois t-shirts, des chaussettes, un col roulé et un blouson.
>
> É2: Moi j'emporte aussi un imperméable!

1. une semaine au ski en décembre
2. une semaine à la plage en juillet
3. une semaine à Paris en avril
4. une semaine de randonnées en montagne en septembre

11–25 Ça va bien ensemble (*It all goes well together*). À tour de rôle, donnez votre avis sur ces questions de mode.

MODÈLE: É1: Des chaussettes vont bien avec des chaussures à talon?

É2: Mais non, voyons! Des chaussettes ne vont jamais bien avec des chaussures à talon!

1. Qu'est ce qui va bien avec un blazer bleu marine?
2. Est-ce que des bottes vont toujours très bien avec une robe?
3. Est-ce que le vert va bien avec le violet?
4. Est-ce qu'on porte des bijoux avec des jeans?
5. Est-ce qu'un manteau est moins pratique qu'un bon imperméable?
6. Est-il indispensable de porter un chapeau pour être élégant(e)?
7. Est-ce qu'un blouson est un vêtement unisexe?
8. Les cravates doivent-elles être d'une seule couleur?
9. Est-ce qu'un uniforme peut être élégant?

11–26 You may want to go over *euro* equivalencies with students.

 11–26 Un gros chèque. Imaginez que vous avez reçu un chèque de 500 euros pour votre anniversaire. En petits groupes indiquez quel(s) vêtements et quelles couleurs vous allez ajouter à votre garde-robe. Concluez avec une généralité. (*Conclude with a more general statement.*)

MODÈLE: É1: Je ne porte pas souvent de jupe mais j'adore les pantalons. Je vais acheter des pantalons noirs et des pantalons blancs, total: 300 €. J'aime beaucoup le violet, alors je vais acheter des accessoires violets: un chapeau, des gants violets ou un foulard, total: 150 €. J'adore les vêtements et je n'ai jamais assez d'argent.

11–27 You may want to ask students to quiz each other about their favorite outfit and then to summarize the results on the board.

11–27 Des goûts et des couleurs… Discutez en petits groupes quels vêtements vous aimez porter. N'oubliez pas de mentionner leurs couleurs.

MODÈLE: É1: J'aime porter des jeans avec un t-shirt rouge (j'aime le rouge!), et un blouson, en jean aussi. Je porte toujours des baskets noirs!

STRUCTURE

Le présent du subjonctif: verbes réguliers; les expressions impersonnelles d'obligation

• You have learned to express facts through descriptions and narratives, both in the present and the past tenses. In this and subsequent *Structure* sections, you will now learn to incorporate a personal perspective into your speech and writing by using the present subjunctive. You will be able to express obligation and necessity, wishes and desires, emotion, or doubt, through use of the subjunctive.

Compare the sentences below and notice how the speaker's perspective is reflected in the second sentence, which expresses necessity. The first sentence simply makes a factual statement.

Pour un entretien professionnel, nous ne portons pas de minijupe.	*For a professional interview we do not wear a miniskirt.*
Il faut que nous portions une jupe normale.	*It is imperative that we wear a regular skirt.*

● To form the present subjunctive of all regular verbs and many irregular verbs, remove the **-ent** ending from the third-person plural (**ils**) form of the present indicative and add the following endings:

-e	-ions
-es	-iez
-e	-ent

rentrer (rentr-)

que je	rentre	que nous	rentrions
que tu	rentres	que vous	rentriez
qu'il/elle/on	rentre	qu'ils/elles	rentrent

choisir (choisiss-)

que je	choisisse	que nous	choisissions
que tu	choisisses	que vous	choisissiez
qu'il/elle/on	choisisse	qu'ils/elles	choisissent

attendre (attend-)

que j'	attende	que nous	attendions
que tu	attendes	que vous	attendiez
qu'il/elle/on	attende	qu'ils/elles	attendent

You may want to tell students at the outset that the subjunctive has all but disappeared from modern English but that it is frequently required in modern French. We still use the subjunctive in a few cases in English; for example: "It is necessary that we be on time" and "I wish I were there." (Many younger speakers of English do not use these forms.) However, emphasize that the use of the subjunctive in French does not represent pretentious or very formal speech: it is frequently required in everyday conversation.

● The subjunctive is used in sentences with two parts, or clauses. When the main clause expresses necessity, obligation, or a mere possibility, the verb in the second clause must be in the subjunctive. The second clause is always introduced by **que (qu')**:

Il est essentiel que vous choisissiez des vêtements classiques.	*It is essential that you pick classic clothes.*
Il est important que vous portiez des vêtements propres.	*It is important that you wear clean clothes.*
Il est possible que vous ayez besoin d'une nouvelle garde-robe.	*It is possible that you need a new wardrobe.*

● Note that in the preceding sentences there are two subjects: the impersonal **il** and the noun/pronoun subject of the second clause (**nous** in the first sentence, **vous** in the second and third sentences). You have already used some of these impersonal expressions with infinitives in sentences that have only one subject, the impersonal **il**:

Il faut faire une bonne impression.	*One must make a good impression.*
Il est important de porter des vêtements bien coupés.	*It is important to wear well-cut clothes.*

● The following impersonal expressions can be used with an infinitive or with a clause in the subjunctive to express obligation, necessity, or possibility.

il est possible (de) / il est impossible (de)	*it is possible / it is impossible*
il faut / il ne faut pas	*it is necessary / it is not necessary*
il est nécessaire (de) / il n'est pas nécessaire (de)	*it is necessary / it is not necessary*
il est préférable (de) / il vaut mieux	*it is better*
il est essentiel (de) / il n'est pas essentiel (de) / il est indispensable (de)	*it is essential / it is not essential / it is indispensable*
il est important (de) / il n'est pas important (de)	*it is important / it is not important*

il est nécessaire que vous achetiez un manteau.

il est nécessaire d'acheter un manteau.

You may also want to mention that *il faut/il ne faut pas* can also mean "one must/must not," "one needs/does not need."

À votre tour

You may want to start with quick drills *Tu viens? Il faut que tu viennes! Tu finis? Il faut que tu finisses. Vous choisissez? Il faut que vous choisissiez! Il part? Il faut qu'il parte! Vous répondez? Il faut que vous répondiez! Il attend? Il faut qu'il attende! Tu bois? Il ne faut pas que tu boives! Vous sortez? Il ne faut pas que vous sortiez! Tu dors? Il ne faut pas que tu dormes! Tu lis? Il faut que tu lises!*

11–28 Des règles essentielles. À tour de rôle, reprenez les conseils ci-dessous, mais remplacez l'impératif par une expression d'obligation (à l'affirmatif ou au négatif): **il est essentiel, il est indispensable, il est nécessaire, il faut, il est important.**

MODÈLES: É1: Habillez-vous de façon assez classique!

É2: Il faut que vous vous habilliez de façon assez classique.

ou: É1: Ne portez pas de talons trop hauts!

É2: Il est important que vous ne portiez pas de talons trop hauts.

1. Ne mettez pas une jupe trop courte!
2. Ne portez pas une robe trop ajustée!
3. Mettez un tailleur!
4. Portez des chaussures avec un petit talon!
5. Ne portez pas un costume!
6. Choisissez un ensemble veste-pantalon!
7. Portez une chemise de couleur!
8. Ne mettez pas de sandales!
9. Choisissez des accessoires discrets!
10. Répondez avec politesse!

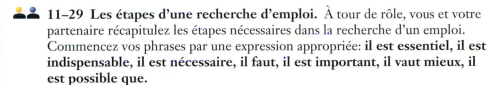

11–29 Les étapes d'une recherche d'emploi. À tour de rôle, vous et votre partenaire récapitulez les étapes nécessaires dans la recherche d'un emploi. Commencez vos phrases par une expression appropriée: **il est essentiel, il est indispensable, il est nécessaire, il faut, il est important, il vaut mieux, il est possible que.**

MODÈLE: consulter des listes spécialisées

> É1: Il faut que nous consultions des listes spécialisées.

1. lire les journaux spécialisés
2. répondre à une annonce
3. envoyer un curriculum vitae
4. passer des tests
5. attendre une réponse
6. on nous invite à un entretien
7. choisir des vêtements appropriés
8. arriver à l'heure
9. réfléchir avant de répondre
10. poser des questions intelligentes
11. réagir toujours de façon (*manner*) polie
12. réussir à vendre notre personnalité

11–30 Quoi emporter? (*What to take?*) Vous voyagez avec un(e) camarade et vous lui rappelez en général quels vêtements il est indispensable/essentiel/nécessaire d'emporter. Il ou elle confirme que votre opinion s'applique aussi dans votre cas.

MODÈLE: un week-end à la campagne (*in the country*) en automne: un imperméable?

> É1: **Il est essentiel d'emporter** un imperméable.
>
> É2: Oui, **il est essentiel que nous emportions** un imperméable.

1. une semaine au ski: un anorak?
2. une semaine à la plage: un maillot de bain?
3. une semaine à Paris: des chaussures confortables?
4. une semaine de randonnées en montagne en septembre: un col roulé?
5. trois jours à la campagne: des bottes?
6. un week-end à vélo: un short?
7. un mariage: une cravate
8. un circuit en ville en été: des sandales?

11–31 Prenez la parole. Un de vos camarades commence un nouveau travail la semaine prochaine. Vous discutez avec lui/elle sa nouvelle garde-robe. Essayez de contraster une garde-robe d'étudiant avec une garde-robe plus professionnelle.

MODÈLE: É1: Tu ne vas pas porter tes jeans!

> É2: Il faut que tu achètes un pantalon et un blazer.
>
> É3: Il est essentiel que tu portes une cravate!…

En direct

Identifiez le suspect. Écoutez la déposition d'une femme qui a été témoin (*witness*) d'une agression dans la rue. Identifiez le suspect en entourant (*by circling*) le numéro approprié.

Audio script for *En direct*:
Eh bien, je ne sais vraiment pas si c'était un homme ou une femme! En tout cas, le suspect portait un pantalon très large, de couleur grise ou peut-être beige. Cette personne portait un manteau, non, pas vraiment un manteau, plutôt un imperméable. Oui, c'est ça, un imperméable bleu marine qui était ouvert sur une chemise rose. Non! Attendez! Ce n'était pas une chemise rose, c'était un pull-over rose, qui était très large autour du cou. La tête du suspect était couverte d'un chapeau noir, beaucoup trop petit. Ah oui, un autre détail un peu bizarre: sa main gauche portait un gant, vert foncé et très court. Et encore un autre détail qui me revient: cette personne portait des bottes, je crois, voyons... Non, peut-être des baskets... Oui, c'est ça, des baskets, l'un était neuf et l'autre très vieux!

1   2   3   ④

Phonétique

Consonnes: La détente des consonnes finales

A consonant sound in any language is produced when the air flow coming from the lungs is at least partially obstructed. One defining feature of any consonant sound is the "place of articulation," which refers to the spot where this obstruction is produced. For instance, the consonant [p] is formed by the complete obstruction of the air flow when the two lips are brought into contact at the place of articulation. The term **la détente** refers to the release of this contact. Certain consonants in English may be "released" or "unreleased." For example, a speaker of English may say "Here's a tip" with the [p] of *tip* released or unreleased; that is, the lips remain together. In spoken French certain consonants are *always* released whether they occur at the end of a one-word utterance or at the end of a phrase or sentence. Compare the pronunciation of the English word *film* (unreleased final consonant) with the French word **film** (final consonant always released).

A. Écoutez, comparez, répétez et faites attention à la détente des consonnes finales en français.

English / French

1. natural / naturelle
2. film / film
3. Philip / Phillippe
4. Madam / Madame
5. cat / chatte
6. picnic / pique-nique
7. excellent / excellente
8. Canadian / Canadienne
9. candidate / candidate
10. rapid / rapide
11. active / active
12. Frances / Françoise

B. Écoutez et répétez en faisant attention à la détente des consonnes finales.

1. une per**sonne** compéten**te**
2. une femme spor**tive**
3. des vacances fabuleu**ses**
4. une étudiante américai**ne**

5. Il est journali**ste**.
6. Ce tailleur est très chi**c**.
7. J'ai une entrevue professionne**lle**.
8. Il faut des diplô**mes**.

CULTURES EN PARALLÈLES

L'âge des décisions

Observer

Dans **Cultures en parallèles**, à la page 406, vous avez noté des facteurs variés qui vont influencer votre choix d'une profession et votre entrée dans la vie active. Maintenant considérez certains facteurs qui influencent les décisions des jeunes Français—et qui leur sont en quelque sorte dictés par leur environnement.

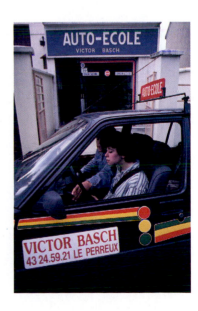

- On passe le permis de conduire (*driver's license*) à 18 ans, après avoir suivi des cours de code et de conduite dans une auto-école et réussi à un examen sur le code de la route (*traffic regulations*). Avec les cours obligatoires, le coût du permis est entre 700 € et 900 €. Il existe un système de conduite accompagnée (*learner's permit*) qui permet aux jeunes de 16 ans de conduire avec un adulte de 26 ans minimum qui a plus de 3 ans de conduite.

- L'âge de la majorité légale en France est 18 ans. Il n'y a aucune réservation: on peut donc voter, conduire, boire, fumer et jouer (*gamble*) comme l'adulte (raisonnable!) que l'on est.

EPARGNE LOGEMENT

Une épargne constructive

CL CREDIT LYONNAIS

- À 16 ans on peut ouvrir un compte en banque (*bank account*). On peut aussi avoir une carte de «retrait» (*debit card*) pour retirer (*withdraw*) des sommes limitées. Il faut avoir 18 ans pour avoir une vraie carte de crédit, type Visa.

- Les jeunes qui travaillent sont encouragés à ouvrir très tôt un compte épargne-logement (*saving account designated for housing*) pour leur permettre de devenir propriétaire de leur futur logement.

- Pour pouvoir se marier, l'homme doit avoir au moins 18 ans et la femme au moins 15 ans (plus la permission d'un parent). Le mariage est une formalité civile. Seuls les représentants du gouvernement peuvent prononcer des mariages. Une cérémonie religieuse peut suivre le mariage civil, selon le désir des fiancés.

Au moment du mariage civil, on reçoit un livret de famille.

Réfléchir

Essayez d'imaginer comment les décisions prises par les jeunes Français sont différentes de vos décisions. Considérez en particulier:

- l'âge légal pour demander certains droits et prendre certaines décisions
- le permis de conduire: considérations financières et légales
- le mariage, un acte civil ou religieux?
- les droits donnés par le seizième et dix-huitième anniversaire

Comparez vos réponses avec les réponses de vos camarades.

Voyage en francophonie

Vous êtes maintenant bien familiarisés avec l'économie, les ressources et les traditions de votre pays adoptif. Essayez de trouver des renseignements sur le monde du travail dans votre pays. Quelle est l'importance de l'agriculture? De l'industrie? Quels sont les métiers exercés par la population?

Pour trouver un modèle, allez sur le site Web de *Parallèles* pour le Chapitre 11.

Les pays en voie de développement ont souvent une économie basée sur la vie rurale.

DÉCOUVERTES

À vous la parole

Reportage

Interviewez votre partenaire sur la profession qu'il/elle va choisir. Préparez vos questions à l'avance pour lui demander:

- quel métier il/elle va choisir
- pourquoi il/elle a choisi ce métier
- quelle est une qualité nécessaire pour faire ce métier
- quelle préparation il faut suivre, et pendant combien de temps
- quels sont les avantages et les inconvénients de ce métier

Résumez pour le reste de la classe la réponse de votre partenaire.

MODÈLE: Anne va être prof. Elle aime les enfants. Elle est patiente. Elle a étudié quatre ans à l'université. Elle aime les vacances!

Lecture

Quitter ses parents: une étape de l'entrée dans la vie adulte

Le départ d'un jeune n'est pas toujours définitif.

Travaux d'approche. Une décision importante pour un jeune est la décision de quitter le domicile familial pour s'installer «chez lui». Travaillez en petits groupes et interrogez vos camarades pour savoir:

1. quand ils ont quitté le domicile familial pour la première fois: pendant ou après leurs études au lycée

2. pour quelle(s) raison(s) ils ont choisi d'habiter ailleurs (*elsewhere*)

3. quand ils retournent chez eux (toutes les semaines, tous les mois, aux vacances scolaires, etc.)

4. à quel âge ils espèrent ne plus dépendre de leurs parents

Chaque (*each*) groupe met ses résultats au tableau pour déterminer le profil de la classe. Maintenant considérez le titre de la lecture: **Quitter ses parents: une étape de l'entrée dans la vie adulte**. Le titre vous donne l'idée principale du passage. Êtes-vous d'accord avec cette idée? Avant de lire tout le texte, concentrez-vous sur chaque paragraphe et identifiez la phrase clé (*key*) ou les mots clés qui montrent comment cette idée est développée. Puis, relisez le texte entier pour bien apprécier l'ensemble.

1. Numérotez les phrases suivantes pour résumer le développement du texte.

_____ Les parents acceptent bien le départ de leurs enfants et restent prêts à les aider.

_____ Chez les étudiants, le retour à la maison est souvent fréquent et nécessaire.

_____ Quitter ses parents n'est pas toujours la même chose qu'avoir un logement indépendant.

Quitter ses parents: une étape de l'entrée dans la vie adulte

L'entrée dans la vie adulte est marquée par des étapes différentes. Ces étapes varient selon[1] les individus mais aussi selon les périodes de l'histoire. Par exemple l'âge du départ de chez les parents a augmenté pendant la crise des années 30, la seconde guerre mondiale et la crise économique des années 70. Aujourd'hui, le fait que les jeunes sont plus âgés quand ils finissent leurs études retarde souvent leur départ de la maison.

Pour Catherine Villeneuve-Gokalp, chercheur à l'Ined (Institut national d'études démographiques), «les jeunes partent toujours au même âge de chez leurs parents». Cependant quitter ses parents et s'installer dans un logement personnel ne sont pas des synonymes. Et l'installation dans un logement indépendant est de plus en plus tardive. Pourtant très souvent les parents sont d'accord pour aider leurs enfants à s'installer dans un logement indépendant.

Un jeune sur dix, surtout parmi les étudiants, continue donc à résider[2] chez ses parents une partie du temps. Certains reviennent tous les week-ends avec leur linge[3] pour la lessive[4] hebdomadaire et repartent avec pulls et chaussettes propres jusqu'au week-end suivant. Et les parents paient même le transport pour rentrer à la maison.

Villeneuve-Gokalp note qu'un premier départ sur cinq est en fait provisoire. Neuf fois sur dix, les enfants retournent habiter chez leurs parents après une première indépendance résidentielle[5]. Ce sont surtout des difficultés professionnelles qui jouent un rôle dans ces retours. Mais les jeunes qui ont des problèmes personnels—chagrin d'amour[6], problèmes familiaux, problèmes de santé—reviennent aussi chez leurs parents.

Et les parents, que pensent-ils de ces départs? Ils admettent très bien que leurs enfants ont besoin de tourner la page et de mener[7] une vie d'adulte. Ils les aident volontiers à concrétiser leurs rêves et besoins d'indépendance. Mais ils restent toujours prêts à les recevoir en cas de difficultés.

D'après *Économie et statistiques* (INSEE) Nº 337-338 – fév 2001

1 according to   2 to stay   3 laundry   4 wash   5 a first experience in independent living   6 relationship problems   7 to lead

_____ L'entrée dans la vie adulte est influencée par les conditions historiques.

_____ Quand on quitte ses parents la première fois, ce départ est rarement définitif.

2. Maintenant tirez des conclusions: pourquoi quitter ses parents est rarement synonyme de s'installer dans un logement personnel?

Réflexion

En petits groupes, comparez le départ des jeunes Français avec le départ des membres de votre groupe:

1. Les raisons du phénomène du départ de la maison sont-elles les mêmes?
2. Le départ est-il abrupt ou y a-t-il des étapes?
3. Chez vous, est-ce que les jeunes aiment bien le cocon familial?
4. Y a-t-il un rapport entre l'indépendance financière et le départ de la maison?

Comparez vos réponses avec les réponses des autres groupes.

À vos stylos

Courrier du cœur

Imaginez que vous travaillez dans un journal et que vous êtes chargé(e) de la rubrique (*column*) «Chère Monique». Vous allez répondre à la lettre d'un cœur brisé (*broken heart*), Sophie.

Chère Monique:

   Mon copain, Julien, vient de trouver une excellente situation mais... c'est au Sénégal! Il n'a pas hésité: il a décidé d'accepter. Pour lui, il n'y a pas de problèmes: nous nous marions et partons ensemble au Sénégal! Mais moi je n'ai pas du tout envie de me marier maintenant. Je veux continuer mes études. Julien n'accepte pas ma décision. Est-ce que je dois renoncer à mon avenir (*future*) avec Julien ou bien renoncer à mon avenir de future avocate?

   Un cœur brisé,

   Sophie

D'abord, réfléchissez un peu au cas de Sophie:

1. Êtes-vous du côté (*side*) de Julien ou de Sophie?
2. Quel va être votre conseil: attendre le retour de Julien? partir avec lui? trouver un autre amour?

Maintenant, pour répondre, développez les idées suggérées ci-dessous et ajoutez vos propres commentaires.

1. Expliquez à Sophie que vous ne pouvez pas prendre une décision pour elle.
2. Demandez-lui si elle est sûre d'aimer Julien.
3. Offrez une alternative (par exemple, aller au Sénégal dans un an? finir ses études plus tard? consulter ses parents?).

MODÈLE: Merci chère Sophie pour ta lettre.
Tu as en effet un grand problème devant toi. Mais tu dois prendre une décision personnelle. Est-ce que tu es sûre d'aimer Julien? Si oui, va passer tes vacances avec lui mais rentre finir tes études en France. Soyez patients tous les deux!
Bon courage, chère Sophie.

Parallèles historiques
L'homme de la décision

En juin 1940, l'armée allemande a envahi la France, la guerre est finie. Un jeune officier, Charles de Gaulle, refuse d'accepter cette défaite. Il prend une décision qui va changer sa carrière et le futur de la France. Il va à Londres pour continuer le combat. Le 18 juin 1940, il lance à la radio un appel aux Français: il faut qu'ils continuent la lutte[1] à côté des Anglais, qu'ils résistent aux Allemands!

   Et la lutte continue… jusqu'à la libération de Paris en août 1944. Chef du gouvernement provisoire après la guerre, il ne peut pas faire accepter son projet de constitution. Alors il se retire de la vie politique pour écrire ses mémoires. En 1958, les Français se tournent une nouvelle fois vers lui et il revient à Paris en tant que[2] Président d'une nouvelle République, la Ve République.

[1]struggle   [2]as

You could ask students to answer the following questions:

En 1940 qui a gagné la guerre? Les Français ou les Allemands?
Où le jeune de Gaulle va-t-il pour continuer le combat?
Qu'est-ce qui se passe le 18 juin 1940?

Combien de temps dure la lutte contre les Allemands?
Le général de Gaulle a-t-il eu une carrière politique?

Maintenant, je sais…

 À l'écran

Que disent vos amis francophones? N'oubliez pas de regarder la vidéo!

Qu'avez-vous appris dans ce chapitre? Comment l'avez-vous appris? Vérifiez vos connaissances sur chaque sujet et donnez des exemples précis. Parlez, par exemple:

1. de l'évolution de la population active depuis les années 50

2. du travail des femmes en France

3. de l'impact du chômage (*unemployment*) sur les jeunes

4. des entreprises françaises et leur manière de recruter

5. des facteurs culturels et économiques dans les décisions personnelles (pourquoi par exemple les jeunes Français choisissent d'habiter chez leurs parents plus longtemps que dans le passé)

6. de la garde-robe d'un demandeur d'emploi

Tous les mots

Expressions

bientôt	*soon*
faire une bonne impression	*to make a good impression*
lequel, laquelle?	*which one?*
ne pas faire de doute	*to be obvious*
probablement	*probably*

Expressions impersonnelles

il est possible / il est impossible	*it is possible*
il faut / il ne faut pas	*one must / must not, one needs / does not need*
il est / il n'est pas nécessaire	*it is / it is not necessary*
il est préférable / il vaut mieux	*it is better*
il est / n'est pas essentiel / indispensable	*it is / it is not essential / indispensable*
il est / n'est pas important	*it is / it is not important*

Verbes

augmenter	*to augment, to increase*
avoir peur	*to be afraid*
croire	*to believe, to hold true*
se débrouiller	*to manage*
demander	*to ask*
fabriquer	*to manufacture*
impressionner	*to impress*
persévérer	*to persevere*
porter (un vêtement)	*to wear an article of clothing*
prendre une décision	*to make a decision*
proposer	*to offer*
rechercher	*to look for*
représenter	*to be the representative of*
suivre une formation	*to receive training*
tenter	*to tempt*
travailler en équipe	*to work as a team*
voir	*to see*

Noms

les avantages (m) sociaux	*benefits*
un candidat, une candidate	*candidate*
une carrière	*career*
un chiffre	*number*
le chômage	*unemployment*
un client, une cliente	*customer*
une commission	*commission*
la comptabilité	*accounting*
un congé	*vacation*

un conseil	*piece of advice*
la direction des ventes	*sales management*
un emploi	*employment*
un entretien	*interview*
une équipe de vente	*sales force*
les finances (f)	*finances*
une formation commerciale	*business training*
les frais (m)	*expenses*
l'initiative (f)	*initiative*
le lieu de résidence	*residence*
un logement	*lodging, housing*
le mariage	*marriage*
un métier	*job, trade, craft*
le milieu social	*environment*
une offre d'emploi	*job offer*
le personnel	*staff*
un poste	(here) *job*
une profession	*career*
un salaire	*salary*
la sécurité	*safety, security*
la stabilité	*stability*
un trésorier	*treasurer*
la vente	*sale*

Les métiers (m) et les professions (f) — (trades and professions)

un acteur, une actrice	*actor, actress*
un agent de police	*police officer*
un agriculteur, une agricultrice	*farmer*
un attaché commercial, une attachée commerciale	*commercial representative*
un avocat, une avocate	*lawyer*
un cadre	*managerial employee, executive*
un chanteur, une chanteuse	*singer*
un/une comptable	*accountant*
un danseur, une danseuse	*dancer*
un/une expert-comptable	*certified accountant*
un infirmier, une infirmière	*nurse*
un informaticien, une informaticienne	*computer scientist*
un ingénieur agronome	*agricultural engineer*
un instituteur, une institutrice	*elementary, school teacher*
un ouvrier, une ouvrière	*blue-collar worker*
un patron, une patronne	*boss*
un/une publicitaire	*advertising executive*

un/une secrétaire	secretary
un serveur, une serveuse	waiter, waitress
un soudeur	welder
un technicien, une technicienne	technician
un vendeur, une vendeuse	salesclerk, salesman/woman

Les vêtements (m) — (clothes)

un accessoire	accessory
un anorak	ski jacket
des baskets (m)	high-top (basketball) shoes
un blouson	short jacket
des bottes (f)	boots
un bracelet	bracelet
un chapeau	hat
des chaussettes (f)	socks
des chaussures (f)	shoes
des chaussures (f) à talons	high-heeled shoes
une chemise (f)	man's shirt
un collant	pantyhose
un collier	necklace
un col roulé	turtleneck
un costume	man's suit
une cravate	tie
un chemisier	woman's shirt or blouse
un foulard	scarf
une garde-robe	wardrobe
des gants (m)	gloves
un imperméable	raincoat
des jeans (m)	jeans
une jupe	skirt
un manteau	coat
un maillot de bain	bathing suit

une robe	dress
un pantalon	pair of pants
un pull	pullover sweater
le rayon femmes/ hommes	women's/men's department
un sac	purse, bag
des sandales (m)	sandals
un survêtement	sweatsuit
un tailleur	woman's suit
une veste	jacket
un vêtement	garment, piece of clothing

Adjectifs

ajusté	tailored, tight-fitting
autonome	autonomous, independent
bien coupé	well cut
classique	classical
court	short
fier, fière de	proud of
propre	clean
réputé	well-known

Les couleurs (f) — (colors)

beige	beige
blanc, blanche	white
bleu	blue
gris	grey
jaune	yellow
noir	black
orange	orange
rose	pink
rouge	red
vert	green
violet, violette	purple

12

Loisirs et vacances

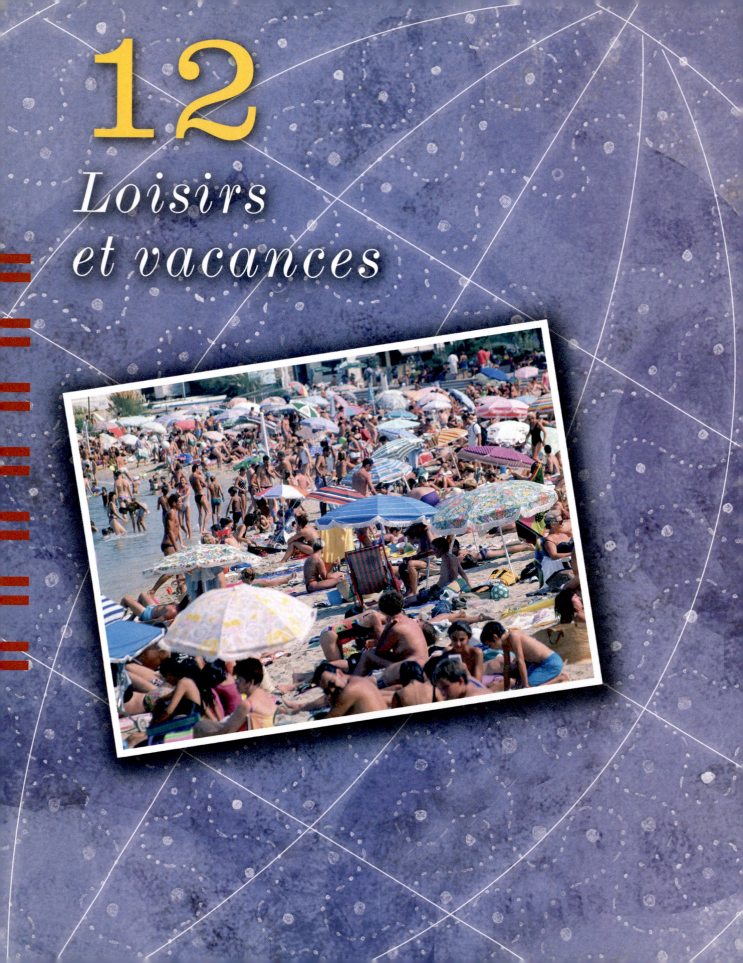

◁ Les vacances, c'est la mer, le soleil, la plage et… la foule!

Définitions du temps libre

Des fans du Sénégal manifestent leur enthousiasme durant la Coupe mondiale de football en 2002 à Paris. (Le Sénégal a battu la France 1–0.)

Dans un pays industrialisé, les machines et la technologie permettent à un grand nombre de travailleurs d'avoir plus de temps libre.

1. Comment peut-on définir le temps libre? Considérez les définitions suivantes. Avec laquelle êtes-vous le plus d'accord?

   a. Le temps libre est un droit. On a le droit de se reposer.

   b. Le temps libre est une récompense après le travail. Il faut «mériter» ses loisirs.

   c. Le temps libre c'est une distraction loin des problèmes de la vie quotidienne avec un bon livre, un nouveau jeu électronique, une activité sportive, une rencontre entre copains.

   d. Le temps libre est une occasion unique d'enrichir sa vie. Les activités du temps libre donnent la possibilité de réaliser son potentiel.

2. Quelle(s) définition(s) est-ce que la majorité de la classe a adoptée(s)? Pourquoi, à votre avis?

3. Maintenant travaillez en groupes pour considérer à nouveau chaque définition. Est-ce que chaque définition représente un choix personnel et aussi un choix culturel? Par exemple, est-ce que vous voyez un rapport entre l'éthique protestante de l'Amérique du Nord et certaine(s) définition(s)? Partagez vos conclusions avec le reste de la classe.

LE MOT JUSTE

Expression	Verbe	Noms
la vie quotidienne *daily life (grind)*	se reposer *to rest*	un droit *right* le temps libre *free time, leisure time* un travailleur *worker*

CONTEXTE

Destinations de vacances

Start by pointing out that the *Contexte* is based on a brochure from a travel agency specializing in exotic destinations. It may be helpful to show the *Contexte* descriptions of the destinations as you work through them with the class (IRCD Image T12–02).

You may first want to put the destinations on the board: *au Québec et aux États-Unis, en Amérique du Nord; au Maroc, en Afrique du Nord; en Chine et au Tibet, en Asie.* If students ask why one says *en Chine*

É T A P E

1

2
3
4

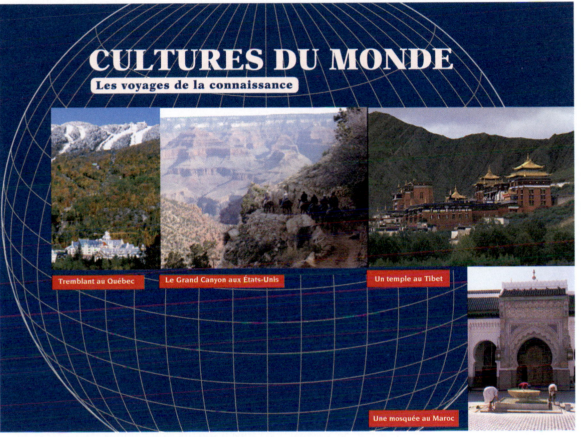

CULTURES DU MONDE
Les voyages de la connaissance

Tremblant au Québec

Le Grand Canyon aux États-Unis

Un temple au Tibet

Une mosquée au Maroc

but *au Tibet*, simply respond that the different constructions reflect the different genders of the countries; reassure them that this will be explained in the *Structure*.

You may want to situate these regions, countries, and cities on the map. Point out for example: *Ski Magazine a voté Tremblant au Canada le meilleur centre de vacances au Nord-Est de l'Amérique. Dans les Laurentides de Québec, Tremblant est une capitale du ski et de la planche.*

Vous aimez l'aventure et le contact avec des cultures différentes, et vous organisez vos vacances: Que faire? Où aller? Étudiez la brochure de l'agence *Cultures du monde* pour trouver votre destination idéale.

Au Canada. Au centre des Laurentides, Tremblant, le paradis du ski et de la planche (*snowboarding*) en hiver, est aussi l'endroit idéal pour vos prochaines vacances d'été. Vous pouvez y profiter de la plage et y jouer au tennis et au golf. Découvrez les aventures en forêt, le VTT, et le club de parapente (*hang gliding*). Offre spéciale golf-hébergement à partir de (*from*) Can $117,00 (80 €)/pers/nuit.

Au départ de Paris ou Lyon, combinez ce séjour avec la visite de Québec et Montréal. À partir de 2.300 €.

Au Maroc. Agadir vous offre beaucoup de variété: des plages désertes ou fréquentées, une forêt d'eucalyptus, un arrière-pays (*back country*) traditionnel. Notre équipe vous propose un programme de visites et d'activités organisées. Ou bien, si vous le préférez, louez moto, scooter, vélo ou voiture pour visiter les environs. Six jours, sept nuits, de Paris à Paris. À partir de 760 €. Prix par personne, sept nuits en chambre double en demi-pension.

C'est aussi une station d'été.

It may work well, as a warm-up, to ask different groups of students to indicate what activities are proposed at each destination as well as the price of the vacations. You may have to explain certain words and expressions: the acronym *VTT* stands for *vélo tout terrain*, or mountain bike. *Une balade est un mot familier pour «promenade», ou «randonnée». Une auberge est un hôtel assez modeste.* Before starting to write on the board, you may also want to ask students if they are familiar with any of these places. *Vous connaissez un de ces endroits? Vous y êtes allés? Vous avez vu des films de ces endroits?* If not, you may encourage them to visit these places on the Web.

You may also want to review numbers by asking students how much these trips would cost for a party of three or four people.

En Chine et au Tibet. Après quelques jours en Chine, notre balade tibétaine vous emmène (*take*) parmi (*among*) les nomades qui s'installent l'été sur les hauts pâturages (*pastures*). Vous descendez à l'hôtel en Chine et à Lhassa, mais dans des auberges locales pendant le voyage. Et pendant le trek, vous dormez sous la tente! Randonnées à pied, pas de difficulté technique mais plus de 4.000 mètres d'altitude: 22 jours, 5.250 €, au départ de Paris ou Lyon.

Aux États-Unis. Visitez les parcs nationaux de l'Ouest américain. Admirez leurs phénomènes naturels remarquables et différents: les séquoias géants de Yosémite, les couleurs du Grand Canyon, les grands arcs de pierre (*stone*) d'Arches, et deux jours à cheval dans les décors westerns de Monument Valley. Commencez votre voyage à Las Vegas, au Nevada et repartez de Californie. Paris–Las Vegas–San Francisco à partir de 2.350 €, 11 jours / 9 nuits en chambre double avec la demi-pension et les petits déjeuners américains.

Est-ce évident?

Les congés payés[1]

Depuis 1936, date qui marque la naissance des congés payés en France, la durée[2] de ces congés a beaucoup augmenté. Aujourd'hui un travailleur français bénéficie de quatre à six semaines de congés payés légaux. Il prend généralement quatre semaines de vacances au mois d'août, quand beaucoup d'entreprises ferment. Vous avez appris (Chapitre 8, page 319) qu'un travailleur français bénéficie aussi de onze jours de congés légaux pendant l'année. Enfin, depuis 2001, la semaine de travail de 35 heures offre plus d'occasions pour de courtes vacances. Aujourd'hui la durée des vacances principales tend à diminuer. Mais la durée des vacances secondaires et la fréquence des petits séjours sont en augmentation.

FERMETURE pour CONGÉS ANNUELS

du 1er août au 2 septembre

**Boulangerie ouverte: BONÉPI
2 place Saint Pierre**

● La durée des congés payés, le nombre de jours de congés légaux et la durée de la semaine de travail sont-ils comparables dans votre pays? Expliquez.

[1]paid vacations   [2]durée

LE MOT JUSTE

Expressions
à cheval   *on horseback*
au bord de la mer   *at the seaside*

Verbe
organiser   *to organize*

Noms
une auberge   *inn*
une aventure   *adventure*
une balade (familier)   *hike*
la demi-pension   *hotel charges
that include breakfast
and one meal (dinner)*
les environs (m)   *surroundings*

l'hébergement (m)   *lodging*
une tente   *tent*
un vélo tout terrain (VTT)
  mountain bike

Adjectif
fréquenté   *frequented, popular*

À votre tour

12–1 Avez-vous compris? Avec un partenaire, associez les expressions de la colonne de gauche avec une destination.

MODÈLE: É1: Monument Valley?

É2: C'est aux États-Unis!

un contact avec les populations nomades	au Maroc
des décors western	au Canada
un hébergement en tente	en Chine et au Tibet
du golf	aux États-Unis
des grands arcs de pierre	
une location de voitures	
des plages variées	
des randonnées à cheval	
des séquoias géants	
une civilisation millénaire	
du tennis	
une très haute altitude	
des visites de l'arrière-pays	

12–1 Again, you may answer students' question as to why one says *en Chine* but *au Tibet*, by pointing out that the different constructions reflect the different genders of the countries; reassure them that this will be explained in the *Structure*.

12–2 Devinettes. À tour de rôle, essayez de donner le mot de vocabulaire qui répond à la question ou à la définition.

MODÈLE: É1: Quelle(s) attraction(s) trouve-t-on au bord de la mer?

É2: On trouve des plages!

1. Qu'est-ce qui est comme un hôtel, mais plus simple?
2. Quel est le mot familier pour «une promenade»?
3. Donnez la formule qui signifie qu'on prend le petit déjeuner et un seul repas à l'hôtel.
4. Quelle expression utilise-t-on pour parler des attractions près d'un endroit précis?
5. C'est un vélo, mais un vélo qui va sur tous les terrains.
6. C'est un mot qui signifie qu'on a un endroit où dormir (une chambre, une tente, par exemple).

12–3 Descriptions rapides. À tour de rôle avec votre partenaire, relisez les descriptions de la brochure *Cultures du monde* pour choisir une destination. Quelle destination est-ce que vous choisissez? Expliquez pourquoi (vous aimez les activités, vous aimez l'aventure, vous désirez le contact avec des réalités différentes, les prix sont intéressants).

MODÈLE: É1: J'ai envie d'aller au Tibet. J'aime l'aventure. Je suis curieux de rencontrer des nomades.

12–3 As students do this activity, you may wish to show again the vacation descriptions from the *Contexte* (IRCD Image T12–02).

You may have students imagine that they have already taken their *Cultures du Monde* vacations to give them an opportunity to use the past tense. Or, they can describe their dream vacations, using the *conditionnel*.

STRUCTURE

Les noms géographiques et les prépositions

- You have already learned the use of **à** (meaning *in* or *to*) and **de** (meaning *from*) with the names of cities.

Je vais **à** Agadir.	*I am going to Agadir.*
Nous restons trois jours **à** Las Vegas.	*We are staying three days in Las Vegas.*
Il rentre **de** Lhassa.	*He is returning from Lhassa.*

- Note that a few city names include a definite article, among them **Le Havre, Le Mans, Le Caire** (*Cairo*), and **la Nouvelle Orléans**. The rules of contraction with **à** and **de** apply to the names of these cities.

Je vais d'abord **au Havre**, puis je passe trois jours **au Mans**.	*First, I am going to Le Havre, then I am spending three days in Le Mans.*
Quand je rentre **du Mans**, je vais aller à Paris.	*When I return from Le Mans, I am going to Paris.*

- To express *at, in, to* or *from* a country or a continent, use prepositions as follows:

	FEMININE COUNTRY OR CONTINENT; MASCULINE COUNTRY OR CONTINENT BEGINNING WITH A VOWEL SOUD	MASCULINE COUNTRY OR CONTINENT BEGINNING WITH A CONSONANT	PLURAL COUNTRIES
to, at, in	**en** France (f) **en** Europe (f) **en** Iran (m) **en** Haïti (m)	**au** Canada **au** Maroc	**aux** Antilles **aux** États-Unis
from	**de** France (f) **d'**Europe (f) **d'**Iran (m)	**du** Canada **du** Maroc	**des** Antilles **des** États-Unis

Note that:

You may want to point out that there are only five continents, according to French geography books and dictionaries.

You may want to note that in French a final -*a* does not automatically translate as a feminine: Compare: *la Floride, la Californie, la Louisiane, la Caroline,* but *le Minnesota, le Nébraska. L'Arizona* is also masculine.

- All continents are feminine: **l'Afrique, l'Europe, l'Amérique, l'Océanie, l'Asie**.

- Most country, region, and state names that end in **-e** are feminine: **l'Égypte, l'Italie, la Suisse, la Guinée, l'Argentine, la Chine, la Bourgogne, la Californie**.

Je vais **en Égypte**.	*I am going to Egypt.*
Je ne connais pas **la Chine**, mais mon père a habité **en Chine**.	*I do not know China, but my father lived in China.*

- Most country and state names that do not end in **-e** are masculine: **le Sénégal, le Luxembourg, le Tibet, le Chili, le Danemark**. There are two notable exceptions: **le Mexique, le Maine**.

Quand nous rentrons **du** Mexique, nous allons aller **au** Chili.	*When we get back from Mexico, we are going to Chile.*

- For U.S. states and Canadian provinces that are masculine, the expression **dans le** is preferred to **au**:

Je suis né **dans le** Texas, mais j'habite **dans le Maine**.

I was born in Texas, but I live in Maine.

Ma famille passe ses vacances **dans l'Ontario**.

My family vacations in Ontario.

À votre tour

 12–4 Les capitales du monde. En petits groupes, identifiez correctement le pays et le continent où se trouvent les capitales listées.

MODÈLE: Alger

É1: Alger se trouve en Algérie, en Afrique.

Londres	Angleterre	Afrique
Lisbonne	Portugal	Asie
Berlin	Allemagne	Amérique
Vienne	Autriche	Europe
Rome	Italie	Océanie
Melbourne	Australie	
Dakar	Sénégal	
Rabat	Maroc	
Tunis	Tunisie	
Moscou	Russie	
Bagdad	Iraq	
New Delhi	Inde	
Tokyo	Japon	
Buenos Aires	Argentine	

 12–5 Géographie francophone. Étudiez la carte du monde francophone à l'intérieur de la couverture de *Parallèles*. Sur chaque continent identifiez à tour de rôle les pays francophones et leurs capitales.

MODÈLE: É1: En Europe, il y a la France. La capitale est Paris…

 12–6 D'où sont-ils venus? Savez-vous de quels pays sont venus vos grands-parents? Si oui, partagez cette information avec les membres de votre petit groupe. Si non, dites d'où les habitants de votre état ou région sont venus en majorité.

MODÈLE: É1: Mes grands-parents paternels sont venus d'Irlande. Mes grands-parents maternels sont venus de l'état de Floride.

ou: Dans notre (état, ville, quartier) beaucoup de gens viennent d'Irlande.

Consultez la liste suivante pour vous aider:

Afrique / Allemagne / Bénin / Chine / Colombie / Congo / Corée / Danemark / Inde / Iran / Irlande / Italie / Japon / Liban / Mexique / Philippines / Russie / Sénégal / Suède / République tchèque / Viêt-nam

As a warm-up activity, you may want to do some quick drills. For example, put on the board the verbs *J'aime…, Je vais…, Je reste…,* and *Je reviens de…* Suggest country names and lead some drills based on these verbs: *J'aime la France, alors, je vais en France et je reste en France. Hélas, les vacances sont finies! Je reviens de France. J'aime le Canada, alors,…*

12–5 You may want to show the map of the French-speaking world as students do this exercise (IRCD Image M1).

12–6 You may want to add to or subtract from this list depending on the make-up of your class.

12–7 Before students start the exercise, you may want to refresh their memory. *Je suis né(e) = I was born: Je suis né en France. Et vous, vous êtes né où? et toi?* etc.

12–7 Biographie. En petits groupes, indiquez de quelle ville et de quel état vous venez. Indiquez si vous êtes aussi né(e) dans cette ville-là ou non.

MODÈLE: É1: Je viens de Lincoln, dans l'état du Nebraska. Mais je suis né à la Nouvelle-Orléans, en Louisiane.

12–8 You might want to assign the exercise ahead of time to allow students to prepare an itinerary. Have different pairs present their dream trip to the rest of the class. You may want to ask students to use the *conditionnel*, either from the outset or on a second pass after they have done the exercise in the present.

12–8 Prenez la parole. Vous et votre partenaire avez gagné à la loterie un voyage autour du monde. Organisez votre itinéraire: Quels pays et villes voulez-vous (voudriez-vous) visiter? Pourquoi?

MODÈLE: Nous voulons/voudrions aller en Afrique. Nous allons visiter/visiterions d'abord l'Égypte. Nous voulons/voudrions voir les Pyramides. Ensuite, nous allons aller/irions…

You may wish to show the *Contexte* (IRCD Image T12–03). Point out that the *Contexte* title *Organiser des vacances réussies* suggests that good organization may be the key to great vacations. Then you may ask students several questions: *Quand commencez-vous à organiser vos vacances? Des mois à l'avance? Des semaines à l'avance? Deux ou trois jours à l'avance? La veille du (le jour avant le) départ?* Then go back to each category and read/talk through the *Contexte* by asking students relevant questions: *Qui voyage à l'étranger? Avez-vous un passeport? Avez-vous besoin d'obtenir un visa?* Try to encourage students to volunteer answers by giving them choices: *Comment choisissez-vous une destination? Est-ce que vous vous renseignez dans une agence? Auprès de copains? Sur la Toile? Réservez-vous vos billets des mois ou des semaines à l'avance?* Then ask *Qu'est-ce qu'il faut faire le jour avant le départ?* When you feel students are ready, ask them to work in pairs to prepare their own list of things to do, selecting from the options provided in the *Contexte*. Ask some pairs to read their lists to the class.

ÉTAPE 1 2 3 4

CONTEXTE

Organiser des vacances réussies

Le jour du départ est toujours un peu difficile!

You may want to inform students that red zones, *périodes rouges*, refer to times of heavy travel just before and after vacations times and holidays.

You may want to explain these vacation options: *Les villages de vacances sont des villages résidentiels où appartements et villas reçoivent des familles. On y trouve aussi restaurants, installations sportives, activités supervisées pour enfants et/ou parents à un prix généralement assez raisonnable. Plusieurs grandes compagnies et certaines agences du gouvernement financent et opèrent leurs propres villages.* You may compare *un gîte rural* to a bed and breakfast: *Des particuliers, à la campagne, louent des chambres ou studios dans leur maison. Ils reçoivent aussi leurs hôtes au moins pour un repas par jour.*

Vous voulez que vos vacances soient réussies? Alors il est préférable que vous ayez une bonne organisation.

Plusieurs mois à l'avance:

● Avant un départ à l'étranger, vérifiez que vous avez un passeport valide et demandez les visas nécessaires.

● Achetez ou au moins (*at least*) réservez vos billets d'avion ou de train. (Indispensable si vous voyagez en période rouge!)

● Informez-vous sur les promotions auprès (*with, at*) des agences de voyage et des lignes aériennes. Comparez les prix et surfez la Toile.

● Arrangez votre hébergement: allez-vous faire du camping? louer une villa ou un gîte rural? aller dans un camp ou un village de vacances?

Un mois à l'avance:

● Achetez des cartes et un guide de la région et décidez de votre itinéraire. Allez-vous faire de longues ou petites étapes? faire des circuits? prendre les autoroutes ou les petites routes?

Une semaine à l'avance:

● Faites vérifier la voiture (*have the car checked*) chez le garagiste, prenez vos billets, vérifiez les horaires pour les vols ou le train.

La veille du départ:

● Faites le plein, faites vos bagages. N'oubliez pas votre carte bancaire ni votre téléphone portable.

Est-ce évident?

Vacances sur mesure[1]

Où et comment les Français passent-ils leurs vacances? Une famille sur quatre va au bord de la mer en camping, location ou village familial. Une famille sur trois part en vacances dans sa famille, chez des amis ou dans un gîte rural. Les «vacances vertes» à la campagne sont aussi très populaires: elles favorisent la pratique des sports de plein air[2] et… elles coûtent[3] moins cher! Les circuits touristiques et les vacances à l'étranger concernent surtout les familles aisées[4] et les retraités. Les jeunes de 14 à 24 ans sont les plus nombreux à partir à l'étranger (voyages linguistiques ou destinations exotiques).

● Et chez vous? Quels sont les types de vacances les plus populaires en général et pour les jeunes?

[1]made to order   [2]outdoors   [3]cost   [4]well-off

Un gîte rural offre le calme, à un prix très raisonnable et avec un accueil amical.

LE MOT JUSTE

Expressions
à l'avance   *in advance*
à l'étranger   *abroad*

Verbes
faire les bagages   *to pack*
faire le plein   *to fill up*
  (the car with gas)
s'informer (sur)   *to seek*
  information (about)
réserver   *to reserve,*
  to make reservations
surfer la Toile   *to surf the Web*
vérifier   *to check*

Noms
une agence de voyages
  travel agency
une autoroute   *superhighway*
un avion   *airplane*
un camp   *camp*
une carte bancaire   *bank card*
  (credit or debit)
un garagiste   *mechanic*
un gîte rural   *bed and breakfast*
une ligne aérienne   *airline*
un passeport   *passport*
une promotion   *special sale*
une route   *highway*

un téléphone portable   *cell phone*
la veille   *the eve (day before)*
un village de vacances
  family vacation village
un vol   *flight*

À votre tour

 12–9 Préparatifs (*Planning*). À votre avis, quels sont les deux préparatifs les plus importants, les deux préparatifs les moins nécessaires et les deux préparatifs les plus ennuyeux avant un départ en vacances? Faites votre liste et en petits groupes comparez-les. Êtes-vous tous d'accord?

MODÈLE: É1: Pour moi, comparer les prix, c'est très important.

É2: Pour moi, comparer les prix, c'est très ennuyeux!

avoir un passeport valide	avoir une assurance-voyage (*travel insurance*)
se mettre d'accord (*agree*) sur une destination	ne pas choisir les périodes rouges
établir un itinéraire	prendre son portable
faire les valises	s'informer sur les promotions auprès des agences de voyage
écrire au bureau de tourisme	surfer la Toile pour trouver des renseignements (*information*)
vérifier la limite de sa carte de crédit	arranger son hébergement
faire des réservations à l'avance	
acheter des cartes et un guide	

12–10 While students do this activity, you may want to show the *Contexte* (IRCD Image T12–03).

 12–10 Bilan. Partagez avec un partenaire trois ou quatre erreurs que vous avez faites l'année dernière dans l'organisation de vos vacances. Il/Elle vous indique comment vous organiser mieux. Utilisez le *Contexte* pour trouver des idées.

MODÈLE: É1: L'année dernière, je n'ai pas fait de réservations à l'avance.

É2: Cette année, tu dois faire des réservations à l'avance.

12–11 You may take this opportunity to point that France has a multitude of «*petites routes*», usually very scenic and picturesque, which offer many opportunities to get an "inside look" at France. You may also discuss the *autoroutes*, their network, and their fees. Consult the Internet for updated information.

12–11 Chacun à son goût (*To each his/her own*). En petits groupes, posez trois des questions suivantes à vos partenaires et notez les réponses. Ensuite, partagez les réactions de votre groupe avec le reste de la classe.

MODÈLE: É1: As-tu un passeport? Pourquoi oui, ou pourquoi non?

É2: Je n'ai pas de passeport. Je ne suis jamais allé(e) à l'étranger.

1. En général avec qui pars-tu en vacances?
2. Quand est-ce que tu commences à organiser tes vacances?
3. Où et comment est-ce que tu te renseignes pour organiser tes vacances?
4. Qu'est ce que tu fais la veille du départ?
5. En voiture, préfères-tu prendre les autoroutes ou les petites routes? Pourquoi?

12–12 While students do this activity, you may want to show the *Contexte* (IRCD Image T12–03).

 12–12 Voyage imaginaire. Travaillez en groupes de trois personnes et imaginez que vous faites des projets de vacances. Choisissez une destination, puis décidez qui va faire quoi. Plus tard, partagez votre organisation avec le reste de la classe.

MODÈLE: Nous allons aller en France. Paul va surfer la Toile et s'informer sur les promotions de voyage. Jackie va acheter des cartes. Moi, je vais arranger notre hébergement.

STRUCTURE

Le subjonctif d'**être** et d'**avoir**; l'emploi du subjonctif après les expressions de volonté

Formation du subjonctif: être et avoir

● The verbs **être** and **avoir** are irregular in the present subjunctive:

être			
que je	sois	que nous	**soyons**
que tu	sois	que vous	**soyez**
qu'il/elle/on	soit	qu'ils/elles	soient

avoir			
que j'	aie	que nous	**ayons**
que tu	aies	que vous	**ayez**
qu'il/elle/on	ait	qu'ils/elles	aient

You may wish to note the similarity of these forms to the imperative forms (see Chapitre 4, p. 146).

Point out that, as with the regular verbs presented in Chapitre 11 (p. 429), there are only three spoken forms in the present subjunctive of these verbs. Remind students that the written combination -*oi*- is pronounced [wa] and that the combination -*oy*- represents [wa] + [j + vowel), just as they did with *voir/croire* (Chapitre 11, p. 423). Model pronunciation and have them repeat: [swa], [swa jɔ̃], [swa je]; [ɛ], [ɛjɔ̃], [ɛje].

L'emploi du subjonctif après les expressions de volonté

● When the main clause of a sentence expresses a wish or desire, the verb in the second clause is usually in the subjunctive.

Vous voulez que vos vacances **soient** réussies.	*You want your vacation to be a success.*
Je préfère que nous **finissions** les valises maintenant.	*I prefer that we finish packing the suitcases now.*
Nous souhaitons que vous **ayez** du beau temps.	*We hope that you will have nice weather.*
Je veux bien qu'on **parte** à la montagne cette année.	*I'm willing for us to go to the mountains this year.*

● Note that the verb **espérer** (*to hope*), is not followed by the subjunctive:

J'espère que vous **passez** de bonnes vacances.	*I hope (that) you are having a great vacation.*

● In addition to **vouloir**, the following verbs and expressions express wishes or desires and may be used with the subjunctive:

aimer mieux	*to like better, prefer*
demander	*to ask*
désirer	*to wish, want*
préférer	*to prefer*
souhaiter	*to wish*
il est préférable	*it is preferable*
il vaut mieux	*it is better*

You may wish to remind students that the use of the infinitive rather than the subjunctive in some cases was explained in Chapitre 11, p. 430. Point out that *il est préférable* is combined with *de* + the infinitive.

● Many of these verbs and expressions can be used with an infinitive when the subject of both clauses is the same or when a general statement is made.

Je veux que mes amis s'amusent.   *I want my friends to have a good time.*

Je veux m'amuser aussi.   *I want to have a good time too.*

Il vaut mieux que vous achetiez des cartes.   *It is better that you buy some maps.*

Il vaut mieux s'amuser   *It is better to have a good time.*

Il est préférable que vous ayez un téléphone portable.   *It is preferable that you have a cell phone.*

Il est préférable de vérifier les horaires.   *It is preferable to check the timetables.*

À votre tour

To warm up, you may do quick oral drills using the *Contexte* sentences that do not use irregular verbs other than *être* and *avoir*. *Vos vacances sont réussies. (Vous voulez…) Vous voulez que vos vacances soient réussies? Vous avez une bonne organisation. (Il est préférable que…) Vous avez un passeport. (Il vaut mieux que…) Nous demandons les visas. (Je souhaite que…) Vous réservez vos billets. (On préfère que…) Vous vous informez sur les promotions. (Je désire que…) Nous surfons la Toile! (J'aime mieux que…) Vous arrangez votre hébergement. (Il est préférable que…)*
You may choose to include as well cues such as *j'espère que* (perhaps prefaced with *Attention!*) or change cues to *Il est préférable de.*

12–13 On peut toujours rêver. À tour de rôle avec votre partenaire, exprimez vos désirs pour vos vacances. Variez vos expressions: **je veux, je désire, je souhaite, il est préférable**, etc.

MODÈLE: É1: Les vacances sont un succès.

É2: Je veux que les vacances soient un succès.

1. Il y a du soleil.
2. Les membres du groupe sont sympa.
3. Le prix des vacances est raisonnable.
4. Tout le monde a un passeport.
5. Les hôtels ne sont pas trop chers.
6. Vous avez des réservations.
7. Nous avons un peu d'indépendance.
8. Les activités sportives sont nombreuses.
9. Les membres du groupe ont une bonne expérience.

12–14 You may call students' attention to the place of the negation. Whereas *ne pas* precedes the infinitive, it takes its normal place on either side of the conjugated verb.

12–14 Bons conseils. Votre partenaire fait des généralisations sur l'organisation des voyages, et vous concluez que la situation vous concerne aussi.

MODÈLES: É1: En général, il vaut mieux avoir une assurance (*insurance*).

É2: Alors, il vaut mieux que nous ayons une assurance.

É1: En général, il est préférable de ne pas prendre les autoroutes.

É2: Alors, il est préférable que nous ne prenions pas les autoroutes.

1. En général, il vaut mieux avoir un passeport.
2. En général, il est préférable d'acheter une carte.
3. En général, il vaut mieux réserver les billets à l'avance.
4. En général, il vaut mieux ne pas voyager en période rouge.
5. En général, il est bon de s'informer des horaires de vol.
6. En général, il est préférable de ne pas prendre trop de bagages.
7. En général, il vaut mieux ne pas attendre pour acheter les billets.
8. En général, il est bon d'établir un itinéraire.

12–15 Partages des tâches. En petits groupes, faites des préparatifs de voyage. Décidez qui va faire quoi. Utilisez les verbes ou expressions suivants: **j'aime mieux, je demande, je désire, je préfère, je souhaite, il est préférable, il vaut mieux**.

MODÈLE: É1: écrire au bureau de tourisme
  É2: Il est préférable que Paul écrive au bureau de tourisme.

1. avoir un téléphone portable
2. établir le budget
3. répondre au village de vacances
4. ne pas perdre de temps pour demander les visas
5. choisir notre gîte rural
6. réunir des informations sur la Toile
7. rendre visite au garagiste
8. lire beaucoup de brochures

12–15 You may ask students to justify their answers by adding relevant information. *Il est préférable que Paul écrive au bureau de tourisme. Il écrit bien! 1. Il/Elle en a un; 2. Il/Elle est bon(ne) en maths; 3. Il/Elle a l'adresse; 4. Il/Elle est efficace; 5. Il/Elle connaît la région; 6. Il a un ordinateur; 7. Il/Elle en connaît un bon.*

12–16 Conflits. Vous et votre partenaire ne partagez pas les mêmes idées. Vous les exprimez à tour de rôle selon le modèle. Votre partenaire parle pour lui/elle. Vous parlez pour le groupe.

MODÈLE: me reposer / nous amuser
  É1: Moi, je souhaite me reposer.
  É2: Moi, je préfère que nous nous amusions.

1. partir en groupe / partir seul
2. partir à l'étranger / rester chez nous
3. passer du temps à la plage / séjourner à la montagne
4. avoir beaucoup de temps libre / être très occupés
5. être tranquille / contacter beaucoup de copains
6. manger dans de bons restaurants / organiser des pique-nique
7. descendre dans un hôtel confortable / camper
8. acheter beaucoup de souvenirs / ne pas entrer dans un seul magasin
9. choisir un endroit à la mode / choisir un endroit calme

12–16 Before starting, you may want to carefully go over the *modèle* with your students. Ask them how the two answers differ and ask them to explain why.

12–17 Prenez la parole. D'abord sélectionnez et résumez trois ou quatre éléments essentiels pour réussir vos vacances (utilisez les suggestions ci-dessous). Puis demandez à vos camarades leurs préférences. Vos avis sont-ils très différents ou très semblables?

MODÈLE: É1: Moi, je voudrais être avec mes amis. Je souhaite que nous ayons du soleil. Il est préférable que nous ne dépensions pas trop. Et pour toi? Qu'est-ce qui est préférable?

12–17 Suggestions are given to prevent students from using irregular verbs for which they have not yet studied the *subjonctif*.

Être avec des amis? Être avec la famille? Avoir du soleil? Voyager à l'étranger? Être à la plage? Être à la montagne? Avoir des réservations? Partir à l'aventure? Avoir des projets précis? Rester dans un gîte? Descendre à l'hôtel? Avoir un bon guide? Camper? Être indépendant? Avoir une bonne expérience? Lire des livres avant le départ? Visiter beaucoup d'endroits? Avoir des activités sportives/culturelles? Voyager en avion? En train? Louer une villa? Organiser un circuit? Avoir un budget?

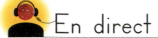

En direct

Tourisme culturel. Écoutez les explications données au sujet de sites et monuments bien connus. Indiquez pour le site ou le monument en question, (1) la période historique concernée, (2) les personnages/personnes associés à ce site ou monument, (3) au moins (*at least*) deux détails importants.

	Le château de Versailles	Les plages de Normandie
date historique	1661	6 juin 1944
personnages	Louis XIV	Alliés
détails	Galerie des Glaces, magnifiques jardins, chapelle, appartements royaux	cimetière américain, 9.386 morts, nombreux musées, les plages

D'après les commentaires que vous avez entendus, quel site ou monument trouvez-vous le plus intéressant? Expliquez pourquoi.

ÉTAPE 3

CONTEXTE

Loisirs et personnalité

L'organisation du temps libre dépend des ressources de chacun, et aussi de l'endroit où on vit (*lives*) et surtout de ses préférences personnelles. Il est amusant de remarquer que certaines habitudes correspondent à des personnalités-types.

Un bon fauteuil, un bon livre et de la musique, on est heureux!

Les pantouflards...

- ont un super-équipement électronique: mini-chaîne (*mini stereo system*), CD, télé-magnétoscope (*TV with VCR*), lecteur et enregistreur CD (*CD player and burner*), lecteur et enregistreur DVD.
- lisent le journal de A à Z
- défendent jalousement (*jealously*) leur fauteuil préféré devant la télé

Il est sûr que les cultivés...

- vont à toutes les nouvelles expositions
- font la visite d'un site historique ou d'un musée chaque week-end
- lisent les critiques de film avant d'aller au cinéma

Il est évident que les aventuriers...

- prennent les chemins de grande randonnée: à pied, à ski, à vélo, à moto ou à cheval
- vont dans l'Himalaya pour faire de l'escalade
- explorent l'air (parachutisme, parapente) et la mer (plongée sous-marine)

Les musclés...

- font du footing deux heures par jour, par tous les temps
- passent leur week-end au stade
- décorent leur chambre avec leurs médailles et trophées

Les non-conformistes...

- font la sieste l'après-midi de la coupe d'Europe de football (*European Cup soccer competition*)
- ne se souviennent pas comment ils ont passé le week-end dernier
- vont à la piscine en décembre et font du ski d'été dans les Alpes

À Paris, il faut visiter le Musée des Arts d'Afrique et d'Océanie. En fait, le voile qui a inspiré la couverture de notre manuel fait partie de sa magnifique collection de textiles!

La parapente, c'est la liberté de voler.

La musculation (*body building*): une passion.

Mais oui! Le ski est aussi un sport d'été!

Est-ce évident?

La civilisation des loisirs? Espoirs[1] et réalités

En 1999 les Français espéraient que la semaine de 35 heures allait leur permettre de se reposer, de passer du temps avec leurs enfants, de faire des petits séjours plus fréquents dans des endroits de vacances. Une majorité souhaitait avoir plus de temps pour des activités de leur choix: lecture, musique, presse et radio ou télévision pour les femmes; sport, bricolage et jardinage[2] pour les hommes; visites de musées, expositions ou monuments pour tous. Et les hommes comme les femmes voulaient plus de temps libre pour cuisiner. Beaucoup espéraient avoir le temps de s'occuper d'eux-mêmes (visites chez le coiffeur ou le masseur, par exemple) et de faire plus de shopping.

Aujourd'hui, on reconnaît les avantages de la semaine de 35 heures. Elle a apporté «plus de temps personnel», «plus de temps en famille», «plus de jours de vacances». Mais en réalité la majorité des travailleurs n'a pas trouvé plus de temps à consacrer aux activités de loisirs!

Adapté d'études de IPSOS (1999) et SOFRES (2001)

10% des Français visitent des musées ou des expositions le week-end.

● Pensez-vous qu'une réduction du temps de travail est possible chez vous? Qu'est-ce que vous feriez si la semaine de travail comptait moins d'heures?

[1]hopes   [2]gardening

IPSOS is not an acronym. SOFRES is the acronym for the Société Française d'Enquêtes par le Sondage. The official name is now Taylor Nelson SOFRES. Both IPSOS and SOFRES specialize in *sondages d'opinion*.

LE MOT JUSTE

Expression

par tous les temps   *in any kind of weather*

Verbes

faire de l'escalade   *to go rock climbing*
faire du footing   *to jog*
faire la sieste   *to take a nap*

Noms

un aventurier   *adventurer*
un chemin de grande randonnée   *hiking trail*
un cultivé   *educated person*
l'escalade (f)   *rock climbing*
le footing   *jogging*
une médaille   *medal*
un musclé   *(here) athlete*

un non-conformiste   *nonconformist*
un pantouflard   *homebody, couch potato*
le parachutisme   *parachuting*
le parapente   *hang gliding*
la plongée sous-marine   *deep-sea diving*
un trophée   *trophy*

À votre tour

 12–18 Classement. Avec un(e) camarade, essayez de regrouper les activités évoquées dans le **Contexte** ci-dessus dans d'autres catégories. Par exemple, indiquez quelles activités:

1. demandent de la force physique
2. exigent (*require*) beaucoup de temps ou d'argent
3. peuvent se pratiquer en solitaire (*alone*)
4. demandent un équipement spécial

 12–19 Jugement pour rire (*Tongue-in-cheek judgment*). En petits groupes, demandez à vos camarades s'ils ont adopté certaines des habitudes listées dans le **Contexte**. Après deux réponses positives pour le même type, rendez votre jugement.

Utilisez les expressions ci-dessous ou votre imagination.

MODÈLE: passer les week-ends au stade

> É1: Est-ce que tu passes les week-ends au stade?
> É2: Non, mais j'y vais souvent.
> É1: Est-ce tu décores ta chambre avec tes médailles?
> É2: Euh… oui, j'ai des médailles dans ma chambre!
> É1: Alors, tu es du type musclé. Tu n'es pas un pantouflard!

> aller à la piscine en hiver / avoir un super-équipement électronique / lire les critiques de film / visiter souvent un site historique / lire le journal de A à Z / visiter les nouvelles expositions / défendre ton fauteuil devant la télé / faire du ski d'été / faire du cheval (de la moto, de l'escalade, du parachutisme, du parapente, de la plongée sous-marine) / faire du footing tous les jours, par tous les temps / décorer ta chambre avec médailles et trophées / faire la sieste le jour du Super Bowl

12–20 Une réalité complexe. Votre type de personnalité est plus complexe que les types présentés ci-dessus! Faites une description honnête de votre personnalité. Êtes-vous typique des gens de votre âge qui sont étudiant(e)s?

MODÈLE: É1: Moi je défends mon fauteuil, comme les pantouflards, mais je passe le week-end au stade, comme les musclés…

You may warm up by asking students in which category they belong and why: *Vous faites partie de quelle catégorie? Pourquoi? Quelles sont vos activités préférées?* Suggest they ask these questions in small groups in a round-robin fashion.

If your class has many extroverts, you may want to ask students to mime some of the activities enjoyed by certain personality types and ask students to identify the type. *Est-ce qu'il y a des volontaires pour mimer les comportements d'un certain type de personnalité devant la classe?*

STRUCTURE

Le subjonctif des verbes irréguliers

Several groups of verbs—in addition to **être** and **avoir**—are irregular in the present subjunctive.

● Irregular verbs that have two stems in the present indicative—one for the **nous-** and **vous-** forms, and another for all of the other four forms—also have two stems in the present subjunctive:

present indicative			
je	vais	nous	allons
tu	vas	vous	allez
il/elle/on	va	ils/elles	vont

present subjunctive			
que j'	aille	que nous	allions
que tu	ailles	que vous	alliez
qu'il/elle/on	aille	qu'ils/elles	aillent

Note that the endings for the subjunctive follow the normal pattern.

● Other verbs with two stems in the present indicative and present subjunctive include:

boire	que je boive	que nous buvions
croire	que je croie	que nous croyions
prendre	que je prenne	que nous prenions
recevoir	que je reçoive	que nous recevions
tenir	que je tienne	que nous tenions
venir	que je vienne	que nous venions
voir	que je voie	que nous voyions
vouloir	que je veuille	que nous voulions

● Three verbs—**faire**, **pouvoir**, and **savoir**—have a single irregular stem in the subjunctive.

faire (*subjonctif*)			
que je	fasse	que nous	fassions
que tu	fasses	que vous	fassiez
qu'il/elle/on	fasse	qu'ils/elles	fassent

pouvoir (*subjonctif*)			
que je	puisse	que nous	puissions
que tu	puisses	que vous	puissiez
qu'il/elle/on	puisse	qu'ils/elles	puissent

savoir (*subjonctif*)			
que je	sache	que nous	sachions
que tu	saches	que vous	sachiez
qu'il/elle/on	sache	qu'ils/elles	sachent

À votre tour

12–21 Devenir un vrai sportif. À tour de rôle, admettez que les actions suivantes sont nécessaires pour devenir un vrai sportif.

MODÈLE: É1: Tu vas à la piscine.

É2: Il faut que tu ailles à la piscine.

1. Nous faisons de l'escalade.
2. Nous pouvons faire un marathon.
3. Tu fais du ski.
4. On boit plus d'eau.
5. Je tiens un journal de mes progrès.
6. Vous savez faire de la plongée.
7. On veut faire des progrès.
8. Tu reçois des encouragements.

12–22 Réaction. À tour de rôle, vous et votre partenaire faites des phrases complètes avec les éléments suivants.

MODÈLE: valoir mieux / tu / savoir faire du cheval

É1: Il vaut mieux que tu saches faire du cheval.

1. être préférable / les copains / vouloir venir avec nous
2. valoir mieux / nous / pouvoir avoir plus de temps
3. être dangereux / les enfants / faire de l'escalade
4. être important / on / savoir / faire du ski
5. être impossible / vous / aller dans l'Himalaya
6. être préférable / nous / faire des balades à pied
7. être possible / mes amis / aller au musée
8. être impossible / nos amis / vouloir voyager à l'étranger
9. être possible / tu / pouvoir louer des skis

12–23 Plaintes (*Complaints*). Montrez votre exaspération pour les habitudes des catégories suivantes. Commencez vos phrases avec: **Il faut toujours que vous…**

MODÈLE: Les pantouflards ont un super-équipement électronique!

É1: Il faut toujours que vous ayez un super-équipement électronique!

1. Les pantouflards ont un super-équipement électronique; voient le journal du jour, prennent le fauteuil devant la télé.
2. Les cultivés vont à toutes les expositions; font la visite de sites historiques; croient les critiques de film.
3. Les aventuriers peuvent voyager à pied, à vélo ou à cheval; vont faire de l'escalade; font du parachutisme.
4. Les musclés font du footing par tous les temps; viennent au stade avec un super équipement; veulent plus de trophées.
5. Les non-conformistes font la sieste l'après-midi; vont à la piscine en décembre; font du ski d'été dans les Alpes.

As a warm-up, you may want to ask students to change some of the *Contexte* sentences by modifying the introductory phrases. You may put these on the board or you may wish to show the *Contexte* (IRCD Image T12–04).

Les pantouflards ont un super-équipement électronique. (Il est possible que…)

Les cultivés vont à toutes les nouvelles expositions; font souvent la visite de musée. (Il faut que…)

Les aventuriers vont dans l'Himalaya pour l'escalade; savent faire du parachutisme. (Il est essentiel que…)

Les musclés peuvent faire du footing par tous les temps. (Il est préférable que…)

Les non-conformistes font la sieste pendant la coupe d'Europe; veulent faire du ski l'été. (Il est possible que…)

12–24 Before students begin this activity, you may want to brainstorm possibilities and even to write them on the board. For example: *aller à plage / faire du ski / voir des amis / aller au théâtre / avoir des installations sportives / avoir de bons restaurants / voir les nouveaux films / visiter des musées / faire du footing / faire des randonnées*, etc.

12–24 Prenez la parole. Qu'est-ce qu'il est essentiel ou agréable de faire ou de trouver sur un campus pour bien profiter de ses loisirs? Quelles seraient vos réponses à cette question? Pensez-y, puis partagez vos idées avec votre groupe.

MODÈLE: É1: Il est agréable qu'on puisse faire de l'escalade. Il est essentiel qu'on fasse du jogging. Il est agréable qu'on puisse aller au concert et qu'il y ait un beau musée.

É2: Il est essentiel qu'il y ait des installations sportives. Il est agréable d'aller à la piscine. Il est essentiel qu'il y ait des restaurants pas chers!

1
2
3

É T A P E

4

You may want to start by sharing the story of *«Je ne veux pas bronzer idiot»: Ce slogan, inventé en 1970 pour montrer l'importance culturelle du festival International de Tabarka, en Tunisie, illustre aujourd'hui d'une manière plus général un concept de vacances qui souligne leur dimension culturelle.* Ask students for possible translations, e.g., "Don't just be a beach bum" or "Vacations are more than a suntan"? Ask for their own ideas.

Ask students what they expect from their vacations; write their answers on the board. Ask them to compare their feelings with those of *la majorité* listed in the first paragraph.

CONTEXTE

Ne pas bronzer idiot

Ask what is, for them, a *touriste typique* and again compare the definition given in the *Contexte*. Ask what *parc(s) à thème* they have visited with their family. You may ask students to suggest alternatives to a standard hotel room when going over paragraph 3, and ask which they have tried out.

You may also mention a big festival in your area and ask if anyone has attended. Why or why not? Finally, ask if anyone spends some vacation time volunteering. If so, for what cause and for how many hours per week?

You may wish to show the *Contexte* as you discuss the content of the different paragraphs (IRCD Image T12–05).

Pour en savoir plus: You may encourage students to do some additional research on the Internet. For actual examples of the *bases de plein air et de loisirs* they can use the key words *base de loisirs*.

You may want to define *les sentiers de grande randonné* as "trails that are well marked, can take several days to complete, and avoid as much as possible paved roads." You may make comparisons to the Colorado or Appalachian trails. Encourage students to check other *parcs nationaux et régionaux* for the country of their choice.

Other related sites:
http://achateau.free.fr/canada/main.html (Laurentides, Canada);
http://www.vanoise.com;
http://www.festival-avignon.org;
http://www.cj.qc.ca (*Chantiers Jeunesse*);
http://compagnons-batisseurs.org;
http://www.concordia-association.org.

Comme la majorité de vos camarades, vous voulez que les vacances vous apportent du soleil, de la détente, du changement et peut-être aussi de nouveaux amis. Mais vous n'êtes pas le touriste typique, gros consommateur d'espace et de souvenirs. Les parcs à thème vous ennuient. Il n'est pas question de passer vos journées à dormir et bronzer sur la plage. Heureusement, vous avez beaucoup d'autres alternatives, en France et à l'étranger.

Ces volontaires passent une partie de leurs vacances à travailler avec les biologistes du parc des Laurentides au Canada.

Choisissez le tourisme de nature avec des activités pratiquées dans le cadre naturel d'une Base de Plein Air et de Loisirs. Ou partez à pied ou à vélo sur des sentiers de grandes randonnées, pour explorer les parcs naturels. Informez-vous, par exemple, sur le site du parc de la Vanoise dans les Alpes du sud.

Laissez les hôtels de luxe ou le camping-car (*camper; RV*) à vos parents! Il est possible que la chambre d'hôte et son cadre convivial ou l'auberge de jeunesse et ses rencontres imprévues vous conviennent mieux. Et n'ayez pas peur de passer une nuit en plein air à l'occasion d'une randonnée!

Vous souhaitez un peu d'activité intellectuelle? Alors il est bon que vous organisiez vos vacances autour (*around*) de festivals. Il y a beaucoup de représentations artistiques consacrées à la musique, à la danse ou au théâtre pendant la saison des vacances. Le festival d'Avignon en France est l'un des plus importants pour le théâtre.

Enfin, si vous êtes vraiment ambitieux, vous n'allez pas regretter de passer une semaine dans un chantier (*work site*) de jeunes volontaires. Par exemple, vous aidez à reconstruire un monument du patrimoine national ou régional ou vous travaillez dans un parc. Cette activité est bénévole mais vous recevez votre hébergement et vos repas. Au Québec, l'association «Chantiers Jeunesse» organise des chantiers partout dans le monde. En France et en Belgique, on peut contacter «Les Compagnons Bâtisseurs» et «Concordia».

Comme vous le voyez, il y a mille solutions au syndrome du bronzage idiot!

Est-ce évident?

Le tourisme solidaire

Le tourisme devient de plus en plus populaire et son impact sur l'économie d'un pays ou d'une région est très important. Mais il est regrettable que trop souvent les grandes agences de voyage et les grandes chaînes d'hôtel soient les seules à profiter de cette activité. À votre avis, est-il bon que les populations locales aient aussi l'occasion de bénéficier de cette industrie du tourisme? Si vous répondez «oui», le «tourisme solidaire» est peut-être pour vous.

Le tourisme solidaire permet aux populations locales d'avoir un contact direct avec leurs visiteurs. Les touristes profitent d'un contact authentique avec les gens du pays et leur culture. Et la population indigène[1] est directement payée pour ses services. Par exemple, l'association SENEVOLU offre des programmes au Sénégal ouverts à des groupes ou à des individus qui veulent découvrir la culture et l'hospitalité sénégalaise. Ils séjournent[2] dans une famille d'accueil[3] et participent à la vie du village. Les conditions pour participer? être adulte et avoir un esprit ouvert!

● Et chez vous? Y a-t-il des organisations qui s'intéressent au tourisme solidaire et écologique? Recherchez-en des exemples et partagez-les avec le reste de la classe.

[1]indigenous, local   [2]stay   [3]host family

LE MOT JUSTE

Expressions

(en) plein air   *outdoors*
il est bon   *it is good,
   it is a good idea*

Verbes

bronzer   *to suntan*
convenir   *to suit*
reconstruire   *to rebuild*
regretter   *to regret*

Noms

une auberge de jeunesse
   youth hostel
une base   *(here) activity center*
le bronzage   *suntanning*
une chambre d'hôte
   bed and breakfast
un consommateur   *consumer*
la détente   *relaxation*
un parc à thème   *theme park*

le patrimoine   *(here) cultural
   heritage*
une représentation   *performance*
un sentier   *path*

Adjectifs

bénévole   *unpaid*
imprévu   *unexpected*

À votre tour

12–25 Exploitation du contexte. Avec un partenaire, échangez questions et réponses au sujet du *Contexte*.

MODÈLE: É1: Que veut dire «bronzer idiot»?

É2: Ça veut dire rester sur la plage au soleil pour bronzer et ne pas avoir d'autres activités.

1. Qu'est-ce que la majorité recherche pour leurs vacances?

2. Pouvez-vous nommer des parcs à thèmes dans votre pays ou région?

3. À votre avis, quelles activités peut-on trouver dans une base de plein air et de loisirs?

4. Nommez un avantage des chambres d'hôte et un avantage des auberges de jeunesse.

5. Est-ce que vous avez passé la nuit en plein air? Était-ce une bonne expérience ou avez-vous eu peur? De quoi?

6. Quelles sortes d'activités offre un festival? Nommez des festivals où vous êtes allés et où vous voulez aller.

7. Est-ce que vous avez fait du travail bénévole pour préserver votre patrimoine régional ou national? Où et quand?

12–26 Alternatives. En petits groupes, donnez des alternatives aux idées de vacances proposées ci-dessous. N'hésitez pas à ré-utiliser le vocabulaire des *Contextes* précédents en plus du nouveau vocabulaire.

MODÈLE: un parc à thème

É1: Un parc naturel, l'escalade dans la montagne, le bateau

1. descendre à l'hôtel
2. un voyage en camping-car
3. une autoroute

4. plage et bronzage intensif
5. des activités de détente

12–27 Pour ne pas bronzer idiot. Partagez avec des partenaires vos idées pour ne pas «bronzer idiot» pendant les vacances d'été.

MODÈLE: É1: Moi, j'aime prendre des sentiers de grandes randonnées. Je visite des sites intéressants et je parle aux gens des villages.

STRUCTURE

Le subjonctif après les expressions d'émotion

● You have seen in **Etape 2** that when the main clause of a sentence expresses a wish or desire, the verb in the second clause is usually in the subjunctive:

Vous voulez que vos vacances **soient** réussies.   *You want your vacation to be a success.*

● Similarly, when the main clause of a sentence expresses emotion or a doubt—again, reflecting a personal perspective—the subjunctive is used in the second clause.

J'ai peur que mes amis veuillent bronzer idiot.

I am afraid my friends want to be beach bums.

Je doute que nous allions dans un parc à thème.

I doubt that we are going to a theme park.

The following common verbs and expressions indicate emotion or doubt and can be used with **que** + the subjunctive:

avoir peur *to fear, to be afraid*
douter *to doubt*
être content(e) / mécontent(e) *to be glad / annoyed*
être heureux(se) / triste *to be happy / sad*
être surpris(e) *to be surprised*
regretter *to regret*
il est bon *it is good*
il est dommage *it is a pity*
il est douteux *it is doubtful*
il est regrettable *it is regrettable*

We chose not to add *croire, penser,* and *trouver* in the negative and interrogative to the expressions of doubt, but you may wish to point them out.

● Expressions of emotion (except **douter**) can be combined with **de** + the infinitive when the subject is the same for both clauses.

Je suis content de faire de nouvelles expériences.

I am happy to have new experiences.

Les touristes sont heureux de participer à la vie du village.

The tourists are happy to participate in the daily life of the village.

J'ai peur de passer la nuit en plein air.

I am afraid to spend a night outdoors.

Il est bon de considérer une activité bénévole.

It is good to consider volunteering.

You may want to remind students that they have already seen this construction in Étape 2 and in Chapitre 11, p. 430.

À votre tour

12–28 À compléter. Utilisez les éléments suivants pour faire des phrases complètes.

MODÈLE: Mes parents / être contents / nous / passer les vacances ensemble

É1: Mes parents sont contents que nous passions les vacances ensemble.

1. Il est dommage / vous / ne … pas aller à la représentation
2. Ils / avoir peur / les sentiers / être trop difficiles
3. Vous / être surpris / nous / choisir une auberge de jeunesse
4. On doute / vous / trouver / une chambre d'hôte dans ce village
5. Il est regrettable / vous / ne … pas pouvoir venir avec nous
6. Nous / être / contents / nos parcs naturels / être nombreux
7. Nous regretter / vous / ne … pas utiliser le sentier pédestre
8. Il est dommage / il y a / peu d'associations en milieu rural

As a warm-up you may want to ask students to change simple statements according to the new context. *Je suis sûr que vous choisissez un parc à thème; J'ai peur que; Il est regrettable que; Je sais que; Je suis surpris que; J'apprends que; Je regrette que; Il est dommage que; Je doute que,* etc.

12–29 Votre réaction. À tour de rôle, donnez votre réaction aux faits ci-dessous présentés par votre camarade. Variez vos expressions et vos sentiments. Utilisez selon le cas: **Il est regrettable, Il est douteux, Il est bon, J'ai peur, Je doute, Je regrette, Je suis content(e).**

MODÈLE: É1: La majorité veut bronzer idiot.

      É2: Il est regrettable que la majorité veuille bronzer idiot.

1. Vous trouvez du soleil.
2. Vous chercher un certain dépaysement (*change of scene*).
3. Un parc à thème prend la place de la base de loisirs.
4. Vous avez beaucoup d'autres alternatives.
5. Votre copain choisit de camper.
6. Vous préférez les hôtels de luxe.
7. Nous partons à vélo.
8. Une chambre d'hôte vous convient.
9. Nous avons peur de passer une nuit en plein air.
10. À l'auberge de jeunesse l'ambiance est amicale.

12–30 You may want to work carefully through the model, asking students to analyze the cues and the responses, reminding them: *Quand il y a deux sujets différents on doit utiliser le subjonctif. Sinon on utilise l'infinitif.* You may also want to remind students that the negation *ne pas* precedes the infinitive: *Il est triste de ne pas prendre de vacances.*

12–30 Des perspectives différentes. Votre partenaire reprend vos remarques mais il les transforme.

MODÈLE: É1: Je suis heureux que tu prennes des vacances.

      É2: Et moi, je suis très heureux de prendre des vacances.

ou: É1: Il est bon que nous ayons des vacances.

      É2: Il est bon d'avoir des vacances.

1. Il est regrettable que tu perdes du temps à la plage.
2. Il est bon que nous ayons un peu d'activité intellectuelle.
3. Je suis heureux que vous travailliez sur un chantier de jeunesse.
4. Il est bon que vous fassiez des randonnées.
5. Il est regrettable que vous ne trouviez pas de solution.
6. Je regrette que tu ne fasses pas de bateau.

12–31 Prenez la parole. À tour de rôle, en petits groupes, dites comment vous organisez vos vacances pour ne pas bronzer idiot. Variez les constructions!

MODÈLE: É1: Je suis content(e) de ne pas être un touriste typique. Il est bon que nous ayons une base de loisirs dans la région. Et je suis heureux(se) d'aller au festival de jazz…

 En direct

Lecture pour tous? Écoutez un journaliste parler de la lecture en France et puis cochez (*check*) les réponses appropriées.

1. Aujourd'hui les Français lisent plus _____ moins __✔__ de journaux.

2. Les facteurs qui affectent la vente de journaux sont…

   _____ la télévision et l'Internet

   __✔__ la télévision, l'Internet et le prix des journaux

   _____ la concurrence (*competition*) de l'Internet

3. Le quotidien (*daily paper*) le plus lu est…

   _____ un journal régional.

   __✔__ un journal de sports.

4. La lecture des magazines…

   _____ diminue aussi.

   __✔__ ne diminue pas.

5. Quels groupes lisent plus de livres?

   _____ les hommes

   __✔__ les femmes

   __✔__ les jeunes

   _____ les personnes âgées

 Phonétique

La voyelle [ə]; le e muet

- The vowel [ə] as in **je**, **ne**, **te**, or **de** is not always pronounced. As a general rule, it *is* pronounced if omitting it would leave three consonants to be pronounced together (with no vowel sound to separate them). Compare, contrast, and repeat the following examples.

A. Écoutez et répétez, en faisant attention à ne pas prononcer les **e** barrés.

1. Je̶ te le̶ passe?
   Oui, passe-le-moi!
   Non, ne me̶ le passe pas, merci!

2. On a passé de̶ bonnes vacances.
   On a pris de̶ belles photos.
   On en garde de beaux souvenirs.

3. Tu le̶ connais?
   Oui, je le̶ connais bien.
   Non, je ne̶ le connais pas.

4. Tu sais l'heure qu'il est? Non, je ne̶ sais pas.
   Tu sais son numéro de̶ téléphone?   Oui, je le̶ sais.
   Non, je ne̶ le sais pas.

5. On se̶ retrouve au café?
   On se̶ téléphone ce soir?

6. Tu invite̶rais Paulette ce̶ week-end?

7. Ils dîne̶raient chez le̶ patron

Les Français et leur temps libre

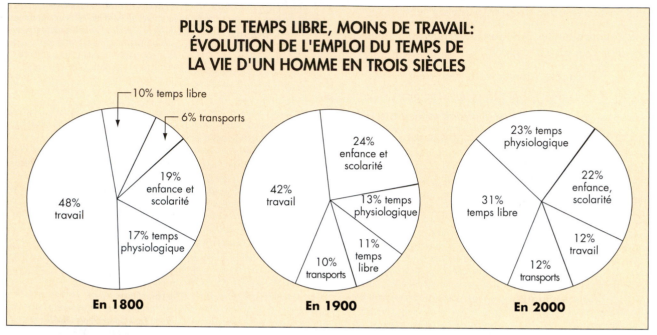

**PLUS DE TEMPS LIBRE, MOINS DE TRAVAIL:
ÉVOLUTION DE L'EMPLOI DU TEMPS DE
LA VIE D'UN HOMME EN TROIS SIÈCLES**

En 1800: 10% temps libre · 6% transports · 19% enfance et scolarité · 17% temps physiologique · 48% travail

En 1900: 24% enfance et scolarité · 13% temps physiologique · 11% temps libre · 10% transports · 42% travail

En 2000: 23% temps physiologique · 22% enfance, scolarité · 12% travail · 12% transports · 31% temps libre

You may wish to alert your students to the fact that this *Observer* section provides them with a chance to consolidate knowledge they have gathered in several chapters besides this one: Chapitre 8 (calendar presentation), Chapitre 9 (*les années de lycée*), Chapitre 10 (*la fac*). Before starting, you might wish to confirm student comprehension of the term *temps physiologique* (*le temps nécessaire passé à dormir, se laver, manger, etc.*) and *vie éveillée* (*le temps que l'on ne passe pas à dormir*).

1. *Depuis le 1er janvier 2000, une nouvelle loi définit la semaine de travail à 35 heures.*

2. *Traditionnellement c'était deux heures. Dans les grandes villes cela est en train de se réduire à une heure.*

3. *Les écoliers ont une semaine de 4 jours et demie: il n'y a pas de classe le mercredi mais il y a classe le samedi matin. Les collégiens et lycéens ont une semaine de 5 jours: lundi, mardi et mercredi matin, jeudi, vendredi et samedi matin.*

4. *Les écoliers rentrent entre 16 et 17 h, les lycéens doivent parfois rester au lycée jusqu'à 18 h.*

5. *Du samedi midi au dimanche soir, à cause des cours le samedi matin.*

6. *Pour les travailleurs il y a 11 jours de congés légaux (voir Chapitre 8).*
   Pour les collégiens et lycéens, les vacances d'été vont de fin juin à début septembre. Il y a 10 jours pour les vacances de Toussaint (fin octobre–début novembre). Les dates exactes varient suivant les zones géographiques.

Observer

Les schémas ci-dessus vous montrent l'évolution du temps de travail et du temps libre en France durant les deux siècles passés. Comparez les chiffres des époques différentes. N'oubliez pas qu'en 1800 un Français espérait vivre 33 ans (21 ans de vie éveillée [*awake*]) et qu'aujourd'hui on espère vivre 74 ans (51 ans de vie éveillée).

La quantité de temps libre à la disposition de chacun varie en fonction de son âge, de ses revenus, de ses goûts et talents. Mais elle varie aussi suivant les pratiques culturelles établies. Essayez avec un partenaire de définir plus précisément les moments de temps libre dans la vie du Français moyen. Utilisez les renseignements fournis par les chapitres précédents, les renseignements donnés par vos professeurs et votre expérience personnelle pour répondre aux questions suivantes. Qu'est-ce qu'elles nous indiquent à propos des priorités et des traditions de la culture française?

1. Quelle est la durée légale du travail en France chaque semaine?
2. Combien de temps est en général consacré au déjeuner?
3. Quelle est la durée de la semaine scolaire? Est-ce la même pour les écoliers et les lycéens?
4. À quelle heure les écoliers rentrent-ils de l'école? Et les lycéens?
5. Qu'est-ce qu'un week-end typique pour une famille avec des enfants entre 7 et 17 ans?
6. Combien de jours de vacances légales le calendrier indique-t-il?
7. Quelle est la durée légale des congés?
8. Quand la plupart des travailleurs prennent-ils leurs congés annuels?

Pendant l'année, les vacances de Noël durent deux semaines. Les vacances d'hiver prennent 15 jours entre la mi-février et le début mars selon les zones. Enfin les vacances de printemps durent 15 jours entre mi-avril et début mai selon les zones.

Réfléchir

En vous basant sur vos réponses précédentes et sur les documents sonores et visuels de ce chapitre, considérez la question du temps libre dans la culture française et la culture nord-américaine. À votre avis, qu'est-ce que les ressemblances et les différences nous indiquent à propos des priorités et des traditions de chaque culture?

 Voyage en francophonie

Vous avez déjà étudié le calendrier de votre pays adoptif (Chapitre 8). Essayez maintenant de vous renseigner sur les loisirs qui sont populaires dans votre pays. Les hommes et les femmes les partagent-ils également? Y a-t-il des ressources touristiques naturelles? Lesquelles? Le tourisme est-il une ressource économique importante? Quelle opinion les habitants ont-ils des touristes?

Pour trouver un modèle, allez sur le site Web de *Parallèles* pour le Chapitre 12.

Une fête en Afrique du Nord.

En fac, les vacances d'été vont de la mi-juin à la mi-octobre. Les étudiants n'ont pas de vacances de Toussaint mais des vacances de Noël semblables à celles des lycéens. Ils ont une semaine de vacances en février et deux semaines au printemps.

7. *Depuis 1982, la durée légale des congés payés est de 5 semaines.*

8. *Quatre semaines à la suite sont généralement prises en août, on se réserve la cinquième semaine pour des vacances en hiver ou simplement pour rallonger des ponts et des congés légaux. Mais aujourd'hui la tendance est de prendre plusieurs petites vacances courtes.*

Notez encore que les employeurs et le gouvernement font un effort spécial pour aider leurs employés à profiter de leur temps libre. Des maisons des jeunes et de la culture existent dans toutes les villes de France. Les stades municipaux accueillent les sportifs. Des classes de neige et des classes vertes envoient les enfants des villes à la montagne ou à la campagne une semaine par an. Dans les grandes entreprises un comité d'entreprises organise souvent voyages, sorties et colonies de vacances. Il existe aussi de nombreuses associations privées et publiques.

DÉCOUVERTES

À vous la parole

Vivent les vacances!

1. Examinez la publicité «Rêv'Vacances» et choisissez le type de vacances qui est idéal pour vous. Comment pouvez-vous justifier votre choix? Prenez des notes.

2. Maintenant, avec un partenaire, échangez des questions pour connaître vos choix et les raisons de vos choix. Quelles sont vos conclusions?

MODÈLE: É1: Moi, il faut que je fasse un séjour linguistique en Angleterre. Et toi, qu'est-ce que tu vas faire?

É2: Je suis content de faire une randonnée à vélo en Suisse.

É1: Mais tu es fou! Pourquoi?

É2: J'adore faire du vélo et comme toi j'ai envie d'aller à l'étranger. Aussi j'aime l'aventure et le sport.…

Rêv'Vacances

Plus on voyage, plus on a envie de voyager.

L'un des premiers voyagistes français. Parcourez les cinq brochures Rêv'Vacances. Sur cinq continents, 50 destinations sont à découvrir en circuit, en croisière, en expédition, ou simplement en séjour.

Le Canada? Oui, c'est pour vous!

Nous vous proposons différentes formules: voyages accompagnés, location de voiture—à vous de choisir!

Séjours linguistiques en Angleterre

Hébergement en famille avec cours, activités facultatives, et excursions.

Vacances à vélo

41 randonnées, balades et week-ends à vélo en France et à l'étranger, pour tous niveaux, même débutant, à tous les prix.

Portugal

Le rêve entre ciel et mer. La terre de tous les plaisirs.

Les trésors de la vallée du Nil

Pharaons et pyramides, voyage accompagné au départ de Paris tous les lundis.

Lecture

Les pontonniers

Travaux d'approche.

Claire Bretécher. Claire Bretécher est une artiste très connue pour ses bandes dessinées (*comic strips*) qui mettent en scène des jeunes femmes stéréotypées. En général, ce sont des femmes modernes qui travaillent. Elles font partie de la classe moyenne mais prétendent être des intellectuelles libérales. Claire Bretécher se moque du contraste entre la réalité de leur situation et leurs aspirations d'intellectuels (ou pseudo-intellectuels). Ses bandes dessinées sont férocement satiriques.

Les pontonniers. Comme vous l'avez appris, la compréhension d'un texte dépend de plusieurs facteurs. La lecture littérale est, bien sûr, très importante. Mais il faut considérer un texte aussi d'un point de vue culturel. Une alliance entre la langue et la culture populaire est surtout évidente dans les bandes dessinées (BD) parce qu'elles combinent des images et des «bulles» (*bubbles*) avec des expressions de la langue parlée. Essayez d'explorer «Les pontonniers» du point de vue de l'alliance entre la langue et la culture. Par exemple, cette BD concerne-t-elle réellement des **pontonniers**—des ingénieurs militaires qui construisent des ponts?

Exploration

Regardez rapidement la succession de scènes qui constituent l'histoire de cette bande dessinée et considérez les points suivants.

1. Le titre. Attention! L'auteur donne au mot «pontonnier» un second sens dans le contexte du vocabulaire des vacances. La première bulle vous indique la signification du mot **pont** (et donc de **pontonnier**) dans le contexte des vacances et des congés. Quelle est donc la signification du mot **pont** ici?

2. Le décor. Quel est le décor de l'histoire? Change-t-il au cours de l'histoire? Comparez le premier dessin et le dernier dessin: qu'est-ce qui a changé?

3. Les personnages. Qui sont les personnages principaux? Que vous apprend leur position et leur attitude sur leur personnalité: Est-ce que ce sont à votre avis des personnes ambitieuses? disciplinées? énergiques?

4. La conversation. Quel est le sujet de la conversation? Est-ce un dialogue ou un monologue? Qu'est-ce qui l'indique dans les dessins eux-mêmes? À votre avis, est-ce que la personne de droite étudie un livre ou un calendrier? Justifiez votre réponse.

Réflexion

Trouvez-vous cette bande dessinée très amusante? Par exemple:

1. Avez-vous apprécié l'humour du titre? Quels sont les ponts que les deux jeunes femmes sont en train de «construire»?

2. Quel est le problème avec les dates mentionnées: la Toussaint, le 1er janvier, le 1er mai?

You may need to refer your students to the calendar on Chapitre 8 to illustrate again the expression *faire le pont*. You might explain: *Faire le pont est une pratique française qui consiste à ne pas travailler le jour immédiatement suivant ou précédent la fête fériée (un vendredi ou un lundi quand la fête tombe un jeudi ou un mardi)*. One "builds a bridge" between a legal vacation day and a weekend by taking off an intervening working day.

You may point out that in the U.S., Lincoln's and Washington's birthdays were consolidated on the third Monday of February, eliminating such a temptation. You may also have to explain that the benefits like *jours d'arrêt de travail* (sick leave) covered by *la Sécurité sociale* or health insurance are often abused.

You may wish to point out: *L'Ascension est toujours un jeudi car c'est le quatrième jour après le dimanche de Pâques*. As a consequence, the possibility of taking the Friday off is excellent.

LES PONTONNIERS [1]

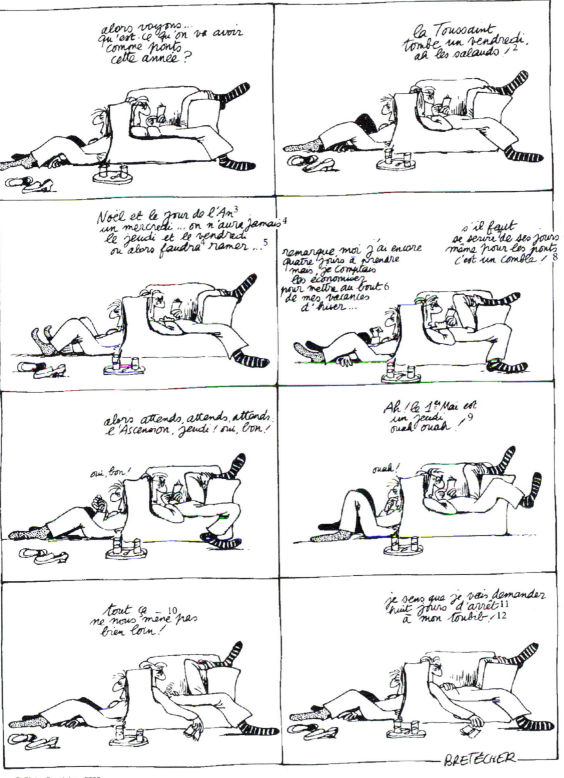

1. *Pontonnier:*
Littéralement, un
ingénieur qui construit
des ponts. Ici, une
personne qui utilise au
maximum ses jours
de congé pour avoir le plus
de «ponts» possibles!

2. *salaud: un mot d'argot
pour désigner une
personne mauvaise et
méchante* (bastard).

3. *Jour de l'An: C'est le
Premier janvier.*

4. *On n'aura jamais:*
aura *est le futur du verbe*
avoir: we will never
have.

5. *ramer: mot d'argot
synonyme de* travailler
dur.

6. *mettre au bout de: ici,
ajouter à.*

7. *se servir: ici, utiliser.*

8. *C'est un comble!
expression qui exprime
un sentiment d'injustice
et de dégoût*
(That tops it all!).

9. *Ouah: familier pour*
oui.

10. *Tout ça ne nous mène
pas loin: (ici)
Franchement ces dates ne
nous sont pas favorables.*
(This does not take us
very far.)

11. *jour d'arrêt: jour de
congé donné par un
médecin* (sick leave).

12. *toubib: argot* (slang)
pour médecin.

3. La solution d'une des jeunes femmes pour se fabriquer des ponts est d'utiliser ses quatre jours d'arrêt (*four days' sick leave*). Est-ce que le but (*goal*) de ces «jours d'arrêt» est d'offrir des jours de vacances supplémentaires? Cette remarque prouve-t-elle que l'employée est très motivée?

4. Que prouve la dernière remarque de l'histoire? Ces «pontonnières» modernes sont-elles des personnes ambitieuses? Sont-elles motivées par leur travail ou par leur désir de vacances?

5. À votre avis de quoi est-ce que l'artiste se moque ici: (a) des pontonnières elles-mêmes? (Comment sont-elles représentées? dans quelle position? Le dialogue est-il animé?) (b) d'une société où le culte des vacances est peut-être devenu extrême? (c) des deux à la fois?

6. Trouvez-vous cette page amusante? décourageante? irritante? Expliquez pourquoi.

7. Cette BD a-t-elle du sens dans le contexte de la société nord-américaine? Expliquez votre réponse.

 À vos stylos

Une brochure touristique

Vous avez souvent reçu et consulté des brochures touristiques. Maintenant créez une brochure similaire pour «vendre» votre région (ou votre ville) auprès de voyageurs francophones.

1. Trouvez des modèles. Visitez quelques sites sur l'Internet ou consultez des brochures existantes. Décidez quels éléments vous aimez et désirez incorporer dans votre brochure.

2. Trouvez des idées. Faites d'abord une liste des choses spécialement intéressantes dans votre région et prenez des notes. Par exemple, pensez:

   • au climat et à la géographie: merveilles naturelles: caves, canyons, les parcs régionaux ou nationaux, la végétation, la faune, etc.

   • à l'histoire: lieux historiques, personnages historiques

   • aux spécialités gastronomiques

   • aux activités proposées: sportives et culturelles

   • aux hôtels et campings: leur nombre, leur qualité

   • aux qualités de ses habitants

3. Réfléchissez et choisissez un thème. Préparez le texte de votre brochure. Développez seulement les aspects qui vont illustrer votre thème, par exemple, les lieux historiques. N'oubliez pas d'écrire une phrase d'introduction et une phrase de conclusion. Trouvez un titre.

4. Choisissez des illustrations. Trouvez des photos sur l'Internet et faites une mise en page (*layout*) spéciale avec vos photos et votre texte. N'oubliez pas d'ajouter des légendes (*captions*).

5. Relisez la brochure. Trouvez et corrigez les erreurs qui restent.

Parallèles historiques

La Foire du Trône: millénaire et toujours jeune!

Que faire au printemps? Eh bien, si vous êtes à Paris, allez donc faire un tour à la Foire du Trône. On y vient pour s'amuser depuis 957! Cette année-là, le roi a donné aux moines de l'abbaye Saint-Antoine la permission de vendre leur fameux pain d'épices[1]. Cette vente qui était une vente de charité est vite devenue le prétexte de nombreuses festivités: clowns, danseurs, mimes viennent amuser le public. Plus tard, on a ajouté des jeux, puis des attractions: manèges[2] de toutes sortes, grande roue[3], grand huit[4]. Aujourd'hui, plus de 370 attractions attendent cinq millions de visiteurs sur la pelouse[5] de Reuilly au bois de Vincennes. La tradition de la fête foraine[6] se porte bien!

[1]gingerbread   [2]merry-go-rounds
[3]Ferris wheel   [4]roller coaster
[5]lawn   [6]fair, carnival

You may want to use the following true/false statements, asking students to correct those which as false.
1. The origin of the event was a charitable occasion.
2. Today La Foire du Trône is a big carnival.
3. The rides are only for children.
4. The modern public is no longer eager to participate in this type of carnival.

You may want to exploit this activity further by asking students questions such as: *Dans l'histoire de votre pays ou de votre région, y a-t-il des fêtes traditionnelles qui existent depuis très longtemps? Décrivez-les en détails à vos camarades: Quelle occasion célèbrent-elles? Depuis quand? Comment? Les traditions sont-elles restées les mêmes? Ont-elles changé?*

 Maintenant, je sais...

Qu'avez-vous appris dans ce chapitre? Comment l'avez-vous appris? Vérifiez vos connaissances sur chaque sujet et donnez des exemples précis. Par exemple:

1. Parlez de la durée légale du travail en France.
2. Expliquez le calendrier scolaire français à vos camarades.
3. Identifiez et discutez diverses activités de loisirs.
4. Expliquez l'organisation des congés payés en France.
5. Faites une liste des types de vacances les plus populaires.
6. Expliquez le concept du tourisme solidaire.
7. Donnez votre opinion personnelle sur le droit au loisir (droit ou privilège gagné).

 À l'écran

Que disent vos amis francophones? N'oubliez pas de regarder la vidéo!

Tous les mots

Expressions

à l'avance	*in advance*
à cheval	*on horseback*
à l'étranger	*abroad*
au bord de la mer	*at the seaside*
(en) plein air	*outdoors*
il est bon	*it is good, it is a good idea*
il est dommage	*it is a pity*
il est douteux	*it is doubtful*
il est regrettable	*it is regrettable*
par tous les temps	*in any kind of weather*
la vie quotidienne	*daily life (grind)*

Verbes

aimer mieux	*to like better, prefer*
bronzer	*to suntan*
convenir	*to suit*
douter	*to doubt*
être content / mécontent	*to be glad / annoyed*
être heureux(se) / triste	*to be happy / sad*
être surpris	*to be surprised*
faire les bagages	*to pack*
~ de l'escalade	*to go rock climbing*
~ du footing	*to jog*
~ le plein	*to fill up*
	(the car with gas)
~ la sieste	*to take a nap*

s'informer (sur)	*to seek information (about)*
organiser	*to organize*
reconstruire	*to rebuild*
regretter	*to regret*
se reposer	*to rest*
réserver	*to reserve;*
	to make reservations
souhaiter	*to wish*
surfer la Toile	*to surf the Web*
vérifier	*to check*

Noms

une agence de voyages	*travel agency*
une auberge	*inn*
une auberge de jeunesse	*youth hostel*
une autoroute	*superhighway*
une aventure	*adventure*
un aventurier	*adventurer*
un avion	*airplane*
les bagages (m)	*luggage*
une balade (familier)	*hike*
une base	*(here) activity center*
le bronzage	*suntanning*
une carte bancaire	*bank card (credit or debit)*
une chambre d'hôte	*bed and breakfast*
un chemin de grande randonnée	*hiking trail*

474

un consommateur	consumer
un cultivé	educated person
la demi-pension	hotel charges that include breakfast and one meal (dinner)
la détente	relaxation
un droit	right
les environs (m)	surroundings
l'escalade (f)	rock climbing
le footing	jogging
un garagiste	mechanic
un gîte rural	bed and breakfast
l'hébergement (m)	lodging
une ligne aérienne	airline
une médaille	medal
un musclé	(here) athlete
un non-conformiste	nonconformist
un pantouflard	homebody, couch potato
un parc à thème	theme park
le parachutisme	parachuting
le parapente	hang gliding
un passeport	passport
une promotion	special sale
le patrimoine	(here) cultural heritage
le plein	gas fill-up
la plongée sous-marine	deep-sea diving
une représentation	performance
une route	highway
un sentier	path

un téléphone portable	cell phone
le temps libre	free time, leisure time
une tente	tent
la toile; la Toile	web; (World Wide) Web
un travailleur	worker
un trophée	trophy
la veille	eve, day before
un vélo tout terrain (VTT)	mountain bike
un village de vacances	family vacation village
un vol	flight

Adjectifs

bénévole	unpaid
fréquenté	frequented, popular
imprévu	unexpected

13

La qualité de la vie

◅ Marcher est le meilleur moyen de rester en bonne santé et d'apprécier l'environnement.

477

La qualité de votre vie

Pour beaucoup, la qualité de la vie commence au marché biologique.

You may start by offering a definition of the word *qualité: C'est un attribut qui rend une chose ou une personne meilleure.* Then ask students to suggest some things that make their life better. You may list their ideas on the board and organize them in categories. Alternatively, you may supply from the outset the following categories: *facteurs affectifs (des amis, une famille unie, un travail qu'on aime, etc.), facteurs économiques (des ressources financières, un bon travail, une maison confortable), facteurs génétiques, facteurs environnementaux et politiques (pas de pollution, accès aux soins médicaux).*

Instead of having students take the survey on their own, you may want to pose each question to several students directly: *Est-ce que l'air que vous respirez est d'une qualité excellente, acceptable ou médiocre?* They can note their answers on the board and you can later compare them or ask the class to compare them. You may want to show the survey to facilitate this activity (IRCD Image T13–01).

La qualité de la vie dépend de plusieurs facteurs. Il y a, par exemple, des facteurs affectifs (*emotional*) (vos amis, votre famille) et des facteurs économiques (votre travail, vos ressources financières). Mais le facteur essentiel, c'est la santé! La santé est en partie une question d'hérédité, bien sûr. Mais rester en bonne santé, c'est aussi un choix personnel et la conséquence d'un environnement sain.

Que pensez-vous de votre qualité de vie aujourd'hui? Répondez honnêtement et donnez-vous les points correspondants.

1. L'air que je respire est d'une qualité
   - ☐ excellente (6 pts)   ☐ acceptable (4 pts)
   - ☐ médiocre (2 pts)

2. L'eau que je bois est d'une qualité
   - ☐ excellente (6 pts)   ☐ acceptable (4 pts)
   - ☐ médiocre (2 pts)

3. Je consomme des produits biologiques ou naturels
   - ☐ toujours (6 pts)   ☐ souvent (4 pts)
   - ☐ rarement (2 pts)

4. Les nuisances de la vie moderne (excès de bruit, de déchets et de pollution)
   - ☐ m'affectent beaucoup (2 pts)   ☐ assez (4 pts)
   - ☐ un peu (6 pts)

5. Mes efforts de recyclage sont
   - ☐ sérieux (6 pts)   ☐ médiocres (4 pts)
   - ☐ inexistants (0 pt)

6. Les lois (*laws*) qui protègent mon environnement sont

☐ nombreuses (6 pts)   ☐ raisonnables (4 pts)

☐ inexistantes (0 pt)

7. Les soins médicaux sont

☐ chers (2 pts)   ☐ raisonnables (4 pts)

☐ presque gratuits (6 pts)

8. Chez nous, la pratique du sport est

☐ facilitée (6 pts)   ☐ recommandée (4 pts)

☐ considérée un luxe (2 pts)

9. Le gouvernement s'intéresse à la santé des citoyens

☐ la plupart du temps (6 pts)   ☐ en cas de crise (*in a state of crisis*) (2 pts)

10. Dans mon pays, l'espérance de vie (*life expectancy*) est

☐ longue (6 pts)   ☐ moyenne (4 pts)

☐ courte (2 pts)

Maintenant faites le total de vos points et, en petits groupes, tirez des conclusions:

- **De 60 à 55:** Votre qualité de vie est sans doute excellente. Dites pourquoi: Est-ce le résultat d'efforts individuels? De ressources suffisantes? D'un environnement affectif très riche? D'un environnement sain? D'une politique intelligente?

- **De 54 à 44:** Votre qualité de vie est satisfaisante. Vous êtes heureux. Discutez les bons points de votre situation et les aspects qui pourraient être meilleurs.

- **De 43 à 26:** Votre qualité de vie pourrait être meilleure. Quels changements voulez-vous y apporter? Dites comment: Par des efforts individuels? Par une politique différente?

- **Moins de 25:** La situation est très sérieuse: vous devez absolument faire des changements. Indiquez lesquels sont possibles immédiatement.

It may be interesting to average the numbers given by individual students to find out whether or not class members are satisfied with their quality of life.

LE MOT JUSTE

Verbes

consommer   *to consume, to use up*
protéger   *to protect*
respirer   *to breathe*

Noms

le bruit   *noise*
un citoyen, une citoyenne   *citizen*

un déchet   *waste*
l'environnement (m)   *environment*
un facteur   *factor*
la pollution   *pollution*
la qualité de la vie   *quality of life*
le recyclage   *recycling*
les soins médicaux (m)   *medical care*

Adjectifs

nombreux, -euse   *numerous*
sain   *healthy*
suffisant   *sufficient*

ÉTAPE

1

2
3
4

CONTEXTE

Un corps en bonne santé

Using a bottom-up approach, you may want to teach the body parts first, showing them with, and then without, labels (IRCD Image A13–01).

If you prefer to use a top-down approach, use gestures while presenting the *Contexte* to clarify what the complaints are about.

Whatever your approach, be sure to cover body parts systematically and perhaps also include vocabulary for the head and face, taught in Chapitre 5: *les cheveux, l'œil/les yeux, les sourcils, le nez, la bouche, les dents,* possibly with a fast *Jacques a dit* (Simon says) game.

If you or one of your students can draw, you may begin to draw a body, starting with the ear. The class can suggest to you what other part (connected to the ear, and so on) must be drawn next.

Les parties du corps

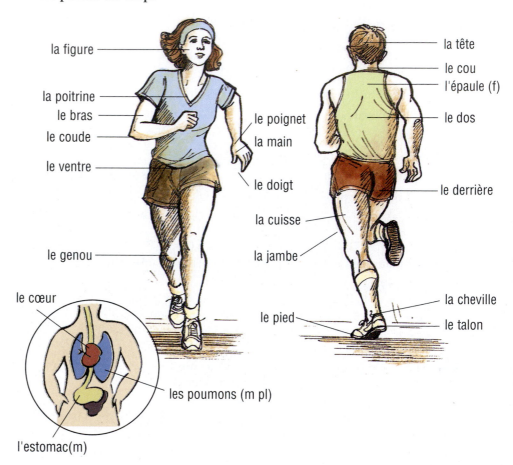

la figure

la poitrine
le bras
le coude
le ventre

le genou

le cœur

l'estomac (m)

le poignet
la main

le doigt

la cuisse
la jambe

le pied

les poumons (m pl)

la tête
le cou
l'épaule (f)

le dos

le derrière

la cheville
le talon

Make sure that students understand the expression *avoir mal à* before starting this activity, and to re-use it frequently while presenting the *Contexte*. When you present the *Contexte*, model clearly the pronunciation of adverbs such as *fréquemment, constamment*. To facilitate the presentation, you may wish to show the *Problèmes* and *Conseils* from the *Contexte* (IRCD Image T13–02).

Où as-tu mal? Plaintes et conseils (*Where does it hurt? Complaints and advice*)

Écoutez les plaintes de vos camarades (colonne de gauche). Puis choisissez dans la colonne de droite le conseil qui convient le mieux à leur situation.

Problèmes

1. J'ai souvent mal à la tête!

2. Je nage plus lentement que mes camarades!

3. J'ai très mal au dos.

4. J'ai constamment mal au coude.

5. Je souffre terriblement de mon poignet.

Conseils

A. Il faut mieux choisir tes chaussures de sport: achète des baskets (*high-tops*)!

B. Il faut arrêter le tennis immédiatement.

C. Jette (*throw away*) tes cigarettes le plus vite et le plus loin possible!

6. J'ai des chevilles très délicates.

7. J'ai des genoux extrêmement fragiles.

8. Je tousse beaucoup et ma poitrine me fait très mal.

D. Travaille à développer tes muscles (des bras, des jambes et des cuisses)!

E. Finis les marathons! Essaie d'aller nager!

F. Exerce tes abdominaux plus souvent: ton ventre n'est pas musclé!

G. Immobilise ton bras et ta main.

H. Tu ne portes pas tes lunettes assez régulièrement.

Est-ce évident?

Tant qu'on a la santé…[1]!

Les Français accordent une grande importance au fait d'être en bonne santé. «Bonne Année, Bonne Santé!» est le souhait que l'on échange en début d'année. «À votre santé!» est la formule répétée chaque fois que l'on trinque[2]. Beaucoup de proverbes leur rappellent que «La santé est la richesse des pauvres» et «Santé passe richesse!» Et la fameuse expression «Tant qu'on a la santé…!» suggère qu'une personne en bonne santé n'a pas de raison de se plaindre[3]. Quand les sondages d'opinion[4] demandent aux Français quels sont les éléments du bonheur[5], «avoir une bonne santé» prend toujours la première, la deuxième ou la troisième place.

Bonne Année!
Bonne Santé!

● Et chez vous? La santé est-elle aussi considérée une valeur très importante? Donnez des exemples.

[1]As long as we have our health!   [2]clink glasses
[3]to complain   [4]polls   [5]happiness

LE MOT JUSTE

Expressions	**Verbes**	
constamment *constantly*	arrêter *to stop*	souffrir *to suffer*
en bonne/mauvaise santé *in*	avoir mal (à) *to ache*	tousser *to cough*
good/bad health	nager *to swim*	

À votre tour

As a warm-up, one could simply play *Jacques a dit* (Simon says) or say *Montrez-moi....* Also, the old standby: *On a un(e)... (tête, cou, etc.) On a deux... etc.* has not outgrown its usefulness! You may also organize a race between groups by handing out the *Contexte* illustration (IRCD Image A13–01b) without labels and asking which group can label the most "parts" in a given time.

Later, you may want show the labeled *Contexte* illustration (IRCD Image A13–01a) as students work on the exercises below.

13–1 Définitions. Avec un partenaire complétez à tour de rôle les définitions suivantes.

MODÈLE: Les girafes en ont un très long: c'est le _____.

> É1: Les girafes en ont un très long: c'est le *cou!*

1. La main a cinq _____.

2. Le coude est au bras comme le _____ est à la jambe.

3. Les _____ des joueurs de foot américain en uniforme sont très larges.

4. En général, ils sont enfermés dans des chaussures: les _____.

5. La poitrine contient les organes du _____ et des _____.

6. Le derrière le termine: c'est le _____.

13–2 Vêtements et accessoires pour toutes les parties du corps. À tour de rôle avec un partenaire, échangez questions et réponses pour associer vêtements et accessoires à la partie du corps qu'ils protègent ou soulignent (*enhance*).

MODÈLE: É1: Où la majorité des gens portent-ils leur montre?

> É2: Ils portent leur montre au poignet gauche.

1. Où met-on des gants?

2. Quelle est la fonction des chaussettes?

3. Quelle partie du corps un col roulé protège-t-il?

4. Quelle partie du corps un pantalon protège-t-il?

5. Quelle partie de la jambe un short couvre-t-il?

6. Qu'est-ce qui distingue les chaussures de femmes? (Il a parfois 6 ou 8 cm de haut!)

7. Qu'est ce que des chaussures de basket protègent bien?

8. Où place-t-on un gros sac pour le porter?

9. Qu'est ce que la mode féminine souligne?

13–3 Diagnostic. À tour de rôle proposez un diagnostic (*diagnosis*) à votre partenaire qui partage ses symptômes avec vous. Inspirez-vous du *Contexte* pour votre diagnostic.

MODÈLE: É1: Je ne porte pas souvent mes lunettes.

> É2: Alors, est-ce que tu as souvent mal à la tête?
>
> *ou:* Alors, est-ce que tu as souvent mal aux yeux?

1. Je tape (*type*) des pages et des pages à l'ordinateur.

2. Je fais des marathons très souvent.

3. Je ne fais pas d'abdominaux.

4. Je joue beaucoup au tennis.

5. Je ne porte pas de chaussures, juste des tennis.

6. Je fume (*smoke*) beaucoup.

👥 **13–4 Des ordonnances (***prescriptions***) énergiques!** Échangez plaintes et conseils avec votre partenaire. Mais attention: cette fois votre partenaire vous donne une ordonnance très énergique car il/elle utilise **il faut/il vaut mieux, il est essentiel** + le subjonctif! Utilisez les solutions proposées ou utilisez votre imagination.

13–4 You may want to suggest that students start by preparing individually a list of four or five complaints that they want to consult their partner about. You may also remind students to use the subjunctive.

> ### Des solutions possibles
> prendre de l'aspirine / manger moins / arrêter le tennis / passer moins de temps à l'ordinateur / arrêter les marathons / ne pas porter de gros objets / rester couché (*lying down*) / ne pas porter les mêmes chaussures trop souvent / porter des lunettes / faire des abdominaux

MODÈLE: É1: J'ai souvent mal aux dents.

É2: Il faut que vous téléphoniez au dentiste!

STRUCTURE

Les adverbes; le comparatif et le superlatif de l'adverbe

Les adverbes

- Adverbs describe verbs, adjectives, or other adverbs. Adverbs specify *when, where, how much*, and *in what manner*.

J'ai **souvent** mal à la tête.	*I often have headaches.*
J'ai **très** mal au dos.	*My back hurts very badly.*
J'ai **constamment** mal au coude.	*My elbow hurts constantly.*
Je tousse **beaucoup** et **souvent**.	*I am coughing a lot and often.*

- You already know many short, common adverbs:

Time	Quantity	Location	Manner
aujourd'hui / hier	beaucoup	ici / là	bien
avant / après	assez	derrière / devant	mal
aussitôt (*immediately*)	peu	loin / près	
déjà / bientôt	trop		
d'habitude / parfois			
jamais / toujours			
souvent / rarement			
soudain			

Formation régulière

- Most adverbs are formed from adjectives. Usually the suffix **-ment** is added to the feminine singular form of the adjective:

heureux	**heureuse**ment
long	**longue**ment
franc	**franche**ment
général	**générale**ment
habituel	**habituelle**ment
régulier	**régulière**ment

You might wish to point out the parallel with English *-ly*, as in *slow → slowly*.

- However, the suffix **-ment** is added directly to the masculine singular form of adjectives that end in a vowel or vowel sound

facile	**facile**ment
poli	**poli**ment
vrai	**vrai**ment

Adverbes irréguliers

- To form adverbs from adjectives ending in **-ent/-ant**, drop **-ent/-ant** and add the adverb suffix **-emment/-amment**:

fréquent	**fréque**mment	brillant	**brilla**mment
intelligent	**intellige**mment	élégant	**éléga**mment
(im)patient	**(im)patie**mment	suffisant	**suffisa**mment
évident	**évide**mment	constant	**consta**mment
(im)prudent	**(im)prude**mment		
violent	**viole**mment		

- The one-syllable adjective **lent** (*slow*) is an exception to this rule; the corresponding adverb is **lentement.**

Place des adverbes

Point out to students that the adjective endings **-ent** and **-ant** are both pronounced [ã] and that the adverbial suffixes **-emment** and **-amment** are both pronounced [amã].

In the *passé composé*, short, common adverbs like *bien, mal, déjà, toujours* are placed between the auxiliary verb and the past participle: *J'ai déjà téléphoné au médecin.*

- In French, adverbs are usually placed immediately after the verb.

J'ai **fréquemment** mal à la tête.	*I frequently have headaches.*
Il souffre **horriblement** de son poignet.	*His wrist hurts horribly.*

- Adverbs of time, however, may be placed at the beginning or end of the sentence.

Aujourd'hui, il ne se sent pas bien.	*Today, he does not feel very well.*
Il va chez le médecin **demain.**	*He goes to see the doctor tomorrow.*

Le comparatif et le superlatif de l'adverbe

Adverbs precede adjectives or adverbs they modify, but this word order is consistent with English and should pose no problem: *J'ai des chevilles très délicates. Je ne fais pas assez souvent d'exercice.*

Remind students that stressed pronouns are used after comparisons: *Je cours aussi vite que toi.* (I run as fast as you do).

- The comparison of adverbs follows the pattern of **plus/moins/aussi** + adverb + **que**:

Je nage **plus lentement que** mes camarades.	*I swim more slowly than my friends.*
Je ne nage pas **aussi vite qu'**eux.	*I do not swim as fast as they do.*
Je fais de l'exercice **moins souvent qu'**eux.	*I exercise less often than they do.*

Exception: The comparative form of **bien** (*well*) is **mieux** (*better*).

Je joue bien au tennis, mais
mon frère joue **mieux** que moi.

*I play tennis well, but my brother plays
better than I do.*

● To form the superlative of an adverb, always use **le** + the comparative form:

Jetez vos cigarettes **le plus vite**
et **le plus loin** possible.

*Throw away your cigarettes as fast
and as far as possible.*

Bravo! Tu joues bien maintenant!
En fait, tu joues mieux que moi.
Mais Marianne joue **le mieux**.

*Good! You play well now. In fact,
you play better than I do.
But Marianne plays the best.*

You may wish to point out that *mieux* is the only irregular form. One can say: *Il joue moins bien que moi/aussi bien que moi.* This is consistent with the adjective *bon,* whose only irregular comparative form is *meilleur.* See Chapitre 5, p. 200.]

You may wish to point out also the difference in usage between the adjective and the adverb forms, both of which are the equivalent of *better* in English: *Il joue mieux/Il est meilleur.*

À votre tour

13–5 Attention! Tous les entraîneurs (*trainers*) ne donnent pas de bons conseils. Rectifiez les erreurs faites par l'entraîneur du club GYMNASIO. Utilisez des adverbes formés sur les adjectifs en italique. Puis, jouez ces situations avec votre partenaire.

You may want to warm up with some basic drills to start, transforming adjectives of various sorts into adverbs: *rapide? rapidement; poli? poliment; paresseux? paresseusement;* etc.

MODÈLE: É1: Ne soyez pas *fidèle* à votre gym quotidienne.

É2: Ah si! Faites votre gym *fidèlement.*

1. —Perdez vos kilos d'une façon *rapide*!
—Ah non! Ne perdez pas vos kilos _____!

2. —Commencez votre entraînement d'une façon *brutale.*
—Ah non! Ne commencez jamais _____!

3. —Soyez très *impatient* quand vous commencez un régime.
—Au contraire! N'agissez pas _____!

4. —Ne soyez pas *constant!*
—Mais pas du tout! Faites des efforts _____!

5. —Faites toujours des mouvements *violents.*
—Surtout pas! Ne bougez (*to move*) jamais _____!

6. —Arrêtez toujours votre séance d'une façon *subite* (*sudden*).
—Ça non! Ne vous arrêtez jamais _____!

13–6 De bons conseils! À tour de rôle, donnez de bons conseils! Utilisez l'expression **Il faut...** et l'adverbe formé de l'adjectif suggéré.

MODÈLE: faire de la gymnastique (habituel)

É1: Il faut faire de la gymnastique habituellement!

1. perdre ses kilos (lent)

2. manger et boire (normal)

3. suivre le programme (régulier)

4. ne pas bouger (brusque)

5. s'arrêter (progressif)

6. attendre les résultats (patient)

13–7 Comparaison. Avec un(e) partenaire, comparez vos habitudes en utilisant les adverbes **souvent** et **bien**.

MODÈLE: nager trois fois par semaine

> É1: Moi, je nage trois fois par semaine.
>
> É2: Moi, je nage **moins souvent que** toi!

> *ou:* É1: Moi, je nage bien.
>
> É2: Moi je nage **mieux que** toi!

1. faire souvent du bateau
2. jouer mal au tennis
3. nager parfois
4. skier mal
5. faire du sport le week-end
6. aller au gymnase trois fois par semaine
7. jouer bien au basket

13–8 Le maximum! Avec un partenaire, dites comment vous organisez vos vacances le mieux possible.

MODÈLE: On / passer le temps / agréable (+)

> É1: On passe le temps le plus agréablement possible.

1. On / se lève / tard (+)
2. On / faire du sport / (+) souvent
3. On / nager / fréquent (+)
4. On / retrouver des copains / régulier (+)
5. On / s'amuser / bien (+)
6. On / travailler / souvent (–)

13–9 Prenez la parole. Circulez dans la classe pour connaître les habitudes de vos camarades. Posez-leur trois des questions suivantes, prenez des notes, puis, en petits groupes essayez d'établir un compte-rendu (*account*) des habitudes de vos camarades. Partagez-le avec le reste de la classe.

1. Quand fais-tu du jogging le plus souvent? le matin? le soir?
2. Quand vas-tu à la piscine le plus souvent? en semaine? le week-end?
3. Quel sport pratiques-tu le plus régulièrement?
4. Dans quel(s) sport(s) est-ce que tu réussis le mieux?
5. Dans quel(s) sport(s) est-ce que tu réussis le moins bien?
6. Quels endroits fréquentes-tu le plus souvent? le stade? la bibliothèque?

MODÈLE: (*Plus tard*): Marc et Julie réussissent le mieux en basket. Pam réussit le moins bien en tennis…

CONTEXTE

Chez le médecin

2. Il faut prendre une décision

—Allô, ici le cabinet du docteur Mhenni.

—Bonjour. Ici Maurice Chopinot. Je ne me sens pas bien du tout. Je pourrais avoir un rendez-vous cet après-midi?

—À 14 heures?

—C'est très bien! Merci!

4. Consultation et diagnostic

—Docteur, j'ai mal à la tête et à la gorge. Je souffre beaucoup.

—Voyons si vous avez de la fièvre. J'entends que vous toussez aussi? Vous avez une angine. Ce n'est pas sérieux, mais il faut vous soigner énergiquement. Restez au lit et buvez beaucoup de liquide. Portez cette ordonnance à la pharmacie.

1. Des symptômes certains

—Tu as très mauvaise mine. Qu'est-ce qu'il y a?

—Je me sens très mal. En plus, j'ai très peu dormi.

—Toi, tu es malade. Téléphone au docteur! Il va certainement te donner quelque chose pour la toux.

3. Dans la salle d'attente

M. Chopinot arrive au cabinet médical. Il attend dans la salle d'attente avec d'autres malades. Certains semblent en bonne santé, mais plusieurs ont l'air malades, tous ont l'air de s'ennuyer. Chacun espère (secrètement) que les autres ne sont pas contagieux!

You may want to show the different scenes (IRCD Images A13–02 through A13–06) with the text. As you go through the *Contexte*, do not hesitate to act things out (for example, mime a cough) and ask the students relevant personal questions so they can re-use the vocabulary. *Tu as bonne mine aujourdhui / tu n'as pas bonne mine. Tu ne te sens pas bien?* etc. As you go, underline or highlight the essential vocabulary under each image: *1. mauvaise mine, se sent mal, toux, a mal dormi,* etc.

5. À la pharmacie

—M. Chopinot, voilà vos médicaments: des antibiotiques avec un sirop pour la toux et des pilules. Attention: N'arrêtez pas les antibiotiques quand vous vous sentirez mieux: il est essentiel que vous les preniez tous!

Est-ce évident?

Rester en forme

Pour se maintenir en bonne santé les Français consultent leur médecin de famille. Ce médecin accepte même de faire des visites chez ses patients quand ils ne peuvent pas venir dans son cabinet. Les pharmaciens donnent gratuitement des conseils de santé à leurs clients et ce service est très apprécié. En cas de nécessité, les patients ont le choix entre l'hôpital public ou, s'ils le désirent, la clinique privée.

Tout[1] Français qui travaille bénéficie de la Sécurité Sociale (la «sécu»), un système d'état financé par les contributions des travailleurs et géré[2] par l'État. La «sécu» assure à la fois une assurance-maladie[3] et une retraite[4]. Les enfants passent régulièrement des visites médicales gratuites où ils reçoivent les vaccins obligatoires. Les employeurs doivent payer une visite médicale annuelle à leurs travailleurs. En médecine préventive, la lutte[5] contre le tabac et l'alcool reste une des priorités du gouvernement.

● Et chez vous? Comment prend-on soin de sa santé? Relevez les similarités et différences avec le système français.

[1] every [2] managed [3] health insurance [4] funding of retirement [5] fight

Il y a 110 mg. de magnésium dans un litre d'Hépar.

Ça permet d'envisager l'avenir avec plus de sérénité.

HÉPAR. LE MAGNÉSIUM A SA SOURCE.

Selon les Français, boire de l'eau minérale, faire une cure thermale (*to visit thermal resorts*) sont des secrets pour rester «en forme» (*in shape*).

LE MOT JUSTE

Expression	avoir mauvaise mine	**Noms**
Qu'est-ce qu'il y a?	*to not look good*	une angine *sore throat*
What's the matter?	s'ennuyer *to be bored*	un antibiotique *antibiotic*
	se sentir (bien/mal) *to feel*	un cabinet *doctor's office*
Verbes	(*good/bad*)	un diagnostic *diagnosis*
avoir l'air *to appear*	se soigner *to take care of oneself*	la fièvre *fever*

un médicament	*medication, drug*	un sirop *syrup*	**Adjectifs**
une ordonnance	*prescription*	un symptôme *symptom*	contagieux, -euse *contagious*
une pilule *pill*		une toux *cough*	malade *sick*
la salle d'attente *waiting room*			

À votre tour

13–10 Avez-vous compris? Indiquez où dans cette petite tragi-comédie on entend les phrases suivantes.

MODÈLE: É1: Prenez régulièrement vos médicaments

É2: On est à la pharmacie.

1. J'espère que les autres ne sont pas contagieux!
2. Voilà vos médicaments.
3. Tu as très mauvaise mine.
4. Pouvez-vous fixer un autre rendez-vous?
5. Il faut vous soigner énergiquement.
6. On s'ennuie ici.
7. J'ai mal à la tête et à la gorge.

13–10 You may want to show the *Contexte* drawings without the text while students do this exercise (IRCD Images A13–02 through A13–06). Make sure that students read each sentence aloud to each other before indicating the answer.

13–11 Chasse au trésor. Avec votre partenaire trouvez les mots du *Contexte* qui correspondent aux définitions suivantes. Allez-vous finir la chasse au trésor les premiers?

1. quelque chose pour arrêter une infection
2. quelque chose pour transmettre les ordres du docteur au pharmacien
3. quelque chose pour arrêter la toux
4. quelqu'un qui transmet sa maladie à d'autres est…
5. une maladie qui cause un fort mal de gorge
6. le diagnostic quand votre température est de 40 degrés C (*102° F*)
7. le bureau d'un docteur
8. ne pas avoir l'air en bonne santé
9. prendre soin de sa santé
10. des médicaments sous forme solide

13–11 Again, make sure that students read each sentence aloud to each other before indicating the answer.

13–12 Jeu de rôles. Préparez et jouez deux scènes avec votre partenaire. Inspirez-vous du *Contexte* mais modifiez-le un peu; par exemple, changez les symptômes ou l'heure du rendez-vous, discutez avec les autres personnes qui sont dans la salle d'attente, ajoutez (*add*) les salutations d'usage à la pharmacie.

MODÈLE: Dans la salle d'attente.

É1: Pardon, Madame, vous attendez depuis longtemps?

É2: Oui. J'attends depuis 20 minutes.

É1: En général, on n'attend pas.

É2: Mais en ce moment, il y a beaucoup d'angines.

É1: Ah oui, l'hiver il y a toujours beaucoup de patients chez le docteur!…

13–12 You may want to make sure that all "*actes*" will be played, by assigning each one to a pair of students.

STRUCTURE

Les pronoms indéfinis

• Indefinite pronouns refer to unidentified, rather than specific, people or things or traits. Some of the most frequently used indefinite pronouns may be grouped as follows:

You may want to point out that many of these words may be either pronouns or adjectives, depending on how they are used. *Certaines personnes ne sont jamais malades. Mais certaines sont toujours malades.* (Some people are never sick. Others are always sick.)

Affirmative	Negative
quelqu'un (*somebody, someone*)	
quelques un(e)s (*some*)	
chacun(e) (*each*)	
plusieurs (*several*)	personne (ne) (*no one, nobody*)
certains(es) (*certain*)	aucun(e) (ne) (*not a one*)
d'autres (*others*)	
tout/toute; tous/toutes (*all*)	
quelque chose (*something*)	rien (ne) (*nothing*)

Le docteur te donne **quelque chose** pour la toux.	*The doctor gives you something for the cough.*
Parmi les patients, **certains** semblent en bonne santé, **plusieurs** ont l'air malade, mais **tous** ont l'air de s'ennuyer.	*Among the patients, certain of them seem in good health, several look sick, but all seem bored.*
Vous prenez des médicaments? Non, **aucun.**	*Are you taking medications? No, none.*
Vous prenez **quelque chose** pour la toux? Non, je **ne** prends **rien.**	*Are you taking something for your cough? No, I am not taking anything.*
J'espère que **personne n'**est contagieux.	*I hope nobody is contagious!*

You may choose to tell students that with the *passé composé* and other compound tenses, *rien* precedes the past participle, while *personne* follows it: *Je n'ai rien vu. Je n'ai vu personne.* (I saw nothing. I saw no one.)

You may also choose to teach the construction *quelque chose de/quelqu'un de* + adjective: *quelqu'un de bon* (someone good).

• Note that with the negative pronouns, **ne** must precede the verb.

À votre tour

You may start by asking ask students to find the indefinite pronouns in the *Contexte* and follow with basic warm-up practice, for example go from affirmative to negative, and vice-versa: *Il y a quelqu'un? Non, il n'y a personne. Personne n'a l'air de s'ennuyer? Tous ont l'air de d'ennuyer. Tout est difficile. Rien n'est difficile. J'aime tous les docteurs. Je n'aime aucun docteur.*

You may also go from masculine to feminine: *Chacun a ses médicaments? Chacune a ses médicaments; Certains vont chez le pharmacien? Certaines vont chez le pharmacien.*

13–13 You may want to emphasize the difference in pronunciation between the *tous* [tu] adjective and the *tous* [tus] pronoun.

13–13 Tout va bien? À tour de rôle, répondez affirmativement ou négativement aux questions de votre partenaire.

MODÈLE: É1: Tu as pris tous tes médicaments?

      É2: Oui, tous!

      ou: Juste quelques uns!

      ou: Non, aucun!

1. Tu as acheté toutes les pilules?
2. Toutes les pharmacies sont ouvertes?
3. Toutes tes amies toussent?
4. Tous ces gens sont en mauvaise santé?
5. Tu dois boire tout le liquide?

13–14 Rien ne va plus! Vous avez organisé une réunion sur la santé des étudiants dans votre université. Mais cette réunion ne prend pas un bon départ! Les réponses à vos questions sont toutes négatives!

MODÈLE: É1: *Tout le monde* est arrivé?

É2: Mais non! Personne n'est arrivé.

1. *Tout le monde* est arrivé?
2. *La salle* est prête?
3. *Quelqu'un* a préparé du café?
4. Il y a *quelque chose* d'autre à boire?
5. On a prévu (*anticipated*) *des questions*?
6. On a demandé à *quelqu'un* d'organiser les photos?
7. *Quelqu'un* est allé chercher le conférencier?
8. *Tout* marche bien?

13–15 Dites-moi! Enfin, le public est arrivé et on vous demande des précisions. Vous répondez en utilisant les pronoms indéfinis: **chacun/chacune** ou **tous/toutes** ou **aucun/aucunes**.

MODÈLE: É1: On a un projet à compléter? (Oui)

É2: Oui, *chacun* a un projet!

ou: Oui, *tous* ont un projet!

1. *On* a des responsabilités? (Oui)
2. On est obligé de venir *à toutes les réunions*? (Non)
3. *Toutes les réunions* ont lieu le samedi? (Oui)
4. *On* doit contribuer quatre heures de travail par mois? (Oui)
5. Il y a *plusieurs obligations financières*? (Non)
6. *Tous les membres* ont entre 15 et 25 ans? (Oui)

13–16 Prenez la parole. Parfois il n'y a pas beaucoup d'étudiants en classe. Discutez les excuses pour les absences. Utilisez des pronoms indéfinis

MODÈLE: É1: Plusieurs sont malades.

É2: Mais aucun n'est à l'hôpital!

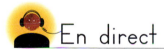

En direct

Inquiétudes. Écoutez le dialogue suivant où Jacqueline et Bernard s'inquiètent au sujet de leur camarade Patrick. Indiquez ses symptômes, leur(s) diagnostic(s), les solutions proposées et la solution adoptée

	Jacqueline	**Bernard**
symptôme(s)	Pas de musique, de visiteurs, de téléphone	Refuse de sortir
solutions proposées	il faut aller voir un docteur; demander à sa copine d'aider?	
solution retenue	une visite de son frère	d'accord!

À votre avis, quelle solution est la meilleure? Expliquez pourquoi.

Audio script for *En direct:*

JACQUELINE: Écoute, je suis inquiète au sujet de Patrick. Rien ne l'intéresse! Par exemple, il n'écoute plus sa musique. Il ne veut voir personne, aucun de ses vieux copains. Et il ne répond pas au téléphone.

BERNARD: Tu ne m'apprends rien de nouveau. J'ai bien remarqué qu'on ne le voit plus. Il a refusé de venir au match de foot avec moi!

JACQUELINE: À mon avis, il faut qu'il aille voir un docteur.

BERNARD: Ça, c'est plus facile à dire qu'à réaliser! Comment veux-tu qu'on puisse le persuader d'aller chez un docteur?

JACQUELINE: On pourrait peut-être demander à sa copine de nous aider?

BERNARD: Oh là là! Il va être furieux! Tu as une autre idée?

JACQUELINE: On va demander à son frère Marc de venir lui rendre une petite visite.

BERNARD: Bonne idée. Essayons!

ÉTAPE

3

1
2
4

CONTEXTE

Sauver la planète

Avec ses éoliennes (*windmills*) et fours solaires (*solar furnaces*), la France est un leader dans la recherche et l'industrie des sources d'énergies renouvelables.

The *Contexte* is designed to help students acquire the vocabulary (1) to express some important ecological goals, and (2) to identify steps that can be taken to reach them. As you read through the *Contexte* (IRCD Image T13–04) together, you may wish to ask half of the class to identify the goals, *les buts*, and the other half to identify some steps, *les étapes*. Under *les buts*, you may list: *la qualité de l'air et de l'eau, le bruit, notre santé, la protection de la nature, la beauté de la nature, le futur de nos enfants*. Under *les étapes* you may ask students to list *des initiatives personnelles* worth taking, and *des initiatives politiques*. You may also encourage students to bring photos and pamphlets illustrating the theme of environment.

You may want to point out the difference between *un fleuve*, which flows into an ocean or other major body of water, and *une rivière*, which flows into another river.

La qualité de notre vie, c'est aussi la qualité de notre environnement. Les deux sont inséparables. Alors dans quels buts est-ce que nous devons changer nos comportements (*behaviors*) avant que notre planète devienne invivable? Peut-être, pour que:

● l'air soit moins pollué
● nos rivières soient plus propres
● notre santé soit meilleure
● notre style de vie soit moins destructeur
● le calme remplace le bruit
● la nature soit protégée et reste belle
● nos enfants et petits-enfants puissent eux aussi profiter de notre planète Terre (*Earth*)

Voici quelques idées simples pour sauver notre planète:

On peut

● prendre son vélo ou le bus plutôt que sa voiture
● partager sa voiture avec d'autres
● trier et recycler ses déchets sans qu'une loi (*law*) l'impose
● voter pour les candidats d'un parti écologiste
● donner plus de pouvoir (*power*) au ministère de l'environnement
● ne pas mettre la radio quand on travaille ou quand on se repose dans le jardin
● recycler le papier pour que les forêts continuent à vivre
● acheter des produits verts qui sont biodégradables
● donner quelques jours de ses vacances pour nettoyer les rivières
● soutenir des formes d'énergie renouvelable comme l'énergie solaire, éolienne (*wind*), géothermique, par exemple
● acheter des produits naturels qui ont poussé (*grew*) sans produits chimiques
● refuser de consommer plus

Est-ce évident?

Francophonie planétaire

Comment sauver notre planète d'une catastrophe écologique? C'était la question centrale posée à plus de 150 chefs d'états réunis au Congrès de Rio (Brésil) en 1992. Mais peu d'actions concrètes ont suivi la réunion. Alors en 1997 les Québécois ont organisé à Montréal le premier congrès francophone de **Planèt'ERE.**

Sept cents délégués venus de 30 pays francophones étaient présents pour échanger leurs pratiques, leurs expériences, et adopter des perspectives communes. La seconde rencontre **Planèt'ERE 2** a eu lieu en France en l'an 2000. Cette fois on a compté 1500 délégués et participants venus de 42 pays francophones.

Ces rencontres attirent[1] beaucoup de jeunes. Français, Canadiens, Québécois et Africains peuvent ainsi partager leur expertise et surtout apprendre à mieux se connaître. Ils en reviennent avec de nouveaux amis et des projets concrets. Par exemple un petit projet d'échange de courrier[2] entre des élèves québécois et maliens va aider les jeunes à comprendre les différences sur la façon de vivre[3] dans leurs sociétés respectives, et à connaître les écosystèmes qui caractérisent les deux pays. L'éducation en environnement doit en effet commencer par la compréhension de la diversité planétaire!

● Le troisième forum francophone **Planèt'ERE** aura lieu en Afrique, en 2005. Allez-vous y participer?

You may want to explain the pun: ERE est Éducation Relative à l'Environnement, un terme employé au Québec. However, when joined as a suffix to planète, it also sounds like the adjective planétaire: qui concerne la planète.

[1]attract   [2]mail   [3]way of life

LE MOT JUSTE

Expressions

avant que *before*
pour que *in order to*

Verbes

recycler *to recycle*
soutenir *to support*
trier *to sort*
vivre *to live*
voter *to vote*

Noms

un but *goal*
une planète *planet*
un produit chimique *chemical*
un produit vert *ecologically safe product*
une rivière *river*

Adjectifs

destructeur, -trice *destructive*
écologiste *ecological*
invivable *unbearable*
pollué *polluted*
renouvelable *renewable*

À votre tour

13–17 Priorités. En petits groupes, classez les buts énumérés ci-dessus selon leur importance pour les membres du groupe. Quelles sont vos trois priorités principales? Comparez votre classement avec le classement d'autres groupes. Êtes-vous généralement d'accord? ou avez-vous des priorités très différentes?

____ moins de pollution de l'air

____ des rivières plus propres

____ une meilleure santé

____ un style de vie moins destructeur

____ un environnement plus calme

____ la protection de la nature

____ le futur de nos enfants et petits-enfants

____ la survie de la planète Terre

13–18 Passons aux actes! (*A call for action!*) Avec les membres de votre groupe, décidez quelles actions vous recommandez pour réaliser vos trois priorités principales. Inspirez-vous du *Contexte*. Puis partagez vos recommandations avec le reste de la classe.

MODÈLE: É1: Un environnement plus calme est notre première priorité. Alors, on peut ne pas toujours avoir la radio…

13–19 Un bilan personnel. À tour de rôle avec votre partenaire, identifiez les actions proposées dans le *Contexte* que vous avez déjà adoptées pour protéger l'environnement.

MODÈLE: É1: Moi, je prends le bus (je viens à pied, à vélo) tous les jours (trois fois par semaine).

13–20 D'autres idées. En petits groupes essayer de trouver d'autres idées pour protéger et améliorer (*improve*) notre environnement.

MODÈLE: É1: Je n'achète pas le journal. Je lis le journal à la bibliothèque

S T R U C T U R E

L'emploi du subjonctif après certaines conjonctions

● You have learned that using the subjunctive allows you to incorporate a personal perspective into your speech and writing. You know how to express obligation and necessity, wishes and desires, emotion, or doubt, through use of the subjunctive. Now you will learn to use the subjunctive after conjunctions stating conditions under which actions might take place.

Some of these conjunctions are:

- **avant que** (*before*)

Il faut changer nos comportements **avant que** la planète (**ne**) **devienne** invivable!	*We have to change our ways before the planet becomes uninhabitable!*

(The speaker anticipates that a first action must take place before another can be completed.)

You may wish to point out the use of *ne explétif* before the verb when *avant que* is used.

- **pour que** (*in order to*)

On peut partager sa voiture avec d'autres **pour que** l'air **soit** moins pollué.	*We can share our car with others so that the air is less polluted.*

(The speaker is introducing a possible goal to achieve.)

- **à condition que** (*on the condition that*)

On peut faire beaucoup de progrès **à condition que** nous tous travaillions ensemble.	*We can make lots of progress if we all work together.*

(The speaker outlines a possible outcome, should all conditions be met.)

- **jusqu'à ce que** (*until*)

Il faut continuer nos efforts **jusqu'à ce que** nos rivières et nos lacs soient propres.	*We must continue our efforts until our rivers and lakes are clean.*

(The speaker is anticipating a long wait for possible results.)

- **sans que** (*unless*)

On peut trier ses déchets **sans qu'**une loi l'**impose**.	*We can sort our trash without there being a law to require it.*

(The speaker believes that the first action(s) listed can/cannot happen without another action's taking place.)

- The infinitive is used after **pour** and **sans** in sentences that have only one subject.

Certains ne font pas d'efforts **pour sauver** notre environnement.	*Some don't make any effort to save our environment.*
Les gens ne peuvent pas espérer une amélioration **sans changer** leur comportement.	*People cannot hope for progress without changing their behavior.*

- Note also the constructions **à condition de** and **avant de** before an infinitive when making general statements.

Nous allons réussir, **à condition de changer** nos habitudes.	*We will succeed provided that we change our habits.*
Réfléchissez bien **avant de voter** pour un candidat!	*Think hard before voting for a candidate!*

À votre tour

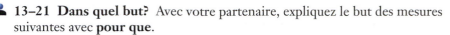 **13–21 Dans quel but?** Avec votre partenaire, expliquez le but des mesures suivantes avec **pour que**.

MODÈLE: É1: Prenons notre vélo. Comme ça, l'air est moins pollué.

É2: Prenons notre vélo pour que l'air soit moins pollué.

1. Achetons des produits biodégradables. Comme ça, la nature peut rester belle.

2. Consommons moins d'énergie. Comme ça, notre style de vie est moins destructeur.

3. Votons pour les candidats écologistes. Comme ça, le monde ne devient pas invivable.

4. Prenons moins souvent la voiture. Comme ça, nous respirons mieux.

5. Utilisons l'énergie solaire. Comme ça, nous ne créons (*create*) pas de pollution.

6. Nettoyons nos rivières. Comme ça la mer peut rester propre.

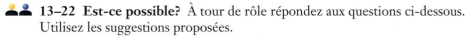 **13–22 Est-ce possible?** À tour de rôle répondez aux questions ci-dessous. Utilisez les suggestions proposées.

MODÈLE: Pouvons-nous avoir un style de vie moins destructeur?
(Oui, à condition que / nous / consommer moins)

É1: Pouvons-nous avoir un style de vie moins destructeur?

É2: Oui, à condition que nous consommions moins.

1. Pouvons-nous profiter des rivières? (Non, pas avant que / nous / les nettoyer)

2. Pouvons-nous changer le monde? (Non, pas sans que / vous / voter)

3. Pouvons-nous améliorer notre environnement?
(Non, pas jusqu'à ce que / nous / recycler plus sérieusement)

4. Pouvons-nous réduire (*reduce*) la pollution de l'air?
(Oui, à condition que / vous / prendre vos vélos)

5. Pouvons-nous passer de nouvelles lois?
(Oui, pour que / vos enfants / pouvoir profiter de la nature)

6. Pouvons-nous continuer à profiter de nos forêts?
(Oui, à condition que / tous / prendre des initiatives)

7. Pouvons-nous être sûrs d'avoir assez d'eau?
(Non, pas sans que / nous / faire des efforts)

8. Pouvons-nous avoir moins de bruit?
(Non, pas avant que / tout le monde / le vouloir)

13–23 Echo. À tour de rôle, vous généralisez les suggestions suivantes.

MODÈLE: É1: On peut protéger l'environnement à condition que nous utilisions des énergies renouvelables.

É2: On peut protéger l'environnement **à condition d'**utiliser des énergies renouvelables.

1. On peut protéger les forêts à condition que nous recyclions le papier.

2. Tout le monde doit recycler pour que nous protégions la nature.

3. On ne va pas faire de progrès avant que nous achetions des produits verts.

4. On doit respirer (*breathe*) un air moins pollué pour que nous restions en bonne santé.

5. On peut réduire le bruit à condition que nous soyons attentifs.

6. On ne peut pas réduire la pollution sans que nous prenions moins souvent la voiture.

13–24 Prenez la parole. Avec un(e) partenaire, exprimez vos opinions sur l'environnement. Complétez les phrases de la colonne A avec les phrases de la colonne B. N'en changez pas l'ordre! Et utilisez votre imagination pour ajouter une phrase personnelle.

MODÈLE: Il faut consommer moins avant que… / Nous voyons de vrais progrès.

É1: Il faut consommer moins avant que nous voyions de vrais progrès.

A	B
1. Il faut changer nos habitudes avant que…	a. Nous pouvons changer le monde.
2. Tout le monde devrait recycler ses déchets pour que…	b. Notre environnement devient plus propre.
3. On peut protéger l'environnement à condition que…	c. Chacun fait un effort.
4. On ne peut pas réduire la pollution sans que…	d. Nous prenons tous des responsabilités.
5. Les Américains vont prendre leur voiture jusqu'à ce que…	e. L'essence (*gasoline*) devient plus chère.

1
2
3

É T A P E

4 CONTEXTE

Le troisième millénaire

Qu'est-ce que le troisième millénaire nous apportera? Les espoirs sont immenses. Mais quelle sera la réalité? Comment se passera, par exemple, une matinée (*morning*) typique en 2025? Laissez-vous emporter (*be carried away*) par votre imagination et voyagez dans le temps: C'est le matin chez une nouvelle génération de Rollin.

6 h 45: Un réveil avec une technologie de pointe (*high-tech*) observe les ondes alpha (*alpha waves*) de votre cortex pour vous réveiller en douceur (*softly*) et avec votre musique préférée.

Les robots sont-ils faits pour nous servir? Ou bien allons-nous servir les robots?

Une natur-f'nêtre électronique s'illumine automatiquement pour vous donner une lumière (*light*) très naturelle.

Dans la salle de bains—appelée salle de santé—vous montez sur votre vélo-labo. Il analyse votre état de santé pendant que vous pédalez. Bien sûr, il calcule aussi la durée (*length*) et l'intensité de votre exercice!

Finis les vêtements traditionnels! Vous mettez une combinaison adaptive, climatisée et parfumée. Vous en programmez la couleur comme vous le voulez. Les Intelli-lunettes avec écouteurs sont indispensables pour vous protéger du soleil (la couche [*layer*] d'ozone est devenue très mince!). Elles vous permettent aussi de rester branché sur vos programmes Major-d'Home et Buro-Net.

Quand vous arrivez dans la cuisine, votre petit déjeuner est tout prêt.

Un écran dans la porte du réfrigérateur vous indique qu'il faut commander du lait via ALIM-NET, votre connexion directe avec le supermarché.

Attention! La voix de votre Major-d'Home vous alerte: le tram téléguidé qui vous emmène au travail sera là dans cinq minutes.

LE MOT JUSTE

Verbes

emmener *to take away*
programmer *to program*

Noms

une combinaison *jumpsuit*

les écouteurs (m) *earphones, headphones*
un écran *screen*
l'espoir (m) *hope*
un millénaire *millennium*
un réveil *alarm clock*

Adjectifs

adaptif, -ive *adjustable*
branché *tuned in*
climatisé *air-conditioned*
téléguidé *remote-controlled*

Est-ce évident?

La Francophonie et l'espace

La Francophonie occupe une place importante dans la recherche spatiale. Vous connaissez déjà le Centre Spatial Guyanais à Kourou, port spatial de l'Europe, et le programme Ariane. Mais connaissez-vous le programme spatial canadien?

    Dans le domaine spatial, le Canada a lancé un satellite en 1962, juste après les États-Unis et l'ex-Union soviétique. Le Canada a été le premier pays à exploiter commercialement un satellite de télécommunication, et cela depuis 1972. Enfin, le Canada a été le premier pays à envoyer un francophone dans l'espace, l'astronaute Marc Garneau. Et c'est une Québécoise, Julie Payette, qui est le Chef Astronaute de l'Agence Spatiale Canadienne (ASC). Il est intéressant de noter que Juliette, en plus de ses compétences scientifiques, parle cinq langues. Avis aux futurs astronautes: l'espace sera un environnement polyglotte et francophone!

● Dans votre pays la conquête de l'espace est-elle aussi une priorité? Par exemple, pouvez-vous nommer des programmes? Votre pays envoie-t-il des satellites dans l'espace? Des missions scientifiques? Va-t-il participer à la construction de la station internationale?

La Québécoise Julie Payette est le Chef Astronaute de l'Agence Spatiale Canadienne.

À votre tour

👥 **13–25 Réalistes ou pas?** À tour de rôle, avec votre partenaire décidez quelles innovations vous allez apprécier le plus ou le moins. Rangez-les en ordre d'utilité croissant (*increasing*). Comparez vos listes. Vos journées en 2025 vont-elles ressembler à votre routine d'aujourd'hui?

_____ un réveil en douceur

_____ de fausses fenêtres qui donnent une lumière naturelle

_____ la notification immédiate du temps

_____ l'invention du vélo-lab

_____ la combinaison adaptive, climatisée et parfumée, avec des couleurs programmables

_____ les Intelli-lunettes indispensables

_____ les écouteurs branchés en permanence sur vos programmes maison et bureau

_____ les robots dans la cuisine

_____ la connection directe avec le supermarché

_____ le tram téléguidé pour vous emmener au travail

13–25 You may want elaborate upon this activity by asking students to contrast a typical day in 2004: *Je trouve mon réveil brutal. Je déteste préparer le petit déjeuner*, etc.… *mais en 2025, je vais me réveiller en douceur*! … They could also elaborate by analyzing these various innovations: How plausible (realistic) are they? *À votre avis, ces innovations sont-elles plausibles? Utiles? Lesquelles vous semblent les plus utiles? Amusantes? Superflues? Représentent-elles un vrai progrès?*

13–26 You may want to make sure that students review the *futur proche* before starting, perhaps by asking one of them how to form such a construction. The exercise is focused on vocabulary, not on the future tense.

13–26 Quelles priorités? Le troisième millénaire apportera des changements dans d'autres domaines que la vie personnelle. Parmi les changements mentionnés ci-dessous, partagez en petits groupes vos trois plus grands espoirs dans le domaine de la santé et de l'environnement.

MODÈLE: tout le monde mange à sa faim (*eat one's fill*)

> É1: En 2025, j'espère que tout le monde va manger à sa faim. J'espère aussi que…

- on a un traitement pour le cancer et le Sida (*AIDS*)
- on vit plus longtemps et mieux
- les soins médicaux sont (presque!) gratuits
- on utilise des énergies propres et renouvelables
- on sait nettoyer la mer et les rivières
- on rend les déchets radioactifs inoffensifs (*harmless*)
- on utilise les ressources de l'espace

13–27 De quoi les Français ont-ils peur? Utilisez la liste des grandes craintes (*fears*) des Français pour identifier (1) vos trois principales craintes et (2) une crainte qui ne vous concerne pas beaucoup. Puis présenter votre liste au reste de la classe avec des commentaires.

Comparez vos listes avec la liste ci-dessous. Sont-elles semblables? Comment diffèrent-elles? À votre avis, pourquoi?

Both IFOP (Institut Français d'Opinion Publique) and INSEE (Institut National de la Statistique et des Études Économiques) are polling and research firms.

Les craintes des Français	
1. L'augmentation des risques environnementaux	78%
2. Les menaces sur leur sécurité et le terrorisme	70%
3. Le vieillissement de la population et la diminution des retraites	67%
4. L'augmentation des conflits sociaux	47%
5. L'augmentation des tensions et conflits internationaux	43%

SOURCE: Adapté d'enquêtes de l'IFOP et de l'INSEE, 2002

STRUCTURE

Le futur

- As you have already learned, the future tense is often replaced in everyday conversation by the present tense or by **aller** + infinitive. French also has a future tense, **le futur**, which corresponds to the English *will* (*shall*) + verb.

Que nous **apportera** le troisième millénaire? — *What will the third millennium bring?*

Qu'est-ce qu'on **apprendra?** — *What will we learn?*

● To form the future of most verbs, add the endings shown to the future stem. For all regular verbs, the future stem is the infinitive (minus **-e** for **-re** verbs):

parler			
je	parler**ai**	nous	parler**ons**
tu	parler**ai**	vous	parler**ez**
il/elle/on	parler**a**	ils/elles	parler**ont**

finir			
je	finir**ai**	nous	finir**ons**
tu	finir**as**	vous	finir**ez**
il/elle/on	finir**a**	ils/elles	finir**ont**

rendre			
je	rendr**ai**	nous	rendr**ons**
tu	rendr**as**	vous	rendr**ez**
il/elle/on	rendr**a**	ils/elles	rendr**ont**

● You may have already anticipated that a number of verbs have irregular future stems, which are the same as those used in the conditional (page 393).

aller	**ir-**	j'irai
avoir	**aur-**	j'aurai
devoir	**devr-**	je devrai
envoyer	**enverr-**	j'enverrai
être	**ser-**	je serai
faire	**fer-**	je ferai
falloir (il faut)	**faudr-**	il faudra
pouvoir	**pourr-**	je pourrai
savoir	**saur-**	je saurai
tenir	**tiendr-**	je tiendrai
venir	**viendr-**	je viendrai
voir	**verr-**	je verrai
vouloir	**voudr-**	je voudrai

Mais quelle **sera** la réalité?	*But what will the reality be?*
Est-ce qu'on **saura** nettoyer la mer et les rivières?	*Will we know how to clean up the sea and the rivers?*
Ira-t-on travailler en tram téléguidé? N'**aura**-t-on plus besoin de voiture?	*Will we go to work in a remote-controlled tramway? Will we no longer need cars?*
Tout le monde **voudra**-t-il bien porter des Intelli-lunettes?	*Will everybody be willing to wear Intelli-glasses?*
Pourrez-vous refuser d'être branché sur un ordinateur en permanence?	*Will you be able to refuse to be permanently linked to a computer?*

Note that *le futur proche* is used more frequently in conversation than in writing.

Point out that the future stem is the same stem that they have already learned for use with the conditional.

Model pronunciation and have students repeat and contrast the difference in pronunciation between the future *je parlerai* [ʒə parləre] and the conditional *je parlerais* [ʒe parlərɛ].

You may choose to note that the future of verbs like *répéter* and *espérer* keep the *é* in the future and the conditional *je répéterai(s)*, *j'espérerai(s)*, whereas *acheter* becomes *j'achèterai(s)* and *appeler* becomes *j'appellerai(s)*.

Many verbs which have an irregular conjugation in the present tense have regular formation in the future: partir: *je partirai*, prendre: *je prendrai*; suivre: *je suivrai*; dire: *je dirai*; croire: *je croirai*; mettre: *je mettrai*; connaître: *je connaîtrai*; etc.
    You may also remind students that derivatives have the same stem as the root verb: *reviendr-, obtiendr-, reverr-*.

À votre tour

13–28 Vive le futur! À tour de rôle avec un partenaire, transformez le texte du *Contexte*. Mettez tous les verbes au futur.

MODÈLE: É1: Des fenêtres électroniques donnent une lumière naturelle.

É2: Des fenêtres électroniques donneront une lumière naturelle.

1. Un réveil surveille les ondes alpha de votre cortex.
2. Vous montez sur votre vélo-labo.
3. Il analyse votre état de santé.
4. Le vélo-labo calcule aussi l'intensité de votre exercice.
5. Vous portez une combinaison adaptive, climatisée et parfumée.
6. Les Intelli-lunettes sont indispensables.
7. Elles vous permettent aussi de rester branché.
8. À la cuisine, votre petit déjeuner est tout prêt.
9. Il faut commander du lait via ALIM-NET.

13–29 Boule de cristal. À tour de rôle avec un partenaire, faites des prédictions (positives ou négatives) pour l'avenir (*future*).

MODÈLE: Nous restons jeunes et beaux.

É1: Nous resterons tous jeunes et beaux.

ou: Nous ne resterons pas tous jeunes et beaux.

1. Vous mangez tous à votre faim.
2. Nous buvons tous de l'eau potable (*drinkable, safe*).
3. On contrôle mieux la nutrition et la médecine.
4. Les médecins ont un traitement pour le cancer et le Sida.
5. Nous vivons plus longtemps et mieux.
6. Les effets de l'âge sont complètement réversibles.
7. Les soins médicaux sont (presque!) gratuits.

13–30 Optimistes contre pessimistes! En petits groupes, discutez si à votre avis les progrès suivants se réaliseront.

MODÈLE: Nous utilisons l'énergie solaire.

É1: À mon avis, nous utiliserons beaucoup l'énergie solaire.

É2: À mon avis, nous n'utiliserons pas assez l'énergie solaire.

1. La protection de la nature est une vraie valeur.
2. Les forêts sont sauvées de la destruction.
3. Vous utilisez des énergies propres et renouvelables.
4. On sait nettoyer la mer et les rivières.
5. Tous recyclent leurs déchets.
6. Les savants (*scientists*) rendent les déchets radioactifs non dangereux.
7. Nous profitons des ressources de l'espace.

 **13–31 Prenez la parole.** Imaginez le reste de la journée en 2025. Comment seront les conditions de travail? À quelle heure finira la journée? Où prendrez-vous vos repas? Que ferez-vous le soir? Formulez et partagez vos idées en petits groupes.

MODÈLE: É1: Je n'irai pas au travail tous les jours. Je travaillerai chez moi. J'aurai des conférences en direct sur l'ordinateur avec mes collègues. Je prendrai des pilules et des vitamines pour mon déjeuner. Je dormirai le nombre d'heures programmées par mon vélo-labo…

En direct

Deux auto-portraits. Écoutez deux jeunes gens, Sabine et Karim, parler de leur vie actuelle, de leurs rêves pour le futur. Puis remplissez (*fill in*) le tableau ci-dessous.

Sabine	Karim
âge: 21 ans	âge: 22 ans
occupation: étudiante	occupation: étudiant
situation de famille: mariée	situation de famille: habite avec sa famille
goûts: photographie, musique, jardin	goûts: sports
rêve(s):	rêve(s):
habitation: acheter une petite maison	projets d'été: travail dans un camp
ville de résidence: Nice	avenir professionnel: police
occupation: être professeur	changement dans la société: Beurs mieux representés

Partagez-vous les rêves de l'un ou l'autre de ces deux jeunes? Qui vous paraît avoir le plus de chances de réussir? Expliquez votre raisonnement.

Phonétique

Intonation (Reprise)

● You will recall that in French pitch rises at the end of each phrase within a sentence, and either rises or falls on the very last syllable of a statement or question. Compare and contrast the following examples.

Statements or imperatives

● The pitch rises at the end of each phrase within a sentence and falls on the very last syllable.

Explain to students that the term *beur* refers to a second-generation Arab. It often does not have a positive connotation.

Audio script for *En direct:*
Sabine: J'ai 21 ans et j'ai un bébé, Charlotte. Pour le moment je suis encore étudiante, mais j'essaie de finir mon diplôme. Plus tard, je veux être prof. Ce sera pratique d'avoir les mêmes vacances que ma fille!
    Marc et moi rêvons d'acheter une petite maison. J'y installerai mon labo de photographie. J'écouterai Mozart, mais aussi du rock et beaucoup de musique blues. Nous aurons un jardin et on y mettra les plus belles sculptures de Marc.
    Nous continuerons à habiter à Nice, comme aujourd'hui. En effet, j'aime cette ville, ses couleurs, sa lumière.

Karim: J'ai 22 ans. Comme toi, je suis français, mais mes parents sont tunisiens. Mon père, ma mère et mes trois frères nous habitons la banlieue de Paris.
    J'ai commencé mes études de droit. J'ai choisi de faire du droit parce que je voudrai travailler dans la police. Je pense que quand les beurs seront mieux représentés, les choses seront différentes!
    Le sport est une vraie passion pour moi. J'ai commencé le sport à l'école. J'adore jouer au foot. Cet été, j'irai travailler dans un camp de vacances pour des jeunes garçons.

Intonation patterns were first presented in Chapitre 2. In subsequent chapters, students have studied imperatives, questions, and some complex sentence patterns with subjunctive, relative, and *si* clauses, embedded questions, etc. We have therefore chosen to revisit the important topic of intonation patterns to provide additional practice.
    Note that intonation patterns are studied by category and that the exercises are put after each pattern for immediate reinforcement.

A. Écoutez et répétez.

1. Entrez!↓
Entrez↑ et asseyez-vous!↓
Répondez!↓
Répondez↑ au téléphone!↓
Répondez↑ poliment!↓
Parlez-lui!↓
Parlez-lui-en!↓
Parlez-lui-en↑ tout de suite!↓
Sachez les verbes!↓
Sachez les verbes↑ pour l'interro!↓
Sachez↑ qu'il est peut-être↑ contagieux!↓

2. Je crois↑ que c'est vrai.↓
Le prof veut↑ que nous réussissions.↓
Le prof veut↑ que nous réussissions↑ à l'examen.↓
Le prof veut↑ que nous réussissions↑ à l'examen final.↓
Il est incroyable↑ que les vacances↑ soient déjà terminées.↓

Il est incroyable↑ que les vacances↑ soient déjà terminées↑ et que nous ayons déjà↑ envie de repartir.↓

3. Je connais cette fille.↓
Je connais la fille↑ qui aide Martin.↓
Je connais la fille↑ qui aide Martin↑ en maths.↓
Il y a des cours obligatoires.↓
Voilà les cours↑ que j'ai choisis.↓
Voilà les cours↑ que j'ai choisis↑ pour le semestre prochain.↓
Voilà les cours obligatoires↑ que j'ai choisis↑ pour le semestre prochain.↓
Si je faisais plus d'effort,↑ j'aurais de meilleurs résultats.↓
Nous pourrions acheter une voiture↑ si nous faisions des économies.↓

Yes/no questions

- The pitch rises at the end of each phrase within a question and also on the very last syllable.

B. Écoutez et répétez.

1. Toi, tu sais?↑
Tu sais conduire?↑
Tu sais l'heure qu'il est?↑
Tu sais où ils habitent?↑
Tu sais si elle vient ce soir?↑

2. Est-ce que↑ vous avez jamais visité la Chine?↑
Est-ce que↑ vous avez jamais visité la Chine↑ ou le Japon?↑
Est-ce qu'on aura une cure↑ pour le Sida?↑
Est-ce qu'on vivra longtemps↑ et heureux?↑

Information questions

- The pitch starts high on the question word(s) and falls, with a final drop on the last syllable.

C. Écoutez et répétez.

1. Qui travaille comme soudeur?↓
Qui est-ce que Philippe a interviewé?↓

À qui est-ce que Meddi a demandé des conseils?↓
De qui est-ce que Meddi a eu les encouragements?↓

2. Qu'est-ce que tu veux?↓

   Qu'est-ce que tu veux faire?↓

   Qu'est-ce que tu veux faire ce week-end?↓

   Qu'est-ce que tu veux qu'on fasse?↓

   Qu'est-ce que tu veux qu'on fasse ce soir?↓

3. Lequel préférez-vous?↓

   Laquelle vous tente le plus?↓

   Lesquelles recherche-t-on?↓

   Lesquels va-t-on interviewer?↓

CULTURES EN PARALLÈLES

Qu'est-ce qui vous rend heureux?

Observer

Étudiez les réponses données, par ordre d'importance, par des Français à la question «Qu'est-ce qui vous rend heureux?».

Le bonheur à la française: qu'est-ce qui vous rend heureux?	
gagner suffisamment d'argent	80%
être en bonne santé	64%
avoir une vie familiale bien réussie	55%
apprécier les petits plaisirs de la vie quotidienne	42%
réussir sa vie sentimentale	36%
avoir des amis	31%
avoir beaucoup d'argent	25%
s'épanouir personnellement	22%
réussir sa vie sociale et professionnelle	8%

Source: adapté de *L'Express* du 24/01/2002 «Réussir sa vie: les nouveaux codes du bonheur» par Marie Huret et Anne Vidalie

Réfléchir

Et vous? Qu'est-ce qui vous rend heureux? En petits groupes, rangez en ordre d'importance (1–9) les facteurs listés ci-dessous pour répondre concrètement à cette question.

_____ apprécier les petits plaisirs de la vie quotidienne

_____ avoir beaucoup d'argent

_____ avoir des amis

_____ avoir une vie familiale bien réussie

_____ être en bonne santé

_____ gagner suffisamment d'argent

_____ s'épanouir personnellement (*to grow personally*)

_____ réussir sa vie sentimentale

_____ réussir sa vie sociale et professionnelle

Mettez les résultats des groupes au tableau. Quelles sont les cinq choses qui semblent être les plus importantes pour les membres de votre classe? Ont-elles la même place dans le classement des Français? Quelles raisons pouvez-vous donner pour expliquer les différences ou ressemblances? Quelles sont vos conclusions?

f Voyage en francophonie

Vous avez étudié votre pays en beaucoup de détails au cours des douze premiers chapitres. Pouvez-vous maintenant prédire son futur? À quels problèmes votre pays doit-il faire face? (problèmes politiques: indépendance, établissement d'un nouveau type de gouvernement et/ou d'économie; questions d'éducation, de santé, de population, de modernisation; quelle importance est accordé à l'environnement?) Quels sont ses atouts (*assets*)? Comment voyez-vous le rôle de ce pays dans le monde de demain? Pour trouver un modèle, allez sur le site Web de *Parallèles* pour le Chapitre 13.

L'architecture moderne de la ville d'Abidjan co-existe avec des façons de vivre très anciennes, mais cela existera-t-il encore demain?

DÉCOUVERTES

À vous la parole

Style de vie

Discutez avec un partenaire le style de vie de la plupart des étudiants sur votre campus. Contrastez les habitudes d'hier avec les habitudes d'aujourd'hui et offrez vos opinions. Utilisez les suggestions ci-dessous et votre imagination.

MODÈLE: É1: Aujourd'hui, on fume (*smoke*) rarement.

É2: On fume plus rarement qu'avant, c'est sûr!…

> faire du sport (souvent) / défendre (passionnément) l'environnement / trouver du travail (facilement) / passer du (trop de) temps avec les ordinateurs / utiliser (fréquemment) les vélos / coexister (pacifiquement) avec la nature / s'intéresser (intensément) à la politique

Lecture

La souris°, meilleure amie de l'homme

°*mouse*

Travaux d'approche. Le document suivant est un texte humoristique écrit sur un sujet sérieux: le développement de l'ordinateur, instrument de travail et moyen d'accès à l'éducation et à de nombreux loisirs (communication, activités artistiques et jeux). Pour faciliter la lecture de ce texte, utilisez plusieurs des stratégies que vous avez pratiquées dans vos lectures précédentes.

1. Étudiez le titre. Ici, quel est le mot-clé qui vous indique le sujet traité? Attention: le mot **souris** doit-il être pris au sens littéral? Quel animal est généralement considéré comme «le meilleur ami de l'homme»? Cette transposition vous indique-t-elle le ton adopté par l'auteur? Est-il sérieux? humoristique?

2. Reliez (*Relate*) le sujet traité à des connaissances antérieures et donc anticipez le contenu de l'article. Par exemple, que savez-vous déjà de l'importance de la souris?

3. Faites une première lecture rapide pour essayer de comprendre la structure du texte. Pouvez-vous identifier les idées principales du texte et sa conclusion?

4. Relisez attentivement le texte. Avant d'utiliser votre dictionnaire, essayez d'abord de trouver le sens des mots d'après le contexte.

°households

°full of clashes
°computer
°mousepad / °linked
°user-friendly
°purposes
°TV remote
°au doigt et a l'œil

°prostheses

On compte désormais plus de «souris» d'ordinateur en France que de chiens ou de chats. 36% des foyers° ont un ordinateur, et la grande majorité ont une souris, alors que seuls 25% ont un chien, 26% un chat. La souris est donc devenue le meilleur ami de l'homme, son indispensable alliée dans le rapport souvent conflictuel° avec la machine informatique°.

Cet étrange objet placé sur un tapis° et relié à° l'ordinateur crée une situation «conviviale»° et «ergonomique». […] Ses deux «oreilles» permettent de cliquer pour commander certaines fonctions. Les destins° de la souris d'ordinateur et de la télécommande° de télévision, familièrement appelée *zapette*, sont parallèles. Toutes les deux sont des extensions du corps, qui obéissent littéralement au doigt et à l'œil°. Elles sont au service de la mobilité immobile, de la réalité virtuelle, du temps transcendé, de l'espace dominé. Lorsqu'elles seront intégrées au corps, ces deux prothèses° affirmeront la domination de l'homme sur les objets qui l'entourent. Elles illustreront la mutation de *l'Homo sapiens* en *Homo-zappens*.

Gérard Mermet, *Pour comprendre les Français: Francoscopie 2003* (Paris: Larousse/VUEF 2002)

Exploration

1. Pourquoi la souris est-elle devenue la meilleure amie de l'homme?

2. Quelle est l'utilité de la souris? (N'hésitez pas à paraphraser les mots du texte.)

3. Quelle est la fonction des «oreilles» de la souris?

4. À votre avis, quelle est l'origine du mot *zapette* pour désigner la télécommande de la télé?

5. Pourquoi la souris et la *zapette* sont-elles considérées des prothèses?

Réflexion

À votre avis, la mutation de *l'Homo sapiens* en *Homo-zappens* annoncée dans la conclusion est-elle probable? Prochaine? Possible? Impossible? Justifiez votre opinion.

À vos stylos

Un meilleur monde demain

Imaginez et décrivez un environnement idéal, parfaitement adapté aux besoins de ses habitants, qui y seront tous très heureux.

1. D'abord décidez plusieurs choses. Par exemple:
- Choisissez l'endroit où vous situerez votre monde idéal.
- Définissez quel sera le climat et quel sera le relief. Si vous choisissez une station dans l'espace, dans quelle galaxie sera-t-elle située?

- Donnez des détails sur l'environnement: est-ce qu'il y aura des plantes et des animaux? des rivières et des océans?
- Pensez à expliquer pourquoi tout le monde est heureux.

2. Transformez vos notes en phrases complètes et organisez-les pour créer une vraie composition.

3. Donnez un nom à votre pays idéal et n'oubliez pas l'introduction et la conclusion.

4. Relisez la rédaction pour trouver et corriger les fautes.

Parallèles historiques You may ask the following true/false questions.

1. *La Déclaration des droits de l'homme et du citoyen n'a été influencée par aucun événement hors de France.*

2. *Montesquieu et Voltaire sont des philosophes du XVIIIᵉ siècle français. Déjà à leur époque leurs idées se diffusaient dans le monde entier.*

3. *Le citoyen a des droits naturels qui doivent être respectés.*

4. *Les Nations Unies n'ont pas encore adopté une déclaration universelle des droits de l'homme.*

Parallèles historiques

La Déclaration des droits de l'homme, 1789

Si aujourd'hui 90% des Français se déclarent heureux, c'est peut-être parce que, depuis le 26 août 1789, la *Déclaration des droits de l'homme et du citoyen* fixe les principes fondamentaux de la nouvelle société qui remplace l'ancien régime[1]. C'est un document qui s'inspire fortement de la déclaration américaine de 1776, qui s'inspirait elle-même des idées des philosophes français du siècle des lumières comme Montesquieu et Voltaire.

Comme sa cousine (ou grande sœur?) américaine, la *Déclaration des droits de l'homme et du citoyen* affirme les «droits naturels de l'homme»: la liberté, la sûreté et la résistance à l'oppression. Sans ces droits, il est difficile d'offrir une qualité de vie aux citoyens. Aujourd'hui une *Déclaration universelle des droits de l'homme* (adoptée le 10 décembre 1948 par l'Assemblée générale des Nations Unies) reconnaît des mêmes droits à tous les humains. À votre avis, cette déclaration est-elle toujours et partout appliquée?

[1] the old regime where kings were kings by the grace of God and where their "bon plaisir" was the law

---

 Maintenant, je sais...

Qu'avez-vous appris dans ce chapitre? Comment l'avez-vous appris? Vérifiez vos connaissances sur chaque sujet et donnez des exemples précis. Discutez comment les Français s'estiment heureux et sont satisfaits de leur qualité de vie. Considérez les questions suivantes:

1. Maintenir la qualité de vie est-elle une priorité pour tous?

2. Quelle est l'importance de la santé pour les Français?

3. Y a-t-il un système qui paie une grande partie des dépenses de santé?

4. Le développement de l'ordinateur peut-t-il être qualifié de «phénoménal»?

5. Les dates 1776, 1789 et 1948 sont-elles importantes pour la protection des droits de l'homme? Pourquoi et comment?

 À l'écran

Que disent vos amis francophones? N'oubliez pas de regarder la vidéo!

Tous les mots

Expressions

aussitôt	*immediately*
constamment	*constantly*
en bonne/mauvaise santé	*in good/bad health*
lentement	*slowly*
mieux	*better*
Qu'est-ce qu'il y a?	*What's the matter?*

Conjonctions

avant que	*before*
sans que	*without*
pour que	*in order to*
à condition que	*on the condition that*
jusqu'à ce que	*until*

Pronoms indéfinis

aucun(e) (ne)	*not a one*
certain(e)s	*certain*
chacun(e)	*each*
d'autres	*others*
personne (ne)	*no one, nobody*
plusieurs	*several*
quelqu'un	*somebody, one*
quelques un(e)s	*some*
quelque chose	*something*
rien	*nothing*
tous/toutes	*all*

Verbes

arrêter	*to stop*
avoir l'air	*to appear*
avoir mal (à)	*to ache*
avoir mauvaise mine	*to not look good*
consommer	*to consume, to buy, to use up*
dépendre de	*to depend on*
emmener	*to take away*
s'ennuyer	*to be bored*
nager	*to swim*
programmer	*to program*
protéger	*to protect*
recycler	*to recycle*
respirer	*to breathe*
se sentir (bien/mal)	*to feel (good/bad)*
se soigner	*to take care of oneself*
souffrir	*to suffer*
soutenir	*to support*
tousser	*to cough*
trier	*to sort*
vivre	*to live*
voter	*to vote*

Noms

une angine	*sore throat*
un antibiotique	*antibiotic*
le bruit	*noise*
un but	*goal*
un cabinet	*doctor's office*
un citoyen, une citoyenne	*citizen*
une combinaison	*jumpsuit*
un déchet	*waste*
un diagnostic	*diagnosis*
les écouteurs (m)	*earphones, headphones*
un écran	*screen*
l'environnement (m)	*environment*
l'espoir (m)	*hope*
un facteur	*factor*
la fièvre	*fever*
un médicament	*medication, drug*
un millénaire	*millennium*
une ordonnance	*prescription*
une pilule	*pill*
une planète	*planet*
la pollution	*pollution*
un produit chimique	*chemicals*
un produit vert	*ecologically safe products*
la qualité de la vie	*quality of life*
le recyclage	*recycling*
une rivière	*river*
la salle d'attente	*waiting room*
un sirop	*syrup*
les soins médicaux (m)	*medical care*
un symptôme	*symptom*
une toux	*cough*
un réveil	*alarm clock*

Les parties du corps

le bras	*arm*
la cheville	*ankle*
le cœur	*heart*
le cou	*neck*
le coude	*elbow*
la cuisse	*thigh*
le derrière	*bottom, buttock*
le doigt	*finger*
le dos	*back*
l'épaule (f)	*shoulder*
l'estomac (m)	*stomach*
la figure	*face*
le genou	*knee*
la jambe	*leg*
la main	*hand*
le pied	*foot*

le poignet	*wrist*	destructeur, -trice	*destructive*
la poitrine	*chest*	écologiste	*ecological*
les poumons (m, pl)	*lungs*	invivable	*unbearable*
le talon	*heel*	malade	*sick*
le ventre	*belly*	nombreux, -euse	*numerous*
		pollué	*polluted*

Adjectifs

		renouvelable	*renewable*
adaptif, -ive	*adjustable*	sain	*healthy*
branché	*tuned in*	suffisant	*sufficient*
climatisé	*air-conditioned*	téléguidé	*remote controlled*
contagieux, -euse	*contagious*		

APPENDIX 1

The International Phonetic Alphabet

Les symboles de l'alphabet phonétique international suivants représentent les voyelles, les consonnes et les semi-voyelles du français.

Les voyelles	Les consonnes	Les semi-voyelles
[i] il	[p] pas	[j] bien
[e] étudiant	[b] bureau	[ɥ] suis
[ɛ] elle	[t] toi	[w] oui
[a] allez	[d] dix	
[y] une	[k] cahier	
[ø] deux	[g] gare	
[œ] professeur	[f] fermez	
[u] vous	[v] vingt	
[o] stylo	[s] sept	
[ɔ] porte	[z] onze	
[ə] je	[ʃ] chic	
[ɛ̃] demain	[ʒ] je	
[œ̃] lundi	[l] la	
[ɑ̃] sans	[r] répétez	
[ɔ̃] sont	[m] mais	
	[n] nous	
	[ɲ] campagne	
	[ŋ] jogging	

APPENDIX 2

Regular Verbs

Infinitive	Future	Present indicative	Present subjunctive	Imperfect	Passé composé	Imperative
parler *(to speak)*	parlerai	parle parles parle	parle parles parle	parlais	j'ai parlé	parle parlons parlez
		parlons parlez parlent	parlions parliez parlent			
finir *(to finish)*	finirai	finis finis finit	finisse finisses finisse	finissais	j'ai fini	finis finissons finissez
		finissons finissez finissent	finissions finissiez finissent			
rendre *(to return)*	rendrai	rends rends rend	rende rendes rende	rendais	j'ai rendu	rends rendons rendez
		rendons rendez rendent	rendions rendiez rendent			

Stem-changing Verbs

Infinitive	Future	Present indicative		Present subjunctive		Imperfect	Passé composé	Imperative
commencer (to begin)	commencerai	commence commences commence	commençons commencez commencent	commence commences commence	commencions commenciez commencent	commençais	j'ai commencé	commence commençons commencez
manger (to eat)	mangerai	mange manges mange	mangeons mangez mangent	mange manges mange	mangions mangiez mangent	mangeais	j'ai mangé	mange mangeons mangez
essayer (to try)	essaierai or essayerai	essaie essaies essaie	essayons essayez essaient	essaie essaies essaie	essayions essayiez essaient	essayais	j'ai essayé	essaie essayons essayez
appeler (to call)	appellerai	appelle appelles appelle	appelons appelez appellent	appelle appelles appelle	appelions appeliez appellent	appelais	j'ai appelé	appelle appelons appelez
acheter (to buy)	achèterai	achète achètes achète	achetons achetez achètent	achète achètes achète	achetions achetiez achètent	achetais	j'ai acheté	achète achetons achetez
préférer (to prefer)	préférerai	préfère préfères préfère	préférons préférez préfèrent	préfère préfères préfère	préférions préfériez préfèrent	préférais	j'ai préféré	préfère préférons préférez

Irregular Verbs

Infinitive	Future	Present indicative	Present subjunctive	Imperfect	Passé composé	Imperative
aller (to go)	irai	vais vas va allons allez vont	aille ailles aille allions alliez aillent	allais	je suis allé(e)	va allons allez
avoir (to have)	aurai	ai as a avons avez ont	aie aies ait ayons ayez aient	avais	j'ai eu	aie ayons ayez
boire (to drink)	boirai	bois bois boit buvons buvez boivent	boive boives boive buvions buviez boivent	buvais	j'ai bu	bois buvons buvez
connaître (to know)	connaîtrai	connais connais connaît connaissons connaissez connaissent	connaisse connaisses connaisse connaissions connaissiez connaissent	connaissais	j'ai connu	connais connaissons connaissez
croire (to believe)	croirai	crois crois croit croyons croyez croient	croie croies croie croyions croyiez croient	croyais	j'ai cru	crois croyons croyez
devoir (to owe)	devrai	dois dois doit devons devez doivent	doive doives doive devions deviez doivent	devais	j'ai dû	
dire (to say)	dirai	dis dis dit disons dites disent	dise dises dise disions disiez disent	disais	j'ai dit	dis disons dites
dormir (to sleep)	dormirai	dors dors dort dormons dormez dorment	dorme dormes dorme dormions dormiez dorment	dormais	j'ai dormi	dors dormons dormez
écrire (to write)	écrirai	écris écris écrit écrivons écrivez écrivent	écrive écrives écrive écrivions écriviez écrivent	écrivais	j'ai écrit	écris écrivons écrivez

Infinitive	Future	Present indicative	Present subjunctive	Imperfect	Passé composé	Imperative
envoyer (to send)	enverrai	envoie envoies envoie envoyons envoyez envoient	envoie envoies envoie envoyions envoyiez envoient	envoyais	j'ai envoyé	envoie envoyons envoyez
être (to be)	serai	suis es est sommes êtes sont	sois sois soit soyons soyez soient	étais	j'ai été	sois soyons soyez
faire (to do)	ferai	fais fais fait faisons faites font	fasse fasses fasse fassions fassiez fassent	faisais	j'ai fait	fais faisons faites
lire (to read)	lirai	lis lis lit lisons lisez lisent	lise lises lise lisions lisiez lisent	lisais	j'ai lu	lis lisons lisez
mettre (to put)	mettrai	mets mets met mettons mettez mettent	mette mettes mette mettions mettiez mettent	mettais	j'ai mis	mets mettons mettez
mourir (to die)	mourrai	meurs meurs meurt mourons mourez meurent	meure meures meure mourions mouriez meurent	mourais	je suis mort(e)	meurs mourons mourez
naître (to be born)	naîtrai	nais nais naît naissons naissez naissent	naisse naisses naisse naissions naissiez naissent	naissais	je suis né(e)	
ouvrir (to open)	ouvrirai	ouvre ouvres ouvre ouvrons ouvrez ouvrent	ouvre ouvres ouvre ouvrions ouvriez ouvrent	ouvrais	j'ai ouvert	ouvre ouvrons ouvrez
pouvoir (to be able)	pourrai	peux peux peut pouvons pouvez peuvent	puisse puisses puisse puissions puissiez puissent	pouvais	j'ai pu	

Infinitive	Future	Present indicative			Present subjunctive			Imperfect	Passé composé	Imperative
prendre (*to take*)	prendrai	prends prends prend	prenons prenez prennent		prenne prennes prenne	prenions preniez prennent		prenais	j'ai pris	prends prenons prenez
recevoir (*to receive*)	recevrai	reçois reçois reçoit	recevons recevez reçoivent		reçoive reçoives reçoive	recevions receviez reçoivent		recevais	j'ai reçu	reçois recevons recevez
savoir (*to know*)	saurai	sais sais sait	savons savez savent		sache saches sache	sachions sachiez sachent		savais	j'ai su	sache sachons sachez
sortir (*to go out*)	sortirai	sors sors sort	sortons sortez sortent		sorte sortes sorte	sortions sortiez sortent		sortais	je suis sorti(e)	sors sortons sortez
venir (*to come*)	viendrai	viens viens vient	venons venez viennent		vienne viennes vienne	venions veniez viennent		venais	je suis venu(e)	viens venons venez
voir (*to see*)	verrai	vois vois voit	voyons voyez voient		voie voies voie	voyions voyiez voient		voyais	j'ai vu	vois voyons voyez
vouloir (*to want*)	voudrai	veux veux veut	voulons voulez veulent		veuille veuilles veuille	voulions vouliez veuillent		voulais	j'ai voulu	veuille veuillons veuillez

APPENDIX 3

Lexique   Français–Anglais

A

à in; at; to; **~ partir de** from; **~ qui?** to whom?

abbaye (*f*) abbey

abolir to abolish

abonné, -e (*m, f*) subscriber

abonnement (*m*) subscription; season ticket

abordable affordable

aborder to approach (a person/a subject)

abréviation (*f*) abbreviation

abriter to shelter

absent, -e absent

absolument absolutely

abstrait, -e abstract

accent (*m*) accent; stress

accepter (de) to accept

accès (*m*) access; **avoir ~** to have access

accessoire (*m*) accessory

accident (*m*) accident

accompagner to accompany

accord (*m*) agreement; **d'~** O.K.; **être d'~** to agree

accorder to grant

accueillir to greet; to welcome

achat (*m*) purchase

acheter to buy

acteur, -trice (*m, f*) actor, actress

actif, -ive active; employed

activité (*f*) activity

actuel, -elle current, present

adapté, -e adapted

adapter to adapt

adaptif, -ive adjustable

addition (*f*) restaurant check

admettre (admis) to admit

admirer to admire

adolescent, -e (*m, f*) adolescent

adorer to adore

adulte (*m, f*) adult

adresse (*f*) address

affaires (*f pl*) belongings; business; **homme (femme) d'~** businessman (-woman)

affectif, -ive affective

affectueusement affectionately

affiche (*f*) poster

afficher to post

afin que in order to

africain, -e African

Afrique (*f*) Africa

âge (*m*) age; **Quel ~ avez-vous?** How old are you?

âgé, -e old

agence (*f*) agency; **~ de location** rental agency; **~ de voyages** travel agency; **~ immobilière** real estate agency

agent, -e (*m, f*) agent; employee; **~ de police** policeman

agir to act; **Dans cet article, il s'agit de...** This article is about...

agréable affable, pleasant, likeable

agriculteur, -trice (*m, f*) farmer

agroalimentaire related to food-processing

aide (*f*) help

aider to help

aimable nice, pleasant

aimer to like; to love; **~ mieux** to like better, to prefer; **~ le mieux** to like the best

ainsi thus

air: avoir l'~ to seem, to appear; **en plein ~** outdoors

aise: mal à l'~ uneasy; **se mettre à l'~** to get comfortable

aisé, -e easy, well off

ajouter to add

ajusté, -e tailored; tight-fitting

Algérie (*f*) Algeria

algérien, -enne Algerian

alimentaire pertaining to food, nutrition

alimentation (*f*) food

aliments (*m pl*) food(s)

allée (*f*) path, alley

Allemagne (*f*) Germany

allemand, -e German

allemand (*m*) German (language)

aller to go; **s'en ~** to go away; **Je vais bien.** I'm fine.

allô hello (telephone)

allons-y! let's go!

alors so; then

amateur (*m*) connoisseur; lover

ambitieux, -euse ambitious

amélioré, -e improved

amener to bring (someone) along; to take

américain, -e American

amérindien, -enne Native American

Amérique (*f*) America

ami, -e (*m, f*) friend; **petit(e) ami(e)** boy(girl)friend

amitié (*f*) friendship; **~s** best wishes

amour (*m*) love

amoureux (*m pl*) lovers

amoureux, -euse de in love with

amphi = amphithéâtre

amphithéâtre (*m*) amphitheater, large lecture hall

amusant, -e amusing, fun

amuser: s'~ to have a good time, to have fun

an (*m*) year; **depuis 2 ans** for 2 years; **J'ai 15 ans.** I'm 15 (years old).; **le Nouvel An** New Year's

analyser to analyze

anatomie (*f*) anatomy

ancêtre (*m*) ancestor

ancien, -enne old; ancient; antique; former

ancien, -enne (*m, f*) elder

angine (*f*) sore throat

anglais, -e English

anglais (*m*) English (language)

angle: à l'~ de at the corner of

Angleterre (*f*) England

animal (*m*) animal

année (*f*) year; **dans les années 80** in the 80s

anniversaire (*m*) birthday; anniversary; **Bon ~!** Happy Birthday!

annonce: les petites ~s (*f pl*) classified ads

annoncer to announce; **ça s'annonce bien** it augurs well, it looks promising

annulé, -e canceled

anonyme anonymous

anorak (*m*) ski jacket

anthropologie (*f*) anthropology

antibiotique (*m*) antibiotic

antiquaire (*m*) antique dealer

antiquité (*f*) antique

août (*m*) August

apercevoir (aperçu) to see, to notice

apéritif (*m*) before-dinner drink

appareil (*m*) apparatus; appliance; **C'est qui à l'~?** Who's calling (on the telephone)?

appartement (*m*) apartment

appel (*m*) call; roll call; **On fait l'~** Let's take attendance.

appeler to call; **s'~** to be named; **Comment vous appelez-vous?** What is your name?; **Je m'appelle...** My name is...; **Tu t'appelles comment?** What is your name?

appétit (*m*) appetite; **Bon ~!** Enjoy your meal!

apporter to bring

apprécier to appreciate; to enjoy

apprendre (appris) to learn
approcher: s'~ de to approach
approprié, -e appropriate
après after; afterwards
après-midi (*m*) afternoon; **de l'~** P.M.; in the afternoon
arabe (*m*) Arabic
arbre (*m*) tree
architecte (*m, f*) architect
architecture (*f*) architecture
arène (*f*) arena
argent (*m*) money; **~ liquide** cash
Argentine (*f*) Argentina
armoire (*f*) wardrobe
arranger to arrange; **s'~** to work out fine; **ça m'arrange le mieux** it works best for me
arrêt (*m*) stop; **sans ~** non-stop; **~ de bus** bus stop; **~ de travail** medical excuse for not being able to work
arrêter to stop; **s'~** to stop
arrière-pays (*m*) back country
arrivée (*f*) arrival
arriver to arrive; to happen; **comment y ~** how to get there?; **en arrivant** upon arrival
arrondissement (*m*) administrative division of Paris
art (*m*) art; **~s dramatiques** drama; **~s plastiques** visual arts; **beaux-~s** fine arts
artisanal, -e artisan (*adj.*)
artiste (*m, f*) artist; performer
ascenseur (*m*) elevator
Asie (*f*) Asia
asperges (*f pl*) asparagus
aspirateur (*m*) vacuum cleaner; **passer l'~** to run the vacuum cleaner
aspirine (*f*) aspirin
asseoir: s'~ to sit; **Assieds-toi!** **(Asseyez-vous!)** Sit down!
assez quite, rather; **~ bien** well enough; **~ de** enough
assiette (*f*) plate; **~ à soupe/à dessert** soup/dessert plate
assis, -e seated
assistant, -e (*m, f*) assistant; teaching assistant
assister à to attend (an event)
associer: s'~ à to be associated with
assorti: bien ~ well-matched
assurance (*f*) **médicale** health insurance
assuré, -e guaranteed
assurer to insure; **je t'assure!** I assure you!
athlétisme: faire de l'~ to practice a competitive sport
atout (*m*) asset
attaché(e) commercial(e) (*m, f*) sales representative
attendre to wait (for)
attention: faire ~ à to pay attention (to); to be careful of; **~!** be careful!
attirer to attract

auberge (*f*) inn; **~ de jeunesse** youth hostel
aucun, -e not a one, none
au-dessous de below; underneath
au-dessus de above
augmentation (*f*) increase, rise
augmenter to increase
aujourd'hui today
auprès de with, near
aussi also; **~ ... que** as ... as
aussitôt immediately; **~ que** as soon as
Australie (*f*) Australia
autant que as much as; **~ de... que** as much ... as
auteur (*m*) author
auto (*f*) car
automne (*m*) autumn
autonome autonomous
auto-portrait (*m*) self-portrait
autorité (*f*) authority
autoroute (*f*) superhighway, freeway
autour around
autre other; **d'~s** others; **l'un... , l'~** one ... , the other
autrefois in the past
avance: à l'~ in advance; **en ~** early
avancé, -e advanced
avant before; **~ d'entrer** before entering; **~ Jésus-Christ** B.C.; **~ que** before
avantage (*m*) advantage; **les ~s sociaux** benefits
avantageux, -euse advantageous
avant-hier the day before yesterday
avec with; **l'un ~ l'autre** with each other; **Et ~ ça?** And what else?
avenir (*m*) future; **à l'~** in the future
aventure (*f*) adventure
aventurier, -ière (*m, f*) adventurer
avenue (*f*) avenue
avion (*m*) airplane
avis (*m*) opinion; **à votre ~** in your opinion; **de l'~ de tous** in everyone's opinion
avocat, -e (*m, f*) lawyer
avoir (eu) to have; **~ besoin de** to need; **~ de la chance** to be lucky; **~ envie de** to want, to feel like; **~ faim** to be hungry; **~ intérêt à** to be in one's best interest; **~ l'air** to appear, to look, to seem; **~ lieu** to take place; **~ l'intention de** to intend; **~ l'occasion de** to have the chance, to have the opportunity; **~ mal** to hurt; **~ peur** to be afraid; **~ raison** to be right; **~ soif** to be thirsty; **~ tort** to be wrong
avril (*m*) April

B

bac = baccalauréat
baccalauréat (*m*) exam taken at the end of secondary school
bagage (*m*) luggage; **faire les bagages** to pack

baguette (*f*) long, thin loaf of French bread
baignoire (*f*) bathtub
bal (*m*) dance
balade (*f*) hike (*colloq.*)
balcon (*m*) balcony
banane (*f*) banana
bande (*f*): **~ de copains** group of friends; **~ dessinée** comic strip
banlieue (*f*) suburbs; **en ~** in the suburbs, the outskirts
banque (*f*) bank
baptême (*m*) baptism
barbe (*f*) beard
barrière (*f*) fence, barrier
bas, base low
bas (*m*) bottom; **là-~** over there; **en ~ de** at the bottom of
bas (*m pl*) stockings
base (*f*) activity center
base-ball (*m*) baseball
baser: en vous basant sur based on
basket (*m*) basketball; **faire du ~** to play basketball; **~s** sneakers
bataille (*f*) battle
bateau (*m*) boat; **faire du ~** to go boating
bâtiment (*m*) building
beau (bel), belle beautiful; **Il fait beau.** It's beautiful weather; the weather is nice.; **une belle famille** a large family; in-laws
beaucoup a lot; much; many
beau-frère (*m*) brother-in-law; stepbrother
beau-père (*m*) father-in-law; stepfather
bébé (*m*) baby
beige beige
belge Belgian
Belgique (*f*) Belgium
belle-fille (*f*) daughter-in-law; stepdaughter
belle-mère (*f*) mother-in-law; stepmother
belle-sœur (*f*) sister-in-law
bénéficier to benefit
bénévole unpaid
besoin (*m*) need; **avoir ~ de** to need
beurre (*m*) butter
bibliothèque (*f*) library
bicyclette (*f*) bicycle
bien well; **~ des** many; **~ entendu** of course; **Ça a l'air ~.** That looks good (O.K.).; **~ sûr** of course; **Tu vas ~?** How are you? (*informal*)
bientôt soon; **À ~.** See you soon.
bienvenue à welcome to
bière (*f*) beer
bifteck (*m*) steak
bijou (*m*) a piece of jewelry
billet (*m*) ticket; bill (money)
biodégradable biodegradable
biographie (*f*) biography
biologie (*f*) biology
biscotte (*f*) melba toast
bise (*f*) kiss

blanc, blanche white
blé *(m)* wheat
bleu, -e blue
blond, -e blond
blouson *(m)* short jacket
bœuf *(m)* beef; steer
boire (bu) to drink
boisson *(f)* drink; **~ gazeuse** carbonated beverage
boîte *(f)* box; can; **~ à la mode** "in" discotheque; **~ aux lettres** mailbox
bol *(m)* bowl
bon, bonne good; **Bon, eh bien…** Well then …; **il est bon** it is good, it's a good idea; **Il fait bon.** The weather's nice.; **bon vivant** one who enjoy's life's pleasures
bonheur *(m)* happiness
bonjour hello, good morning
bonsoir good evening
bord *(m)* edge; **au ~ de** along; **au ~ de la mer** at the seashore
bottes *(f pl)* boots
bouche *(f)* mouth
boucherie *(f)* butcher shop
bouddhiste Buddhist
bouger to move
bougie *(f)* candle
boulangerie *(f)* bakery
boulot *(m)* job *(colloq.)*
bourgeois, -e middle-class
bourgeoisie *(f)* the middle class
bourse *(f)* scholarship
bout *(m)* end; piece; **au ~ de** at the end of
bouteille *(f)* bottle
boutique *(f)* shop
bracelet *(m)* bracelet
branché, -e connected, plugged in; "in," "with it"
bras *(m)* arm
bref (brève) brief
Bretagne *(f)* Brittany
bricolage *(m):* **faire du ~** to putter, to tinker
bricoler to putter, to tinker
brie *(m)* type of French cheese
brillant, -e brilliant, glowing
brochette *(f)* kebab
brochure *(f)* brochure
bronzage *(m)* suntanning
bronzer to suntan
brosser: se ~ les dents to brush one's teeth
bruit *(m)* noise
brun, -e brown; dark-haired
brusquement abruptly
bulletin *(m):* **~ d'inscription** registration form; **~ scolaire** report card
bureau *(m)* desk; office; **~ de poste** post office; **~ de tabac** tobacco shop; **~ de tourisme** tourist office
bus *(m)* bus
but *(m)* goal

C

ça that; **Ça va?** How's it going? How are you?; **Ça va.** It's going fine.; **C'est ~.** That's it. O.K.; **Ça fait combien?** How much is it?; **~ fait un mois que…** It's been a month since…; **~ non!** not that! don't do that!
cabinet *(m)* doctor's office
cacher: se ~ to hide
cadeau *(m)* gift, present
cadre *(m)* setting; executive; managerial employee
café *(m)* cafe; coffee
cafétéria *(f)* cafeteria
cahier *(m)* notebook; workbook
Caire: Le ~ *(m)* Cairo
calanque *(f)* cave surrounded by steep cliffs, cove
calcul *(m)* calculation
calculatrice *(f)* calculator
calculer to calculate
calendrier *(m)* calendar
calme calm
calmer: se ~ to quiet down
camarade *(m, f)* friend; **~ de classe** classmate; **~ de chambre** roommate
camembert *(m)* type of French cheese
caméra *(f)* movie camera
Cameroun *(m)* Cameroon
camerounais, -e from Cameroun
campagne *(f)* country; **à la ~** in the country
camper to camp
camping *(m)* camping; **faire du ~** to go camping
campus *(m)* campus
Canada *(m)* Canada
canadien, -enne Canadian
canal *(m)* canal, channel
canapé *(m)* sofa; couch
cancre *(m)* dunce
candidat, -e *(m, f)* candidate
capitale *(f)* capital
car because
caractère *(m)* character
caractéristique *(f)* characteristic
carotte *(f)* carrot
carré square
carrefour *(m)* intersection
carrière *(f)* career
carte *(f)* map; card; **~ bancaire** bank card (credit or debit); **~ de crédit** credit card; **~ postale** postcard; **~ de téléphone** phone card; **jouer aux ~s** to play cards
cassette *(f)* **audio** audiotape
cathédrale *(f)* cathedral
cause: à ~ de because of
CD-ROM *(m)* CD-ROM
ce (cet), cette, ces this, these
cédérom *(m)* CD-ROM
célèbre famous

célébrer to celebrate
célibataire single (not married)
celui (celle)-là that one
cent hundred; **vingt pour ~** 20%
centaine: une ~ de about a hundred
centimètre *(m)* centimeter
central, -e central
centralisé, -e centralized
centre *(m)* center; **~ commercial** shopping mall; **le ~-ville** downtown
cependant nevertheless, however
céréales *(f pl)* cereal
cerise *(f)* cherry
certain, -e certain; sure
certainement certainly
ces these; those
chacun, -e each one
chaîne *(f)* chain; assembly line; **~ stéréo** stereo
chaise *(f)* chair
chaleur *(f)* heat
chambre *(f)* bedroom; **~ à coucher** bedroom; **~ d'hôte** bed and breakfast
champ *(m)* field; **champs de canne à sucre** sugar cane plantations
champagne *(m)* champagne
champignon *(m)* mushroom
chance *(f)* luck; **avoir de la ~** to be lucky; **Quelle ~!** What a stroke of luck!
changement *(m)* change
changer (de) to change, to modify; **se ~ les idées** to think about something else, to relax
chanson *(f)* song
chanter to sing
chanteur, -euse *(m, f)* singer
chapeau *(m)* hat
chapitre *(m)* chapter
chaque each
charcuterie *(f)* pork butcher's shop, delicatessen; pork-based products that are purchased there
chargé, -e full; loaded; busy; **~ de** in charge of
chat *(m)* cat
château *(m)* castle; **~-fort** fortified castle
chaud, -e hot; warm; **Il fait ~.** It's warm (hot).
chauffage *(m)* heat; heating
chaussette *(f)* sock
chaussure *(f)* shoe; **des ~s à talons** high-heeled shoes
chef *(m)* leader; **~ d'entreprise** company head; **~-d'œuvre** masterpiece
chemin *(m)* sentier; **~ de grande randonnée** hiking trail
cheminée *(f)* chimney, fire place
chemise *(f)* shirt
chemisier *(m)* woman's shirt or blouse
chèque *(m)* check
cher, chère dear; expensive

chercher to look for; **~ à** to try to, to seek to; **aller ~** to go and get, to pick up

chercheur (*m*) researcher; scholar

cheval: à ~ on horseback

cheveux (*m pl*) hair

cheville (*f*) ankle

chèvre (*m*) goat

chez at the home (place) of; **~ le dentiste** at the dentist's office; **~ lui** at his house; **travailler ~** to work for (name of company)

chic stylish; **~ alors!** Great!

chien (*m*) dog

chiffre (*m*) number; digit

chimie (*f*) chemistry

chimique pertaining to chemicals

Chine (*f*) China

chinois, -e Chinese

chinois (*m*) Chinese (language)

chocolat (*m*) chocolate; **un ~** a hot chocolate

choisir to choose

choix (*m*) choice

chômage (*m*) unemployment; **être au ~** to be unemployed

choquant, -e shocking

chose (*f*) thing; **autre ~** something else; **quelque ~** something; **quelque ~ de nouveau** something new

chrétien, -enne Christian

Chut! Shush! Be quiet!

-ci: ce livre-ci this book

cidre (*m*) cider

ciel (*m*) sky

cimetière (*m*) cemetery

cinéaste (*m, f*) filmmaker

ciné-club (*m*) film club

cinéma (*m*) cinema; movie theater; **aller au ~** to go to the movies

circonstance (*f*) circumstance

circuit (*m*) tour, trip

circulation (*f*) traffic

circuler to circulate

cité (*f*) : **~ universitaire** dormitory complex

citoyen, -enne (*m, f*) citizen, civilian

citrouille (*f*) pumpkin

civil, -e civilian; courteous, urbane

civilisation (*f*) civilization

clair, -e clear; light; **bleu ~** light blue

classe (*f*) class

classer to rank

classique classic; classical

clé (*f*) key

client, -e (*m, f*) customer, client

clientèle (*f*) customer base

climat (*m*) climate

climatisé, -e air-conditioned

clip (*m*) video clip; music video

club (*m*) club

cocher to check off

cœur (*m*) heart

coiffer: se ~ to comb one's hair

coiffeur, -euse (*m, f*) hairdresser

coin (*m*) corner

col (*m*) collar; **~ roulé** turtleneck

colère (*f*) anger

collant (*m*) pantyhose

collectif, -ive collective, group

collectionner to collect

collège (*m*) junior high school; middle school

collègue (*m, f*) colleague

collier (*m*) necklace

Colombie (*f*) Colombia

colonie (*f*) colony; **~ de vacances** (children's) summer camp

combien (de) how much; how many

combinaison (*f*) combination; jumpsuit

commander to order

comme as; like; **~ ça** this way, like this; **~ d'habitude** as usual; **~ vous savez** as you already know

commencer to begin

comment how; **~ allez-vous?** How are you?; **~ ça va?** How's it going?; **~ dit-on… ?** How does one say … ?; **Comment?** What did you say? **~ est il/elle?** What does he/she look like?; **~ trouvez-vous?** What is your opinion of…?

commentaire (*m*) comment

commerçant, -e (*m, f*) small business owner; shopkeeper; store owner

commerce (*m*) business

commercial, -e commercial

commission (*f*) commission

commode (*f*) dresser

commun, -e common, shared

communication (*f*) communication; communications

communiquer to communicate, to connect with

compact (*m*) CD, compact disk

compagnon (*m*) **compagne** (*f*) companion

comparer to compare

compétitif, -ive competitive

complet, -ète full; complete; no vacancy

compliment: faire des ~s to congratulate

compliqué, -e complicated

comportement (*m*) behavior

comprendre (compris) to understand; to be comprised of

compris, -e understood, included

comptabilité (*f*) accounting

comptable (*m, f*) accountant; **expert-~** certified public accountant

compter to count

compte-rendu (*m*) account

concerner: en ce qui concerne concerning

concert (*m*) concert

concierge (*m*) resident manager

condiments (*m pl*) seasonings

condition (*f*) condition; **à ~ que** on the condition that

conducteur, -trice (*m, f*) driver

conduire to drive

conférence (*f*) lecture

confiture (*f*) jam

conflit: en ~ in conflict

confort (*m*) comfort

confortable comfortable

congé (*m*) time off; **~ payé** paid vacation; **prendre ~** to say good-bye

congélateur (*m*) freezer

connaissance (*f*) acquaintance; **faire la ~ de** to meet

connaître (connu) to know; **Je l'ai connu il y a deux ans.** I met him two years ago.

connu, -e well-known, famous

consacré, -e à devoted to

consciencieux, -euse conscientious

conseil (*m*) piece of advice

conseiller (*m*) **académique** adviser

conseiller to advise; to suggest

conséquent: par ~ consequently

conservateur, -trice conservative

consommateur, -trice (*m, f*) consumer; customer

consommer to consume

consonne (*f*) consonant

constamment constantly

construire (construit) to build

consulter to consult

contacts: avoir des ~ to interact with

contagieux, -euse contagious

contenir (contenu) to contain

content, -e happy; pleased

contenu (*m*) contents

continental, -e continental

continuer to continue

contrainte (*f*) constraint

contraire (*m*) opposite

contre against; **par ~** on the other hand

contribuer to contribute

contrôle (*m*) test, checkpoint

convenable appropriate

convenir à to be suitable for

coopératif, -ive cooperative

copain, copine (*m, f*) friend; **se faire des ~s** to make friends

corbeille (*m*) basket

corps (*m*) body

correspondant, -e (*m, f*) pen pal

correspondre à to correspond to

corriger to correct

cosmopolite cosmopolitan

costume (*m*) man's suit

côte (*f*) coast; rib

côté (*m*) side; **d'un ~ … de l'autre** on the one hand … on the other; **à ~ de** beside, next to; **la maison à ~** the house next door

Côte-d'Ivoire (*f*) Ivory Coast

cou (*m*) neck

coucher to put (a child) to bed; **se ~** to go to bed

coude *(m)* elbow

couleur *(f)* color; **De quelle ~ est (sont)…?** What color is (are)…?

couloir *(m)* hallway

coup *(m):* **~ de téléphone (de fil)** telephone call

coupe *(f)* cup; cut (of hair, clothes)

couper to cut; **se faire ~ les cheveux** to get a haircut; **bien coupé** well cut

couple *(m)* couple

cour *(f)* courtyard, recess area

courage: Bon ~! Courage!

couramment fluently

courge *(f)* squash

courir (couru) to run

courriel *(m)* e-mail message

courrier *(m)* mail

cours *(m)* course; classe; **~ magistral** lecture course; **J'ai ~ dans 2 minutes.** I have class in 2 minutes; **au ~ de** in the course of, during; **en ~** in class

course *(f)* errand; **faire des ~s** to go shopping, to run errands

court, -e short

cousin, -e *(m, f)* cousin

coût *(m)* cost

couteau *(m)* knife

coutume *(f)* custom, tradition

coûter to cost; **~ cher** to be expensive

couture *(f)* sewing

couvert *(m)* place setting; piece of flatware; **mettre le ~** to set the table

couvrir (couvert) to cover

craie *(f)* chalk

craindre (craint) to fear

crainte *(f)* fear

cravate *(f)* necktie

crayon *(m)* pencil

créateur, -trice creative

créer to create

crème *(f)* cream

crêpe *(f)* crepe

critique *(f)* criticism; review (of film)

croire (cru) to believe; to think; **~ à** to believe in

croissance *(f)* growth

croissant *(m)* horn-shaped butter pastry

croix *(f)* cross

croyance *(f)* belief

cuillère *(f)* spoon; **~ à café** teaspoon; **~ à soupe** tablespoon

cuisine *(f)* kitchen; cooking, cuisine; **faire la ~** to cook

cuisinière *(f)* (cooking) stove

cuisse *(f)* thigh

cultivé, -e *(m, f)* cultured, well-educated person

culture *(f)* culture

culturel, -elle cultural

curieux, -euse curious

curriculum vitae (CV) *(m)* résumé

cursus *(m)* curriculum

D

d'abord first

d'accord O.K., all right; **être ~ avec** to agree with

Danemark *(m)* Denmark

dangereux, -euse dangerous

dans in; inside; **~ la rue Lafayette** on Lafayette Street; **~ les années 80** in the 80s

danse *(f)* dance

danser to dance

danseur, -euse *(m, f)* dancer

date *(f)* date; **Quelle est la ~?** What's the date?

dater de to date from

davantage more

de from; of; about

debout standing up

débrouillard, -e smart; resourceful; clever

débrouiller: se to manage (to do something)

début *(m)* beginning; **dès le ~** from the beginning; **au ~** in the beginning

débutant, -e beginner

décembre December

décentralisé, -e decentralized

décevoir (déçu) to deceive; to disappoint

déchet *(m)* waste

décider (de) to decide; **se ~** to make up one's mind

décisif, -ive decisive

décision *(f)* decision; **prendre une ~** to make a decision

décontracté, -e relaxed

décorer to decorate

décoratif, -ive decorative

décourager to discourage

découverte *(f)* discovery

découvrir (découvert) to discover

décrire (décrit) to describe

décroissant, -e descending

déçu, -e disappointed

défendre to defend; to forbid

défilé *(m)* parade

défiler to parade

définir to define

degré *(m)* degree

déguiser to disguise

dehors outside; **en ~ de** outside of

déjà already

déjeuner *(m)* lunch; **d'affaires** business lunch; **le petit ~** breakfast

déjeuner to have lunch

delà: au ~ beyond

délicieux, -euse delicious

demain tomorrow; **À ~.** See you tomorrow.

demander to ask (for)

déménager to move

demi, -e half; **une heure et ~e** 1:30 A.M.; **une ~-heure** a half-hour; **~-pension** hotel charges that include breakfast and one meal

demi-frère (sœur) half brother (sister); stepbrother (sister)

dent *(f)* tooth

dentiste *(m, f)* dentist

départ *(m)* departure

dépêcher: se ~ to hurry; **Dépêchez-vous!** Hurry up!

dépendre to depend; **Ça dépend de…** That depends on…

dépense *(f)* expense; **faire la ~ de** to spend money on

dépenser to spend (money)

dépression *(f)* depression

déprimant, -e depressing

depuis since; for; **~ quand…?** since when; **~ combien de temps…?** for how long; **~ toujours** forever

dernier, -ère last; latest; **le mois ~** last month

derrière behind

derrière *(m)* bottom, buttock

des some

dès from; **~ maintenant** starting now; **~ mon arrivée** upon arrival; **~ que** as soon as

désagréable disagreeable

descendre to go down; to get off (train, etc.); **~ dans un hôtel** to stay at a hotel

description *(f)* description

désert *(m)* desert

déshabiller: se ~ to get undressed

désir *(m)* desire; wish

désirer to wish, to want; to desire

désolé, -e sorry

désormais from now on; henceforth

dessert *(m)* desert

dessin *(m)* drawing; **~ animé** cartoon

dessinateur, -trice *(m, f)* illustrator

dessiner to draw

dessous: ci-~ below

dessus: ci-~ above

destination *(f)* destination

destiné, -e à designed for

destructeur, -trice destructive

détail *(m)* detail

détendre: se ~ to relax

détente *(f)* relaxation

détester to dislike

D.E.U.G. (Diplôme d'Études Universitaires Générales) first university degree

deux two; **~-pièces-cuisine** *(m)* one-bedroom apartment; **tous les ~** both

devant in front of

développer to develop

développement *(m)* development

devenir (devenu) to become

deviner to guess

devinette *(f)* riddle

devoir (dû) must, to have to; to owe; **ça devrait être** it should be; **Je devais…** I was supposed to…; **Vous devriez…** You should…

devoirs *(m pl)* homework; **faire ses ~** to do one's homework
d'habitude normally; usually
diagnostic *(m)* diagnosis
dialogue *(m)* dialogue
dictionnaire *(m)* dictionary
diététique nutritionally sound
dieu God
différent, -e different
différer de to differ from
difficile difficult
difficulté difficulty; **avoir des ~s** to have trouble
dimanche *(m)* Sunday
diminuer to diminish
dinde *(f)* turkey
dîner *(m)* dinner
dîner to have dinner
diplomate diplomatic, clever
diplôme *(m)* diploma; degree
dire (dit) to say; to tell; **c'est-à-~** that is (to say); **Que veut ~?;** What does … mean?; **Dis…** Say…; Hey…; **Vous m'en direz des nouvelles.** Tell me about it.
directement directly
direction *(f)* direction; management; **~ des ventes** sales management
discipline *(f)* discipline, academic subject
discipliné, -e disciplined
discothèque *(f)* discotheque
discours *(m)* speech
discret, -ète *(f)* discreet
discussion *(f)* discussion
discuter (de) to discuss
disposé, -e situated
disputer: se ~ to have an argument, to fight
disque *(m)* record; **~ compact** CD
disquette *(f)* diskette
disserte = dissertation
dissertation *(f)* term paper
distinguer to distinguish
distraction *(f)* entertainment
distribuer to distribute
divers diverse; miscellaneous
diversité *(f)* diversity
diviser to divide
divorce *(m)* divorce
divorcer to (get a) divorce
doigt *(m)* finger
dommage: C'est ~. It's a pity.; **Il est ~ que…** It is unfortunate that …; **Quel ~!** What a pity!
donc therefore; **Mais dis donc…** Look…
donner to give; **~ en plein sur** to open right out on, to look right out at
dont about whom; of which; whose
dormir to sleep
dos *(m)* back
dossier *(m)* file
douceur: en ~ softly
douche *(f)* shower

doute *(m)* doubt; **ne pas faire de ~** to be obvious; **sans ~** probably
douter to doubt
douteux, -euse doubtful
doux, douce soft; mild (climate); **il fait doux** it's mild weather
douzaine *(f)* dozen
dramatique dramatic
drame *(m)* drama
droit *(m)* law; right; **~ international** international law
droit: tout ~ straight ahead
droite *(f)* right; **à ~** on your right
drôle amusing
dur, -e hard
durant during
durée *(f)* length
durer to last
dynamique dynamic

E

eau *(f)* water; **~ minérale** mineral water
échange *(m)* exchange
échanger to exchange
échapper à to escape
échec *(m)* failure; **~s** chess
échelle *(f)* scale; ladder
éclairer to light up
école *(f)* school; **Grande École** elite French graduate school
écologique ecological
écologiste environmentalist
économie *(f)* economy; **faire des ~s** to save money
écouter to listen (to)
écouteurs *(m pl)* earphones; headphones
écran *(m)* screen
écrire (écrit) to write
écrivain *(m)* writer
effet *(m)* effect; **En ~** True… (That's true…)
effrayant, -e frightening
égal: Ça m'est ~. It doesn't matter to me.
également equally
égalité *(f)* equality
église *(f)* church
égoïste selfish
Égypte *(f)* Egypt
égyptien, -enne Egyptian
électronique electronic
élégant, -e elegant
élément *(m)* element
élève *(m, f)* elementary school student; secondary school student
élevé, -e high
elle she; her
embaucher to hire
embouteillage *(m)* traffic jam
embrasser: s~ to kiss; to hug
emménager to move in
emmener to take along, to take away

emploi *(m)* employment; job; use; **~ du temps** schedule
employé, -e *(m, f)* employee
emporter to take (out); to bring
emprisonné, -e imprisoned
emprunter to borrow
en in; at; to; **~ attendant** while waiting; **~ avion** by plane; **~ fait** in reality; **~ groupe** in a group; **s'~ aller** to go away; **si vous ~ avez besoin** if you need it (some)
encore still; **pas ~** not yet; **~ plus** even more; **~ un, une** (still) one more; **~ une fois** once again
endormir: s'~ to fall asleep
endroit *(m)* place
énergique energetic
énervé, -e upset
énerver: s'~ to get mad
enfance *(f)* childhood
enfant *(m, f)* child; **les petits-~s** grandchildren
enfin finally
ennui *(m)* problem; boredom
ennuyer to bore; **s'~** to be bored
ennuyeux, -euse boring
énormément enormously; **~ de** a lot of
enquête *(f)* survey
enrichir to enrich
enseignant, -e *(m, f)* instructor
enseignement *(m)* teaching; education; **~ supérieur** higher education
enseigner to teach
ensemble together
ensuite then; next
entendre (entendu) to hear; **~ parler de** to hear about; **s'~ (bien/mal) avec** to get along (well/badly) with; **Ça s'entend.** That's understood.
enthousiasme *(m)* enthusiasm
enthousiaste enthusiastic
entier, -ère entire; whole
entourer to surround
entraînement *(m)* training; practice (sport)
entraîner: s'~ to work out; to train
entre between
entrée *(f)* entrance; first course (of a meal)
entreprise *(f)* enterprise, firm; business
entrer (dans) to enter
entretien *(m)* interview
envahir to invade
envie: avoir ~ de to feel like; to want
environ about; approximately; around
environnement *(m)* environment
environs *(m pl)* surroundings
envoyer to send
éolien, -enne from the wind
épargne *(f)* savings
épaule *(f)* shoulder
épicerie *(f)* grocery store
épices *(f pl)* spices
épidémie *(f)* epidemie

époque: à cette ~ at that time; **à l'~ de** at the time of
épouser to marry
époux, épouse (*m, f*) spouse
épreuve (*f*) test
équilibre (*m*) balance
équipe (*f*) team; **~ de vente** sales force; **travailler en ~** to work as a team
escalade: faire de l'~ to go rock climbing
escalier (*m*) stairs
esclavage (*m*) slavery
esclave (*m, f*) slave
espace (*m*) space; **~ vert** green area
Espagne (*f*) Spain
espagnol, -e Spanish
espagnol (*m*) Spanish (language)
espérance (*f*) **de vie** life expectancy
espérer to hope
espoir (*m*) hope
esprit (*m*) **d'équipe** team spirit
essayer to try; to try something on
essence (*f*) gasoline
essentiel: Il est ~ que... It is essential that...
est (*m*) east
estomac (*m*) stomach
et and
établir to establish
établissement (*m*) institution, establishment
étage (*m*) floor; **à l'~** on the first floor; **au premier ~** on the second floor
étape (*f*) stage (in a journey); step (in a process)
État (*m*) state; **les États-Unis** the United States; **l'État** the government
été (*m*) summer; **en ~** in summer
éthiopien, -enne Ethiopian
ethnique ethnic
étoffe (*f*) piece of cloth, material
étoile (*f*) star
étranger, -ère foreign
étranger: à l'~ abroad
être (été) to be; **Comment est-il?** What's he like?; **~ à** to belong to; **~ en train de** (+ infinitif) to be in the process of doing something, to be busy doing something
étude (*f*) study; **~s** studies
étudiant, -e (*m, f*) student
étudier to study
européen, -enne European
eux them
événement (*m*) event
évidemment evidently
évident, -e obvious
évoquer to recall
exagérer to exaggerate
examen (*m*) exam; **~ de fin de semestre** final exam
exceptionnel, -elle exceptional
excès (*m*) excess

excursion (*f*) day trip; **faire une ~** to take a trip (a tour)
excuse (*f*) excuse
excuser: s'~ to apologize; **Excusez-moi.** I'm sorry.; Pardon me.; Excuse me.
exemple (*m*) example; **par ~** for example
exercice (*m*) exercise
exigeant, -e demanding; strict
exiger to demand
exister to exist
expérience (*f*) experience
expert-comptable (*m, f*) certified accountant
explication (*f*) explanation
expliquer to explain
exploiter to operate
explorer to explore
exposé (*m*) oral presentation
exposition (*f*) museum/gallery show; exhibit
exprimer to express; **bien s'~** to express oneself clearly
extérieur (*m*) exterior; outside
extrait (*m*) excerpt
extraordinaire extraordinary
extrême (*m*) extreme
extrêmement extremely

F

fabriquer to make; to manufacture
fac = faculté
façade (*f*) facade
face: en ~ de across from
facile easy
facilement easily
façon (*f*) way, method
facteur (*m*) factor
facultatif, -ive elective; optional
faculté (*f*) division of a French university (e.g., School/College of Liberal Arts)
faim (*f*) hunger; **avoir (très) faim** to be (very) hungry
faire (fait) to do; to make; **~ construire** to have built; **~ du foot** to play soccer; **~ l'expérience de** to have experience with; **~ une drôle de tête** to look strange; **~ 1, 68 m** to be 1.68 meters tall; **~ part** to announce; **~ partie de** to take part in, to join; **~ visiter** to give a tour; **ça fait...** it costs ...; **ne t'en fais pas** don't worry; **Qu'est-ce qu'il/elle fait?** What does he/she do? What is his/her occupation?
fait (*m*) fact; **~ divers** (short) news item; **en ~** in reality; **au ~** by the way
falloir: il fallait it was necessary
familial, -e pertaining to the family
familier, -ère familiar
famille (*f*) family; **en ~** as a family; **~ recomposée** blended family; **une belle ~** a large family; in-laws
fana(tique) (*m, f*) fan

farine (*f*) flour
fatigué, -e tired
faut: il ~ ... it's necessary; **il me faut...** I need...; **il ne ~ pas** you must not; **Il ~ combien de temps pour aller...?** How long does it take to go...?
faute (*f*) fault
fauteuil (*m*) armchair
faux, fausse false
faux-pas (*m*) foolish mistake
favori, -ite favorite
femme (*f*) woman; wife
fenêtre (*f*) window
fermé, -e closed
fermer to close
festin (*m*) feast
festival (*m*) festival
fête (*f*) party; celebration; name day; **~ civile** non-religious holiday; **jour de ~** holiday
fêter to celebrate
feu (*m*) **d'artifice** fireworks
feuille (*f*) sheet (of paper); leaf
février (*m*) February
fiançailles (*f pl*) engagement
fiancé, -e (*m, f*) fiancé, -e
fiancer: se ~ (avec) to get engaged (to)
fidèle faithful
fier, fière proud
fièvre (*f*) fever
figure (*f*) face
filer to run along
fille (*f*) girl; daughter; **jeune ~** young woman; **petite-~** granddaughter
film (*m*) movie
fils (*m*) son; **petit-~** grandson
fin (*f*) end
financement (*m*) financing
finances (*f*) finances
financier, -ère financial
finir to finish; **~ par** (+ infinitif) to finally (do something)
fixer (un jour, une date) to set (a day, a date)
fleur (*f*) flower
fleuve (*m*) river (flowing into a sea or ocean)
foi (*f*) faith
fois (*f*) time; **à la ~** at the same time; **une ~ par semaine** once a week; **des ~** at times
foncé: bleu ~ dark blue
fonction (*f*) function, role
fonctionnaire (*m, f*) civil servant
fonctionnel, -elle functional
fonctionner (bien/mal) to work well/badly
fondateur, -trice (*m, f*) founder
fondé, -e founded
foot = football; faire du ~ to play soccer
football (*m*) soccer; **~ américain** football
footing (*m*) jogging; **faire du ~** to jog
forêt (*f*) forest
formalité (*f*) required step/process

formation (f) education; training; **~ commerciale** business training
forme: être en ~ to be in shape
formel, -elle formal
former to form; to mold; to train
formidable great; tremendous
fort, -e strong; loud
fou (fol), folle crazy; **être ~ de** to be crazy about (someone or something)
foulard (m) scarf
foule (f) crowd
four (m) oven; **~ à micro-ondes** microwave oven
fourchette (f) fork
fournir to furnish
foyer (m) hearth; home; university housing unit; entryway; student center
frais, fraîche fresh; **Il fait ~.** It's cool.
frais (m pl) expenses; **~ d'inscription** registration fees
fraise (f) strawberry
franc (m) franc
franc, franche frank; honest
français, -e French
franchement frankly
francophone French-speaking
freiner to apply the brakes
fréquent, -e frequent
fréquenté, -e frequented
fréquemment frequently
frère (m) brother
frigo (m) refrigerator
frites (f pl) French fries
froid (m) cold
froid, -e cold; **Il fait froid.** It's cold.
fromage (m) cheese
front (m) forehead
fruit (m) fruit; **~s de mer** seafood
fumer to smoke
furieux, -euse furious
futur (m) future

G

gagner to win; to earn
gai, -e gay, joyous
gant (m) glove
garage (m) garage
garagiste (m) mechanic
garçon (m) boy; waiter; **jeune ~** young man
garder to keep; **~ sa ligne** to keep one's figure; **~ son indépendance** to keep one's independence
garde-robe (f) wardrobe (a piece of furniture or clothes)
gare (f) train station
garni, -e garnished; **bouquet garni** bunch of mixed herbs; **plat** (m) **garni** main dish (meat and vegetables)
gastronomique gastronomical
gâteau (m) cake
gauche (f) left; **à ~** on your left

Gaule (f) Gaul
gazon (m) lawn
géant, -e giant
gêné, -e bothered
général, -e general; **en ~** in general
généralement generally
généreux, -euse generous
génial, -e inspired, brilliant
génie (m) genius
genou (m) knee
genre (m) kind; type; gender
gens (m pl) people
gentil, -ille kind; nice
géo = géographie
géographie (f) geography
geste (m) gesture
gestion (f) management
gilet (m) vest
gîte (f) **rural** bed-and-breakfast (in the countryside)
glace (f) ice cream; ice; mirror
golf (m) golf
golfe (m) gulf
gorge (f) throat
gothique Gothic
goût (m) taste
goûter (m) snack
goûter to taste
gouvernement (m) administration
grâce à thanks to
grammaire (f) grammar
gramme (m) gram
grand, -e big; large; tall; great
Grande-Bretagne (f) Great Britain
grandiose grandiose, imposing
grandir to grow
grand-mère (f) grandmother
grands-parents (m pl) grandparents
grand-père (m) grandfather
gratuit, -e free
grave serious
grec (m) Greek (language)
grec, -que Greek
grippe (f) flu
gris, -e gray
gros, -grosse big; fat
grossir to gain weight
groupe (m) group
gruyère (m) type of French cheese
guadeloupéen, -enne from Guadeloupe
guerre (f) war; **la Seconde ~ mondiale** World War II
guide (m) guide; guidebook
guitare (f) guitar
gym(nastique): faire de la ~ to work out; to exercise
gymnase (m) gymnasium

H

habiller: s'~ to dress; to get dressed
***habitant, -e** (m, f) inhabitant

habitation (f) dwelling
habiter to live
habituer: s'~ to get used to
haïtien, -enne Haitian
***hall** (m) **d'entrée** entryway
***handicapé, -e** handicapped
***haricot** (m) bean; **~s verts** green beans
***haut: en ~ de** at the top of
hebdomadaire weekly
hébergement (m) lodging
***hein?** huh?
***hélas** alas
hérédité (f) heredity
héroïne (m, f) heroine
***héros** (m) hero
hésitation: sans ~ without hesitation
hésiter à to hesitate
heure (f) hour; time; **à l'~** on time; **à quelle ~?** (at) what time?; **à 9 ~s** at 9 o'clock; **À tout à l'~** See you in a while.; **Quelle ~ est-il?** What time is it?; **Vous avez l'~ ?** Do you have the time?; **de bonne ~** early; **120 km à l'~** 120 km per hour
heureusement fortunately
heureux, -euse happy
hier yesterday
hindou Indian (from India); Hindu
histoire (f) history; story; **~ de l'art** art history
historique historic
hiver (m) winter
homme (m) man
homogène homogenous
honnête honest
hôpital (m) hospital
horaire (m) timetable; schedule
horrible horrible, very ugly
***hors: ~ campus** off campus; **~ de** outside of
hôte (m) host
hôtel (m) hotel; **~ de ville** city hall; **~ -restaurant** (m) hotel with restaurant
hôtesse (f) hostess
huile (f) oil
humain, -e human
humeur: de bonne (mauvaise) ~ in a good (bad) mood
humour (m) humor
hypocrite hypocritical

I

ici here
idéal, -e ideal
idéaliste idealistic
idée (f) idea
identifier to identify
idiot, -e stupid
île (f) island
illuminer: s'~ to light up, glow
illustrer to illustrate

*indicates an aspirate **h**.

il y a there is, there are; ago; **~ (X années)** (X years) ago
image *(f)* image; picture
imaginaire imaginary
imaginer to imagine
immédiatement immediately
immense immense, huge
immeuble *(m)* apartment building
impatient, -e impatient
impatienter: s'~ to get impatient
imperméable *(m)* raincoat
important, -e important; large
importé, -e imported
imposer to impose; to force
impossible impossible
impression *(f)* impression, opinion; **avoir l'~** to have the impression; **faire une bonne ~** to make a good impression
impressionner to impress
imprévu, -e unexpected
imprimer to print
inconnu, -e *(m, f)* unknown person
inconvénient *(m)* disadvantage; inconvenience
incroyable unbelievable
Inde *(f)* India
indépendance *(f)* independence
indépendant, -e independent
indien, -enne Indian (from India)
indiquer to indicate
indiscipliné, -e undisciplined
indispensable essential, indispensable
individu *(m)* individual
individuel, -elle individual
industrie *(f)* industry
industriel, -elle industrial, industrialized
infirmier, -ère *(m, f)* nurse
influencer to influence
informaticien, -enne *(m, f)* computer scientist
informatique *(f)* computer science
informer: s'~ (sur) to seek information (about)
ingénieur *(m)* engineer; **~ agronome** agricultural engineer
initiative *(f)* initiative
inquiéter: s'~ to worry
inquiétude *(f)* anxiety
inscrire: s'~ to enroll; to register
inspirer: s'~ de to get inspiration from
installations *(f pl)* buildings; **~ sportives** sport facilities
installer: s'~ to move to; to get settled
instant *(m)* moment
instantané *(m)* snapshot
instituteur, -trice *(m, f)* grade school teacher
instrument *(m)* **de musique** musical instrument
insupportable unbearable
intellectuel, -elle intellectual
intelligent, -e bright; intelligent

intention: avoir l'~ de to intend
intéressant, -e interesting
intéressé, -e interested
intéresser: s'~ à to be interested in
intérêt *(m)* interest; **avoir ~ à** to be to one's advantage
intérieur: à l'~ de inside
interro = interrogation
interrogation *(f)* quiz
interroger to question
interview *(f)* interview
interviewer to interview
inventer to invent
invitation *(f)* invitation
invité, -e *(m, f)* guest
invivable unbearable
Iran *(m)* Iran
iranien, -enne Iranian
isolé, -e isolated
Israël *(m)* Israel
israélien, -enne Israeli
Italic *(f)* Italy
italien, -enne Italian
itinéraire *(m)* itinerary

J

jaloux, -ouse *(f)* jealous
jamais ever; **ne … ~** never
jambe *(f)* leg
jambon *(m)* ham
janvier *(m)* January
Japon *(m)* Japan
japonais, -e Japanese
japonais *(m)* Japanese (language)
jardin *(m)* garden; **~ public** public square
jaune yellow
je I
jean *(m)* blue jeans
jeter to throw
jeu *(m)* game; **~ électronique** electronic game; **~ de rôle** role-play
jeudi *(m)* Thursday
jeune young
jeunesse *(f)* youth; childhood
job *(m)* job
jogging *(m)* sweatsuit, jogging suit; jogging; **faire du ~** to go jogging
joie *(f)* joy
joli, -e pretty
jongler to juggle
jouer to play; **~ à** to play (a sport); **~ de** to play (a musical instrument)
joueur, -euse *(m, f)* player
jour *(m)* day; **~ férié** official holiday; **de nos ~s** nowadays; **en plein ~** in broad daylight; **Quel ~ est-ce?/Quel ~ sommes-nous?** What day is it?; **un ~** some day, one day
journal *(m)* (pl **journaux**) newspaper; **~ de province** regional paper
journalisme *(m)* journalism

journaliste *(m, f)* journalist
journée *(f)* day
juif, juive Jewish
juillet *(m)* July
juin *(m)* June
jugement *(m)* opinion, judgment
jupe *(f)* skirt
jus *(m)* juice; **~ de fruit** fruit juice; **~ d'orange** orange juice
jusqu'à to (time); until; as far as (distance); **~ ce que** until
juste just
justement exactly; precisely

K

karaté *(m)* karate
ketchup *(m)* ketchup
kilo *(m)* kilo
kiné(sithérapeute) *(m, f)* physical therapist

L

là there; **ce jour-~** that day; **~-bas** over there
labo = laboratoire; au ~ in the lab
laboratoire *(m)* laboratory
lac *(m)* lake
laïque lay, secular
laisser to leave
lait *(m)* milk
laitier: produits *(m)* **~s** dairy products
laitue *(f)* (head of) lettuce
lampe *(f)* lamp
lancer to throw; **se ~** to embark on (something)
langue *(f)* language; tongue
large large, big; wide
latin *(m)* Latin
lavabo *(m)* (bathroom) sink
lave-linge *(m)* washer
laver to wash; **se ~** to wash oneself, to take a bath/shower
lave-vaisselle *(f)* dishwasher
leçon *(f)* lesson
lecteur DVD *(m)* DVD player
lecteur, -trice *(m, f)* graduate teaching assistant
lecture *(f)* reading
légende *(f)* legend; caption
léger, -ère light
légume *(m)* vegetable
lendemain *(m)* the following day; the next day; **le ~ matin** the next morning
lent, -e slow
lentement slowly
lequel, laquelle which (one)
lesquel(le)s which ones
lessive: faire la ~ to do the laundry
lettre *(f)* letter; **les ~s** liberal arts
leur their; them; to them
lever: se ~ to get up
lèvre *(f)* lip

libéral, -e liberal
libéré, -e liberated
liberté (*f*) freedom
librairie (*f*) bookstore
libre free
licence (*f*) B.A. or B.S. degree
lien (*m*) link; bond; tie
lieu (*m*) place; **~ de résidence** residence; **~ de travail** workplace; **avoir ~** to take place
ligne (*f*) line; figure; **~ aérienne** airline
linge (*m*) laundry
lire (lu) to read
liste (*f*) list
lit (*m*) bed; **~ jumeau** twin bed; **~s superposés** bunk beds; **au ~** in bed; **faire le ~** to make the bed
litre (*m*) liter
littérature (*f*) literature
livre (*f*) pound
livre (*m*) book
livret (*m*) **d'étudiant** student handbook
local, -e (*m pl* **locaux**) local
location (*f*) rental
logement (*m*) dwelling; housing
loi (*f*) law
loin (de) far (from)
lointain, -e far away; long ago
loisir (*m*) leisure
long, longue long; **le ~ de** along
longtemps a long time
lorsque when
louer to rent; **à ~** for rent
lourd, -e heavy
loyal, -e loyal
loyer (*m*) rent
lui him; to him; her; to her
lumière (*f*) light
lundi (*m*) Monday
lune (*f*) moon
lunettes (*f pl*) glasses; **~ de soleil** sunglasses
lutte (*f*) struggle
luxe (*m*) luxury; **hôtel de ~** luxury hotel
luxueux, -euse luxurious
lycée (*m*) high school
lycéen, -enne (*m, f*) high school student

M

machine (*f*) machine
Madame Mrs.
Mademoiselle Miss; young lady
magasin (*m*) store; shop; **grand ~** department store
magazine (*m*) magazine
magnétophone (*m*) tape recorder
magnétoscope (*m*) videocassette recorder, VCR
mai (*m*) May
maigrir to lose weight
maillot (*m*)**: ~ de bain** bathing suit

main (*f*) hand
maintenant now
mais but; **~ si!** but of course!
maïs (*m*) corn
maison (*f*) house; **à la ~** at home; **~ de campagne** country home; **~ particulière** private residence
maître (*m*) master
maîtrise (*f*) master's degree; mastery
majorité (*f*) majority; **en ~** for the most part
mal (*m*) illness; pain; **avoir ~ à la tête** to have a headache; **Elle s'est fait mal au bras.** She hurt her arm.; **avoir du ~ à** to have difficulty (trouble) doing something
mal poorly, not good; **Pas ~.** O.K., Not bad.; **pas ~ de** quite a bit of
malade sick; ill
malgré in spite of; despite
malheureux, -euse unfortunate; unhappy
malheureusement unfortunately
malhonnête dishonest
manche (*f*) sleeve; **la Manche** the English Channel
manger to eat
manière (*f*) manner
manifestation (*f*) demonstration
manquer to miss; to be lacking
manteau (*m*) coat
manuel (*m*) textbook
manuscrit, -e handwritten
marais (*m*) marsh
marchander to bargain
marché (*m*) market; **~ en plein air** open-air market; **faire le ~** to go to the market
marché: bon ~ inexpensive; **le meilleur ~ possible** the cheapest possible
marcher to walk; to work, function (machine)
mardi (*m*) Tuesday; **le ~** on Tuesdays, every Tuesday
mari (*m*) husband
mariage (*m*) marriage
marié, -e married
marier: se ~ to get married
Maroc (*m*) Morocco
marocain, -e Moroccan
marquer to mark; to celebrate; **~ un but** to score
marron (*inv*) brown
mars (*m*) March
massif (*m*) **de fleurs** flower bed
match (*m*) game
maternel, -elle maternal, native
mathématiques (*f pl*) math
maths = mathématiques
matière (*f*) material; academic subject; **en ~ de** in matters of
matin (*m*) morning; **du ~** A.M., in the morning
mauvais, -e bad; **Il fait ~.** The weather's bad.; **avoir mauvaise mine** to look bad

mayonnaise (*f*) mayonnaise
me me, to me
mécanicien, -enne (*m, f*) mechanic
mécanique (*f*) mechanics
méchant, -e mean, nasty
mécontent, -e unhappy
médaille (*f*) medal
médecin (*m*) doctor
médecine (*f*) medecine; **faire sa ~** to study medicine
médical, -e medical; **les soins médicaux** medical care
médicament (*m*) medication, drug
Méditerranée: mer ~ Mediterranean Sea
méditerranéen, -enne Mediterranean
meilleur, -e better; best; **~ que** better than
mélanger to mix
membre (*m*) member
même even; same; **moi-~** myself; **quand ~** anyway; just the same
mémoire (*m*) written report, research paper
mémoriser to memorize
ménage: faire le ~ to do housework; to dust, clean
mener to lead
mensuel, -elle monthly
mentionner to mention
menu (*m*) menu; **~ à prix fixe** set menu
mer (*f*) sea
merci thank you
mercredi (*m*) Wednesday
mère (*f*) mother
mériter to deserve; to earn
merveille (*f*) marvel
message (*m*) message
messe (*f*) mass
météo (*f*) weather forecast
métier (*m*) profession; trade; occupation
mètre (*m*) meter
métro (*m*) subway
mettre (mis) to put; to serve; **~ une heure pour aller** to take an hour to go; **~ la table (le couvert)** to set the table; **se ~ à + inf.** to begin (to); **se ~ à table** to sit down at the table; **se ~ d'accord** to agree
meublé, -e furnished
meuble (*m*) (piece of) furniture
mexicain, -e Mexican
Mexique (*m*) Mexico
micro(phone) (*m*) microphone
midi (*m*) noon; **le Midi** the southern part of France
mieux better; best; **~ que** better than; **Ça va ~.** That's better.; **faire de son ~ (pour)** to do one's best (to); **il vaut ~** it is better; **Je vais ~.** I'm feeling better.
milieu (*m*) middle; **~ social** environment; **au ~ de** in the middle of
mille thousand
millénaire ancient
millénaire (*m*) millennium
milliard (*m*) billion

millier: des **~s de** thousands of
million (*m*) million
mince thin, slim
mincir to slim down
mine: **avoir bonne (mauvaise) ~** to look good (bad)
minuit (*m*) midnight
minute (*f*) minute
miroir (*m*) mirror
mi-temps: à ~ part-time
mobylette (*f*) moped
mode (*f*) fashion; **à la ~** in fashion
mode (*m*) method; **~ d'habitation** living arrangement
modèle (*m*) model
moderne modern; **du ~** something very modern
modeste modest
moi me
moine (*m*) monk
moins (de) less; **~ que** less than; **~ de...
que** less ... than; **deux heures ~ le quart**
1:45; **au ~** at least; **le ~** the least
mois (*m*) month; **au ~ de septembre** in September; **~ par ~** month by month
moitié (*f*) half
moment (*m*) moment; **au ~ où** when; at the time when; **en ce ~** now; **pour le ~**
right now
monde (*m*) world; people; **tout le ~**
everybody
mondial, -e international, global
moniteur, -trice (*m, f*) instructor, coach
monnaie (*f*) change (money); **pièce de ~**
coin
monsieur (*m*) (*pl* **messieurs**) gentleman; Mr.
Monsieur Sir
montagne (*f*) mountain
monter to go up; to climb; **~ dans le train**
to get on the train
montre (*f*) watch
montrer to show; **se ~** to show oneself, to reveal oneself
monument (*m*) monument
moquer: se ~ de to make fun of
morceau (*m*) piece; bit; pat (of butter)
mort (*f*) death
morts (*m pl*) the dead
mosquée (*f*) mosque
mot (*m*) word
motivé, -e motivated
motiver to motivate
moto = motocyclette; à ~ by motorbike
motocyclette (*f*) motorcycle
mourir (mort) to die
moustache (*f*) moustache
moutarde (*f*) mustard
moyen (*m*) means
moyen, -enne average; middle-sized; **avoir
la moyenne** to get a passing grade
multicolore multicolor

mur (*m*) wall
musclé, -e muscular; athletic
musée (*m*) museum
musicien, -enne (*m, f*) musician
musique (*f*) music
musulman, -e Moslem
mystérieux, -euse mysterious

N

nager to swim
naïf, naïve naive
naissance (*f*) birth
naître (né) to be born
nappe (*f*) tablecloth
natal, -e pertaining to birth
natation (*f*) swimming
national, -e (*m pl* **nationaux**) national
nationalité (*f*) nationality
nature (*f*) nature; **plus grand que ~** larger than life
naturel, -elle natural
né, -e: **Je suis ~.** I was born.
nécessaire necessary
négativement in a negative manner
négocier to negotiate
neige (*f*) snow
neiger: **Il neige.** It's snowing.
nerveux, -euse nervous
n'est-ce pas? isn't it?
nettoyer to clean
neuf, neuve new
neveu (*m*) nephew
nez (*m*) nose
ni: **ne ... ~ ... ~** neither ... nor
nièce (*f*) niece
niveau (*m*) level
Noël (*m*) Christmas
noir, -e black
nom (*m*) name; noun; **~ de famille** last name
nombre (*m*) number; **le plus grand ~ (de)**
the most
nombreux, -euse numerous
nommé, -e called; **~ d'après** named after
nommer to name
non no
non-conformiste (*m, f*) nonconformist
nord (*m*) north
normal, -e normal; **Normal!** That goes without saying!
note (*f*) grade; **~s** notes
noter to note
nourrir: se ~ to eat
nourriture (*f*) food
nous we; us; to us
nouveau (nouvel), nouvelle new; **de
nouveau** again
nouveau, nouvelle (*m, f*) newcomer
nouvelle (*f*) a piece of news; **les ~s du jour**
breaking news; **demander des ~s** to ask about

novembre (*m*) November
nuage (*m*) cloud; **Il y a des ~s.** It's cloudy.
nuit (*f*) night
nul, nulle worthless
numéro (*m*) number; ; issue (of magazine);
~ de téléphone telephone number

O

obéir à to obey
obélisque (*m*) obelisk
objet (*m*) object
obligation (*f*) obligation, necessity
obligatoire mandatory; obligatory
obstiné, -e stubborn
obtenir (obtenu) to get; to obtain
occasion (*f*) chance; opportunity; **avoir l'~
de** to have the opportunity to; **d'~** used; second-hand
occidental, -e western
occupé, -e busy
occuper to occupy; **s'~ de** to take care of
océan (*m*) ocean
Océanie (*f*) Oceania, South Sea Islands
octobre (*m*) october
œil (*m*) (*pl* **yeux**) eye
œuf (*m*) egg
officiel, -elle official
offre (*f*) offer; **les ~s d'emploi** want ads;
une ~ d'emploi job offer
offrir (offert) to offer; to give as a gift; **~
des vœux à** to offer best wishes to
oignon (*m*) onion
on one; people; they; we; you
oncle (*m*) uncle
onde (*f*) **alpha** alpha wave
opinion (*f*) opinion
optimiste optimistic
option (*f*) option, elective
or (*m*) gold
orage (*m*) storm; **Il y a des ~s.** It's stormy.
orange orange-colored
orange (*f*) orange
ordinateur (*m*) computer
ordonnance (*f*) prescription
ordre (*m*) order
oreille (*f*) ear
organisation (*f*) organization
organiser to organize; **s'~** to get organized
originaire originally from, native of
original, -e original
origine (*f*) origin
orthographe (*m*) spelling
ou or
où where; **le jour ~ ...** the day when ...;
Il/Elle est d'~? Where is he/she from?
oublier to forget
ouest (*m*) west
oui yes
outil (*m*) tool; **~ de travail** work tool
ouvert, -e open; open-minded

ouvrier, -ère (*m, f*) factory worker; manual laborer
ouvrir (ouvert) to open
oval, -e oval

P

pacifiquement peacefully
page (*f*) page; **à la ~ 4** on page 4
pain (*m*) bread
palais (*m*) palace; **~ de justice** courthouse
pantalon (*m*) (pair of) pants
pantouflard (*m, f*) homebody, couch potato
papier (*m*) paper
Paque (*f*) Passover
Pâques (*f pl*) Easter
paquet (*m*) package
par by; per; **~ ici (là)** this (that) way; **~ tous les temps** in any kind of weather
parachutisme (*m*) parachuting
paradis (*m*) paradise
paragraphe (*m*) paragraph
paraître (paru) to appear; to seem
parapente (*m*) hang gliding
parc (*m*) park; **~ à thème** theme park
parce que because
pardon… excuse me…
pardonner: pardonne-moi forgive me
parenthèse (*f*) parenthesis
parents (*m pl*) parents; relatives
paresseux, -euse lazy
parfait, -e perfect
parfaitement perfectly
parfois sometimes; at times
parfum (*m*) perfume
parfumé, -e fragrant
parisien, -enne Parisian
parler to speak, to talk; **se ~** to speak to one another
parmi among
parole (*f*) word; speech; **adresser la ~ à** to speak to; **demander la ~** to ask to speak; **prendre la ~** to begin to speak, to speak up
part (*f*) piece; portion
partager to share
partenaire (*m, f*) partner
parti (*m*) political party
participer à to take part in, to participate
particulier, -ère distinctive; **en ~** in particular, specially
particulièrement particularly
partie (*f*) part; **en ~** in part; **faire une ~ de tennis** to play a game of tennis; **faire ~ de** to belong to; to be a part of
partir (parti) to leave; to go away; **à ~ de** from; beginning
partout everywhere
pas: ne… ~ not; **n'est-ce ~?** right? isn't that so?; **~ du tout!** not at all!
passé (*m*) past
passeport (*m*) passport

passer to spend (time); to stop by; to go by (time); **se ~** to happen; **se ~ (bien/mal)** to go well/badly; **se ~ de** to do without; **~ par** to go through; **~ un examen** to take a test
passif, -ive passive
passionné, -e passionate
pâté (*m*) pâté (meat spread)
pâtes (*f pl*) pasta
patience (*f*) patience
patient, -e patient
pâtisserie (*f*) pastry shop; pastry
patrimoine (*m*) cultural heritage
patron, -onne (*m, f*) boss
pauvre poor
pauvreté (*f*) poverty
payer to pay (for); **~ sa part** to pay one's own way
pays (*m*) country; **~ voisins** neighboring countries
paysage (*m*) landscape
paysan, -anne (*m, f*) small farmer; peasant
pêche (*f*) peach; fishing; **aller à la ~** to go fishing
pêcher to fish
peine (*f*) trouble
peinture (*f*) painting
pelouse (*f*) lawn
pendant for, during; **~ une heure** for an hour; **~ que** while
pénible tiresome
penser to think; **~ à** to think about; **Qu'est-ce que tu en penses?** What do you think (about it)?
pension (*f*) boarding house; inn
percevoir (perçu) to perceive
perdre (perdu) to lose; **~ du temps** to waste time
père (*m*) father
périphérie: à la ~ de at the edge of
période (*f*) period
permanence: en ~ permanently, always
permanent, -e permanent
permettre (permis) to permit; to allow; **vous permettez?** may I?
permis (*m*) license; **~ de conduire** driver's license
permission (*f*) permission
persévérer to persevere
personnage (*m*) character
personnalité (*f*) personality
personne (*f*) person; **ne… ~** nobody; **en ~** in person
personnel, -elle personal
personnel (*m*) staff
perspective (*f*) perspective
peser to weigh
pessimiste pessimistic
petit, -e small; short; **~ ami/~e amie** (*m, f*) boyfriend/girlfriend
petit déjeuner (*m*) breakfast
petite-fille (*f*) granddaughter

petit-fils (*m*) grandson
petits-enfants (*m pl*) grandchildren
peu little; **à ~ près** nearly; approximately; **un ~** a little
peuple (*m*) nation
peur: avoir ~ (de) to be afraid (of); **ça me fait ~** it scares me
peut-être maybe; perhaps
pharmacie (*f*) drugstore
phase (*f*) phase
philo(sophie) (*f*) philosophy
photo(graphie) (*f*) photograph
photographe (*m, f*) photographer
photographier to photograph
phrase (*f*) sentence
physique (*f*) physics
physique physical
piano (*m*) piano
pièce (*f*) room; **~ de théâtre** play; **~ montée** traditional pyramid-shaped cake
pied (*m*) foot; **à ~** on foot
pile on the dot
pilule (*f*) pill
pique-nique (*m*) picnic
piquer l'intérêt to stimulate interest
piscine (*f*) swimming pool
pizza (*f*) pizza
placard (*m*) closet; cupboard
place (*f*) seat; place; space, room; village square
plage (*f*) beach
plaindre: se ~ de to complain
plaine (*f*) plain
plainte (*f*) complaint
plaisanter to joke
plaisir (*m*) pleasure
plaît: s'il te/vous ~ please
plan (*m*) map; floor-plan; level
planche: faire de la ~ à voile to go windsurfing
planète (*f*) planet
planter to plant
planteur (*m*) plantation owner
plat (*m*) dish; **~ principal** main dish; **~ tout préparé** ready-to-serve dish
plein, -e full; **en ~ air** outdoors; **faire le ~** to get a full tank of gas
pleuvoir to rain; **Il pleut.** It's raining.
pluie (*f*) rain
plupart: la ~ de most of; the majority of; **pour la ~** for the most part
plus more; **~ que** more than; **~ de… que** more… than; **~ tard** later; **non ~** neither; **de (en) ~** in addition; **le/la/les ~ … de** the most … in; **le ~ souvent possible** as often as possible; **ne… ~** no longer; no more; not any more
plusieurs several
plutôt rather, quite
poche (*f*) pocket
poète (*m*) poet
poids (*m*) weight

poignée (f) handfull
poignet (m) wrist
points (m pl) **cardinaux** cardinal points
poire (f) pear
poisson (m) fish
poitrine (f) chest
poivre (m) pepper
poli, -e polite
politique (f) politics
politique political
pollué, -e polluted
pollution (f) pollution
pomme (f) apple; **~ de terre** potato;
~s frites French fries
pont (m) bridge; **faire le ~** to take an extra
day off
population (f) population
porc (m) pork
porte (f) door; gate (airport)
porte-fenêtre (f) French door
porter to carry; to wear; **~ sur** to be about;
to bear upon
porte-serviettes (m) towel rack; napkin
holder
portrait (m) portrait
Portugal (m) Portugal
poser to place; to pose; **~ une question** to
ask a question
posséder to possess
possible possible
poste (f) post office
poste (m) position, job
potentiel (m) potential
potiron (m) pumpkin
poulet (m) chicken
poumons (m pl) lungs
pour for; in order to; **~ que** in order to
pourboire (m) tip
pourcentage (m) percentage
pourquoi why
poursuivre (poursuivi) to pursue; to
undertake
pourtant yet; nevertheless
pousser to grow; to push; **~ à l'outrance** to
take to extremes
pouvoir (pu) to be able; **Ça se peut bien.**
That's possible.; **Il se peut que…** It's
possible that…; **Je n'en peux plus.**
I'm full. (fam.); **Vous pourriez m'aider?**
Could you help me?
pratique practical; convenient
pratiquer to practice; to be involved with
préciser to give details; to specify
préférable preferable
préféré, -e favorite
préférer to prefer
premier, -ère first
prendre (pris) to take; to buy (a ticket);
~ place to take place; **~ quelque chose** to
eat something
prénom (m) first name
préoccuper: se ~ de to worry about

préparatifs (m pl) preparations; **faire des ~**
to make plans
préparer to prepare; **se ~ à** to get ready to;
se ~ pour to get ready for; **~ un examen**
to study for a test
près: ~ de close to; **à peu ~** nearly,
approximately; **tout ~ (de)** very close
présent, -e present
présenter to present; to introduce; **se ~** to
make introductions; **Je vous présente…**
Allow me to introduce …
président, -e (m, f) president
presque almost
pressé, -e in a hurry
prêt, -e ready
prétentions (f pl) salary range
prétentieux, -euse pretentious
prêter to lend
prêtre (m) priest
preuve (f) proof
prévoir (prévu) to predict; **plus tôt que
prévu** sooner than expected
prier to beg; **Je t'en prie!** Please!; **Je vous
en prie.** You're welcome.
primaire primary
printemps (m) spring
priorité: en ~ first of all
privé, -e private
prix (m) price; prize
probable likely; **peu ~** unlikely
probablement probably
problème (m) problem, difficulty
prochain, -e next
proche close to; nearby
produire to produce; **se ~** to occur
produit (m) product; **~ chimique** chemical;
~ vert ecologically safe product
prof = professeur
professeur (m) teacher; professor
profession (f) career; position, job
professionnel, -elle professional
profiter de to enjoy; to take advantage of
programmation (f) program, lineup
programme (m) program; **~ du cours**
course syllabus; reading list
programmer to program
programmeur, -euse (m, f) computer
programmer
progrès (m) progress; **faire des ~** to make
progress; to improve
projet (m) project, plan
promenade: faire une ~ to take a walk
(ride)
promener to walk; **se ~** to go for a walk; to
walk around
promesse (f) promise
promettre (promis) to promise
promotion (f) promotion; special sale
pronom (m) pronoun
proportion (f) proportion
propos: à ~ de about; concerning
proposer to propose; to offer

propre own; clean
propriétaire (m, f) owner
propriété (f) property
protéger to protect
protester to protest
prouver to prove
province (f) province
proximité (f) proximity, closeness
prudence (f) prudence; care
prudent, -e prudent
psychologie (f) psychology
public, publique public
publicitaire (m, f) advertising executive
publicité (f) advertising; advertisement
puis then; next
pull-over (m) sweater
punir to punish

Q

quadrillage (m) square pattern
quai (m) platform (train station);
embankment (avenue)
qualifié, -e qualified
qualité (f) quality; **~ de vie** quality of life
quand when
quantité: en ~ in large quantity
quart (m) quarter-liter bottle
quart: midi et ~ 12:15; **moins le ~** quarter
before the hour; **un ~ d'heure** quarter of
an hour
quartier (m) neighborhood
que what; whom; which; that; **ne… ~** only
quel, quelle what; which
quelque chose something
quelquefois sometimes
quelques a few
quelques-uns, -unes some
quelqu'un someone
qu'est-ce que what; **~ c'est?** What is it?;
~'il est beau! How beautiful it is! Is it
ever beautiful!; **~'il y a?** What's the
matter?
question (f) question
qui who; which; whom; **à ~** to whom;
~ est-ce? Who is this?
quitter to leave
quoi what; **Il n'y a pas de ~.** You're
welcome; **Quoi?** What'd you say?; **~
d'autre?** What else?; **C'est ~?** What
is that?
quotidien, -enne daily

R

race (f) race
racine (f) root (of a plant); family roots
raconter to tell (a story)
radio (f) radio
raison (f) reason; **la ~ pour laquelle** the
reason why; **avoir ~** to be right
raisonnable reasonable
ralentir to slow down

ramener to bring back

randonnée (f) hike; **faire des ~s** to go hiking

ranger to clean up; to put in order; to sort

râpé, -e grated

rapide quick

rappeler to call again; to remind; **se ~ to** remember

rapport (m) relationship; report; **par ~ à** in regard to, in comparison with

rarement rarely, seldom

raser: se ~ to shave

rater to fail (a test); to miss or cut (a class or appointment)

ravi, -e delighted

rayon (m) department of a store

réagir to react

réaliser to realize, to fulfill

réaliste realistic

réalité: en ~ in fact

récemment recently

recette (f) recipe

recevoir (reçu) to receive; to entertain (guests)

recherche (f) research; search; **faire des ~s** to do research

rechercher to look for

récompense (f) award, prize

recomposé, -e blended

reconnaître (reconnu) to recognize

reconstruire to rebuild

récréation (f) recess

recruter to recruit

recyclage (m) recycling

recycler to recycle

rédaction (f) writing, drafting

rédiger to compose, to write

réduire (réduit) to reduce

refaire (refait) to do (make) again

réfléchir à to think over; to reflect (about something)

refléter to reflect

réflexe (m) reflex

réfrigérateur (f) refrigerator

réfugié, -e (m, f) refugee

refuser to refuse; to turn down

regarder to watch; to look at; **se ~** to look at each other, to look at oneself

régime (m) diet

région (f) region

régir to govern

règle (f) rule

régler to arrange; to pay; **~ les frais d'inscription** to pay tuition

regret (m) regret

regrettable regrettable

regretter to be sorry; to miss

régulièrement regularly

réjouir: se ~ to rejoice

relation (f) acquaintance

religieux, -euse religious

religion (f) religion

remarier: se ~ to marry again

remarquable remarkable

remarquer to notice

rembourser to reimburse

remercier to thank

remettre (remis) to turn in something; to put off, postpone

remise (f) **des diplômes** graduation

rempart (m) rampart, city wall

remplacer to replace

remplir to fill; to fill out (a form)

Renaissance (f) Renaissance period (16th century)

rencontrer to meet (unexpectedly)

rendez-vous (m) meeting; appointment; **prendre ~** to set, to make an appointment

rendre (rendu) to return something; to hand in; to make; **~ visite à** to visit a person; **~ facile** to make easy

renforcer to stengthen

renfort: à grand ~ de with the help of

renommé, -e renowned

renouvelable renewable

renseignement (m) information

renseigner: se ~ (sur) to get information (about), to find out (about)

rentrée (f) beginning of the school year

rentrer to go home; to go back; to go back to school

renverser to run over

répandre: se ~ to spread

réparer to repair

repartir to leave again

repas (m) meal; **prendre un ~** to eat a meal

repère (m) reference

repérer to locate

répéter to repeat; to rehearse

répondre à (répondu) to answer

réponse (f) answer; response

reportage (m) newspaper or magazine story

repos (m) rest

reposer: se ~ to rest

reprendre (repris) to take a second helping of food; to take back

représentation (f) performance

représenter to represent; to symbolize

réputé, -e well-known

réservation (f) reservation

réservé, -e reserved

réserver to reserve; to put aside

résidence (f) residence; **~ universitaire** dormitory

respirer to breathe

responsabilité (f) responsibility

ressource (f) resource

restaurant (m) restaurant

reste: pour le ~ for the rest

rester to stay, remain; **~ à la maison** to stay home; **~ en forme** to stay in shape; **Il n'en reste plus.** There isn't any more left.

résultat (m) result

résumé (m) summary; abstract

retard: être en ~ to be late

retenir une place to make a reservation

retour (m) return trip; **être de ~** to be back

retourner to go back

retrait (m) withdrawal

retraite (f) retirement; **être à la ~** to be retired

retraité, -e (m, f) retired individual

retrouver to meet; to find anew; **se ~** to meet (by prior arrangement); to assemble, to gather

réunion (f) meeting, gathering

réunir to bring together; **se ~** to meet; to gather

réussi, -e successful

réussir (à) to succeed (in); to pass (a test)

réussite (f) success

rêve: de ~ dreamlike

réveil (m) alarm clock

réveiller: se ~ to wake up

réveillon (m) New Year's Eve dinner; late-night dinner

revenir (revenu) to come back

rêver to (day)dream

réviser to review

revoir to see again; **au ~** good-bye

revue (f) magazine

rez-de-chaussée (m) ground floor; **au ~** on the ground floor

riche rich

rien: ne ~ nothing; **Ça ne fait ~.** It doesn't matter; **Ça ne sert à ~!** It does not help any.; **De ~.** You're welcome.

rire to laugh

risquer to risk

rive (f) river (flowing into another river); bank (of a river)

rivière (f) river

riz (m) rice

robe (f) dress

roi (m) king

rôle (m) role

romain, -e Roman

roman (m) novel

rond, -e round

rose pink

rôti (m) roast

rouge red

route (f) road; highway; **en ~ pour** on the way to; **prendre la ~** to hit the road

routine (f) routine, habit

roux, rousse red-headed

rue (f) street

ruines (f pl) ruins

rural, -e rural

russe Russian

Russie (f) Russia

S

sable (*m*) sand

sac (*m*) bag; **~ à main** purse, handbag; **~ à dos** backpack

sage wise; **Sois ~.** Be good.

sain, -e healthy

Saint-Sylvestre (*f*) New Year's Eve

saison (*f*) season; **en toute ~** in every (any) season

saisonnier, -ière seasonal

salade (*f*) salad; head of lettuce

salaire (*m*) salary; **~ fixe** fixed salary

saler to put salt on one's food

salle (*f*) room; **~ de bains** bathroom; **~ de classe** classroom; **~ à manger** dining room; **~ d'attente** waiting room; **~ de gym(nastique)** gym; **~ de séjour** living room

salon (*m*) living room

salut hello; good-bye

salutation (*f*) greeting

samedi (*m*) Saturday

sandales (*f pl*) sandals

sandwich (*m*) sandwich

sans without; **~ rien faire** without doing anything

santé (*f*) health; **en bonne/mauvaise ~** in good/bad health

satisfaisant, -e satisfactory

saucisson (*m*) salami, dry sausage

sauf except

saumon (*m*) salmon

sauvage wild

savoir (su) to know (how); **en ~ plus** to know more about it

savoir-vivre (*m*) manners, etiquette

scénario (*m*) script

scène (*f*) scene; stage

science (*f*) science; **~s politiques** political science; **~s économiques** economics; **~-fiction** science fiction

scolaire pertaining to school

sculpture (*f*) sculpture

séance (*f*) session; showing of a film

sec, sèche dry

séché, -e dried

sécher: ~ un cours to skip a class, to cut class

secondaire secondary

secrétaire (*m, f*) secretary

sécurité (*f*) security

séjour (*m*) stay; **(salle de) ~** living room

sel (*m*) salt

sélection (*f*) selection

sélectionner to select

selon according to

semaine (*f*) week; **en ~** during the week; **par ~** every week

semblable similar

sembler to seem, to appear; **ça me semble + *adj.*** it appears … to me

semestre (*m*) semester

Sénégal (*m*) Senegal

sénégalais, -e Senegalese

sens (*m*) direction; sense; **bon ~** common sense; **~ des affaires** business acumen

sensationnel, -elle sensational

sentier (*m*) path

sentir: se ~ to feel; **se ~ bien (mal)** to feel well (bad); **se ~ chez soi** to feel at home

septembre (*m*) September; **la session de ~** second round of exams in September

série (*f*) series

sérieux, -euse serious

serpentin (*m*) streamer

serveur, -euse waiter (waitress)

service (*m*) service; **~ compris** tip included; **demander un ~** to ask for a favor; **~s publics** public utilities

serviette (*f*) towel; napkin; briefcase

servir (servi) to serve

seul, -e alone; **un ~ objectif** a single objective

seulement only; **non ~ … mais** not only … but

short (*m*) (pair of) shorts

si if; **~ grand** so tall; **~ longtemps** such a long time, so long; **Mais ~!** But of course! Yes!

Sida (*m*) AIDS

siècle (*m*) century; **le ~ des Lumières** Enlightenment

siège (*m*) seat

sieste: faire la ~ to take a nap

signe (*m*) sign; symbol; **~ particulier** disinctive sign

sincère sincere

sirop (*m*) syrup

site (*m*) site

situation (*f*) situation; location; status; job, position

situé, -e located

ski: faire du ~ to go skiing

sociable sociable

société (*f*) company; society

sociologie (*f*) sociology

sociologue (*m*) sociologist

sœur (*f*) sister

soif (*f*) thirst; **avoir ~** to be thirsty

soigner to care for; to cure; **se ~** to take care of oneself

soi-même oneself

soin (*m*) care; **~s médicaux** medical care; **avec ~** carefully

soir (*m*) evening; **du ~** P.M., in the evening

soirée (*f*) party

solaire solar

soldat (*m*) soldier

sole (*f*) sole (fish)

soleil (*m*) sun; **Il fait du ~.** It's sunny.

solide solid, sturdy

son (*m*) sound

sondage (*m*) survey

sonner to ring

sorte (*f*) kind; type

sortie (*f*) exit; outing

sortir (sorti) to leave; to go out; **s'en ~** to make it

souci (*m*) worry

soudain suddenly

soudeur (*m*) welder

souffler to blow

souffrir (souffert) to suffer

souhaitable desirable

souhaiter to wish; **~ la bienvenue** to welcome

soulagé, -e relieved

soupe (*f*) soup

souplesse (*f*) flexibility

sourcil (*m*) eyebrow

sourire to smile

sous under; **~ la pluie** in the rain

sous-titre (*m*) subhead

soutenir to support

souvenir (*m*) souvenir; memory

souvenir: se ~ de to remember

souvent often; **le plus ~ possible** as often as possible

spacieux, -euse spacious, roomy

spécial, -e special

spécialisation (*f*) major (in college)

spécialiser: se ~ en to major in

spécialité (*f*) specialty

spectacle (*m*) show

sport (*m*) sport; **faire du ~** to participate in sports

sportif, -ive athletic; sports-minded

stabilité (*f*) stability

stade (*m*) stadium

stage (*m*) practicum; internship

station (*f*) station; resort

statistiques (*f pl*) statistics

stéréo (*f*) stereo

stylo (*m*) pen

subit, -e sudden

substituer to substitute

subventionné, -e subsidized

succès (*m*) success

sucre (*m*) sugar

sud (*m*) south; **au ~ (de)** to the south (of)

suffire (suffit) to be enough

suffisant, -e sufficient

suggérer to suggest

suggestion (*f*) suggestion

Suisse (*f*) Switzerland

suite (*f*) continuation; **par la ~** in the end

suivant, -e following; **la page ~** the next page

suivi, -e de followed by

suivre (suivi) to follow; **~ un cours** to take a class; **~ une formation** to receive training

sujet (*m*) subject; **au ~ de** about; on the subject of

Super! Great! Fantastic!

superbe superb
superficie (*f*) surface area
superficiel, -elle superficial
supérieur, -e superior; **l'enseignement ~** higher education
supermarché (*m*) supermarket
supplémentaire extra
supporter to bear; to stand; to put up with
supprimer to suppress
sur on; about; on top of
sûr, -e sure; certain; **bien ~** of course; **j'en suis ~.** I'm sure of it.
surfer sur l'Internet to surf the Web
surgelé, -e frozen
surprendre (surpris) to surprise
surpris, -e surprised
surprise (*f*): **Quelle ~!** What a surprise!
surtout especially, mainly
survêtement (*m*) sweatsuit
syllabe (*f*) syllable
symbole (*m*) symbol
sympa = sympathique
sympathique nice, sympathetic; attractive
symptôme (*m*) symptom
synagogue (*f*) synagogue
système (*m*) system

T

tabac (*m*) tobacco; tobacconist's
table (*f*) table; **~ à repasser** ironing board; **~ basse** coffee table
tableau (*m*) chart; table; chalkboard; painting; **~ d'affichage** bulletin board
tâche (*f*) task
taille (*f*) size; **Quelle est sa ~?** How tall is he/she?
tailleur (*m*) woman's suit
taire: se ~ (tu) to be quiet; **Taisez-vous!** Be quiet!
talent (*m*) talent
talon (*m*) heel
tante (*f*) aunt
tant de so many
taper to type
tapis (*m*) rug
tard late; **plus ~** later
tardif, -ive late
tarte (*f*) (fruit) pie
tartine (*f*) bread with butter and jam
t'as = tu as
tasse (*f*) cup
taux (*m*) rate; **~ de chômage** unemployment rate
taxi (*m*) taxi
te you; to you
technicien, -enne (*m, f*) technician
tel, telle such
télé = télévision
téléguidé, -e remote-controlled
téléphone (*m*) telephone; **~ portable** cell phone

téléphoner (à) to make a phone call; **se ~** to call each other
téléviseur (*m*) television; **~ couleur** color television
télévision (*f*) television
tellement so; really; **~ de** so much (so many)
température (*f*) temperature; **Quelle est la ~?** What's the temperature?
tempéré, -e temperate, moderate
temple (*m*) temple
temps (*m*) time; weather; **~ libre** free time, leisure time; **Quel ~ fait-il?** What's the weather like?; **avoir le ~ de** to have the time to do; **de ~ en ~** from time to time; **de mon ~** in my time; **en même ~** at the same time; **par tous les ~** in any kind of weather
tendance: avoir ~ à to tend to
tenir to hold; **~ à** to want, to insist on; **~ une promesse** to keep a promise; **Tiens!** Hey! See!
tennis (*m*) tennis; **jouer au ~** to play tennis; **des ~** tennis sneakers
tente (*f*) tent
tenter to tempt; **~ sa chance** to try one's luck
tenue (*f*) outfit; **~ de sports** sports clothes
terminale (*f*) senior year
terrain (*m*) **de sport** playing field, athletic grounds
terrasse (*f*) terrace; sidewalk in front of a café
terre (*f*) earth
terrestre earthly, down-to-earth
tête (*f*) head
TGV (Train à Grande Vitesse) (*m*) French high-speed train
thé (*m*) tea
théâtre (*m*) theater
thon (*m*) tuna
ticket (*m*) **de restaurant** student meal ticket
timbre (*m*) postage stamp
timide shy
tirer une conclusion to draw a conclusion
titre (*m*) title; headline
titré, -e with many awards
toi you
toile (*f*) web; **surfer la Toile** to surf the Web
toit (*m*) roof
tomate (*f*) tomato
tomber to fall; **~ en panne** to have a breakdown; **~ malade** to become sick
tonne: des ~s (*colloq.*) lots, tons
tôt early
touchant, -e touching
toujours always; still
tour (*f*) tower
tour: faire un ~ (à vélo / en voiture / à moto) to take a ride (on a bike/in a car/on a motorcycle); **à votre ~** it's your turn; **à ~ de rôle** in turn

tourisme (*m*) tourism
touriste (*m, f*) tourist
touristique touristic
tourner to turn; **~ à droite** to turn right
Toussaint (*f*) All Saints' Day
tousser to cough
tout, -e all; every; **toute une boîte** a whole box; **tous les ans** every year; **tous les deux** both of them; **tous les dimanches** every Sunday; **c'est tout** that's all
tout: pas du ~ not at all; **~ à fait** exactly; really; **~ de suite** right away; immediately; **~ droit** straight ahead; **~ d'un coup** all at once, suddenly; **~ près** very close
toux (*f*) cough
tract (*m*) advertising or political announcement
tradition (*f*) tradition
traditionnel, -elle traditional; conservative
train (*m*) train
train: en ~ de in the process of
trait (*m*) **de caractère** character trait
tram (*m*) tramway
tranquille calm, peaceful
transformer: se ~ to change
travail (*m*) work; job; **~ à mi-temps/à temps partiel** part-time work; **des travaux dirigés (pratiques)** lab practicum; **faire des travaux ménagers** to do domestic tasks
travailler to work
travailleur, -euse (*m, f*) worker
travailleur, -euse hard-working
travers: à ~ across; over
traverser to cross
tremper to dip
très very
trésor (*m*) treasure
trésorier (*m*) treasurer
tricolore tricolor
trier to sort
trimestre (*m*) trimester
triomphe (*m*) triumph
triste sad
trois-pièces-cuisine (*f*) three-bedroom apartment
tromper: se ~ to be mistaken
trop (de) too much; too many
trophée (*f*) trophy
tropiques (*m pl*) tropics
trottoir (*m*) sidewalk
trouver to find; to think; **vous ne trouvez pas?** don't you think?; **se ~** to be located
t-shirt (*m*) tee-shirt
Tunisie (*f*) Tunisia
tunisien, -enne Tunisian
tutoyer to use **tu**
typique typical

U

uni, -e united; one color
universitaire college level
université (*f*) university
utile useful
utiliser to use

V

vacances (*f pl*) vacation; **en ~** on vacation
vache (*f*) cow
vaisselle: faire la ~ to do the dishes
valeur (*f*) value
vallée (*f*) valley
valide valid, current
valise (*f*) suitcase; **faire les ~s** to pack one's bags
valoir to be worth; **Il vaut mieux...** It is better...
vanille (*f*) vanilla
varié, -e various
varier to vary
variété (*f*) variety
veau (*m*) calf; veal
vedette (*f*) movie or television star
véhicule (*m*) **de fonction** company car
veille (*f*) eve, the day before
vélo (*m*) bicycle; **~ tout terrain (VTT)** mountain bike; **à ~** by bike; **faire du ~** to ride a bike
vendeur, -euse (*m, f*) salesperson
vendre (vendu) to sell; **à ~** for sale
vendredi (*m*) Friday
venir (venu) to come; **~ de** (+ infinitif) to have just...
vent (*m*) wind; **Il fait du ~.** It's windy.
vente (*f*) sale
ventre (*m*) stomach; belly
verbe (*m*) verb

vérifier to check
vérité (*f*) truth
verre (*m*) glass; **~ à vin** wine glass
vers towards; **~ 4h** around 4:00
vert, -e green
veste (*f*) sports jacket, blazer
vêtement (*m*) article of clothing; **~s** clothes
viande (*f*) meat
victoire (*f*) victory
vide empty
vidéo (*f*) videotape
vidéocassette (*f*) videotape
vie (*f*) life; lifestyle; **~ collective** social life; **~ quotidienne** daily life, grind
vieillir to grow old
vieillissement (*f*) aging
Viêt-nam (*m*) Vietnam
vietnamien, -enne Vietnamese
vieux (vieil), vieille old
village (*m*) village; **~ de vacances** family camp; **~ familial** vacation village
ville (*f*) city; **en ~** to (in) town
vin (*m*) wine
vinaigre (*m*) vinegar
vingtaine (*f*) around twenty
violent, -e violent
violet, -ette purple
visage (*m*) face
visite: être en ~ to be visiting; **faire la ~ de** to take a tour of; **rendre ~ à** to visit (a person)
visiter to visit (a place)
vite quickly
vitesse (*f*) speed; **en ~** quickly
vivre (vécu) to live
vocabulaire (*m*) vocabulary
voici here is; **Le ~.** Here it (he) is.
voilà there is, there are; here is
voile: faire de la ~ to go sailing

voir (vu) to see; **faire ~** to show; **Voyons!** Let's see!; **On verra.** We'll see.
voisin, -e (*m, f*) neighbor
voiture (*f*) car; **~ de fonction** company car; **~ d'occasion** used car
voix (*f*) voice; **à haute ~** aloud
vol (*m*) flight
volet (*m*) shutter
volley (*m*) volleyball
volontiers gladly; willingly
voter to vote
vouloir (voulu) to want; to wish; **Je voudrais...** I would like...; **Je veux bien.** Gladly. (With pleasure.)
vous you; to you
voyage (*m*) trip; **faire un ~** to take a trip
voyager to travel
voyelle (*f*) vowel
vrai, -e true; **à ~ dire** to tell the truth; **C'est vrai.** That's right.
vraiment really
vue (*f*) sight; view; **à première ~** at first sight; **point de ~** point of view

W

W.-C. (*m pl*) toilet
week-end (*m*) weekend

Y

y there; **il ~ a** there is; there are; **Allons-~!** Let's go!; **il ~ a 2 jours** 2 days ago; **~ compris** including
yaourt (*m*) yogurt

Z

Zut! Darn!

APPENDIX 4

Lexique Anglais–Français

A

a un, une
abdomen ventre (*m*)
able: to be ~ pouvoir (pu)
about à propos de; environ; sur; au sujet de; **~ whom** dont; **~ a hundred** une centaine de; **to be ~** porter sur; s'agir de (*impers.*)
above ci-dessus
abroad à l'étranger
abruptly brusquement
absent absent, -e
abstract résumé (*m*)
academic subject discipline (*f*); matière (*f*)
accent accent (*m*)
to accept accepter
access accès (*m*)
accessory accessoire (*m*)
accident accident (*m*)
to accomplish réaliser
accountant comptable (*m, f*); **certified public ~** expert-comptable (*m, f*)
accounting comptabilité (*f*)
ache: to be aching avoir mal à
acquaintance relation (*f*); connaissance (*f*)
across à travers; **~ from** en face de
to act agir
active actif, -ive; **~ person involved in sports** sportif, -ive (*m, f*)
activity activité (*f*); **~ center** base (*f*)
actor acteur (*m*), actrice (*f*)
actually effectivement; en réalité
to adapt adapter
adapted adapté, -e
to add ajouter
address adresse (*f*)
to adjourn to the living room passer au salon
adjustable réglable
adjusted ajusté, -e
to admire admirer
to admit admettre (admis)
adolescent adolescent, -e (*m, f*)
adorable adorable
to adore adorer
adult adulte (*m, f*)
advance: in ~ à l'avance
advantage avantage (*m*); **to be to one's ~** avoir intérêt à; **to take ~ of** profiter de
advantageous avantageux, -euse
adventure aventure (*f*)
adventurer aventurier, -ière (*m, f*)

advertisement publicité (*f*)
advertising executive publicitaire (*m, f*)
advice conseils (*m pl*); **a piece of ~** un conseil (*m*)
to advise conseiller
adviser conseiller (*m*) académique
aerobics: to do ~ faire de l'aérobic
affable agréable
affordable abordable
afraid: to be ~ (of) avoir peur (de)
Africa Afrique (*f*)
African africain, -e
after après
afternoon après-midi (*m*); **in the ~** de l'après-midi
afterwards après; ensuite
again: once ~ encore une fois
against contre
age âge (*m*)
to age vieillir
agent agent, -e (*m, f*); **travel ~** agent de voyage
ago il y a; depuis
to agree être d'accord; se mettre d'accord; **Agreed?** C'est d'accord?
AIDS Sida (*m*)
air-conditioned climatisé, -e
airline ligne (*f*) aérienne
airplane avion (*m*)
alarm clock matin (*m*)
alas hélas; malheureusement
to alert alerter
Algeria Algérie (*f*)
Algerian algérien, -enne
all tout, tous, tout(e)s; **~ day** toute la journée; **at ~** du tout; **~ right** d'accord; **That will be ~.** Ce sera tout.; **That's ~.** C'est tout.
alley allée (*f*)
to allow permettre (permis)
All Saints' Day Toussaint (*f*)
almost presque
alone seul, -e
aloud à haute voix
already déjà
also aussi
always toujours; en permanence
A.M. du matin
ambitious ambitieux, -euse
America Amérique (*f*)
American américain, -e; **Native ~** amérindien, -enne

among parmi
amphitheater amphithéâtre (*m*)
amusing drôle; amusant, -e
anatomy anatomie (*f*)
ancestor ancêtre (*m*)
ancient ancien, -enne
and et; **And what else?** Et avec ça?
angry fâché, -e; **to get ~ with** se fâcher contre
animal animal (*m*)
ankle cheville (*f*)
to announce annoncer, faire part de
announcement: advertising or political ~ tract (*m*)
annoyed mécontent, -e
anonymous anonyme
another un autre
to answer répondre (à)
answer réponse (*f*)
antibiotics antibiotique (*m*)
antique antiquité (*f*); **~ dealer** antiquaire (*m*)
anxiety inquiétude (*f*)
anymore: not ~ ne … plus
apartment appartement (*m*); **~ building** immeuble (*m*); **one-bedroom ~** deux-pièces cuisine (*m*)
to apologize s'excuser
to appear avoir l'air; sembler; paraître (paru)
apple pomme (*f*)
appointment rendez-vous (*m*); **to make an ~** prendre rendez-vous
to appreciate apprécier
April avril (*m*)
Arabic arabe (*m*)
architect architecte (*m, f*)
architecture architecture (*f*)
area superficie (*f*)
arena arène (*f*)
to argue se disputer
arm bras (*m*)
armchair fauteuil (*m*)
to arrange arranger, régler; **~ a date** fixer une date
arrival arrivée (*f*); **upon ~** en arrivant, dès mon arrivée
to arrive arriver; se présenter
around autour de; environ; **~ 10:00** vers 10h
art art (*m*); **~ history** histoire (*f*) de l'art
as comme; **~ old ~** aussi vieux que; **~ soon ~** aussitôt que, dès que

Asia Asie (*f*)

to ask (for) demander; **to ~ a question** poser une question

asleep: to fall ~ s'endormir

asparagus asperges (*f pl*)

aspirin aspirine (*f*)

to assemble réunir

assignment: written ~ devoir (*m*)

assistant: teaching ~ assistant, -e (*m, f*); lecteur, -trice (*m, f*)

to assure assurer

at à, en; **to work ~ Hewlett-Packard** travailler chez Hewlett-Packard

athlete athlète, musclé, -e (*m, f*) (*colloq.*)

athletic sportif, -ive

to attend assister à

attendance: to take ~ faire l'appel

to attract attirer

audiotape cassette (*f*) audio

auditorium amphithéâtre (*m*)

to augment augmenter

August août (*m*)

aunt tante (*f*)

authority autorité (*f*)

autonomous autonome

autumn automne (*f*); **in the ~** en automne

avenue avenue (*f*)

average moyen, -enne; moyenne (*f*)

award prix (*m*); **with many ~s** titré, -e

away: to go ~ s'en aller

B

B.A. or B.S. degree licence (*f*)

B.C. avant Jésus-Christ

back dos (*m*); **~ country** arrière-pays (*m*); **to be ~** être de retour

backpack sac (*m*) à dos

bad mauvais, -e; **The weather is ~.** Il fait mauvais.; **too bad** malheureusement

badly mal

bag sac (*m*)

bakery boulangerie (*f*)

balance équilibre (*m*)

banana banane (*f*)

bank banque (*f*); **~ card** carte (*f*) bancaire; **~ of a river** rive (*f*)

baptism baptême (*m*)

to bargain marchander

barrier barrière (*f*)

baseball base-ball (*m*)

basketball basket (*m*); **to play ~** faire du basket

bathing suit maillot (*m*) de bain

bathroom salle (*f*) de bains; W.-C. (*m pl*); toilettes (*f pl*); **~ sink** lavabo (*m*)

bathtub baignoire (*f*)

to be être (été)

beach plage (*f*); **~ umbrella** parasol (*m*)

bean haricot (*m*)

beautiful beau (bel), belle; **It's ~ weather.** Il fait beau.

because parce que; car

to become devenir (devenu); **to ~ sick** tomber malade

bed lit (*m*); **in ~** au lit; **bunk ~s** lits superposés; **twin ~** lit jumeau; **to go to ~** se coucher; **to make the ~** faire le lit

bed-and-breakfast (in the countryside) gîte (*m*) rural; chambre (*f*) d'hôte

bedroom chambre (*f*)

beef bœuf (*m*)

beer bière (*f*)

before avant; avant que

to begin commencer; se mettre à + *infinitif*

beginning début (*m*); **at the ~** au début

behavior comportement (*m*)

behind derrière

beige beige

Belgian belge

Belgium Belgique (*f*)

belief croyance (*f*)

to believe croire (cru); **to ~ in** croire à

belly ventre (*m*)

to belong to être à; **Whom does it ~ to?** C'est à qui?

belongings affaires (*f pl*)

below ci-dessous; en bas

belt ceinture (*f*)

beneath sous

to benefit bénéficier

benefits avantages (*m pl*) sociaux; bénéfices (*m pl*)

best meilleur, -e; mieux

better: ~ than meilleur, -e que; mieux que; **it's ~** il vaut mieux; il est préférable; **It would be ~ that …** Il vaut mieux que …; **That's ~.** Ça va mieux.

between entre

beverage boisson (*f*)

bicycle bicyclette (*f*), vélo (*m*); **by ~** à vélo

big grand, -e; gros, grosse

bill (money) billet (*m*)

bill (in a restaurant) addition (*f*)

billion milliard (*m*)

biodegradable biodégradable

biography biographie (*f*)

biology biologie (*f*)

birthday anniversaire (*m*); **Happy ~!** Bon anniversaire!

bit morceau (*m*); **a little ~ more …** encore un peu de …

black noir, -e

blackboard tableau (*m*) (noir)

blazer veste (*f*)

blended recomposé, -e

blond blond, -e

blouse chemisier (*m*)

to blow out candles souffler les bougies

blue bleu, -e; **~ jeans** jean (*m*)

boat bateau (*m*); **to go boating** faire du bateau

body corps (*m*)

book livre (*m*)

to book (rooms, seats, etc.) faire des réservations

bookstore librairie (*f*)

boots bottes (*f pl*)

bore ennuyer; **to be bored** s'ennuyer

boring ennuyeux, -euse

born: to be ~ naître; **I was ~** Je suis né, -e

to borrow emprunter

boss patron, -onne (*m, f*)

both tous (toutes) les deux

bottle bouteille (*f*)

bottom derrière (*m*)

boulevard boulevard (*m*)

bowl bol (*m*)

box boîte (*f*)

boy garçon (*m*); **~friend** petit ami (*m*)

bracelet bracelet (*m*)

bread pain (*m*); **~ with jam and butter** tartine (*f*)

breakdown panne (*f*) de voiture; **to have a ~** tomber en panne

breakfast petit déjeuner (*m*)

to breathe respirer

bridge pont (*m*)

brilliant brillant, -e

to bring amener, apporter; **to ~ back** ramener; **to ~ together** réunir

Brittany Bretagne (*f*)

brochure brochure (*f*)

brother frère (*m*); **~ in law** beau-frère (*m*)

brown marron (*inv.*), brun, -e

brunette brun, -e

to brush brosser; se brosser

Buddhist bouddhiste

to build construire (construit)

building bâtiment (*m*); **~s** installations (*f*)

bulletin board tableau (*m*) d'affichage

business affaires (*f pl*); commerce (*m*); entreprise (*f*); **~ acumen** sens (*m*) des affaires; **~ lunch** déjeuner (*m*) d'affaires; **small ~ owner** patron d'une petite entreprise

businessman (-woman) homme (femme) d'affaires

bus stop arrêt de bus (*m*)

busy chargé, -e

but mais; **~ of course!** Mais si!

butcher shop boucherie (*f*)

butter beurre (*m*)

to buy acheter

by par; **~ plane** en avion; **~ using** en utilisant; **~ the way** au fait, à propos

C

cafeteria cafétéria (f)
café café (m)
cake gâteau (m)
calculation calcul (m)
calculator calculatrice (f)
calendar calendrier (m)
call appel (m)
to call téléphoner à; appeler; **to ~ again** rappeler
calm calme, tranquille
camp colonie (f) de vacances
to camp camper; faire du camping
camping camping (m); **to go ~** faire du camping
campus campus (m)
can boîte (f)
can, to be able pouvoir (pu)
Canada Canada (m)
Canadian canadien, -enne
canal canal (m)
candidate candidat, -e (m, f)
candle bougie (f)
capital capitale (f)
car auto (f), voiture (f)
card carte (f); **bank ~** carte bancaire; **credit ~** carte de crédit; **to play ~s** jouer aux cartes
cardinal points points (m) cardinaux
care: to take ~ of s'occuper de; soigner; **to take ~ of oneself** se soigner
career carrière (f); profession (f)
careful: to be ~ (of) faire attention (à)
caretaker concierge (m, f)
to carry porter
carrot carotte (f)
case cas (m); **in any ~** d'ailleurs; **it is/it is not the ~** c'est/ce n'est pas le cas
cash argent (m) liquide
cassette tape cassette (f)
castle château (m)
cat chat (m)
cathedral cathédrale (f)
catholic catholique
CD compact (m); disque (m) compact; **~-ROM** CD-ROM (m); cédérom (m)
to celebrate célébrer, fêter
cell phone (téléphone) portable (m)
cemetery cimetière (f)
center centre (m)
centimeter centimètre (m)
central central, -e
centralized centralisé, -e
century siècle (m)
cereal céréales (f pl)
certain certain, -e; sûr, -e
chair chaise (f)
chalk craie (f)
chalkboard tableau (m)

chance (opportunity) occasion (f); **to have the ~ to** avoir l'occasion de
channel canal (m)
change (coins) monnaie (f)
to change changer; se transformer
chapter chapitre (m), dossier (m)
characteristic caractéristique (f); signe (m) particulier
cheap bon marché, pas cher; **the cheapest possible** le meilleur marché possible
check chèque (m); **restaurant ~** addition (f)
to check vérifier
cheese fromage (m)
chemical produit (m) chimique
chemistry chimie (f)
cherry cerise (f)
chess échecs (m pl)
chest poitrine (f)
chest of drawers commode (f)
chicken poulet (m)
chief principal, -e; chef (m)
child enfant (m)
chimney cheminée (f)
China Chine (f)
Chinese chinois, -e
chocolat chocolat (m)
choice choix (m)
to choose choisir
Christian chrétien, -enne
Christmas Noël (m)
chunk morceau (m)
church église (f)
citizen citoyen, -enne (m, f)
city ville (f); **~ hall** hôtel (m) de ville
civilian civil, -e
civilization civilisation (f)
civil servant fonctionnaire (m, f)
class classe (f); cours (m); **in ~** en cours
classic, classical classique
classified ads petites annonces (f pl)
classmate camarade (m, f) (de classe)
classroom salle (f) de classe
clean propre
to clean nettoyer; **to ~ one's room** faire sa chambre
clear clair, -e
clever intelligent
climate climat (m)
climbing: to go rock ~ faire de l'escalade
to close fermer
close to près de; proche; **very ~** tout près (de)
closet armoire (f); placard (m)
cloth (piece of) étoffe (f)
clothes vêtements (m pl); garde-robe (f)
cloud nuage (m); **It's cloudy.** Il y a des nuages.
club club (m)
coast côte (f)
coat manteau (m)

coffee café (m)
cold froid, -e; froid (m); **It's cold.** Il fait froid.
colleague collègue (m, f)
to collect collectionner
collective collectif, -ive
college faculté (f); **~-level** universitaire; **to go to ~** faire des études universitaires
color couleur (f); **what ~?** de quelle couleur?
to comb one's hair se coiffer
combination combinaison (f)
to come venir (venu); **to ~ back** revenir; **to ~ in** entrer; **to ~ out** sortir
comfort confort (m)
comfortable confortable; **to get ~** se mettre à l'aise
comma virgule (f)
commission commission (f)
common, shared commun, -e
to communicate communiquer
communication communication (f)
companion compagnon (m)
company entreprise (f), société (f); **~ car** voiture (f) de fonction
to compare comparer
competent compétent, -e
competitive compétitif, -ive
to complain se plaindre
complaint plainte (f)
completely tout, -e
complicated compliqué, -e
composition rédaction (f)
computer ordinateur (m); **~ programmer** programmeur, -euse (m, f); **~ science** informatique (f); **~ scientist** informaticien, -enne (m, f)
concert concert (m)
condition condition (f); **on the ~ that** à condition que
to congratulate faire des compliments, féliciter
congratulations félicitations (f pl)
connected branché, -e
connoisseur amateur (m)
conscientious consciencieux, -euse
conservative traditionnel, -elle, conservateur, -trice
consonant consonne (f)
constraint contrainte (f)
constructed, built construit, -e
to consult consulter
to consume consommer
consumer consommateur, -trice (m, f)
contagious contagieux, -euse
to contain contenir (contenu)
continent continent (m)
continental continental, -e
to continue continuer, poursuivre
to contribute contribuer
convenient pratique

cook cuisinier, -ière *(m, f)*
to cook faire la cuisine
cooking cuisine *(f)*
cool frais; **It's ~.** Il fait frais.
cooperative coopératif, -ive
corner coin *(m)*; **at the ~ of** à l'angle de
to correct corriger
cosmopolitan cosmopolite
cost coût *(m)*
to cost coûter; **it ~s** ça fait
couch canapé *(m)*
cough toux *(f)*; **to ~** tousser
counsel conseil *(m)*
counselor conseilleur, -ère *(m, f)*
to count compter
country pays *(m)*; campagne *(f)*; **in the ~** à la campagne
countryside campagne *(f)*
couple couple *(m)*
Courage! Bon courage!
course cours *(m)*; **first ~ (of a meal)** entrée *(f)*; **of ~** bien sûr, bien entendu; **But of ~!** Mais si!
courtyard cour *(m)*
cousin cousin, -e *(m, f)*
crazy fou (fol), folle; **to be ~ about** être fou de
cream crème *(f)*
to create créer
creative créateur, -trice
creativity: to show ~ montrer de l'originalité
credit card carte *(f)* de crédit
cross croix *(m)*
to cross traverser
crowd foule *(f)*
cuisine cuisine *(f)*
cultural culturel, -elle
culture culture *(f)*
cultured, well-educated person cultivé, -e *(m, f)*
cup tasse *(f)*; coupe *(f)*
cupboard placard *(m)*
curious curieux, -euse
current actuel, -elle
curriculum cursus *(m)*
custom habitude *(f)*; coutume *(f)*; **~-made** sur mesure
customer client, -e *(m, f)*
to cut couper; **to cut class** sécher un cours; rater

D

daily quotidien, -enne
dairy products produits laitiers
dance danse *(f)*; bal *(m)*
to dance danser
dancer danseur, -euse *(m, f)*
dangerous dangereux, -euse
dark foncé; **~-haired** brun, -e

Darn! Zut! Zut alors!
date date *(f)*; rendez-vous *(m)*; **What's the ~?** Quelle est la date?
to date from dater de
daughter fille *(f)*
day jour *(m)*, journée *(f)*; **What ~ is it?** Quel jour est-ce/sommes-nous?; **in those ~s** à cette époque; **the ~ after** le lendemain; **the ~ before** la veille; **three times a ~** trois fois par jour
dead mort, -e
dear cher, chère
death mort *(f)*
debauchery débauche *(f)*
to deceive décevoir (déçu)
December décembre *(m)*
to decide décider (de); **to ~ to (do something)** se décider à + *inf.*
decision décision *(f)*; **to make a ~** prendre une décision
decisive décisif, -ive
to decorate décorer
decorative décoratif, -ive
to defend défendre (défendu)
to define définir
degree diplôme *(m)*; **~ of satisfaction** degré *(m)* de satisfaction
deli charcuterie *(f)*
delicious délicieux, -euse
delighted ravi, -e, enchanté, -e
to demand exiger
democracy démocratie *(f)*
dentist dentiste *(m, f)*
to depart partir, repartir
department département *(m)*; **(of a store)** rayon *(m)*
department store grand magasin *(m)*
departure départ *(m)*
to depend dépendre (de); **That ~s on …** Ça dépend de …
depressed déprimé, -e
depression dépression *(f)*
descending décroissant, -e; **in ~ order** en ordre d'importance décroissante
to describe décrire (décrit)
description description *(f)*
desert désert *(m)*
to deserve mériter
designed for destiné à
to desire avoir envie de; désirer; vouloir (voulu)
desk bureau; **front ~ (of hotel)** réception *(f)*
dessert dessert *(m)*
destination destination *(f)*
destructive destructeur, -trice
detail détail *(m)*; **to give ~s** préciser
to develop développer
devoted to consacré, -e à
diagnosis diagnostic *(m)*
dictionary dictionnaire *(m)*

to die mourir (mort)
diet régime *(m)*; **to be on a ~** être au régime; **to go on a ~** faire un régime
different différent, -e
difficult difficile
to diminish diminuer
to dine dîner
dining room salle *(f)* à manger
dinner dîner *(m)*; **to have ~** dîner
to dip tremper
diploma diplôme *(m)*
diplomat diplomate *(m, f)*
diplomatic diplomate
direction direction *(f)*, sens *(m)*
directly directement
disadvantage inconvénient *(m)*
disagreeable désagréable
to disappoint décevoir (déçu)
discipline discipline *(f)*
disciplined discipliné, -e
discotheque discothèque *(f)*; **"in" ~** boîte *(f)* à la mode
to discover découvrir (découvert)
discreet discret (-ète)
to discuss discuter (de)
discussion discussion *(f)*
dish plat *(m)*; **main ~** plat garni; **to do dishes** faire la vaisselle
dishonest malhonnête
dishwasher lave-vaisselle *(m)*
diskette disquette *(f)*
to dislike détester
distinctive distinctif, -ive; **~ sign** signe *(m)* particulier
to distinguish distinguer
diverse divers, -e
diversity diversité *(f)*
to divide diviser
divorce divorce *(m)*; **to (get a) ~** divorcer
divorced divorcé, -e
to do faire (fait); **to ~ again** refaire; **to ~ one's homework** faire ses devoirs; **to ~ the cooking** faire la cuisine; **to ~ the dishes** faire la vaisselle; **to ~ the housework** faire le ménage
doctor médecin *(m)*; **~'s office** cabinet *(m)*
dog chien *(m)*
domestic chores tâches *(f)* domestiques
door porte *(f)*; **French ~** porte-fenêtre *(f)*
dorm(itory) résidence *(f)* universitaire; **~ complex** cité *(f)* universitaire
dot: on the ~ pile
doubt doute *(m)*
to doubt douter
doubtful: it is ~ il est douteux
down: to go ~ descendre
downtown centre-ville *(m)*
dozen douzaine *(f)*
drama art *(m)* dramatique
to draw dessiner; **to ~ a conclusion** tirer une conclusion

drawing dessin (m)
dream rêve (m), songe (m)
to dream rêver
dress robe (f)
dressed habillé, -e; **to get ~** s'habiller
dresser commode (f)
drink boisson (f)
to drink boire (bu)
to drive conduire
drug (legal) médicament (m); **(illegal)** drogue (f)
drugstore pharmacie (f)
dried séché, -e
dry sec, sèche
dunce cancre (m)
during au cours de, durant, pendant; **~ the week** en semaine
duty devoirs (m pl); tâche (f)
DVD player lecteur (m) DVD
to dwell habiter
dwelling habitation (f)
dynamic dynamique

E

each chaque; **~ one** chacun, -e; **with ~ other** l'un(e) avec l'autre
ear oreille (f)
early de bonne heure, en avance, tôt
to earn gagner; **to ~ a living** gagner sa vie
earth terre (f)
earthly terrestre
easily facilement
east est (m)
Easter Pâques (f pl)
easy facile
to eat manger; se nourrir; **to ~ a meal** prendre un repas; **to sit down to ~** se mettre à table
ecological écologiste; **ecologically safe product** produit (m) vert
economics sciences (f pl) économiques
economy économie (f)
edge bord (m); **at the ~ of** à la périphérie de
education formation (f); enseignement (m); **higher ~** enseignement supérieur
effect effet (m)
efficient efficace
egg œuf (m)
elbow coude (m)
elder ancien, -enne (m, f)
elective facultatif, -ive; option (f)
electric électrique
electronic électronique; **~ game** jeu (m) électronique
elegant élégant, -e
element élément (m)
elevator ascenseur (m)
elitist élitiste
e-mail courriel (m)

embankment (avenue) quai (m)
to embark on (something) se lancer
emergency urgence (f); **in case of~** en cas d'urgence
employee employé, -e (m, f)
employment emploi (m)
empty vide
to encounter rencontrer
end fin (f); bout (m); **at the ~ of** au bout de
energetic énergique
engaged: to get ~ (to) se fiancer (avec)
engagement fiançailles (f pl)
engineer ingénieur (m); **agricultural ~** ingénieur agronome
England Angleterre (f)
English anglais, -e
to enjoy apprécier; profiter de; **~ your meal!** Bon appétit!
enough assez (de); **it's ~** il suffit …; **That's ~!** Ça suffit!; **well ~** assez bien
to enrich enrichir
to enroll (s')inscrire
to enter entrer dans
enterprise entreprise (f)
to entertain recevoir (reçu)
entertainment distraction (f)
enthusiastic enthousiaste
entrance entrée (f)
entryway hall (m) d'entrée
environment environnement (m); milieu (m) social
environmentalist écologiste
equality égalité (f)
era époque (f)
errand course (f); **to run ~s** faire des courses
to escape échapper à
especially surtout
essay dissertation (f); disserte (f) (colloq.)
essential essentiel, -elle; fondamental, -e; indispensable; **It's ~ that …** Il est essentiel que …
to establish établir
Ethiopian éthiopien, -enne
ethnic ethnique
European européen, -enne
eve veille (f)
even même
evening soir (m), soirée (f); **Good ~.** Bonsoir.; **in the ~** du soir
event événement (m)
ever jamais
every chaque; **~ day/year** tous les jours/ans; **every [Tuesday]** le [mardi]; **~ week** toutes les semaines
everybody tout le monde
everyone chacun, -e
everywhere partout
evidently évidemment
to exaggerate exagérer
exam examen (m); **final ~** examen de fin d'année, examen de fin de semestre

example exemple (m); **for ~** par exemple
exceptional exceptionnel, -elle
excess excès (m)
exchange échange (f); **~ exchange program** programme (m) d'échange
to exchange échanger
exciting passionnant, -e
excuse excuse (f); **~ me …** Pardon …
executive cadre (m)
exercise exercice (m)
exhibit exposition (f)
exhibition exposition (f)
to exist exister
to exit sortir
expenses frais (m pl); dépenses (f pl)
expensive cher (chère); **to be ~** coûter cher
experience expérience (f); **to have ~ with** faire de l'expérience de
to explain expliquer
explanation explication (f)
to explore explorer
to express exprimer; s'exprimer
expressway autoroute (f)
exterior extérieur (m)
extraordinary extraordinaire
extremely extrêmement
eye œil (m) (pl yeux)
eyebrow sourcil (m)
eyeglasses lunettes (f pl)

F

façade façade (f)
face figure (f), visage (m)
fact fait (m); **in ~** en réalité
factor facteur (m)
to fail (a test) rater
fair juste
faithful fidèle
fall automne (m); **in the ~** en automne
to fall tomber; **to ~ asleep** s'endormir
false faux, fausse
family famille (f); **as a ~** en famille; **blended ~** famille recomposée; **a large ~** une belle famille; **pertaining to the ~** familial, -e
famous célèbre; connu, -e
fan fanatique (m, f); fana (colloq.)
fantastic super; formidable
far (from) loin (de); **~ too much** beaucoup trop
faraway lointain, -e
farmer agriculteur, -trice (m, f)
fashion mode (f); **in ~** à la mode
fast vite
fat gros, grosse
father père; **~-in-law, stepfather** beau-père
fault faute (f)
favorite favori, -e, préféré, -e
feast festin (m)

feature trait (*m*); caractéristique (*f*)
February février (*m*)
fee: registration ~s frais (*m pl*) d'inscription
to feel sentir; **~ good** se sentir bien; **I ~ better.** Je vais mieux.; **~ like** avoir envie de
fence barrière (*f*)
festival festival (*m*), fête (*f*)
fever fièvre (*f*)
few peu de; **a ~** quelques
fiance fiancé, -e (*m, f*)
to fight se disputer
file dossier (*m*)
to fill remplir; **to ~ out (a form)** remplir un formulaire; **~ up (a gas tank)** faire le plein
filled chargé, -e
film maker cinéaste (*m, f*)
finally enfin; **to ~ (do something)** finir par (+ infin)
finances finances (*f pl*)
financing financement (*m*)
to find trouver; retrouver
fine: I'm ~. Je vais bien.; **~ arts** arts (*m pl*) plastiques, beaux-arts
finger doigt (*m*)
to finish finir
fire place cheminée
fireworks feu (*m*) d'artifice
firm entreprise (*f*)
first premier, -ière; **~ of all** d'abord, en priorité
fish poisson (*m*)
fishing pêche (*f*); **to go ~** aller à la pêche; pêcher
to fix one's hair se coiffer
flatware couvert (*m*)
flexibility souplesse (*f*)
flight vol (*m*)
floor étage (*m*); **ground ~** rez-de-chaussée (*m*); **on the second ~** au premier étage
flower fleur (*f*); **~ bed** massif (*m*) de fleurs
flu grippe (*f*)
fog brouillard (*m*)
to follow suivre (suivi); **followed by** suivi, -e de; **following** suivant, -e
food alimentation (*f*), nourriture (*f*), aliments (*m pl*); **related to ~-processing** agroalimentaire
foot pied (*m*); **on ~** à pied
football football (*m*) américain
for pour; **~ an hour** pendant une heure; **~ hours** depuis des heures
to forbid défendre (défendu)
forehead front (*m*)
foreign étranger, -ère
forest forêt (*f*)
forever depuis toujours
to forget oublier
to forgive pardonner

fork fourchette (*f*)
formal formel, -elle
to form former
former ancien, -enne
fortunately heureusement
fragrant parfumé, -e
frank franc, franche
frankly franchement
free gratuit, -e, libre; **~ time** temps (*m*) libre
freedom liberté (*f*)
freezer congélateur (*m*)
French français, -e; **~ door** porte-fenêtre (*f*); **~ fries** frites (*f pl*)
French-speaking francophone
frequent fréquent, -e
frequented fréquenté, -e
fresh frais, fraîche
Friday vendredi (*m*)
friend ami, -e (*m, f*); copain, copine (*m, f*); camarade (*m, f*); **close ~** intime (*m, f*); **to make friends** se faire des copains
from de; à partir de; **~ the beginning** dès le début
front: in ~ of devant
fruit fruit (*m*); **~ juice** jus (*m*) de fruit
to fulfill réaliser
full complet, -ète; **I'm ~.** Je n'en peux plus. (*colloq.*)
fun: to have ~ s'amuser
function fonction (*f*)
to function fonctionner
functional fonctionnel, -elle
funny drôle, amusant, -e
furious furieux, -euse
furnished meublé, -e
furniture meubles (*m pl*)
future avenir (*m*), futur (*m*)

G

to gain weight grossir
game jeu (*m*), match (*m*); **to play a ~ of tennis** faire une partie de tennis
garage garage (*m*)
garden jardin (*m*)
gasoline essence (*f*); **to get a full tank of ~** faire le plein
to gather se réunir
gay, joyous gai, -e
gender genre (*m*)
general général, -e; **in ~** en général, généralement
generally en général, généralement
generous généreux, -euse
genius génie (*m*)
geography géographie (*f*), géo (*f*) (*colloq.*)
German allemand, -e
Germany Allemagne (*f*)

to get obtenir (obtenu); **to ~ along** se débrouiller; s'entendre; **to ~ angry** s'énerver, se fâcher contre; **to ~ in (car, bus, etc.)** monter dans; **to ~ off** descendre de; **to ~ ready** se préparer; **to ~ settled (in)** s'installer (dans); **to ~ sick** tomber malade; **to ~ up** se lever; **to ~ upset** s'énerver
gift cadeau (*m*)
girl fille (*f*); **~friend** petite amie (*f*)
to give donner; offrir (offert); **to ~ a tour** faire visiter; **to ~ back** rendre (rendu)
gladly volontiers; Je veux bien.
glass verre (*m*); **wine ~** verre à vin
glasses lunettes (*f pl*)
global mondial, -e
glove gant (*m*)
glowing brillant, -e
to go aller; **Let's ~!** Allons-y!; **to ~ away** s'en aller; **to ~ back** rentrer, retourner, repartir; **to ~ to bed** se coucher; **to ~ by (time)** passer; **to ~ camping** faire du camping; **to ~ to college (university)** faire des études universitaires; **to ~ down** descendre; **to ~ for a walk** faire des promenades; **to ~ in** entrer; **to ~ to the market** faire le marché; **to ~ out** sortir; **to ~ rock climbing** faire de l'escalade; **to ~ shopping** faire les courses; **to ~ skiing** faire du ski; **to ~ up** monter; **to ~ well/badly** bien/mal se passer
goal but (*m*)
God dieu (*m*)
good bon, bonne; **~ evening.** Bonsoir.; **~ idea!** Bonne idée!; **~ morning.** Bonjour.; **Be ~.** Sois sage.; **to be in ~ shape** être en bonne forme; **Real ~!** Super!; **to feel ~** se sentir bien; **to have a ~ time** s'amuser
good-bye au revoir, salut
gothic gothique
government: the federal ~ état (*m*)
grade note (*f*); **to get a passing ~** avoir la moyenne
graduation remise (*f*) des diplômes
gram gramme (*m*)
grammar grammaire (*f*)
grand: ~daughter petite fille; **~son** petit fils; **~children** petits-enfants (*m pl*); **~father** grand-père; **~mother** grand-mère; **~parents** grands-parents (*m pl*)
grandiose grandiose
great grand, -e; formidable; **a ~ deal** beaucoup; **That's ~!** C'est extra!
Great Britain Grande-Bretagne (*f*)
Greek grec, grecque
green vert, -e; **~ beans** haricots (*m pl*) verts
grey gris, -e
grocery shopping: to go ~ faire le marché
grocery store épicerie (*f*)
ground floor rez-de-chaussée (*m*)

group groupe *(m)*; **~ of friends** bande *(f)*
des copains
to grow, grow up grandir; pousser
growth croissance *(f)*
Guadelupian guadeloupéen, -enne
guaranteed assuré, -e
to guess deviner
guest invité, -e *(m, f)*
guitar guitare *(f)*
gymnasium gymnase *(m)*; salle *(f)* de
gym(nastique)

H

hair cheveux *(m pl)*; **~dresser** coiffeur, -euse
(m, f); **to comb one's ~** se coiffer
Haitian haïtien, -enne
half demi *(m)*; moitié *(f)*; **~-brother** demi-
frère *(m)*; **~-sister** demi-sœur *(f)*; **~-hour**
demie-heure *(f)*; **~ past the hour** et
demi(e)
hallway couloir *(m)*, foyer *(m)*
ham jambon *(m)*
hand main *(f)*; **on one ~ … on the other**
d'un côté … de l'autre; **to ~ in** remettre,
rendre
handbag sac *(m)*
handbook: student ~ livret *(m)* d'étudiant
handicapped handicapé, -e
hang gliding parapente *(m)*
to happen se passer, arriver
happiness bonheur *(m)*
happy heureux, -euse; content, -e
hard dur, -e; **~-working** travailleur, -euse
hat chapeau *(m)*
to hate détester
to have avoir (eu); **to ~ (something to eat)**
prendre; **to ~ to (do something)** devoir;
to ~ just … venir de (+ *infin.*)
head tête *(f)*
health santé *(f)*; **in good/bad ~** en bonne/
mauvaise santé; **Here's to your ~!** (À votre)
santé!; **~ insurance** assurance *(f)* médicale
healthy sain, -e
to hear entendre (entendu); **to ~ about**
entendre parler de; **to ~ that** entendre
dire que
heart cœur *(m)*
heating chauffage *(m)*
heel talon *(m)*
hello bonjour; salut; **(on the telephone)** allô
to help aider
her son, sa, ses
heredity hérédité *(f)*
here ici; **Here is/Here are …** Voici …,
Voilà …
hero héros *(m)*
heroine héroïne *(f)*
hesitation: without any ~ sans hésitation
to hesitate hésiter
Hey! Tiens!

hi! salut
to hide se cacher
high élevé, -e; haut, -e; **higher** supérieur,
-e; plus haut
high-heeled shoes chaussures *(f pl)* à talons
high school lycée *(m)*; **~ school student**
élève *(m, f)*; lycéen, -enne
high-top sneakers baskets *(m)*
highway route *(f)*
hike balade *(f)* *(colloq.)*; randonnée *(f)*
hiking: ~ trail chemin *(m)* de grande
randonnée; **to go ~** faire des randonnées
Hindu hindou
to hire embaucher
his son, sa, ses
historic historique
history histoire *(f)*
hockey: ice ~ hockey *(m)* sur glace
to hold tenir
holiday jour *(m)* férié; jour de fête, fête *(f)*;
non-religious ~ fête civile
home: at the ~ of chez; **at ~** à la maison,
chez moi (toi, lui, etc.); **to go ~** rentrer
homebody pantouflard, -e *(m, f)*
homework: to do one's ~ faire ses devoirs
homogeneous homogène
honest honnête
to hope espérer
horrible horrible
horseback: on ~ à cheval
hose (stockings) bas *(m pl)*
hospital hôpital *(m)*
hospitality hospitalité *(f)*
host/hostess hôte *(m)*; hôtesse *(f)*
hot chaud, -e; **It's ~ (weather).** Il fait chaud.
hotel hôtel *(m)*; **~ charges that include**
breakfast and dinner demi-pension *(m)*;
~ with restaurant hôtel-restaurant *(m)*
hour heure *(f)*
house maison *(f)*; **country ~** maison de
campagne
household ménage *(m)*
housework ménage *(m)*; **to do ~** faire le
ménage
how comment; **~ much (~ many)** combien
(de); **~ are you?** Comment allez-vous?
Comment ça va?, Ça va?; **~ does one say**
…? Comment dit-on…?; **~ much is it?**
Ça fait combien?; **~ to get there?**
Comment y arriver?
however cependant; pourtant
human humain, -e
humor humour *(m)*
hundred cent, **about a ~** centaine *(f)*
hunger faim *(f)*
hungry: to be (very) ~ avoir (grand/très)
faim
to hurry se dépêcher; **in a ~** pressé, -e;
en vitesse
to hurt (somewhere) avoir mal à
husband mari *(m)*

I

ice cream glace *(f)*
idea idée *(f)*; **it's a good ~** il est bon; c'est
une bonne idée (+ *infinitif*)
ideal idéal, -e
idealistic idéaliste
to identify identifier
if si
illness maladie *(f)*
to illustrate illustrer
image image *(m)*
to imagine imaginer
immediately tout de suite; immédiatement
immense, huge immense
impatient impatient, -e; **to get ~**
s'impatienter
important important, -e
imported importé, -e
to impose imposer
impossible impossible
to impress impressionner
impression: to make a good ~ faire une
bonne impression
to improve améliorer; faire des progrès
in à; en; dans; **~ addition** en plus; **~ fact** en
fait; **~ front of** devant; **~ the 80s** dans les
années 80
to increase augmenter
independence indépendance *(f)*
independent indépendant, -e
India Inde *(f)*
Indian indien, -enne; hindou
to indicate indiquer
indispensable indispensable
individual individuel, -elle; individu *(m)*
industrial, industrialized industriel, -elle
infectious contagieux, -euse
to influence influencer
information renseignements *(m pl)*;
to get ~ about se renseigner (sur);
s'informer (sur)
inhabitant habitant, -e *(m, f)*
initiative initiative *(f)*; **to take the ~**
prendre l'initiative
inn auberge *(f)*
inside à l'intérieur de; dans
to insist on tenir à
institution établissement *(m)*
instrument: musical ~ instrument *(m)*
de musique
to insure assurer
intelligent intelligent, -e
to intend to avoir l'intention
to interact with avoir des contacts
interest intérêt *(m)*; **to be in one's best ~s**
avoir intérêt à
interested interessé, -e; **to be ~ in**
s'intéresser à
interesting intéressant, -e
international international, -e, mondial, -e

intersection carrefour (*m*)
interview interview (*f*); entretien (*m*) (professionnel)
to interview interviewer
to introduce présenter; **let me ~ …** je vous présente …
invitation invitation (*f*)
to invite inviter; **Are you inviting me?** Tu m'invites?
involved: to be ~ with pratiquer
island île (*f*)
Isn't it? N'est-ce pas?
isolated isolé, -e
Israel Israël (*m*)
Israeli israélien, -enne
Italian italien, -enne
Ivory Coast Côte d'Ivoire (*f*); **from the ~** Ivoirien, -enne

J

jacket blouson (*m*); **ski ~** anorak (*m*); **sport ~** veste (*f*)
jam confiture (*f*)
January janvier (*m*)
Japan Japon (*m*)
Japanese japonais, -e
jealously jalousement
jeans jean (*m*)
jewelry bijoux (*m pl*); **piece of ~** bijou (*m*)
Jewish juif, juive
job job (*m*), poste (*m*), travail (*m*), emploi (*m*), boulot (*m*), métier (*m*); **~ offer** offre (*m*) d'emploi
to jog faire du footing
jogging footing (*m*)
to joke plaisanter
journalism journalisme (*m*)
journalist journaliste (*m, f*)
joy joie (*f*)
judgment jugement (*m*)
juice jus (*m*); **fruit ~** jus (*m*) de fruit
July juillet (*m*)
jumpsuit combinaison (*f*)
June juin (*m*)
just juste; **to have ~ (done something)** venir de (+ *inf.*)

K

kebab brochette (*f*)
to keep garder, conserver; **to ~ a promise** tenir une promesse
key clé (*f*)
kilogram kilo (*m*)
kind (nice) gentil, -ille
kind (type) genre (*m*); sorte (*f*)
king roi (*m*)
to kiss (each other) (s')embrasser
kitchen cuisine (*f*)
knee genou (*m*)

knife couteau (*m*)
to know connaître (connu); savoir (su); **as you already ~** comme vous savez

L

laboratory laboratoire (*m*), labo (*colloq.*); **~ sessions** travaux (*m pl*) pratiques/dirigés
lake lac (*m*)
lamp lampe (*f*)
landscape paysage (*m*)
language langue (*f*); **native ~** langue maternelle
large grand, -e; large; gros, grosse; **larger than life** plus grand que nature
last dernier, -ière
late tard; en retard
later plus tard
latest dernier, -ière
Latin latin (*m*)
to laugh rire
laundry linge (*m*); **to do the ~** faire la lessive
law droit (*m*)
lawn gazon (*m*)
lawyer avocat, -e (*m, f*)
lazy paresseux, -euse
to lead mener
to learn apprendre (appris)
least: the ~ le (la) moins; **at ~** au moins; du moins
to leave quitter; sortir (sorti); partir (parti); s'en aller; **to ~ behind** laisser; **to ~ again** repartir
lecture conférence (*f*); **~ course** cours (*m*) magistral
left gauche (*f*); **on your ~** à gauche
leg jambe (*f*)
leisure loisir (*m*)
to lend prêter
less moins; **~ … than** moins de … que
lesson leçon (*f*)
letter lettre (*f*)
lettuce salade (*f*); laitue (*f*)
level niveau (*m*)
liberal libéral, -e; **~ arts** lettres (*f pl*)
library bibliothèque (*f*)
life vie (*f*); **~ expectancy** espérance (*f*) de vie; **social ~** vie collective; **one who enjoys ~'s pleasures** bon vivant (*m*)
light léger; **~ blue** bleu clair
to light (up) éclairer
like comme; **to be ~ each other** se ressembler
to like (each other) (s')aimer, (s')aimer bien; **to ~ better** aimer mieux; **to ~ the best** aimer le mieux; **I would ~ …** Je voudrais …; j'aimerais…; **How do you like …?** Comment trouvez-vous …?; **I don't much ~** ça ne m'enchante pas
likeable agréable
lip lèvre (*f*)

list liste (*f*)
to listen (to) écouter
liter litre (*m*)
literature littérature (*f*)
little peu; **a ~** un peu
to live vivre (vécu), habiter
living arrangement mode (*m*) d'habitation
living room salle (*f*) de séjour, séjour (*m*)
to loan prêter
local local, -e (*m pl* locaux)
to locate repérer
located situé, -e; **to be ~** se trouver
location situation (*f*)
lodging hébergement (*m*); logement (*m*)
long long, longue
longing désir (*m*)
look regard (*m*)
to look (seem) avoir l'air; **to ~ at** regarder; **to ~ at each other** se regarder; **to ~ for** chercher; rechercher; **to ~ look good/bad** avoir bonne/mauvaise mine; **to ~ strange** faire une drôle de tête
to lose perdre; **to ~ weight** maigrir
lot: a ~ of beaucoup (de); énormément (de); **~s of** des tonnes de (*colloq.*)
love amour (*m*); **to be in ~ with** être amoureux, -euse de; **to fall in ~ (with)** tomber amoureux, -euse (de)
lover: ~ of amateur de (*m*); **~s** amoureux (*m pl*)
low bas, basse
loyal loyal, -e
luck chance (*f*); **What (a stroke of) ~!** Quelle chance!
lucky: to be ~ avoir de la chance
luggage bagage (*m*)
lunch déjeuner (*m*); **to have ~** déjeuner; **business ~** déjeuner d'affaires; **~ time** l'heure du déjeuner
lung poumon (*m*)
luxury luxe (*m*)

M

mad: to get ~ s'énerver
magazine magazine (*m*), revue (*f*)
mainly surtout
major (college/university) spécialisation; **to ~ in French** se spécialiser en français
majority la plupart de; majorité (*f*)
to make faire (fait); fabriquer; **to ~ an appointment** prendre rendez-vous; **to ~ it** s'en sortir; **to ~ a reservation** retenir une place
man homme (*m*)
to manage to do something se débrouiller
management gestion (*f*)
mandatory obligatoire
manners manières (*f pl*)
to manufacture fabriquer

many beaucoup; **so ~** tellement (de); **as ~ as** tant que; **too ~** trop

map carte (f), plan (m)

March mars (m)

to mark marquer

market marché (m), **flea ~** marché aux puces d'affaires; **to go to the ~** faire le marché

marriage mariage (m)

married marié, -e; **to get ~** se marier

to marry épouser; **to ~ again** se remarier

master maître (m); **~'s degree** maîtrise (f)

maternal maternel, -elle

math mathématiques (f pl), maths

matter: in ~s of en matière de; **What's the ~?** Qu'est-ce qu'il y a?

May mai (m)

maybe peut-être

meal repas (m)

mean: What does … ~? Que veut dire… ?

meat viande (f)

mechanic mécanicien, -enne (m, f); garagiste (m, f)

mechanics mécanique (f)

medal médaille (f)

medical médical, -e; **~ care** soins (m) médicaux

medicine médecine (f); **to study ~** faire sa médecine

medication médicament (m)

Mediterranean méditerranéen, -enne; **~ Sea** Mer (f) Méditerranée

to meet faire la connaissance de; rencontrer; retrouver; se réunir; **to ~ each other (by accident)** se rencontrer; **~ each other (by prior arrangement)** se retrouver; **pleased to ~ you** enchanté, -e

meeting rendez-vous (m); réunion (f)

member membre (m)

to memorize mémoriser

memory souvenir (m); **lots of memories** des souvenirs plein la tête

menu carte (f); menu (m)

meter mètre (m)

Mexican mexicain, -e

Mexico Mexique (m)

microphone micro(phone) (m)

microwave oven four (m) à micro-ondes

middle milieu (m)

midnight minuit (m); **~ supper** réveillon (m)

mild doux, douce; **it's ~ weather** il fait doux, il fait bon

milk lait (m); **pertaining to ~** laitier(-ère)

million million (m)

minute minute (f)

to miss regretter, manquer; **to ~ or cut (a class or an appointment)** rater

mistake faute (f); **to make a ~** se tromper

to mix mélanger

modern moderne

modest modeste

Monday lundi (m)

money argent (m)

month mois (m); **~ by ~** mois par mois

monument monument (m)

mood: in a good (bad) ~ de bonne (mauvaise) humeur

moon lune (f)

moped mobylette (f)

more davantage; encore de; **~ than** plus que; **~ …than** plus de… que; **no ~** ne… plus; **one ~** encore un(e)

morning matin (m); **good ~** bonjour; **in the ~** du matin

Moroccan marocain, -e

Morocco Maroc (m)

Moslem musulman, -e

mosque mosquée (f)

most la plupart de; **for the ~ part** en majorité; **the ~** le/la/les plus (de)

mother mère (f); **~-in-law, step~** belle-mère (f)

to motivate motiver

motivated motivé, -e

motivating motivant, -e

motorcycle moto (f), motocyclette (f); **by ~** à moto

mountain montagne (f); **~ bike** vélo (m) tout terrain; VTT (m)

moustache moustache (f)

mouth bouche (f)

to move in emménager

movie film (m); **~s, ~ theater** cinéma (m)

much beaucoup; **so ~** tellement (de); **as ~ as** tant que, aussi que, autant que; **as ~ … as** autant de… que; **too ~** trop

multicolor multicolore

municipal municipal, -e

muscular musclé, -e

museum musée (m)

music musique (f); **classical ~** musique classique

musical musicien, -enne; **~ instrument** instrument (m) de musique

musician musicien, -enne (m, f)

must, to have to devoir (dû); **one ~** il faut; **you ~ not** il ne faut pas

mustard moutarde (f)

my mon, ma, mes

N

naive naïf, naïve

to name nommer; **to be named** s'appeler

name nom (m); **first ~** prénom (m); **last ~** nom de famille; **My ~ is …** Je m'appelle…; **What is your ~?** Comment vous appelez-vous?

nap sieste (f); **to take a ~** faire la sieste

napkin serviette (f)

nation peuple (m)

national national, -e

native: ~ of originaire de; **Native American** amérindien, -enne

natural naturel, -elle

nature nature (f)

near proche; près (de); auprès de; **to get ~** s'approcher de

nearly à peu près; presque

necessary nécessaire; **It's ~ (that)** Il faut (que), Il est nécessaire (que); **it was ~** il fallait

neck cou (m)

necklace collier (m)

need besoin (m)

to need avoir besoin de; **I ~** Il me faut

negative: in a ~ manner négativement

to negociate négocier

neighbor voisin, -e (m, f)

neighborhood quartier (m)

nephew neveu (m)

nervous nerveux, -euse

Netherlands Pays-Bas (m pl)

never ne… jamais

new nouveau (nouvel), nouvelle; neuf, neuve

newcomer nouveau, -elle (m, f)

news informations (f pl), actualités (f pl), nouvelles (f pl)

newspaper journal (m) (pl journaux); **~ or magazine story** reportage (m)

New Year's le Nouvel An; **New Year's Eve** Saint-Sylvestre (f); **New Year's Eve dinner, party** réveillon (m)

next prochain, -e; suivant; ensuite; **~ to** à côté de; **the house ~ door** la maison à côté; **next week** la semaine prochaine; **the ~ page** la page suivante; **the next day** le lendemain; **the ~ morning** le lendemain matin

nice sympa(thique); gentil, -ille; aimable; agréable; **It's ~ (weather).** Il fait bon.; Il fait beau.

niece nièce (f)

no non; **~ longer** ne… plus

nobody ne…personne

noise bruit (m)

nonconformist non-conformiste (m)

none aucun, -e

noon midi (m)

normal normal, -e

north nord (m)

nose nez (m)

not: ~bad pas mal; **~ at all** pas du tout; **~ only … but** non seulement… mais; **~ yet** pas encore

note note (f)

to note noter

notebook cahier (m)

nothing rien

to notice remarquer; apercevoir (aperçu)

noticeable remarquable

noun nom (m)

novel roman *(m)*
November novembre *(m)*
now maintenant, en ce moment; **right ~** pour le moment
nuclear nucléaire
number numéro *(m)*; nombre *(m)*; chiffre *(m)*
nurse infirmier, -ière *(m, f)*
nutrition: having to do with ~ alimentaire; **nutritionally sound** diététique

O

to obey obéir à
obligation obligation *(f)*
to obtain obtenir (obtenu)
obvious évident, -e; **to be ~** ne pas faire de doute
obviously évidemment
ocean océan *(m)*
occupation métier *(m)*; **What is his/her occupation?** Qu'est-ce qu'il/elle fait?
occupied occupé, -e
to occupy occuper
o'clock: 10 ~ 10 heures
October octobre *(m)*
of de; **~ course!** bien sûr!
off-campus hors campus
offer offre *(f)*; **job ~** offre d'emploi
to offer offrir (offert); proposer; **to ~ best wishes to** offrir des vœux à
office bureau *(m)*; **doctor's ~** cabinet *(m)*; **tourist ~** office *(m)* de tourisme
official officiel, -elle; **~ holiday** jour *(m)* férié
often souvent; **as ~ as possible** le plus souvent possible
O.K. d'accord; **Doing O.K.** Ça va.
old vieux (vieil), vieille; ancien, -enne; âgé, -e; **How ~ are you?** Quel âge as-tu?; **to grow ~** vieillir
on sur; **~ foot** à pied; **~ Lafayette Street** (dans la) rue Lafayette; **~ Mondays** le lundi; **~ page 5** à la page 5; **~ television** à la télévision; **~ the phone** au téléphone; **~ the way to** en route pour; **~ time** à l'heure
one on; **~ ..., the other** l'un(e)..., l'autre
oneself soi-même
onion oignon *(m)*
only ne... que; seulement; **not ~ ... but** non seulement... mais
open ouvert, -e; **~-minded** ouvert, -e
to open ouvrir (ouvert); **to ~ right on, to look right out at** donner en plein sur
opinion opinion *(f)*; **in my ~** à mon avis; **What's your ~ of ...** Comment trouvez-vous...?
opportunity occasion *(f)*
option option *(f)*
optional facultatif, -ive
optimistic optimiste
or ou
oral presentation exposé *(m)*

orange orange *(f)*
order ordre *(m)*; **in ~ to** pour que
to order commander
ordinary ordinaire
organization organisation *(f)*; association *(f)*
to organize organiser
organized: to get ~ s'organiser
origin origine *(f)*
original original, -e; **originally from** originaire de
other autre; **~s** autres, d'autres
our notre, nos
out: to go ~ sortir (sorti)
outdoors en plein air
outfit tenue *(f)*
outside (of) à l'extérieur (de); en dehors (de); hors de
oval ovale
oven four *(m)*; **microwave ~** four à micro-ondes
over sur; dessus; par-dessus; **~ there** là-bas
overcoat manteau *(m)*
to owe devoir (dû)
own propre
owner propriétaire *(m, f)*; patron, -onne *(m, f)*

P

to pack faire les bagages
package paquet *(m)*, colis *(m)*
painter peintre *(m)*
painting peinture *(f)*, tableau *(m)*
pal copain, copine *(m, f)*
pants pantalon *(m)*
pantyhose collant *(m)*
parachuting parachutisme *(m)*
parade défilé *(m)*
to parade défiler
paradise paradis *(m)*
paragraph paragraphe *(m)*
parentheses parenthèses *(f pl)*
parents parents *(m pl)*
Parisian parisien, -enne
park parc *(m)*; jardin *(m)* public; **theme ~** parc à thème
part partie *(f)*; **for the most ~** pour la plupart; en majorité; **in ~** en partie; **to be a ~ of, to take ~ in** faire partie de; participer à
to participate participer à
particular: in ~ en particulier
partner partenaire *(m, f)*
part-time à mi-temps, à temps partiel
party fête *(f)*, soirée *(f)*
pass passe *(f)*
to pass passer; **to ~ a test** réussir à un examen
passionate passionné, -e
passive passif, -ive

passport passeport *(m)*
past passé *(m)*; **in the ~** autrefois
pasta pâtes *(f pl)*
pastime loisir *(m)*, passe-temps *(m)*
pastry: ~ shop pâtisserie *(f)*; **horn-shaped butter ~** croissant *(m)*
pâté pâté *(m)*
path allée *(f)*, chemin *(m)*, sentier *(m)*
patient patient, -e
patient (sick person) malade *(m, f)*
to pay (for) payer, régler; **to ~ attention** faire attention; **to ~ one's own way** payer sa part; **to ~ tuition** régler les frais d'inscription
peace paix *(f)*
peaceful tranquille
peach pêche *(f)*
pear poire *(f)*
pen stylo *(m)*
pencil crayon *(m)*
pen pal correspondant, -e *(m, f)*
people gens *(m pl)*, peuple *(m)*; on
pepper poivre *(m)*
per par
percent pour cent
percentage pourcentage *(m)*
perfect parfait, -e
performance représentation *(f)*
perhaps peut-être
period période *(f)*
permanent permanent, -e
permanently en permanence
permission permission *(f)*
to permit permettre (permis)
to persevere persévérer
person personne *(f)*; individu *(m)*; **in ~** en personne
personal personnel, -elle
personality personnalité *(f)*
perspective perspective *(f)*
pessimistic pessimiste
pharmacy pharmacie *(f)*
phase phase *(f)*
philosophy philo(sophie) *(f)*
phone card carte *(f)* de téléphone
photograph photo *(f)*
photographer photographe *(m, f)*
physician médecin *(m)*
physics physique *(f)*
piano piano *(m)*
picnic pique-nique *(m)*
pie tarte *(f)*
piece bout *(m)*; morceau *(m)*; part *(f)*
pill pillule *(f)*
pink rose
pity: It's a ~. C'est dommage.; **What a ~.** Quel dommage.
pizza pizza *(f)*
place endroit *(m)*; lieu *(m)*; **~ setting** couvert *(m)*; **to take ~** prendre place, avoir lieu

to place (object) mettre, déposer
plain plaine *(f)*
plans préparatifs *(m pl)*, projets *(m pl)*
plant plante *(f)*
to plant planter
plantation: ~ owner planteur *(m)*; **sugar cane ~** champs *(m.)* de canne à sucre
plate assiette *(f)*; **soup ~** assiette à soupe
play pièce *(f)* de théâtre
to play jouer; **(sport)** jouer à; **(musical instrument)** jouer de; **to ~ soccer** faire du foot
player joueur, -euse *(m, f)*
playing field terrain *(m)* de sport
pleasant agréable, aimable
pleased content, -e; **~ to meet you** enchanté, -e
please s'il vous (te) plaît; **Please!** Je t'en prie!
P.M. de l'après-midi, du soir
poet poète *(m)*
police officer agent *(m)* de police
polite poli, -e
political politique; **~ party parti *(m)* politique; ~ science** sciences *(f pl)* politiques
politics politique *(f)*
poll sondage *(m)*; enquête *(m)*
pollute polluer
polluted pollué, -e
pollution pollution *(f)*
poor pauvre
poorly mal
population population *(f)*
pork porc *(m)*
portion part *(f)*
portrait portrait *(m)*
position situation *(f)*, poste *(m)*
possible possible; **It's ~ that...** Il se peut que..., Il est possible que; **That's ~.** Ça se peut bien.
postage stamp timbre *(m)*
postcard carte *(f)* postale
poster affiche *(m)*
post office bureau *(m)* de poste, poste *(f)*
postpone remettre; repousser
potato pomme *(f)* de terre
potential potentiel *(m)*
pound livre *(f)*
poverty pauvreté *(f)*
practical pratique
to practice pratiquer
to predict prévoir (prévu)
to prefer préférer; aimer mieux
preferable: It's ~ that... Il est préférable que...
preparations préparatifs *(m pl)*
to prepare préparer
prescription ordonnance *(f)*
present actuel, -elle; présent, -e; **(gift)** cadeau *(m)*; **(time)** présent *(m)*

to present présenter
president président, -e *(m, f)*
pretentious prétentieux, -euse
pretty joli, -e
price prix *(m)*
to print imprimer
private privé, -e; **~ residence** maison *(f)* particulière
privileged privilégié, -e
prize prix *(m)*
probable probable
probably probablement
problem problème *(m)*; ennui *(m)*; **to have ~s** avoir des difficultés
to produce produire (produit)
product produit *(m)*
profession métier *(m)*, profession *(f)*
professional professionnel, -elle
professor professeur *(m)*; prof *(m) (colloq.)*
program programme *(m)*; programmation *(f)*; **exchange ~** programme d'échange; **television ~** émission *(f)*
to program programmer
progress: to make ~ faire des progrès
project projet *(m)*
to promise promettre (promis)
promising: it looks ~ ça s'annonce bien
promotion promotion *(f)*
pronoun pronom *(m)*
proof preuve *(f)*
property propriété *(f)*
proportion proportion *(f)*
to propose proposer
to protect protéger; défendre
to protest protester
proud fier, fière
to prove prouver
province province *(f)*
proximity, closeness proximité *(f)*
prudent prudent, -e
psychology psychologie *(f)*
public public, publique
purchase achat *(m)*
to purchase acheter
purple violet, -ette
purse sac *(m)* à main
to pursue poursuivre (poursuivi)
to put mettre (mis); **to ~ in order** ranger; **to ~ off** remettre
to putter bricoler; faire du bricolage

Q

quality qualité *(f)*; **~ of life** qualité de vie
quantity: in large ~ en quantité
quarrel dispute *(f)*
to quarrel se disputer
quarter: ~ before the hour moins le quart; **~ of an hour** quart *(m)* d'heure **~ past the hour** et quart

question question *(f)*; **to ask a ~** poser une question
to question interroger
quickly vite, rapidement
quiet calme; **to be ~** se taire; **to ~ down** se calmer; **Be quiet!** Taisez-vous!
quite assez; **~ a bit** pas mal de
quiz interrogation *(f)*; des interros *(f pl) (colloq.)*

R

race race *(f)*
rain pluie *(f)*
to rain pleuvoir (plu); **It's raining.** Il pleut.
raincoat imperméable *(m)*
rarely rarement
rather plutôt, assez; **~ than** plutôt que
to react réagir
to read lire (lu)
reading lecture *(f)*
ready prêt, -e; **~-to-serve dish** plat *(m)* tout préparé; **to get ~** se préparer (pour)
real vrai, -e
realistic réaliste
reality réalité *(f)*; **in ~** en fait
to realize réaliser
really vraiment
reason raison *(f)*
reasonable raisonnable
to rebuild reconstruire
to receive recevoir (reçu)
recently récemment
recess récréation *(f)*
recipe recette *(f)*
to recognize reconnaître (reconnu)
record disque *(m)*
to recycle recycler
recycling recyclage *(m)*
red rouge; **to have ~ hair** avoir les cheveux roux
redheaded roux, rousse
to reduce réduire (réduit)
reference repère *(m)*
to reflect réfléchir; refléter
reflex réflexe *(m)*
refrigerator réfrigérateur *(m)*; frigo *(m) (colloq.)*
refugee réfugié, -e *(m, f)*
to refuse refuser
regard: in ~ to par rapport à
regarding en ce qui concerne
region région *(f)*
to register s'inscrire
registration: ~ fees frais *(m pl)* d'inscription; **~ form** bulletin *(m)* d'inscription; **~ process** formalité *(f)*
regrettable: it is ~ il est regrettable
to regret regretter
regular régulier, -ière
regularly régulièrement

to **reimburse** rembourser
relationship rapport (*m*)
relatives parents (*m pl*)
to **relax** se détendre
relaxation détente (*f*)
relaxed décontracté, -e
relieved soulagé, -e
religion religion (*f*)
religious religieux, -euse
to **remain** rester
remarkable remarquable
to **remarry** se remarier
to **remember** se rappeler, se souvenir (de)
to **remind** rappeler
remote controlled téléguidé, -e
Renaissance Renaissance (*f*)
renewable renouvelable
rent loyer (*m*); **for ~** à louer
to **rent** louer
rental location (*f*); **~ agency** agence (*f*) de location
to **repair** réparer
to **repeat** répéter
report compte-rendu (*m*); mémoire (*m*); **~ card** bulletin (*m*) scolaire
to **represent** représenter
reputation réputation (*f*)
to **require** exiger; demander
required obligatoire
research recherche (*f*); **to do ~** faire des recherches; **~ paper** mémoire (*m*)
reservation réservation (*f*); **to make a ~** retenir une place
to **reserve** réserver
reserved réservé, -e
residence lieu (*m*) de résidence; **private ~** maison (*f*) particulière
resourceful débrouillard, -e
resources ressources (*f pl*)
responsibility responsabilité (*f*)
responsible responsable
rest repos (*m*); **for the ~** pour le reste
to **rest** se reposer
restaurant restaurant (*m*)
result résultat (*m*)
retired: to be ~ être à la retraite; **~ individual** retraité, -e (*m, f*)
retirement retraite (*f*)
to **return (give back)** rendre; **(come back)** revenir; **(go back)** rentrer; **upon returning to** de retour à
return trip retour (*m*)
review révision (*f*)
to **review** réviser
résumé curriculum vitae (CV) (*m*)
rice riz (*m*)
rich riche
to **ride** aller en voiture, **to ~ a bike** faire du vélo/de la bicyclette; **to ~ a motorbike** faire de la moto
right droite (*f*); **on the ~** à droite

right droit (*m*)
right away tout de suite
right (correct) vrai; **to be ~** avoir raison
to **risk** risquer
river fleuve (*m*); rivière (*f*); **~ bank** rive (*f*)
road chemin (*m*); route (*f*); **to hit the ~** prendre la route
rock climbing: to go ~ faire de l'escalade
rock music rock (*m*)
role rôle (*m*); fonction (*f*); **~-play** jeu (*m*) de rôle
roll call appel (*m*)
Roman romain, -e
roof toit (*m*)
room chambre (*f*); pièce (*f*); salle (*f*); place (*f*); **~mate** camarade (*m, f*) de chambre; **bath~** salle de bains; **class~** salle de classe; **living ~** salle de séjour; **to have ~ for** avoir la place
root racine (*f*)
round rond, -e
round-trip ticket aller-retour (*m*)
routine routine (*f*)
rug tapis (*m*)
rule règle (*f*)
to **run** courir (couru); **to ~ along** filer (*colloq.*); **to ~ the vacuum cleaner** passer l'aspirateur
rural rural, -e
Russia Russie (*f*)
Russian russe

S

sad triste
safety sécurité (*f*)
sail: ~boat bateau (*m*) à voile; **to go ~ing** faire de la voile
salad salade (*f*)
salami saucisson (*m*)
salary salaire (*m*); **fixed ~** salaire fixe; **~ range** prétentions (*f*)
sale vente (*f*), solde (*f*)
sales force équipe (*f*) de vente
sales management direction (*f*) des ventes
salesperson vendeur, -euse (*m, f*)
sales representative attaché(e) commercial
salmon saumon (*m*)
salt sel (*m*)
same même
sandals sandales (*f pl*)
sandwich sandwich (*m*)
satisfactory satisfaisant, -e
Saturday samedi (*m*)
sausage: dry ~ saucisson (*m*)
to **save** garder, conserver
to **save (money)** faire des économies
to **say** dire (dit); **Say...** Dis... (Dites...)
to **scare: it scares me** ça me fait peur
scarf foulard (*m*)

scene scène (*f*)
schedule emploi (*m*) du temps; horaire (*m*); programme (*m*)
scholarship bourse (*f*)
school école (*f*); faculté (*f*); **high ~** lycée (*m*); **middle ~ /junior high ~** collège (*m*); **pertaining to ~** scolaire
science science (*f*)
to **score** marquer un but
screen écran (*m*)
script scénario (*m*)
sculpture sculpture (*f*)
sea mer (*f*); **~food** fruits (*m pl*) de mer
search recherche (*f*)
seashore bord (*m*) de la mer
season saison (*f*); **in any/every ~** en toute saison
seasonal saisonnier, -ière
seasonings condiments (*m pl*)
seat place (*f*)
second deuxième; second, -e; **~hand** d'occasion; **~ floor** premier étage; **to have ~s** reprendre
secretary secrétaire (*m, f*)
security sécurité (*f*)
to **see** voir (vu); apercevoir (aperçu); **See!** Tenez!; **~ you in a while.** À tout à l'heure.; **~ you soon.** À bientôt.; **Let's ~ ...** Voyons...; **You'll ~ ...** Tu verras...
to **seem** sembler; avoir l'air; **it seems to me** ça me semble
selection sélection (*f*)
selfish égoïste
to **sell** vendre
semester semestre (*m*)
to **send** envoyer
Senegal Sénégal (*m*)
Senegalese sénégalais, -e
senior year terminale (*f*)
sensational sensationnel, -elle
sense sens (*m*); **common ~** bon sens; **~ of humor** sens de l'humour
sentence phrase (*f*)
to **separate** séparer
September septembre (*m*)
series série (*f*)
serious grave, sérieux, -euse
to **serve** servir; mettre (mis)
session séance (*m*)
to **set (a day, a date)** fixer (un jour, une date); **to ~ the table** mettre la table (le couvert)
setting cadre (*m*)
to **settle** s'installer
several plusieurs
sewing couture (*f*)
shame: It's a ~. C'est dommage.
to **share** partager
to **shave** se raser
shirt chemise (*f*); chemisier (*m*)

shoe chaussure (*f*), **high-heeled ~s** chaussures à talons
shop magasin (*m*)
to shop (go shopping) faire des achats; faire les courses
shopkeeper commerçant, -e
short court, -e, petit, -e
shorts short (*m*)
should: you ~ (do something) tu devrais (+ infin.); **one ~ not** il ne faudrait pas
shoulder épaule (*f*)
show spectacle (*m*)
to show montrer; faire voir; indiquer; **to ~ oneself** se montrer
shower douche (*f*)
to shrink diminuer
Shush! Chut! (*colloq.*)
shutter volet (*m*)
shy timide
sick malade
side côté (*m*)
sidewalk trottoir (*m*)
sign signe (*m*); **distinctive ~** signe particulier
since depuis; **~ when** depuis quand; **It's been a month ~ …** Ça fait un mois que…
sincere sincère
to sing chanter
singer chanteur, -euse (*m, f*)
single (not married) célibataire
sink lavabo (*m*)
sir Monsieur (*m*)
sister sœur (*f*); **~-in-law** belle-sœur; **step~** demi-sœur
to sit s'asseoir; **~ down!** Asseyez-vous!; **to ~ down at the table** se mettre à table
site site (*m*)
situation situation (*f*)
size taille (*f*); **What ~ (clothes) do you wear?** Quelle est votre taille?; **I take a ~ 42.** Je fais du 42.
ski: to go skiing faire du ski; **~ jacket** anorak (*m*)
to skip a class sécher un cours
skirt jupe (*f*)
sky ciel (*m*)
slave esclave (*m, f*)
slavery esclavage (*m*)
to sleep dormir; **to be sleepy** avoir sommeil
slim mince
to slim down mincir
slowly lentement
small petit, -e
smile sourire (*m*)
to smoke fumer
snack goûter (*m*)
snapshot instantané (*m*)
sneakers baskets (*m pl*)
snow neige (*f*)

to snow neiger; **Il neige.** It's snowing.
so alors; **~ tall** si grand
soccer foot(ball) (*m*); **to play ~** jouer au foot, faire du foot
sociable sociable
sociologist sociologue (*m, f*)
sociology sociologie (*f*)
sock chaussette (*f*)
sofa canapé (*m*)
soft doux, douce
softly en douceur
solar solaire
sole (fish) sole (*f*)
solid, sturdy solide
some des; **~ day** un jour; **~ (of)** quelques-uns, unes (de)
someone quelqu'un
something quelque chose; **~ else** autre chose, quelque chose d'autre; **~ new** quelque chose de nouveau
sometimes parfois, quelquefois
son fils (*m*)
song chanson (*f*)
soon bientôt; **See you ~.** À bientôt.; **as ~ as** aussitôt que, dès que; **sooner than expected** plus tôt que prévu
sore throat angine (*f*)
sorry désolé, -e; **to be ~** regretter; **I'm ~.** Je m'excuse.
sort sorte (*f*)
to sort out/through ranger; trier
soup soupe (*f*)
south sud (*m*)
space espace (*m*); place (*f*)
spacious spacieux, -euse
Spain Espagne (*f*)
Spanish espagnol, -e
to speak parler; **to ~ up** prendre la parole
special spécial, -e
specialty spécialité (*f*)
speech discours (*m*)
to spend (money) faire la dépense de; dépenser
to spend (time) passer du temps
spice épice (*f*)
spirit esprit (*m*); **festive ~** esprit festif; **team ~** esprit d'équipe
spoon cuillère (*f*); **soup ~** cuillère à soupe
sport sport (*m*); **to participate in a ~** faire du sport; **to practice a competitive ~** faire de l'athlétisme; **~ clothes** tenue (*f*) de sports; **~ facilities** installations (*f*) sportives; **~ jacket** veste (*f*); **~s complex** terrain (*m*) de sport; **~s-minded** sportif, -ive
spouse époux, épouse (*m, f*)
spring printemps (*m*); **in the ~** au printemps
square (city or town) place (*f*); **(geometric form)** carré (*m*)
stability stabilité (*f*)

stadium stade (*m*)
staff personnel (*m*)
stairs escalier (*m*)
standing up debout
to start commencer; **starting now** dès maintenant
state état (*m*)
statistics statistiques (*f*)
to stay rester; **to ~ at a hotel** descendre à l'hôtel; **to ~ home** rester à la maison; **to ~ in shape** rester en forme
step (stage) étape (*f*)
step: ~brother demi-frère (*m*); **~father** beau-père (*m*); **~mother** belle-mère (*f*); **~sister** demi-sœur (*f*)
stereo chaîne (*f*) stéréo; stéréo (*f*)
still encore, toujours
to stimulate interest piquer l'intérêt
stockings bas (*m pl*)
stomach ventre (*m*), estomac (*m*)
stop arrêt (*m*)
to stop s'arrêter; **to ~ by** passer (à)
store magasin (*m*)
storm orage (*m*); **it's ~y** il y a des orages
story histoire (*f*)
stove (gas/electric) cuisinière (*f*) (à gaz/électrique)
straight: ~ ahead tout droit
strange bizarre
strawberry fraise (*f*)
streamer serpentin (*m*)
street rue (*f*)
to strengthen renforcer
stress stress (*m*)
stubborn obstiné, -e
student (high school) élève (*m, f*); lycéen, -enne (*m, f*); **(college)** étudiant, -e (*m, f*); **~ center** foyer (*m*); **~ handbook** livret (*m*) d'étudiant
studious travailleur, -euse
study étude (*f*); **studies** études
to study étudier; travailler; suivre un cours; **to ~ for a test** préparer un examen; **to ~ music** faire de la musique
stupid idiot, -e
stylish chic
subject sujet (*m*); **school ~s** matières (*f pl*)
subsidized subventionné, -e
suburbs banlieue (*f*)
subway métro (*m*)
to succeed réussir
success succès (*m*), réussite (*f*)
such: as ~ tel, telle que
suddenly soudain, tout d'un coup
to suffer souffrir (souffert)
sufficient suffisant, -e; **it's ~ that …** il suffit que…
sugar sucre (*m*); **~ cane plantation** champs (*m*) de canne à sucre
to suggest conseiller, suggérer

suit (man's) costume (m); **(woman's)** tailleur (m)
to suit (be appropriate for) convenir à
suitcase valise (f)
summary résumé (m)
summer été (m); **in ~** en été
sun soleil (m); **~glasses** lunettes (f) de soleil
Sunday dimanche (m)
sunny: It's ~. Il fait du soleil.
to suntan bronzer
suntanning bronzage (m)
superb superbe
superficial superficiel, -elle
superhighway autoroute (f)
superior supérieur, -e
supermarket supermarché (m)
to support soutenir (soutenu)
suppose: Suppose we go to the movies? Si on allait au cinéma?; **I was supposed (to do something).** Je devais (+ infin).
sure sûr, -c; **I am ~ of it** j'en suis sûr(e)
to surf the Web surfer la Toile
surface superficie (f)
surprise surprise (f)
to surprise surprendre (surpris)
surprised surpris, -e
surprising étonnant, -e
surrounding area environs (m pl)
sweater pull-over (m)
sweatsuit survêtement (m)
sweatshirt sweat (m)
to swim nager
swimming natation (f); **~ pool** piscine (f)
Swiss suisse
Switzerland Suisse (f)
syllabus programme (m) du cours
symbol symbole (m); signe (m)
to symbolize représenter
sympathetic sympathique, sympa (colloq.)
symptom symptôme (m)
synagogue synagogue (f)
syrup sirop (m)

T

table table (f); **coffee ~** table basse; **~ setting** couvert (m)
tablecloth nappe (f)
tablespoon cuillère (f) à soupe
tablet (pill) cachet (m)
tailored, tight-fitting ajusté, -e
to take prendre (pris); **to ~ advantage of** profiter de; **to ~ care of (oneself)** (se) soigner; **to ~ a class** suivre un cours; **to ~ a test** passer un examen; **to ~ a trip** faire un voyage; **to ~ a walk** faire une promenade, se promener; **to ~ care of** s'occuper de; **to ~ it easy** se calmer; **to ~ out** sortir; **to ~ part in** participer à; **to ~ place** avoir lieu, prendre place
talent talent (f)

to talk parler
tall grand, -e; **He/She is 1.68 m tall.** Il/Elle fait 1, 68 m.; **How ~ is he/she?** Quelle est sa taille?
task tâche (f)
taste goût (m)
to taste goûter
tea thé (m)
to teach enseigner; apprendre
teacher enseignant, -e (m, f), professeur (m); instituteur, -trice (m, f)
teaching enseignement (m); **~ assistant** assistant, -e (m, f)
team équipe (f); **~ spirit** esprit (m) d'équipe; **to work as a ~** travailler en équipe
teaspoon cuillère (f) à café
technician technicien, -enne (m, f)
technology technologie (f)
tee-shirt t-shirt (m)
teenager adolescent, -e (m, f)
telephone téléphone (m); **~ number** numéro (m) de téléphone; **~ card** carte (f) de téléphone; **to make a ~ call** téléphoner; **to ~ each other** se téléphoner
television téléviseur (m), télévision (f), télé (f) (colloq.); **to watch ~** regarder la télévision
to tell dire (dit), raconter; **Tell me!** Dis-moi!
temperate tempéré, -e
temperature température (f); **What's the ~ like?** Quelle est la température?
temple temple (m)
to tempt tenter
tennis tennis (m)
tent tente (f)
term paper dissertation (f); disserte (f) (colloq.)
test épreuve; **to take a ~** passer un examen
textbook manuel (m)
thank: ~ you merci
to thank remercier
that cela, ça; que; **~ day** ce jour-là; **~ is (to say)** c'est-à-dire; **~ one** celui (celle)-là; **~ way** par là; **~'s it.** C'est ça.; **~'s O.K.** Ça va.
theater théâtre (m); **movie ~** cinéma (m)
their leur, leurs
then puis, ensuite, alors
theory: in ~ at least en théorie, du moins
there y; là; là-bas; **~ is (are)** il y a; **~'s...** voilà...
therefore donc
these (those) ces
thigh cuisse (f)
thin mince
thing chose (f)
to think penser; croire (cru); **to ~ about** penser à, réfléchir à; **to ~ about something else** se changer les idées

thirst soif (f); **to be thirsty** avoir soif
this (that) ce (cet), cette; **~ way, like ~** comme ça
thousand mille
throat gorge (f); **sore ~** angine (f)
through à travers, par; **to go ~** passer par
to throw away jeter
Thursday jeudi (m)
thus ainsi
ticket billet (m); **student meal ~** ticket (m) de restaurant
to tidy up ranger
tie cravate (f)
time temps (m); fois (f); **a long ~** longtemps; **at that ~** à cette époque-là; **three ~s** trois fois; **at the same ~** en même temps, à la fois; **at the ~ of** à l'époque de; **At what ~?** À quelle heure?; **from ~ to ~** de temps en temps; **in my ~** de mon temps; **one more ~** encore une fois; **to be on ~** être à l'heure; **to have a good ~** s'amuser; **to know what ~ it is** avoir l'heure; **How many ~s?** Combien de fois?; **What ~ is it?** Quelle heure est-il?
timetable horaire (m)
to tinker bricoler; faire du bricolage
tip pourboire (m)
tired fatigué, -e
to à; en; jusqu'à
toast toast (m), pain (m) grillé; **melba ~** biscotte (f)
tobacco tabac (m); **~ store** bureau (m) de tabac
today aujourd'hui
together ensemble
toilet W.-C. (m pl); toilettes (f pl)
tomato tomate (f)
tomorrow demain; **See you ~.** À demain.
ton: ~s of des tonnes de (colloq.)
too aussi; trop; **~ much (many)** trop de
tool outil (m); instrument (m)
tooth dent (f)
top sommet (m); **at the ~ of** en haut de
touching touchant, -e
tour excursion (f), circuit (m); **to take a ~ of** faire la visite de
tourism tourisme (m)
tourist touriste (m, f); **~ information office** office (m) de tourisme
touristic touristique
toward vers
towel serviette (f); **~ rack** porte-serviettes (m)
tower tour (f)
town ville (f); **~ hall** hôtel (m) de ville; **in (to) ~** en ville
track and field athlétisme (m)
trade (profession) métier (m); **(business)** commerce (m)
tradition tradition (f); coutume (f)
traditional traditionnel, -elle

traffic trafic *(m)*, circulation *(f)*
train train *(m)*; **~ station** gare *(f)*
to train s'entraîner; former
training entraînement *(m)*; formation *(f)*;
  business ~ formation commerciale; **to
  receive ~** suivre une formation
tramway tram *(m)*
to translate traduire (traduit)
translation traduction *(f)*
to travel voyager
travel agency agence *(f)* de voyages
treasure trésor *(m)*
tree arbre *(m)*
trimester trimestre *(m)*
trip voyage *(m)*; **day ~** excursion *(f)*;
  to take a ~ faire un voyage (une excursion)
trophy trophée *(f)*
tropics tropiques *(m pl)*
trouble peine *(f)*; **in ~** en difficulté; **to
  have ~ doing something** avoir des
  difficultés à faire, avoir du mal à faire
true vrai, -e; **That's ~.** C'est vrai.; En effet.
truth vérité *(f)*
to try, to try on (clothing) essayer; **to ~ to**
  chercher à
Tuesday mardi *(m)*
tuna thon *(m)*
tuned in branché, -e
Tunisia Tunisie *(f)*
Tunisian tunisien, -enne
turkey dinde *(f)*
turn: in ~ à tour de rôle; à son tour;
  tour à tour
to turn tourner; **to ~ down** refuser; **to ~ in**
  remettre (remis)
turtleneck col *(m)* roulé
twenty vingt; **around ~** vingtaine *(f)*
to type taper
typical typique

U

umbrella parapluie *(m)*
unbearable insupportable; invivable
unbelievable incroyable
uncle oncle *(m)*
uncommunicative renfermé, -e
under sous; **~neath** ci-dessous
to understand comprendre (compris)
understanding compréhension *(f)*
undress: to get undressed se déshabiller
unemployed: to be ~ être au chômage
unemployment chômage *(m)*
unexpected imprévu, -e
unfortunate malheureux, -euse; **That's ~.**
  C'est malheureux.; **It's ~ that…** C'est
  dommage que…
unhappy mécontent, -e
united uni, -e
United States États-Unis *(m pl)*

university université *(f)*; **to go to the ~**
  faire des études universitaires
unknown person inconnu, -e *(m, f)*
unlikely: It's ~ that … Il est peu
  probable que…
unlucky person malheureux, -euse *(m, f)*
unpaid bénévole
unpleasant désagréable
unruly indiscipliné, -e
until jusqu'à; jusqu'à ce que
up: to go ~ monter; **to get ~** se lever
upset énervé, -e
use emploi *(m)*
to use utiliser, se servir de; **to ~ up**
  consommer
useful utile
usual: as ~ comme d'habitude
usually d'habitude, normalement

V

vacancy: no ~ complet
vacation vacances *(f pl)*; **paid ~** congé *(m)*
  payé; **~ village** village *(m)* de vacances;
  while on ~ en vacances
vacuum cleaner aspirateur *(m)*; **to run
  the ~** passer l'aspirateur
valid valide
valley vallée *(f)*
value valeur *(f)*
various divers
VCR magnétoscope *(m)*
veal veau *(m)*
vegetable légume *(m)*
verb verbe *(m)*
very très, fort
victory victoire *(f)*
video game jeu *(m)* vidéo
videotape vidéo *(f)*; vidéocassette *(f)*;
  ~ recorder (VCR) magnétoscope *(m)*
Vietnam Viêt-nam *(m)*
Vietnamese vietnamien, -enne
village village *(m)*
violin violon
to visit (a place) visiter; **~ (a person)**
  rendre visite à
visitor visiteur *(m)*
visual arts arts *(m)* plastiques
vocabulary vocabulaire *(m)*
voice voix *(f)*
volleyball volley *(m)*
to vote voter
vowel voyelle *(f)*

W

to wait (for) attendre
waiter garçon *(m)*, serveur *(m)*
waiting room salle *(f)* d'attente
waitress serveuse *(f)*
to wake up se réveiller

walk promenade *(f)*; **to go for a ~** se
  promener, faire une promenade
to walk marcher; (se) promener; aller à pied
wall mur *(m)*
to want vouloir, désirer, avoir envie de;
  tenir à; **~ ads** offres *(f)* d'emploi
war guerre *(f)*; **World ~ II** Deuxième
  (Seconde) guerrre mondiale
wardrobe garde-robe *(f)*; **~ closet**
  armoire *(f)*
warm chaud, -e; **It's ~ (hot).** Il fait chaud.
wash: to do the ~ faire la lessive
to wash laver; **~ oneself** se laver
washing machine, washer machine *(f)*
  à laver; lave-linge *(m)*
waste déchets *(m pl)*
to waste time perdre du temps
watch montre *(f)*
to watch regarder; **to ~ TV** regarder la
  télévision
water eau *(f)*; **mineral ~** eau minérale
way: by the ~ au fait; à propos; **in what ~?**
  de quelle façon (manière)?
to wear porter
weather temps *(m)*; **What's the ~ like?**
  Quel temps fait-il?; **in any kind of ~**
  par tous les temps; **~ report** météo *(f)*,
  bulletin *(m)* (métérologique)
Wednesday mercredi *(m)*
week semaine *(f)*; **~end** week-end *(m)*
to weigh peser
welcome: ~ to bienvenue à; **to ~** accueillir,
  souhaiter la bienvenue; **You're ~.** Je vous
  (t') en prie./De rien./Il n'y a pas de quoi.
welder soudeur *(m)*
well bien; **as ~ as** aussi bien que; **~ behaved**
  sage; **~ cut** bien coupé, -e; **~ then …** bon,
  eh bien…
well-known connu, -e
west ouest *(m)*
what que, qu'est-ce que; quel, quelle; ce
  qui; ce que; **~ is it?** Qu'est-ce que c'est?;
  ~ did you say? Comment? Quoi? Vous
  dites?; **~ else?** Quoi d'autre?; **~ are they
  like?** Comment sont-ils?; **~ do you think
  about it?** Qu'est-ce que tu en penses?;
  ~ does he/she look like? Comment
  est-il/elle?; **~ is that?** C'est quoi?
when quand; lorsque; **the day ~** le jour où;
  at the time ~ au moment où
where où; **~ is he/she from?** Il/Elle est
  d'où?
which quel(le); **~ one?** lequel (laquelle)?;
  ~ ones? lesquels (lesquelles)? **that ~**
  ce que; **to ~** auquel (à laquelle); **of ~** dont
while pendant que; **~ listening**
  en écoutant
white blanc, blanche
who qui; **~'s calling?** C'est qui à l'appareil?;
  ~ is it? Qui est-ce?
whom: to ~ à qui

whose dont; **~ (thing) is it?** C'est le/la/les... de qui?

why pourquoi

wide large

wife femme *(f)*

willingly volontiers

to win gagner

wind vent *(m)*; **It's windy.** Il fait du vent.

window fenêtre *(f)*

to windsurf faire de la planche à voile

wine vin *(m)*; **~ cellar** cave *(f)*; **~ glass** verre *(m)* à vin

winter hiver *(m)*; **in ~** en hiver

wise sage

to wish souhaiter; vouloir (voulu); désirer

with avec; auprès de

without sans; sans que; **~ doing anything** sans rien faire

woman femme *(f)*

word mot *(m)*, parole *(f)*

work travail *(m)*; **(part-time/full-time) ~** travail (à mi-temps/à temps partiel/à plein temps)

to work (hard) travailler (dur); **(of a machine)** marcher, fonctionner; **It works best for me.** Ça m'arrange le mieux.

workbook cahier *(m)*

workplace lieu *(m)* de travail

worker travailleur, -euse *(m, f)*; **factory ~** ouvrier, -ière *(m, f)*

world monde *(m)*

worldwide mondial, -e

worry souci *(m)*

to worry (about) s'inquiéter (de); **don't ~ about it!** ne t'en fais pas

worse, worst pire

worthless nul, nulle

would you say? diriez-vous?

wrist poignet *(m)*

to write écrire (écrit); **to ~ a paper** rédiger un mémoire

written report mémoire *(m)*

writer écrivain, -e *(m, f)*

wrong: to be ~ avoir tort; **What's ~?** Qu'est-ce qui nc va pas?

Y

yard jardin *(m)*

year an *(m)*, année *(f)*

yellow jaune

yes oui

yesterday hier; **the day before ~** avant-hier

yet pourtant

yogurt yaourt *(m)*

young jeune; **~ people** les jeunes

your ton, ta, tes; votre, vos

yourself vous-même

youth jeunesse *(f)*; **~ hostel** auberge *(f)* de jeunesse

Z

zero zéro *(m)*

CREDITS

TEXT CREDITS

P. 53: Poly Platt, author and publisher of *French or Foe? Getting the Most out of Visiting, Living and Working in France*; **p. 54:** D'après Gérard Vigner, *Savoir-Vivre en France*. Hachette 1978. **p. 89:** logo of the Organization Internationale de la Francophonie; **p. 94:** Les débuts de la francophonie dans Xavier Deniau *La francophonie* © PUF, coll. "Que sais-je?" n° 2111, 6ᵉ ed. 2003; **p. 169:** Dans les rues de Québec (1950) Paroles et Musique: Charles Trenet *Le jardin extraordinaire* Livre de poche; **p. 196:** Fête de la musique; **p. 204:** Lob, Gotlib et alexis, Superdupont; **p. 209:** Astérix le Gaulois, Les editions Albert René, Paris; **p. 246:** *Évidences invisibles, Américains et Français au quotidien*. Raymonde Carroll, © Éditions du Seuil, 1987, réédition coll. *La Couleur des idées*, 1991; **p. 280:** © Michelin *France 2003*, Permission No. 03-US-011; **p. 292:** © Calender lavigne; **p. 321:** Halloween, © Libération, 31 octobre 1998, Jacqueline Coignard; **p. 344:** cartoon by Plantu from *C'est la goulag!* Permission requested from Editions Gallimard, Paris, and *Le Monde*; **p. 356:** cartoon: permission granted from Plantu; **p. 359:** Jacques Prévert Paroles © Editions Gallimard; **p. 399:** Simone de Beauvoir *Mémoires d'une jeune fille rangée* © Editions Gallimard; **p. 419:** logo of Médecins sans frontièrs; **p. 434:** Permission requested from Crédit lyonnais S.A.; **p. 463:** logo of Senevolu; **p. 471:** Pontonniers © Claire Bretécher 2003; **p. 493:** logo of Planet'ERE; **p. 507:** G. Mermet, Francoscopie 2003 © Larousse/VUEF 2002.

PHOTO CREDITS

P. 2 (r): Stuart Cohen/The Image Works; **p. 2 (l):** David Simon/Stock Boston; **p. 4 (l):** Greg Meadors/Picture Quest; **p. 4 (r):** Beryl Goldberg; **p. 5:** Stuart Cohen/the Image Works; **p. 21 (t):** Owen Franken; **p. 21 (b):** Stuart Cohen/the Image Works; **p. 24:** Owen Franken/Corbis Bettmann; **p. 26:** index Stock Imagery, Inc.; **p. 28:** laures/Giraudon; **p. 33:** Marc Robitaille; **p. 41 (l):** Nicole Fouletier-Smith; **p. 41 (r):** Gordon Gahan/National Geographic Images; **p. 47 (b):** Neil Beer/Getty Images, Inc.; **p. 56:** Ollivi Giraudon/Art Resource NY; **p. 60 (l):** Richard Lord/The Image Works; **p. 60 (r):** Gianberto Vanni/Corbis Betmann; **p. 60 (b):** Steve Vidler/Superstock, Inc.; **p. 62:** David G. Houser/Corbis NY; **p. 63 (t):** J.L. Manaud/Icone Agency; **p. 63 (cr):** M. & A. Kirtley/ANA **p. 63 (ll):** Moisnard/Explorer/Photo Researchers, Inc.; **p. 63 (lr):** Valdin/DIAF; **p. 64:** R. Rozencwajg/DIAF; **p. 75 (t):** John R. Jones/Papillon/Corbis NY; **p. 75 (b):** Lauren Goodsmith/The Image Works; **p. 76 (l):** Pascal Maltra/Cosmos Aurora photos; **p. 76 (r):** Superstock, Inc; **p. 81:** Susan Kuklin/Photo researchers, Inc.; **p. 90:** Angelo Cavalli/Superstock, Inc.; **p. 91 (tl):** Sophie Bassalls/Corbis Sygma; **p. 91 (tr):** Gastaud/SIPA Press; **p. 91 (lr):** Ulf Andersen/Getty Images, Inc.; **p. 91 (ll):** Mike Hewitt/Getty Images, Inc.; **p. 98 (tl):** Lee Snyder/The Image Works; **p. 98 (tr):** Galen Rowell/Corbis Bettmann; **p. 98 (b):** Superstock, Inc.; **p. 100:** Charles Platiau/Reuters/Corbis Bettmann; **p. 102 (t):** Tetrel/Explorer/Photo Researchers, Inc.; **p. 102 (b):** Lee Snyder/The Image Works; **p. 103 (t):** Lindsay Hebbard/Woodfin Camp and Assoc.; **p. 103 (l):** John Moss/Photo Researchers, Inc.; **p. 103 (b):** Lucas/The Image Works; **p. 104:** Reuters HO/Getty Images Inc.–Hulto; **p. 119 (t):** Yves Forester/Coprbis Sygma; **p. 119 (b):** Topham/The Image Works;

p. 120: Yves Forester/Corbis/Sygma; **p. 127 (tr):** Yann Arthus-Bertrand/Corbis-Bettmann; **p. 127 (tl):** Wysocki/Explorer/Photo Researchers, Inc.; **p. 127 (ll):** Sylvain Saustier/Corbis Bettmann; **p. 127 (lr):** Jon Sparks/Corbix NY; **p. 128:** Jacques Guillard/Scope; **p. 129:** Lee Snyder/The Image Works; **p. 130:** Lee Snyder/The Image Works; **p. 131:** Jeanne White/Photo Researchers, Inc.; **p. 134:** Corbis NY; **p. 136:** James Blair/National Geographic Image collection; **p. 142 (l):** Charles Jean Marc/Corbis/Sygma; **p. 142 (r):** Stuart Cohen/The Image Works; **p. 150 (t):** David Simson/stock Boston; **p. 150 (c):** Jean-Luc tabuteau/The Image works; **p. 150 (b):** Beryl Goldberg; **p. 151 (t):** Frilet/SIPA Press; **p. 151 (l):** Owen Franken; **p. 158:** Lee Snider/The Imge Works; **p. 169 (t):** Gary Cralle/Getty Images Inc.–Image Bank; **p. 169 (b):** Peniguel Stephane/Corbis Bettmann; **p. 170:** Nicole Fouletier-Smith; **p. 171:** Owen Franken/Stock Boston; **p. 174:** Stuart Cohen/The Image Works; **p. 176:** Margot Granitsas/The Image Works; **p. 178:** Steve H. McDonough/Corbis Bettmann; **p. 183 (t):** Perlstein/French Government Tourist Office; **p. 183 (c):** Frank Siteman; **p. 183 (b):** Hache Françoise/Explorer/Photo Researchers, Inc.; **p. 190 (t):** Will & Deni McIntyre/Photo researchers, Inc.; **p. 190 (b):** Oliver Benn/Getty Images, Inc.–Stone allstock; **p. 205:** Phillippe Luzuy/Rapho; **p. 206:** Pearson education Corporate Digital Archive; **p. 212:** Susanna Price/Dorling Kindersley Media Library; **p. 214 (l):** Nicole Fouletier-Smith; **p. 214 (r):** John Elk III/Stock Boston; **p. 222:** Benoit Roland/The Image Works; **p. 228:** Nicole Fouletier-Smith; **p. 235:** Nicole Fouletier-Smith; **p. 243:** Peter Marlow/Magnum hotos, Inc.; **p. 244:** Owen Franken/Corbis Bettmann; **p. 252 (l):** Stuart Cohen/The Image Works; **p. 252 (r):** Paul Hahn/Lalf/Aurora Photos; **p. 254:** Stuart Cohen/The Image Works; **p. 256 (tl):** Jean Daniel Sudres/Scope; **p. 256 (tr):** Herve Coataner/Scope; **p. 256 (bl):** Jacques Guillard/Scope; **p. 256 (br):** Jean Daniel Sudres/Scope; **p. 260 (tl):** Owen Franken; **p. 260 (bl):** Crealivres/Explorer/Photo Researchers, Inc.; **p. 260 (bc):** Pierre Guy/Gastro/Scope; **p. 260 (br):** French Government Tourist Office; **p. 261 (tl):** Benjamin F. Fink Jr/FoodPix; **p. 261 (tc):** Myrleen Ferguson/PhotoEdit; **p. 261 (tr):** Michael Tobin; **p. 261 (c):** Pete Seaward/Getty Images Inc.–Stone Allstock; **p. 261 (b):** Harry Gruyaert/PictureQuest; **p. 262 (l):** Harry Gruyaert/Mgnum Photos, Inc.; **p. 262 (r):** Richard Lucas/The Image Works; **p 263:** Mike Mazzaschi/Stock Boston; **p. 268:** Sophie Elbaz/Corbis/Sygma; **p. 269:** Peter Menzel photography; **p. 282:** Charles & Josette Lenars/Corbis-NY; **p. 284:** Getty Images Inc.––Hulto Archive Photos; **p. 286:** Kavaler/Art Resource NY; **p. 290:** Maurice Rougemont/Corbis Bettmann; **p. 293:** Philip Gould/Corbis Bettmann; **p. 294 (l):** Stuart Cohen/The Image Works; **p. 294 (r):** Macduff Everton/Cobis Bettmann; **p. 299 (t):** Corbis Bettmann; **p. 299 (b):** Philippe Giraud/Corbis Bettmann; **p. 300:** M. Bridwell/PhotoEdit; **p. 305 (t):** Bernard Regent/DIAF; **p. 305 (c):** Tom mcCarthy/ Photo Edit; **p. 305 (b):** WolffJerrican/Photo Researchers, Inc.; **p. 306 (t):** Laine/Jerrican/Photo Researchers, Inc.; **p. 306 (b):** J. Thomas Jerrican/Photo Researchers, Inc.; **p. 319 (tl):** Bernager E./Hoaqui/Photo Researchers, Inc.; **p. 319 (tr):** Jerrican/Diane/Photo Researchers, Inc.; **p. 319 (bl):** J. CH. Pratt/D. Pries; **p. 319 (br):** Alain-Patrick Neyrat/Rapho/Getty Images Inc. Liaison; **p. 320:** P. Quittemelle/Stock Boston; **p. 323:** Topham/The Image Works; **p. 326 (l):** Owen Franken/Corbis Bettmann;

INDEX

Le Canada

LA RUSSIE

L'OCÉAN ARCTIQUE

GROENLAND (Dan.)

L'ALASKA

LE YUKON
★ Whitehorse

LES TERRITOIRES DU NORD-OUEST

l'île Victoria

l'île de Baffin

L'OCÉAN ATLANTIQUE

le Grand Lac de l'Ours

★ Yellowknife

Mackenzie

L'OCÉAN PACIFIQUE

LES MONTAGNES ROCHEUSES
LA CHAÎNE CÔTIÈRE

le Grand Lac de l'Esclave

le lac Athabasca

la baie d'Hudson

TERRE-NEUVE

St-Jean

St-Pierre-et-Miquelon (Fr.)

LA COLOMBIE BRITANNIQUE

L'ALBERTA

Athabasca

LE SASKATCHEWAN

LE MANITOBA

Nelson

LE QUÉBEC

L'ÎLE DU PRINCE-ÉDOUARD

l'île de Vancouver

Saskatchewan

Charlottetown

Vancouver

★ Edmonton
• Calgary

★ Saskatoon

le lac Winnipeg

L'ONTARIO

Québec

Moncton

LA NOUVELLE-ÉCOSSE
Halifax

Victoria

Regina

• Winnipeg

le lac Huron

Montréal

Ottawa

St-Laurent

LE NOUVEAU-BRUNSWICK

• Seattle

le lac Supérieur

Toronto

le lac Ontario

Fredericton

• Boston

0   500   1000   1500   2000
Kilomètres

LES ÉTATS-UNIS

le lac Michigan

Hamilton

le lac Érié

Chicago

• Détroit

Le Québec

LA PÉNINSULE D'UNGAVA

LA BAIE D'UNGAVA

LA BAIE D'HUDSON

Arnaud

Rivière aux Feuilles

Koksoak

Rivière à la Baleine

George

L'OCÉAN ATLANTIQUE

les îles Belcher

NOUVEAU-QUÉBEC

le lac à l'Eau Claire

Caniapiscau

le lac Bienville

Grande Rivière de la Baleine

La Grande Rivière

le lac Caniapiscau

TERRE-NEUVE

Labrador

Rivière du Petit-Mécatina

LES MONTS OTISH

Eastmain

Natashquan

Harricana

le lac Mistassini

Sept-Îles

l'île d'Anticosti

Chibougamau

Baie-Comeau

Gaspé

LE GOLFE DU ST-LAURENT

Rouyn-Noranda

• Val-d'Or

le lac St-Jean

Matane

Saguenay

Roberval

• Chicoutimi

Rimouski

L'ONTARIO

LES LAURENTIDES

Jonquière

La Tuque

Québec

L'ÎLE DU PRINCE-ÉDOUARD

St-Pierre-et-Miquelon (Fr.)

Shawinigan

Montmagny

Lévis

St-Jérôme

Sorel

St-Laurent

Thetford Mines

LE NOUVEAU-BRUNSWICK

Hull

St-Hyacinthe

Ottawa

Montréal

Granby

Sherbrooke

LA NOUVELLE-ÉCOSSE

NEW YORK

VERMONT

NEW HAMPSHIRE

MAINE

0   100   200   300   400   500
Kilomètres